中国环境法制建设发展报告

（2017年卷）

徐祥民　主编

于　铭　执行副主编

人民出版社

责任编辑:宫 共

封面设计:源 源

图书在版编目(CIP)数据

中国环境法制建设发展报告.2017年卷/徐祥民 主编. ——
　北京:人民出版社,2019.12
　ISBN 978-7-01-021475-7

Ⅰ.①中… Ⅱ.①徐… Ⅲ.①环境保护法-研究报告-中国-2017
　Ⅳ.①D922.604

中国版本图书馆 CIP 数据核字(2019)第 230659 号

中国环境法制建设发展报告

ZHONGGUO HUANJING FAZHI JIANSHE FAZHAN BAOGAO

(2017年卷)

徐祥民　主编

于　铭　执行副主编

人民出版社 出版发行

(100706　北京市东城区隆福寺街 99 号)

北京佳未印刷科技有限公司印刷　新华书店经销

2019 年 12 月第 1 版　2019 年 12 月北京第 1 次印刷
开本:710 毫米×1000 毫米 1/16　印张:35.25　字数:577 千字

ISBN 978-7-01-021475-7　定价:95.00 元

邮购地址 100706　北京市东城区隆福寺街 99 号
人民东方图书销售中心　电话 (010)65250042　65289539

目　录

Ⅰ 总报告

Ⅱ 环境立法与政策制定篇

Ⅲ 环境执法篇

Ⅳ 环境司法与环境诉讼篇

Ⅰ 总报告

2016年中国环境法制建设发展状况

2016年是我国国民经济和社会发展第十三个五年规划的开局之年，也是全面建成小康社会、实现第一个百年奋斗目标决胜阶段的开局之年。这个年份在中华民族以百年为时间单元的奋斗历史上具有特殊意义，在中华人民共和国以五年为周期的一个经济社会发展阶段中具有特殊意义，因而，在我国的环境法制建设历史上也具有特殊意义。时任环境保护部部长陈吉宁先生对2016年的环境保护事业的历史地位的概括也适用于说明环境法制建设。2016年开展的环境法制建设是处于"大有作为的重要战略机遇期"，"负重前行的关键期"，"实现环境质量总体改善的窗口期、转折期"和"攻坚期"[1]内的建设。

我国2016年的环境法制建设硕果累累，给这个特殊的岁月刻印下闪光的年轮。《中华人民共和国国民经济和社会发展第十三个五年规划纲要》（以下简称《"十三五"规划纲要》）对发展理念的阐述，就"加快改善生态环境"所做的专篇[2]规定，确定了我国一个时期内环境政策的基本走向和基调。《中华人民共和国环境保护税法》的颁布使我国的环境法体系更加完整，《中华人民共和国野生动物保护法》的修订标志着我国单行环境法正在告别

---

[1] 陈吉宁：《以改善环境质量为核心全力打好补齐环保短板攻坚战——在2016年全国环境保护工作会议上的讲话》。

[2] 《中华人民共和国国民经济和社会发展第十三个五年规划纲要》第一篇第四章为"发展理念"，第十篇为"加快改善生态环境"。

环境法初创时的粗放。《巴黎协定》的缔结和批准既是对习近平总书记关于人类命运共同体思想的践行，也是推动该理论走进国际环境法制建设大舞台的脚踏实地的行动。一个不见于历史也不见于外国文献的环境保护机构——中央环境保护督察组走进我国的环境保护执法队伍。它以极大的权威、完整的工作程序、恰当的工作对象选择，强力推进我国的环境保护事业。最高人民法院、最高人民检察院联合发布的《关于办理环境污染刑事案件适用法律若干问题的解释》既是对以往相关解释的修正、补充，更是对处理环境污染刑事案件适用法律的实际需要的及时反映。

一、环境政策

2016 年，我国国家环境政策建设的最突出的成就集中表现在第十二届全国人民代表大会第四次会议表决通过的《"十三五"规划纲要》中。以《"十三五"规划纲要》的编制、通过为中心，党中央、国务院还制定了一些重要的环境保护政策。概括起来，2016 年我国国家环境政策建设上的主要贡献有以下四个方面：

（一）制定或调整优化环境保护规划和相关规划

《"十三五"规划纲要》中的环境保护规划和与环境保护相关的规划主要涉及加快建设主体功能区、推进资源节约集约利用、加大环境综合治理力度、加强生态保护修复、积极应对全球气候变化、健全生态安全保障机制、发展绿色环保产业等七个方面。

为落实《"十三五"规划纲要》，2016 年度内，我国共制定并发布了包括《国土资源"十三五"规划纲要》（国土资发〔2016〕38 号）、《林业发展"十三五"规划》（林规发〔2016〕22 号）、《全国气象发展"十三五"规划》（气发〔2016〕62 号）、《国土资源"十三五"科技创新发展规划》（国土资发〔2016〕100 号）、《全国海洋标准化"十三五"发展规划》等在内的 28 件与环境法制建设相关的规划。

（二）设立生态文明试验区

2016年6月27日，中央全面深化改革领导小组第二十五次会议审议通过了《中共中央办公厅、国务院办公厅关于设立统一规范的国家生态文明试验区的意见》（以下简称《设立国家生态文明试验区意见》）及《国家生态文明试验区（福建）实施方案》。《设立国家生态文明试验区意见》为设立统一规范的国家生态文明试验区设定目标，即"到2017年，推动生态文明体制改革总体方案中的重点改革任务取得重要进展，形成若干可操作、有效管用的生态文明制度成果；到2020年，试验区率先建成较为完善的生态文明制度体系，形成一批可在全国复制推广的重大制度成果，资源利用水平大幅提高，生态环境质量持续改善，发展质量和效益明显提升，实现经济社会发展和生态环境保护双赢，形成人与自然和谐发展的现代化建设新格局，为加快生态文明建设、实现绿色发展、建设美丽中国提供有力制度保障。"

（三）全面推行河长制

中共中央办公厅、国务院办公厅于2016年11月28日印发《〈关于全面推行河长制的意见〉的通知》（厅字〔2016〕42号）。《关于全面推行河长制的意见》规定了推行河长制的总体要求、主要任务和保障措施。《关于全面推行河长制的意见》提出了全面推进河长制的6项任务，即：第一，加强水资源保护。第二，加强河湖水域岸线管理保护。第三，加强水污染防治。第四，加强水环境治理。第五，加强水生态修复。第六，加强执法监管。

（四）健全生态保护补偿机制

2016年5月13日，国务院办公厅下发了《国务院办公厅关于健全生态保护补偿机制的意见》（国办发〔2016〕31号，以下简称《健全生态保护补偿机制意见》），提出加快推进生态文明建设，进一步健全生态保护补偿机制。《健全生态保护补偿机制意见》提出从（1）建立稳定投入机制、（2）完善重点生态区域补偿机制、（3）推进横向生态保护补偿、（4）健全配套制度体系、（5）创新政策协同机制、（6）结合生态保护补偿推进精准脱贫和（7）加快推进法制建设七个方面推进体制机制创新。

二、环境立法

2016 年我国环境立法的成就可以用中央地方俱丰、国内国际双收来概括。在中央层面，不仅创立新法，使我国环境法体系进一步完整，而且及时修订已有的法律，使之更好地满足环境保护的要求；恰当修正生效法律，使之与相关法律同步完善。

（一）填补空白，创立新法

自 1973 年到 2015 年，我国环境法的建设不管是从文件数量上，还是从体系的完善上，都可以用迅猛发展来概括。几十年来，由其自 1979 年以来，虽然无法掩盖"头痛医头脚痛医脚"的历史印迹，我国环境立法一直在追赶环境保护事业的需要。在经过长期的建设之后，我国形成了较为完整的环境法体系，但与环境保护的实际需要相对照，还存在立法空白。

2016 年，全国人民代表大会常务委员会做了填补空白的工作，先后制定了三部法律。《中华人民共和国环境保护税法》是运用税收手段"保护和改善环境"，"减少污染物排放"（第一条）的专门法律。深海海底区域资源勘探开发是我国以往的立法未涉足的领域。《中华人民共和国深海海底区域资源勘探开发法》不仅向全世界宣示了我国在"深海海底区域资源勘探、开发活动"中坚持的"和平利用、合作共享、保护环境、维护人类共同利益"等原则，表达了对"从事深海海底区域资源勘探、开发和资源调查活动的中华人民共和国公民、法人或者其他组织"给予"保护"（第三条）的态度，而且为"中华人民共和国的公民、法人或者其他组织从事深海海底区域资源勘探、开发和相关环境保护、科学技术研究、资源调查活动"（第二条）提供了行为规范，为国家海洋行政主管部门开展"对深海海底区域资源勘探、开发和资源调查活动的监督管理"（第五条）提供了依据。《中华人民共和国境外非政府组织境内活动管理法》虽然不是专门的环境保护法，但却与环境保护有密切的关系。该法可以为那些"在境外合法成立的基金会、社会团体、智库机构等非营利、非政府的社会组织"（第二条）在我国境内开展"环保"领域"有利于公益事业发展的活动"提供行为规范、国家"保护"

（第四条）和由政府相关部门负责提供的"服务"（第七条）。

（二）适应环境保护要求，及时修订已有法律

《中华人民共和国野生动物保护法》（以下简称《野生动物保护法》）是我国颁布较早的单行环境保护法之一。在该法实施近 30 年之后，人们不能不承认它在保护野生动物上所发挥的巨大作用，但同时，人们也确信，该法的实施并未换来我国野生动物资源状况的明显改善。如果以物种保护的需要作为评判依据，那么，这部法律的实施并未使一些濒危物种的濒危局面得到明显的缓解。不管是为了防止作为资源的野生动物再生能力的降低，还是为了作为物种的野生动物种类不至于减少，都应当在《野生动物保护法》上安排更加强劲有力的保护工具。第十二届全国人民代表大会常务委员会第二十一次会议修订通过的《野生动物保护法》安装了这样的工具。这个工具就是野生动物栖息地保护、对野生动物和野生动物栖息地的一同保护。

（三）积"小善"完善法制，适当修正生效法律

国家法制的完善急需要适时对相关法律做大规模修订，也需要对生效法律做细微的修正。此类修正应秉持"勿以善小而不为"的精神。作为完善法制的小善，2016 年对《中华人民共和国节约能源法》《中华人民共和国水法》《中华人民共和国环境影响评价法》《中华人民共和国航道法》《中华人民共和国防洪法》《中华人民共和国海洋环境保护法》《中华人民共和国固体废物污染环境防治法》《中华人民共和国煤炭法》《中华人民共和国气象法》等九部法律进行了修正。

（四）引领国际环境法的发展，快速批准《巴黎协定》

《京都议定书》第二承诺期即将于 2020 年到期。2020 年之后，《气候变化框架公约》如何履行，该公约确定的"将大气中温室气体的浓度稳定在防止气候系统受到危险的人为干扰的水平上"（第 2 条）的目标如何实现，都将系于《巴黎协定》能否生效和接下来的能否顺利实施。中国是《巴黎协定》的积极促成者。在巴黎会议前及早（2015 年 6 月 30 日）向《联合国气候变化框架公约》秘书处提交《强化应对气候变化行动——中国国家自主贡

献》政府文件。在巴黎会议后，中国积极倡议二十国集团发表《二十国集团协调人会议关于气候变化问题的主席声明》（2016 年 4 月 6 日），率先签署《巴黎协定》（2016 年 4 月 22 日）。

我国立法机关批准既是使已经我国政府签署的《巴黎协定》对我国产生法律约束力的必经程序，对该协定能否最终生效也具有重要影响。因为只有在"不少于 55 个缔约方（合计温室气体排放量占全球温室气体排放量至少 55%）交存批准、接受、核准或加入文书"后，这份协定才能变成一个具有法律约束力的国际法律文件。为了让《巴黎协定》及早生效，第十二届全国人大常委会第二十二次会议于 2016 年 9 月 3 日表决通过了《全国人民代表大会常务委员会关于批准〈巴黎协定〉的决定》，完成我国签订《巴黎协定》的全部国内法律程序。

（五）环境部门规章充实环境法律体系

国务院有关部委是我国环境法制建设的重要力量，这股重要力量的重要贡献是建章立制，包括把立法机关用法律建立的制度、提出的要求等细化为更具可操作性的系统的行为规范体系，按照法律的精神、法律确定的原则等，创立在《立法法》上被列为规章的部门规章。

随着我国法治体系①的不断完善，国务院所属部委办局制定规章已经成为我国立法体系的组成部分，各部委已经把制定规章当成自己的职责。与环境保护相关的部委每年都制定若干涉环境的规章。2016 年，有关部门制定部门规章 3 部，它们是《放射性物品运输安全监督管理办法》（2016 年 1 月 29 日，环境保护部令第 28 号）、《建设项目环境影响登记表备案管理办法》（2016 年 11 月 2 日，环境保护部令第 41 号）和《污染地块土壤环境管理办法（试行）》（2016 年 12 月 27 日，环境保护部令第 42 号）；修订部门规章 2 部，它们是《国家危险废物名录》（2016 年 3 月 30 日，环境保护部令第 39 号）和《清洁生产审核办法》（2016 年 5 月 16 日，国家发展和改革委员会、环境保护部令第 38 号）；修正部门规章 8 部，它们是《森林公园管理

---

① 参见《中共中央关于全面推进依法治国若干重大问题的决定》第一章《坚持走中国特色社会主义法治道路，建设中国特色社会主义法治体系》。

办法》（2016 年 7 月 25 日，国家林业局令第 42 号）、《普及型国外引种试种苗圃资格认定管理办法》（同前）、《松材线虫病疫木加工板材定点加工企业审批管理办法》（同前）、《引进陆生野生动物外来物种种类及数量审批管理办法》（同前）、《大熊猫国内借展管理规定》（同前）、《建设项目使用林地审核审批管理办法》（同前）、《船舶及其有关作业活动污染海洋环境防治管理规定》（2016 年 12 月 13 日，交通运输部令第 83 号）和《船舶污染海洋环境应急防备和应急处置管理规定》（2016 年 12 月 13 日，交通运输部令第 84 号）。

（六）环境地方立法数量明显增长

我国幅员辽阔，人口众多，在许多事务的处理上都需要发挥中央和地方两个方面的作用。在环境法制建设上，考虑到环境的自然空间规定性特点，[①] 地方的作用就更加不可替代。2015 年 3 月 15 日第十二届全国人民代表大会第三次会议做出《关于修改〈中华人民共和国立法法〉的决定》。经修正的《立法法》规定，"设区的市的人民代表大会及其常务委员会根据本市的具体情况和实际需要，在不同宪法、法律、行政法规和本省、自治区的地方性法规相抵触的前提下，可以对城乡建设与管理、环境保护、历史文化保护等方面的事项制定地方性法规"（第七十二条）。经过这一授权，全国新增有制定地方性法规权力的城市（以下简称新增地方立法单位）233 个，即由原来的只有 49 个扩大到 282 个。2016 年是《立法法》修订后度过的第一个完整的年份。在这个年份中，由于新增地方立法单位的积极作为，全国地方环境立法建设成就巨大。2016 年，共制定、修订、修正地方性环保法规、地方政府环保规章以及环保自治条例和单行条例 185 部；其中，地方性环保法规 144 部，地方政府环保规章 26 部，环保自治条例和单行条例 15 部。在全部 185 部法律文件中，130 部属于制定（约占法律文件总数的 70%），11 部属于修订，44 部属于修正。

从我国环境法体系（包括综合环境法系统、环境保护事务法系统、环

---

① 参见徐祥民、宛佳欣：《环境的空间自然规定性对环境立法的挑战》，载《华东政法大学学报》2017 年第 4 期。

境保护手段法系统）建设的角度看，2016 年度的地方环境立法中属于综合环境法系统的立法有 12 部；属于环境保护事务法系统的立法有 150 部（其中，污染防治法子系统的立法 46 部，自然资源保护法子系统的立法 64 部，生态保护法子系统的立法 35 部，环境退化防治子系统的立法 5 部）；属于环境保护法系统的立法有 23 部。从立法主体级别的角度看，除环保自治条例和单行条例外，2016 年度的地方环境立法中属于省级制定和修改的法律文件有 71 部（其中，地方性环保法规 62 部，地方政府环保规章 9 部）；属于市级制定和修改的法律文件有 99 部（其中，地方性环保法规 82 部，地方政府环保规章 17 部）。此外，以全国各省、自治区、直辖市为对象考查发现，2016 年地方环境立法总量超过 10 部地区共有 6 个，分别是广西、河北、浙江、福建、江苏、山东；其中，广西地方环境立法总量最多，共有 15 部。具体情况见表 1。

表 1　2016 年全国各地区（不含港澳台）地方环境立法数量统计

单位：部

排名	地区	立法总量	省级立法数量		市级立法数量		较大的市立法数量		其他市立法数量		自治条例和单行条例数量
			法规	规章	法规	规章	法规	规章	法规	规章	
1	广西	15	7	5	2		1		1		1
2	河北	14	9		5		5				
	浙江	14	2		9	3	3	3	6		
3	福建	12	4	2	4	2	4	2			
	江苏	12	3		8	1	2	1	6		
4	山东	11	3	1	6	1	3	1	3		
5	安徽	9	1		7	1	1	1	6		
6	广东	8			8				8		
7	湖北	7	1		5		1		4		1
	辽宁	7			4	1	2	1	2		2
	四川	7	2		4		1		3		1

续表

排名	地区	立法总量	省级立法数量		市级立法数量		较大的市立法数量		其他市立法数量		自治条例和单行条例数量
			法规	规章	法规	规章	法规	规章	法规	规章	
8	甘肃	6	3			3		3			
	海南	6	3		2		1		1		1
	云南	6	1		1	1		1	1		3
9	贵州	5	3								2
	河南	5	2		2				2		1
	黑龙江	5			3	2	3	2			
	江西	5	5								
	内蒙古	5	2		3		1		2		
10	湖南	4			2		1		1		2
	吉林	4	2		1				1		1
	宁夏	4	2		2		1		1		
	山西	4	3		1		1				
11	陕西	3			1	2	1	2			
12	天津	2	2								
	新疆	2	1		1		1				
13	青海	1	1								
	上海	1		1							
	西藏	1			1		1				
合计		185	62	9	82	17	34	17	48	0	15

以省级环境立法为考查对象，在2016年全国各地区（不含港澳台）省级环境立法中，广西制定和修改的地方性环保法规和地方政府环保规章数量最多，共有12部；其次是河北，有9部（参见表2）。在省级地方性环保法规中，制定和修改数量排名前三的地区依次是河北、广西、江西，分别有9部、7部和5部（参见表3）；在省级地方政府环保规章中，广西制定和修改

数量最多，共有 5 部（参见表 4）。

表2 2016 年全国各地区（不含港澳台）省级环境立法数量统计

单位：部

排名	地区	省级环境立法数量
1	广西	12
2	河北	9
3	福建	6
4	江西	5
5	山东	4
6	甘肃　贵州　海南　江苏　山西	3
7	河南　吉林　内蒙古　宁夏　四川　天津　浙江	2
8	安徽　湖北　青海　上海　新疆　云南	1
9	黑龙江　湖南　广东　辽宁　陕西　西藏	0
合计		71

表3 2016 全国各地区（不含港澳台）省级地方性环保法规制定和修改数量统计

单位：部

排名	省份	省级地方性环保法规制定和修改数量
1	河北	9
2	广西	7
3	江西	5
4	福建	4
5	甘肃　贵州　海南　江苏　山东　山西	3
6	河南　吉林　内蒙古　宁夏　四川　天津　浙江	2
7	安徽　湖北　青海　新疆　云南	1
合计		62

表4　2016 全国各地区（不含港澳台）省级地方政府环保规章制定和修改数量统计

单位：部

排名	地区	省级地方政府环保规章制定和修改数量
1	广西	5
2	福建	2
3	山东　上海	1
	合计	9

以市级环境立法为统计对象，在 2016 年全国各地区（不含港澳台）市级环境立法中，浙江制定和修改的地方性环保法规和地方政府环保规章数量最多，共有 12 部；其次江苏，有 9 部；排名第三的是安徽和广东，有 8 部（参见表5）。在市级法规中，浙江制定和修改的数量最多，共有 9 部；其次是广东和江苏，共有 8 部（参见表6）。在市级规章中，甘肃和浙江制定和修改的数量最多，均为 3 部（参见表7）。

表5　2016 年全国各地区（不含港澳台）市级环境立法数量统计表

单位：部

排名	地区	市级环境立法数量
1	浙江	12
2	江苏	9
3	安徽　广东	8
4	山东	7
5	福建	6
6	河北　黑龙江　湖北　辽宁	5
7	四川	4
8	甘肃　内蒙古　陕西	3
9	海南　河南　湖南　广西　宁夏　云南	2
10	吉林　山西　西藏　新疆	1
	合计	99

表6　2016全国各地区（不含港澳台）市级地方性环保法规制定和修改数量统计表

单位：部

排名	省份	市级地方性环保法规制定和修改数量
1	浙江	9
2	广东　江苏	8
3	安徽	7
4	山东	6
5	河北　湖北	5
6	福建　辽宁　四川	4
7	黑龙江　内蒙古	3
8	海南　河南　湖南　广西　宁夏	2
9	吉林　山西　陕西　西藏　新疆　云南	1
合计		82

表7　2016全国各地区（不含港澳台）市级地方政府环保法规制定和修改数量统计表

单位：部

排名	省份	市级地方政府环保规章制定和修改数量
1	甘肃　浙江	3
2	福建　黑龙江　陕西	2
3	安徽　江苏　辽宁　山东　云南	1
合计		17

在较大的市环境立法中，哈尔滨制定和修改的地方性环保法规和地方政府环保规章数量最多，共有5部；其次是杭州和厦门，共有4部（参见表8）。在较大的市法规（含经济特区法规）中，哈尔滨、济南、石家庄、厦门制定和修改的数量最多，有3部；其次是杭州，有2部（参见表9）。在较大的市规章中，兰州制定和修改的数量最多，有3部；其次是哈尔滨、杭州和西安，有2部（参见表10）。

表8　2016年较大的市环境立法数量统计表

单位：部

排名	城市	较大的市环境立法数量
1	哈尔滨	5
2	杭州　厦门	4
3	济南　兰州　石家庄　西安	3
4	福州　宁波　苏州	2
5	包头　本溪　成都　长沙　大连　抚顺　海口　邯郸　合肥　淮南　拉萨　昆明　南宁　太原　唐山　乌鲁木齐　武汉　无锡　银川　淄博	1
合计		51

表9　2016年较大的市地方性环保法规制定和修改数量统计表

单位：部

排名	城市	较大的市地方性环保法规制定和修改数量
1	哈尔滨　济南　石家庄　厦门	3
2	杭州	2
3	包头　本溪　成都　长沙　福州　抚顺　海口　邯郸　淮南　拉萨　南宁　宁波　苏州　太原　唐山　武汉　乌鲁木齐　无锡　西安　银川	1
合计		34

表10　2016年较大的市地方政府环保规章制定和修改数量统计表

单位：部

排名	城市	较大的市地方政府环保规章制定和修改数量
1	兰州	3
2	哈尔滨　杭州　西安	2
3	大连　福州　合肥　昆明　宁波　苏州　厦门　淄博	1
合计		17

2016 年，较大的市以外的其他市仅制定地方性环保法规，并未制定或修改地方政府环保规章。其中阜阳、济宁、绍兴、盐城四个城市制定地方性环保法规 2 部，其余城市均仅制定 1 部（参见表 11）。

表 11   2016 年较大的市以外的其他市环境立法数量统计表

单位：部

排名	城市	较大的市以外的其他市环境立法数量
1	阜阳 济宁 绍兴 盐城	2
2	巴中 蚌埠 滁州 鄂尔多斯 菏泽 淮安 黄冈 惠州 嘉兴 江门 焦作 金华 连云港 辽源 临沧 柳州 茂名 南充 清远 三门峡 三亚 汕尾 石嘴山 宿州 泰州 铁岭 铜陵 温州 乌海 咸宁 襄阳 宜昌 营口 云浮 湛江 张家界 镇江 中山 舟山 自贡	1
	合计	48

三、环境执法

2016 年我国环境执法在制定环境执法政策、开展环境执法专项行动、督办环境违法案件、查处严重环境违法行为、开展环境保护督察等方面成就巨大、特点突出。

（一）制定环境执法政策

2016 年我国出台环境执法政策文件 1409 部。其中，环境保护部、国土资源部、农业部、水利部、工业和信息化部、住房和城乡建设部、科技部、交通运输部、财政部、国家发改委、国家林业局、国家文物局、中国气象局、国家质检总局等中央政府部门，共发布环境执法政策 202 部；全国（不含港澳台）31 个省、自治区、直辖市的地级及地级以上政府和政府部门，共发布通知、意见、批复、函等环境执法政策 1207 部。其中，省级政府和政府部门发布环境执法政策 445 部；市级政府和政府部门发布环境执法政策 762 部，包括较大的市政府和政府部门发布环境执法政策 279 部，其他地级市政府和政府部门发布环境执法政策 483 部（参见表 12）。① 地方政府和政府部门制定的规范性文件占总量的近 86%。从规范领域来看，在这众多的执法政策文件中，在中央层面，属于环境保护综合类的文件有 4 部，属于环境保护事务类的文件有 102 部，属于环境保护手段类的文件有 96 部；在地方层面，属于环境保护综合类的文件有 71 部，属于环境保护事务类的文件有 770 部，属于环境保护手段类的文件有 366 部。

表 12　2016 年全国各地区（不含港澳台）环境执法政策发布数量统计表

单位：部

排名	地区	发文数量总计	省级发文数量	市级发文数量	较大的市发文数量	其他地级市发文数量
1	河南	114	14	100	13	87
2	山西	88	11	77	10	67
3	甘肃	70	23	47	11	36
4	辽宁	66	26	40	24	16
5	山东	61	16	45	20	25
5	江苏	61	13	48	25	23
6	河北	54	15	39	18	21
7	黑龙江	53	17	36	9	27
8	广东	51	19	32	19	13
9	四川	47	29	18	7	11
10	湖南	45	23	22	11	11
11	浙江	43	16	27	12	15
12	吉林	41	13	28	8	20
13	福建	40	14	26	17	9

---

①　《北京市水务局、河北省水利厅关于加强密云水库上游河北省承德、张家口两市五县生态清洁小流域建设管理工作的通知〔附：密云水库上游河北省承德、张家口两市五县生态清小流域建设管理办法（试行）〕》（京水务郊〔2016〕89 号）和《淮安市人民政府、扬州市政府关于印发白马湖渔业管理办法的通知》（淮政规〔2016〕3 号）两份文件属于两个地区联合发布的文件。本报告在未分地区统计文件数量时将这两份文件计为一部文件，在分地区统计文件数量时将其计为两部文件（即两地均发布了一部文件）。此处即将两份文件计为一部文件的统计结果。

排名	地区	发文数量总计	省级发文数量	市级发文数量	较大的市发文数量	其他地级市发文数量
14	广西	33	12	21	11	10
	安徽	33	10	23	10	13
15	内蒙古	31	17	14	6	8
16	云南	30	18	12	2	10
17	贵州	29	12	17	7	10
	湖北	29	10	19	4	15
18	陕西	27	5	22	12	10
19	江西	26	12	14	5	9
20	海南	25	20	5	2	3
	宁夏	25	9	16	5	11
21	青海	19	11	8	6	2
22	新疆	17	12	5	3	2
23	上海	14	14	0	0	0
24	北京	13	13	0	0	0
25	天津	12	12	0	0	0
26	重庆	10	10	0	0	0
27	西藏	2	0	2	2	0
合计		1209①	446	763	279	484

以省级环境执法政策为考查对象，2016年发布数量超过20部的地区包括四川、辽宁、甘肃、湖南、海南。其中，四川发文数量最多，有29部；其

---

① 其中，《北京市水务局、河北省水利厅关于加强密云水库上游河北省承德、张家口两市五县生态清洁小流域建设管理工作的通知〔附：密云水库上游河北省承德、张家口两市五县生态清洁小流域建设管理办法（试行）〕》（京水务郊〔2016〕89号）计为北京、河北各发布一部文件，《淮安市人民政府、扬州市政府关于印发白马湖渔业管理办法的通知》（淮政规〔2016〕3号）计为淮安、扬州各发布一份文件，因此省级发文数量、市级发文数量、其他地级市发文数量相应分别增加1部，合计发文数量相应增加2部。

次是辽宁，有 26 部（参见表 13）。

表 13 2016 年全国各地区（不含港澳台）省级环境执法政策发布数量统计表

单位：部

排名	地区	省级环境执法政策发布数量
1	四川	29
2	辽宁	26
3	甘肃 湖南	23
4	海南	20
5	广东	19
6	云南	18
7	黑龙江 内蒙古	17
8	山东 浙江	16
9	河北	15
10	福建 河南 上海	14
11	北京 吉林 江苏	13
12	广西 贵州 江西 新疆 天津	12
13	青海 山西	11
14	安徽 湖北 重庆	10
15	宁夏	9
16	陕西	5
合计		446

以市级环境执法政策为考查对象，2016 年发文数量排名前三的地区依次是河南、山西、江苏。其中，河南发文数量多达 100 部。相较之下，青海、海南、新疆、西藏发文数量较少，均不足 10 部（参见表 14）。此外，西安、长沙、兰州、南宁、厦门、大连、青岛等 7 个较大的市发布的环境执法政策数量超过 10 部；其中西安的发文数量最多，有 12 部（参见表 15）。阳泉、商丘、晋城、天水、潍坊等 5 个较大的市以外的其他市发布的环境执法政策数量超过 10 部；其中阳泉的发文数量最多，有 39 部，比排名第二的商丘发文数量多 24 部（参见表 16）。

表 14　**2016 年全国各地区（不含港澳台）市级环境执法政策发布数量统计表**

单位：部

排名	地区	市级环境执法政策发布数量
1	河南	100
2	山西	77
3	江苏	48
4	甘肃	47
5	山东	45
6	辽宁	40
7	河北	39
8	黑龙江	36
9	广东	32
10	吉林	28
11	浙江	27
12	福建	26
13	安徽	23
14	湖南　陕西	22
15	广西	21
16	湖北	19
17	四川	18
18	贵州	17
19	宁夏	16
20	江西　内蒙古	14
21	云南	12
22	青海	8
23	海南新疆	5
24	西藏	2
合计		763

表15 2016年较大的市环境执法政策发布数量统计表

单位：部

排名	城市	较大的市环境执法政策发布数量
1	西安	12
2	长沙　兰州　南宁　厦门	11
3	大连　青岛	10
4	深圳　苏州	9
5	洛阳　南京　石家庄	8
6	成都　贵阳　宁波　淄博	7
7	福州　哈尔滨　合肥　沈阳　西宁	6
8	大同　邯郸　杭州　吉林　南昌　太原　唐山　徐州　银川　郑州	5
9	鞍山　广州　淮南　汕头　武汉	4
10	包头　长春　呼和浩特　济南　齐齐哈尔　乌鲁木齐　无锡	3
12	本溪　抚顺　海口　昆明　拉萨　珠海	2
合计		279

表16 2016年较大的市以外的其他地级市环境执法政策发布数量统计表

单位：部

排名	城市	其他地级市环境执法政策发布数量
1	阳泉	39
2	商丘	15
3	晋城	14
4	天水　潍坊	13
5	安阳　东营　佛山	9
6	漯河　许昌	8
7	四平　松原　周口　驻马店	7
8	固原　鹤壁　新乡　张掖	6

排名	城市	其他地级市环境执法政策发布数量
9	鹤岗　衡水　佳木斯　焦作　开封　吕梁　牡丹江　濮阳　绍兴　朔州　铜仁　张家界　镇江　中卫	5
10	白山　保定　宝鸡　北海　承德　鄂尔多斯　淮安　嘉兴　陇南　南阳　盘锦　庆阳　武威　榆林　昭通	4
11	安庆　沧州　黑河　葫芦岛　金昌　廊坊　南通　攀枝花　七台河　三亚　十堰　乌海　咸宁　伊春　玉溪　运城　自贡	3
12	安顺　德阳　海东　湖州　黄冈　淮北　江门　金华　锦州　景德镇　连云港　辽阳　临沧　六盘　水龙岩　娄底　南平　平顶山　商洛　上饶　宿迁　宿州　台州　泰州　铁岭　吐鲁番　温州　襄阳　新余　邢台　宣城　烟台　宜昌　宜春　玉林　岳阳　漳州	2
13	百色　白银　蚌埠　毕节　常州　朝阳　赤峰　滁州　大庆　广元　桂林　衡阳　黄石　淮北　惠州　吉安　鸡西　荆门　酒泉　来宾　丽江　丽水　临汾　辽源　泸州　茂名　宁德　莆田　泉州　双鸭山　通化　铜陵　威海　梧州　盐城　扬州　宜宾　营口　鹰潭　永州	1
合计		484

（二）开展环境执法专项行动

2016 年全年，环保部实施了 7 次环境执法专项行动，主要执法领域集中在水源保护、大气污染防治、煤炭和钢铁行业管理这三个领域。在本年度内，全国 338 个地级及以上城市中，重度及以上污染天数比例为 2.6%。河南、北京、河北、山东地区优良天数比例不到 60%。针对严重的大气污染，环保部以京津冀地区为中心，着重对大气污染防治实施了四次环境执法专项行动。我国不少地区空气质量问题的突出原因是煤炭开采焚烧和钢铁冶炼。要想解决大气污染防治不力的问题，必须对煤炭、钢铁行业采取有力的监管行动。本年度环保部对煤炭和钢铁行业展开了两次专项执法行动。

饮用水水源地水质保护也是 2016 年环境执法专项行动重点关注的领域。一些饮用水水源地的水质竟然到了不能容忍的劣 V 类。包括长江流域在内，饮用水水源地也到了不堪忍受的地步。为了保护将长江作为饮用水水源地的居民的饮水安全并改善长江流域的生态环境，环保部对长江流域饮用水水源地展开了一次专项执法。

（三）督办环境违法案件，查处严重环境违法行为

在本年度内，环境保护部对24个环境违法案件实施了挂牌督办。这24起案件发生在13个省自治区直辖市，其中包括（1）四川省，如四川省煤焦化集团有限公司环境违法案；（2）黑龙江省，如黑龙江黑化集团有限公司环境违法案；（3）上海市，如上海垃圾非法倾倒苏州太湖西山岛和南通江心沙农场两案；（4）安徽省，如安徽省芜湖市二水厂饮用水水源地环境违法；（5）湖南省，如湖南湘瑞健农牧有限公司等3家企业环境违法案；（6）江苏省，如江苏、山东两省绣针河沿岸交界区域环境污染案；（7）山东省，如龙口市尾矿库环境问题案；（8）山西省，如山西天脊潞安化工有限公司环境违法案；（9）江西省，如江西乐平工业园区（塔山园区）违法排污案；（10）陕西省，如乾县西沟垃圾场环境问题案；（11）河北省，如涞水县尾矿库环境问题案；（12）广东省，如广东省云浮市宝利硫酸有限责任公司环境违法案；（13）宁夏回族自治区，如宁夏精英鲁西化肥有限公司环境问题案。这24起案件，涉及水污染的有12起，比如对涞水县尾矿库环境问题挂牌督办；涉及大气污染的有7起，比如对宁夏精英鲁西化肥有限公司环境问题挂牌督办；涉及固体废弃物污染的有3起，比如对乾县西沟垃圾场环境问题联合挂牌督办；涉及其他类型的有2起。

除对重大案件实施挂牌督办之外，环境保护部还对发生在浙江、江苏、福建、广东、山东、河北、黑龙江、天津等地的18起环境违法案件实施行政处罚，共制作行政处罚决定书18份。在这全部18起案件中，有13件属于涉放射性污染案。相关行为违反《民用核安全设备监督管理条例》和《放射性同位素与射线装置安全和防护条例》，案由多为许可证冒用、滥用，违规操作，在材料、数据方面弄虚作假，生产能力不合标准等。

（四）建立并实施"中央环保督察"

2016年开展的环保督察，准确称谓是中央环保督察组督察省自治区直

辖市环境保护工作，可以简称"中央环保督察"。它是由中央环保督察组对省自治区直辖市的环境保护工作实施督察，而非我国各级人民政府都设置的环境保护行政主管机关依照法律法规的规定所实施的监督检查。

中央环保督察组对省自治区直辖市环境保护工作的督察以2016年1月4日中央环保督察组进驻河北省为启动标志，由此开始了中央环保督察组督察省自治区直辖市环境保护工作的尝试。在对河北省的督察取得经验之后，国家又组织中央环保督察组实施了两批对省自治区直辖市环境保护工作的督察。

第一批中央环保督察组督察省自治区直辖市环保工作于2016年7月19日正式开始。这一批共组建了8个中央环保督察组，分别对内蒙古自治区、黑龙江省、江苏省、江西省、河南省、广西壮族自治区、云南省、宁夏回族自治区的环境保护工作实施督察。

第二批中央环保督察组督察省自治区直辖市环保工作于2016年11月24日开始。第二批督察共组建了7个督察组，分别对北京市、上海市、湖北省、广东省、重庆市、陕西省、甘肃省的环境保护工作实施督察。

中央环保督察的突出特点是权威性强、工作有重点、已经形成了完整的工作程序，包括督察准备、督察进驻、督察报告、督察结果反馈、移交移送、整改落实等。因为权威性强，所以对全国各地产生了震慑作用；因为工作有重点，有目标，所以每次督察都能产生明显的工作实效；因为已经形成了完整的工作程序，所以，可以推广。

随着中央环保督察取得成功，一些省自治区直辖市学习中央环保督察的经验，也启动了省自治区直辖市环保督察，即由省自治区直辖市环保督察组对地市环境保护工作实施督察。

四、环境司法、环境审判和环境诉讼

环境司法、环境审判是我国环境法实施的司法保障，而环境诉讼，包括涉环境的公诉和我国法律新近建立的社会公共利益诉讼是环境法实施与环境司法、环境诉讼紧密联系在一起的重要环节。

在环境司法、环境审判和环境诉讼这三个联系密切的环境法实施环节上，2016 年也有许多点亮。

（一）最高人民法院、最高人民检察院发布环境相关法司法解释

2016 年 12 月 23 日，最高人民法院和最高人民检察院发布《最高人民法院、最高人民检察院关于办理环境污染刑事案件适用法律若干问题的解释》（法释〔2016〕29 号），从定罪、量刑以及刑事诉讼证据使用等方面，对办理环境污染刑事案件适用法律产生的若干问题进行了详细解释和澄清。

此前，最高人民法院曾于 2006 年 7 月 21 日发布《最高人民法院关于审理环境污染刑事案件具体应用法律若干问题的解释》（法释〔2006〕4 号），最高人民法院和最高人民检察院曾于 2013 年 6 月 17 日发布《最高人民法院、最高人民检察院关于办理环境污染刑事案件适用法律若干问题的解释》（法释〔2013〕15 号）。经过司法实践的检验，法释〔2006〕4 号《解释》已经被宣布作废，而法释〔2013〕15 号《解释》也存在明显的不足。为弥补法释〔2013〕15 号《解释》的不足，"两高"发布了法释〔2016〕29 号《解释》。

法释〔2016〕29 号《解释》共 18 条，内容涉及环境污染案件的定罪和量刑。该《解释》更突出的贡献是为环境污染案件举证难问题提供了解决办法，其中包括承认监测数据的证据价值、确认公安机关可以指定出具环境污染专门问题报告的机构。

（二）普遍建立环境资源审判机构，积极开展审理范围及其模式探索

根据《中国环境资源审判》（白皮书）披露的数据，截至 2016 年 6 月，全国各级人民法院设立环境资源审判庭、合议庭或者巡回法庭共计 558 个，其中审判庭 191 个。贵州、福建、海南、江苏、河北、山东、广西、江西、河南、广东、重庆、云南、湖南、四川、吉林等 15 个高级人民法院设立环境资源审判庭。福建、贵州、江苏、海南、重庆等地建立三级环境资源审判组织体系。其他高级人民法院也都指定了专门机构，负责环境资源审判工作。这些数字说明，我国涉环境资源的审判机构在全国普遍设立，已经形成一支强大的审判队伍。

在涉环境资源的审判机构普遍建立的同时，各地法院，尤其是较早建

立涉环境资源的审判机构的法院，对被称为"环境资源审判庭"或"环境资源合议庭""环境资源巡回法庭"等的涉环境资源审判机构的审理范围做了积极探索。到 2016 年，已经形成了三种审理范围模式，即（1）"二合一"模式，即审理涉环境资源的民事案件和涉环境资源的行政案件两类案件的模式；（2）"三合一"模式，即审理涉环境资源的民事案件、涉环境资源的行政案件和涉环境资源的刑事案件三类案件的模式。

（三）最高人民法院发布涉环境资源典型案例

正像涉环境资源的审判机构的审理范围尚处在探索的过程之中那样，我国的环境资源审判还不是一项或一类成熟的制度。包括法律适用等在内，在这种审判业务审理的案件等方面，都存在需要探索解决的问题。面对这种局面，为了给各级法院提供参考，最高人民法院发布了一批环境资源审判典型案例。① 此次发布的典型案例共 28 件。其中涉环境资源的行政案件 10 件、涉环境资源的民事案件 10 件、涉环境资源的刑事案件 8 件。

（四）国家公诉机关积极履职，提起涉环境资源诉讼

我国的人民检察院的重要职能之一是以国家公诉人或法律机关的身份提起公诉。在这个意义上，我国的人民检察机关就是国家公诉机关。

2016 年，作为国家公诉机关的人民检察院在环境法制建设上的贡献主要表现在以下两个方面：一个方面是提起涉环境资源的刑事诉讼；另一个方面是依照 2012 年修订的《民事诉讼法》和 2015 年 7 月 1 日第十二届全国人大常委会第十五次会议通过《关于授权最高人民检察院在部分地区开展公益诉讼试点工作的决定》等相关法律文件，提起涉环境资源的社会公共利益诉

---

① 发布涉环境资源的典型案例已经不是第一次。例如，在 2014 年 7 月 3 日召开的最高人民法院全面加强环境资源审判工作新闻发布会上，最高人民法院环境资源审判庭就公布了 9 件环境资源审判典型案例，其中包括：（1）中华环保联合会、贵阳公众环境教育中心与贵阳市乌当区定扒造纸厂水污染责任纠纷案；（2）聂胜等 149 户辛庄村村民与平顶山天安煤业股份有限公司五矿等水污染责任纠纷案；（3）上海市松江区叶榭镇人民政府与蒋荣祥等水污染责任纠纷案；（4）重庆市长寿区龙河镇盐井村 1 组与蒙城县利超运输有限公司等环境污染责任纠纷案；（5）朱正茂、中华环保联合会与江阴港集装箱公司环境污染责任纠纷案；（6）张长健等 1721 人与福建省（屏南）榕屏化工有限公司环境污染责任纠纷案；（7）姜建波与荆军噪声污染责任纠纷案；（8）中华环保联合会与无锡市蠡湖惠山景区管理委员会生态环境损害赔偿纠纷案；（9）王仕龙与刘俊波采矿权转让合同纠纷案等。

讼。在本年度内，各地人民检察院共提起涉环境资源的社会公共利益诉讼 4 起，其中包括：（1）江苏省常州市人民检察院诉许建惠、许玉仙民事公益诉讼案；（2）湖北省十堰市郧阳区检察院诉区林业局怠于履职行政公益诉讼案；（3）吉林省白山市检察院诉白山市江源区卫计局和江源区中医院行政附带民事公益诉讼案；（4）内蒙古自治区锡林郭勒盟苏尼特左旗人民检察院诉苏尼特左旗生态保护局行政公益诉讼案。尽管数量不大，但它们却是《关于授权最高人民检察院在部分地区开展公益诉讼试点工作的决定》发布后的有益尝试。

（五）环境社会公共利益诉讼稳步前进

社会公共利益诉讼是 2012 年修订的《民事诉讼法》创立的一类诉讼。2014 年修订的《环境保护法》对社会公共利益诉讼中的涉环境的诉讼提供了更具体的行为规范。这一立法使涉环境的社会公共利益诉讼（简称环境社会公共利益诉讼）成为我国诉讼制度中更具独立性的一种诉讼。

2016 年的环境社会公共利益诉讼共发生 7 起。除上述由人民检察院担任原告的 4 起之外，还有 3 起由社会组织提起的诉讼。它们是：（1）北京市朝阳区自然之友环境研究所诉山东金岭化工股份有限公司民事公益诉讼案；（2）自然之友和中国生物多样性保护与绿色发展基金会诉江苏常隆化工有限公司等三家公司民事公益诉讼案；（3）中华环保联合会诉德州晶华集团振华有限公司民事公益诉讼案。

7 起，这不是一个十分庞大的数字；这 7 起案件，没有一起是具有国际影响的案件，甚至也算不上是有重大影响的案件。但是，一方面，它们是法律设立环境社会公共利益诉讼制度合理性的证明；另一方面，它们是对我国环境法制建设的未来的召唤。

Ⅱ 环境立法与政策制定篇

　　2016 年，中国环境法制建设在环境立法与政策制定方面产生了丰硕成果。首先，以制定国家环境保护规划、试点国家生态文明试验区、健全生态保护补偿机制、全面推行河长制等为主要内容的一批国家环境政策相继出台，为未来一段时期我国环境保护事业和环境法制建设提供了总体方略。其次，适时制定、修订或修正部分法律法规，环境立法进一步完善。据统计，本年度我国共制定、修订或修正环境保护法律 9 部，环境部门规章 13 部，地方性环境法规 155 部，地方政府环境规章 26 部。首次制定的《中华人民共和国深海海底区域资源勘探开发法》和《中华人民共和国境外非政府组织境内活动管理法》两部法律，一定程度上填补了我国在管理深海海底区域资源开发、规制境外非政府组织（主要是环保组织）境内活动等方面的法律空白。首次制定的《中华人民共和国环境保护税法》，开启了党的十八届三中全会提出的"落实税收法定原则"的法制变革序幕。此外，《中华人民共和国野生动物保护法》进行了自 1988 年颁布以来的首次修订，建立了野生动物栖息地保护、违法信息档案记录与公示等一系列新的法律制度。再次，批准已缔结的相关条约或条约修正案，积极展现我国履行国际义务、推动全球环境治理的能力和负责任的态度。值得注意的是，中国推动制定并最终缔结、批准《巴黎协定》，显示了中国作为碳排放量大国和最大发展中国家，在参与应对全球气候变化合作、努力实现联合国千年发展目标方面贡献的巨大法制动力。

环境立法与政策制定是环境法制建设的一项重要内容。据统计，经过近40年的发展，我国已制定36部以污染防治、自然资源管理和利用、生态保护和灾害防治等为主要内容的法律，30多部与环境资源法密切相关的法律，60多项环境保护行政法规，2000余件环保规章和地方环保法规，10余件军队环保法规和规章，1100多项环保标准；签订、参加60多个与环境资源有关的国际条约，并先后与40多个国家签署双边环保合作协议或备忘录。① 长期以来，环境立法与政策制定在服务我国环境法制建设的过程中发挥了重要作用。2016年既是"十三五"的开局之年，也是全面建成小康社会、实现第一个百年奋斗目标决胜阶段的开局之年。从2016年开始的未来一段时期，我国环境保护事业"既处于大有作为的重要战略机遇期，又处于负重前行的关键期；既是实现环境质量总体改善的窗口期、转折期，也是攻坚期。"② 按照党的十九大报告提出的具体要求："我们要建设的现代化是人与自然和谐共生的现代化，既要创造更多物质财富和精神财富以满足人民日益增长的美好生活需要，也要提供更多优质生态产品以满足人民日益增长的优美生态环境需要。必须坚持节约优先、保护优先、自然恢复为主的方针……加快建立绿色生产和消费的法律制度和政策导向。"因此，如何通过完善环境立法与政策制定，推动中国环境法制建设、全面深化改革和全面依法治国不断向前发展，继而建成人与自然和谐的美丽中国，已经成为摆在包括决策者、参与者、参加者等在内的所有中国人面前的一项艰难的历史性课题。

---

① 参见蔡守秋：《中国环境法40年历程回顾》，载《世界环境》2012年第3期，第33页。

② 陈吉宁：《以改善环境质量为核心全力打好补齐环保短板攻坚战——在2016年全国环境保护工作会议上的讲话》。

第 一 章

2016 年国家环境政策

2016 年，中国环境法制建设在国家环境政策方面取得了诸多成绩：随着《国民经济和社会发展第十三个五年规划纲要》的出台，一系列环境保护相关规划陆续制定并公布，为我国未来一段时期的环境保护事业提供了基本方略；提出健全生态保护补偿机制，继续统筹推进"五位一体"总体布局、不断完善转移支付制度以及探索建立多元化生态保护补偿机制；福建省首先启动国家生态文明试验区试点工作，从环境治理、市场主体建设、法制保障等多方面不断探索、积累生态文明建设的经验；河长制开始在全国范围内推行，各地相继建立了省、市、县、乡四级河长体系。虽然这些成果的实践效果尚待检验，但它们本身丰富了我国的环境政策体系，同时也释放了中国环境法制建设在完善国家环境政策方面的积极的信号。环境政策，特别是国家环境政策，对贯彻落实新发展理念、提升和深化生态文明建设、推动环境法制建设发展具有重要作用。

国家环境政策作为法制建设的重要制度工具存在固有的局限。批准《国民经济和社会发展第十三个五年规划纲要》、提出健全生态保护补偿机制、启动国家生态文明试验区试点工作和推行河长制都是从宏观出发，以目标导向为主，具体的操作和制度之间的协调交互并未做规定。而为了实现环境政策对环境法律的灵活性技能的补给与拓展，国家环境政策需要环境法律进行补充，以持续彰显现代环境法治的理念与价值。① 因此，尽管已有的国家环境政策在一定程度上奠定了我国未来一段时期环境保护事业的基础，但如何保持政策的延续性、稳定性，如何确保政策提供的宏观思路具体化、可操作性，仍然是我国环境法制建设在国家环境政策方面需要解决的问题。

第一节　制定国家环境保护规划和相关规划

环境规划在环境保护中发挥着重要作用。它既是促进经济、社会发展与环境保护相协调的重要手段，是指导各项环境保护活动、实现环境管理目标的基本依据，也是改善环境质量、防止生态破坏的有效措施。②

2016 年中国环境法制建设在国家环境政策方面最重要的成果是，第十二届全国人民代表大会第四次会议批准了国务院提出的《中华人民共和国国民经济和社会发展第十三个五年规划纲要（草案）》，并随后正式通过了《中华人民共和国国民经济和社会发展第十三个五年规划纲要》（以下简称《"十三五"规划纲要》）。为实施《"十三五"规划纲要》，一批内容涉及国土资源发展、林业发展、全国气象发展、国土资源科技创新发展和全国海洋标准化发展等方面的环境规划相继公布实施。

一、批准《"十三五"规划纲要》

2016 年 3 月 16 日，第十二届全国人民代表大会第四次会议表决通过了《关于国民经济和社会发展第十三个五年规划纲要的决议》，决定批准《"十三五"规划纲要》。该文件共分 20 篇（约 6.5 万字），包括：指导思想、主要目标和发展理念；实施创新驱动发展战略；构建发展新体制；推进农业现代化；优化现代产业体系；拓展网络经济空间；构筑现代基础设施网络；推进新型城镇化；推动区域协调发展；加快改善生态环境；构建全方位开放新格局；深化内地和港澳、大陆和台湾地区合作发展；全力实施脱贫攻坚；提升全民教育和健康水平；提高民生保障水平；加强社会主义精神文明建设；

---

① 参见郭武、刘聪聪：《在环境政策与环境法律之间——反思中国环境保护的制度工具》，载《兰州大学学报（社会科学版）》2016 年第 2 期。

② 参见徐祥民主编：《环境与资源保护法学》，科学出版社 2008 年版，第 123—124 页。

加强和创新社会治理；加强社会主义民主法治建设；统筹经济建设和国防建设；强化规划实施保障。

与以往的规划纲要相比，《"十三五"规划纲要》尤其突出了环境保护、绿色发展及它们对于全面建成小康社会的重要意义。比如有解读就指出，"与以往相比，绿色发展成为贯彻'纲要'通篇的主基调，无论是今后 5 年经济社会发展主要目标的确定，还是各篇章内容的阐述，以及在'加快改善生态环境'篇章进行专门论述，都无一不体现出绿色发展在全面建成小康社会进程中的重要性。"①

1.《"十三五"规划纲要》关于环境法制建设的相关内容

在《"十三五"规划纲要》中，关于环境法制建设的相关内容主要规定在第十章（加快改善生态环境）。本章提出了"十三五"期间加快改善生态环境的总目标，即"以提高环境质量为核心，以解决生态环境领域突出问题为重点，加大生态环境保护力度，提高资源利用效率，为人民提供更多优质生态产品，协同推进人民富裕、国家富强、中国美丽。"而为了实现这一总目标，《"十三五"规划纲要》从七个方面提出了具体措施。

第一，加快建设主体功能区。《"十三五"规划纲要》提出了健全主体功能区的配套政策体系，包括：根据不同主体功能区定位要求，实行分类考核的绩效评价办法；重点生态功能区实行产业准入负面清单；建立健全区域流域横向生态补偿机制；设立统一规范的国家生态文明试验区；建立国家公园体制，整合设立一批国家公园。此外，《"十三五"规划纲要》还提出"以市县级行政区为单元，建立由空间规划、用途管制、差异化绩效考核等构成的空间治理体系"，其具体措施主要是建立国家空间规划体系、完善国土空间开发许可制度，以及建立资源环境承载能力监测预警机制。

第二，推进资源节约集约利用。推进资源节约集约利用的总的目标是，"树立节约集约循环利用的资源观，推动资源利用方式根本转变，加强全过程节约管理，大幅提高资源利用综合效益"。其具体措施共有七项：一是全面推动能源节约；二是全面推进节水型社会建设；三是强化土地节约集约利用；四是加强矿产资源节约和管理；五是大力发展循环经济；六是倡导勤俭

---

① 原二军：《绿色理念成未来 5 年发展主基调》，《中国环境报》2016 年 3 月 21 日，第 1 版。

节约的生活方式；七是建立健全资源高效利用机制。《"十三五"规划纲要》明确提出，未来五年，我国能源消费总量必须控制在50亿吨标准煤以内，用水总量控制在6700亿立方米以内，单位国内生产总值建设用地使用面积下降20%；此外，还要建立矿产资源国家权益金制度，健全矿产资源税费制度；建立健全中央对地方节能环保考核和奖励机制；建立统一规范的国有自然资源资产出让平台。

第三，加大环境综合治理力度。加大环境综合治理力度应当综合考虑各环境要素之间的联系，将环境作为一个有机整体进行治理。为此，《"十三五"规划纲要》从五个方面做了规划。一是深入实施污染防治行动计划。主要措施包括：制定城市空气质量达标计划，严格落实约束性指标，确保地级及以上城市重污染天数减少25%；推进水功能区分区管理，确保主要江河湖泊水功能区水质达标率达到80%以上；在重点区域、重点行业推进挥发性有机物排放总量控制，全国排放总量下降10%以上；实施土壤污染分类分级防治，优先保护农用地土壤环境质量安全，切实加强建设用地土壤环境监管。二是大力推进污染物达标排放和总量减排。主要措施包括：改革主要污染物总量控制制度，扩大污染物总量控制范围；在重点区域、重点行业推进挥发性有机物排放总量控制，全国排放总量下降10%以上；沿海和汇入富营养化湖库的河流沿线所有地级及以上城市实施总氮排放总量控制。三是严密防控环境风险，实施环境风险全过程管理。四是加强环境保护基础设施建设。五是改革环境治理基础制度。《"十三五"规划纲要》明确提出："切实落实地方政府环境责任，开展环保督察巡视，建立环境质量目标责任制和评价考核机制。实行省以下环保机构监测监察执法垂直管理制度，探索建立跨地区环保机构，推行全流域、跨区域联防联控和城乡协同治理模式。推进多污染物综合防治和统一监管，建立覆盖所有固定污染源的企业排放许可制，实行排污许可'一证式'管理。建立健全排污权有偿使用和交易制度。严格环保执法，开展跨区域联合执法，强化执法监督和责任追究。建立企业环境信用记录和违法排污黑名单制度，强化企业污染物排放自行监测和环境信息公开，畅通公众参与渠道，完善环境公益诉讼制度。实行领导干部环境保护责任离任审计。"

第四，加强生态保护修复。《"十三五"规划纲要》提出，我国应当在

"十三五"期间加强生态保护修复。其主要措施包括：完善天然林保护制度，全面停止天然林商业性采伐；创新产权模式，引导社会资金投入植树造林；扩大退耕还林还草，推进禁牧休牧轮牧和天然草原退牧还草，加强"三化"草原治理，确保草原植被综合覆盖度达到56%；完善国家地下水监测系统，开展地下水超采区综合治理；建立沙化土地封禁保护制度；有步骤对居住在自然保护区核心区与缓冲区的居民实施生态移民；加快城乡绿道、郊野公园等城乡生态基础设施建设，发展森林城市，建设森林小镇；科学规划和建设生物资源保护库圃，建设野生动植物人工种群保育基地和基因库；严防并治理外来物种入侵和遗传资源丧失。

第五，积极应对全球气候变化。《"十三五"规划纲要》提出了一系列积极应对全球气候变化的制度建设规划，包括推动建设全国统一的碳排放交易市场，实行重点单位碳排放报告、核查、核证和配额管理制度；健全统计核算、评价考核和责任追究制度；在城乡规划、基础设施建设、生产力布局等经济社会活动中充分考虑气候变化因素，适时制定和调整相关技术规范标准；积极参与应对全球气候变化谈判，推动建立公平合理、合作共赢的全球气候治理体系。

第六，健全生态安全保障机制。健全生态安全保障机制，应当加强生态文明制度建设，建立健全生态风险防控体系，提升突发生态环境事件应对能力。《"十三五"规划纲要》指出，在"十三五"期间我国应当完善生态环境保护制度。其具体要求是，"落实生态空间用途管制，划定并严守生态保护红线，确保生态功能不降低、面积不减少、性质不改变。建立森林、草原、湿地总量管理制度。加快建立多元化生态补偿机制，完善财政支持与生态保护成效挂钩机制。建立覆盖资源开采、消耗、污染排放及资源性产品进出口等环节的绿色税收体系。研究建立生态价值评估制度，探索编制自然资源资产负债表，建立实物量核算账户。实行领导干部自然资源资产离任审计。建立健全生态环境损害评估和赔偿制度，落实损害责任终身追究制度。"

第七，发展绿色环保产业。在"十三五"期间，发展绿色环保产业的主要制度建设规划包括：完善企业资质管理制度；推行合同能源管理、合同节水管理和环境污染第三方治理；统筹推行绿色标识、认证和政府绿色采购制度；建立绿色金融体系，发展绿色信贷、绿色债券，设立绿色发展基金。

2.《"十三五"规划纲要》对环境法制建设的重要意义

在我国，国民经济和社会发展规划具有重要地位。它主要阐明国家和地方战略意图，明确政府工作重点，既是政府履行职责的基本依据，也是一定时期内经济社会发展的全面总体布局，是建设生态文明、实现人与自然和谐的蓝图。通过编制、实施规划，有利于政府综合运用各种手段推动实现可持续发展。

我国综合环境法和环境保护单行法均提出将环境保护工作纳入国民经济和社会发展规划。早在1979年，《中华人民共和国环境保护法（试行）》就曾明确规定，"在制定发展国民经济计划的时候，必须对环境的保护和改善统筹安排，并认真组织实施"（第五条）。之后的《中华人民共和国环境保护法》则进一步明确、强调了环境保护规划的重要性，并在第四条规定："国家制定的环境保护规划必须纳入国民经济和社会发展计划，国家采取有利于环境保护的经济、技术政策和措施，使环境保护工作同经济建设和社会发展相协调。"2014年修订《中华人民共和国环境保护法》时，接受强化环境保护规划作用的建议，就环境保护规划单列一条，并且放在《监督管理》一章的第一条的位置上，以凸显其在环保工作中的重要价值。① 该条规定："县级以上人民政府应当将环境保护工作纳入国民经济和社会发展规划。"

就环境法制建设而言，《"十三五"规划纲要》的主要贡献在于，它对未来一段时期我国环境保护体制机制建设提出了总的规划。《"十三五"规划纲要》从加快建设主体功能区、推进资源节约集约利用、加大环境综合治理力度、加强生态保护修复、积极应对全球气候变化、健全生态安全保障机制、发展绿色环保产业等七个方面提出了具体措施。健全生态补偿机制、设立国家生态文明试验区、建立国家公园体制、建立矿产资源国家权益金制度、建立统一规范的国有自然资源资产出让平台、改革主要污染物总量控制制度、实行省以下环保机构监测监察执法垂直管理制度、完善环境社会公共利益诉② 等一系列宏观性制度的提出，对于继续推进我国现阶段环境法制建设实

---

① 参见信春鹰主编：《中华人民共和国环境保护法释义》，法律出版社2014年版，第43页。

② 我国学界、立法界、环保实务界许多学者、专家都把2012年修订后的《中华人民共和国民事诉讼法》和2014年修订后的《中华人民共和国环境保护法》的相关规定涉及环境的诉讼，称为环境公益诉讼。但实际上，这些法律规定的涉环境诉讼都是"以维护或实现社会公共利益提起的诉讼"，这类诉

践和理论发展具有重要意义。有专家也指出，与前几个五年规划以降低污染物排放量为主要目标不同，《"十三五"规划纲要》首要的显著变化在于"首次提出了'生态环境质量总体改善'目标……着重突出了生态环境质量改善目标，把其作为未来环保工作的出发点和落脚点。"①

二、实施《"十三五"规划纲要》的相关国家级环境保护规划

国民经济和社会发展规划既是国家加强、改善宏观调控的重要手段，也是政府履行经济调节、市场监管、社会管理和公共服务职责的重要依据。根据《国务院关于加强国民经济和社会发展规划编制工作的若干意见》（国发〔2005〕33号）的相关规定，我国实行"三级三类"规划管理体系，即国民经济和社会发展规划按行政层级分为国家级规划、省（区、市）级规划、市县级规划；按对象和功能类别分为总体规划、专项规划、区域规划。②其中，以《"十三五"规划纲要》为代表的国家级总体规划，是全国国民经济和社会发展的战略性、纲领性、综合性规划，是编制本级和下级专项规划、区域规划以及制定有关政策和年度计划的依据，其他规划要符合总体规划的要求。

为实施《"十三五"规划纲要》，相关国家级环境保护规划陆续发布。截至2016年底，我国共制定并发布了包括《国土资源"十三五"规划纲要》（国土资发〔2016〕38号）、《林业发展"十三五"规划》（林规发〔2016〕22号）、《全国气象发展"十三五"规划》（气发〔2016〕62号）、《国土资源"十三五"科技创新发展规划》（国土资发〔2016〕100号）、《全国海洋标准

讼"按诉讼目的命名，是社会公共利益诉讼"。"这种诉讼的恰当的称谓是'众益诉讼'，而非公益诉讼"（参见徐祥民、张明君：《建立我国环境公益诉讼制度的便捷路径》，载《河北法学》2014年第6期）。本书采用本课题组成员的学术观点，对包括学者论述中和相关文件中使用"环境公益诉讼"之名而实质上是与环境有关的社会公共利益诉讼的那些诉讼，按照其实质称之为社会公共利益诉讼，并按民事诉讼和行政诉讼分道行车的我国诉讼制度建设实际，把民事类的称为"环境民事社会公共利益诉讼"，把行政类的称为"环境行政社会公共利益诉讼"。

① 宋旭：《从"十三五"规划纲要看未来五年环保工作——专访环境保护部南京环境科学研究所所长高吉喜》，载《中国环境管理》2016年第2期，第24—25页。

② 《国务院关于加强国民经济和社会发展规划编制工作的若干意见》（国发〔2005〕33号）规定："国家总体规划和省（区、市）级、市县级总体规划分别由同级人民政府组织编制，并由同级人民政府发展改革部门会同有关部门负责起草；专项规划由各级人民政府有关部门组织编制；跨省（区、市）的区域规划，由国务院发展改革部门组织国务院有关部门和区域内省（区、市）人民政府有关部门编制。"

化"十三五"发展规划》等在内的 28 件与环境法制建设相关的规划（见表
1）。这些文件与《"十三五"规划纲要》一起构成了规划我国环境保护事业、
环境法制建设的国家环境政策。

表 1 实施《"十三五"规划纲要》相关国家级环境保护规划

序号	颁布时间	文件名称	类别
1	2016-04-12	《国土资源"十三五"规划纲要》	专项规划
2	2016-05-06	《林业发展"十三五"规划》	专项规划
3	2016-08-23	《全国气象发展"十三五"规划》	专项规划
4	2016-09-01	《国土资源"十三五"科技创新发展规划》	专项规划
5	2016-09-18	《全国海洋标准化"十三五"发展规划》	专项规划
6	2016-10-27	《全国生态保护"十三五"规划纲要》	专项规划
7	2016-10-28	《生物质能发展"十三五"规划》	专项规划
8	2016-11-09	《全国畜禽遗传资源保护和利用"十三五"规划》	专项规划
9	2016-11-16	《风电发展"十三五"规划》	专项规划
10	2016-11-24	《"十三五"生态环境保护规划》	总体规划
11	2016-11-29	《全国矿产资源规划（2016-2020 年）》	专项规划
12	2016-12-08	《太阳能发展"十三五"规划》	专项规划
13	2016-12-09	《海洋观测预报和防灾减灾"十三五"规划》	专项规划
14	2016-12-10	《可再生能源发展"十三五"规划》	专项规划
15	2016-12-23	《"十三五"全民节能行动计划》	专项规划
16	2016-12-24	《天然气发展"十三五"规划》	专项规划
17	2016-12-24	《石油发展"十三五"规划》	专项规划
18	2016-12-26	《能源发展"十三五"规划》	专项规划
19	2016-12-28	《全国海岛保护工作"十三五"规划》	专项规划
20	2016-12-28	《全国地质灾害防治"十三五"规划》	专项规划
21	2016-12-28	《全国海水利用"十三五"规划》	专项规划
22	2016-12-29	《国家综合防灾减灾规划（2016-2020 年）》	总体规划
23	2016-12-30	《国家人口发展规划（2016—2030 年）》	总体规划

续表

序号	颁布时间	文件名称	类别
24	2016-12-30	《海洋可再生能源发展"十三五"规划》	专项规划
25	2016-12-30	《能源技术创新"十三五"规划》	专项规划
26	2016-12-30	《全国草原保护建设利用"十三五"规划》	专项规划
27	2016-12-31	《"十三五"全国城镇生活垃圾无害化处理设施建设规划》	专项规划
28	2016-12-31	《"十三五"全国城镇污水处理及再生利用设施建设规划》	专项规划

上述规划涉及人口发展、生态保护、污染防治、自然资源保护与利用、防灾减灾等环境保护的各个方面。其中,《全国生态保护"十三五"规划纲要》《"十三五"生态环境保护规划》《国家人口发展规划(2016—2030年)》等三项规划因其系统性、综合性和解决环境问题的针对性,尤为重要。

(一)《全国生态保护"十三五"规划纲要》

为贯彻落实《"十三五"规划纲要》,推进生态文明建设,环境保护部于2016年10月27日下发《关于印发〈全国生态保护"十三五"规划纲要〉的通知》(环生态〔2016〕151号),发布了《全国生态保护"十三五"规划纲要》。《全国生态保护"十三五"规划纲要》是《"十三五"规划纲要》出台后,我国制定的首部关于系统全面保护生态环境(而不是环境要素,比如土地、矿产、能源等)的国家级专项规划。

《全国生态保护"十三五"规划纲要》首先指出了我国生态保护面临的主要问题。一方面,我国正面临着生态空间遭受持续威胁、生态系统质量和服务功能偏低、生物多样性加速下降的总体趋势尚未得到有效遏制等生态环境问题。另一方面,环保部门在履行指导、协调、监督生态保护工作职责时,还存在体制机制和管理上的突出问题,即统一监管的管理体制不健全,全社会共同监督的机制尚未建立,监督管理的基础能力薄弱。

关于"十三五"时期我国生态保护的主要目标,《全国生态保护"十三五"规划纲要》提出:"到2020年,生态空间得到保障,生态质量有所提升,生态功能有所增强,生物多样性下降速度得到遏制,生态保护统一监管水平明显提高，生态文明建设示范取得成效，国家生态安全得到保障，与全面建成小康社会相适应。"具体而言，即"全面划定生态保护红线，管控要求得到落实，国家生态安全格局总体形成；自然保护区布局更加合理，管护能力和保护水平持续提升，新建30—50个国家级自然保护区，完成200个国家级自然保护区规范化建设，全国自然保护区面积占陆地国土面积的比例维持在14.8%左右（包括列入国家公园试点的区域）；完成生物多样性保护优先区域本底调查与评估，建立生物多样性观测网络，加大保护力度，国家重点保护物种和典型生态系统类型保护率达到95%；生态监测数据库和监管平台基本建成；体现生态文明要求的体制机制得到健全；推动60—100个生态文明建设示范区和一批环境保护模范城创建，生态文明建设示范效应明显。"

为实现上述目标，《全国生态保护"十三五"规划纲要》明确了四大主要任务及四项保障措施。其中，主要任务包括建立生态空间保障体系、强化生态质量及生物多样性提升体系、建设生态安全监测预警及评估体系、完善生态文明示范建设体系；四项保障措施包括完善法律法规、健全体制机制、强化科技支撑、推动共同保护。此外，《全国生态保护"十三五"规划纲要》还提出，未来我国应当推动《生物遗传资源获取与惠益分享管理条例》《自然保护区人类活动遥感监测与核查规定》等法律法规的制定，开展《自然保护区条例》后评估，推进制定自然保护区法，研究生态保护红线立法；推动制定和实施跨部门生态保护政策措施；开展国家公园体制研究及试点示范，探索建立国家公园行政管理体制；推动建立健全国土空间开发与保护制度，以及生态环境损害评估和赔偿、生态保护补偿等制度，支持各地建立生态保护补偿机制。

（二）《"十三五"生态环境保护规划》

2016年11月24日，国务院下发《国务院关于印发"十三五"生态环境保护规划的通知》，《"十三五"生态环境保护规划》正式公布。此前，国务院常务会议已于2016年11月15日通过了《"十三五"生态环境保护规划》。与环境保护部编制的《全国生态保护"十三五"规划纲要》相比，《"十三五"生态环境保护规划》具有更强的系统性、综合性，既是国家级总体规划，也是"十三五"时期统筹部署全国生态环境保护工作的基本依据。

《"十三五"生态环境保护规划》共 10 章，主要内容分为三个部分。第一部分明确了全国生态环境保护形势和工作的指导思想、基本原则、主要目标（见表 2）。

表 2 "十三五"生态环境保护主要指标①

指标		2015 年	2020 年	〔累计〕1	属性
生态环境质量					
1. 空气质量	地级及以上城市 2 空气质量优良天数比率（%）	76.7	>80	—	约束性
	细颗粒物未达标地级及以上城市浓度下降（%）	—	—	〔18〕	约束性
	地级及以上城市重度及以上污染天数比例下降（%）	—	—	〔25〕	预期性
2. 水环境质量	地表水质量 3 达到或好于Ⅲ类水体比例（%）	66	>70	—	约束性
	地表水质量劣Ⅴ类水体比例（%）	9.7	<5	—	约束性
	重要江河湖泊水功能区水质达标率（%）	70.8	>80		预期性
	地下水质量极差比例（%）	15.74	15 左右	—	预期性
	近岸海域水质优良（一、二类）比例（%）	70.5	70 左右		预期性
3. 土壤环境质量	受污染耕地安全利用率（%）	70.6	90 左右	—	约束性
	污染地块安全利用率（%）	—	90 以上		约束性
4. 生态状况	森林覆盖率（%）	21.66	23.04	〔1.38〕	约束性
	森林蓄积量（亿立方米）	151	165	〔14〕	约束性
	湿地保有量（亿亩）	—	≥8	—	预期性
	草原综合植被盖度（%）	54	56		预期性
	重点生态功能区所属县域生态环境状况指数	60.4	>60.4	—	预期性

① 本表格根据原文件所附表格制作，未作改动。

续表

指标		2015 年	2020 年	〔累计〕1	属性
污染物排放总量					
5. 主要污染物排放总量减少（%）	化学需氧量	—	—	〔10〕	约束性
	氨氮	—	—	〔10〕	
	二氧化硫	—	—	〔15〕	
	氮氧化物	—	—	〔15〕	
6. 区域性污染物排放总量减少（%）	重点地区重点行业挥发性有机物 5	—	—	〔10〕	预期性
	重点地区总氮 6	—	—	〔10〕	预期性
	重点地区总磷 7	—	—	〔10〕	
生态保护修复					
7. 国家重点保护野生动植物保护率（%）		—	>95	—	预期性
8. 全国自然岸线保有率（%）		—	≥35	—	预期性
9. 新增沙化土地治理面积（万平方公里）		—	—	〔10〕	预期性
10. 新增水土流失治理面积（万平方公里）		—	—	〔27〕	预期性

注：1.〔 〕内为五年累计数。

2. 空气质量评价覆盖全国 338 个城市（含地、州、盟所在地及部分省辖县级市，不含三沙和儋州）。

3. 水环境质量评价覆盖全国地表水国控断面，断面数量由"十二五"期间的 972 个增加到 1940 个。

4. 为 2013 年数据。

5. 在重点地区、重点行业推进挥发性有机物总量控制，全国排放总量下降 10% 以上。

6. 对沿海 56 个城市及 29 个富营养化湖库实施总氮总量控制。

7. 总磷超标的控制单元以及上游相关地区实施总磷总量控制。

第二部分是《"十三五"生态环境保护规划》的主体内容，包括七个方面：强化源头防控，夯实绿色发展基础；深化质量管理，大力实施三大行动计划；实施专项治理，全面推进达标排放与污染减排；实施全程管控，有效防范和降低环境风险；加大保护力度，强化生态修复；加快制度创新，积极推进治理体系和能力现代化；实施一批国家生态环境保护重大工程。其中，与环境法制建设直接相关的内容是第八章（加快制度创新，积极推进治理体系和治理能力现代化）第一节（健全法治体系）。《"十三五"生态环境保护规划》从立法、执法和司法三个方面规划了健全法治体系的具体措施。

一是完善法律法规。主要内容包括：积极推进资源环境类法律法规的制、修订；完善水污染防治、环境噪声污染防治、土壤污染防治、生态保护补偿、自然保护区等相关制度。

二是严格环境执法监督。主要内容包括：完善环境执法监督机制，推进联合执法、区域执法、交叉执法，强化执法监督和责任追究。进一步明确环境执法部门行政调查、行政处罚、行政强制等职责，有序整合不同领域、不同部门、不同层次的执法监督力量，推动环境执法力量向基层延伸。

三是推进环境司法建设。主要内容包括：健全行政执法和环境司法的衔接机制，完善程序衔接、案件移送、申请强制执行等方面规定，加强环保部门与公安机关、人民检察院和人民法院的沟通协调；健全环境案件审理制度；积极配合司法机关做好相关司法解释的制修订工作。

第三部分是落实《"十三五"生态环境保护规划》的保障措施，包括明确责任分工、加大投入力度、加强国际合作、推进试点示范、严格评估考核等五个方面。其中在重点工程投资方面，鼓励建立多元化投资格局，主要以企业和地方为主，中央财政根据中央与地方事权划分原则给予适当支持。

（三）《国家人口发展规划（2016—2030 年）》

2016 年 12 月 30 日，国务院下发《国务院关于印发国家人口发展规划（2016—2030 年）的通知》（国发〔2016〕87 号），发布了《国家人口发展规划（2016—2030 年）》。该规划旨在积极有效应对我国人口趋势性变化及其对经济社会发展产生的深刻影响，促进人口长期均衡发展，同时阐明规划期内国家人口发展的总体要求、主要目标、战略导向和工作任务。《国家人口发展规划（2016—2030 年）》是未来很长一段时期指导我国人口发展的纲领性文件，是全面做好人口和计划生育工作的重要依据。

环境问题归根到底是人的问题，是人类活动对环境造成的不利影响超出了环境的承载能力。因此，有效解决环境问题、实现人与自然和谐相处的一项重要内容，就是规划人口发展、控制人类活动对环境造成的不利影响。这对于拥有超过 14 亿人口、长期坚持计划生育基本国策并且正面临着严峻环境问题的中国而言，显得尤为关键。《国家人口发展规划（2016—2030 年）》也明确指出："未来 15 年特别是 2021—2030 年，我国人口发展进入关键转折期，但人口众多的基本国情不会根本改变，人口对经济社会发展的压力不会根本改变，人口与资源环境的紧张关系不会根本改变……完善人口发

展战略和政策体系，促进人口长期均衡发展，最大限度地发挥人口对经济社
会发展的能动作用，对全面建成小康社会、实现中华民族伟大复兴的中国
梦，具有重大现实意义和深远历史意义。"

关于我国人口发展的主要目标，《国家人口发展规划（2016—2030 年）》
提出，"到 2020 年，全面两孩政策效应充分发挥，生育水平适度提高，人口
素质不断改善，结构逐步优化，分布更加合理；到 2030 年，人口自身均衡
发展的态势基本形成，人口与经济社会、资源环境的协调程度进一步提高。"
其中在人口数量方面，预期 2020 年全国总人口达到 14.2 亿人左右，2030 年
达到 14.5 亿人左右。

表 3　我国人口（2015—2030 年）预期发展目标①

领域	主要指标	单位	2015 年	2020 年	2030 年
人口总量	全国总人口	亿人	13.75	14.2	14.5
	总和生育率		1.5—1.6	1.8	1.8
人口结构	出生人口性别比		113.5	≤112	107
人口素质	人均预期寿命	岁	76.3	77.3	79
	劳动年龄人口平均受教育年限	年	10.23	10.8	11.8
人口分布	常住人口城镇化率	%	56.1	60	70

《国家人口发展规划（2016—2030 年）》从三个方面提出了改善人口资
源环境平衡的具体措施。一是制定和完善与主体功能区相配套的人口政策，
即统筹考虑国家战略和区域资源禀赋，在开展资源环境承载能力评价的基础
上，科学确定不同主体功能区可承载的人口数量，实行差别化人口调节政
策。其中，对人居环境不适宜人类常年生活和居住的地区，实施限制人口迁
入，有序推进生态移民政策；对人居环境临界适宜的地区，基本稳定人口规
模，鼓励人口向重点市镇收缩集聚；对人居环境适宜和资源环境承载力不超
载的地区，重视提高人口城镇化质量，培育人口集聚的空间载体，引导产业
集聚，增强人口吸纳能力。二是实施人口绿色发展计划，促进人口绿色发

---

① 本表格根据原文件所附表格制作，表格名称略有改动。

展。其主要内容是，大力推行绿色生产方式，推广绿色低碳技术和产品，严格限制高耗能、高污染行业发展，节约集约资源，促进资源循环利用；倡导简约适度、绿色低碳、文明节约的生活方式，推广绿色建筑，鼓励绿色出行。三是保障边境地区人口安全，即从维护国家安全的高度，多措并举稳住边境人口适度规模，优化人口结构和分布，同时统筹运用人口发展、产业促进、转移支付、公共服务和社会管理等政策，努力扩大就业、增加边民收入、提高公共服务水平，让边境各族群众安居乐业，以及加强人口跨境流动管理，促进边境地区繁荣发展。

第二节　健全生态保护补偿机制

生态保护补偿，也称生态补偿、生态效益补偿或生态服务补偿，是指"以保护生态环境、促进人与自然和谐为目的，根据生态系统服务价值、生态保护成本、发展机会成本，综合运用行政和市场手段，调整生态环境保护和建设相关各方之间利益关系的环境经济政策。"①

近年来，各地区、各有关部门有序推进生态保护补偿机制建设，取得了阶段性进展。但总体看，生态保护补偿的范围仍然偏小、标准偏低，保护者和受益者良性互动的体制机制尚不完善，一定程度上影响了生态环境保护措施行动的实施效果。2016年5月13日，国务院办公厅下发了《国务院办公厅关于健全生态保护补偿机制的意见》（国办发〔2016〕31号，以下简称《健全生态保护补偿机制意见》），提出加快推进生态文明建设，进一步健全生态保护补偿机制。

一、目标任务与分领域重点任务

按照党中央提出的"创新、协调、绿色、开放、共享"的发展理念，健全生态保护补偿机制，应当不断完善转移支付制度，探索建立多元化生态保护补偿机制，逐步扩大补偿范围，合理提高补偿标准，有效调动全社会参与生态环境保护的积极性，促进生态文明建设迈上新台阶。《健全生态保护

① 《关于开展生态补偿试点工作的指导意见》（环发〔2007〕130号）。

补偿机制意见》首先提出健全生态保护补偿机制的目标任务，即"到2020年，实现森林、草原、湿地、荒漠、海洋、水流、耕地等重点领域和禁止开发区域、重点生态功能区等重要区域生态保护补偿全覆盖，补偿水平与经济社会发展状况相适应，跨地区、跨流域补偿试点示范取得明显进展，多元化补偿机制初步建立，基本建立符合我国国情的生态保护补偿制度体系，促进形成绿色生产方式和生活方式。"

为了实现上述目标任务，《健全生态保护补偿机制意见》从森林、草原、湿地、荒漠、海洋、水流、耕地等7个重点领域，部署了健全生态保护补偿的具体工作（见表4）。

表4　健全生态保护补偿的重点领域工作安排

重点领域	具体工作内容	负责部门
森林	·健全国家和地方公益林补偿标准动态调整机制。 ·完善以政府购买服务为主的公益林管护机制。 ·合理安排停止天然林商业性采伐补助奖励资金。	国家林业局、财政部、国家发展改革委
草原	·扩大退牧还草工程实施范围，适时研究提高补助标准，逐步加大对人工饲草地和牲畜棚圈建设的支持力度。 ·实施新一轮草原生态保护补助奖励政策，根据牧区发展和中央财力状况，合理提高禁牧补助和草畜平衡奖励标准。 ·充实草原管护公益岗位。	农业部、财政部、国家发展改革委
湿地	·稳步推进退耕还湿试点，适时扩大试点范围。 ·探索建立湿地生态效益补偿制度，率先在国家级湿地自然保护区、国际重要湿地、国家重要湿地开展补偿试点。	国家林业局、农业部、水利部、国家海洋局、环境保护部、住房城乡建设部、财政部、国家发展改革委
荒漠	·开展沙化土地封禁保护试点，将生态保护补偿作为试点重要内容。 ·加强沙区资源和生态系统保护，完善以政府购买服务为主的管护机制。 ·研究制定鼓励社会力量参与防沙治沙的政策措施，切实保障相关权益。	国家林业局、农业部、财政部、国家发展改革委
海洋	·完善捕捞渔民转产转业补助政策，提高转产转业补助标准。 ·继续执行海洋伏季休渔渔民低保制度。 ·健全增殖放流和水产养殖生态环境修复补助政策。 ·研究建立国家级海洋自然保护区、海洋特别保护区生态保护补偿制度。	农业部、国家海洋局、水利部、环境保护部、财政部、国家发展改革委

续表

重点领域	具体工作内容	负责部门
水流	·在江河源头区、集中式饮用水水源地、重要河流敏感河段和水生态修复治理区、水产种质资源保护区、水土流失重点预防区和重点治理区、大江大河重要蓄滞洪区以及具有重要饮用水源或重要生态功能的湖泊,全面开展生态保护补偿,适当提高补偿标准。 ·加大水土保持生态效益补偿资金筹集力度。	水利部、环境保护部、住房城乡建设部、农业部、财政部、国家发展改革委
耕地	·完善耕地保护补偿制度。 ·建立以绿色生态为导向的农业生态治理补贴制度,对在地下水漏斗区、重金属污染区、生态严重退化地区实施耕地轮作休耕的农民给予资金补助。 ·扩大新一轮退耕还林还草规模,逐步将25度以上陡坡地退出基本农田,纳入退耕还林还草补助范围。 ·研究制定鼓励引导农民施用有机肥料和低毒生物农药的补助政策。	国土资源部、农业部、环境保护部、水利部、国家林业局、住房城乡建设部、财政部、国家发展改革委

二、体制机制创新与实施

《健全生态保护补偿机制意见》提出从七个方面推进体制机制创新。一是建立稳定投入机制。主要包括多渠道筹措资金,加大生态保护补偿力度;完善相关资源收费基金和各类资源有偿使用收入的征收管理办法,逐步扩大资源税征收范围,允许相关收入用于开展相关领域生态保护补偿。二是完善重点生态区域补偿机制。主要包括划定并严守生态保护红线,研究制定相关生态保护补偿政策;健全各类禁止开发区域的生态保护补偿政策;将重要生态屏障作为开展生态保护补偿的重点区域;将生态保护补偿作为试点国家公园体制的重要内容。三是推进横向生态保护补偿。主要包括研究制定以"地方补偿为主、中央财政给予支持"的横向生态保护补偿机制办法;在长江、黄河等重要河流探索开展横向生态保护补偿试点。四是健全配套制度体系。主要包括完善测算方法,制定补偿标准;加强监测,制定和完善监测评估指标体系;研究建立生态保护补偿统计指标体系和信息发布制度;健全自然资源资产产权制度,建立统一的确权登记系统和权责明确的产权体系。五是创新政策协同机制。主要包括开展生态环境损害赔偿制度改革试点,加快形成损害生态者赔偿的运行机制；建立用水权、排污权、碳排放权初始分配制度；探索地区间、流域间、流域上下游等水权交易方式；逐步建立碳排放权交易制度。六是结合生态保护补偿推进精准脱贫。主要包括向贫困地区、贫困人口倾斜生态保护补偿资金和相关扶贫资金；加大贫困地区新一轮退耕还林还草力度，合理调整基本农田保有量；试行给原住居民集体股权方式进行补偿。七是加快推进法制建设。主要包括研究制定生态保护补偿条例；加快推进环境保护税立法；鼓励各地出台相关法规或规范性文件，不断推进生态保护补偿制度化和法制化。

此外，《健全生态保护补偿机制意见》要求，各部委和相关的行政区域尽快建立合作沟通，完善跨部门跨区域的协调机制；各级政府制定科学合理的考核评价体系，实行补偿资金与考核结果挂钩的奖惩制度。

第三节　试点生态文明试验区

2016年6月27日，中央全面深化改革领导小组第二十五次会议审议通过了《中共中央办公厅、国务院办公厅关于设立统一规范的国家生态文明试验区的意见》（以下简称《设立国家生态文明试验区意见》）及《国家生态文明试验区（福建）实施方案》（以下简称《国家生态文明试验区福建方案》）。8月，中共中央办公厅、国务院办公厅正式印发《设立国家生态文明试验区意见》和《国家生态文明试验区福建方案》，并发出通知，要求各地区各部门结合实际认真贯彻落实。

《设立国家生态文明试验区意见》综合考虑各地现有生态文明改革的实践基础、区域差异性、发展阶段等因素，首批选择生态基础较好、资源环境承载能力较强的福建、贵州和江西三省为第一批国家生态文明试验区，要求闽贵赣三省积极结合地方实际情况开展工作，为完善生态文明制度体系探索形成可在全国复制推广的成功经验。[①] 在《国家生态文明试验区福建方案》中，福建省还确定了建设国家生态文明试验区将要实现的主要目标。

---

① 参见《首批国家生态文明试验区做什么且看闽贵赣给出答案》，来源：（中国文明网）http：//www.wenming.cn/syjj/dfcz/gz/201608/t20160829_3643986.shtml，2017年3月2日访问。

一、生态文明试验区试点的意义、目的与目标

设立统一规范的国家生态文明试验区是完善生态文明制度体系的重要组成部分。自党的十八大以来，中共中央、国务院先后印发了《关于加快推进生态文明建设的意见》和《生态文明体制改革总体方案》，明确了当前和今后一个时期我国生态文明建设的工作方向。2015 年 10 月 29 日，党的十八届五中全会通过了《中共中央关于制定国民经济和社会发展第十三个五年规划的建议》。该文件提出："有度有序利用自然，调整优化空间结构，划定农业空间和生态空间保护红线，构建科学合理的城市化格局、农业发展格局、生态安全格局、自然岸线格局。设立统一规范的国家生态文明试验区。"此外，中央全面深化改革领导小组也明确指出，设立统一规范的国家生态文明试验区的目的，就是要"开展生态文明体制改革综合试验，为完善生态文明制度体系探索路径、积累经验"①。此次发布的《设立国家生态文明试验区意见》，明确了设立统一规范的国家生态文明试验区的相关问题，"体现了党中央、国务院改革决心，有利于树立正确改革方向，加强对地方的指导，将各项改革决策部署落地，加快推进我国生态文明体制改革进程。"②

《设立国家生态文明试验区意见》首先明确了设立统一规范的国家生态文明试验区的主要目标，即"到 2017 年，推动生态文明体制改革总体方案中的重点改革任务取得重要进展，形成若干可操作、有效管用的生态文明制度成果；到 2020 年，试验区率先建成较为完善的生态文明制度体系，形成一批可在全国复制推广的重大制度成果，资源利用水平大幅提高，生态环境质量持续改善，发展质量和效益明显提升，实现经济社会发展和生态环境保护双赢，形成人与自然和谐发展的现代化建设新格局，为加快生态文明建设、实现绿色发展、建设美丽中国提供有力制度保障。"

---

① 《凝聚改革合力探索生态文明建设有效模式》，载《中国环境报》2016 年 8 月 23 日第 001 版。

② 张勇：《国家发展改革委副主任张勇就〈关于设立统一规范的国家生态文明试验区的意见〉和〈国家生态文明试验区（福建）实施方案〉答记者问》，来源：（国家发展改革委网）http://zys.ndrc.gov.cn/xwfb/201608/t20160823_815399.html，2017 年 7 月 20 日访问。

二、生态文明试验区试点的主要内容

《设立国家生态文明试验区意见》提出了 5 项试验重点（见表 5）。

表5　设立统一规范的国家生态文明试验区的试验重点

优先级	任务内容
重点一	有利于落实生态文明体制改革要求，目前缺乏具体案例和经验借鉴，难度较大、需要试点试验的制度；比如建立自然资源资产产权制度，健全自然资源资产管理体制，完善主体功能区制度等。
重点二	有利于解决关系人民群众切身利益的大气、水、土壤污染等突出资源环境问题的制度，比如建立生态环境监管机制，建立健全自然资源有偿使用和生态保护补偿机制等。
重点三	有利于推动供给侧结构性改革，为企业、群众提供更多更好的生态产品、绿色产品的制度；比如建立生态保护与修复投入和科技支撑保障机制，构建绿色金融体系，发展绿色产业，推行绿色消费，建立先进科学技术研究应用和推广机制等。
重点四	有利于实现生态文明领域国家治理体系和治理能力现代化的制度；比如建立资源总量管理和节约制度，建立不同发展阶段环境外部成本内部化的绿色发展机制，建立生态文明目标评价考核体系和奖惩机制，健全环境资源司法保护机制等。
重点五	有利于体现地方首创精神的制度，即试验区根据实际情况自主提出、对其他区域具有借鉴意义、试验完善后可推广到全国的相关制度，以及对生态文明建设先进理念的探索实践等。

在综合考虑各地现有生态文明改革实践基础、区域差异性、发展阶段等因素的基础上，《设立国家生态文明试验区意见》首批选择福建省、江西省、贵州省作为试验区。前述《国家生态文明试验区福建方案》的出台，标志着福建省的试验工作正式启动。该文件从重大意义、总体要求、重点任务、保障措施等四个方面，明确了福建省开展国家生态文明试验的具体内容。《国家生态文明试验区福建方案》首先明确了试验区的战略定位：国土空间科学开发的先导区、生态产品价值实现的先行区、环境治理体系改革的示范区以及绿色发展评价导向的实践区。

同时，《国家生态文明试验区福建方案》也提出了试验区建设的六项重点任务（见表6）。

表6　国家生态文明（福建）试验区重点任务

优先级	任务及具体内容
任务一	建立健全国土空间规划和用途管制制度 ·开展省级空间规划编制试点 ·建立建设用地总量和强度双控制度 ·健全国土空间开发保护制度 ·推进国家公园体制试点
任务二	健全环境治理和生态保护市场体系 ·培育环境治理和生态保护市场主体 ·建立用能权交易制度 ·建立碳排放权交易市场体系 ·完善排污权交易制度
任务三	建立多元化的生态保护补偿机制 ·完善流域生态保护补偿机制 ·完善生态保护区域财力支持机制 ·完善森林生态保护补偿机制
任务四	健全环境治理体系 ·完善流域治理机制 ·完善海洋环境治理机制 ·建立农村环境治理体制机制 ·健全环境保护和生态安全管理制度 ·完善环境资源司法保护机制 ·完善环境信息公开制度
任务五	建立健全自然资源资产产权制度 ·建立统一的确权登记系统 ·建立自然资源产权体系 ·开展健全自然资源资产管理体制试点
任务六	开展绿色发展绩效评价考 ·建立生态文明建设目标评价体系 ·建立完善党政领导干部政绩差别化考核机制 ·探索编制自然资源资产负债表 ·建立领导干部自然资源资产离任审计制度 ·开展生态系统价值核算试点

　　在保障措施（特别是加强组织实施）方面，《国家生态文明试验区福建方案》特别强调，中央全面深化改革领导小组经济体制和生态文明体制改革专项小组以及国家发展改革委、环境保护部等有关部门和单位，要加强对福建试验区建设的工作指导、政策支持和跟踪督查，协调解决试验区建设中的

困难和问题；福建省要建立试验区建设协调推进工作机制，明确机构设置和人员配备，细化任务分工。此外，《国家生态文明试验区福建方案》提出："福建省人大及其常委会、福建省政府可以制定相关地方性法规、政府规章推动试验区建设，改革措施突破现行法律、行政法规、国务院文件和国务院批准的部门规章规定的，要按程序报批，取得授权后施行。"

第四节　全面推行河长制

2016 年 10 月 11 日，中央全面深化改革领导小组第二十八次会议在北京召开。会议强调，"保护江河湖泊，事关人民群众福祉，事关中华民族长远发展。全面推行河长制，目的是贯彻新发展理念，以保护水资源、防治水污染、改善水环境、修复水生态为主要任务，构建责任明确、协调有序、监管严格、保护有力的河湖管理保护机制，为维护河湖健康生命、实现河湖功能永续利用提供制度保障。要加强对河长的绩效考核和责任追究，对造成生态环境损害的，严格按照有关规定追究责任。"① 本次会议审议通过了《关于全面推行河长制的意见》。

随后，中共中央办公厅、国务院办公厅于 2016 年 11 月 28 日印发《〈关于全面推行河长制的意见〉的通知》（厅字〔2016〕42 号）。水利部、环境保护部制定了《贯彻落实〈关于全面推行河长制的意见〉实施方案》，并于 12 月 10 日函送各省、自治区、直辖市党委和人民政府，新疆生产建设兵团党委。12 月 11 日，中共中央办公厅、国务院办公厅正式印发《关于全面推行河长制的意见》（以下简称《全面推行河长制意见》）并发出通知，要求各地区各部门结合实际认真贯彻落实。

一、全面推行河长制的背景

江河湖泊具有重要的资源功能、生态功能和经济功能。据统计，我国流域面积 50 平方公里以上河流共 45203 条，常年水面面积 1 平方公里及以

---

① 《习近平主持召开中央全面深化改革领导小组第二十八次会议强调坚决贯彻全面深化改革决策部署以自我革命精神推进改革》。

上的天然湖泊共 2865 个。① 长期以来，我国实行流域管理与行政区域管理相结合、统一管理和分级管理相结合的河湖管理体制。但是随着经济、社会快速发展，我国河湖管理保护出现了一些新问题，例如，河流河道干涸、湖泊萎缩、水环境状况恶化等现象日益突出，原有的河湖管理体制也面临着优化升级的问题。

河长制最早源自江苏。2007 年，为应对太湖蓝藻暴发，水源恶化，无锡市委、市政府印发了《无锡市河（湖、库、荡、汊）断面水质控制目标及考核办法（试行）》《中共无锡市委无锡市人民政府关于全面建立"河（湖、库、荡、汊）长制"全面加强河（湖、库、荡、汊）综合整治和管理的决定》（锡委发〔2008〕55 号）等文件，明确由地方党政负责人担任河长，对水环境、水环境质量持续改善和断面水质达标负领导责任，负责牵头组织河道综合治理。2008 年，江苏省政府决定在太湖流域借鉴并推广河长制。之后，江苏全省 15 条主要入湖河流已全面实行"双河长制"，即每条河由省、市两级领导共同担任河长，两位河长分工合作，协调解决太湖和河道的治理任务，一些地方还设立了市、县、镇、村的四级河长管理体系。有学者研究发现，"截至 2016 年 12 月 23 日，全国已有江苏、浙江、北京等 8 个省市在全境推行河长制，16 个省区市在部分区域或流域水系实行河长制。"②

河湖管理保护是一项复杂的系统工程，涉及上下游、左右岸、不同行政区域和行业。党的十八大以来，中央提出了一系列关于生态文明建设，特别是制度建设的新理念、新思路、新举措。在深入调研、总结地方经验的基础上，中央制定出台了《全面推行河长制意见》。

二、《全面推行河长制意见》的主要内容

《全面推行河长制意见》共 14 条，包括总体要求、主要任务和保障措施三个部分。

在"总体要求"部分，《全面推行河长制意见》提出了河长制的组织形式和河长的工作职责。各地应当全面建立省、市、县、乡四级河长体系；各

---

① 参见王浩：《我国将全面建立四级河长体系（在国新办新闻发布会上）》，《人民日报》2016 年 12 月 13 日。

② 李其军：《河长制确保河湖永续利用》，《人民日报》2016 年 11 月 23 日。

省（自治区、直辖市）设立总河长，由党委或政府主要负责同志担任；各省（自治区、直辖市）行政区域内主要河湖设立河长，由省级负责同志担任；各河湖所在市、县、乡均分级分段设立河长，由同级负责同志担任。县级及以上河长设置相应的河长制办公室，具体组成由各地根据实际确定。河长的工作职责包括组织领导相应河湖的管理和保护工作，包括水资源保护、水域岸线管理、水污染防治、水环境治理等，牵头组织对侵占河道、围垦湖泊、超标排污、非法采砂、破坏航道、电毒炸鱼等突出问题依法进行清理整治，协调解决重大问题；对跨行政区域的河湖明晰管理责任，协调上下游、左右岸实行联防联控；对相关部门和下一级河长履职情况进行督导，对目标任务完成情况进行考核，强化激励问责。河长制办公室承担河长制组织实施具体工作，落实河长确定的事项。

《全面推行河长制意见》明确了全面推进河长制的6项任务。第一，加强水资源保护。其主要内容包括：落实最严格的水资源管理制度，严守水资源开发利用控制、用水效率控制、水功能区限制纳污三条红线；强化地方政府责任，严格考核评估和监督；严格水功能区管理监督，根据水功能区划确定的河流水域纳污容量和限制排污总量。第二，加强河湖水域岸线管理保护。其主要内容包括：严格水域岸线等水生态空间管控，依法划定河湖管理范围；落实规划岸线分区管理要求，强化岸线保护和节约集约利用。第三，加强水污染防治。其主要内容包括：落实《水污染防治行动计划》；排查入河湖污染源，加强综合防治；优化入河湖排污口布局，实施入河湖排污口整治。第四，加强水环境治理。其主要内容包括：强化水环境质量目标管理，按照水功能区确定各类水体的水质保护目标；加强河湖水环境综合整治，推进水环境治理网格化和信息化建设，建立健全水环境风险评估排查、预警预报与响应机制。第五，加强水生态修复。其主要内容包括：推进河湖生态修复和保护；实施退田还湖还湿、退渔还湖，恢复河湖水系的自然连通，加强水生生物资源养护，提高水生生物多样性；强化山水林田湖系统治理；积极推进建立生态保护补偿机制。第六，加强执法监管。其主要内容包括：建立健全法规制度，加大河湖管理保护监管力度，建立健全部门联合执法机制，完善行政执法与刑事司法衔接机制；建立河湖日常监管巡查制度，实行河湖动态监管。

《全面推行河长制意见》还从加强组织领导、健全工作机制、强化考核问责、加强社会监督等四个方面提出了全面推行河长制的保障措施。《全面推行河长制意见》强调，地方各级党委和政府要把推行河长制作为推进生态文明建设的重要举措，到 2018 年年底前全面建立河长制。此外，县级及以上河长应当负责组织对相应河湖下一级河长进行考核，考核结果将作为地方党政领导干部综合考核评价的重要依据；河长实行生态环境损害责任终身追究制，严格按照有关规定追究责任。

三、全面推行河长制的进步与不足

全面推行河长制，既是落实"绿色"发展理念、推进生态文明建设的内在要求，是解决我国水环境问题、维护河湖生态平衡有效举措，也是完善我国水环境治理体系、保障国家水安全的制度创新。首先，河长制通过确立地方党政领导责任，有利于避免实践中出现的责任推脱问题。《中华人民共和国环境保护法》（以下简称《环境保护法》）第六条规定："地方各级人民政府应当对本行政区域的环境质量负责。"《全面推行河长制意见》赋予地方党政领导河长的职责，既符合《环境保护法》关于地方政府环境保护责任的规定，同时使得保护河湖的责任更加明确。此外，明确地方党政领导为主要河湖保护的负责人，能够避免实践中出现因环境问题推脱责任。配合中共中央办公厅和国务院办公厅 2016 年联合印发的《生态文明建设目标评价考核办法》以及 2015 年的《党政领导干部生态环境损害责任追究办法（试行）》两部文件，还可以有效考核、追究地方党政领导的责任。其次，河长制建立了部门协作机制，有利于解决"多头管理"的弊端。《全面推行河长制意见》第四条规定："各级河长负责组织领导相应河湖的管理和保护工作……协调解决重大问题……协调上下游、左右岸实行联防联控……各有关部门和单位按照职责分工，协同推进各项工作。"河长制通过强化部门之间的协调和配合，有利于形成完善的工作机制，明晰各个部门之间的分工，落实工作责任，搭建一个有效的工作平台。再次，河长制通过推动建立较为完整的水资源生态保护红线体系，有利于将《环境保护法》规定的生态保护红线制度具体化。《全面推行河长制意见》提出建立的水资源开发利用控制、用水效率控制、水功能区限制纳污等三条红线构成了一个较为完善的体系，为水资源开发利用、水环境保护开辟了一条具体化、有操作性的制度实践路径。

　　当然，目前河长制的相关制度设计缺陷依然存在，比如各级河长的职权尚不明确，即河长制仅存在于以《全面推行河长制意见》为统领的政策体系中，并没有法律直接、具体的规定。此外，河长制与我国现行水资源管理体制也存在着一定的抵牾，《全面推行河长制意见》确定的考核标准的科学性、可行性也有待检验。

第 二 章

2016 年全国人大及其常委会制定的环境法律

　　2016 年，全国人大及其常委会共制定和修改了 9 部涉及环境保护的法律。其中，首次制定《中华人民共和国深海海底区域资源勘探开发法》《中华人民共和国境外非政府组织境内活动管理法》《中华人民共和国环境保护税法》三部法律，一定程度上填补了我国在相关领域的法律空白，也充实和完善了我国的环境法体系。《中华人民共和国环境保护税法》作为由第十二届全国人大常委会审议通过的我国第一部环境税法，"对于充分发挥税收在控制和减少污染物排放、保护和改善生态环境方面的积极作用，具有重要意义。"[①] 此外，《中华人民共和国固体废物污染环境防治法》《中华人民共和国节约能源法》《中华人民共和国水法》《中华人民共和国环境影响评价法》等一批重要的环境保护法律也完成修正，这些法律的修正多是关于提高立法技术或精简行政许可。在本年度，《中华人民共和国野生动物保护法》进行了自 1988 年颁布以来的首次修订，在进一步加强对野生动物保护的同时，明确规定对野生动物栖息地的保护，完善了野生动物保护管理制度和相关措施，加大了对违法捕猎、经营利用野生动物及非法贸易的防范和处罚力度，"对于维护生物多样性和生态平衡、促进人与自然和谐发展，将发挥重要作用。"[②]《中华人民共和国海洋环境保护法》进行了自1982 年颁布以来的第三

---

　　① 张德江：《全国人民代表大会常务委员会工作报告——2017 年 3 月 8 日在第十二届全国人民代表大会第五次会议上》。

　　② 张德江：《在十二届全国人大常委会第二十一次会议上的讲话》。

次修订，增加规定生态保护红线、海洋生态保护补偿等制度，从而与修订后的环境保护法相衔接，同时加大对污染海洋环境行为的处罚力度，旨在更好地保护和改善海洋环境，推进生态文明建设。

环境立法是实现绿色发展、建设美丽中国的重要法制保障之一。经过改革开放以来 40 年的发展，我国环境立法逐步建立起门类丰富、制度较为全面的法律体系，取得了长足的进步。然而，面对我国目前依旧严峻的环境问题和不断深入推进的全面深化改革和全面依法治国，通过健全、完善环境立法从而建成人与自然和谐的美丽中国，仍然道阻且长。

第一节　制定《中华人民共和国深海海底区域资源勘探开发法》

《中华人民共和国深海海底区域资源勘探开发法》（以下简称《深海法》）于 2016 年 2 月 26 日由中华人民共和国第十二届全国人民代表大会常务委员会第十九次会议通过，同日经中华人民共和国主席令第 42 号公布，自 2016 年 5 月 1 日起施行。

《深海法》中所指的深海区域是任何国家管辖范围外的海底区域，这片区域面积占到了地球面积的 49%，按照《联合国海洋法公约》确定的原则，这个区域是全人类共同继承的财产。为了规范我国企业、公民和有关组织开展的国际海底区域活动、保护参与者的基本权益，我国制定了《深海法》，这也成为了整个大洋工作的里程碑，在推动我国深海法律体系建设方面具有积极作用。《深海法》共 7 章、29 条，对本法的立法目的和基本原则、法律适用范围和管理体制、关于勘探和开发、关于环境保护、深海科学技术研究以及能力建设和制度建设和监督检查进行了较为细致的规定。

一、《深海法》的立法背景

1982 年通过的《联合国海洋法公约》按照法律地位的不同，将海洋划分为内海、领海、毗邻区、专属经济区、大陆架、国际航行海峡、群岛水域、公海和"区域"（国家管辖范围以外的海床和洋底及其底土）等若干部分。《联合国海洋法公约》明确规定，"国家管辖范围以外的海床和洋底区域及其底土以及该区域的资源为人类的共同继承财产，其勘探与开发应为全人类的利益而进行，不论各国的地理位置如何"①，任何国家、组织、个人不得占为己用或者对其中的矿藏主张权利。《联合国海洋公约》对缔约国提出的首要义务，是对"本国的公民、法人、组织进入深海勘探开发进行管控"②。

1996 年 5 月 15 日，第八届全国人大常委会第十九次会议批准了《联合国海洋法公约》。作为该公约的缔约国，完成深海海底区域资源勘探开发的立法工作是我国履行国际义务、维护国家及全人类利益的需要。到目前为止，世界上大多数发达国家和部分发展中国家已经制定或者正在制定深海海底区域资源勘探开发的相关法律。因此，为"规范深海海底区域资源勘探、开发活动，推进深海科学技术研究、资源调查，保护海洋环境，促进深海海底区域资源可持续利用，维护人类共同利益"（《深海法》第一条），中国制订了《深海法》。

2015 年 10 月 30 日，第十二届全国人大常委会第十七次会议对《深海海底区域资源勘探开发法草案》进行了首次审议。该草案共有 7 章 32 条，"明确了立法目的和基本原则，法律适用范围和管理体制，勘探、开发的实体内容和程序，环境保护要求，深海科学技术研究和能力建设，制度建设和监督检查，法律责任等内容。"③2016 年 1 月 26 日，全国人大法律委员会再次召开会议，根据常委会组成人员的审议意见和各方面意见，对第一次修改后的《深海海底区域资源勘探开发法草案》进行了审议。2016 年 2 月 16 日，法律委员会召开会议，又对《深海海底区域资源勘探开发法草案》进行了审议和第二次修改。在此次审议中，根据常委会意见对草案关于基本原则的第三条进行了修改，确定了"坚持保护环境、和平利用、合作共享、维护人类共同利益的原则"④。

---

① 《联合国海洋法公约》序言，来源：（联合国网站）http：//www.un.org/zh/law/sea/los/，2017 年 7 月 24 日访问。

② 张璁：《履行国际公约义务和平开发利用深海资源》，载《人民日报》2016 年 02 月 27 日第 04 版。

③ 《我国拟制定法律规范深海海底区域资源勘探开发》，来源：（中国政府网）http：//www.gov.cn/xinwen/2015-10/30/content_5002917.htm，2017 年 7 月 21 日访问。

④ 《深海海底区域资源勘探开发法草案有新修改》，来源：（新华网）http：//news.xinhuanet.com/legal/2016-02/24/c_128748481.htm，2017 年 7 月 24 日访问。

二、《深海法》主要内容

《深海法》共7章、29条，包括：总则、勘探、开发、环境保护、科学技术研究与资源调查、监督检查、法律责任及附则。《深海法》对深海海底区域资源勘探开发的申请程序和勘探开发中的海洋环境保护作出了规定，以保证可持续利用深海资源。

（一）立法目的和基本原则

《深海法》围绕履行国际义务和维护国家利益，在第一条立法目的中明确了五方面内容：一是规范深海海底区域资源勘探、开发活动；二是提升深海科学技术研究和资源调查能力；三是保护海洋环境；四是促进深海海底区域资源可持续利用；五是维护人类共同利益。同时，《深海法》在第三条中规定了深海海底区域资源勘探、开发活动应当坚持的几项原则，包括"和平利用、合作共享、保护环境、维护人类共同利益"等。这些原则，不仅为"我国自然人、法人或者其他组织"实施"深海海底区域内活动"确立了"行为准则，也向国际社会表明我国负责任的态度"①。

（二）法律适用范围和管理体制

与其他法律在适用范围上有所不同，《深海法》适用的地域范围为国家管辖以外的国际公海区域，而非"中华人民共和国领域及管辖的其他海域"。因此，《深海法》第二条有关适用范围的规定，未采用属地管辖，而采用属人管辖，即以中华人民共和国自然人、法人或者其他组织在深海海底区域的行为为主要规范内容。鉴于适用范围的特殊性，《深海法》在管理体制上，依据国务院部门职责分工，由国务院海洋主管部门主管勘探开发主体的申请、备案、开发、监督检查等事务。

（三）关于勘探、开发

对深海海底区域资源勘探、开发活动进行规范和管控，是《联合国海洋法公约》对缔约国的基本要求。为了保证我国自然人、法人或者其他组织按照上述要求，有序、安全、合理地开展深海海底区域资源勘探、开发活动，《深海法》第二章，就《联合国海洋法公约》明确规定的勘探、开发

---

① 《关于〈中华人民共和国深海海底区域资源勘探开发法（草案）〉的说明》。

申请，对申请的审查，承包者的义务，合同变更转让，事故应急措施等事项，对我国自然人、法人和其他组织的深海海底区域资源勘探、开发活动做出相应规范，同时在第五章和第六章中，做出监督检查和法律责任的相关规定。

（四）关于环境保护

《深海法》第三章"环境保护"从开发者的角度对海洋环境保护提出了具体要求。《深海法》规定，深海勘探开发者首先要对勘探开发区域的海洋环境进行调查，了解区域情况，确定环境基线，对勘探开发行为可能造成的区域影响进行评估。同时，在此基础上制定可实时跟踪监测勘探开发活动对海洋环境的影响的监测方案，并确保监测设备的正常运行。监测的数据需要定期整理成为记录，以便为检查提供依据。此外，法律还规定勘探开发者要保护海洋生态系统，维护生物多样性。

（五）深海科学技术研究和能力建设

《深海法》设第四章《科学技术研究与资源调查》，就深海科学技术研究和资源勘探、开发的能力建设做出专门规定。明确提出加强深海科学技术研究的公共平台建设、资料汇交与共享等要求。同时，还宣布：支持并促进有关单位和个人开展深海科学普及活动（第十七条）。

（六）制度建设和监督检查

《深海法》明确了许可、环境影响评估、事故应急、环境监测、备案等多项制度，表达了我国对自然人、法人或者其他组织在深海海底区域内活动的安全性和合法性实施管控的国家意志。

为保证这些制度的有效实施，《深海法》专门设立了第五章《监督检查》。该章对深海海底区域行为规定的法律责任有撤销许可、罚款、没收违法所得等。对申报材料作假与合同违约的，撤销许可。对未经许可私自勘探开发、未按规定进行相关备案和妨碍监察管理的，处罚款；有违法所得的，并处没收违法所得。对造成海洋环境污染损害或者作业区域内文物、铺设物等损害的，责令停止违法行为，处罚款。

第二节　制定《中华人民共和国境外非政府组织境内活动管理法》

《中华人民共和国境外非政府组织境内活动管理法》（以下简称《境外非政府组织管理法》）于 2016 年 4 月 28 日由第十二届全国人大常委会第二十次会议审议通过，同日经中华人民共和国第 44 号主席令公布，自 2017 年 1 月 1 日起生效实施。根据《境外非政府组织管理法》第三条的规定，境外非政府组织可以在"环保""领域""开展有利于公益事业发展的活动"，因此《境外非政府组织管理法》也属于我国环境法律体系的组成部分。

《境外非政府组织管理法》共 7 章、54 条，从登记备案、活动规范、监督管理及法律责任等角度，对在境外合法成立的基金会、社会团体、智库机构等非营利、非政府的社会组织（以下称为境外非政府组织）在中国境内开展活动的主要方面进行了规制，将对境外非政府组织在中国的发展产生深远影响。

一、《境外非政府组织管理法》的立法背景

自 2015 年 4 月公布《境外非政府组织管理法》的草案二次审议稿至今，经历一年多的公开征求意见和修改，《境外非政府组织管理法》的制定和通过吸引了国内外非政府组织的广泛关注，是继 2016 年 3 月 16 日通过的《中华人民共和国慈善法》后非政府组织领域的又一重磅法律。

中国改革开放近 40 年来，在我国开展活动的境外非政府组织从无到有，从少到多。大多数境外非政府组织为促进中国人民和世界各国人民之间的交流、交往、合作，为推动中国这几十年改革开放事业和整个社会的进步作出了积极的有益的贡献。同时，中国政府对境外非政府组织来华开展友好的交流、交往、合作一直抱着积极、开放和欢迎的态度。但也有部分境外非政府组织企图或者已经做过了危害中国社会稳定和国家安全的事情。因此，将境外非政府组织在华的活动纳入法制轨道，这是中国推行全面依法治国，建设法治社会的必然要求。

二、《境外非政府组织管理法》的主要内容

《境外非政府组织管理法》从登记备案、活动规范、监督管理及法律责任等角度，对在境外合法成立的基金会、社会团体、智库机构等非营利、非政府的社会组织在中国境内开展活动的主要方面进行了规制，将对境外非政府组织在中国的发展产生深远影响。《境外非政府组织管理法》共有 7 章 54 条，涉及境外非政府组织的登记和备案、活动规范、便利措施、监督管理、法律责任等方面的内容。

（一）境外非政府组织在中国开展活动可采取的形式

《境外非政府组织管理法》明确了境外非政府组织可以在我国开展经济、教育、科技、文化、卫生、体育、环保等领域和济困、救灾等方面开展有利于公益事业发展的活动。但境内外学校、医院、自然科学和工程技术的研究机构或者学术组织之间的交流合作，应当按其他规定办理。境外非政府组织开展上述活动的合法形式包括两类：依法登记设立代表机构，或依法备案后开展临时活动。除以上明确列举的活动形式之外，境外非政府组织不得直接在中国境内开展或者变相开展活动，亦不得委托、资助或者变相委托、资助中国境内任何主体在中国境内开展活动。《境外非政府组织管理法》明确禁止境外非政府组织在中国境内"从事或者资助营利性活动、政治活动"以及"非法从事或者资助宗教活动"。[①] 为了给境外非政府组织开展活动提供明确指引，《境外非政府组织管理法》明确要求公安机关会同有关部门制定境外非政府组织的活动领域和项目目录。在《境外非政府组织管理法》颁布后召开的新闻发布会上，时任公安部境外非政府组织管理办公室负责人郝云宏曾明确表示，前述目录会在《境外非政府组织管理法》生效之前提供。[②]

1. 登记设立代表机构

境外非政府组织可以申请在中国境内登记设立代表机构（以下称为代

---

① 参见李朝应、李来祥：《〈境外非政府组织境内活动管理法〉重磅出台》，汉坤律师事务所网站，https://www.hankunlaw.com/downloadfile/newsAndInsights/f069fbe417b42e143958cc4064a05cb1.pdf，2017 年 7 月 23 日访问。

② 参见王文硕：《公安部：中国政府欢迎境外非政府组织来华开展交流与合作》，中国警察网，http://news.cpd.com.cn/n3559/c32952628/content.html，访问日期 2017 年 7 月 23 日。

表机构）开展活动。相应的，基于业务范围、活动地域和开展活动的实际需要，境外非政府组织有可能在中国境内被允许设立登记一家以上的代表机构。代表机构不具有法人资格，涉及相关法律责任的，将由设立其的境外非政府组织承担。

在中国境内申请设立代表机构的境外非政府组织，应当具备以下资质：在境外合法成立，能够独立承担民事责任，章程规定的宗旨和业务范围有利于公益事业发展，在境外存续二年以上并实质性开展活动，以及满足法律和行政法规规定的其他条件。与在中国境内登记注册的社会团体组织（如社会团体、基金会等）类似，境外非政府组织代表机构也同时受到来自"登记管理机关"和"业务主管单位"的双重管理。具体而言，我国的各级公安机关，以及各级人民政府的有关部门和单位，将分别作为境外非政府组织代表机构的"登记管理机关"和"业务主管单位"。

在启动设立申请流程之前，境外非政府组织应首先确定其业务主管单位。目前，《境外非政府组织管理法》并未提及选择业务主管单位的具体流程，但规定国家公安机关和其他有关部门将制定和公布"业务主管单位名录"。①

境外非政府组织在获得业务主管单位的同意后，应向登记管理机关申请登记代表机构。《境外非政府组织管理法》目前列明了申请设立代表机构所需提交的材料和登记时限。但即使在已经获得业务主管单位同意的情况下，登记管理机关仍有权对特定申请再次审查，并在必要时组织专家评审。

相比全国人大常委会于 2015 年 5 月对外公开征求意见的二次审议稿，《境外非政府组织管理法》删除了关于"境外非政府组织代表机构的驻在期限不超过五年""期限届满需要继续开展活动的应当取得业务主管单位同意并重新申请登记"的规定。这意味着原则上境外非政府组织代表机构在中国境内的存续将不再受到"驻在期限"的限制，除非其在《境外非政府组织管理法》第十五条所述的相关法定情形（如境外非政府组织终止运营或是主动撤销其代表机构）下办理注销登记手续。

---

① 《境外非政府组织在中国境内活动领域和项目目录、业务主管单位名录（2017）》已于 2016 年 12 月由公安部制定。

2. 临时活动的审批和备案

除依法登记设立代表机构的途径外，境外非政府组织仅可通过与中国的国家机关、人民团体、事业单位及社会组织（以下称中方合作单位）进行合作的方式，在中国境内开展临时活动。值得注意的是，企业类商事主体和个人均未被纳入上述"中方合作单位"的范畴。

在开展临时活动前十五日内，中方合作单位应当向其所在地的登记管理机关提交备案。备案信息应包括中方合作单位与境外非政府组织之间的合作协议，临时活动的名称、宗旨、地域和期限以及经费和资金来源等内容。在提交备案申请之前，临时活动还应依法获得相关部门的批准。对于通过备案的临时活动，其期限不应超过一年；如果确实需要延长期限，则应当重新办理备案。

登记管理机关有权对临时活动备案申请进行审查。对于违反中国法律，危害中国的国家统一、安全和民族团结，损害国家利益、社会公共利益和他人合法权益的活动，或是拟在中国境内从事或资助营利性活动、政治活动，或是非法从事或资助宗教活动的，登记管理机关将要求停止临时活动。

（二）境外非政府组织的活动规范

《境外非政府组织管理法》明确规定了境外非政府组织在我国境内的活动范围、活动资金、工作人员、会员发展等若干活动规范。

1. 活动范围

除不得在中国境内开展禁止性活动之外，境外非政府组织代表机构还应在其所获批的业务范围和地域范围内开展活动。由于《境外非政府组织管理法》不禁止境外非政府组织设立一个以上的代表机构，这意味着境外非政府组织将来有可能通过设立多个代表机构在中国跨地区开展活动。而对于在中国境内开展临时活动的境外非政府组织，其活动范围应与其中方合作单位就活动备案的地域范围相一致。

2. 活动资金

境外非政府组织在中国境内开展活动，可以使用以下三类资金：境外合法来源的资金，中国境内的银行存款利息，以及中国境内合法取得的其他资金。然而，对于"境内合法取得的其他资金"的具体含义，《境外非政府组织管理法》未能给出明确指引。例如，该法明确要求境外非政府组织及其代表机构不得在中国境内进行募捐，但与此同时却删除了《草案》第二十六条中关于境外非政府组织及其代表机构不得接受中国境内捐赠的限制性规定。《基金会管理条例》第二十五条规定："境外基金会代表机构不得在中国境内组织募捐、接受捐赠。"

《境外非政府组织管理法》进一步明确境外非政府组织本身亦不得在中国境内进行募捐。这意味着将来境外非政府组织及其代表机构不能在中国境内接受捐赠并将捐赠收入作为"在境内合法取得的其他资金"后续使用。

境外非政府组织在中国开展活动的资金账户受到严格监管和限制。设立代表机构的境外非政府组织应当通过代表机构在登记管理机关备案的银行账户管理用于中国境内的资金；开展临时活动的境外非政府组织应当通过中方合作单位的银行账户管理用于中国境内的资金，实行单独记账，专款专用。未经前两类银行账户，境外非政府组织、中方合作单位和个人不得以其他任何形式在中国境内进行项目活动资金的收付。境外非政府组织仅可通过其代表机构经备案的银行账户或是经由开展临时活动的中方合作单位的银行账户进行资金收付。

3. 工作人员

境外非政府组织代表机构可以在中国境内聘用工作人员，并可设有一名首席代表以及不超过三名的代表。境外非政府组织代表机构应将其聘用的工作人员信息报业务主管单位和登记管理机关备案。《境外非政府组织管理法》删除了草案二次审议稿中对非政府组织工作人员的一些限制性条款，如"境外非政府组织代表机构中的境外工作人员的比例不得超过工作人员总数的百分之五十"以及"境外非政府组织代表机构的工作人员不得同时在其他境外非政府组织代表机构中任职"等。此外，《境外非政府组织管理法》并未对志愿者招募进行规定，且删除了草案二次审议稿中规定的"境外非政府组织代表机构在中国境内聘请工作人员或者招募志愿者，应当委托当地外事服务单位或者中国政府指定的其他单位办理"以及"境外非政府组织开展临时活动不得直接招募志愿者，确需志愿者的，应当由中方合作单位招募"等相关规定。

4. 会员发展

除国务院另有规定外，境外非政府组织代表机构以及开展临时活动的境外非政府组织，均不得在中国境内发展会员。此处的例外情况是指，经国务院批准设立的境外非政府组织分支机构可以在中国境内发展会员。这主要是考虑到，我国有很多专家、学者都是境外科技类非政府组织的会员，国家也鼓励中国科学家加入有影响力的国际科技类组织并担任职务，应当区分情况处理。①

（三）对境外非政府组织活动的监督管理

《境外非政府组织管理法》明确规定了境外非政府组织活动的管理体制以及备案和报告、"不受欢迎的名单"等具体监管制度。

1. "登记管理机关"和"业务主管单位"双重管理体制

时任国务委员兼国务院秘书长马凯在 2013 年 3 月 10 日在第十二届全国人民代表大会第一次会议上作了《关于国务院机构改革和职能转变方案的说明》的报告。该报告一方面强调行业协会商会类、科技类、公益慈善类、城乡社区服务类社会组织可直接向民政部门依法申请登记，不需要业务主管单位审查同意；另一方面也强调："考虑到政治法律类、宗教类等社会组织以及境外非政府组织在华代表机构的情况比较复杂，成立这些社会组织，在申请登记前，仍需要经业务主管单位审查同意。"

与国务院上述文件精神一致，《境外非政府组织管理法》对境外非政府组织也实行"登记管理机关"和"业务主管单位"双重管理的制度。其中，境外非政府组织的登记管理机关为国务院公安部门和省级人民政府公安机关。国务院有关部门和单位、省级人民政府有关部门和单位，是境外非政府组织在中国境内开展活动的相应业务主管单位。境外非政府组织代表机构的登记设立、变更、上一年度工作报告、下一年度活动计划等事项，应当经业务主管单位同意或由其出具意见。业务主管单位的名录由国务院公安部门和省级人民政府公安机关会同有关部门公布。

值得注意的是，根据《社会团体登记管理条例》《基金会管理条例》和《民办非企业单位登记管理暂行条例》，在我国境内注册的三类非政府组织（社会团体、基金会和民办非企业单位）的登记管理机关均为民政部门。

---

① 参见徐显明：《全国人民代表大会法律委员会关于〈中华人民共和国境外非政府组织管理法（草案）〉审议结果的报告——2016 年 4 月 25 日在第十二届全国人民代表大会常务委员会第二十次会议上》。

2. 一般性监管制度

与其他在中国境内登记注册并开展活动的主体一样，境外非政府组织代表机构需要遵守中国法律框架下一般性的监管制度。此外，国家安全、外交外事、财政、金融监督管理、海关、税务、外国专家等部门也将按照各自职责对境外非政府组织及其代表机构进行管理。其中，国家反洗钱部门依法对境外非政府组织代表机构、中方合作单位，以及接受境外非政府组织资金的中国境内单位和个人开立、使用银行账户过程中遵守反洗钱和反恐怖主义融资法律规定的情况，进行监督管理。虽然《中华人民共和国反洗钱法》目前并未将境外非政府组织列为反洗钱义务主体，但《境外非政府组织管理法》针对境外非政府组织特别作出的反洗钱规定，既是对近年来国际上一些恐怖组织利用慈善组织进行洗钱和规避制裁措施的回应，同时也意味着，今后境外非政府组织代表机构将成为中国金融监管机关在反洗钱方面的重点监管对象。

当然，除履行登记管理机关的职责外，国家各级公安机关还负责对境外非政府组织及其代表机构的违法行为进行查处。根据法律的相关规定，公安机关可以采取的调查和处罚措施包括：约谈境外非政府组织代表机构负责人，查阅封存资料，进入境外非政府组织在中国境内的办公和活动场所，查封、扣押涉嫌违法活动的场所、设施或财物等，吊销登记证书，取缔临时活动，警告或拘留直接责任人员等。对于违反《境外非政府组织管理法》规定的境外人员，有关机关还可以对其采取限期出境、遣送出境或驱逐出境的措施。

3. 备案和报告制度

中国政府部门通过年报制度对境外非政府组织代表机构在中国境内的活动进行监管。具体而言，境外非政府组织代表机构应于每年 12 月 31 日前将包含项目实施和资金使用等内容的下一年度活动计划报业务主管单位，并在业务主管单位同意后十日内报登记管理机关备案。此外，境外非政府组织代表机构还应于每年 1 月 31 日前向业务主管单位报送上一年度工作报告，并于 3 月 31 日前报送登记管理机关，接受年度检查。

对于境外非政府组织开展的临时性活动，中国政府部门施行事前加事后的备案报告管理制度。中方合作单位除在开展活动前需要向登记管理机关进行备案之外，还应于临时活动结束后三十日内将活动情况和资金使用情况等书面报送登记管理机关。

4. 五年禁入期及"不受欢迎的名单"制度

如果境外非政府组织在中国境内的活动，严重违反了《境外非政府组织管理法》的相关规定，其将面临着五年内不得在中国境内再设立代表机构或者开展临时活动的法律后果。

而对于存在《境外非政府组织管理法》第四十七条所列情形之一的境外非政府组织，公安部门可进一步将其列入"不受欢迎名单"，不再允许其在中国境内设立代表机构或者开展临时活动。其中，第四十七条所禁止从事的行为包括：煽动抗拒法律、法规实施；非法获取国家秘密；造谣、诽谤或者发表、传播其他有害信息，危害国家安全或者损害国家利益；从事或者资助政治活动，非法从事或者资助宗教活动；有分裂国家、破坏国家统一、颠覆国家政权等犯罪行为；以及其他危害国家安全、损害国家利益或者社会公共利益的情形。

第三节　制定《中华人民共和国环境保护税法》

《中华人民共和国环境保护税法》（以下简称《环境保护税法》）由第十二届全国人民代表大会常务委员会第二十五次会议于 2016 年 12 月 25 日通过，同日经中华人民共和国第 61 号主席令公布，自 2018 年 1 月 1 日起施行。

《环境保护税法》是中国共产党第十八届三中、四中全会提出"落实税收法定原则""推动环境保护费改税"和"用严格的法律制度保护生态环境"要求以来，全国人大常委会审议通过的第一部单行税法，也是我国第一部专门体现"绿色税制"、推进生态文明建设的单行税法。《环境保护税法》的制定对于保护和改善环境、减少污染物排放、推进生态文明建设具有重要意义。当然，为了保障环境保护税法顺利实施，有必要制定实施条例，细化法律的有关规定，进一步明确界限、增强可操作性。

一、《环境保护税法》的立法背景

环境财税政策对于调整市场主体行为、发挥国家宏观调控作用、促进发展方式转变具有重要意义。早在 1979 年，《中华人民共和国环境保护法（试行）》就已经确立了排污费制度。2003 年国务院公布了《排污费征收使用管理条例》，对排污费的征收、使用管理等作出明确规定。该条例把排污费征收由以单因子超标收费为主，转变为以多因子总量收费为主，同时在总体上实行"排污收费、超标处罚"的制度。据时任财政部部长楼继伟介绍，"2003 年至 2015 年，全国累计征收排污费 2115.99 亿元，缴纳排污费的企事业单位和个体工商户累计 500 多万户。2015 年征收排污费 173 亿元，缴费户数 28 万户。"[①] 尽管排污费制度对于污染防治具有重要作用，然而与税收制度相比，排污费制度也存在比较明显的缺点：第一，我国法律法规规定排污收费是一种超标排污收费，只有当排污者排放超过法定标准时才征收，因此无法对低于国家标准的污染物排放进行调控。第二，排污费相对于税收而言，其强制性较弱。第三，排污费收缴率低，很难真实反映污染治理成本，既不能有效补偿环境损失，也不能充分调动治污减排的积极性。第四，环保资金使用效率低。[②]

从世界范围来看，自 20 世纪 70 年代以来，针对污水和废弃物等突出"显性污染"进行强制征税，以及制定排污税、产品税、能源税、碳税等法制实践日益增多。自 20 世纪 90 年代中期至今，西方国家为实施可持续发展战略，纷纷推行绿色财政税收政策，许多国家还进行了综合的"绿色税制改革"。尽管环境税在我国备受关注，但在《环境保护税法》的出台之前，我国一直没有建立真正意义上的环境税，更没有形成以环境保护为目标的环境税收法律制度。长期以来我国一直以收取排污费为主，在环境保护方面并没有开征具体的税种，与环境保护有关的税种主要包括资源税、消费税、城市维护建设税、城镇土地使用税和耕地占用税、车辆购置税和车船税等。[③] 为

---

① 楼继伟：《关于〈中华人民共和国环境保护税法（草案）〉的说明——2016 年 8 月 29 日在第十二届全国人民代表大会常务委员会第二十二次会议上》。

② 参见苏明：《中国环境税改革问题研究》，载《当代经济管理》2014 年第 11 期。

③ 参见徐祥民主编：《环境与资源保护法学》，科学出版社 2008 年版，第 154—155 页。

实现排污费制度向环境保护税制度的平稳转移，也为了适应经济社会发展的需要，推动现行税收体制的创新，因此有必要进行环境保护费改税。

二、《环境保护税法》的立法过程

早在 2005 年，国家环保总局中国环境规划院课题组就完成了"环境税收政策框架设计与实施战略"，研拟"费改税"的问题。2007 年 6 月，国务院发布《国务院关于印发节能减排综合性工作方案的通知》（国发〔2007〕15 号），明确提出："抓紧出台资源税改革方案，改进计征方式，提高税负水平。适时出台燃油税。研究开征环境税。研究促进新能源发展的税收政策。"2010 年 10 月底，中共十七届五中全会通过的《中共中央关于制定国民经济和社会发展第十二个五年规划的建议》正式提出"开征环境保护税"。同年 12 月初，环境税的征收方案获得财政部、国家税务总局和环境保护部的一致通过并上报国务院。此次上报的环境税征收方案首先对二氧化硫和废水两个税目进行征收，采取对污染物从量计征的办法，税负水平同当时的排污费相当。方案中环境税将以独立的税种形式出现，即"费改税"，由我国现有的排污费改进为环境税，纳税主体是排放污染物的单位，以污染物的排放量为计税依据。2011 年 10 月，国务院发布《国务院关于加强环境保护重点工作的意见》（国发〔2011〕35 号），再次强调"积极推进环境税费改革，研究开征环境保护税。"

时至 2012 年，国务院办公厅发布《国务院办公厅关于印发国务院 2012 年立法工作计划的通知》（国办发〔2012〕12 号），在《国务院 2012 年立法工作计划》中正式将环境税法列为第二类（需要抓紧工作、适时提出的项目）第一层次（深化改革开放、保持经济平稳较快发展需要提请全国人大常委会审议的法律草案、法律修订草案和需要制定、修订的行政法规）立法计划。随后，财政部会同环境保护部、国家税务总局积极推进环境保护税立法工作，起草了《环境保护税法（草案）》并报送国务院。

2015 年 6 月 10 日，国务院法制办将财政部、税务总局、环境保护部起草的《环境保护税法（征求意见稿）》及说明全文公布，征求社会各界意见。同年 8 月，《环境保护税法》被补充进第十二届全国人大常委会立法规划，作为第一类（条件比较成熟、任期内拟提请审议的法律草案）项目。

2016 年 8 月 29 日至 9 月 3 日，第十二届全国人民代表大会常务委员会第二十二次会议召开。会议对《环境保护税法（草案）》进行了初次审议。其间，时任财政部部长楼继伟作了《关于〈中华人民共和国环境保护税法（草案）〉的说明》的报告，介绍了立法的总体考虑与草案的主要内容。同年 12 月 19 日至 25 日，第十二届全国人民代表大会常务委员会第二十五次会议召开。时任全国人大法律委员会副主任委员李飞在本次会议上作了《全国人民代表大会法律委员会关于〈中华人民共和国环境保护税法（草案）〉审议结果的报告》的报告，介绍了《环境保护税法（草案）》二次审议稿的修改情况，并代表法律委员会建议提请本次常委会会议审议通过。12 月 20 日下午，第十二届全国人民代表大会常务委员会第二十二次会议表决通过了《环境保护税法》。

三、《环境保护税法》的主要内容

《环境保护税法》共 5 章、28 条，主要规定了环境保护税的计税依据和应纳税额、税收减免情形、征收管理。

（一）纳税人

为了与环境保护法相衔接，《环境保护税法》第二条规定："在中华人民共和国领域和中华人民共和国管辖的其他海域，直接向环境排放应税污染物的企业事业单位和其他生产经营者为环境保护税的纳税人，应当依照本法规定缴纳环境保护税。"

作为例外，《环境保护税法》第四条规定，企业事业单位和其他生产经营者向依法设立的污水集中处理、生活垃圾集中处理场所排放应税污染物，或者在符合国家和地方环境保护标准的设施、场所贮存或者处置固体废物，由于不直接向环境排放应税污染物，不缴纳相应污染物的环境保护税。

（二）征税对象和征税范围

为了与现行排污费的征收对象适度衔接，从排污费向环境保护税过渡，《环境保护税法》第三条将环境保护税的征税对象明确限定为 4 类污染物，即大气污染物、水污染物、固体废物和噪声；同时规定，前述污染物的具体税目、税额依照本法所附《环境保护税税目税额表》《应税污染物和当量值表》执行，并自本法施行之日起，已经依照本法征收环境保护税的，不再征收排污费。

关于征收范围，《环境保护税法》第九条规定："每一排放口或者没有排放口的应税大气污染物，按照污染当量数从大到小排序，对前三项污染物征收环境保护税。"（第一款）"每一排放口的应税水污染物，按照本法所附《应税污染物和当量值表》，区分第一类水污染物和其他类水污染物，按照污染当量数从大到小排序，对第一类水污染物按照前五项征收环境保护税，对其他类水污染物按照前三项征收环境保护税。"（第二款）同时，"省、自治区、直辖市人民政府根据本地区污染物减排的特殊需要，可以增加同一排放口征收环境保护税的应税污染物项目数，报同级人民代表大会常务委员会决定，并报全国人民代表大会常务委员会和国务院备案。"（第三款）

（三）税负

按照 2014 年 9 月发展改革委、财政部、环境保护部《关于调整排污费征收标准等有关问题的通知》要求，全国 31 个省、自治区、直辖市已于 2015 年 6 月底前，将大气和水污染物的排污费标准分别调整至不低于每污染当量 1.2 元和 1.4 元，即在 2003 年基础上上调 1 倍。其中有 7 个省、直辖市调整后的收费标准高于通知规定的最低标准，北京调整后的收费标准是最低标准的 8—9 倍；天津调整后的收费标准是最低标准的 5—7 倍；上海分三步调整至最低标准的 3—6.5 倍；江苏分两步调整至最低标准的 3—4 倍；河北分三步调整至最低标准的 2—5 倍；山东分两步将大气污染物收费标准调整至最低标准的 2.5—5 倍；湖北分两步调整至最低标准的 1—2 倍。

在立法过程中，有些常委委员和地方、部门、企业提出，由于适用税额直接影响纳税人的税收负担，因此应当按照税收法定原则，对上浮适用税额的上限或者适用税额的幅度作出规定，以避免地区间税负差异过大。① 最终，《环境保护税法》在本法所附《环境保护税税目税额表》中直接规定，大气污染物和水污染物的税额幅度，以 10 倍为限，即大气污染物为每污染当量 1.2 元至 12 元，水污染物为每污染当量 1.4 元至 14 元。而对于应税污染物的具体适用税额，《环境保护税法》规定，由省级政府统筹考虑本地区

---

① 参见李飞：《全国人民代表大会法律委员会关于〈中华人民共和国环境保护税法（草案）〉审议结果的报告——12 月 19 日在第十二届全国人民代表大会常务委员会第二十五次会议上》。

环境承载能力、污染物排放现状和经济社会生态发展目标要求，在本法所附《环境保护税税目税额表》规定的税额幅度内提出，报同级人大常委会决定，并报全国人大常委会和国务院备案。

（四）税收优惠

《环境保护税法》第十二条规定了 5 项免税情形：一是为支持农业发展，对农业生产排放的应税污染物免税，但鉴于规模化养殖对农村环境威胁较大，未将其列入免税范围；二是对机动车、铁路机车、非道路移动机械、船舶和航空器等流动污染源排放的应税污染物免税。三是为保持政策的连续性，根据现行国家有关规定，对依法设立的城乡污水集中处理、生活垃圾集中处理场所向环境达标排放的应税污染物免税；四是为鼓励固体废物综合利用，减少污染物排放，对纳税人符合标准综合利用的固体废物免税；五是对国务院批准其他情形免税。

此外，为鼓励企业通过采用先进技术减少污染物排放，同时考虑到实践中一些地方已经根据减排幅度实行了排污费多档减免政策，因此《环境保护税法》根据减排的幅度确立了两档税收减免。《环境保护税法》第十三条规定，纳税人排放应税大气污染物或者水污染物的浓度值低于国家和地方规定的污染物排放标准 30% 的，减按 75% 征收环境保护税；低于国家和地方规定的污染物排放标准 50% 的，减按 50% 征收环境保护税。

（五）税收征管

《环境保护税法》规定，纳税人应当依法如实办理纳税申报，对申报的真实性和完整性承担责任。同时，环境保护主管部门和税务机关应当建立涉税信息共享平台和工作配合机制，环境保护主管部门应当将环境保护相关信息，定期交送税务机关；税务机关应当将纳税人的环境保护税涉税信息，定期交送环境保护主管部门。

四、《环境保护税法》的成就与不足

2016 年制定的《环境保护税法》至少具有以下三方面的进步性：第一，《环境保护税法》的立法目的更科学。此前，《排污费征收使用管理条例》提出的制定该条例的目的是"为了加强对排污费的征收、使用和管理"。显然，排污收费制度并没有将环境保护放到首位。而《环境保护税法法》明确提出

了"保护和改善环境，减少污染物排放，推进生态文明建设"的立法目的。这体现了环境保护税是一种基于保护环境特定目的而征收的税种。第二，通过费改税，《环境保护税法》突出了税收的强制性。排污收费制度在实际执行存在许多问题，比如执法刚性不足、地方政府和部门干预等，严重影响了该制度功能的有效发挥。环境保护税作为一种新税种，具有税收固有的强制性、无偿性和固定性，这保证它只能列入国家的财政预算，实行国家集中管理和统一分配，不能截留或挪作他用，从而有利于发展环境保护事业。第三，有利于进一步提高地方的积极性。有学者认为："现行的排污费是实行中央和地方1:9分成，然而，地方政府承担主要污染治理责任。环境税全部作为地方收入，中央不再参与分成，将更加调动地方的积极性。"①

　　尽管《环境保护税法》的出台是我国环境立法的一大进步，但是新法仍然存在一定的缺陷。一是税目设置过于狭窄，缺乏开放性。《环境保护税法》没有增加挥发性有机物，也没有保留碳税设立的可能，或者在列全税目的情况下暂缓部分税目的征收。二是税率设置仍然偏低。《环境保护税法》没有设定分阶段提高税率的过渡方案或过渡时间表，以及日后修法调整税率的开放性条款。三是过度的纳税人豁免。《环境保护税法》主要考虑了当前的征管能力，所设置的纳税人豁免条款按行业永久性的一刀切，缺乏足够的前瞻性。例如，完全对城镇污水处理厂免征，而不是设定免税过渡期或暂缓征收，相当于对间接排放者用民事合同法律关系遮蔽了其纳税义务；对农业源、机动车等仅按行业或考虑征缴能力情况而免征或永久性优惠，而不是采取根据具体污染行为灵活设置计税依据（如根据投入品种的污染物含量征税）等国际上已经有成功案例的做法。这些都大大削弱了环境保护税的调控力度和范围。

第四节　修订《中华人民共和国野生动物保护法》

　　2016年7月2日，第十二届全国人民代表大会常务委员会第二十一次会议正式修订通过《中华人民共和国野生动物保护法》。同日，国家主席习

---

① 秦长城：《环境税："绿色税制"一大步》，载《新理财》2017年第3期，第60页。

近平签署第 47 号主席令，公告《中华人民共和国野生动物保护法》（以下简称《野生动物保护法》）自 2017 年 1 月 1 日起施行。

《野生动物保护法》最早由第七届全国人民代表大会常务委员会第四次会议于 1988 年 11 月 8 日审议通过，同日经中华人民共和国主席令第 9 号公布，自 1989 年 3 月 1 日起施行。2016 年修订前，《野生动物保护法》曾有过两次修正。2004 年 8 月 28 日，根据第十届全国人民代表大会常务委员会第十一次会议《关于修改〈中华人民共和国野生动物保护法〉的决定》，《野生动物保护法》进行了首次修正。2009 年 8 月 27 日，根据第十一届全国人民代表大会常务委员会第十次会议《关于修改部分法律的决定》，《野生动物保护法》进行了第二次修正。

一、《野生动物保护法》的立法演进

最初的《野生动物保护法》由第七届全国人民代表大会常务委员会第四次会议于 1988 年 11 月 8 日审议通过。同日，《野生动物保护法》经中华人民共和国主席令第 9 号公布，自 1989 年 3 月 1 日起施行。在此之前，我国关于野生动物保护的法律文件主要包括：国务院于 1962 年颁布的《关于积极保护和合理利用野生动物资源的指示》，外贸部于 1973 年颁布的《关于停止珍贵野生动物收购和出口的通知》，以及国务院此后陆续颁布的《水产资源繁殖保护条例》（1979 年）、《关于严格保护珍贵稀有野生动物的通令》（1983 年）、《森林和野生动物类型自然保护区管理办法》（1985 年）等一系列文件。

1988 年 8 月 29 日，时任林业部部长高德占在第七届全国人民代表大会常务委员会第三次会议上作了《关于〈中华人民共和国野生动物法（草案）〉的说明》的报告。报告指出，新中国成立以来，尽管国务院发布过一些保护、发展和合理利用野生动物资源的文件，一些省、自治区、直辖市制定过有关地方性法规，建立了森林和野生动物类型自然保护区 300 多处，但是我国野生动物保护工作起步晚、基础差，管理机构不健全，保护野生动物的重要性还没有受到人们普遍重视。特别是从全国层面来看，还没有专门的立法，乱捕滥猎、倒卖、走私野生动物的情况十分严重，野生动物资源大大减少，甚至某些物种已经出现了濒于灭绝的危险。因此，林业部、农业部等部门在总结 30 年野生动物保护管理工作经验教训的基础上，根据宪法和国家有关方针、政策的规定，草拟了《中华人民共和国野生动物法（草案）》。

最初的草案主要关注了以下几个方面的问题：一是与渔业法的关系。由于此前《渔业法》已对经济鱼类等水生动物的保护管理作出了具体规定，而对水生珍稀野生动物的保护管理，只提到"按照有关法律、法规的规定办理"。因此，最初的草案在第二条规定"本法所称野生动物，是指陆生野生动物和水生珍稀野生动物"。也就是说，该草案试图对陆生野生动物保护进行比较详细的规定，而对水生野生动物则仅限于水生珍稀野生动物。二是野生动物资源的所有权。草案明确规定"野生动物资源属于国家所有，禁止任何组织、个人侵占或者破坏"。三是国家重点保护野生动物的分类。草案将国家重点保护野生动物分为两级，并且规定禁止猎捕。同时，考虑到科研、对外文化交流和其他特殊情况，草案又规定因特殊需要猎捕国家一级、二级保护野生动物的，必须分别报"国务院野生动物行政主管部门"或"省级人民政府野生动物行政主管部门"批准。四是野生动物及其产品的经营、运输和市场管理。草案拟建立关于野生动物及其产品的许可制度。草案规定"运输、托运、邮寄、携带国家或者地方重点保护野生动物或其产品出县（市）的"，必须持有"准运证"；"工商行政管理部门对进入市场的野生动物或其产品，应当进行监督管理"，并对从事野生动物及其产品经营活动的单位和个人实行许可证制度。五是进出口野生动物的管理。由于立法以前我国已加入《濒危野生动植物种国际贸易公约》，并在林业部设立了执行机构，因此草案规定"进口野生动物或其产品，出口国家重点保护野生动物或其产品，必须经国务院野生动物行政主管部门或其授权单位批准"；"进出口野生动物或其产品，必须持有国家濒危物种进出口管理机构核发的允许进出口证明书"。①

2004 年 8 月 28 日，根据《全国人民代表大会常务委员会关于修改〈中华人民共和国野生动物保护法〉的决定》，第十届全国人民代表大会常务委员会第十一次会议对《野生动物保护法》进行了首次修正。同日，《野生动

---

① 参见高德占：《关于〈中华人民共和国野生动物法（草案）〉的说明——1988 年 8 月 29 日在第七届全国人民代表大会常务委员会第三次会议上》。

物保护法》经中华人民共和国主席令第 24 号公布，自公布之日起施行。本次修正仅涉及一条法律规定，即《野生动物保护法》第二十六条第二款（见表 1）。

表 1 2004 年《野生动物保护法》修正对照

《野生动物保护法（1988 年）》	《野生动物保护法（2004 年）》
第二十六条第二款建立对外国人开放的猎捕场所，必须经国务院野生动物行政主管部门批准。	第二十六条第二款建立对外国人开放的猎捕场所，应当报国务院野生动物行政主管部门备案。

2009 年 8 月 27 日，根据《全国人民代表大会常务委员会关于修改部分法律的决定》，第十一届全国人民代表大会常务委员会第十次会议对《野生动物保护法》进行了第二次修正。同日，《野生动物保护法》经中华人民共和国主席令第 18 号公布，自公布之日起施行。

本次修正《野生动物保护法》的主要内容，是对其中关于"法律责任"的规定进行调整（见表 2）。目的是为了与 2009 年 2 月 28 日经《中华人民共和国刑法修正案（七）》修正的《中华人民共和国刑法》在罪名、刑罚以及相关法律措辞等方面保持统一。

表 2 2009 年《野生动物保护法》修正对照

《野生动物保护法（2004 年）》	《野生动物保护法（2009 年）》
第三十一条　非法捕杀国家重点保护野生动物的，依照关于惩治捕杀国家重点保护的珍贵、濒危野生动物犯罪的补充规定追究刑事责任。	第三十一条　非法捕杀国家重点保护野生动物的，依照刑法有关规定追究刑事责任。
第三十二条　违反本法规定，在禁猎区、禁猎期或者使用禁用的工具、方法猎捕野生动物的，由野生动物行政主管部门没收猎获物、猎捕工具和违法所得，处以罚款；情节严重、构成犯罪的，依照刑法第一百三十条的规定追究刑事责任。	第三十二条　违反本法规定，在禁猎区、禁猎期或者使用禁用的工具、方法猎捕野生动物的，由野生动物行政主管部门没收猎获物、猎捕工具和违法所得，处以罚款；情节严重，构成犯罪的，依照刑法有关规定追究刑事责任。
第三十三第二款　违反本法规定，未取得持枪证持枪猎捕野生动物的，由公安机关比照治安管理处罚条例的规定处罚。	第三十三第二款　违反本法规定，未取得持枪证持枪猎捕野生动物的，由公安机关依照治安管理处罚法第三十二条的规定处罚。

续表

《野生动物保护法（2004 年）》	《野生动物保护法（2009 年）》
第三十五条第二款　违反本法规定，出售、收购国家重点保护野生动物或者其产品，情节严重、构成投机倒把罪、走私罪的，依照刑法有关规定追究刑事责任。	第三十五条第二款　违反本法规定，出售、收购国家重点保护野生动物或者其产品，情节严重，构成犯罪的，依照刑法有关规定追究刑事责任。
第三十七　条伪造、倒卖、转让特许猎捕证、狩猎证、驯养繁殖许可证或者允许进出口证明书的，由野生动物行政主管部门或者工商行政管理部门吊销证件，没收违法所得，可以并处罚款。 伪造、倒卖特许猎捕证或者允许进出口证明书，情节严重、构成犯罪的，比照刑法第一百六十七条的规定追究刑事责任。	第三十七条　伪造、倒卖、转让特许猎捕证、狩猎证、驯养繁殖许可证或者允许进出口证明书的，由野生动物行政主管部门或者工商行政管理部门吊销证件，没收违法所得，可以并处罚款。 伪造、倒卖特许猎捕证或者允许进出口证明书，情节严重，构成犯罪的，依照刑法有关规定追究刑事责任。
第三十九条　当事人对行政处罚决定不服的，可以在接到处罚通知之日起十五日内，向作出处罚决定机关的上一级机关申请复议；对上一级机关的复议决定不服的，可以在接到复议决定通知之日起十五日内，向法院起诉。当事人也可以在接到处罚通知之日起十五日内，直接向法院起诉。当事人逾期不申请复议或者不向法院起诉又不履行处罚决定的，由作出处罚决定的机关申请法院强制执行。 对海关处罚或者治安管理处罚不服的，依照海关法或者治安管理处罚条例的规定办理。	第三十九条　当事人对行政处罚决定不服的，可以在接到处罚通知之日起十五日内，向作出处罚决定机关的上一级机关申请复议；对上一级机关的复议决定不服的，可以在接到复议决定通知之日起十五日内，向法院起诉。当事人也可以在接到处罚通知之日起十五日内，直接向法院起诉。当事人逾期不申请复议或者不向法院起诉又不履行处罚决定的，由作出处罚决定的机关申请法院强制执行。 对海关处罚或者治安管理处罚不服的，依照海关法或者治安管理处罚法的规定办理。

　　具体而言，本次修正《野生动物保护法》涉及以下两个方面：第一，对有关刑事责任的规定加以修改。首先，将旧法中"依照刑法第 × 条的规定""比照刑法第 × 条的规定"修改为"依照刑法有关规定"。这类修改涉及《野生动物保护法》第三十二条、第三十七条。其次，将旧法中引用已纳入刑法并被废止的关于惩治犯罪的决定的规定修改为"依照刑法有关规定"。这类修改涉及《野生动物保护法》第三十一条。再次，删去旧法关于"投机倒把""投机倒把罪"的相关规定，并作出修改。这类修改涉及《野生动物保护法》第三十五条第二款。

　　第二，对有关治安管理处罚的规定加以修改。首先，将旧法引用的

"治安管理处罚条例"修改为"治安管理处罚法"。这类修改涉及《野生动物保护法》第三十九条。其次，对旧法关于治安管理处罚的具体规定作出相应修改。这类修改涉及《野生动物保护法》第三十三条第二款。

二、2016年修订《野生动物保护法》的背景与大致经过

自1989年3月1日野生动物保护法实施以来，我国野生动物保护事业得到发展。全国已基本形成野生动物的野外保护、拯救繁育、执法监管和科技支撑体系；国家重点保护陆生野生动物种群数量总体保持稳定；部分珍稀濒危野生动物种群数量增长，基本摆脱濒危状态；栖息地保护范围逐步扩大，同时，为了适应科学研究、科普教育、中医药等社会需求，各地野生动物人工繁育产业获得一定发展，并逐步实现规范化、规模化；在各级政府努力和社会倡导下，公众野生动物保护意识不断提高，近年来滥食滥用野生动物的现象有所遏制。然而从总体上看，我国野生动物保护形势依然十分严峻：违法猎捕、杀害、买卖野生动物等违法、犯罪行为在很多地方仍然不同程度地存在；滥食、滥用野生动物的陋习在一些地区还相当盛行；非法走私、买卖野生动物及其制品的问题在边境地区时有发生；野生动物栖息地被侵占、破坏的情况比较严重，并已成为野生动物种群减少的直接原因；重要水域生态系统受到严重破坏，且江豚、中华鲟等重点保护物种极度濒危，其中，白鳍豚已经功能性灭绝。在这种形势下，我国现行的野生动物保护法已经不能完全适应现实需要，亟待修改。①

本次《野生动物保护法》的修订可以追溯到2013年。当年9月，十二届全国人大常委会将修改《野生动物保护法》列入立法规划，由全国人大环境与资源保护委员会负责牵头起草和提请审议。随即，环境与资源保护委员会成立了法律修改领导小组，着手制定工作方案。按照科学立法、民主立法的要求，领导小组多次听取国务院有关部门对法律的修改建议；赴海南、广西、云南、黑龙江、吉林、湖北等地开展调研，征求地方政府和社会各界对法律的修改意见；听取了中国科学院动物研究所、水生所水生生物研究所、

---

① 到2014年底，我国已建立自然保护区2729个，约占陆地国土总面积的15%，保护了85%左右的野生动物种群。参见王鸿举：《关于〈中华人民共和国野生动物保护法（修订草案）〉的说明——2015年12月21日在第十二届全国人民代表大会常务委员会第十八次会议上》。

北京林业大学、东北林业大学等单位的专家讲座；围绕栖息地保护、人工繁育和损害补偿等重大问题召开专题论证会和开展实地调查；并征求了各省（区、市）人大以及中共中央、国务院有关部门、社会团体等单位的意见。在完成上述工作基础上，环境与资源保护委员会形成了修订草案，即《中华人民共和国野生动物保护法（修订草案）》。

2016年3月30日，全国人大法律委员会召开会议，根据常委会组成人员的审议意见和各方面意见对修订草案进行了逐条审议。4月19日，法律委员会再次对草案进行了审议。4月25日，时任全国人大法律委员会副主任委员安建在第十二届全国人大常委会第二十次会议上作了《全国人民代表大会法律委员会关于〈中华人民共和国野生动物保护法（修订草案）〉修改情况的汇报》。全国人大常委会对《中华人民共和国野生动物保护法（修订草案二次审议稿）》进行了审议。会后，中国人大网于2016年4月27日至5月20日期间，将修订草案二次审议稿全文进行公布，向社会公众公开征求意见。同时，法律委员会、法制工作委员会再次到一些地方进行调研，听取意见；并就修订草案的有关问题与环境与资源保护委员会、国务院法制办公室、农业部、国家林业局交换意见，共同研究。法律委员会于5月30日召开会议，根据常委会组成人员的审议意见和各方面意见，对修订草案进行逐条审议。6月13日，法律委员会再次召开会议，对草案进行审议。法律委员会认为："为了保护野生动物，拯救珍贵、濒危野生动物，维护生物多样性和生态平衡，对现行野生动物保护法进行修订是必要的，修订草案经过常委会审议修改，已经比较成熟。"①

2016年6月27日，时任全国人大法律委员会副主任委员安建在十二届全国人大常委会第二十一次会议上，作了《全国人民代表大会法律委员会关于〈中华人民共和国野生动物保护法（修订草案）〉审议结果的报告》。同日下午，常委会会议对野生动物保护法修订草案三次审议稿进行分组审议；会议认为，"修订草案已经比较成熟，建议进一步修改后，提请本次会议通过。"②

① 安建：《关于〈中华人民共和国野生动物保护法（修订草案）〉审议结果的报告——2016年6月27日在第十二届全国人民代表大会常务委员会第二十一次会议上》。

② 《全国人民代表大会法律委员会关于〈中华人民共和国野生动物保护法（修订草案）〉审议结果的报告》。

6月29日上午，法律委员会召开会议，逐条研究了常委会组成人员的审议意见，对修订草案进行了审议。7月1日，法律委员会向本次常委会会议提交了《全国人民代表大会法律委员会关于〈中华人民共和国野生动物保护法（修订草案三次审议稿）〉修改意见的报告》。

2016年7月2日，第十二届全国人民代表大会常务委员会第二十一次会议正式修订通过《中华人民共和国野生动物保护法》。同日，国家主席习近平签署第47号主席令，公告《中华人民共和国野生动物保护法》自2017年1月1日起施行。

三、《野生动物保护法（2016 年）》的修订内容

2016年修订后《野生动物保护法》，删除了《野生动物保护法（2009年)》（共42条）的5条法律规定（分别是第二十七、二十八、三十九、四十、四十一条），新增加了21条法律规定。此外，将《野生动物保护法（2009年）》（除规定施行日期外）的36个条文进行了修改和合并。修订后的《野生动物保护法》共5章、58条，从野生动物及其栖息地保护、野生动物管理、法律责任等方面规定了野生动物保护的立法目的、法律原则和具体制度。其具体修订情况如下（见表3）。

表 3　2016 年《野生动物保护法》修订对照

《野生动物保护法（2009 年）》	《野生动物保护法（2016 年)》
第一章　总则	第一章　总则
第一条　为保护、拯救珍贵、濒危野生动物，保护、发展和合理利用野生动物资源，维护生态平衡，制定本法。	第一条　为了保护野生动物，拯救珍贵、濒危野生动物，维护生物多样性和生态平衡，推进生态文明建设，制定本法。
第二条　在中华人民共和国境内从事野生动物的保护、驯养繁殖、开发利用活动，必须遵守本法。 本法规定保护的野生动物，是指珍贵、濒危的陆生、水生野生动物和有益的或者有重要经济、科学研究价值的陆生野生动物。 本法各条款所提野生动物，均系指前款规定的受保护的野生动物。 珍贵、濒危的水生野生动物以外的其他水生野生动物的保护，适用渔业法的规定。	第二条　在中华人民共和国领域及管辖的其他海域，从事野生动物保护及相关活动，适用本法。 本法规定保护的野生动物，是指珍贵、濒危的陆生、水生野生动物和有重要生态、科学、社会价值的陆生野生动物。 本法规定的野生动物及其制品，是指野生动物的整体（含卵、蛋）、部分及其衍生物。 珍贵、濒危的水生野生动物以外的其他水生野生动物的保护，适用《中华人民共和国渔业法》等有关法律的规定。

《野生动物保护法（2009年）》	《野生动物保护法（2016年）》
第三条　野生动物资源属于国家所有。 国家保护依法开发利用野生动物资源的单位和个人的合法权益。	第三条　野生动物资源属于国家所有。 国家保障依法从事野生动物科学研究、人工繁育等保护及相关活动的组织和个人的合法权益。
第四条　第一款国家对野生动物实行加强资源保护、积极驯养繁殖、合理开发利用的方针，鼓励开展野生动物科学研究。	第四条　国家对野生动物实行保护优先、规范利用、严格监管的原则，鼓励开展野生动物科学研究，培育公民保护野生动物的意识，促进人与自然和谐发展。
第六条　各级政府应当加强对野生动物资源的管理，制定保护、发展和合理利用野生动物资源的规划和措施。	第五条　国家保护野生动物及其栖息地。县级以上人民政府应当制定野生动物及其栖息地相关保护规划和措施，并将野生动物保护经费纳入预算。 国家鼓励公民、法人和其他组织依法通过捐赠、资助、志愿服务等方式参与野生动物保护活动，支持野生动物保护公益事业。 本法规定的野生动物栖息地，是指野生动物野外种群息生繁衍的重要区域。
第八条　国家保护野生动物及其生存环境，禁止任何单位和个人违法猎捕或者破坏。	第六条　任何组织和个人都有保护野生动物及其栖息地的义务。禁止违法猎捕野生动物、破坏野生动物栖息地。 任何组织和个人都有权向有关部门和机关举报或者控告违反本法的行为。野生动物保护主管部门和其他有关部门、机关对举报或者控告，应当及时依法处理。
第五条　中华人民共和国公民有保护野生动物资源的义务，对侵占或者破坏野生动物资源的行为有权检举和控告。	
第七条　国务院林业、渔业行政主管部门分别主管全国陆生、水生野生动物管理工作。 省、自治区、直辖市政府林业行政主管部门主管本行政区域内陆生野生动物管理工作。 自治州、县和市政府陆生野生动物管理工作的行政主管部门，由省、自治区、直辖市政府确定。 县级以上地方政府渔业行政主管部门主管本行政区域内水生野生动物管理工作。	第七条　国务院林业、渔业主管部门分别主管全国陆生、水生野生动物保护工作。 县级以上地方人民政府林业、渔业主管部门分别主管本行政区域内陆生、水生野生动物保护工作。
	第八条　各级人民政府应当加强野生动物保护的宣传教育和科学知识普及工作，鼓励和支持基层群众性自治组织、社会组织、企业事业单位、志愿者开展野生动物保护法律法规和保护知识的宣传活动。

续表

《野生动物保护法（2009年）》	《野生动物保护法（2016年）》
	教育行政部门、学校应当对学生进行野生动物保护知识教育。 新闻媒体应当开展野生动物保护法律法规和保护知识的宣传，对违法行为进行舆论监督。
第四条　第二款在野生动物资源保护、科学研究和驯养繁殖方面成绩显著的单位和个人，由政府给予奖励。	第九条　在野生动物保护和科学研究方面成绩显著的组织和个人，由县级以上人民政府给予奖励。
第二章　野生动物保护	第二章　野生动物及其栖息地保护
第九条　国家对珍贵、濒危的野生动物实行重点保护。国家重点保护的野生动物分为一级保护野生动物和二级保护野生动物。国家重点保护的野生动物名录及其调整，由国务院野生动物行政主管部门制定，报国务院批准公布。 地方重点保护野生动物，是指国家重点保护野生动物以外，由省、自治区、直辖市重点保护的野生动物。地方重点保护的野生动物名录，由省、自治区、直辖市政府制定并公布，报国务院备案。 国家保护的有益的或者有重要经济、科学研究价值的陆生野生动物名录及其调整，由国务院野生动物行政主管部门制定并公布。	第十条　国家对野生动物实行分类分级保护。国家对珍贵、濒危的野生动物实行重点保护。国家重点保护的野生动物分为一级保护野生动物和二级保护野生动物。国家重点保护野生动物名录，由国务院野生动物保护主管部门组织科学评估后制定，并每五年根据评估情况确定对名录进行调整。国家重点保护野生动物名录报国务院批准公布。 地方重点保护野生动物，是指国家重点保护野生动物以外，由省、自治区、直辖市重点保护的野生动物。地方重点保护野生动物名录，由省、自治区、直辖市人民政府组织科学评估后制定、调整并公布。 有重要生态、科学、社会价值的陆生野生动物名录，由国务院野生动物保护主管部门组织科学评估后制定、调整并公布。
第十五条　野生动物行政主管部门应当定期组织对野生动物资源的调查，建立野生动物资源档案。	第十一条　县级以上人民政府野生动物保护主管部门，应当定期组织或者委托有关科学研究机构对野生动物及其栖息地状况进行调查、监测和评估，建立健全野生动物及其栖息地档案。 对野生动物及其栖息地状况的调查、监测和评估应当包括下列内容： （一）野生动物野外分布区域、种群数量及结构； （二）野生动物栖息地的面积、生态状况； （三）野生动物及其栖息地的主要威胁因素； （四）野生动物人工繁育情况等其他需要调查、监测和评估的内容。

《野生动物保护法（2009 年）》	《野生动物保护法（2016 年）》
第十条　国务院野生动物行政主管部门和省、自治区、直辖市政府，应当在国家和地方重点保护野生动物的主要生息繁衍的地区和水域，划定自然保护区，加强对国家和地方重点保护野生动物及其生存环境的保护管理。 自然保护区的划定和管理，按照国务院有关规定办理。	第十二条　国务院野生动物保护主管部门应当会同国务院有关部门，根据野生动物及其栖息地状况的调查、监测和评估结果，确定并发布野生动物重要栖息地名录。 省级以上人民政府依法划定相关自然保护区域，保护野生动物及其重要栖息地，保护、恢复和改善野生动物生存环境。对不具备划定相关自然保护区域条件的，县级以上人民政府可以采取划定禁猎（渔）区、规定禁猎（渔）期等其他形式予以保护。 禁止或者限制在相关自然保护区域内引入外来物种、营造单一纯林、过量施洒农药等人为干扰、威胁野生动物生息繁衍的行为。 相关自然保护区域，依照有关法律法规的规定划定和管理。
第十二条　建设项目对国家或者地方重点保护野生动物的生存环境产生不利影响的，建设单位应当提交环境影响报告书；环境保护部门在审批时，应当征求同级野生动物行政主管部门的意见。	第十三条　县级以上人民政府及其有关部门在编制有关开发利用规划时，应当充分考虑野生动物及其栖息地保护的需要，分析、预测和评估规划实施可能对野生动物及其栖息地保护产生的整体影响，避免或者减少规划实施可能造成的不利后果。 禁止在相关自然保护区域建设法律法规规定不得建设的项目。机场、铁路、公路、水利水电、围堰、围填海等建设项目的选址选线，应当避让相关自然保护区域、野生动物迁徙洄游通道；无法避让的，应当采取修建野生动物通道、过鱼设施等措施，消除或者减少对野生动物的不利影响。 建设项目可能对相关自然保护区域、野生动物迁徙洄游通道产生影响的，环境影响评价文件的审批部门在审批环境影响评价文件时，涉及国家重点保护野生动物的，应当征求国务院野生动物保护主管部门意见；涉及地方重点保护野生动物的，应当征求省、自治区、直辖市人民政府野生动物保护主管部门意见。

《野生动物保护法（2009 年）》	《野生动物保护法（2016 年）》
第十一条　各级野生动物行政主管部门应当监视、监测环境对野生动物的影响。由于环境影响对野生动物造成危害时，野生动物行政主管部门应当会同有关部门进行调查处理。	第十四条　各级野生动物保护主管部门应当监视、监测环境对野生动物的影响。由于环境影响对野生动物造成危害时，野生动物保护主管部门应当会同有关部门进行调查处理。
第十三条　国家和地方重点保护野生动物受到自然灾害威胁时，当地政府应当及时采取拯救措施。	第十五条　国家或者地方重点保护野生动物受到自然灾害、重大环境污染事故或突发事件威胁时，当地人民政府应当及时采取应急救助措施。 县级以上人民政府野生动物保护主管部门应当按照国家有关规定组织开展野生动物收容救护工作。 禁止以野生动物收容救护为名买卖野生动物及其制品。
	第十六条　县级以上人民政府野生动物保护主管部门、兽医主管部门，应当按照职责分工对野生动物疫源疫病进行监测，组织开展预测、预报等工作，并按照规定制定野生动物疫情应急预案，报同级人民政府批准或者备案。 县级以上人民政府野生动物保护主管部门、兽医主管部门、卫生主管部门，应当按照职责分工负责与人畜共患传染病有关的动物传染病的防治管理工作。
	第十七条　国家加强对野生动物遗传资源的保护，对濒危野生动物实施抢救性保护。 国务院野生动物保护主管部门应当会同国务院有关部门制定有关野生动物遗传资源保护和利用规划，建立国家野生动物遗传资源基因库，对原产我国的珍贵、濒危野生动物遗传资源实行重点保护。
第二十九条　有关地方政府应当采取措施，预防、控制野生动物所造成的危害，保障人畜安全和农业、林业生产。	第十八条　有关地方人民政府应当采取措施，预防、控制野生动物可能造成的危害，保障人畜安全和农业、林业生产。

《野生动物保护法（2009年）》	《野生动物保护法（2016年）》
第十四条 因保护国家和地方重点保护野生动物，造成农作物或者其他损失的，由当地政府给予补偿。补偿办法由省、自治区、直辖市政府制定。	第十九条 因保护本法规定保护的野生动物，造成人员伤亡、农作物或者其他财产损失的，由当地人民政府给予补偿。具体办法由省、自治区、直辖市人民政府制定。有关地方人民政府可以推动保险机构开展野生动物致害赔偿保险业务。 有关地方人民政府采取预防、控制国家重点保护野生动物造成危害的措施以及实行补偿所需经费，由中央财政按照国家有关规定予以补助。
第三章 野生动物管理	第三章 野生动物管理
第二十条 在自然保护区、禁猎区和禁猎期内，禁止猎捕和其他妨碍野生动物生息繁衍的活动。 禁猎区和禁猎期以及禁止使用的猎捕工具和方法，由县级以上政府或者其野生动物行政主管部门规定。	第二十条 在相关自然保护区域和禁猎（渔）区、禁猎（渔）期内，禁止猎捕以及其他妨碍野生动物生息繁衍的活动，但法律法规另有规定的除外。 野生动物迁徙洄游期间，在前款规定区域外的迁徙洄游通道内，禁止猎捕并严格限制其他妨碍野生动物生息繁衍的活动。迁徙洄游通道的范围以及妨碍野生动物生息繁衍活动的内容，由县级以上人民政府或者其野生动物保护主管部门规定并公布。
第十六条 禁止猎捕、杀害国家重点保护野生动物。因科学研究、驯养繁殖、展览或者其他特殊情况，需要捕捉、捕捞国家一级保护野生动物的，必须向国务院野生动物行政主管部门申请特许猎捕证；猎捕国家二级保护野生动物的，必须向省、自治区、直辖市政府野生动物行政主管部门申请特许猎捕证。	第二十一条 禁止猎捕、杀害国家重点保护野生动物。 因科学研究、种群调控、疫源疫病监测或者其他特殊情况，需要猎捕国家一级保护野生动物的，应当向国务院野生动物保护主管部门申请特许猎捕证；需要猎捕国家二级保护野生动物的，应当向省、自治区、直辖市人民政府野生动物保护主管部门申请特许猎捕证。
第十八条 猎捕非国家重点保护野生动物的，必须取得狩猎证，并且服从猎捕量限额管理。	第二十二条 猎捕非国家重点保护野生动物的，应当依法取得县级以上地方人民政府野生动物保护主管部门核发的狩猎证，并且服从猎捕量限额管理。

续表

《野生动物保护法（2009 年）》	《野生动物保护法（2016 年）》
第十九条　猎捕者应当按照特许猎捕证、狩猎证规定的种类、数量、地点和期限进行猎捕。	第二十三条　猎捕者应当按照特许猎捕证、狩猎证规定的种类、数量、地点、工具、方法和期限进行猎捕。
第十八条　第二款持枪猎捕的，必须取得县、市公安机关核发的持枪证。	持枪猎捕的，应当依法取得公安机关核发的持枪证。
第二十一条　禁止使用军用武器、毒药、炸药进行猎捕。 猎枪及弹具的生产、销售和使用管理办法，由国务院林业行政主管部门会同公安部门制定，报国务院批准施行。	第二十四条　禁止使用毒药、爆炸物、电击或者电子诱捕装置以及猎套、猎夹、地枪、排铳等工具进行猎捕，禁止使用夜间照明行猎、歼灭性围猎、捣毁巢穴、火攻、烟熏、网捕等方法进行猎捕，但因科学研究确需网捕、电子诱捕的除外。 前款规定以外的禁止使用的猎捕工具和方法，由县级以上地方人民政府规定并公布。
第十七条　国家鼓励驯养繁殖野生动物。 驯养繁殖国家重点保护野生动物的，应当持有许可证。许可证的管理办法由国务院野生动物行政主管部门制定。	第二十五条　国家支持有关科学研究机构因物种保护目的人工繁育国家重点保护野生动物。 前款规定以外的人工繁育国家重点保护野生动物实行许可制度。人工繁育国家重点保护野生动物的，应当经省、自治区、直辖市人民政府野生动物保护主管部门批准，取得人工繁育许可证，但国务院对批准机关另有规定的除外。 人工繁育国家重点保护野生动物应当使用人工繁育子代种源，建立物种系谱、繁育档案和个体数据。因物种保护目的确需采用野外种源的，适用本法第二十一条和第二十三条的规定。 本法所称人工繁育子代，是指人工控制条件下繁殖出生的子代个体且其亲本也在人工控制条件下出生。
	第二十六条　人工繁育国家重点保护野生动物应当有利于物种保护及其科学研究，不得破坏野外种群资源，并根据野生动物习性确保其具有必要的活动空间和生息繁衍、卫生健康条件，具备与其繁育目的、种类、发展规模相适应的场所、设施、技术，符合有关技术标准和防疫要求，不得虐待野生动物。

《野生动物保护法（2009 年）》	《野生动物保护法（2016 年）》
	省级以上人民政府野生动物保护主管部门可以根据保护国家重点保护野生动物的需要，组织开展国家重点保护野生动物放归野外环境工作。
第二十二条　禁止出售、收购国家重点保护野生动物或者其产品。因科学研究、驯养繁殖、展览等特殊情况，需要出售、收购、利用国家一级保护野生动物或者其产品的，必须经国务院野生动物行政主管部门或者其授权的单位批准；需要出售、收购、利用国家二级保护野生动物或者其产品的，必须经省、自治区、直辖市政府野生动物行政主管部门或者其授权的单位批准。 驯养繁殖国家重点保护野生动物的单位和个人可以凭驯养繁殖许可证向政府指定的收购单位，按照规定出售国家重点保护野生动物或者其产品。	第二十七条　禁止出售、购买、利用国家重点保护野生动物及其制品。 因科学研究、人工繁育、公众展示展演、文物保护或者其他特殊情况，需要出售、购买、利用国家重点保护野生动物及其制品的，应当经省、自治区、直辖市人民政府野生动物保护主管部门批准，并按照规定取得和使用专用标识，保证可追溯，但国务院对批准机关另有规定的除外。 实行国家重点保护野生动物及其制品专用标识的范围和管理办法，由国务院野生动物保护主管部门规定。 出售、利用非国家重点保护野生动物的，应当提供狩猎、进出口等合法来源证明。 出售本条第二款、第四款规定的野生动物的，还应当依法附有检疫证明。
	第二十八条　对人工繁育技术成熟稳定的国家重点保护野生动物，经科学论证，纳入国务院野生动物保护主管部门制定的人工繁育国家重点保护野生动物名录。对列入名录的野生动物及其制品，可以凭人工繁育许可证，按照省、自治区、直辖市人民政府野生动物保护主管部门核验的年度生产数量直接取得专用标识，凭专用标识出售和利用，保证可追溯。 对本法第十条规定的国家重点保护野生动物名录进行调整时，根据有关野外种群保护情况，可以对前款规定的有关人工繁育技术成熟稳定野生动物的人工种群，不再列入国家重点保护野生动物名录，实行与野外种群不同的管理措施，但应当依照本法第二十五条第二款和本条第一款的规定取得人工繁育许可证和专用标识。

《野生动物保护法（2009 年）》	《野生动物保护法（2016 年）》
	第二十九条 利用野生动物及其制品的，应当以人工繁育种群为主，有利于野外种群养护，符合生态文明建设的要求，尊重社会公德，遵守法律法规和国家有关规定。 野生动物及其制品作为药品经营和利用的，还应当遵守有关药品管理的法律法规。
第二十二条 第三款工商行政管理部门对进入市场的野生动物或者其产品，应当进行监督管理。	第三十条 禁止生产、经营使用国家重点保护野生动物及其制品制作的食品，或者使用没有合法来源证明的非国家重点保护野生动物及其制品制作的食品。 禁止为食用非法购买国家重点保护的野生动物及其制品。
	第三十一条 禁止为出售、购买、利用野生动物或者禁止使用的猎捕工具发布广告。禁止为违法出售、购买、利用野生动物制品发布广告。
	第三十二条 禁止网络交易平台、商品交易市场等交易场所，为违法出售、购买、利用野生动物及其制品或者禁止使用的猎捕工具提供交易服务。
第二十三条 运输、携带国家重点保护野生动物或者其产品出县境的，必须经省、自治区、直辖市政府野生动物行政主管部门或者其授权的单位批准。	第三十三条 运输、携带、寄递国家重点保护野生动物及其制品、本法第二十八条第二款规定的野生动物及其制品出县境的，应当持有或者附有本法第二十一条、第二十五条、第二十七条或者第二十八条规定的许可证、批准文件的副本或者专用标识，以及检疫证明。 运输非国家重点保护野生动物出县境的，应当持有狩猎、进出口等合法来源证明，以及检疫证明。 运输非国家重点保护野生动物出县境的，应当持有狩猎、进出口、人工繁育等合法来源证明。
	第三十四条 县级以上人民政府野生动物保护主管部门应当对科学研究、人工繁育、公众展示展演等利用野生动物及其制品的活动进行监督管理。

《野生动物保护法（2009 年）》	《野生动物保护法（2016 年）》
	县级以上人民政府其他有关部门，应当按照职责分工对野生动物及其制品出售、购买、利用、运输、寄递等活动进行监督检查。
第二十四条　出口国家重点保护野生动物或者其产品的，进出口中国参加的国际公约所限制进出口的野生动物或者其产品的，必须经国务院野生动物行政主管部门或者国务院批准，并取得国家濒危物种进出口管理机构核发的允许进出口证明书。海关凭允许进出口证明书查验放行。 涉及科学技术保密的野生动物物种的出口，按照国务院有关规定办理。	第三十五条　中华人民共和国缔结或者参加的国际公约禁止或者限制贸易的野生动物或者其制品名录，由国家濒危物种进出口管理机构制定、调整并公布。 进出口列入前款名录的野生动物或者其制品的，出口国家重点保护野生动物或者其制品的，应当经国务院野生动物保护主管部门或者国务院批准，并取得国家濒危物种进出口管理机构核发的允许进出口证明书。依法实施进出境检疫。海关凭允许进出口证明书、检疫证明按照规定办理通关手续。 涉及科学技术保密的野生动物物种的出口，按照国务院有关规定办理。 列入本条第一款名录的野生动物，经国务院野生动物保护主管部门核准，在本法适用范围内可以按照国家重点保护的野生动物管理。
	第三十六条　国家组织开展野生动物保护及相关执法活动的国际合作与交流；建立防范、打击野生动物及其制品的走私和非法贸易的部门协调机制，开展防范、打击走私和非法贸易行动。
	第三十七条　从境外引进野生动物物种的，应当经国务院野生动物保护主管部门批准。 从境外引进列入本法第三十五条第一款名录的野生动物，还应当依法取得允许进出口证明书。依法实施进境检疫。海关凭进口批准文件或者允许进出口证明书以及检疫证明按照规定办理通关手续。 从境外引进野生动物物种的，应当采取安全可靠的防范措施，防止其进入野外环境，避免对生态系统造成危害。确需将其放归野外的，按照国家有关规定执行。

续表

《野生动物保护法（2009 年)》	《野生动物保护法（2016 年)》
	第三十八条　任何组织和个人将野生动物放生至野外环境，应当选择适合放生地野外生存的当地物种，不得干扰当地居民的正常生活、生产，避免对生态系统造成危害。随意放生野生动物，造成他人人身、财产损害或者危害生态系统的，依法承担法律责任。
第二十五条　禁止伪造、倒卖、转让特许猎捕证、狩猎证、驯养繁殖许可证和允许进出口证明书。	第三十九条　禁止伪造、变造、买卖、转让、租借特许猎捕证、狩猎证、人工繁育许可证及专用标识，出售、购买、利用国家重点保护野生动物及其制品的批准文件，或者允许进出口证明书、进出口等批准文件。 前款规定的有关许可证书、专用标识、批准文件的发放情况，应当依法公开。
第二十六条　外国人在中国境内对国家重点保护野生动物进行野外考察或者在野外拍摄电影、录像，必须经国务院野生动物行政主管部门或者其授权的单位批准。 建立对外国人开放的猎捕场所，应当报国务院野生动物行政主管部门备案。	第四十条　外国人在我国对国家重点保护野生动物进行野外考察或者在野外拍摄电影、录像，应当经省、自治区、直辖市人民政府野生动物保护主管部门或者其授权的单位批准，并遵守有关法律法规规定。
第二十七条　经营利用野生动物或者其产品的，应当缴纳野生动物资源保护管理费。收费标准和办法由国务院野生动物行政主管部门会同财政、物价部门制定，报国务院批准后施行。	删除原第二十七条
第二十八条　因猎捕野生动物造成农作物或者其他损失的，由猎捕者负责赔偿。	删除原第二十八条
第三十条　地方重点保护野生动物和其他非国家重点保护野生动物的管理办法，由省、自治区、直辖市人民代表大会常务委员会制定。	第四十一条　地方重点保护野生动物和其他非国家重点保护野生动物的管理办法，由省、自治区、直辖市人民代表大会或者其常务委员会制定。
第四章　法律责任	第四章　法律责任

续表

《野生动物保护法（2009 年）》	《野生动物保护法（2016 年）》
第三十八条　野生动物行政主管部门的工作人员玩忽职守、滥用职权、徇私舞弊的，由其所在单位或者上级主管机关给予行政处分；情节严重，构成犯罪的，依法追究刑事责任。	第四十二条　野生动物保护主管部门或者其他有关部门、机关不依法作出行政许可决定，发现违法行为或者接到对违法行为的举报不予查处或者不依法查处，或者有滥用职权等其他不依法履行职责的行为的，由本级人民政府或者上级人民政府有关部门、机关责令改正，对负有责任的主管人员和其他直接责任人员依法给予记过、记大过或者降级处分；造成严重后果的，给予撤职或者开除处分，其主要负责人应当引咎辞职；构成犯罪的，依法追究刑事责任。
	第四十三条　违反本法第十二条第三款、第十三条第二款规定的，依照有关法律法规的规定处罚。
	第四十四条　违反本法第十五条第三款规定，以收容救护为名买卖野生动物及其制品的，由县级以上人民政府野生动物保护主管部门没收野生动物及其制品、违法所得，并处野生动物及其制品价值二倍以上十倍以下的罚款，将有关违法信息记入社会诚信档案，向社会公布；构成犯罪的，依法追究刑事责任。
第三十一条　非法捕杀国家重点保护野生动物的，依照刑法有关规定追究刑事责任。	第四十五条　违反本法第二十条、第二十一条、第二十三条第一款、第二十四条第一款规定，在相关自然保护区域、禁猎（渔）区、禁猎（渔）期猎捕国家重点保护野生动物，未取得特许猎捕证、未按照特许猎捕证规定猎捕、杀害国家重点保护野生动物，或者使用禁用的工具、方法猎捕国家重点保护野生动物的，由县级以上人民政府野生动物保护主管部门、海洋执法部门或者有关保护区域管理机构按照职责分工没收猎获物、猎捕工具和违法所得，吊销特许猎捕证，并处猎获物价值二倍以上十倍以下的罚款；没有猎获物的，并处一万元以上五万元以下的罚款；构成犯罪的，依法追究刑事责任。

《野生动物保护法（2009年）》	《野生动物保护法（2016年）》
第三十二条 违反本法规定，在禁猎区、禁猎期或者使用禁用的工具、方法猎捕野生动物的，由野生动物行政主管部门没收猎获物、猎捕工具和违法所得，处以罚款；情节严重，构成犯罪的，依照刑法有关规定追究刑事责任。	第四十六条 违反本法第二十条、第二十二条、第二十三条第一款、第二十四条第一款规定，在相关自然保护区域、禁猎（渔）区、禁猎（渔）期猎捕非国家重点保护野生动物，未取得狩猎证、未按照狩猎证规定猎捕非国家重点保护野生动物，或者使用禁用的工具、方法猎捕非国家重点保护野生动物的，由县级以上地方人民政府野生动物保护主管部门或者有关保护区域管理机构按照职责分工没收猎获物、猎捕工具和违法所得，吊销狩猎证，并处猎获物价值一倍以上五倍以下的罚款；没有猎获物的，并处二千元以上一万元以下的罚款；构成犯罪的，依法追究刑事责任。
第三十三条 违反本法规定，未取得狩猎证或者未按狩猎证规定猎捕野生动物的，由野生动物行政主管部门没收猎获物和违法所得，处以罚款，并可以没收猎捕工具，吊销狩猎证。 违反本法规定，未取得持枪证持枪猎捕野生动物的，由公安机关依照治安管理处罚法第三十二条的规定处罚。	违反本法第二十三条第二款规定，未取得持枪证持枪猎捕野生动物，构成违反治安管理行为的，由公安机关依法给予治安管理处罚；构成犯罪的，依法追究刑事责任。
第三十四条 违反本法规定，在自然保护区、禁猎区破坏国家或者地方重点保护野生动物主要生息繁衍场所的，由野生动物行政主管部门责令停止破坏行为，限期恢复原状，处以罚款。	
	第四十七条 违反本法第二十五条第二款规定，未取得人工繁育许可证繁育国家重点保护野生动物或者本法第二十八条第二款规定的野生动物的，由县级以上人民政府野生动物保护主管部门没收野生动物及其制品，并处野生动物及其制品价值一倍以上五倍以下的罚款。
	第四十八条 违反本法第二十七条第一款和第二款、第二十八条第一款、第三十三条第一款规定，未经批准、未取得或者未按照规定使用专用标识，或者未持有、未附有人工繁育许可证、批准文件的副本或者专用标识出售、购买、利用、运输、携带、寄递国家重点保护野生动物及其制品或者本法第二十八条第二款规定的野生动物及其制品的，由县级以上人民政府野生动物保护主管部门或者工商行政管理部门按照职责分工没收野生动物及其制品和违法所得，并处野生

续表

《野生动物保护法（2009年）》	《野生动物保护法（2016年）》
	动物及其制品价值二倍以上十倍以下的罚款；情节严重的，吊销人工繁育许可证、撤销批准文件、收回专用标识；构成犯罪的，依法追究刑事责任。违反本法第二十七条第四款、第三十三条第二款规定，未持有合法来源证明出售、利用、运输非国家重点保护野生动物的，由县级以上地方人民政府野生动物保护主管部门或者工商行政管理部门按照职责分工没收野生动物，并处野生动物价值一倍以上五倍以下的罚款。 违反本法第二十七条第五款、第三十三条规定，出售、运输、携带、寄递有关野生动物及其制品未持有或者未附有检疫证明的，依照《中华人民共和国动物防疫法》的规定处罚。
	第四十九条 违反本法第三十条规定，生产、经营使用国家重点保护野生动物及其制品或者没有合法来源证明的非国家重点保护野生动物及其制品制作食品，或者为食用非法购买国家重点保护的野生动物及其制品的，由县级以上人民政府野生动物保护主管部门或者工商行政管理部门按照职责分工责令停止违法行为，没收野生动物及其制品和违法所得，并处野生动物及其制品价值二倍以上十倍以下的罚款；构成犯罪的，依法追究刑事责任。
	第五十条 违反本法第三十一条规定，为出售、购买、利用野生动物及其制品或者禁止使用的猎捕工具发布广告的，依照《中华人民共和国广告法》的规定处罚。
第三十五条 违反本法规定，出售、收购、运输、携带国家或者地方重点保护野生动物或者其产品的，由工商行政管理部门没收实物和违法所得，可以并处罚款。 违反本法规定，出售、收购国家重点保护野生动物或者其产品，情节严重，构成犯罪的，依照刑法有关规定追究刑事责任。	第五十一条 违反本法第三十二条规定，为违法出售、购买、利用野生动物及其制品或者禁止使用的猎捕工具提供交易服务的，由县级以上人民政府工商行政管理部门责令停止违法行为，限期改正，没收违法所得，并处违法所得二倍以上五倍以下的罚款；没有违法所得的，处一万元以上五万元以下的罚款；构成犯罪的，依法追究刑事责任。

《野生动物保护法（2009 年）》	《野生动物保护法（2016 年）》
第三十六条　非法进出口野生动物或者其产品的，由海关依照海关法处罚；情节严重，构成犯罪的，依照刑法关于走私罪的规定追究刑事责任。	第五十二条　违反本法第三十五条规定，进出口野生动物或者其制品的，由海关、检验检疫、公安机关、海洋执法部门依照法律、行政法规和国家有关规定处罚；构成犯罪的，依法追究刑事责任。
	第五十三条　违反本法第三十七条第一款规定，从境外引进野生动物物种的，由县级以上人民政府野生动物保护主管部门没收所引进的野生动物，并处五万元以上二十五万元以下的罚款；未依法实施进境检疫的，依照《中华人民共和国进出境动植物检疫法》的规定处罚；构成犯罪的，依法追究刑事责任。
	第五十四条　违反本法第三十七条第二款规定，将从境外引进的野生动物放归野外环境的，由县级以上人民政府野生动物保护主管部门责令限期捕回，处一万元以上五万元以下的罚款；逾期不捕回的，由有关野生动物保护主管部门代为捕回或者采取降低影响的措施，所需费用由被责令限期捕回者承担。
第三十七条　伪造、倒卖、转让特许猎捕证、狩猎证、驯养繁殖许可证或者允许进出口证明书的，由野生动物行政主管部门或者工商行政管理部门吊销证件，没收违法所得，可以并处罚款。伪造、倒卖特许猎捕证或者允许进出口证明书，情节严重，构成犯罪的，依照刑法有关规定追究刑事责任。	第五十五条　违反本法第三十九条第一款规定，伪造、变造、买卖、转让、租借有关证件、专用标识或者有关批准文件的，由县级以上人民政府野生动物保护主管部门没收违法证件、专用标识、有关批准文件和违法所得，并处五万元以上二十五万元以下的罚款；构成违反治安管理行为的，由公安机关依法给予治安管理处罚；构成犯罪的，依法追究刑事责任。
第三十五条　第三款没收的实物，由野生动物行政主管部门或者其授权的单位按照规定处理。	第五十六条　依照本法规定没收的实物，由县级以上人民政府野生动物保护主管部门或者其授权的单位按照规定处理。
	第五十七条　本法规定的猎获物价值、野生动物及其制品价值的评估标准和方法，由国务院野生动物保护主管部门制定。

续表

《野生动物保护法（2009 年)》	《野生动物保护法（2016 年)》
第三十九条 当事人对行政处罚决定不服的，可以在接到处罚通知之日起十五日内，向作出处罚决定机关的上一级机关申请复议；对上一级机关的复议决定不服的，可以在接到复议决定通知之日起十五日内，向法院起诉。当事人也可以在接到处罚通知之日起十五日内，直接向法院起诉。当事人逾期不申请复议或者不向法院起诉又不履行处罚决定的，由作出处罚决定的机关申请法院强制执行。 对海关处罚或者治安管理处罚不服的，依照海关法或者治安管理处罚法的规定办理。	删除原第三十九条
第五章　附则	第五章　附则
第四十条　中华人民共和国缔结或者参加的与保护野生动物有关的国际条约与本法有不同规定的，适用国际条约的规定，但中华人民共和国声明保留的条款除外。	删除原第四十条
第四十一条　国务院野生动物行政主管部门根据本法制定实施条例，报国务院批准施行。 省、自治区、直辖市人民代表大会常务委员会可以根据本法制定实施办法。	删除原第四十一条
第四十二条　本法自 1989 年 3 月 1 日起施行。	第五十八条　本法自 2017 年 1 月 1 日起施行。

　　总体上看，《野生动物保护法（2016 年)》与《野生动物保护法（2009 年)》相比，主要有三处亮点：第一，《野生动物保护法（2016 年)》将"野生动物栖息地"保护提高到与野生动物保护同等重要的位置。野生动物栖息地作为野生动物生活和繁衍的重要区域，具有极其重要的生态价值。尽管《野生动物保护法（2009 年)》中的某些制度，比如野生动物名录制度、自然保护区制度、环境影响评价制度、环境监测制度等，或多或少对野生动物栖息地保护有所涉及，但相关规定却较为笼统、模糊，操作性不强。[1]《野生

---

① 参见阎济华：《中国野生动物栖息地破碎化严重》，载《生态经济》2015 年第 10 期。

动物保护法（2016 年）》将第二章确定为"野生动物及其栖息地保护"（《野生动物保护法（2009 年）》第二章为"野生动物保护"），不仅"明确了栖息地保护对于野生动物的重要意义"①，也有利于野生动物保护的系统性、完整性。其次，《野生动物保护法（2016 年）》规定国家林业行政主管部门从保护野生动物栖息地角度出发，应当适时确定并发布野生动物重要栖息地名录。这使得野生动物栖息地同野生动物一样，建立了专门的名录管理制度。总之，《野生动物保护法（2016 年）》将野生动物栖息地置于野生动物保护的重要位置，并且实施有针对性的保护，是我国野生动物保护法立法的一个积极进步和显著完善。②

第二，设置了更严厉的法律责任。首先，《野生动物保护法（2016 年）》除了规定没收违法所得外，还规定了按照货值倍数处以罚款（第十五条第三款）的行政处罚。其次，《野生动物保护法（2016 年）》引入了社会诚信管理，规定"将有关违法信息记入社会诚信档案，向社会公布"（第四十四条）。再次，《野生动物保护法（2016 年）》除规定行政机关工作人员法律责任外，还特别明确规定了行政机关的法律责任；对失职渎职的政府官员，明确了撤职、开除和引咎辞职等不同形式的法律责任。

第三，调整了某些科学性欠妥的法律概念。《野生动物保护法（2016 年）》将《野生动物保护法（2009 年）》所称的"驯养繁殖"改为"人工繁育"。其原因在于，一些野生动物是难以驯养的，因此与"驯养繁殖"相比较，"人工繁育"一词更为科学、严谨。

此外，由于《野生动物保护法（2016 年）》第 26 条规定："根据野生动物习性确保其具有必要的活动空间和生息繁衍、卫生健康条件，具备与其繁育目的、种类、发展规模相适应的场所、设施、技术，符合有关技术标准和防疫要求，不得虐待野生动物。"因此有观点认为，这属于实质性的动物福利保护，并且"这种用实质性规定来取代名义条款的做法，在转型期，也是一个明智之举。等社会进一步形成动物保护意识之后，再明确规定'动物福利'一词，水到渠成。"③

---

① 魏华、刘美辰：《〈野生动物保护法〉修改述评》，载《环境保护》2017 年第 12 期，第 52 页。

② 参见蒋志刚：《论野生动物栖息地的立法保护》，载《生物多样性》2016 年第 8 期。

③ 常纪文：《新修订的〈野生动物保护法〉亮点多》，载《人民日报》2016 年 7 月 23 日第 10 版。

第五节　修正《中华人民共和国节约能源法》

2016 年 7 月 2 日，第十二届全国人民代表大会常务委员会第二十一次会议以《关于修改〈中华人民共和国节约能源法〉等六部法律的决定》（主席令第 48 号），对《中华人民共和国节约能源法》（以下简称《节约能源法》）进行了修正。

《节约能源法》最早于 1997 年 11 月 1 日由第八届全国人民代表大会常务委员会第二十八次会议通过，同日经中华人民共和国主席令第 90 号公布。该法自 1998 年 1 月 1 日起施行。2007 年 10 月 28 日，第十届全国人民代表大会常务委员会第三十次会议对《节约能源法》进行了修订；同日，《节约能源法（2007 年）》经中华人民共和国主席令第 77 号公布，自 2008 年 4 月 1 日起施行。《节约能源法（2016 年）》的修订，是对两处行政审批的文本进行了更为严谨的表达，提高了立法技术，有利于更好地实现立法目的。

一、《节约能源法》的立法演进

我国十分重视节能工作，早在 1980 年就确定了开发与节约并重的能源工作方针和有关政策。1986 年国务院发布了《节约能源管理暂行条例》。这些政策和法规的实施，对于促进节能工作的开展，发挥了积极的作用。

最早的《节约能源法》是由国家计委、国家经贸委共同起草的。经多次征求国务院有关部门、地方政府、部分企业及有关专家、学者的意见，研究并借鉴国外有益的节能立法的经验，反复修改，形成了《中华人民共和国节约能源法（草案）》。该草案共 6 章、42 条，对调整范围、节能管理、合理使用能源、节能技术进步、法律责任等内容作出了规定。①1995 年 4 月，国务院向全国人大常委会提请审议节约能源法（草案），八届全国人大常委会第十三次会议、第十四次会议进行了审议。1996 年 6 月 19 日、24 日全国人大法律委员会召开会议，根据常委会委员的审议意见，财经委员会的审议

---

① 参见陈锦华：《关于〈中华人民共和国节约能源法（草案）〉的说明——1995 年 5 月 5 日在第八届全国人民代表大会常务委员会第十三次会议上》。

意见和各地方、各部门的意见，对草案进行了审议。1997年9月，财经委员会对法律委员会提请八届全国人大常委会第二十次会议审议的节约能源法提出了修改意见，法律委员会于10月21日召开会议，研究了财经委员会提出的修改意见，建议根据常委委员的审议意见和财经委员会的修改意见，对法律委员会提请八届全国人大常委会第二十次会议审议的草案修改稿作相关修改，并建议全国人大常委会审议通过。① 最终，《节约能源法》由第八届全国人民代表大会常务委员会第二十八次会议于1997年11月1日审议通过，同日经中华人民共和国主席令第90号公布，自1998年1月1日起施行。

时至21世纪初，根据第十届全国人大常委会立法计划的安排，全国人大财政经济委员会负责组织起草《中华人民共和国节约能源法（修订草案）》。2006年3月，成立了由全国人大财政经济委员会以及国家发改委、国务院法制办等部门和有关专家组成的起草组。之后一年多时间里，起草组开展立法调研，召开了专题座谈会和国际研讨会，就法律修订中的主要问题形成了共识。在形成草案征求意见稿后，征求了中央有关部门以及各地人大财经委的意见，全国人大常委会办公厅专门征求了国务院办公厅的意见。起草组根据反馈意见做了进一步修改。全国人大财政经济委员会审议通过了这个草案，认为草案基本成熟，建议提请全国人大常委会审议。②2016年10月24日，第十届常委会会议对节约能源法修订草案二次审议稿进行了分组审议。常委会组成人员认为，二次审议稿吸收了常委会的审议意见和有关方面的意见，已经比较成熟，建议经本次会议进一步审议修改后通过。③10月28日，第十届全国人民代表大会常务委员会第三十次会议审议通过对《节约能源法》的修订；同日《节约能源法》经中华人民共和国主席令第77号公布，自2008年4月1日起施行。

---

① 参见项淳一：《全国人大法律委员会关于〈中华人民共和国节约能源法（草案）〉审议结果的报告》。

② 参见傅志寰：《关于〈中华人民共和国节约能源法（修订草案）〉的说明——2007年6月24日在第十届全国人民代表大会常务委员会第二十八次会议上》。

③ 参见《十届全国人大常委会第三十次会议分组审议节约能源法（修订草案二次审议稿）的意见》。

二、2016 年修正《节约能源法》

本次修正涉及两处条文，分别是该法第十五条和第六十八条第一款（见表 4）。

表 4 2016 年《节约能源法》修正对照表

《节约能源法（2007 年）》	《节约能源法（2016 年）》
第十五条 国家实行固定资产投资项目节能评估和审查制度。不符合强制性节能标准的项目，依法负责项目审批或者核准的机关不得批准或者核准建设；建设单位不得开工建设；已经建成的，不得投入生产、使用。具体办法由国务院管理节能工作的部门会同国务院有关部门制定。	第十五条 国家实行固定资产投资项目节能评估和审查制度。不符合强制性节能标准的项目，建设单位不得开工建设；已经建成的，不得投入生产、使用。政府投资项目不符合强制性节能标准的，依法负责项目审批的机关不得批准建设。具体办法由国务院管理节能工作的部门会同国务院有关部门制定。
第六十八条第一款 负责审批或者核准固定资产投资项目的机关违反本法规定，对不符合强制性节能标准的项目予以批准或者核准建设的，对直接负责的主管人员和其他直接责任人员依法给予处分。	第六十八条第一款 负责审批政府投资项目的机关违反本法规定，对不符合强制性节能标准的项目予以批准建设的，对直接负责的主管人员和其他直接责任人员依法给予处分。

在此之前，根据《节约能源法（2007 年）》的规定，依法负责固定资产投资项目审批或者核准的机关，对于不符合强制性节能标准的项目，不得批准或者核准建设。《节约能源法（2016 年）》对此进行了优化，即节能审查不再作为项目核准的前置条件。之所以产生这种变化，主要在于落实简政放权的相关政策、优化行政审批程序。时任国家发改委副主任张勇在向全国人大作修改《节约能源法》等六部法律的说明时表示，将审批与可行性研究报告审批或项目核准同时进行，可以优化企业投资项目审批流程，节省审批时间。[1] 当然，相关审批仍须在开工前完成，建设单位不得未经批准开工建设；负责审批项目的机关也不能违反法律规定，批准不符合强制性节能标准的项目。

---

① 参见马海燕、梁晓辉：《中国拟修改 6 部法律简政放权》，来源：《中国新闻网》http：//www.chinanews.com/gn/2016/06-27/7918831.shtml，2017 年 4 月 16 日访问。

第六节　修正《中华人民共和国水法》

2016 年 7 月 2 日，第十二届全国人民代表大会常务委员会第二十一次会议以《关于修改〈中华人民共和国节约能源法〉等六部法律的决定》（主席令第 48 号）对《中华人民共和国水法》（以下简称《水法》）做出修正。

《水法》于 1988 年 1 月 21 日由第六届全国人民代表大会常务委员会第二十四次会议通过，同日经中华人民共和国主席令第 61 号公布。该法自 1988 年 7 月 1 日起施行。2002 年 8 月 29 日，第九届全国人民代表大会常务委员会第二十九次会议对《水法》进行了第一次修订；同日，《水法》经中华人民共和国主席令第 74 号公布，自 2002 年 10 月 1 日起施行。2009 年 8 月 27 日，根据第十一届全国人民代表大会常务委员会第十次会议《关于修改部分法律的决定》，《水法》进行了再次修正。此次修正是《水法》经历的第二次修正。

一、《水法》的立法演进

我国历来重视水资源利用与保护的立法工作。早在新中国成立之初，我国就制定出台了《政务院关于治理淮河的决定》（1950 年）、《中共中央关于三峡水利枢纽和长江流域规划的意见》（1958 年）、《生活饮用水规程》（1959 年）、《中共中央关于水利建设问题的指示》（1960 年）等许多有关水害防治和水资源利用的法律法规。然而，尽管我国水害防治和水资源利用的建设取得了巨大成就，但在水资源开发利用和保护管理方面，也存在着不少问题。比如，我国北方地区水资源严重不足，影响人民生活和经济发展；水污染日趋严重，对人民健康和生产建设造成损害；有些城市和地区地下水过量开采，造成水源枯竭、地面沉陷，甚至导致海水入侵。水资源管理已经成为国民经济和社会发展的重要问题。①

1984 年 11 月全国水资源协调小组第一次会议决定，成立由水电部、国

---

① 参见钱正英：《关于〈中华人民共和国水法（草案）〉的说明——1987 年 11 月 17 日在第六届全国人民代表大会常务委员会第二十三次会议上》。

家计委、交通部、地矿部、建设部、农牧渔业部、中国科学院等部门参加的水法起草小组。起草工作分《水法起草大纲》和《水法草案》两个步骤进行。在《水法起草大纲》的基础上，根据协调小组第二次会议的审议意见和各省、自治区、直辖市以及国务院有关部门的意见，水法起草小组于 1985年 12 月拟订了《中华人民共和国水法（审议稿）》，经协调小组第三次会议审议修改，提出了《中华人民共和国水法（送审稿）》，呈报国务院。经过国务院法制局的审查，形成了报国务院常务会议讨论的《中华人民共和国水法（草案）》。该草案于 1987 年 9 月 25 日经国务院常务会议原则通过。① 同年 11 月，第六届全国人民代表大会常务委员会第二十三次会议对《中华人民共和国水法（草案）》进行了审议。1988 年 1 月 6 日、7 日全国人大法律委员会召开会议，根据全国人大常委会委员、全国人大财经委员会的审议意见和省、自治区、直辖市、中央有关部门的意见，对草案再次进行了审议。法律委员会认为，草案基本可行，建议全国人大常委会审议通过。②1988 年1 月 21 日第六届全国人民代表大会常务委员会第二十四次会议审议通过《中华人民共和国水法》。该法同日经中华人民共和国主席令第 61 号公布，自1988 年 7 月 1 日起施行。

《水法》制定以后，相关水害防治和水资源利用与保护的法律、法规和政策陆续制定并实施，对规范水资源的开发利用行为、保护水资源、防治水害、促进水利事业的发展，发挥了积极的作用。但是，随着形势的不断发展，一些新情况和新问题也陆续出现，《水法》的一些规定已经不能适应实际需要。为此，水利部组织起草了《中华人民共和国水法（修订草案送审稿）》，并于 2000 年 6 月报送国务院。国务院法制办经过反复地咨询意见、调研、论证、修改，形成了《中华人民共和国水法（修订草案）》。该修订草案经国务院常务会议讨论通过后，于 2001 年 12 月提交第九届全国人民代表大会常务委员会第二十五次会议进行审议。③ 最终，第九届全国人民代表大

---

① 参见钱正英：《关于〈中华人民共和国水法（草案）〉的说明——1987 年 11 月 17 日在第六届全国人民代表大会常务委员会第二十三次会议上》。

② 参见宋汝棼：《全国人大法律委员会对〈中华人民共和国水法（草案）〉审议结果的报告——1988年 1 月 11 日在第六届全国人民代表大会常务委员会第二十四次会议上》。

③ 参见汪恕诚：《关于〈中华人民共和国水法（修订草案）〉的说明——2001 年 12 月 24 日在第九届全国人民代表大会常务委员会第二十五次会议上》。

会常务委员会第二十九次会议于 2002 年 8 月 29 日通过《全国人民代表大会常务委员会关于修改部分法律的决定》，对《水法》进行了第一次修订。

时至 2009 年，第十一届全国人民代表大会常务委员会第十次会议又对《水法》进行了修改。与前一次修正不同，本次修正主要是针对法律中有关治安管理处罚的内容作文字修改。

二、2016 年修正《水法》的具体内容

2016 年 7 月 2 日，第十二届全国人民代表大会常务委员会第二十一次会议对《水法》进行了第二次修正。本次修正仅涉及一处条文，即该法第十九条（见表 5）。

表 5　2016 年《水法》修正对照表

《水法（2009 年）》	《水法（2016 年）》
第十九条　建设水工程，必须符合流域综合规划。在国家确定的重要江河、湖泊和跨省、自治区、直辖市的江河、湖泊上建设水工程，其工程可行性研究报告报请批准前，有关流域管理机构应当对水工程的建设是否符合流域综合规划进行审查并签署意见；在其他江河、湖泊上建设水工程，其工程可行性研究报告报请批准前，县级以上地方人民政府水行政主管部门应当按照管理权限对水工程的建设是否符合流域综合规划进行审查并签署意见。水工程建设涉及防洪的，依照防洪法的有关规定执行；涉及其他地区和行业的，建设单位应当事先征求有关地区和部门的意见。	第十九条　建设水工程，必须符合流域综合规划。在国家确定的重要江河、湖泊和跨省、自治区、直辖市的江河、湖泊上建设水工程，未取得有关流域管理机构签署的符合流域综合规划要求的规划同意书的，建设单位不得开工建设；在其他江河、湖泊上建设水工程，未取得县级以上地方人民政府水行政主管部门按照管理权限签署的符合流域综合规划要求的规划同意书的，建设单位不得开工建设。水工程建设涉及防洪的，依照防洪法的有关规定执行；涉及其他地区和行业的，建设单位应当事先征求有关地区和部门的意见。

就本条法律规定而言，建设水工程，主要是指在江河、湖泊和地下水源上建设开发利用水资源的各类工程，比如修建堤、坝、水闸、溢洪道、渠道等。根据旧法的规定，水工程建设必须事先报请相关机构批准工程可行性研究报告。修正后的《水法》对此进行了改革，即取消了建设单位报请相关机构批准"可行性研究报告"的程序。当然，尽管取消了审批可行性研究报告，但只要不符合流域综合规划，水工程建设同样不得开工建设。

第七节　修正《中华人民共和国环境影响评价法》

2016 年 7 月 2 日，第十二届全国人民代表大会常务委员会第二十一次会议以《关于修改〈中华人民共和国节约能源法〉等六部法律的决定》（主席令第 48 号）对《中华人民共和国环境影响评价法》（以下简称《环境影响评价法》）进行了修正。

《环境影响评价法》最早由中华人民共和国第九届全国人民代表大会常务委员会第三十次会议于 2002 年 10 月 28 日通过，同日经中华人民共和国主席令第 77 号公布，自 2003 年 9 月 1 日起施行。此次修改是《环境影响评价法》颁布以来的首次修正，本次修正主要是为了解决《环境影响评价法（2002 年）》和《中华人民共和国环境保护法（2014 年）》之间存在的冲突，同时对作为上位法的《中华人民共和国环境保护法（2014 年）》中的一些指导性和授权性条款，作出更细致更具操作性的规定。

一、2016 年修正《环境影响评级法》的具体内容

本次修正总共涉及 9 处（见表 6）：第十四条增加一款，作为第一款；删去第十七条第二款、第三十二条；修改第十八条第三款、第二十二条、第二十五条、第二十九条、第三十一条；第三十四条改为第三十三条，并加以修改。

表 6　2016 年《环境影响评价法》修正对照表

《环境影响评价法（2002 年）》	《环境影响评价法（2016 年）》
	第十四条第一款　审查小组提出修改意见的，专项规划的编制机关应当根据环境影响报告书结论和审查意见对规划草案进行修改完善，并对环境影响报告书结论和审查意见的采纳情况作出说明；不采纳的，应当说明理由。
第十七条第二款　涉及水土保持的建设项目，还必须有经水行政主管部门审查同意的水土保持方案。	删除原第十七条第二款。

续表

《环境影响评价法（2002年）》	《环境影响评价法（2016年）》
第十八条第三款已经进行了环境影响评价的规划所包含的具体建设项目，其环境影响评价内容建设单位可以简化。	第十八条第三款　已经进行了环境影响评价的规划包含具体建设项目的，规划的环境影响评价结论应当作为建设项目环境影响评价的重要依据，建设项目环境影响评价的内容应当根据规划的环境影响评价审查意见予以简化。
第二十二条　建设项目的环境影响评价文件，由建设单位按照国务院的规定报有审批权的环境保护行政主管部门审批；建设项目有行业主管部门的，其环境影响报告书或者环境影响报告表应当经行业主管部门预审后，报有审批权的环境保护行政主管部门审批。 海洋工程建设项目的海洋环境影响报告书的审批，依照《中华人民共和国海洋环境保护法》的规定办理。 审批部门应当自收到环境影响报告书之日起六十日内，收到环境影响报告表之日起三十日内，收到环境影响登记表之日起十五日内，分别作出审批决定并书面通知建设单位。 预审、审核、审批建设项目环境影响评价文件，不得收取任何费用。	第二十二条　建设项目的环境影响报告书、报告表，由建设单位按照国务院的规定报有审批权的环境保护行政主管部门审批。 海洋工程建设项目的海洋环境影响报告书的审批，依照《中华人民共和国海洋环境保护法》的规定办理。 审批部门应当自收到环境影响报告书之日起六十日内，收到环境影响报告表之日起三十日内，分别作出审批决定并书面通知建设单位。 国家对环境影响登记表实行备案管理。 审核、审批建设项目环境影响报告书、报告表以及备案环境影响登记表，不得收取任何费用。
第二十五条　建设项目的环境影响评价文件未经法律规定的审批部门审查或者审查后未予批准的，该项目审批部门不得批准其建设，建设单位不得开工建设。	第二十五条　建设项目的环境影响评价文件未依法经审批部门审查或者审查后未予批准的，建设单位不得开工建设。
第二十九条　规划编制机关违反本法规定，组织环境影响评价时弄虚作假或者有失职行为，造成环境影响评价严重失实的，对直接负责的主管人员和其他直接责任人员，由上级机关或者监察机关依法给予行政处分。	第二十九条　规划编制机关违反本法规定，未组织环境影响评价，或者组织环境影响评价时弄虚作假或者有失职行为，造成环境影响评价严重失实的，对直接负责的主管人员和其他直接责任人员，由上级机关或者监察机关依法给予行政处分。

续表

《环境影响评价法（2002 年）》	《环境影响评价法（2016 年）》
第三十一条　建设单位未依法报批建设项目环境影响评价文件，或者未依照本法第二十四条的规定重新报批或者报请重新审核环境影响评价文件，擅自开工建设的，由有权审批该项目环境影响评价文件的环境保护行政主管部门责令停止建设，限期补办手续；逾期不补办手续的，可以处五万元以上二十万元以下的罚款，对建设单位直接负责的主管人员和其他直接责任人员，依法给予行政处分。 建设项目环境影响评价文件未经批准或者未经原审批部门重新审核同意，建设单位擅自开工建设的，由有权审批该项目环境影响评价文件的环境保护行政主管部门责令停止建设，可以处五万元以上二十万元以下的罚款，对建设单位直接负责的主管人员和其他直接责任人员，依法给予行政处分。 海洋工程建设项目的建设单位有前两款所列违法行为的，依照《中华人民共和国海洋环境保护法》的规定处罚。	第三十一条　建设单位未依法报批建设项目环境影响报告书、报告表，或者未依照本法第二十四条的规定重新报批或者报请重新审核环境影响报告书、报告表，擅自开工建设的，由县级以上环境保护行政主管部门责令停止建设，根据违法情节和危害后果，处建设项目总投资额百分之一以上百分之五以下的罚款，并可以责令恢复原状；对建设单位直接负责的主管人员和其他直接责任人员，依法给予行政处分。 建设项目环境影响报告书、报告表未经批准或者未经原审批部门重新审核同意，建设单位擅自开工建设的，依照前款的规定处罚、处分。 建设单位未依法备案建设项目环境影响登记表的，由县级以上环境保护行政主管部门责令备案，处五万元以下的罚款。 海洋工程建设项目的建设单位有本条所列违法行为的，依照《中华人民共和国海洋环境保护法》的规定处罚。
第三十二条　建设项目依法应当进行环境影响评价而未评价，或者环境影响评价文件未经依法批准，审批部门擅自批准该项目建设的，对直接负责的主管人员和其他直接责任人员，由上级机关或者监察机关依法给予行政处分；构成犯罪的，依法追究刑事责任。	删除原第三十二条
第三十四条　负责预审、审核、审批建设项目环境影响评价文件的部门在审批中收取费用的，由其上级机关或者监察机关责令退还；情节严重的，对直接负责的主管人员和其他直接责任人员依法给予行政处分。	第三十三条　负责审核、审批、备案建设项目环境影响评价文件的部门在审批、备案中收取费用的，由其上级机关或者监察机关责令退还；情节严重的，对直接负责的主管人员和其他直接责任人员依法给予行政处分。

二、2016 年修正《环境影响评价法》的主要亮点

比照修正前后的《环境影响评价法》，可以发现本次修正主要有以下三个方面的亮点：一是强化了规划环境影响评价（以下简称"规划环评"）。实践中，规划的编制机关对于主动开展规划环评或主动采纳规划环评的结论和

建议的积极性并不高。修正后的《环境影响评价法》在第十四条新增了第一款，规定"专项规划的编制机关应当……对环境影响报告书结论和审查意见的采纳情况作出说明；不采纳的，应当说明理由"，这一修改使得规划编制机关必须对环境影响评价的结论、审查意见进行说明，在一定程度上增强规划环评的有效性。

二是弱化了项目环境影响评价的审批要求。修改后的《环境影响评价法》不再将水土保持方案的审批作为环境影响评价的前置条件，同时，将环境影响登记表由审批制改为备案制，取消了环境影响报告书、环境影响报告表的预审等。

三是提高了行政处罚的力度。针对建设单位"未批先建"的环境行政违法行为，修改前的《环境影响评价法》仅规定了责令停止建设、限期补办手续，以及最高 20 万元罚款等行政处罚。这些处罚"对于动辄投资数十亿甚至上百亿、数百亿元的大型项目来说就是'九牛一毛'。导致在实践中部分企业投机取巧，先上车后补票。这就让企业产生了逻辑错位：一个规规矩矩做了环评的企业，可能因未通过审批而不能立项；另一个环评违法企业只要肯认罚，缴纳至多 20 万元的罚款，就能通过审批。这就导致违法企业成本低、守法企业成本高，甚至出现'劣币驱逐良币'的现象。"①针对这一问题，新法提高了"未批先建"的违法成本，尤其大幅提高了罚款的数额。修正后的《环境影响评价法》（第三十一条）不仅规定"根据违法情节和危害后果，处建设项目总投资额百分之一以上百分之五以下的罚款"，同时还规定"可以责令恢复原状"。这意味着，针对"未批先建"的环境行政违法行为，建设项目的总投资额越高，罚款数额也就越高。

第八节　修正《中华人民共和国航道法》

2016 年 7 月 2 日，第十二届全国人民代表大会常务委员会第二十一次会议以《关于修改〈中华人民共和国节约能源法〉等六部法律的决定》（主席令第 48 号），对《中华人民共和国航道法》（以下简称《航道法》）进行了修正。

---

① 杜焱强、包存宽：《修改的〈环评法〉有哪些亮点？》，载《中国环境报》2016 年 7 月 20 日第 3 版。

《航道法》最早于 2014 年 12 月 28 日由中华人民共和国第十二届全国人民代表大会常务委员会第十二次会议通过，同日经中华人民共和国主席令第 17 号公布，自 2015 年 3 月 1 日起施行。本次修改是《航道法》2014 年颁布以来的首次修正。

一、《航道法》的立法演进

在《航道法》出台以前，我国关于航道利用、管理与保护的法律规定主要见于《中华人民共和国航道管理条例》。该条例属于行政法规，由国务院于 1987 年制定。在过去的很长一段时间里，《中华人民共和国航道管理条例》对航道的保护和利用发挥了积极作用，但由于一些规定过于原则、约束力不强，对一些新问题、新情况缺乏规范，已无法适应新形势下航道保护和利用的要求。2011 年 1 月印发的《国务院关于加快长江等内河水运发展的意见》（国发〔2011〕2 号）明确提出了"加快出台航道法"的意见。同年，全国人大常委会选择航道法进行立法项目论证，并将该项目列入《十二届全国人大常委会立法规划》和《全国人大常委会 2014 年立法工作计划》。2014 年 4 月 2 日，国务院第 43 次常务会议讨论通过了《中华人民共和国航道法（草案）》。①

2014 年 4 月，第十二届全国人民代表大会常务委员会第八次会议对《中华人民共和国航道法（草案）》进行了初次审议。会后，全国人大法制工作委员会将草案印发各省、自治区、直辖市以及中央有关部门、单位、高等院校和研究机构征求意见，在中国人大网上全文公布草案向社会征求意见。法律委员会、法制工作委员会还先后到广西、广东、江苏、湖南、浙江等地进行调研，并且与财政经济委员会、国务院法制办公室和交通运输部等部门多次沟通研究，对草案进行修改完善。在这些基础上，全国人大法律委员会对草案提出了四点修改意见：一是考虑到在促进航道发展的同时应当遵循保护环境的基本国策，建议补充保护环境的相关规定；二是为保证航道正常通航，建议增加关于养护作业结束后负责航道管理的部门及时清除残留物的规

---

① 参见杨传堂：《关于〈中华人民共和国航道法（草案）〉的说明——2014 年 4 月 21 日在第十二届全国人民代表大会常务委员会第八次会议上》。

定；三是关于航道通航条件影响评价制度，建议增加对不符合规定的航道通航条件影响评价材料重新送审的规定，以及将"航道管理机构"作为航道通航条件影响评价的审核部门、删除法律不溯及既往的一般性规定、适当降低罚款数额的上限；四是关于非法采砂行为，建议进一步明确禁止非法采砂行为、增加规定相应法律责任，同时建议针对在航道和航道保护范围内采砂损害航道通航条件的行为明确由一个部门实施处罚。[①]2014 年 12 月 22 日，第十二届全国人民代表大会常务委员会对《中华人民共和国航道法（草案二次审议稿)》进行了分组审议，普遍认为，草案已经比较成熟，建议进一步修改后，提请本次会议通过。修改建议包括两项内容：一是在相关条款中增加有关生态保护的内容，明确规定保护生态的原则；二是在草案二次审议稿第十一条中增加规定：航道建设单位对工程质量和安全负责。[②]

2014 年 12 月 28 日，中华人民共和国第十二届全国人民代表大会常务委员会第十二次会议正式通过《中华人民共和国航道法》。

二、2016 年修正《航道法》的具体内容

2016 年 7 月 2 日，第十二届全国人民代表大会常务委员会第二十一次会议对《航道法》进行了首次修正。修正后的《航道法》体例结构、条文数量均没有发生变化，仍为 7 章、48 条。本次修正《航道法》仅涉及其中的第二十八条第三款（见表 7）。

表 7 2016 年《航道法》修正对照表

《航道法（2014 年)》	《航道法（2016 年)》
第二十八条第三款　未进行航道通航条件影响评价或者经审核部门审核认为建设项目不符合本法规定的，负责建设项目审批或者核准的部门不予批准、核准，建设单位不得建设。	第二十八条第三款　未进行航道通航条件影响评价或者经审核部门审核认为建设项目不符合本法规定的，建设单位不得建设。政府投资项目未进行航道通航条件影响评价或者经审核部门审核认为建设项目不符合本法规定的，负责建设项目审批的部门不予批准。

①　参见谢经荣：《全国人民代表大会法律委员会关于〈中华人民共和国航道法（草案〉审议结果的报告——2014 年 12 月 22 日在第十二届全国人民代表大会常务委员会第十二次会议上》。

②　参见《全国人民代表大会法律委员会关于〈中华人民共和国航道法（草案二次审议稿〉修改意见的报告——2014 年 12 月 27 日在第十二届全国人民代表大会常务委员会第十二次会议上》。

第九节　修正《中华人民共和国防洪法》

2016 年 7 月 2 日，第十二届全国人民代表大会常务委员会第二十一次会议以《关于修改〈中华人民共和国节约能源法〉等六部法律的决定》（主席令第 48 号），对《中华人民共和国防洪法》（以下简称《防洪法》）进行了修正。

《防洪法》最早于 1997 年 8 月 29 日由中华人民共和国第八届全国人民代表大会常务委员会第二十七次会议通过，同日经中华人民共和国主席令第 88 号公布。该法自 1998 年 1 月 1 日起施行。2009 年 8 月 27 日，根据中华人民共和国第十一届全国人民代表大会常务委员会第十次会议通过的《全国人民代表大会常务委员会关于修改部分法律的决定》对《防洪法》进行了第一次修正。2015 年 4 月 24 日，根据中华人民共和国第十二届全国人民代表大会常务委员会第十四次会议通过的《全国人民代表大会常务委员会关于修改〈中华人民共和国港口法〉等七部法律的决定》对《防洪法》进行了第二次修正。2016 年的修正是《防洪法》的第三次修正。

一、《防洪法》的立法演进

新中国成立后，党和政府十分重视防洪工作。早在 1987 年就在《水利电力部、城乡建设环境保护部、国家计委关于城市防洪分工的通知》中确定了相关部委在防洪工作中的分工与合作方式。国务院分别在 1988 年和 1991 年颁布了《中华人民共和国河道管理条例》和《中华人民共和国防汛条例》。1995 年前建设部发布了《建设部关于发布国家标准〈防洪标准〉的通知》。这些政策和法规的实施，对于防洪工作的标准确定和完善发挥了一定的作用。

最早的《防洪法》是由水利部起草的。水利部在总结《中华人民共和国河道管理条例》和《中华人民共和国防汛条例》实施经验和调查研究的基础上，起草了《中华人民共和国防洪法（送审稿）》，于 1995 年 3 月报请国务院审批。此后，国务院法制局又广泛征求了国务院有关部门和地方以及流域管理机构的意见，会同水利部和有关部门对送审稿反复研究、修改，形成了《中华人民共和国防洪法（草案）》。该草案共 8 章、74 条，分为总则、防洪规划、治理与防护、防洪区和防洪工程设施的管理、防汛抗洪、保障措施、法律责任、附则。①1997 年 6 月，第八届全国人大常委会第二十六次会议对《中华人民共和国防洪法（草案）》进行了初步审议。会后，法律委员会、法制工作委员会将草案印发各省、自治区、直辖市和中央有关部门征求意见，法律委员会、环境与资源保护委员会和法制工作委员会还联合邀请中央有关部门座谈征求意见。法律委员会于 1997 年 8 月 12 日、13 日、20 日召开会议，根据全国人大常委会委员和全国人大环境与资源保护委员会的审议意见以及各地方、部门的意见，对草案进行了审议，环境与资源保护委员会的负责同志参加了会议。最终，《中华人民共和国防洪法》由中华人民共和国第八届全国人民代表大会常务委员会第二十七次会议于 1997 年 8 月 29 日通过，同日经中华人民共和国主席令第 88 号公布，自 1998 年 1 月 1 日起施行。

《防洪法》分别于 2009 年和 2015 年进行过两次修正。其中，2009 年的第一次修正主要内容是：第一，对《防洪法》中明显不适应社会主义市场经济和社会发展要求的规定作出修改，即删去第五十二条。② 第二，将《防洪法》第六十一条、第六十二条、第六十四条中引用的"治安管理处罚条例"修改为"治安管理处罚法"。2015 年第二次修正的涉及两处条文（见表 8）：

表 8　2015 年《防洪法》修正对照表

《防洪法（2009 年）》	《防洪法（2015 年)》
第二十五条　护堤护岸的林木，由河道、湖泊管理机构组织营造和管理。护堤护岸林木，不得任意砍伐。采伐护堤护岸林木的，须经河道、湖泊管理机构同意后，依法办理采伐许可手续，并完成规定的更新补种任务。	第二十五条　护堤护岸的林木，由河道、湖泊管理机构组织营造和管理。护堤护岸林木，不得任意砍伐。采伐护堤护岸林木的，应当依法办理采伐许可手续，并完成规定的更新补种任务。
第三十四条第三款　城市建设不得擅自填堵原有河道沟叉、贮水湖塘洼淀和废除原有防洪围堤；确需填堵或者废除的，应当经水行政主管部门审查同意，并报城市人民政府批准。	第三十四条第三款　城市建设不得擅自填堵原有河道沟叉、贮水湖塘洼淀和废除原有防洪围堤。确需填堵或者废除的，应当经城市人民政府批准。

---

① 参见钮茂生：《关于〈中华人民共和国防洪法（草案）〉的说明》。

② 《防洪法》原第五十二条规定："有防洪任务的地方各级人民政府应当根据国务院的有关规定，安排一定比例的农村义务工和劳动积累工，用于防洪工程设施的建设、维护。"

二、2016 年修正《防洪法》的具体内容

本次修正涉及四处条文，分别是该法第十七条第二款、第二十七条第一款、第三十三条第一款和第五十八条第一款（见表9）。

表9 2016年《防洪法》修正对照表

《防洪法（2015 年)》	《防洪法（2016 年)》
第十七条第二款　前款规定的防洪工程和其他水工程、水电站的可行性研究报告按照国家规定的基本建设程序报请批准时，应当附具有关水行政主管部门签署的符合防洪规划要求的规划同意书。	第十七条第二款　前款规定的防洪工程和其他水工程、水电站未取得有关水行政主管部门签署的符合防洪规划要求的规划同意书的，建设单位不得开工建设。
第二十七条第一款　建设跨河、穿河、穿堤、临河的桥梁、码头、道路、渡口、管道、缆线、取水、排水等工程设施，应当符合防洪标准、岸线规划、航运要求和其他技术要求，不得危害堤防安全、影响河势稳定、妨碍行洪畅通；其可行性研究报告按照国家规定的基本建设程序报请批准前，其中的工程建设方案应当经有关水行政主管部门根据前述防洪要求审查同意。	第二十七条第一款　建设跨河、穿河、穿堤、临河的桥梁、码头、道路、渡口、管道、缆线、取水、排水等工程设施，应当符合防洪标准、岸线规划、航运要求和其他技术要求，不得危害堤防安全、影响河势稳定、妨碍行洪畅通；其工程建设方案未经有关水行政主管部门根据前述防洪要求审查同意的，建设单位不得开工建设。
第三十三条第一款　在洪泛区、蓄滞洪区内建设非防洪建设项目，应当就洪水对建设项目可能产生的影响和建设项目对防洪可能产生的影响作出评价，编制洪水影响评价报告，提出防御措施。建设项目可行性研究报告按照国家规定的基本建设程序报请批准时，应当附具有关水行政主管部门审查批准的洪水影响评价报告。	第三十三条第一款　在洪泛区、蓄滞洪区内建设非防洪建设项目，应当就洪水对建设项目可能产生的影响和建设项目对防洪可能产生的影响作出评价，编制洪水影响评价报告，提出防御措施。洪水影响评价报告未经有关水行政主管部门审查批准的，建设单位不得开工建设。
第五十八条第一款　违反本法第三十三条第一款规定，在洪泛区、蓄滞洪区内建设非防洪建设项目，未编制洪水影响评价报告的，责令限期改正，逾期不改正的，处五万元以下的罚款。	第五十八条第一款　违反本法第三十三条第一款规定，在洪泛区、蓄滞洪区内建设非防洪建设项目，未编制洪水影响评价报告或者洪水影响评价报告未经审查批准开工建设的，责令限期改正；逾期不改正的，处五万元以下的罚款。

修正后的《防洪法》在审批需要提供的文件中删除了建设项目可行性研究报告，使整个审批完全整合于环境影响评价制度当中，进一步简化项目的申报审批程序；增加了未经审批"不得开工"的强制性规定，在简化流程的同时强化了行政审批的监管力度。2016 的修正主要是在简政放权的同时严格了行政审批，有利于提高防洪工程项目的建设效率和监管强度。在简政放权的大背景之下，《防洪法》的修正既为"一站式"的审批向"一枚公章"的过度做出了积极的调整，也为审批安全性的提高保驾护航，是深化行政审批体制改革在环境法制建设层面的重要体现。

第十节　修正《中华人民共和国海洋环境保护法》

2016 年 11 月 7 日，第十二届全国人民代表大会常务委员会第二十四次会议通过《全国人民代表大会常务委员会关于修改〈中华人民共和国海洋环境保护法〉的决定》。同日，《中华人民共和国海洋环境保护法》（以下简称《海洋环境保护法》）由中华人民共和国主席令第 56 号公布。

我国《海洋环境保护法》于 1982 年 8 月 23 日颁布，后经历过一次修订（1999 年）和两次修正（分别在 2013 年与 2016 年）。2016 年修改后的《海洋环境保护法（2016）》共 10 章、97 条，包括：总则；海洋环境监督管理；海洋生态保护；防治陆源污染物对海洋环境的污染损害；防治海岸工程建设项目对海洋环境的污染损害；防治海洋工程建设项目对海洋环境的污染损害；防治倾倒废弃物对海洋环境的污染损害；防治船舶及有关作业活动对海洋环境的污染损害；法律责任；附则。

一、《海洋环境保护法》的立法演进

《海洋环境保护法》自 1982 年 8 月 23 日颁布以来，共历经过一次修订（1999 年）和两次修正（分别在 2013 年与 2016 年）。

（一）1982 年《海洋环境保护法》立法过程及主要内容

1979 年 9 月 13 日，全国人民代表大会常务委员会通过并颁布了《中华人民共和国环境保护法（试行）》。原国务院环境保护领导小组依据这一基本法，着手草拟各项环境保护的法规，《海洋环境保护法》是其中的一项。

1980 年 5 月，由原国务院环境保护领导小组、国家海洋局牵头，会同交通部、石油部、原国家水产总局等有关部门，并请中国社会科学院法学研究所和上海法学研究所的法律工作者参加，组成了《海洋环境保护法》起草小组。起草小组在搜集资料，调查研究，协商协调的基础上，起草了讨论稿；多次向国务院有关部门和 10 个沿海省、自治区、直辖市征求意见；请有关方面专家和从事管理工作的同志参加修改，拟定了送审稿。国务院经济法规研究中心组织了讨论和修改，并经国务院常务会议讨论通过，上报全国人大常务委员会。全国人大常委会法制委员会对这个草案进行了讨论和修改。①

1982 年 8 月 23 日，时任城乡建设环境保护部部长李锡铭作了《关于〈中华人民共和国海洋环境保护法〉（草案）的说明》的报告，将该法草案提请第五届全国人民代表大会常务委员会第二十四次会议审议，并当场通过，由全国人民代表大会常务委员会令第九号公布，自 1983 年 3 月 1 日起生效。

1982 年制定的《海洋环境保护法》是我国第一部海洋环境保护法，共 8 章、48 条。其主要内容包括：第一，防止海岸工程对海洋环境的污染损害，海岸工程主要是指在海岸建造港口、油码头和兴建入海口水利工程等。第二，防止海洋石油勘探开发对海洋环境的污染损害，主要是防止在爆破勘探、钻井、试油、输油等过程中发生的污染损害。第三，防止陆源污染物对海洋环境的污染损害。第四，防止船舶对海洋环境的污染损害。第五，防止倾倒废弃物对海洋环境的污染损害。第六，在法律责任一章做出了对违反这个法律的行为追究行政责任、民事责任和刑事责任的规定。

（二）1999 年《海洋环境保护法》修订过程及内容

1995 年，八届全国人大环境与资源保护委员会（本部分以下简称环资委）开始了对 1982 年颁布的《海洋环境保护法》的修改工作。1999 年，九届全国人大环资委草拟出《海洋环境保护法（修订草案）》。同年 6 月 22 日，在第九届全国人民代表大会常务委员会第十次会议上听取了时任全国人大环资委副主任委员张皓若就《海洋环境保护法（修订草案）》的说明，并对

---

① 李锡铭：《关于〈中华人民共和国海洋环境保护法〉（草案）的说明》。

该修订草案进行了初步审议。8 月 24 日，时任全国人大法律委员会副主任委员乔晓阳在第九届全国人民代表大会常务委员会第十一次会议上，汇报了全国人大法律委员会关于该修订草案的有关情况。10 月 25 日，在第九届全国人民代表大会常务委员会第十二次会议上，时任全国人大法律委员会副主任委员张绪武作全国人大法律委员会关于该修订草案修改情况的汇报，该修订草案（三次审议稿）已按照汇报内容作了修改，建议全国人大常委会审议。12 月 6 日，法律委员会对该修订草案（三次审议稿）进行了审议，环资委、农业与农村委员会的相关负责同志也列席了会议。12 月 13 日，法律委员会再次对该修订草案进行了审议。12 月 17 日，九届全国人大常委会第十三次会议对该修订草案（四次审议稿）进行了审议。12 月 25 日，新修订的《海洋环境保护法》通过审议，并于当日由第二十六号主席令公布，该法自 2000 年 4 月 1 日起施行。

（三）2013 年《海洋环境保护法》第一次修正过程、内容

2013 年 3 月 4 日，十二届全国人大一次会议海南代表团在驻地举行全体会议，会议决定以代表团名义向十二届全国人大第一次会议提交《关于修改〈中华人民共和国海洋环境保护法〉的议案》。同年 12 月 16 日，全国人大常委会委员长张德江在北京人民大会堂主持召开十二届全国人大常委会第十四次委员长会议并建议十二届全国人大常委会第六次会议审议《海洋环境保护法》在内的 7 部法律的修正案草案。12 月 23 日，十二届全国人大常委会第六次会议举行第一次全体会议，会上听取了国务院法制办主任宋大涵就国务院起草包括《海洋环境保护法》等 7 部法律的修正案草案的说明。12 月 25，十二届全国人大常委会第十五次委员长会议听取了全国人大法律委员会主任委员乔晓阳作的关于《海洋环境保护法》等 7 部法律的修正案草案审议结果的报告。12 月 28 日，第十二届全国人民代表大会常务委员会第六次会议通过了《全国人民代表大会常务委员会关于修改〈中华人民共和国海洋环境保护法〉等七部法律的决定》，并通过第 8 号主席令予以公布，新修定的《海洋环境保护法》自公布之日起施行。具体修订情况如下（见表 10）：

表 10　2013 年《海洋环境保护法》修正对照表

《海洋环境保护法（1999 年)》	《海洋环境保护法（2013 年)》
第四十三条　海岸工程建设项目的单位，必须在建设项目可行性研究阶段，对海洋环境进行科学调查，根据自然条件和社会条件，合理选址，编报环境影响报告书。环境影响报告书经海洋行政主管部门提出审核意见后，报环境保护行政主管部门审查批准。 环境保护行政主管部门在批准环境影响报告书之前，必须征求海事、渔业行政主管部门和军队环境保护部门的意见。	第四十三条　海岸工程建设项目的单位，必须在建设项目可行性研究阶段，对海洋环境进行科学调查，根据自然条件和社会条件，合理选址，编报环境影响报告书。环境影响报告书报环境保护行政主管部门审查批准。 环境保护行政主管部门在批准环境影响报告书之前，必须征求海洋、海事、渔业行政主管部门和军队环境保护部门的意见。
第五十四条　勘探开发海洋石油，必须按有关规定编制溢油应急计划，报国家海洋行政主管部门审查批准。	第五十四条　勘探开发海洋石油，必须按有关规定编制溢油应急计划，报国家海洋行政主管部门的海区派出机构备案。
第八十条　违反本法第四十三条第一款的规定，未持有经审核和批准的环境影响报告书，兴建海岸工程建设项目的，由县级以上地方人民政府环境保护行政主管部门责令其停止违法行为和采取补救措施，处五万元以上二十万元以下的罚款；或者按照管理权限，由县级以上地方人民政府责令其限期拆除。	第八十条　违反本法第四十三条第一款的规定，未持有经批准的环境影响报告书，兴建海岸工程建设项目的，由县级以上地方人民政府环境保护行政主管部门责令其停止违法行为和采取补救措施，并处五万元以上二十万元以下的罚款；或者按照管理权限，由县级以上地方人民政府责令其限期拆除。

二、2016 年修正《海洋环境保护法》的主要内容

2016 年修正后的《海洋环境保护法》，共有 19 处改动，其具体修订情况如下（见表 11）：

表 11　2016 年《海洋环境保护法》修正对照表

《海洋环境保护法（2013 年)》	《海洋环境保护法（2016 年)》
第三条　国家建立并实施重点海域排污总量控制制度，确定主要污染物排海总量控制指标，并对主要污染源分配排放控制数量。具体办法由国务院制定。	第三条　国家在重点海洋生态功能区、生态环境敏感区和脆弱区等海域划定生态保护红线，实行严格保护。 国家建立并实施重点海域排污总量控制制度，确定主要污染物排海总量控制指标，并对主要污染源分配排放控制数量。具体办法由国务院制定。

《海洋环境保护法（2013年）》	《海洋环境保护法（2016年）》
	第六条　环境保护行政主管部门、海洋行政主管部门和其他行使海洋环境监督管理权的部门，根据职责分工依法公开海洋环境相关信息；相关排污单位应当依法公开排污信息。
第六条　国家海洋行政主管部门会同国务院有关部门和沿海省、自治区、直辖市人民政府拟定全国海洋功能区划，报国务院批准。 沿海地方各级人民政府应当根据全国和地方海洋功能区划，科学合理地使用海域。	第七条　国家海洋行政主管部门会同国务院有关部门和沿海省、自治区、直辖市人民政府根据全国海洋主体功能区规划，拟定全国海洋功能区划，报国务院批准。 沿海地方各级人民政府应当根据全国和地方海洋功能区划，保护和科学合理地使用海域。
第十条　国家和地方水污染物排放标准的制定，应当将国家和地方海洋环境质量标准作为重要依据之一。在国家建立并实施排污总量控制制度的重点海域，水污染物排放标准的制定，还应当将主要污染物排海总量控制指标作为重要依据。	第十一条　国家和地方水污染物排放标准的制定，应当将国家和地方海洋环境质量标准作为重要依据之一。在国家建立并实施排污总量控制制度的重点海域，水污染物排放标准的制定，还应当将主要污染物排海总量控制指标作为重要依据。 排污单位在执行国家和地方水污染物排放标准的同时，应当遵守分解落实到本单位的主要污染物排海总量控制指标。 对超过主要污染物排海总量控制指标的重点海域和未完成海洋环境保护目标、任务的海域，省级以上人民政府环境保护行政主管部门、海洋行政主管部门，根据职责分工暂停审批新增相应种类污染物排放总量的建设项目环境影响报告书（表）。
第十一条　直接向海洋排放污染物的单位和个人，必须按照国家规定缴纳排污费。 向海洋倾倒废弃物，必须按照国家规定缴纳倾倒费。 根据本法规定征收的排污费、倾倒费，必须用于海洋环境污染的整治，不得挪作他用。 具体办法由国务院规定。	第十二条　直接向海洋排放污染物的单位和个人，必须按照国家规定缴纳排污费。依照法律规定缴纳环境保护税的，不再缴纳排污费。 向海洋倾倒废弃物，必须按照国家规定缴纳倾倒费。 根据本法规定征收的排污费、倾倒费，必须用于海洋环境污染的整治，不得挪作他用。 具体办法由国务院规定。

续表

《海洋环境保护法（2013年）》	《海洋环境保护法（2016年）》
第十二条　对超过污染物排放标准的，或者在规定的期限内未完成污染物排放削减任务的，或者造成海洋环境严重污染损害的，应当限期治理。 限期治理按照国务院规定的权限决定。	删去原第十二条。
第二十四条　开发利用海洋资源，应当根据海洋功能区划合理布局，不得造成海洋生态环境破坏。	第二十四条　国家建立健全海洋生态保护补偿制度。 开发利用海洋资源，应当根据海洋功能区划合理布局，严格遵守生态保护红线，不得造成海洋生态环境破坏。
第三十二条　排放陆源污染物的单位，必须向环境保护行政主管部门申报拥有的陆源污染物排放设施、处理设施和在正常作业条件下排放陆源污染物的种类、数量和浓度，并提供防治海洋环境污染方面的有关技术和资料。 排放陆源污染物的种类、数量和浓度有重大改变的，必须及时申报。 拆除或者闲置陆源污染物处理设施的，必须事先征得环境保护行政主管部门的同意。	第三十二条　排放陆源污染物的单位，必须向环境保护行政主管部门申报拥有的陆源污染物排放设施、处理设施和在正常作业条件下排放陆源污染物的种类、数量和浓度，并提供防治海洋环境污染方面的有关技术和资料。 排放陆源污染物的种类、数量和浓度有重大改变的，必须及时申报。
第四十三条　海岸工程建设项目的单位，必须在建设项目可行性研究阶段，对海洋环境进行科学调查，根据自然条件和社会条件，合理选址，编报环境影响报告书。环境影响报告书报环境保护行政主管部门审查批准。环境保护行政主管部门在批准环境影响报告书之前，必须征求海洋、海事、渔业行政主管部门和军队环境保护部门的意见。	第四十三条　海岸工程建设项目单位，必须对海洋环境进行科学调查，根据自然条件和社会条件，合理选址，编制环境影响报告书（表）。在建设项目开工前，将环境影响报告书（表）报环境保护行政主管部门审查批准。环境保护行政主管部门在批准环境影响报告书（表）之前，必须征求海洋、海事、渔业行政主管部门和军队环境保护部门的意见。
第四十四条　海岸工程建设项目的环境保护设施，必须与主体工程同时设计、同时施工、同时投产使用。环境保护设施未经环境保护行政主管部门检查批准，建设项目不得试运行；环境保护设施未经环境保护行政主管部门验收，或者经验收不合格的，建设项目不得投入生产或者使用。	第四十四条　海岸工程建设项目的环境保护设施，必须与主体工程同时设计、同时施工、同时投产使用。环境保护设施应当符合经批准的环境影响评价报告书（表）的要求。

《海洋环境保护法（2013 年）》	《海洋环境保护法（2016 年）》
第四十七条 海洋工程建设项目必须符合海洋功能区划、海洋环境保护规划和国家有关环境保护标准，在可行性研究阶段，编报海洋环境影响报告书，由海洋行政主管部门核准，并报环境保护行政主管部门备案，接受环境保护行政主管部门监督。 海洋行政主管部门在核准海洋环境影响报告书之前，必须征求海事、渔业行政主管部门和军队环境保护部门的意见。	第四十七条 海洋工程建设项目必须符合全国海洋主体功能区规划、海洋功能区划、海洋环境保护规划和国家有关环境保护标准。海洋工程建设项目单位应当对海洋环境进行科学调查，编制海洋环境影响报告书（表），并在建设项目开工前，报海洋行政主管部门审查批准。 海洋行政主管部门在批准海洋环境影响报告书（表）之前，必须征求海事、渔业行政主管部门和军队环境保护部门的意见。
第四十八条 海洋工程建设项目的环境保护设施，必须与主体工程同时设计、同时施工、同时投产使用。环境保护设施未经海洋行政主管部门检查批准，建设项目不得试运行；环境保护设施未经海洋行政主管部门验收，或者经验收不合格的，建设项目不得投入生产或者使用。 拆除或者闲置环境保护设施，必须事先征得海洋行政主管部门的同意。	第四十八条 海洋工程建设项目的环境保护设施，必须与主体工程同时设计、同时施工、同时投产使用。环境保护设施未经海洋行政主管部门验收，或者经验收不合格的，建设项目不得投入生产或者使用。 拆除或者闲置环境保护设施，必须事先征得海洋行政主管部门的同意。
第七十条 进行下列活动，应当事先按照有关规定报经有关部门批准或者核准： （一）船舶在港区水域内使用焚烧炉； （二）船舶在港区水域内进行洗舱、清舱、驱气、排放压载水、残油、含油污水接收、舷外拷铲及油漆等作业； （三）船舶、码头、设施使用化学消油剂； （四）船舶冲洗沾有污染物、有毒有害物质的甲板； （五）船舶进行散装液体污染危害性货物的过驳作业； （六）从事船舶水上拆解、打捞、修造和其他水上、水下船舶施工作业。	第七十条 船舶及有关作业活动应当遵守有关法律法规和标准，采取有效措施，防止造成海洋环境污染。海事行政主管部门等有关部门应当加强对船舶及有关作业活动的监督管理。 船舶进行散装液体污染危害性货物的过驳作业，应当事先按照有关规定报经海事行政主管部门批准。

续表

《海洋环境保护法（2013 年)》	《海洋环境保护法（2016 年)》
第七十三条 违反本法有关规定，有下列行为之一的，由依照本法规定行使海洋环境监督管理权的部门责令限期改正，并处以罚款： （一）向海域排放本法禁止排放的污染物或者其他物质的； （二）不按照本法规定向海洋排放污染物，或者超过标准排放污染物的； （三）未取得海洋倾倒许可证，向海洋倾倒废弃物的； （四）因发生事故或者其他突发性事件，造成海洋环境污染事故，不立即采取处理措施的。 有前款第（一）、（三）项行为之一的，处三万元以上二十万元以下的罚款；有前款第（二）、（四）项行为之一的，处二万元以上十万元以下的罚款。	第七十三条 违反本法有关规定，有下列行为之一的，由依照本法规定行使海洋环境监督管理权的部门责令停止违法行为、限期改正或者责令采取限制生产、停产整治等措施，并处以罚款；拒不改正的，依法作出处罚决定的部门可以自责令改正之日的次日起，按照原罚款数额按日连续处罚；情节严重的，报经有批准权的人民政府批准，责令停业、关闭： （一）向海域排放本法禁止排放的污染物或者其他物质的； （二）不按照本法规定向海洋排放污染物，或者超过标准、总量控制指标排放污染物的； （三）未取得海洋倾倒许可证，向海洋倾倒废弃物的； （四）因发生事故或者其他突发性事件，造成海洋环境污染事故，不立即采取处理措施的。 有前款第（一）、（三）项行为之一的，处三万元以上二十万元以下的罚款；有前款第（二）、（四）项行为之一的，处二万元以上十万元以下的罚款。
第七十八条 违反本法第三十二条第三款的规定，擅自拆除、闲置环境保护设施的，由县级以上地方人民政府环境保护行政主管部门责令重新安装使用，并处一万元以上十万元以下的罚款。	删去原第七十八条。
第八十条 违反本法第四十三条第一款的规定，未持有经批准的环境影响报告书，兴建海岸工程建设项目的，由县级以上地方人民政府环境保护行政主管部门责令其停止违法行为和采取补救措施，并处五万元以上二十万元以下的罚款；或者按照管理权限，由县级以上地方人民政府责令其限期拆除。	第七十九条 海岸工程建设项目未依法进行环境影响评价的，依照《中华人民共和国环境影响评价法》的规定处理。

《海洋环境保护法（2013 年）》	《海洋环境保护法（2016 年）》
第八十三条　违反本法第四十七条第一款、第四十八条的规定，进行海洋工程建设项目，或者海洋工程建设项目未建成环境保护设施、环境保护设施未达到规定要求即投入生产、使用的，由海洋行政主管部门责令其停止施工或者生产、使用，并处五万元以上二十万元以下的罚款。	第八十二条　违反本法第四十七条第一款的规定，进行海洋工程建设项目的，由海洋行政主管部门责令其停止施工，根据违法情节和危害后果，处建设项目总投资额百分之一以上百分之五以下的罚款，并可以责令恢复原状。 违反本法第四十八条的规定，海洋工程建设项目未建成环境保护设施、环境保护设施未达到规定要求即投入生产、使用的，由海洋行政主管部门责令其停止生产、使用，并处五万元以上二十万元以下的罚款。
第九十一条　对违反本法规定，造成海洋环境污染事故的单位，由依照本法规定行使海洋环境监督管理权的部门根据所造成的危害和损失处以罚款；负有直接责任的主管人员和其他直接责任人员属于国家工作人员的，依法给予行政处分。 前款规定的罚款数额按照直接损失的百分之三十计算，但最高不得超过三十万元。 对造成重大海洋环境污染事故，致使公私财产遭受重大损失或者人身伤亡严重后果的，依法追究刑事责任。	第九十条　对违反本法规定，造成海洋环境污染事故的单位，除依法承担赔偿责任外，由依照本法规定行使海洋环境监督管理权的部门依照本条第二款的规定处以罚款；对直接负责的主管人员和其他直接责任人员可以处上一年度从本单位取得收入百分之五十以下的罚款；直接负责的主管人员和其他直接责任人员属于国家工作人员的，依法给予处分。 对造成一般或者较大海洋环境污染事故的，按照直接损失的百分之二十计算罚款；对造成重大或者特大海洋环境污染事故的，按照直接损失的百分之三十计算罚款。 对严重污染海洋环境、破坏海洋生态，构成犯罪的，依法追究刑事责任。
第九十三条　对违反本法第十一条、第十二条有关缴纳排污费、倾倒费和限期治理规定的行政处罚，由国务院规定。	第九十二条　对违反本法第十二条有关缴纳排污费、倾倒费规定的行政处罚，由国务院规定。

总体上看，新修订的《海洋环境保护法》与旧法相比，主要有三处亮点：

一是加大了对污染海洋环境行为的处罚力度。新法取消了现行 30 万元的罚款上限，改为根据事故等级分别处以事故直接损失百分之二十和百分之三十的罚款。为加大处罚力度，新法还增加了按日计罚，责令停业、关闭等处罚措施；增加对企业有关责任人员的处罚；并就海岸工程建设项目未依法进行环境影响评价的法律责任与环境影响评价法作衔接性规定。

二是生态保护红线制度被列入总则，建立健全了生态补偿制度。生态保护红线制度作为海洋环境保护的基本制度予以明确。国家在重点海洋生态功能区、生态环境敏感区和脆弱区等海域划定生态保护红线，实行严格保护。开发利用海洋资源，应当根据海洋功能区划合理布局，严格遵守生态保护红线，不得造成海洋生态环境破坏。

三是进一步加强监管，防止船舶污染。要求船舶及有关作业活动应当采取有效措施防止造成海洋环境污染的同时，增加"海事行政主管部门等有关部门应当加强对船舶及有关作业活动的监督管理"的规定。

第十一节　修正《中华人民共和国固体废物污染环境防治法》

根据 2016 年 11 月 7 日第十二届全国人民代表大会常务委员会第二十四次会议《关于修改〈中华人民共和国对外贸易法〉等十二部法律的决定》（主席令第 57 号），《中华人民共和国固体废物污染环境防治法》（以下简称《固体废物污染环境防治法》）被修正。截至目前，该法共经历三次修正。

本次修正的《固体废物污染环境防治法》改动不大，仅包括调整地区之间固体废物运输的行政审批与精准文字表达两方面。经过本次修正后，《固体废物污染环境防治法》共有 6 章、91 条。

一、《固体废物污染环境防治法》的立法演进

《固体废物污染环境防治法》于 1995 年 10 月 30 日由第八届全国人民代表大会常务委员会第十六次会议通过，经中华人民共和国第 58 号主席令予以发布，自 1996 年 4 月 1 日起实施。2004 年 12 月 29 日，第十届全国人民代表大会常务委员会第十三次会议对其进行修订，并于 2005 年 4 月 1 日起实施。2013 年 6 月 29 日，第十二届全国人民代表大会常务委员会第三次会议《关于修改〈中华人民共和国文物保护法〉等十二部法律的决定》，对该法进行了第一次修正。根据 2015 年 4 月 24 日第十二届全国人民代表大会常

务委员会第十四次会议《关于修改〈中华人民共和国港口法〉等七部法律的决定》，对该法第二次修正。

（一）2004 年修订《固体废物污染环境防治法》

我国第一部《固体废物污染环境防治法》于 1995 年 10 月 30 日由第八届全国人大常委会第十六次会议通过，并于 1996 年 4 月 1 日起施行。该法的实施对我国固体废物污染防治工作发挥了积极作用，各项管理制度不断建立和完善，工业固体废物的综合利用水平、城市垃圾和危险废物无害化处置水平得到了明显的提高。然而，执法检查时发现固体废物污染防治工作仍有许多问题：第一，固体废物产生量持续增长，其中工业固体废物和城市生活垃圾增长较快；第二，固体废物处置能力明显不足，导致工业固体废物（很多是危险废物）长年堆积，垃圾围城的状况十分严重；第三，固体废物处置标准不高，管理不严，不少工业固体废物仅仅做到简单堆放，城市生活垃圾无害化处置率低；第四，农村固体废物污染问题日益突出，畜禽养殖业污染严重，大多数农村生活垃圾没有得到妥善处置；第五，废弃电器产品等新型废物不断增长造成新的污染。鉴于以上突出问题，全国人大环境与资源保护委员会于 2003 年 7 月成立了《固体废物污染环境防治法》修改起草领导小组，着手起草修订草案。该法此次修订的指导思想是贯彻落实全面、协调、可持续的科学发展观，推行循环经济理念，在保持法律框架、重要法律制度基本稳定的前提下，针对该法执行中遇到的困难和问题，借鉴国内外固体废物管理的新经验，采取综合措施，推进固体废物的充分合理利用和无害化处置，促进经济和社会的可持续发展。在该指导原则的基础上，对 1995 年《固体废物污染环境防治法》进行了以下几个方面的修改：一是全面落实污染者责任；二是限制过度包装；三是对农业和农村固体废物污染防治提出了原则要求；四是修改了固体废物的进口管理方式；五是明确了产生固体废物的单位在发生终止、变更时的责任；六是完善危险废物的管理措施；七是强化法律责任。

（二）2013 年修正《固体废物污染环境防治法》

本次修正《固体废物污染环境防治法》的具体情况如下（见表 12）。

表 12 2013 年《固体废物污染环境防治法》修正对照表

《固体废物污染环境防治法（2004 年)》	《固体废物污染环境防治法（2013 年)》
第四十四条第二款 禁止擅自关闭、闲置或者拆除生活垃圾处置的设施、场所；确有必要关闭、闲置或者拆除的，必须经所在地县级以上地方人民政府环境卫生行政主管部门和环境保护行政主管部门核准，并采取措施，防止污染环境。	第四十四条第二款 禁止擅自关闭、闲置或者拆除生活垃圾处置的设施、场所；确有必要关闭、闲置或者拆除的，必须经所在地的市、县人民政府环境卫生行政主管部门和环境保护行政主管部门核准，并采取措施，防止污染环境。

（三）2015 年修正《固体废物污染环境防治法》

本次修正《固体废物污染环境防治法》的具体情况如下（见表 13）。

表 13 2015 年《固体废物污染环境防治法》修正对照表

《固体废物污染环境防治法（2013 年)》	《固体废物污染环境防治法（2015 年)》
第二十五条 禁止进口不能用作原料或者不能以无害化方式利用的固体废物；对可以用作原料的固体废物实行限制进口和自动许可进口分类管理。 国务院环境保护行政主管部门会同国务院对外贸易主管部门、国务院经济综合宏观调控部门、海关总署、国务院质量监督检验检疫部门制定、调整并公布禁止进口、限制进口和自动许可进口的固体废物目录。 禁止进口列入禁止进口目录的固体废物。进口列入限制进口目录的固体废物，应当经国务院环境保护行政主管部门会同国务院对外贸易主管部门审查许可。进口列入自动许可进口目录的固体废物，应当依法办理自动许可手续。	第二十五条 禁止进口不能用作原料或者不能以无害化方式利用的固体废物；对可以用作原料的固体废物实行限制进口和非限制进口分类管理。 国务院环境保护行政主管部门会同国务院对外贸易主管部门、国务院经济综合宏观调控部门、海关总署、国务院质量监督检验检疫部门制定、调整并公布禁止进口、限制进口和非限制进口的固体废物目录。 禁止进口列入禁止进口目录的固体废物。进口列入限制进口目录的固体废物，应当经国务院环境保护行政主管部门会同国务院对外贸易主管部门审查许可。

二、2016 年修正《固体废物污染环境防治法》

2016 年对《固体废物污染环境防治法》的修正，系该法的第三次修正。本次修正《固体废物污染环境防治法》具体情况如下（见表 14）：

表14 2016年《固体废物污染环境防治法》修正对照表

《固体废物污染环境防治法（2015年）》	《固体废物污染环境防治法（2016年）》
第四十四条第二款 禁止擅自关闭、闲置或者拆除生活垃圾处置的设施、场所；确有必要关闭、闲置或者拆除的，必须经所在地的市、县人民政府环境卫生行政主管部门和环境保护行政主管部门核准，并采取措施，防止污染环境。	第四十四条第二款 禁止擅自关闭、闲置或者拆除生活垃圾处置的设施、场所；确有必要关闭、闲置或者拆除的，必须经所在地的市、县级人民政府环境卫生行政主管部门商所在地环境保护行政主管部门同意后核准，并采取措施，防止污染环境。
第五十九条第一款 转移危险废物的，必须按照国家有关规定填写危险废物转移联单，并向危险废物移出地设区的市级以上地方人民政府环境保护行政主管部门提出申请。移出地设区的市级以上地方人民政府环境保护行政主管部门应当商经接受地设区的市级以上地方人民政府环境保护行政主管部门同意后，方可批准转移该危险废物。未经批准的，不得转移。	第五十九条第一款 转移危险废物的，必须按照国家有关规定填写危险废物转移联单。跨省、自治区、直辖市转移危险废物的，应当向危险废物移出地省、自治区、直辖市人民政府环境保护行政主管部门申请。移出地省、自治区、直辖市人民政府环境保护行政主管部门应当商经接受地省、自治区、直辖市人民政府环境保护行政主管部门同意后，方可批准转移该危险废物。未经批准的，不得转移。

第十二节　修正《中华人民共和国煤炭法》

2016年11月7日，第十二届全国人民代表大会常务委员会第二十四次会议通过《全国人大常委会关于修改〈中华人民共和国对外贸易法〉等十二部法律的决定》。同日，《中华人民共和国煤炭法》（以下简称《煤炭法》）由中华人民共和国主席令第57号公布。

我国《煤炭法》于1996年8月29日颁布，后经历过四次修正（分别在2009年、2011年、2013年和2016年）。2016年修改后的《煤炭法》共8章、67条，包括：总则；煤炭生产开发规划与煤矿建设；煤炭生产与煤矿安全；煤炭经营；煤矿矿区保护；监督检查；法律责任；附则。

一、《煤炭法》的立法演进

《煤炭法》自1996年8月29日颁布以来，共历经过四次修正（分别在2009年、2011年、2013年和2016年）。

（一）1996 年《煤炭法》立法过程及主要内容

1985 年，原煤炭工业部就开始组织起草煤炭法，并进行了广泛的调研论证。1993 年煤炭工业部重新组建后，根据全国人大常委会立法规划和国务院立法工作计划，在前期工作的基础上，又反复听取了各省、自治区、直辖市人民政府和国务院有关部门的意见，并借鉴一些主要产煤国家的煤炭立法经验，经过六易其稿，形成了《中华人民共和国煤炭法（送审稿）》（以下简称《煤炭法（送审稿）》）。

1994 年 8 月，《煤炭法（送审稿）》报请国务院审议。此后，国务院法制局会同煤炭工业部对送审稿又进行了反复研究、修改，形成了提请审议的《中华人民共和国煤炭法（草案）》（以下简称《煤炭法（草案）》）。《煤炭法（草案）》已经国务院常务会议讨论通过。《煤炭法（草案）》共 9 章、66 条，对煤炭行业规划、煤矿建设、煤矿的生产与安全、煤炭经营、煤矿矿区保护、监督检查、法律责任等作了规定。

1996 年 6 月 28 日，原煤炭工业部部长王森浩在全国人大常委会第二十次会议上就《煤炭法（草案）》作了汇报说明并将《煤炭法（草案）》提请全国人大常委会审议。① 经过初步审议，法律委员会、法制工作委员会将《煤炭法（草案）》印发各省、自治区、直辖市、中央有关部门以及有关的法律院校、研究单位和煤矿企业征求意见。法律委员会、财经委员会与法制工作委员会联合召开座谈会，邀请有关部门、专家进行讨论研究，法律委员会、法制工作委员会先后在浙江、上海、山西、内蒙古、宁夏进行调查，法律委员会和有关方面还专门听取了山西省的意见。

1996 年 8 月 14 日、19 日，法律委员会召开会议，根据全国人大常委会委员、全国人大财经委员会和地方、部门、专家的意见，对草案进行了审议。法律委员会认为，为了规范煤炭生产经营活动，合理开发利用和保护煤炭资源，促进和保障煤炭行业的发展，制定煤炭法是必要的，《煤炭法（草案）》基本上是可行的。同时提出修改意见。修改意见主要是为适应社会主义市场经济的要求，针对一些违法乱采、滥挖煤炭，破坏资源，不顾安全生产和环境保护的现象，加强和改善煤炭生产、经营管理，维护煤炭生产、流

---

① 参见王森浩：《关于〈中华人民共和国煤炭法（草案）的说明〉》。

通秩序，切实保障煤矿安全生产，惩处煤炭生产、经营中的违法行为。

1996 年 8 月 23 日，时任全国人大法律委员会副主任委员项淳一作了《全国人大法律委员会关于〈中华人民共和国煤炭法（草案）〉审议结果的报告》。《煤炭法（草案）》的修改稿按上述意见作了修改，并与有关方面进行协调。同时，法律委员会建议全国人大常委会审议通过。第八届全国人民代表大会常务委员会第二十一次会议对《煤炭法（草案）》的修改稿进行了审议。[①]

1996 年 8 月 29 日，《煤炭法》由中华人民共和国第八届全国人民代表大会常务委员会第二十一次会议通过并由中华人民共和国第 57 号主席令予以公布，该法于 1996 年 12 月 1 日起正式施行。

1996 年制定的《煤炭法》是我国第一部煤炭法，共 8 章、81 条。其主要内容包括：第一，煤炭生产开发规划与煤矿建设；第二，煤炭生产与煤矿安全；第三，煤炭经营；第四，煤矿矿区保护；第五，监督检查；第六，在法律责任一章做出了对违反这个法律的行为追究行政责任、民事责任和刑事责任的规定。

（二）2009 年《煤炭法》第一次修正过程、内容

2009 年 8 月 27 日，中华人民共和国第十一届全国人民代表大会常务委员会第十次会议通过了《全国人民代表大会常务委员会关于修改部分法律的决定》（以下简称《决定》）。同日，第一次修正后的《煤炭法》经由第 18 号主席令公实施布。《决定》主要对《煤炭法》作了以下三方面的修改：第一，对《煤炭法》第二十条关于"征用"的规定作出修改；第二，对《煤炭法》第七十八条、七十九条关于刑事责任的规定作出修改；第三，对《煤炭法》第七十六条中关于治安管理处罚的规定作出修改。具体修订情况如下（见表 15）：

表 15　2009 年《煤炭法》修正对照表

《煤炭法（1996 年）》	《煤炭法（2009 年）》
第二十条第一款　煤矿建设使用土地，应当依照有关法律、行政法规的规定办理。征用土地的，应当依法支付土地补偿费和安置补偿费，做好迁移居民的安置工作。	第二十条第一款　煤矿建设使用土地，应当依照有关法律、行政法规的规定办理。征收土地的，应当依法支付土地补偿费，做好迁移居民的安置工作。

---

① 参见项淳一：《全国人大法律委员会关于〈中华人民共和国煤炭法（草案）〉审议结果的报告》。

续表

《煤炭法（1996年）》	《煤炭法（2009年）》
第七十六条第一款　有下列行为之一的，由公安机关依照治安管理处罚条例的有关规定处罚；构成犯罪的，由司法机关依法追究刑事责任。	第七十六条　有下列行为之一的，由公安机关依照治安管理处罚法的有关规定处罚；构成犯罪的，由司法机关依法追究刑事责任。
第七十八条　煤矿企业的管理人员违章指挥、强令职工冒险作业，发生重大伤亡事故的，依照刑法第一百一十四条的规定追究刑事责任。	第七十八条　煤矿企业的管理人员违章指挥、强令职工冒险作业，发生重大伤亡事故的，依照刑法有关规定追究刑事责任。
第七十九条　煤矿企业的管理人员对煤矿事故隐患不采取措施予以消除，发生重大伤亡事故的，比照刑法第一百八十七条的规定追究刑事责任。	第七十九条　煤矿企业的管理人员对煤矿事故隐患不采取措施予以消除，发生重大伤亡事故的，依照刑法有关规定追究刑事责任。

（三）2011年《煤炭法》第二次修正内容

2011年4月22日，中华人民共和国第十一届全国人民代表大会常务委员会第二十次会议通过了《全国人民代表大会常务委员会关于修改〈中华人民共和国煤炭法〉的决定》并由中华人民共和国第45号主席令予以公布，新修正的《煤炭法》于2011年7月1日起正式施行。本次修正《煤炭法》具体情况如下（见表16）：

表16　2011年《煤炭法》修正对照表

《煤炭法（2009年）》	《煤炭法（2011年）》
第四十四条　煤矿企业必须为煤矿井下作业职工办理意外伤害保险，支付保险费。	第四十四条　煤矿企业应当依法为职工参加工伤保险缴纳工伤保险费。鼓励企业为井下作业职工办理意外伤害保险，支付保险费。

（四）2013年《煤炭法》第三次修正

2013年6月29日，中华人民共和国第十二届全国人民代表大会常务委员会第三次会议通过了《全国人民代表大会常务委员会关于修改〈中华人民共和国文物保护法〉等十二部法律的决定》，同日由中华人民共和国第5号主席令予以公布，新修正的《煤炭法》自公布之日起施行。本次修正《煤炭法》具体情况如下（见表17）：

表17　2013年《煤炭法》修正对照表

《煤炭法（2011年）》	《煤炭法（2013年）》
第二十二条　煤矿投入生产前，煤矿企业应当依照本法规定向煤炭管理部门申请领取煤炭生产许可证，由煤炭管理部门对其实际生产条件和安全条件进行审查，符合本法规定条件的，发给煤炭生产许可证。	第二十二条　煤矿投入生产前，煤矿企业应当依照有关安全生产的法律、行政法规的规定取得安全生产许可证。未取得安全生产许可证的，不得从事煤炭生产。
第二十三条　取得煤炭生产许可证，应当具备下列条件：（一）有依法取得的采矿许可证；（二）矿井生产系统符合国家规定的煤矿安全规程；（三）矿长经依法培训合格，取得矿长资格证书；（四）特种作业人员经依法培训合格，取得操作资格证书；（五）井上、井下、矿内、矿外调度通讯畅通； （六）有实测的井上、井下工程对照图、采掘工程平面图、通风系统图；（七）有竣工验收合格的保障煤矿生产安全的设施和环境保护设施；（八）法律、行政法规规定的其他条件。	删除原第二十三条
第二十四条　国务院煤炭管理部门负责下列煤矿企业的煤炭生产许可证的颁发管理工作：（一）国务院和依法应当由国务院煤炭管理部门审查批准开办的煤矿企业；（二）跨省、自治区、直辖市行政区域的煤矿企业。 省、自治区、直辖市人民政府煤炭管理部门负责前款规定以外的其他煤矿企业的煤炭生产许可证的颁发管理工作。 省、自治区、直辖市人民政府煤炭管理部门可以授权设区的市、自治州人民政府煤炭管理部门负责煤炭生产许可证的颁发管理工作。	删除原第二十四条
第二十五条　煤炭生产许可证的颁发管理机关，负责对煤炭生产许可证的监督管理。 依法取得煤炭生产许可证的煤矿企业不得将其煤炭生产许可证转让或者出租给他人。	删除原第二十五条
第二十六条　在同一开采范围内不得重复颁发煤炭生产许可证。 煤炭生产许可证的有效期限届满或者经批准开采范围内的煤炭资源已经枯竭的，其煤炭生产许可证由发证机关予以注销并公告。 煤矿企业的生产条件和安全条件发生变化，经核查不符合本法规定条件的，其煤炭生产许可证由发证机关予以吊销并公告。	删除原第二十六条

《煤炭法（2011年）》	《煤炭法（2013年）》
第二十七条 煤炭生产许可证管理办法，由国务院依照本法制定。 省、自治区、直辖市人民代表大会常务委员会可以根据本法和国务院的规定制定本地区煤炭生产许可证管理办法。	删除原第二十七条
第四十六条 依法取得煤炭生产许可证的煤矿企业，有权销售本企业生产的煤炭。	删除原第四十六条
第四十七条 设立煤炭经营企业，应当具备下列条件： （一）有与其经营规模相适应的注册资金； （二）有固定的经营场所；（三）有必要的设施和储存煤炭的场地；（四）有符合标准的计量和质量检验设备； （五）符合国家对煤炭经营企业合理布局的要求；（六）法律、行政法规规定的其他条件。	删除原第四十七条
第四十八条 设立煤炭经营企业，须向国务院指定的部门或者省、自治区、直辖市人民政府指定的部门提出申请；由国务院指定的部门或者省、自治区、直辖市人民政府指定的部门依照本法第四十七条规定的条件和国务院规定的分级管理的权限进行资格审查；符合条件的，予以批准。申请人凭批准文件向工商行政管理部门申请领取营业执照后，方可从事煤炭经营。	删除原第四十八条
第六十七条 违反本法第二十二条的规定，未取得煤炭生产许可证，擅自从事煤炭生产的，由煤炭管理部门责令停止生产，没收违法所得，可以并处违法所得一倍以上五倍以下的罚款；拒不停止生产的，由县级以上地方人民政府强制停产。	删除原第六十七条
第六十八条 违反本法第二十五条的规定，转让或者出租煤炭生产许可证的，由煤炭管理部门吊销煤炭生产许可证，没收违法所得，并处违法所得一倍以上五倍以下的罚款。	删除原第六十八条
第六十九条 违反本法第二十九条的规定，开采煤炭资源未达到国务院煤炭管理部门规定的煤炭资源回采率的，由煤炭管理部门责令限期改正；逾期仍达不到规定的回采率的，吊销其煤炭生产许可证。	第五十九条 违反本法第二十四条的规定，开采煤炭资源未达到国务院煤炭管理部门规定的煤炭资源回采率的，由煤炭管理部门责令限期改正；逾期仍达不到规定的回采率的，责令停止生产。

续表

《煤炭法（2011年）》	《煤炭法（2013年）》
第七十条 违反本法第三十一条的规定，擅自开采保安煤柱或者采用危及相邻煤矿生产安全的危险方法进行采矿作业的，由劳动行政主管部门会同煤炭管理部门责令停止作业；由煤炭管理部门没收违法所得，并处违法所得一倍以上五倍以下的罚款，吊销其煤炭生产许可证；构成犯罪的，由司法机关依法追究刑事责任；造成损失的，依法承担赔偿责任。	第六十条 违反本法第二十六条的规定，擅自开采保安煤柱或者采用危及相邻煤矿生产安全的危险方法进行采矿作业的，由劳动行政主管部门会同煤炭管理部门责令停止作业；由煤炭管理部门没收违法所得，并处违法所得一倍以上五倍以下的罚款；构成犯罪的，由司法机关依法追究刑事责任；造成损失的，依法承担赔偿责任。
第七十一条 违反本法第四十八条的规定，未经审查批准，擅自从事煤炭经营活动的，由负责审批的部门责令停止经营，没收违法所得，可以并处违法所得一倍以上五倍以下的罚款。	删除原第七十一条
第七十二条 违反本法第五十三条的规定，在煤炭产品中掺杂、掺假，以次充好的，责令停止销售，没收违法所得，并处违法所得一倍以上五倍以下的罚款，可以依法吊销煤炭生产许可证或者取消煤炭经营资格；构成犯罪的，由司法机关依法追究刑事责任。	第六十一条 违反本法第四十五条的规定，在煤炭产品中掺杂、掺假，以次充好的，责令停止销售，没收违法所得，并处违法所得一倍以上五倍以下的罚款；构成犯罪的，由司法机关依法追究刑事责任。
第七十七条 对不符合本法规定条件的煤矿企业颁发煤炭生产许可证或者对不符合本法规定条件设立煤炭经营企业予以批准的，由其上级主管机关或者监察机关责令改正，并给予直接负责的主管人员和其他直接责任人员行政处分；构成犯罪的，由司法机关依法追究刑事责任。	删除原第七十七条

二、2016年修正《煤炭法》的具体内容

2016年11月7日，中华人民共和国第十二届全国人民代表大会常务委员会第二十四次会议通过了《全国人民代表大会常务委员会关于修改〈中华人民共和国对外贸易法〉等十二部法律的决定》。同日，第四次修正的《煤炭法》由中华人民共和国第57号主席令予以公布实施。本次修正《煤炭法》具体情况如下（见表18）：

表18　2016年《煤炭法》修正对照表

《煤炭法（2013年）》	《煤炭法（2016年）》
第十八条　开办煤矿企业，应当具备下列条件：（一）有煤矿建设项目可行性研究报告或者开采方案；（二）有计划开采的矿区范围、开采范围和资源综合利用方案；（三）有开采所需的地质、测量、水文资料和其他资料；（四）有符合煤矿安全生产和环境保护要求的矿山设计；（五）有合理的煤矿矿井生产规模和与其相适应的资金、设备和技术人员；（六）法律、行政法规规定的其他条件。	删除原第十八条
开办煤矿企业，必须依法向煤炭管理部门提出申请；依照本法规定的条件和国务院规定的分级管理的权限审查批准。 审查批准煤矿企业，须由地质矿产主管部门对其开采范围和资源综合利用方案进行复核并签署意见。 经批准开办的煤矿企业，凭批准文件由地质矿产主管部门颁发采矿许可证。	删除原第十九条

第十三节　修正《中华人民共和国气象法》

2016年11月7日，中华人民共和国第十二届全国人民代表大会常务委员会第二十四次会议通过了《全国人民代表大会常务委员会关于修改〈中华人民共和国对外贸易法〉等十二部法律的决定》（主席令第57号）。截至目前，《中华人民共和国气象法》（以下简称《气象法》）经历了三次修正，新修正的《气象法》于同日正式颁布实施。本次修正的《气象法》仅对旧法中五条内容进行了改动。经过本次修正后，《气象法》共有8章、45条。

一、《气象法》的立法演进

《气象法》自1999年10月31日颁布以来，共历经过三次修正（分别在2009年、2014年和2016年）。

（一）1999年《气象法》的立法演进及主要内容

1999年6月22日，时任中国气象局局长温克刚在第九届全国人民代表大会常务委员会第十次会议上作了《关于〈中华人民共和国气象法（草案）〉的说明》，会上对《气象法（草案）》进行了初步审议。会后，法律委员会、法制工作委员会将草案印发各地方、各部门、有关院校和科研单位征求意见。法律委员会、环境与资源保护委员会和法制工作委员会还联合召开了中央有关部门和专家的座谈会，征求意见。并到一些气象局、台、站，直接听取了有关情况和立法建议。

8 月 11 日，法律委员会召开会议对《气象法（草案）》的修改稿进行了逐条审议，8 月 18 日又再次进行了审议。环境与资源保护委员会、农业与农村委员会的负责人列席了 8 月 11 日的会议。法律委员会认为，为促进气象事业的发展，充分发挥气象事业为社会公众、政府决策、经济发展和国防建设服务的功能，制定《气象法》是必要的。同时对《气象法（草案）》提出了十二条修改意见。8 月 24 日，时任全国人大法律委员会副主任委员周克玉将《气象法（草案）》的二次审议稿提请第九届全国人民代表大会常务委员会第十一次会议进行审议。会上多数常委委员认为，《气象法（草案）》的二次审议稿根据常委会初次审议及各方面的意见对草案作了修改，肯定气象事业应将公益服务放在首位，内容较全面，建议在进一步修改后提交常委会审议通过；同时也提出了一些修改意见。法律委员会、法制工作委员会针对常委会二次审议中提出的主要问题进行了调查研究。

9 月 28 日，法律委员会召开会议，根据常委会二次审议的意见、环境与资源保护委员会的审议意见对草案再次审议。农业与农村委员会、环境与资源保护委员会的负责同志列席了会议。10 月 20 日法律委员会又再次进行了审议。法律委员会认为，《气象法（草案）》经过两次审议修改是可行的，能基本适应我国气象事业当前发展的需要。同时，提出八条修改意见。周克玉将《气象法（草案）》的三次审议稿提请第九届全国人民代表大会常务委员会第十二次会议审议。①

10 月 25 日下午、26 日上午，九届全国人大常委会第十二次会议对《气象法（草案）》的三次审议稿进行了审议。会上认为，《气象法（草案）》吸收了常委会组成人员和地方、部门、专家的意见，经过反复修改，已经比较成熟，建议本次常委会会议审议通过这两个法律草案。同时，大家对这两个法律草案也提出了五条修改意见。法律委员会于 10 月 27 日上午召开会议，

①　参见周克玉：《全国人大法律委员会关于〈中华人民共和国气象法（草案）〉审议结果的报告》。

环境与资源保护委员会、农业与农村委员会、财经委员会的负责同志列席了有关会议，逐条研究了委员们的审议意见，提出了进一步修改意见。①10 月31 日，九届全国人大常委会第十二次会议正式通过了《气象法》并由中华人民共和国第 23 号主席令予以公布，该法自 2000 年 1 月 1 日正式实施。

1999 年制定的《气象法》是我国第一部气象法，共 8 章、45 条。其主要内容包括：第一，气象设施的建设与管理；第二，气象探测；第三，气象预报与灾害性天气警报；第四，气象灾害防御；第五，气候资源开发利用和保护；第六，在法律责任一章做出了对违反这个法律的行为追究行政责任、民事责任和刑事责任的规定。

（二）2009 年《气象法》第一次修正过程、内容

2009 年 8 月 27 日，中华人民共和国第十一届全国人民代表大会常务委员会第十次会议通过了《全国人民代表大会常务委员会关于修改部分法律的决定》，同日由中华人民共和国第 18 号主席令予以公布，新修正的《气象法》自公布之日起施行。本次修正《气象法》具体情况如下（见表 19）：

表 19 2009 年《气象法》修正对照表

《气象法（1999 年）》	《气象法（2009 年）》
第三十五条第二款 在气象探测环境保护范围内，违法批准占用土地的，或者非法占用土地新建建筑物或者其他设施的，依照《中华人民共和国城市规划法》或者《中华人民共和国土地管理法》的有关规定处罚。	第三十五条第二款 在气象探测环境保护范围内，违法批准占用土地的，或者非法占用土地新建建筑物或者其他设施的，依照《中华人民共和国城乡规划法》或者《中华人民共和国土地管理法》的有关规定处罚。

（三）2014 年《气象法》第二次修正过程、内容

2014 年 8 月 31 日，中华人民共和国第十二届全国人民代表大会常务委员会第十次会议通过了《全国人民代表大会常务委员会关于修改〈中华人民共和国保险法〉等五部法律的决定》，同日由中华人民共和国第 14 号主席令予以公布。新修正的《气象法》自公布之日起施行。本次修正《气象法》的具体情况如下（见表 20）：

---

① 参见王维澄：《全国人大法律委员会关于气象法（草案三次审议稿）和会计法（修订草案三次审议稿）修改意见的报告》。

表 20　2014 年《气象法》修正对照表

《气象法（2009 年）》	《气象法（2014 年）》
第二十一条　新建、扩建、改建建设工程，应当避免危害气象探测环境；确实无法避免的，属于国家基准气候站、基本气象站的探测环境，建设单位应当事先征得国务院气象主管机构的同意，属于其他气象台站的探测环境，应当事先征得省、自治区、直辖市气象主管机构的同意，并采取相应的措施后，方可建设。	第二十一条　新建、扩建、改建建设工程，应当避免危害气象探测环境；确实无法避免的，建设单位应当事先征得省、自治区、直辖市气象主管机构的同意，并采取相应的措施后，方可建设。

二、2016 年修正《气象法》的具体内容

2016 年 11 月 7 日，中华人民共和国第十二届全国人民代表大会常务委员会第二十四次会议通过了《全国人民代表大会常务委员会关于修改〈中华人民共和国对外贸易法〉等十二部法律的决定》，同日由中华人民共和国第57 号主席令予以公布，新修正的《气象法》自公布之日起施行。本次修正《气象法》的具体情况如下（见表 21）。

表 21　2016 年《气象法》修正对照表

《气象法（2014 年）》	《气象法（2016 年）》
第十条　重要气象设施建设项目，在项目建议书和可行性研究报告报批前，应当按照项目相应的审批权限，经国务院气象主管机构或者省、自治区、直辖市气象主管机构审查同意。	第十条　重要气象设施建设项目应当符合重要气象设施建设规划要求，并在项目建议书和可行性研究报告批准前，征求国务院气象主管机构或者省、自治区、直辖市气象主管机构的意见。
第三十条第三款　实施人工影响天气作业的组织必须具备省、自治区、直辖市气象主管机构规定的资格条件，并使用符合国务院气象主管机构要求的技术标准的作业设备，遵守作业规范。	第三十条第三款　实施人工影响天气作业的组织必须具备省、自治区、直辖市气象主管机构规定的条件，并使用符合国务院气象主管机构要求的技术标准的作业设备，遵守作业规范。
第三十四条第二款　具有大气环境影响评价资格的单位进行工程建设项目大气环境影响评价时，应当使用气象主管机构提供或者经其审查的气象资料。	第三十四条第二款　具有大气环境影响评价资质的单位进行工程建设项目大气环境影响评价时，应当使用符合国家气象技术标准的气象资料。

续表

《气象法（2014年）》	《气象法（2016年）》
将第三十八条第三项从事大气环境影响评价的单位进行工程建设项目大气环境影响评价时，使用的气象资料不是气象主管机构提供或者审查的。	将第三十八条第三项从事大气环境影响评价的单位进行工程建设项目大气环境影响评价时，使用的气象资料不符合国家气象技术标准的。
第三十九条　违反本法规定，不具备省、自治区、直辖市气象主管机构规定的资格条件实施人工影响天气作业的，或者实施人工影响天气作业使用不符合国务院气象主管机构要求的技术标准的作业设备的，由有关气象主管机构按照权限责令改正，给予警告，可以并处十万元以下的罚款；给他人造成损失的，依法承担赔偿责任；构成犯罪的，依法追究刑事责任。	第三十九条　违反本法规定，不具备省、自治区、直辖市气象主管机构规定的条件实施人工影响天气作业的，或者实施人工影响天气作业使用不符合国务院气象主管机构要求的技术标准的作业设备的，由有关气象主管机构按照权限责令改正，给予警告，可以并处十万元以下的罚款；给他人造成损失的，依法承担赔偿责任；构成犯罪的，依法追究刑事责任。

第 三 章

2016 年环境部门规章

    2016 年，我国新制定环境部门规章三部，分别是《放射性物品运输安全监督管理办法》《建设项目环境影响登记表备案管理办法》《污染地块土壤环境管理办法（试行）》；修订环境部门规章两部，分别是《清洁生产审核办法》和《国家危险废物名录》；修正八部关于环境保护的部门规章，分别是《森林公园管理办法》《普及型国外引种试种苗圃资格认定管理办法》《松材线虫病疫木加工板材定点加工企业审批管理办法》《引进陆生野生动物外来物种种类及数量审批管理办法》《大熊猫国内借展管理规定》《建设项目使用林地审核审批管理办法》《船舶及其有关作业活动污染海洋环境防治管理规定》《船舶污染海洋环境应急防备和应急处置管理规定》。

    新制定的《放射性物品运输安全监督管理办法》在一定程度上承袭了2009 年制定的《放射性物品运输安全管理条例》。《放射性物品运输安全监督管理办法》在原有《管理条例》的基础上，主要增加了对放射性物品运输容器的管理和各主体的法律责任，使得我国在放射性物品运输的安全保护在立法上有了更完备的保障。《清洁生产审核办法》的修订主要是对清洁生产的审核概念和验收制度进行了确定和完善，是对《清洁生产促进法》在部门规章中的进一步细化，也有利于促进达成《清洁生产促进法》的立法目的。新《环境影响评价法》将环境影响评价的登记表从审批制改为备案制，行政规章就必须做出更新。新制定的《建设项目环境影响登记表备案管理办法》与《清洁生产审核办法》出台的背景类似，是因上位法的修订而制定的新环境部门规章。《污染地块土壤环境管理办法（试行）》的审议通过是为了填补我国土壤污染防治的相关法律的空白，为了未来的立法进行有限的尝试，节约立法资源，促进法的实效。2016 年，国家林业局也对本部门的环境部门规章进行了清理修正，是我国环境部门规章逐渐体系化和有序化的体现。

环境部门规章主要是对法律中的授权性规定的细化和补充，在上位法修订或者修正之后，环境部门规章也会随之更新。部门规章作为立法与执法对接的重要部分，在全国人大及其常委会的立法有空白时，部门规章的制定也可作为经验积累和探索，为未来必将出台的相关立法做准备。

第一节　制定《放射性物品运输安全监督管理办法》

《放射性物品运输安全监督管理办法》于 2016 年 1 月 29 日由环境保护部部务会议审议通过，经环境保护部部令第 28 号公布，自 2016 年 5 月 1 日起施行。

《放射性物品运输安全监督管理办法》主要是对 2009 年颁布的《放射性物品运输安全管理条例》（国务院令第 562 号）相关原则性规定进行细化。《放射性物品运输安全监督管理办法》与《放射性物品运输安全许可管理办法》和《放射性物品分类与名录（试行）》一起，作为与《放射性物品运输安全管理条例》配套的部门规章，与现有法规兼容。

一、《放射性物品运输安全监督管理办法》的制定背景和主要内容

此前，2009 年 9 月 7 日国务院第 80 次常务会议通过《放射性物品运输安全管理条例》，2009 年 9 月 14 日温家宝总理签署国务院 562 号令，自 2010 年 1 月 1 日起正式实施。这对于规范我国放射性物品运输管理，降低放射性物品运输风险，促进核能、核技术的开发与和平利用，保障公众和环境安全具有重要意义。但《放射性物品运输安全管理条例》仅对放射性物品运输安全监督检查做了原则性规定。

新制定的《放射性物品运输安全监督管理办法》共 5 章、40 条，主要内容是对放射性物品运输和放射性物品运输容器的设计、制造和使用过程的监督管理，同时明确国务院核安全监管部门和各省、自治区、直辖市环境保

护主管部门负责全国和地方的放射性物品运输的核与辐射安全实施监督管理。同时，《放射性物品运输安全监督管理办法》规定了监督检查人员以及放射性物品运输单位和放射性物品运输容器的设计、制造和使用单位的各项责任。具体而言，《放射性物品运输安全监督管理办法》第一章规定制定依据以及我国放射性物品运输安全监督管理的体制；第二章规定放射性物品运输容器设计活动的监督管理；第三章规定放射性物品运输容器制造活动的监督管理；第四章规定放射性物品运输活动的监督管理；第五章为附则，规定施行日期。

二、《放射性物品运输安全监督管理办法》的主要成就

放射性物品具有高度的社会敏感性和放射性等危害，其运输管理需要有更严格的标准。而现行法律、法规中有关危险物品运输的规定，或将放射性物品排除在外，或者只对其做原则要求，缺乏有针对性的放射性物品安全运输的具体监督实施措施。此外，我国放射性物品运输容器设计水平仍然有待提高，运输容器制造单位管理和质量控制有待加强，需要通过细化监督管理要求及其具体实施措施，强化对运输容器设计和制造的管理，以确保放射性物品安全运输。

目前，我国放射性物品运输活动越来越多，放射性物品运输对公众和环境产生潜在辐射影响的风险也随之加大，因此制定《放射性物品运输安全监督管理办法》对提高放射性物品运输活动安全水平有重要指导意义。

第二节　制定《建设项目环境影响登记表备案管理办法》

2016 年 11 月 2 日，环境保护部部务会议审议通过《建设项目环境影响登记表备案管理办法》（环境保护部令第 41 号）并于 11 月 16 日公布。《建设项目环境影响登记表备案管理办法》共 22 条，自 2017 年 1 月 1 日起正式施行。

2003 年 9 月 1 日起施行的原《环境影响评价法》规定，对环境影响很小的项目填报的环境影响登记表与可能造成重大环境影响的项目编制的环境影响报告书一样，都要报环保部门审批。在实际操作过程中，审批环境影响

登记表不仅占用了环保部门大量的行政资源，还增加了建设项目的行政审批成本。针对这一问题，全国人大常委会2016年7月修改、自2016年9月1日起施行的新《环境影响评价法》将登记表从审批制改为备案制。《建设项目环境影响登记表备案管理办法》规定了登记表备案的格式、管理流程、法律责任等，明确由环境保护部统一布设网上备案系统，地方环保部门负责实施；建设单位自行填报、在线提交登记表；环保部门对备案信息予以公开，并开展相应的监督检查。

一、《建设项目环境影响登记表备案管理办法》的主要内容

《建设项目环境影响登记表备案管理办法》主要规定了如何确定需要备案的建设项目名录，以及备案程序。

（一）需要备案的建设项目名录确定

备案的建设项目是《建设项目环境影响评价分类管理名录》中规定的应当填报环境影响登记表的建设项目。2017年7月17日，环境保护部印发了《建设项目环境影响评价分类管理名录》，对于未列入分类管理名录的其他项目，则无须履行环评手续。除需要保密的建设项目外，登记表备案采取网上备案的形式。环境保护部统一布设了建设项目环境影响登记表网上备案系统，由县级环保部门向社会公告网上备案系统地址链接。

（二）备案程序

与审批制要求建设项目开工前报批不同，建设单位办理登记表备案手续的时间要求是在建设项目建成后、投入生产运营前，此时项目已经建成，因此不存在变更问题。但是，如果项目备案完成后、投入生产运营前，建设单位或者其法定代表人或者主要负责人发生变动的，需要再次办理备案手续，由新的建设单位或者其法定代表人或者主要负责人重新进行相关承诺。

建设单位办理备案手续，具体分为三个步骤：第一步，通过县级环保部门网站上的链接地址登录网上备案系统，注册真实信息。第二步，在备案系统中填报并提交建设项目环境影响登记表，同时就所填报内容的真实、准确、完整作出承诺，并在登记表中的承诺栏目中签署法定代表人或者负责人姓名。系统中的登记表格式简单明了，多采用选择、填空等方式，并提供各典型行业的示例样表，便于建设单位自行填报。第三步，网上备案系统自动

生成备案编号和回执，备案完成。建设单位可以自行打印留存，备案完成后，相关信息将同步向社会公开。备案回执仅是环保部门确认收到建设单位环境影响登记表的证明；建设单位需要对项目合法性及所填内容的真实性、准确性、完整性作出承诺并负责。

二、《建设项目环境影响登记表备案管理办法》的主要成就

制定《建设项目环境影响登记表备案管理办法》，规范登记表备案管理，实际上是《环境影响评价法（2016年）》颁布在部门规章制定中的体现，有利于更好地落实《环境影响评价法（2016年）》的有关规定和具体举措。《建设项目环境影响登记表备案管理办法》的制定也体现了国务院关于推进简政放权、加快审批制度改革部署精神，是在法律制度上的一种创新，有利于将环评管理重点聚焦到环境影响较大的项目上，强化环评源头预防作用，进一步提升环评有效性。《建设项目环境影响登记表备案管理办法》推行的登记表备案制度一定程度上减轻了企业的负担，释放了中小企业的经济活力。

第三节　制定《污染地块土壤环境管理办法（试行）》

2016年12月27日，环境保护部部务会议审议通过《污染地块土壤环境管理办法（试行）》（环境保护部令第42号）并于12月31日公布。该《污染地块土壤环境管理办法（试行）》共7章、33条，自2017年7月1日起正式施行。

2014年4月17日，环境保护部和国土资源部联合发布了全国土壤污染状况调查公报。调查结果显示，全国土壤环境状况总体不容乐观，部分地区土壤污染较重，耕地土壤环境质量堪忧，工矿业废弃地土壤环境问题突出。[①] 同时，我国现行的环境保护法律、法规和规章中缺少专门的污染地块相关规定，已有的相关规定不能满足对疑似污染地块和污染地块相关活动及其环境保护监管的现实需要。《污染地块土壤环境管理办法（试行）》制定实

---

① 参见《全国土壤污染状况调查公报》。

施可以为加强污染地块环境保护监督管理提供支撑，为土壤污染防治立法工作摸索经验。

一、《污染地块土壤环境管理办法（试行）》的主要内容

《污染地块土壤环境管理办法（试行）》从土壤环境调查、土壤环境风险评估、风险管控、污染地块治理与修复、治理与修复效果评估等方面，规定了污染地块土壤环境管理的相关内容。[①]

（一）开展土壤环境调查

对疑似污染地块开展土壤环境初步调查，判别地块土壤及地下水是否受到污染；对污染地块开展土壤环境详细调查，确定污染物种类和污染程度、范围和深度。

（二）开展土壤环境风险评估

对污染地块，开展风险等级划分；在土壤环境详细调查基础上，结合土地具体用途，开展风险评估，确定风险水平，为风险管控、治理与修复提供科学依据。

（三）开展风险管控

对需要采取风险管控措施的污染地块，制定风险管控方案，实行针对性的风险管控措施。如防止污染地块土壤或地下水中污染物扩散，降低危害风险。

（四）开展污染地块治理与修复

对于需要采取治理与修复措施的污染地块，强化治理与修复工程监管，加强二次污染防治。

（五）开展治理与修复效果评估

明确规定治理与修复工程完工后，土地使用权人应当委托第三方机构对治理与修复效果进行评估。

[①] 本部分内容参考《环保部解读〈污染地块土壤环境管理办法（试行）〉》，来源：（中国政府网）http://www.gov.cn/zhengce/2017-01/23/content_5162701.htm，2017 年 6 月 24 日访问。

二、《污染地块土壤环境管理办法（试行）》的主要成就

《污染地块土壤环境管理办法（试行）》主要有四个方面的亮点：

第一，明确了监管重点。《污染地块土壤环境管理办法（试行）》将拟收回、已收回土地使用权的有色金属冶炼、石油加工、化工、焦化、电镀、制革等行业企业用地，以及土地用途拟变更为居住和商业、学校、医疗、养老机构等公共设施的上述用地作为重点监管对象。

第二，突出风险管控。对用途变更为居住用地和商业、学校、医疗、养老机构等公共设施的污染地块用地，重点开展人体健康风险评估和风险管控；对暂不开发的污染地块，开展以防治污染扩散为目的的环境风险评估和风险管控。

第三，办法明确了土地使用权人、土壤污染责任人、专业机构及第三方机构的责任。

第四，强化信息公开。借鉴国际通行做法，建立污染地块管理流程，规定了全过程各个环节的主要信息应当向社会公开。

第四节　修订《清洁生产审核办法》

2016 年 5 月 16 日，国家发展和改革委员会（含原国家发展计划委员会、原国家计划委员会），为落实《中华人民共和国清洁生产促进法（2012年)》，进一步规范清洁生产审核程序，更好地指导地方和企业开展清洁生产审核，国家发改委和环保部对《清洁生产审核暂行办法》（国家发展和改革委员会、环境保护部令第 38 号）进行了修订。修订后的《清洁生产审核办法》于 2016 年 7 月 1 日起正式实施。

根据《清洁生产审核暂行办法》的相关规定，国家鼓励企业自愿开展清洁生产审核。有下列三种情形之一的企业，应当实施强制性清洁生产审核：污染物排放超过国家或者地方规定的排放标准，或者虽未超过国家或者地方规定的排放标准，但超过重点污染物排放总量控制指标的；超过单位产品能源消耗限额标准构成高耗能的；使用有毒有害原料进行生产或者在生产中排放有毒有害物质的。

一、《清洁生产审核办法》的立法演进

本次发布的《清洁生产审核办法》是以 2004 年发布的《清洁生产审核暂行办法》为基础做的修订。2004 年 8 月 16 日，国家发展和改革委员会、原国家环境保护总局为全面推行清洁生产，规范清洁生产审核行为，根据《中华人民共和国清洁生产促进法（2002 年）》和国务院有关部门的职责分工，发布了《清洁生产审核暂行办法》，自 2004 年 10 月 1 日起施行。2012 年 2 月 29 日，第十一届全国人民代表大会常务委员会根据本届全国人大常委会第二十五次会议《关于修改〈中华人民共和国清洁生产促进法〉的决定》对《中华人民共和国清洁生产促进法》进行了修正。为落实新修正的《中华人民共和国清洁生产促进法》，进一步规范清洁生产审核程序，更好地指导地方和企业开展清洁生产审核，国家发展和改革委员会（含原国家发展计划委员会、原国家计划委员会），环境保护部对《清洁生产审核暂行办法》进行了修订。

二、修订《清洁生产审核办法》的主要内容

《清洁生产审核办法》于 2016 年 7 月 1 日起正式实施，2004 年 8 月 16 日颁布的《清洁生产审核暂行办法》（国家发展和改革委员会、原国家环境保护总局第 16 号令）同时废止。

具体来看，本次修正涉及 29 处，主要包括主管单位调整、鼓励企业自愿开展清洁生产、完善各项审核制度、规范评估机构与流程、细化责任承担和规范等内容。其具体修改情况如下（见表 22）：

表 22　2016 年《清洁生产审核办法》修订对照表

《清洁生产审核办法（2004 年）》	《清洁生产审核办法（2016 年）》
第四条　国家发展和改革委员会会同国家环境保护总局负责管理全国的清洁生产审核工作。各省、自治区、直辖市、计划单列市及新疆生产建设兵团发展改革（经济贸易）行政主管部门会同环境保护行政主管部门，根据本地区实际情况，组织开展清洁生产审核。	第四条　国家发展和改革委员会会同环境保护部负责全国清洁生产审核的组织、协调、指导和监督工作。县级以上地方人民政府确定的清洁生产综合协调部门会同环境保护主管部门、管理节能工作的部门（以下简称"节能主管部门"）和其他有关部门，根据本地区实际情况，组织开展清洁生产审核。

续表

《清洁生产审核办法（2004 年）》	《清洁生产审核办法（2016 年）》
第七条 国家鼓励企业自愿开展清洁生产审核。污染物排放达到国家或者地方排放标准的企业，可以自愿组织实施清洁生产审核，提出进一步节约资源、削减污染物排放量的目标。	第七条 国家鼓励企业自愿开展清洁生产审核。本办法第八条规定以外的企业，可以自愿组织实施清洁生产审核。
第八条 有下列情况之一的，应当实施强制性清洁生产审核： （一）污染物排放超过国家和地方排放标准，或者污染物排放总量超过地方人民政府核定的排放总量控制指标的污染严重企业； （二）使用有毒有害原料进行生产或者在生产中排放有毒有害物质的企业。 有毒有害原料或者物质主要指《危险货物品名表》（GB12268）、《危险化学品名录》、《国家危险废物名录》和《剧毒化学品目录》中的剧毒、强腐蚀性、强刺激性、放射性（不包括核电设施和军工核设施）、致癌、致畸等物质。	第八条 有下列情形之一的企业，应当实施强制性清洁生产审核： （一）污染物排放超过国家或者地方规定的排放标准，或者虽未超过国家或者地方规定的排放标准，但超过重点污染物排放总量控制指标的； （二）超过单位产品能源消耗限额标准构成高耗能的； （三）使用有毒有害原料进行生产或者在生产中排放有毒有害物质的。 其中有毒有害原料或物质包括以下几类： 第一类，危险废物。包括列入《国家危险废物名录》的危险废物，以及根据国家规定的危险废物鉴别标准和鉴别方法认定的具有危险特性的废物。 第二类，剧毒化学品、列入《重点环境管理危险化学品目录》的化学品，以及含有上述化学品的物质。 第三类，含有铅、汞、镉、铬等重金属和类金属砷的物质。 第四类，《关于持久性有机污染物的斯德哥尔摩公约》附件所列物质。第五类，其他具有毒性、可能污染环境的物质。
第九条第八条第一项 规定实施强制性清洁生产审核的企业名单，由所在地环境保护行政主管部门按照管理权限提出初选名单，逐级报省、自治区、直辖市、计划单列市及新疆生产建设兵团环境保护行政主管部门核定后确定，每年发布一批，书面通知企业，并抄送同级发展改革（经济贸易）行政主管部门；同时，将名单在当地主要媒体上公布。 第八条第二项规定实施强制性清洁生产审核的企业名单，由各省、自治区、直辖市、计	第九条 本办法第八条第（一）款、第（三）款规定实施强制性清洁生产审核的企业名单，由所在地县级以上环境保护主管部门按照管理权限提出，逐级报省级环境保护主管部门核定后确定，根据属地原则书面通知企业，并抄送同级清洁生产综合协调部门和行业管理部门。本办法第八条第（二）款规定实施强制性清洁生产审核的企业名单，由所在地县级以上节能主管部门按照管理权限提出，逐级报省级节能主管部门核定后确定，

续表

《清洁生产审核办法（2004 年)》	《清洁生产审核办法（2016 年)》
划单列市及新疆生产建设兵团环境保护行政主管部门会同发展改革（经济贸易）行政主管部门，结合本地开展清洁生产审核工作的实际情况，在分析企业有毒有害原料使用量或者有毒有害物质排放量，以及可能造成环境影响严重程度的基础上，分期分批确定，书面通知企业，并在当地主要媒体上公布。	根据属地原则书面通知企业，并抄送同级清洁生产综合协调部门和行业管理部门。
	第十条　各省级环境保护主管部门、节能主管部门应当按照各自职责，分别汇总提出应当实施强制性清洁生产审核的企业单位名单，由清洁生产综合协调部门会同环境保护主管部门或节能主管部门，在官方网站或采取其他便于公众知晓的方式分期分批发布。
第十条第八条第一项　规定实施强制性清洁生产审核的企业，应当在名单公布后一个月内，在所在地主要媒体上公布主要污染物排放情况。公布的主要内容应当包括：企业名称、法人代表、企业所在地址、排放污染物名称、排放方式、排放浓度和总量、超标、超总量情况。省级以下环境保护行政主管部门按照管理权限对企业公布的主要污染物排放情况进行核查。	第十一条　实施强制性清洁生产审核的企业，应当在名单公布后一个月内，在当地主要媒体、企业官方网站或采取其他便于公众知晓的方式公布企业相关信息。 （一）本办法第八条第（一）款规定实施强制性清洁生产审核的企业，公布的主要信息包括：企业名称、法人代表、企业所在地址、排放污染物名称、排放方式、排放浓度和总量、超标及超总量情况。 （二）本办法第八条第（二）款规定实施强制性清洁生产审核的企业，公布的主要信息包括：企业名称、法人代表、企业所在地址、主要能源品种及消耗量、单位产值能耗、单位产品能耗、超过单位产品能耗限额标准情况。 （三）本办法第八条第（三）款规定实施强制性清洁生产审核的企业，公布的主要信息包括：企业名称、法人代表、企业所在地址、使用有毒有害原料的名称、数量、用途，排放有毒有害物质的名称、浓度和数量，危险废物的产生和处置情况，依法落实环境风险防控措施情况等。 （四）符合本办法第八条两款以上情况的企业，应当参照上述要求同时公布相关信息。企业应对其公布信息的真实性负责。

《清洁生产审核办法（2004 年）》	《清洁生产审核办法（2016 年）》
第十二条 自愿实施清洁生产审核的企业可以向有管辖权的发展改革（经济贸易）行政主管部门和环境保护行政主管部门提供拟进行清洁生产审核的计划，并按照清洁生产审核计划的内容、程序组织清洁生产审核。	第十三条 自愿实施清洁生产审核的企业可参照强制性清洁生产审核的程序开展审核。
第十三条 清洁生产审核程序原则上包括审核准备，预审核，审核，实施方案的产生、筛选和确定，编写清洁生产审核报告等。 （一）审核准备。开展培训和宣传，成立由企业管理人员和技术人员组成的清洁生产审核工作小组，制定工作计划； （二）预审核。在对企业基本情况进行全面调查的基础上，通过定性和定量分析，确定清洁生产审核重点和器乐清洁生产目标； （三）审核。通过对生产和服务过程的投入产出进行分析，建立物料平衡、水平衡、资源平衡以及污染因子平衡，找出物料流失、资源浪费环节和污染物产生的原因； （四）实施方案的产生和筛选。对物料流失、资源浪费、污染物产生和排放进行分析，提出清洁生产实施方案，并进行方案的初步筛选； （五）实施方案的确定。对初步筛选的清洁生产方案进行技术、经济和环境可行性分析，确定企业拟实施的清洁生产方案； （六）编写清洁生产审核报告。清洁生产审核报告应当包括企业基本情况、清洁生产审核过程和结果、清洁生产方案汇总和效益预测分析、清洁生产方案实施计划等。	第十四条 清洁生产审核程序原则上包括审核准备、预审核、审核、方案的产生和筛选、方案的确定、方案的实施、持续清洁生产等。
第十四条 清洁生产审核以企业自行组织开展为主。不具备独立开展清洁生产审核能力的企业，可以委托行业协会、清洁生产中心、工程咨询单位等咨询服务机构协助开展清洁生产审核。	第十五条 清洁生产审核以企业自行组织开展为主。实施强制性清洁生产审核的企业，如果自行独立组织开展清洁生产审核，应具备本办法第十六条第（二）款、第（三）款的条件。不具备独立开展清洁生产审核能力的企业，可以聘请外部专家或委托具备相应能力的咨询服务机构协助开展清洁生产审核。

续表

《清洁生产审核办法（2004 年）》	《清洁生产审核办法（2016 年）》
第十五条　协助企业组织开展清洁生产审核工作的咨询服务机构，应当具备下列条件： （一）具有独立的法人资格； （二）拥有熟悉相关行业生产工艺、技术和污染防治管理，了解清洁生产知识，掌握清洁生产审核程序的技术人员； （三）具备为企业清洁生产审核提供公平、公正、高效率服务的制度措施。	第十六条　协助企业组织开展清洁生产审核工作的咨询服务机构，应当具备下列条件： （一）具有独立法人资格，具备为企业清洁生产审核提供公平、公正和高效率服务的质量保证体系和管理制度。 （二）具备开展清洁生产审核物料平衡测试、能量和水平衡测试的基本检测分析器具、设备或手段。 （三）拥有熟悉相关行业生产工艺、技术规程和节能、节水、污染防治管理要求的技术人员。 （四）拥有掌握清洁生产审核方法并具有清洁生产审核咨询经验的技术人员。
第十六条　列入实施强制性清洁生产审核名单的企业，应当在名单公布之日起一年内，将清洁生产审核报告报当地环境保护行政主管部门和发展改革（经济贸易）行政主管部门。中央直属企业应当将清洁生产审核报告报送当地环境保护和发展改革（经济贸易）行政主管部门，同时抄报国家环境保护总局和国家发展和改革委员会。	第十七条　列入本办法第八条第（一）款和第（三）款规定实施强制性清洁生产审核的企业，应当在名单公布之日起一年内，完成本轮清洁生产审核并将清洁生产审核报告报当地县级以上环境保护主管部门和清洁生产综合协调部门。列入第八条第（二）款规定实施强制性清洁生产审核的企业，应当在名单公布之日起一年内，完成本轮清洁生产审核并将清洁生产审核报告报当地县级以上节能主管部门和清洁生产综合协调部门。
第十八条　各级发展改革（经济贸易）行政主管部门和环境保护行政主管部门，应当积极指导和督促企业按照清洁生产审核报告中提出的实施计划，组织和落实清洁生产实施方案。	第十八条　县级以上清洁生产综合协调部门应当会同环境保护主管部门、节能主管部门，对企业实施强制性清洁生产审核的情况进行监督，督促企业按进度开展清洁生产审核。
第十九条　各级发展改革（经济贸易）行政主管部门、环境保护行政主管部门以及咨询服务机构应当为实施清洁生产审核的企业保守技术和商业秘密。	第十九条　有关部门以及咨询服务机构应当为实施清洁生产审核的企业保守技术和商业秘密。

续表

《清洁生产审核办法（2004年)》	《清洁生产审核办法（2016年)》
	第二十条 县级以上环境保护主管部门或节能主管部门，应当在各自的职责范围内组织清洁生产专家或委托相关单位，对以下企业实施清洁生产审核的效果进行评估验收： （一）国家考核的规划、行动计划中明确指出需要开展强制性清洁生产审核工作的企业。 （二）申请各级清洁生产、节能减排等财政资金的企业。 上述涉及本办法第八条第（一）款、第（三）款规定实施强制性清洁生产审核企业的评估验收工作由县级以上环境保护主管部门牵头，涉及本办法第八条第（二）款规定实施强制性清洁生产审核企业的评估验收工作由县级以上节能主管部门牵头。
	第二十一条 对企业实施清洁生产审核评估的重点是对企业清洁生产审核过程的真实性、清洁生产审核报告的规范性、清洁生产方案的合理性和有效性进行评估。
	第二十二条 对企业实施清洁生产审核的效果进行验收，应当包括以下主要内容： （一）企业实施完成清洁生产方案后，污染减排、能源资源利用效率、工艺装备控制、产品和服务等改进效果，环境、经济效益是否达到预期目标。 （二）按照清洁生产评价指标体系，对企业清洁生产水平进行评定。
	第二十三条 对本办法第二十条中企业实施清洁生产审核效果的评估验收，所需费用由组织评估验收的部门报请地方政府纳入预算。承担评估验收工作的部门或者单位不得向被评估验收企业收取费用。
第十七条 自愿开展清洁生产审核的企业，可以参照本办法第十六条规定报送清洁生产审核报告。	第二十四条 自愿实施清洁生产审核的企业如需评估验收，可参照强制性清洁生产审核的相关条款执行。

续表

《清洁生产审核办法（2004 年)》	《清洁生产审核办法（2016 年)》
	第二十五条　清洁生产审核评估验收的结果可作为落后产能界定等工作的参考依据。
	第二十六条　县级以上清洁生产综合协调部门会同环境保护主管部门、节能主管部门，应当每年定期向上一级清洁生产综合协调部门和环境保护主管部门、节能主管部门报送辖区内企业开展清洁生产审核情况、评估验收工作情况。
第二十条　国家发展和改革委员会会同国家环境保护总局建立国家级清洁生产专家库，发布重点行业清洁生产导向目录和行业清洁生产审核指南，组织开展清洁生产培训，为企业开展清洁生产审核提供信息和技术支持。地方各级发展改革（经济贸易）行政主管部门会同环境保护行政主管部门可以根据本地实际情况，组织开展清洁生产审核培训，建立地方清洁生产专家库。	第二十七条　国家发展和改革委员会、环境保护部会同相关部门建立国家级清洁生产专家库，发布行业清洁生产评价指标体系、重点行业清洁生产审核指南，组织开展清洁生产培训，为企业开展清洁生产审核提供信息和技术支持。各级清洁生产综合协调部门会同环境保护主管部门、节能主管部门可以根据本地实际情况，组织开展清洁生产培训，建立地方清洁生产专家库。
第二十一条　对自愿实施清洁生产审核，以及清洁生产方案实施后成效显著的企业，由省级以上发展改革（经济贸易）和环境保护行政主管部门对其进行表彰，并在当地主要媒体上公布。	第二十八条　对自愿实施清洁生产审核，以及清洁生产方案实施后成效显著的企业，由省级清洁生产综合协调部门和环境保护主管部门、节能主管部门对其进行表彰，并在当地主要媒体上公布。
第二十二条　各级发展改革（经济贸易）行政主管部门在制定和实施国家重点投资计划和地方投资计划时，应当将企业清洁生产实施方案中的节能、节水、综合利用，提高资源利用率，预防污染等清洁生产项目列为重点领域，加大投资支持力度。	第二十九条　各级清洁生产综合协调部门及其他有关部门在制定实施国家重点投资计划和地方投资计划时，应当将企业清洁生产实施方案中的提高能源资源利用效率、预防污染、综合利用等清洁生产项目列为重点领域，加大投资支持力度。
第二十四条　中小企业发展基金应当根据需要安排适当数额用于支持中小企业实施清洁生产。	删除原第二十四条

《清洁生产审核办法（2004 年）》	《清洁生产审核办法（2016 年）》
第二十七条　对违反第十条规定的企业，按《中华人民共和国清洁生产促进法》第四十一条规定处罚；对第八条第二项规定的企业，违反第十六条规定的，按照《中华人民共和国清洁生产促进法》第四十条规定处罚。	第三十三条　对本办法第八条规定实施强制性清洁生产审核的企业，违反本办法第十一条规定的，按照《中华人民共和国清洁生产促进法》第三十六条规定处罚。
	第三十四条　违反本办法第八条、第十七条规定，不实施强制性清洁生产审核或在审核中弄虚作假的，或者实施强制性清洁生产审核的企业不报告或者不如实报告审核结果的，按照《中华人民共和国清洁生产促进法》第三十九条规定处罚。
第二十八条　企业委托的咨询服务机构不按照规定内容、程序进行清洁生产审核，弄虚作假、提供虚假审核报告的，由省、自治区、直辖市、计划单列市及新疆生产建设兵团发展改革（经济贸易）部门会同环境保护行政主管部门责令其改正，并公布其名单。造成严重后果的，将追究其法律责任。	第三十五条　企业委托的咨询服务机构不按照规定内容、程序进行清洁生产审核，弄虚作假、提供虚假审核报告的，由省、自治区、直辖市、计划单列市及新疆生产建设兵团清洁生产综合协调部门会同环境保护主管部门或节能主管部门责令其改正，并公布其名单。造成严重后果的，追究其法律责任。
	第三十六条　对违反本办法相关规定受到处罚的企业或咨询服务机构，由省级清洁生产综合协调部门和环境保护主管部门、节能主管部门建立信用记录，归集至全国信用信息共享平台，会同其他有关部门和单位实行联合惩戒。
第二十九　条有关发展改革（经济贸易）行政主管部门会同环境保护行政主管部门的工作人员玩忽职守，泄露企业技术和商业秘密，造成企业经济损失的，按照国家相应法律法规予以处罚。	第三十七条　有关部门的工作人员玩忽职守，泄露企业技术和商业秘密，造成企业经济损失的，按照国家相应法律法规予以处罚。

三、本次修订《清洁生产审核办法》的主要亮点

《清洁生产审核办法》精准确定了清洁生产审核概念的内涵。清洁生产审核也称清洁生产审计，强调的是通过一整套系统科学的程序和方法，重点对企业的生产过程进行污染预防的分析和评估，从而发现问题，提出解决方案，并通过清洁生产方案的实施在源头减少或消除废弃物的产生。理顺了清

洁生产审核管理机制。《清洁生产审核办法》第三章清洁生产审核实施部分体现了对清洁生产审核企业进行分类管理思路，精准定位清洁生产管理部门的职责，减少条块交叉，提高管理效率，有效提高了清洁生产审核实施的操作性。

《清洁生产审核办法》明确了清洁生产审核评估验收制度的重点内容。《清洁生产审核办法》针对清洁生产审核评估验收制度做出了相关规定，强调了清洁生产技术咨询服务能力建设要求，强化了清洁生产管理的专业性、技术性和可操作性。《清洁生产审核办法》第一次将受到清洁生产处罚的企业和机构信息纳入全国信用信息共享平台。全国信用信息共享平台是一个由多个部门共同运行的管理平台，各部门、各地区共同开展守信联合激励和失信联合惩戒工作，提高了企业或个人的违约成本，使失信者"一处失信，处处受限"，是促进企业或个人诚信经营，培育良好市场氛围，优化市场资源配置的有效手段。

第五节　修订《国家危险废物名录》

2016 年 3 月 30 日由环境保护部部务会议通过对《国家危险废物名录》的修订（环境保护部令第 39 号），修订后的《国家危险废物名录》（本节以下称《国家危险废物名录（2016 年）》）自 2016 年 8 月 1 日起施行。原环境保护部、国家发展和改革委员会发布的《国家危险废物名录》（本节以下称《国家危险废物名录（2008 年）》）由环境保护部、国家发展和改革委员会令第 1 号同时废止。

本次修订坚持问题导向，以实现危险废物精细化管理为目标。危险废物管理应以环境风险控制为原则，采用全过程控制和分类管理手段达到防止和抑制其对环境和人体健康的危害。《国家危险废物名录（2016 年）》修订新增了《危险废物豁免管理清单》，也将作为后续《国家危险废物名录》修订的重点内容，逐步推动危险废物的精细化管理。①

---

① 参见《〈国家危险废物名录〉（2016）版解读》，来源：（环境保护部网）http://www.zhb.gov.cn/gkml/hbb/qt/201606/t20160621_354849.htm，2016 年 7 月 21 日访问。

一、《国家危险废物名录（2016 年）》的主要变动

本次修订《国家危险废物名录》主要涉及前言、废物种类调整、管理豁免清单、特殊危险废物管理、废弃危险化学品管理等五个方面。

（一）对前言的修改

与《国家危险废物名录（2008 年）》相比，《国家危险废物名录（2016 年）》的前言部分主要调整内容包括：一是明确了医疗废物的管理内容。二是修改了危险废物与其他固体废物的混合物，以及危险废物处理后废物属性的判定说明。三是新增危险废物豁免管理，以及通过危险废物鉴别确定是危险废物时如何对其归类的说明。

（二）对废物种类的调整

《国家危险废物名录（2008 年）》共有 49 个大类别 400 种危险废物。《国家危险废物名录（2016 年）》将危险废物调整为 46 大类别 479 种（362 种来自原名录，新增 117 种）。其中，将原名录中 HW06 有机溶剂废物、HW41 废卤化有机溶剂和 HW42 废有机溶剂合并成 HW06 废有机溶剂与含有机溶剂废物，将原名录中 HW43 含多氯苯并呋喃类废物和原名录中 HW44 含多氯苯并二恶英类废物删除，增加了 HW50 废催化剂类废物。

（三）增加危险废物豁免管理清单

危险废物豁免管理可以减少危险废物管理过程中的总体环境风险，提高危险废物环境管理效率。在总结现有标准和特定危险废物环境风险研究的基础上，《国家危险废物名录（2016 年）》新增了《危险废物豁免管理清单》，列入豁免管理清单的废物共 16 种 / 类，在所列的豁免环节，且满足相应的豁免条件时，可以按照豁免内容的规定实行豁免管理。

（四）取消《国家危险废物名录（2008 年）》的"*"标注

《国家危险废物名录（2008 年）》中对来源复杂、危险特性存在例外且国家具有明确鉴别标准的危险废物，标注以"*"。但如果此类危险废物的产生单位确有充分证据证明，所产生的废物不具有危险特性的，该特定废物便可以不按照危险废物进行管理，此类危险废物共 33 种。这一做法造成了部分固体废物在不同地区的管理要求存在较大差异，且与《固体废物污染环境防治法》关于"危险废物是指列入国家危险废物名录或者根据国家规定的危

险废物鉴别标准和鉴别方法认定的具有危险特性的固体废物"的相关规定不符。

（五）废弃危险化学品目录采用危险化学品目录

《国家危险废物名录（2008年）》附录A列明了优先管理类废弃危险化学品共498种，仅包括具有毒性的化学品，未包括具有其他危险特性的化学品。《国家危险废物名录（2016年）》根据我国《危险废物鉴别标准》对危险特性的规定，将具有危险特性的危险化学品全部纳入。鉴于国家安全生产监督管理总局等10个部门发布的《危险化学品目录》涵盖了所有危险特性，本次修订时直接采用了《危险化学品目录》。

二、《国家危险废物名录（2016年）》的主要成就

《国家危险废物名录（2016年）》主要有三个方面的亮点：

一是将废催化剂、精蒸馏残渣、生物制药废物等作为修订重点。本次修订选择了将环境管理中反映比较集中、问题比较多的废催化剂、精蒸馏残渣、生物制药废物等作为修订重点。修订过程突出风险防控的理念，建立了基于风险评价的修订方法。同时基于有限的监管能力与复杂的废物性质之间的矛盾，制定了《危险废物豁免管理清单》，对部分危险废物在环境风险较小的管理环节实行豁免管理，完善危险废物分级分类管理体系。

二是坚持动态修订原则。我国危险废物种类繁多、性质复杂、变化频繁，期望一次修订解决所有问题并不现实，在保持名录基本体系不变的基础上，应坚持动态修订原则。本次修订是基于现有研究成果的有限目标修订，主要结合近年来环保公益项目、鉴别案例以及相关工作基础，对部分产生特性和危险特性已经清楚的废物进行修订。随着基础工作不断加强、鉴别工作不断积累，将根据具体情况动态修订，补充和完善名录。

三是突出了实用性和连续性。名录制订目的是为环境管理服务。危险废物的认定专业性较强，开展时间较短。我国从事危险废物管理的人员，特别是基层管理人员危险废物的专业知识相对缺乏。因此，修订名录既要考虑科学合理，又要便于操作。本次修订对精蒸馏残渣类、废催化剂类废物进行了细化，提高了可操作性。《国家危险废物名录（2008年）》已实施8年，为避免改动过大给工作造成不利影响，《国家危险废物名录（2016年）》仍

以产生源作为危险废物分类的主要依据。废物分类与《国家危险废物名录（2008年）》基本保持一致，对部分可以合并的类别进行了合并，如将有机溶剂废物、废卤化有机溶剂和废有机溶剂类废物合并成一类。

第六节　修改八部环境部门规章

2016年7月25日，国家林业局局务会议审议通过《国家林业局关于修改部分部门规章的决定》，对六部由国家林业局制定的部门规章进行了修改。这些规章具体包括：《森林公园管理办法》《普及型国外引种试种苗圃资格认定管理办法》《松材线虫病疫木加工板材定点加工企业审批管理办法》《引进陆生野生动物外来物种种类及数量审批管理办法》《大熊猫国内借展管理规定》《建设项目使用林地审核审批管理办法》。《国家林业局关于修改部分部门规章的决定》经国家林业局令（第42号）于2016年9月22日颁布。

2016年12月13日，根据《关于修改〈中华人民共和国船舶及其有关作业活动污染海洋环境防治管理规定〉的决定》（交通运输部令2016年第83号）对《中华人民共和国船舶及其有关作业活动污染海洋环境防治管理规定》进行第三次修正。

2016年12月13日，根据《关于修改〈中华人民共和国船舶污染海洋环境应急防备和应急处置管理规定〉的决定》（交通运输部令2016年第84号）对《中华人民共和国船舶污染海洋环境应急防备和应急处置管理规定》进行第四次修正。

一、修改《森林公园管理办法》

《森林公园管理办法》的修改涉及两处条文（见表23），即第八条与第九条。第一，将第八条修改为："县级以上地方人民政府林业主管部门应当在上级林业主管部门的指导和同级人民政府的领导下，加强省级森林公园和市、县级森林公园的建设和管理。省级森林公园和市、县级森林公园设立、撤销、改变经营范围或者变更隶属关系的审批，按照地方有关规定执行。""省级森林公园和市、县级森林公园可以按照有关规定晋升为国家级森林公园。"第二，删除第九条。

表 23　2016 年《森林公园管理办法》修改对照表

《森林公园管理办法（1994 年）》	《森林公园管理办法（2016 年）》
第八条　建立省级森林公园和市、县级森林公园，由相应的省级或者市、县级林业主管部门审批。经批准成立省级森林公园和市、县级森林公园，由省级林业主管部门将有关材料报林业部备案。	第八条　县级以上地方人民政府林业主管部门应当在上级林业主管部门的指导和同级人民政府的领导下，加强省级森林公园和市、县级森林公园的建设和管理。省级森林公园和市、县级森林公园设立、撤销、改变经营范围或者变更隶属关系的审批，按照地方有关规定执行。 省级森林公园和市、县级森林公园可以按照有关规定晋升为国家级森林公园。
第九条　森林公园的开发建设，可以由森林公园经营管理机构单独进行；由森林公园经营管理机构同其他单位或个人以合资、合作等方式联合进行的，不得改变森林公园经营管理机构的隶属关系。	删除原第九条。

《森林公园管理办法》自修改决定公布之日起施行。

二、修改《普及型国外引种试种苗圃资格认定管理办法》

《普及型国外引种试种苗圃资格认定管理办法》的修改涉及两处条文（见表 24），即将第五条第二项修改为："从事主要林木种子生产和林木种子经营的，应当提供《林木种子生产经营许可证》复印件。"同时，删除第五条第四项。

表 24　2016 年《普及型国外引种试种苗圃资格认定管理办法》修改对照表

《普及型国外引种试种苗圃资格认定管理办法（2005 年）》	《普及型国外引种试种苗圃资格认定管理办法（2016 年）》
第五条　申请普及型国外引种试种苗圃资格认定，应当提交以下材料： （一）普及型国外引种试种苗圃资格申请表； （二）从事主要林木种子生产的，应当提供《林木种子生产许可证》复印件；从事林木种子经营的，应当提供《林木种子经营许可证》复印件和营业执照复印件； （三）符合本办法第四条规定条件的证明材料； （四）所在地省、自治区、直辖市林业主管部门的书面意见。	第五条　申请普及型国外引种试种苗圃资格认定，应当提交以下材料： （一）普及型国外引种试种苗圃资格申请表； （二）从事主要林木种子生产和林木种子经营的，应当提供《林木种子生产经营许可证》复印件； （三）符合本办法第四条规定条件的证明材料。

《普及型国外引种试种苗圃资格认定管理办法》自修改决定公布之日起
施行。

三、修改《松材线虫病疫木加工板材定点加工企业审批管理办法》

《松材线虫病疫木加工板材定点加工企业审批管理办法》的修改涉及一
处条文（见表25），即删除第五条第四项。

表 25　2016 年《松材线虫病疫木加工板材定点加工企业审批管理办法》修改对照表

《松材线虫病疫木加工板材定点加工企业 审批管理办法（2005 年）》	《松材线虫病疫木加工板材定点加工企业 审批管理办法（2016 年)》
第五条　申请松材线虫病疫木加工板材定点加工企业资格，应当提交以下资料： （一）申请报告； （二）营业执照、木材经营加工资格批准文件的复印件； （三）符合本办法第四条规定条件的证明材料； （四）所在地省、自治区、直辖市林业主管部门的书面意见。	第五条　申请松材线虫病疫木加工板材定点加工企业资格，应当提交以下资料： （一）申请报告； （二）营业执照、木材经营加工资格批准文件的复印件； （三）符合本办法第四条规定条件的证明材料。

《松材线虫病疫木加工板材定点加工企业审批管理办法》自修改决定公
布之日起施行。

四、修改《引进陆生野生动物外来物种种类及数量审批管理办法》

《引进陆生野生动物外来物种种类及数量审批管理办法》的修改涉及一
处条文（见表26），即删除第五条第一款第四项。

表 26　2016 年《引进陆生野生动物外来物种种类及数量审批管理办法》修改对照表

《引进陆生野生动物外来物种种类及数量 审批管理办法（2015 年）》	《引进陆生野生动物外来物种种类及数量 审批管理办法（2016 年)》
第五条　需要从境外引进陆生野生动物外来物种的，申请人应当提交下列材料： （一）申请报告、进出口申请表及进口目的的说明；	第五条　需要从境外引进陆生野生动物外来物种的，申请人应当提交下列材料： （一）申请报告、进出口申请表及进口目的的说明；

《引进陆生野生动物外来物种种类及数量审批管理办法（2015年）》	《引进陆生野生动物外来物种种类及数量审批管理办法（2016年）》
（二）当事人签订的合同或者协议，属于委托引进的，还应当提供委托代理合同或者协议； （三）证明具备与引进陆生野生动物外来种种类及数量相适应的人员和技术的有效文件或者材料，以及安全措施的说明； （四）所在地省、自治区、直辖市林业主管部门的书面意见。	（二）当事人签订的合同或者协议，属于委托引进的，还应当提供委托代理合同或者协议； （三）证明具备与引进陆生野生动物外来种种类及数量相适应的人员和技术的有效文件或者材料，以及安全措施的说明。

《引进陆生野生动物外来物种种类及数量审批管理办法》自修改决定公布之日起施行。

五、修改《大熊猫国内借展管理规定》

《大熊猫国内借展管理规定》的修改涉及一处条文（见表27），即删除了第七条第八项。

表27　2016年《大熊猫国内借展管理规定》修改对照表

《大熊猫国内借展管理规定（2015年）》	《大熊猫国内借展管理规定（2016年）》
第七条　申请借展大熊猫，应当提交下列书面材料： （一）野生动物保护管理行政许可事项申请表； （二）借展双方的单位证明材料； （三）借展双方具有大熊猫物种的国家重点保护野生动物驯养繁殖许可证； （四）借展双方签订的借展协议； （五）借出方大熊猫圈养种群状况说明材料； （六）借展大熊猫个体谱系号、标记等身份证明材料； （七）借入方借展活动及大熊猫饲养管理、科普教育方案； （八）借展双方省级人民政府林业行政主管部门对借展活动的书面意见。	第七条　申请借展大熊猫，应当提交下列书面材料： （一）野生动物保护管理行政许可事项申请表； （二）借展双方的单位证明材料； （三）借展双方具有大熊猫物种的国家重点保护野生动物驯养繁殖许可证； （四）借展双方签订的借展协议； （五）借出方大熊猫圈养种群状况说明材料； （六）借展大熊猫个体谱系号、标记等身份证明材料； （七）借入方借展活动及大熊猫饲养管理、科普教育方案。

《大熊猫国内借展管理规定》自修改决定公布之日起施行。

六、修改《建设项目使用林地审核审批管理办法》

《建设项目使用林地审核审批管理办法》的修改涉及一处条文（见表28），即将第七条第四项修改为："建设项目使用林地可行性报告或者林地现状调查表。"

表28　2016年《建设项目使用林地审核审批管理办法》修改对照表

《建设项目使用林地审核审批管理办法（2015年)》	《建设项目使用林地审核审批管理办法（2016年)》
第七条　占用林地和临时占用林地的用地单位或者个人提出使用林地申请，应当填写《使用林地申请表》，同时提供下列材料： （一）用地单位的资质证明或者个人的身份证明。 （二）建设项目有关批准文件。包括：可行性研究报告批复、核准批复、备案确认文件、勘查许可证、采矿许可证、项目初步设计等批准文件；属于批次用地项目，提供经有关人民政府同意的批次用地说明书并附规划图。 （三）拟使用林地的有关材料。包括：林地权属证书、林地权属证书明细表或者林地证明；属于临时占用林地的，提供用地单位与被使用林地的单位、农村集体经济组织或者个人签订的使用林地补偿协议或者其他补偿证明材料；涉及使用国有林场等国有林业企事业单位经营的国有林地，提供其所属主管部门的意见材料及用地单位与其签订的使用林地补偿协议；属于符合自然保护区、森林公园、湿地公园、风景名胜区等规划的建设项目，提供相关规划或者相关管理部门出具的符合规划的证明材料，其中，涉及自然保护区和森林公园的林地，提供其主管部门或者机构的意见材料。 （四）具有相应资质的单位作出的建设项目使用林地可行性报告或者林地现状调查表。	第七条　占用林地和临时占用林地的用地单位或者个人提出使用林地申请，应当填写《使用林地申请表》，同时提供下列材料： （一）用地单位的资质证明或者个人的身份证明。 （二）建设项目有关批准文件。包括：可行性研究报告批复、核准批复、备案确认文件、勘查许可证、采矿许可证、项目初步设计等批准文件；属于批次用地项目，提供经有关人民政府同意的批次用地说明书并附规划图。 （三）拟使用林地的有关材料。包括：林地权属证书、林地权属证书明细表或者林地证明；属于临时占用林地的，提供用地单位与被使用林地的单位、农村集体经济组织或者个人签订的使用林地补偿协议或者其他补偿证明材料；涉及使用国有林场等国有林业企事业单位经营的国有林地，提供其所属主管部门的意见材料及用地单位与其签订的使用林地补偿协议；属于符合自然保护区、森林公园、湿地公园、风景名胜区等规划的建设项目，提供相关规划或者相关管理部门出具的符合规划的证明材料，其中，涉及自然保护区和森林公园的林地，提供其主管部门或者机构的意见材料。 （四）建设项目使用林地可行性报告或者林地现状调查表。

《建设项目使用林地审核审批管理办法》自修改决定公布之日起施行。

七、修正《船舶及其有关作业活动污染海洋环境防治管理规定》

2016 年 12 月 13 日，根据《关于修改〈中华人民共和国船舶及其有关作业活动污染海洋环境防治管理规定〉的决定》（交通运输部令 2016 年第 83 号）对《中华人民共和国船舶及其有关作业活动污染海洋环境防治管理规定》进行第三次修正，并当日发布，新修定的《规定》全文 7 章共 61 条。2010 年 11 月 16 日交通运输部发布该《规定》，自 2011 年 2 月 1 日实施以来，其还历经另外两次修正，分别是 2013 年 8 月 31 日第一次修正和 2013 年 12 月 24 日第二次修正。（见表 29）

表 29　2016 年《船舶及其有关作业活动污染海洋环境防治管理规定》修正对照表

《船舶及其有关作业活动污染海洋环境防治管理规定（2013 年)》	《船舶及其有关作业活动污染海洋环境防治管理规定（2016 年)》
第十八条国际航行船舶在驶离国内港口前应当将船上污染物清理干净，并在办理出口岸手续时向海事管理机构出示有效的污染物接收证明。	删除原第十八条。
第三十七条第一款第（五）项（五）与具有相应资质的污染清除作业单位签订的污染清除作业协议。	第三十七条第一款第（五）项（五）与具有相应能力的污染清除作业单位签订的污染清除作业协议。
第三十七条第二款以过驳方式进行油料供受作业的，应当提交本条第一款第（一）、（二）、（三）、（五）项规定的材料。	删除原第三十七条第二款。
第四十一条船舶从事 300 吨及以上的油类或者比重小于 1 且不溶、微溶于水的散装有毒液体物质的装卸、过驳作业，应当布设围油栏。 布设围油栏方案应当在作业前报海事管理机构备案。因受自然条件或者其他原因限制，不适合布设围油栏的，可以采用其他防治污染替代措施，但应当将拟采取的替代措施和理由在作业前报海事管理机构同意。	第四十一条船舶进行下列作业，且作业量超过 300 吨时，应当采取包括布设围油栏在内的防污染措施，其中过驳作业由过驳作业经营人负责： （一）散装持久性油类的装卸和过驳作业，但船舶燃油供应作业除外； （二）比重小于 1（相对于水）、溶解度小于 0.1% 的散装有毒液体物质的装卸和过驳作业； （三）其他可能造成水域严重污染的作业。 因自然条件等原因，不适合布设围油栏的，应当采取有效替代措施。

《船舶及其有关作业活动污染海洋环境防治管理规定》自修改决定公布之日起施行。

八、修正《船舶污染海洋环境应急防备和应急处置管理规定》

2016年12月13日，根据《关于修改〈中华人民共和国船舶污染海洋环境应急防备和应急处置管理规定〉的决定》（交通运输部令2016年第84号）对《中华人民共和国船舶污染海洋环境应急防备和应急处置管理规定》进行第四次修正，并当日发布，修正后的《中华人民共和国船舶污染海洋环境应急防备和应急处置管理规定》全文7章共39条。2011年1月27日，该《规定》由交通运输部发布，自2011年6月1日实施以来，还历经另外三次修正，分别是根据2013年12月24日的第一次修正，2014年9月5日的第二次修正和2015年5月12日的第三次修正。（见表30）

表30 2016年《船舶污染海洋环境应急防备和应急处置管理规定》修正对照表

《船舶污染海洋环境应急防备和应急处置管理规定（2015年)》	《船舶污染海洋环境应急防备和应急处置管理规定（2016年)》
第十二条 中国籍船舶防治污染设施、设备和器材应当符合国家有关标准，并按照国家有关要求通过型式和使用性能检验，其生产、供应单位应当将其所生产、销售的设施、设备和器材的种类及其检验证书向国家海事管理机构备案。国家海事管理机构应当及时将符合国家有关标准的船舶防治污染设施、设备和器材及其生产单位向社会公布。	第十二条 中国籍船舶防治污染设施、设备和器材应当符合国家有关标准，并按照国家有关要求通过型式和使用性能检验。
第二十八条第二款 船舶沉没的，其所有人、经营人或者管理人应当及时向海事管理机构报告船舶燃油、污染危害性货物以及其他污染物的性质、数量、种类及装载位置等情况，采取或者委托有能力的单位采取污染监视和控制措施，并在必要的时候采取抽出、打捞等措施。	第二十八条第二款 船舶沉没的，其所有人、经营人或者管理人应当及时向海事管理机构报告船舶燃油、污染危害性货物以及其他污染物的性质、数量、种类及装载位置等情况，委托具有资质的船舶污染清除单位采取污染监视和控制措施，并在必要的时候采取抽出、打捞等措施。
第三十四条（二）项（二） 船舶污染清除单位超出能力等级或者服务区域签订船舶污染清除协议并从事污染清除作业的。	第三十四条第（二）项（二） 污染清除作业单位不符合国家有关技术规范从事污染清除作业的。
第三十四条第（三）项（三） 船舶污染清除单位未按规定履行应急值守义务的。	删除原第三十四条第（三）项

第 四 章

2016 年地方环境立法

2016 年，地方环境立法在推动中国环境法制建设方面取得了较大成就。全国各地区共制定、修订、修正地方性环保法规、地方政府环保规章以及环保自治条例和单行条例 185 部；其中，地方性环保法规 144 部，地方政府环保规章 26 部，环保自治条例和单行条例 15 部。在全部 185 部法律文件中，130 部属于制定（约占法律文件总数的 70%），11 部属于修订，44 部属于修正。

从我国环境法体系（包括综合环境法系统、环境保护事务法系统、环境保护手段法系统）建设的角度看，2016 年度的地方环境立法中属于综合环境法系统的立法有 12 部；属于环境保护事务法系统的立法有 150 部（其中，污染防治法子系统的立法 46 部，自然资源保护法子系统的立法 64 部，生态保护法子系统的立法 35 部，环境退化防治子系统的立法 5 部）；属于环境保护手段法系统的立法有 23 部。从立法主体级别的角度看，除环保自治条例和单行条例外，2016 年度的地方环境立法中属于省级制定和修改的法律文件有 71 部（其中，地方性环保法规 62 部，地方政府环保规章 9 部）；属于市级制定和修改的法律文件有 99 部（其中，地方性环保法规 82 部，地方政府环保规章 17 部）。在地方性法规方面：新制定 113 部，修订、修正 45 部，共计 158 部；在地方性政府规章方面：新制定 16 部，修正 10 部，共计 26 部。

地方立法的动因是细化、完善上位法，通过制定地方性法规，解决应由地方负责解决的基层治理问题，完善国家立法体系。法治是国家治理体系和治理能力的重要依托，生态环境保护立法是地方立法的重点领域，生态文明建设和环境保护需要良法为之护航。尤其是新修改的《中华人民共和国立法法》施行以来，由于设区的市"在不同宪法、法律、行政法规和本省、自治区的地方性法规相抵触的前提下，可以对城乡建设与管理、环境保护、历史文化保护等方面的事项制定地方性法规"（第七十二条第二款），使得拥有地方立法权的城市从49个扩大到了282个，因此各地环境立法成果丰富。

第一节　地方性环保法规

2016年，我国地方各级人大（含常委会）共制定和修改159部地方性环境法规以及环保自治条例和单行条例（以下统称地方性环保法规）。地方各级人大及其常委会为保护环境不断加快推进环境立法进程。本年度的地方性立法中，共有114部地方性法规是首次制定，8部地方性法规是第一次修订，3部地方性法规是第二次修订，16部地方性法规是第一次修正，10部地方性法规是第二次修正，6部地方性法规是第三次修正，1部地方性法规是第四次修正，1部地方性法规是第五次修正。其中，生态环境保护立法是地方立法的重点领域。

一、2016年地方性环保法规立法成果概览

2016年，全国共颁布了159部地方性环保法规（见表31），其中大多数是首次制定，说明地方立法主体对环境领域问题的关注持续增加，对用法律手段解决环境问题的决心日益增加。

表31　2016年地方性环保法规成果一览表

序号	颁布时间	名称	成果类型
1	2016-01-04	包头市城市市容和环境卫生管理条例	制定
2	2016-01-13	温州市市容和环境卫生管理条例	制定
3	2016-01-13	河北省大气污染防治条例	制定
4	2016-01-14	海南省机动车排气污染防治规定	制定

序号	颁布时间	名称	成果类型
5	2016-01-15	江苏省节约用水条例	制定
6	2016-01-20	太原市城市节约用水条例	第二次修正
7	2016-01-20	山西省煤炭管理条例	第一次修正
8	2016-01-22	济南市湿地保护条例	制定
9	2016-01-29	天津市水污染防治条例	制定
10	2016-02-01	本溪市城市绿化管理条例	制定
11	2016-02-01	湖北省土壤污染防治条例	制定
12	2016-02-26	厦门经济特区城市园林绿化条例	第三次修正
13	2016-02-29	中山市水环境保护条例	制定
14	2016-03-25	青海省实施《中华人民共和国水土保持法》办法	第一次修订
15	2016-03-29	河南省建设项目环境保护条例	第一次修正
16	2016-03-29	河南省煤炭条例	第一次修正
17	2016-03-29	四川省辐射污染防治条例	制定
18	2016-03-29	甘孜藏族自治州草原管理条例	第一次修正
19	2016-03-30	江苏省海洋环境保护条例	第一次修正
20	2016-03-30	山东省海洋环境保护条例	第二次修正
21	2016-03-30	内蒙古自治区基本草原保护条例	第一次修正
22	2016-03-31	广西壮族自治区实施《中华人民共和国渔业法》办法	第二次修正
23	2016-04-01	嘉兴市秸秆露天禁烧和综合利用条例	制定
24	2016-04-01	江西省实施《中华人民共和国煤炭法》办法	第二次修正
25	2016-04-01	江西省水资源条例	制定
26	2016-04-01	江西武夷山国家级自然保护区条例	制定
27	2016-04-01	福建省实施《中华人民共和国渔业法》办法	第五次修正
28	2016-04-01	福建省海域使用管理条例	第三次修正
29	2016-04-01	福建省海洋环境保护条例	第一次修正
30	2016-04-01	厦门市海洋环境保护若干规定	第一次修正
31	2016-04-01	厦门市无居民海岛保护与利用管理办法	第一次修正

续表

序号	颁布时间	名称	成果类型
32	2016-04-01	甘肃省节约能源条例	制定
33	2016-04-05	石家庄市城市园林绿化管理条例	第一次修订
34	2016-04-12	保亭黎族苗族自治县饮用水水源保护若干规定	制定
35	2016-04-12	杭州市生态文明建设促进条例	制定
36	2016-04-21	哈尔滨市燃煤污染防治条例	制定
37	2016-04-22	惠州市西枝江水系水质保护条例	制定
38	2016-05-25	河南蒙古族自治县生态环境保护条例	制定
39	2016-05-25	阜新蒙古族自治县古树名木保护管理条例	制定
40	2016-05-26	淮安市永久性绿地保护条例	制定
41	2016-05-26	苏州市城市绿化条例	第四次修正
42	2016-05-27	云南省文山壮族苗族自治州文山国家级自然保护区管理条例	制定
43	2016-05-27	黔南布依族苗族自治州古树名木保护条例	制定
44	2016-05-27	云南省贡山独龙族怒族自治县独龙江保护管理条例	制定
45	2016-05-27	云南省大理白族自治州水资源保护管理条例	制定
46	2016-05-27	浙江省大气污染防治条例	第一次修订
47	2016-05-27	贵州省渔业条例	第二次修正
48	2016-05-27	吉林省大气污染防治条例	制定
49	2016-05-27	宁夏回族自治区环境保护条例	第二次修正
50	2016-05-30	铁岭市饮用水水源保护条例	制定
51	2016-05-31	湘西土家族苗族自治州高望界国家级自然保护区条例	制定
52	2016-05-31	石家庄市低碳发展促进条例	制定
53	2016-06-08	宁波市大气污染防治条例	制定
54	2016-06-16	延边朝鲜族自治州天然矿泉水水源环境保护条例	制定
55	2016-06-16	乌鲁木齐市湿地保护条例	制定
56	2016-07-22	山东省大气污染防治条例	制定
57	2016-07-22	山东省循环经济条例	制定

续表

序号	颁布时间	名称	成果类型
58	2016-07-29	阜阳市城市绿化条例	制定
59	2016-07-29	阜阳市地下水保护条例	制定
60	2016-07-29	甘肃省地质环境保护条例	第一次修订
61	2016-07-29	海南省生态保护红线管理规定	制定
62	2016-07-29	河北省气候资源保护和开发利用条例	制定
63	2016-07-29	河北省乡村环境保护和治理条例	制定
64	2016-07-29	天津市湿地保护条例	制定
65	2016-07-29	盐城市农作物秸秆综合利用条例	制定
66	2016-07-29	贵州省大气污染防治条例	制定
67	2016-07-29	泰州市水环境保护条例	制定
68	2016-07-29	内蒙古自治区呼伦湖国家级自然保护区条例	制定
69	2016-08-04	杭州市大气污染防治规定	制定
70	2016-08-05	长沙市湘江流域水污染防治条例	制定
71	2016-08-18	宽甸满族自治县畜禽养殖污染防治条例	制定
72	2016-08-25	武汉市基本生态控制线管理条例	制定
73	2016-09-22	邯郸市城市排水与污水处理条例	制定
74	2016-09-22	江西省河道采砂管理条例	制定
75	2016-09-22	河北省湿地保护条例	制定
76	2016-09-22	河北省陆生野生动物保护条例	第二次修正
77	2016-09-22	河北省环境保护条例	第一次修正
78	2016-09-22	河北省减少污染物排放条例	第一次修正
79	2016-09-22	河北省实施《中华人民共和国水法》办法	第一次修正
80	2016-09-23	济宁市大气污染防治条例	制定
81	2016-09-28	海口市城镇园林绿化条例	第一次修正
82	2016-09-28	拉萨市城市供水用水条例	第二次修订
83	2016-09-29	临沧市古茶树保护条例	制定
84	2016-09-29	云南省抚仙湖保护条例	第一次修正

序号	颁布时间	名称	成果类型
85	2016-09-29	甘肃祁连山国家级自然保护区管理条例	第三次修正
86	2016-09-29	浙江省资源综合利用促进条例	第一次修正
87	2016-09-29	广西壮族自治区无居民海岛保护条例	制定
88	2016-09-30	福建省湿地保护条例	制定
89	2016-09-30	三亚市河道生态保护管理条例	制定
90	2016-09-30	江苏省湿地保护条例	制定
91	2016-09-30	江门市潭江流域水质保护条例	制定
92	2016-09-30	菏泽市大气污染防治条例	制定
93	2016-10-08	安徽省饮用水水源环境保护条例	制定
94	2016-10-09	汕尾市水环境保护条例	制定
95	2016-10-10	南宁市西津国家湿地公园保护条例	制定
96	2016-10-19	绍兴市水资源保护条例	制定
97	2016-10-19	绍兴市大气污染防治条例	制定
98	2016-10-31	宁夏回族自治区水资源管理条例	制定
99	2016-11-10	石嘴山市饮用水水源保护条例	制定
100	2016-11-10	滁州市市区饮用水水源保护条例	制定
101	2016-11-10	宿州市农村垃圾治理条例	制定
102	2016-11-10	抚顺市水土保持条例	制定
103	2016-11-17	吉林省节约能源条例	第一次修订
104	2016-11-24	西安市湿地保护条例	制定
105	2016-11-24	贵州省水资源保护条例	制定
106	2016-11-28	济南市大气污染防治条例	第二次修订
107	2016-11-28	济宁市泗河保护管理条例	制定
108	2016-11-28	济南市水土保持条例	制定
109	2016-11-29	营口市饮用水水源保护区污染防治条例	制定
110	2016-11-30	广西壮族自治区实施《中华人民共和国森林法》办法	第二次修正
111	2016-11-30	广西壮族自治区钟乳石资源保护条例	第三次修正

续表

序号	颁布时间	名称	成果类型
112	2016-11-30	广西壮族自治区矿产资源管理条例	第三次修正
113	2016-11-30	广西壮族自治区实施《中华人民共和国水法》办法	第二次修正
114	2016-11-30	四川省《中华人民共和国渔业法》实施办法	第二次修正
115	2016-11-30	海南省珊瑚礁和砗磲保护规定	制定
116	2016-11-30	广西壮族自治区实施《中华人民共和国节约能源法》办法	第一次修正
117	2016-11-30	广西壮族自治区森林和野生动物类型自然保护区管理条例	第三次修正
118	2016-11-30	辽源市杨木水库饮用水水源保护条例	制定
119	2016-12-01	江西省大气污染防治条例	制定
120	2016-12-01	襄阳市汉江流域水环境保护条例	制定
121	2016-12-01	成都市兴隆湖区域生态保护条例	制定
122	2016-12-01	清远市饮用水源水质保护条例	制定
123	2016-12-01	新疆维吾尔自治区环境保护条例	第二次修订
124	2016-12-02	张家界市城镇绿化条例	制定
125	2016-12-02	无锡市实施《江苏省大气污染防治条例》办法	制定
126	2016-12-02	连云港市海洋牧场管理条例	制定
127	2016-12-02	镇江市饮用水源地保护条例	制定
128	2016-12-02	盐城市扬尘污染防治条例	制定
129	2016-12-02	银川市城市生活垃圾分类管理条例	制定
130	2016-12-02	福州市湿地保护管理办法	制定
131	2016-12-02	河北省发展循环经济条例	制定
132	2016-12-05	自贡市集中式饮用水水源地保护条例	制定
133	2016-12-05	石家庄市大气污染防治条例	第一次修订
134	2016-12-06	南充市城市园林绿化条例	制定
135	2016-12-06	巴中市城市饮用水水源保护条例	制定
136	2016-12-06	云浮市农村生活垃圾管理条例	制定
137	2016-12-06	三门峡市城市环境卫生管理条例	制定

序号	颁布时间	名称	成果类型
138	2016-12-07	湛江市湖光岩景区保护管理条例	制定
139	2016-12-08	山西省环境保护条例	第一次修订
140	2016-12-08	黔南布依族苗族自治州樟江流域保护条例	制定
141	2016-12-08	山西省永久性生态公益林保护条例	制定
142	2016-12-08	宜昌市城区重点绿地保护条例	制定
143	2016-12-12	舟山市国家级海洋特别保护区管理条例	制定
144	2016-12-12	湘西土家族苗族自治州白云山国家级自然保护区条例	制定
145	2016-12-12	恩施土家族苗族自治州酉水河保护条例	制定
146	2016-12-15	柳州市莲花山保护条例	制定
147	2016-12-15	唐山市城市绿化管理条例	第一次修订
148	2016-12-15	焦作市北山生态环境保护条例	制定
149	2016-12-15	茂名市高州水库水质保护条例	制定
150	2016-12-16	铜陵市城市绿化条例	制定
151	2016-12-16	淮南市机动车排放污染防治条例	制定
152	2016-12-16	蚌埠市城镇绿化条例	制定
153	2016-12-19	黄冈市饮用水水源地保护条例	制定
154	2016-12-19	哈尔滨市城市排水与污水处理条例	制定
155	2016-12-22	金华市水环境保护条例	制定
156	2016-12-22	乌海市海勃湾生态涵养区保护条例	制定
157	2016-12-26	哈尔滨市重点污染物排放总量控制条例	制定
158	2016-12-28	咸宁市地热资源保护条例	制定
159	2016-12-28	鄂尔多斯市环境保护条例	制定

二、2016 年地方性环保法规成果考查

2016 年地方性环境法规成果不仅包括大气、河道、河沙、土地、湿地、海岛等涉及具体环境要素的立法，也包括一些有特色的、与环境保护相关的地方立法，例如环境教育法。

（一）以环境要素和保护对象为标准对地方性环保法规的考查

2016 年度，我国共制定和修改综合性地方性环保法规 12 部，有关污染防治的地方性环保法规 33 部，有关自然资源保护的地方性环保法规 59 部，有关生态保护的地方性环保法规 32 部，有关环境退化防治的地方性环保法规 4 部，有关环境保护手段的地方性环保法规 19 部。在有关污染防治的地方性环保法规中，涉及大气污染防治的有 18 部，涉及固体废物污染防治的有 7 部，涉及水污染防治的有 4 部，涉及土壤污染和放射性污染防治分别有 1 部，涉及污染物和污染源管理的有 2 部。在有关自然资源保护的地方环保法规中，涉及水资源的有 33 部，涉及能源资源的有 8 部，涉及渔业资源的有 6 部，涉及林地资源的有 4 部，涉及矿产资源的有 3 部，涉及海岛资源的有 2 部，涉及草地资源、海域资源、野生动植物资源的分别有 1 部。通过以上初步考查可以发现，污染防治和自然资源保护依然是地方环境立法的重点，而随着生态文明的理念渐入人心，关注生态保护和各环境要素在生态系统中相互作用的立法也逐渐增多。

（二）以立法主体级别为标准对地方性环保法规的考查

在本年度制定和修改的 159 部地方性法规中，除 15 部自治条例和单行条例外，其余地方性法规均由人大常委会制定或修改。144 部由各级人大常委会制定和修改的地方性法规，包括省级法规 62 部，经济特区法规 1 部，较大的市法规 33 部，较大的市以外的其他的市法规 48 部。

第二节　地方政府环保规章

2016 年制定和修改 26 部地方政府环保规章，其中新出台 16 部，修正 10 部。具体成果如下（见表 32）：

表 32　2016 年地方政府环保规章成果一览表

序号	颁布时间	名称	成果类型
1	2016-01-07	苏州市生活垃圾分类促进办法	制定
2	2016-01-07	西安市秦岭生态环境保护管理办法	制定

序号	颁布时间	名称	成果类型
3	2016-01-11	宁波市危险化学品道路运输安全管理规定	第一次修正
4	2016-01-29	淄博市餐厨废弃物管理办法	制定
5	2016-04-11	杭州市再生资源回收管理办法	第一次修正
6	2016-04-11	杭州市服务行业环境保护管理办法	第一次修正
7	2016-04-14	兰州市再生资源回收利用管理办法	第一次修正
8	2016-04-27	昆明市环滇池生态区保护规定	制定
9	2016-05-27	山东省林木种质资源保护办法	制定
10	2016-07-07	合肥市城市绿化管理条例实施细则	制定
11	2016-08-29	厦门市环境教育规定	制定
12	2016-09-05	上海市危险化学品安全管理办法	制定
13	2016-09-05	福州市机动车排气污染防治管理办法	制定
14	2016-09-09	大连市危险废物污染环境防治办法	制定
15	2016-09-22	福建省碳排放权交易管理暂行办法	制定
16	2016-09-26	广西壮族自治区海洋水产资源繁殖保护实施细则暂行规定	第三次修正
17	2016-09-26	广西壮族自治区气候资源开发利用和保护管理办法	第一次修正
18	2016-09-26	广西壮族自治区野生植物保护办法	第一次修正
19	2016-09-26	广西壮族自治区机动车排气污染防治办法	第一次修正
20	2016-11-25	福建省核电厂环境辐射防护办法	制定
21	2016-11-25	西安市秦岭生态环境保护管理办法	制定
22	2016-12-03	哈尔滨市餐饮业环境污染防治办法	第一次修正
23	2016-12-03	哈尔滨市废弃电器电子产品污染环境防治办法	第一次修正
24	2016-12-26	广西壮族自治区土地整治办法	制定
25	2016-12-26	兰州市市容环境卫生"门前三包"责任制管理办法	制定
26	2016-12-27	兰州市地质灾害防治管理办法	制定

从数量上看，与环境资源保护相关地方政府规章数量远少于地方性法规，但非首次制定的涉环境资源的地方政府规章比例，却远高于地方性法

规。这在一定程度上表明，地方政府对环境问题的重视程度尚有提升空间，同时地方政府对于涉环境与资源的地方政府规章制定上有较好的连贯性。

从内容上看，许多地方政府规章都立足解决当地的环境问题，有一些立法要超前于全国性的立法，例如《哈尔滨市废弃电器电子产品污染环境防治办法》《哈尔滨市餐饮业环境污染防治办法》《山东省林木种质资源保护办法》等。

值得注意的是，在前述成果中，厦门市以地方政府规章的形式制定了《厦门市环境教育规定》。即使从全国范围来看，这也是我国（包括中央立法和地方立法）为数不多的关于环境教育的立法。在此之前，全国仅有3部关于环境教育的立法，包括2部地方性法规和1部地方政府规章。其中，2部地方性法规分别是宁夏回族自治区于2011年12月1日制定的《宁夏回族自治区环境教育条例》，以及天津市于2012年9月11日制定的《天津市环境教育条例》。而1部地方政府规章，即南京市于2015年11月13日制定的《南京市环境教育促进办法》。从内容上看，《厦门市环境教育规定》共有6章31条，从学校环境教育、社会环境教育、环境教育保障等方面对环境教育进行了比较全面的规定。具体来看，该办法将"环境教育"规定为"通过多种形式，普及环境保护知识，提高环境保护技能，增强环境保护意识，树立正确生态文明价值观的教育活动"（第二条）。根据该办法的规定，市、区人民政府负责组织编制环境教育规划（第四条）；并由教育、民政、市政园林、海洋渔业、国土房产、水利等相关行政管理部门，在各自职责范围内具体组织实施环境教育工作；由镇人民政府、街道办事处采取多种形式，对辖区群众开展经常性环境教育；由工会、共青团、妇联以及其他社会团体进行协助（第六条）。尤其值得关注的是，该办法还规定："中学、小学和幼儿园应当将环境教育内容纳入教学计划。小学和初级中学学生每学年接受环境教育不得少于12学时，高级中学学生每学年接受环境教育不得少于8学时。其中环境实践教育环节不得少于4学时。"（第十条）较之此前的环境教育立法，《厦门市环境教育规定》不仅大大增加了学校环境教育的学时（此前的立法仅《天津市环境教育条例》规定了学校环境教育的学时，并且仅有4学时），同时还具体规定了环境教育的形式，包括课堂教学、主题班会、参加环境保护实践活动、参观环境教育基地等。

第 五 章

2016 年中国缔结和批准的国际条约

2016 年，我国缔结和批准的关于环境保护的国际条约共有三部，分别是《关于汞的水俣公约》（Minamata Convention on Mercury）、《斯德哥尔摩公约（修正案）》（The Stockholm Convention on Persistent Organic Pollutants/decision SC-6/13）和《联合国气候变化框架公约》下的《巴黎协定》（Paris Agreement）。

《关于汞的水俣公约》的目标是"保护人体健康和环境免受汞和汞化合物人为排放和释放的危害"[1]。我国为达成《关于汞的水俣公约》发挥了建设性引导作用，而且，环境保护部还继续协同各相关部委，积极推动无汞低汞技术的应用和推广，推动我国形成绿色发展方式和生活方式。[2]

2004 年 6 月 25 日，第十届全国人民代表大会常务委员会第十次会议决定：批准于 2001 年 5 月 22 日在斯德哥尔摩通过、同年 5 月 23 日中国政府签署的《关于持久性有机污染物的斯德哥尔摩公约》；同时声明，根据《关于持久性有机污染物的斯德哥尔摩公约》第 25 条第 4 款的规定，对附件 A、B 或者 C 的任何修正案，只有在中华人民共和国对该修正案交存了批准、接受、核准或者加入书之后方对中华人民共和国生效。第十二届全国人民代表大会常务委员会第二十一次会议于 2016 年 7 月 2 日作出决定，批准了

---

[1] 《关于汞的水俣公约》第一条。

[2] 参见寇江泽：《关于汞的水俣公约正式生效》，来源：（人民网）http://env.people.com.cn/n1/2017/0817/c1010-29476644.html，2017 年 8 月 29 日访问。

《〈关于持久性有机污染物的斯德哥尔摩公约〉新增列六溴环十二烷修正案》。

我国于《巴黎协定》签署后三个月即批准其生效，体现了我国积极履行国际公约义务、参与国际环境治理的负责任态度。《巴黎协定》有力地推进了国际气候治理进程；同时，在新的国际形势之下，尤其是在英国正式启动脱欧进程和特朗普新任美国总统后，其履约过程也面临着协定之内和协定之外的众多挑战和不确定性。

第一节　批准《关于汞的水俣公约》

2013 年 10 月，国际社会就具有全球法律约束力的《关于汞的水俣公约》达成一致，中国成为首批签约国。第十二届全国人民代表大会常务委员会第二十次会议于 2016 年 4 月 28 日通过《全国人民代表大会常务委员会关于批准〈关于汞的水俣公约〉的决定》，决定批准 2013 年 10 月 10 日由中华人民共和国政府代表在日本熊本签署的《关于汞的水俣公约》（以下简称《水俣公约》）。2017 年 8 月 16 日，环保部、外交部、发展改革委等十余部门联合发布了《〈关于汞的水俣公约〉生效公告》（公告 2017 年第 38 号），《水俣公约》在中国等缔约方正式生效。

《水俣公约》就汞的具体限排范围作出了详细规定，以减少汞对环境和人类健康造成的损害。根据《〈关于汞的水俣公约〉生效公告》，自 2017 年 8 月 16 日起，禁止开采新的原生汞矿，各地国土资源主管部门停止颁发新的汞矿勘查许可证和采矿许可证。2032 年 8 月 16 日起，全面禁止原生汞矿开采。①

一、《水俣公约》制定的背景和主要过程

汞，俗称水银，元素符号 Hg，在化学元素周期表中位于第 6 周期、第 ⅡB 族，是常温常压下唯一以液态存在的金属。汞广泛存在于自然环境中，一旦释放到空气、土壤和水源中，极难被清除、具有持久性，是种在全球范

---

①　参见高敬、洪伟杰：《〈关于汞的水俣公约〉8 月 16 日正式生效我国将多举措减少汞污染》，来源（新华网）：http://www.xinhuanet.com/politics/2017-08/16/c_1121492811.htm，2017 年 10 月 5 日访问。

围产生影响的重金属。汞释放到环境中有两种方式，一是通过岩石的风化及人类活动释放，人类活动包括工业、采矿、森林砍伐、废弃物燃烧和矿物燃料的燃烧等；二是从许多添汞产品中释放，这些产品包括牙科汞合金、电器（例如开关、荧光灯）、实验室和医疗设备（例如气压计、体温计）、电池、美白霜等。汞对人体健康和环境造成巨大的危害，比如影响胎儿神经系统的发育、损害大脑和神经系统、导致成人的心脏疾病等。①

《水俣公约》是联合国主持下制定的一部关于防治汞污染的全球性国际公约。截止在日本熊本通过并开放签字，《水俣公约》的制定大致经历了六个阶段，总共进行了五轮政府间谈判。②

（一）第一阶段：联合国环境规划署成立不限名额工作组

2007年2月，联合国环境规划署第24届理事会在肯尼亚内罗毕召开。与会代表讨论了汞排放的问题，会上通过了一项决定，成立不限名额工作组。工作组由政府和利益相关方代表组成。该决定目的是，评估控制汞排放的志愿措施和缔结新的国际法律文书，以解决汞问题带来的全球性挑战。

（二）第二阶段：不限名额工作组提出关于汞的三个不同的解决方案

关于汞的不限名额工作组于2007年在泰国曼谷和2008年在肯尼亚内罗毕召开了两次会议。在这两次会议上，各国代表提出了三个不同的解决汞问题的国际合作方案：一是缔结一项独立的国际法律文书；二是缔结一项从属于现有国际公约的议定书，譬如从属于《关于可持久有机污染物的斯德哥尔摩公约》的议定书；三是制定一个控制汞排放的国际行动计划，采取志愿措施控制汞污染。③

（三）第三阶段：成立政府间谈判委员会

2009年2月，第25届联合国环境规划署理事会暨全球部长级环境论坛在肯尼亚首都内罗毕召开。在这次会议上，各国对不限名额工作组提出的三个不同方案进行了讨论，决定在继续推动环境署业已开展的"全球汞伙伴关系方案"的同时，成立一个政府间谈判委员会。该委员会需要在2010年至

---

① 参见王夔主编：《生命科学中的微量元素》，中国计量出版社1996年版，第886—887页。

② 关于《关于汞的水俣公约》制定的大致经过，主要参考环保人俱乐部栏目编辑组：《汞文书制定历程》，载《环境经济》2015年第Z1期。

③ 参见李玉锋孙阳昭：《别人有什么？我们缺什么？》，载《中国环境报》2012年7月17日第4版。

2013 年三年时间内，谈判制订一项关于全球汞问题的具有法律约束力的文件。此外，会议要求政府间谈判委员会针对各类汞排放源，研究汞排放的现状及发展趋势，分析和评估替代、控制技术，以及措施的成本效益等。

（四）第四阶段：政府间谈判委员会五轮会议

2010 年 6 月 7 日至 11 日，汞文书政府间谈判委员会第一次会议在瑞典斯德哥尔摩举行。各国代表就汞文书的主要组成部分交换了意见，主要包括公约的目标和结构，能力建设、技术和资金机制，公约执行机制，汞的供应、需求和贸易，汞废物和储存，汞的大气排放，公众意识的提高和信息交流。会议要求秘书处根据这次会议的讨论，起草一份具有法律约束力的文件，以便递交第二次谈判委员会会议进行讨论。①

2011 年 1 月 24 日至 28 日，汞文书政府间谈判委员会第二次会议在日本千叶举行。各国代表根据秘书处起草的文件，继续讨论关于汞的国际公约可能的主要组成部分。本次会议对这个文件进行了第一轮谈判，并要求秘书处根据这次谈判的结果起草一个新的谈判文案。

2011 年 10 月 31 日至 11 月 4 日，关于汞的国际公约政府间谈判委员会第三次会议在肯尼亚首都内罗毕举行。各国代表对秘书处起草的文件草案文本，再次进行了深入的审议，提出了各种不同的方案，并要求秘书处根据这次会议谈判的结果编写一个新的文书草案。

2012 年 6 月 27 日至 7 月 2 日，关于汞的国际公约政府间谈判委员会第四次会议在乌拉圭的特拉斯角城举行。本次会议上，代表们对第三次会议讨论过的文件草案进行了进一步谈判。关于汞的储存、废弃物和污染的场地的条款谈判取得了较大进展，有关信息和报告条款的分歧有所缩小。但在一些主要问题上，包括履约机制、资金和技术转让以及产品和工艺的控制措施三个方面，依然存在着较大分歧。会议要求谈判委员会主席根据这次会议的谈判情况，就有分歧的条款提出可能的折中方案，提交下次会议进一步谈判。

2013 年 1 月 13 日至 19 日，关于汞的国际公约政府间谈判委员会第五次会议在瑞士日内瓦召开。代表们根据谈判委员会主席准备的方案，就几

---

① 《全球具有法律约束力的汞文书简介》，来源：（中国限控汞行动网）http：//www.mepfeco.org.cn/ywly/gjly/gong/，2017 年 2 月 9 日访问。

个复杂的政策和技术问题进行了谈判。这些问题包括：汞的大气排放和向水体、土壤的释放汞的健康影响，以及添汞产品和工艺的淘汰和减少的日期。但是，在序言、资金和履约机制这三部分条款存在着比较大的分歧。在会议的最后一天，代表们就这三方面的文本达成了妥协，取得了一致意见。因此，这次会议最后完成了《水俣公约》的谈判。①

（五）第五阶段：最终通过并开放签字

2013年10月11日至13日，《水俣公约》外交大会在日本熊本市召开。《水俣公约》在这次大会上得到通过并开放签字。公约的重点领域包括：禁止新的汞矿的开发，淘汰现有的汞矿，大气排放的控制措施，以及对于添汞产品和工艺的淘汰和控制。

中国政府代表团参加了此次外交大会，代表团由环境保护部、外交部、工信部等单位派出人员组成。中国签署了《水俣公约》，并在大会上发言。中国表示，中国政府签署《水俣公约》标志着中国的政治承诺，虽然在未来汞的履约方面将面临巨大压力，中国将以签约为契机与国际社会共同努力，采取更加严格有效的控制措施和手段减少汞的生产、使用和排放。同时，中国还呼吁发达国家为发展中国家积极提供资金和技术，支持发展中国家做好前期履约准备工作，以推动各国批约，同时应在今后履约中为发展中国家提供资金和技术援助，以帮助广大发展中国家切实实现《水俣公约》的目标。

中国代表团在达成《水俣公约》的五次政府间谈判中积极主动，在重点议题谈判上发挥了积极建设性作用，为《水俣公约》的成功达成作出了重要贡献，得到了各方高度评价。②

（六）第六阶段：后续的实施和进展

2014年11月3日至7日，汞文书政府间谈判委员会第六次会议在泰国曼谷举行。会议讨论的主要问题包括财务机制、豁免、监测汞供应和贸易的技术指南、报告、缔约方大会的议事规则等。全球环境基金首席执行官在会上宣布，在CEF第六次增资中已决定安排1.41亿美元用于《水俣公约》下的项目。会议还同意建立一个财务问题特别专家工作组，工作组的任务是确

---

① 参见郝小溪：《汞污染，危害有多大?》，载《人民日报》2013年4月20日第10版。

② 参见《中国代表团出席〈关于汞的水俣公约〉外交全权代表大会并签署公约》，载《中国环境报》2013年10月14日第1版。

定具体国际项目，帮助发展中国家争取所需要的资金。会议还就贸易通知格式、豁免登记格式和秘书处保留的豁免登记簿格式取得了一致意见。会议在报告和缔约方大会的议事规则两个议题下没有取得实质性的进展。

二、《水俣公约》的谈判重点

2013 年 1 月，各国代表在日内瓦完成了《水俣公约》的谈判。在几年的谈判过程中，各国代表主要就九个方面的问题展开讨论。

（一）《水俣公约》目标

谈判过程中，特别是对于添汞产品和工艺是控制、减少还是淘汰，各方有不同的看法。一些国家代表团强调，应当给予缔约方决定其优先措施的自主权。特别是一些发展中国家提出他们的特殊需要和发展权，强调共同但有区别的责任的原则。还有一些代表团表示，由于汞对人体健康和环境造成很大危害，《水俣公约》应当有更宏大的目标，不能类同于业已存在的联合国环境署全球汞伙伴方案。

最后，大家同意《水俣公约》的目标是"保护人体健康和环境免受汞和汞化合物人为排放和释放的危害"①。对于添汞产品和工艺是控制、减少还是淘汰应根据具体情况在每一条款中做出不同的规定。

（二）资金问题

发展中国家强调，根据共同但有区别的责任原则，为更好地保证发展中国家履行《水俣公约》义务，发达国家应当向发展中国家提供所需的新的和额外的资金。他们提出，建立一个类似《蒙特利尔议定书》多边基金的独立的资金机制。发达国家反对建立任何新的独立的资金机制，主张利用现有的资金机制。

最后，各国同意确立一个提供充足的、可预测的和及时的财政资源的机制。这一机制旨在支持发展中国家缔约方和经济转型缔约方履行其依照《公约》承担的各项义务。该机制包括：（一）全球环境基金（GEF）信托基金；（二）一项旨在支持能力建设和技术援助的专门国际方案。《水俣公约》强调，全球环境基金信托基金应当提供新的、可预测的、充足的和及时的财

---

① 《关于汞的水俣公约》第一条。

政资源，用于支付为执行缔约方大会所商定的、旨在支持《公约》的执行工作而涉及的费用。① 《水俣公约》中关于资金的条款，基本上满足了发展中国家的要求。

（三）技术转让和能力建设

发展中国家在谈判过程中一直坚持，发达国家要向它们提供技术和能力，包括控制和淘汰添汞产品和工艺的技术和能力。开始谈判阶段，发达国家对此并不持积极支持态度。

最后通过的《水俣公约》在这两个问题上达成了如下协议：缔约方应协同合作在其各自的能力范围内，向发展中国家缔约方，尤其是最不发达国家或小岛屿发展中国家缔约方以及经济转型缔约方，提供及时和适宜的能力建设和技术援助，以协助它们履行《水俣公约》所规定的各项义务；发达国家缔约方和其他缔约方，在其能力范围内，酌情在私营部门及其他相关利益攸关方的支持下，应向发展中国家缔约方，尤其是最不发达国家和小岛屿发展中国家以及经济转型缔约方，推动和促进最新的环境无害化替代技术的开发、转让、普及和获取，以增强它们有效执行《水俣公约》的能力。②

（四）原生汞矿开采活动

一些国家主张禁止原生汞矿的开采，并尽早关闭现有的原生汞矿。中国和吉尔吉斯斯坦是全球两个仅有的进行原生汞矿开采的国家，因此对此问题特别关注。中国主张针对汞的消费，而不是供应处理这个问题。巴基斯坦支持中国的立场，认为发展中国家现在还不能禁止汞的供应。吉尔吉斯斯坦表示，汞矿为其两万人提供就业，现在关闭汞矿有很大困难。

最后各国达成了如下协议：每一缔约方均不得允许进行《水俣公约》对其生效之际未在其领土范围内进行的原生汞矿开采活动；每一缔约方应只允许《水俣公约》对其生效之际业已在其领土范围内进行的原生汞矿开采活动自《水俣公约》对其生效之日后继续进行最多15年。在此期间，源自此种开采活动的汞应当仅用按照《水俣公约》规定的方式生产添汞产品，采用《水俣公约》规定的生产工艺，按《水俣公约》规定的方式对汞进行处置，

---

① 参见《关于汞的水俣公约》第十三条第七款。
② 参见《关于汞的水俣公约》第十四条第一款。

而且所采用的作业方式不得导致汞的回收、再循环、再生、直接再使用或用于其他替代用途。

（五）大气排放问题

大气排放，特别是矿物燃料的燃烧引起的大气排放，一直是谈判过程中争论的一个重要问题。一些国家主张规定具有法律约束力的强制性措施，确定汞大气排放的限值。主席案文中原来列入了一个附件，规定了不同点源的汞或汞化合物的排放限值。中国和印度等国主张采用自愿措施，反对确定排放限值。

最后，各国同意推迟限值的确定工作，待以后条件成熟时再予以考虑。通过的《水俣公约》规定，拥有相关大气排放源的缔约方应当控制汞的排放，并制订一项国家计划，设定为控制排放而采取的各项措施及其预计指标、目标和成果。对于新排放源，每一缔约方均应要求在实际情况允许时尽快、但最迟应自《水俣公约》开始对其生效之日起五年内使用最佳可得技术和最佳实用技术，以控制并于可行时减少排放。①

（六）汞齐法采金与加工业造成的污染问题

采用汞齐法从矿石中提取黄金的手工和小规模采金与加工业是造成汞污染的一个重要来源。一些国家主张《水俣公约》规定强制性措施；另一些国家主张采用自愿措施，例如制订国家行动计划；还有的主张两种措施相结合，减少和淘汰这一行业中汞的使用和排放。

最后通过的《水俣公约》规定，其领土范围内存在这种手工和小规模采金与加工活动的每一缔约方均应采取措施，减少并在可行情况下消除此类开采与加工活动中汞和汞化合物的使用及其汞向环境中的排放和释放。《水俣公约》附件要求有关缔约国制订并实施一项国家行动计划，包括国家目标和减排指标，并要求采取行动停止下列活动：整体矿石汞齐化；露天焚烧汞合金或经过加工的汞合金；在居民区焚烧汞合金；以及在没有首先去除汞的情况下，对添加了汞的沉积物、矿石或尾矿石进行氰化物沥滤。《水俣公约》要求有关缔约国制定实施国家行动计划的时间表。《水俣公约》还要求缔约方推动研究可持续的无汞替代方法，以及利用现行的信息交流机制推广知

---

① 参见《关于汞的水俣公约》第八条第三款。

识、最佳环境实践，以及在环境上、技术上、社会上和经济上切实可行的替代技术。①

（七）关于添汞产品和使用汞的生产工艺的控制和淘汰问题

对添汞产品和工艺的控制方面，代表们同意用列表的方式来控制添汞产品的生产和工艺的使用。但是究竟采用哪种列表方式，代表们意见不一致。一种方式叫作肯定列表法（positive list），就是表中只列出主要的添汞产品和工艺的控制措施和淘汰日期。还有一种叫否定列表法（negative list），规定禁止所有的添汞产品和工艺的用途，只列出允许存在的特殊用途的产品。美国、中国、澳大利亚和新西兰等国主张采用肯定列表法；欧盟、挪威和菲律宾等主张否定列表法；拉美和加勒比集团等主张采用肯定和否定混合列表法。

通过的《水俣公约》中包括附件。附件采用了肯定和否定混合的列表方式，规定了主要添汞产品的淘汰日期和控制规定，同时列出了六类允许存在的特殊用途的产品。该附件第一部分是一些只有危害没有利益的添汞产品，包括从紧凑型荧光灯到非电子测量仪器等一系列产品，决定到 2020 年予以淘汰而不是逐步减少。将这些产品列入到淘汰的清单中，将给人们发出一个关于这些产品危险性的重要信号。这样就可以推动这些产品的提前减少和淘汰。《水俣公约》规定，如果缔约方提出要求，可以给予两个每次五年的延缓期。附件 A 第二部分对牙科汞合金的控制措施作出了规定，没有规定淘汰日期。附件规定了使用汞和汞化合物的生产工艺的淘汰日期和控制规定，采用的是肯定列表法，该附件第一部分规定了氯碱生产和使用汞或汞化合物作为催化剂的乙醛生产分别于 2025 年和 2018 年淘汰；第二部分对氯乙烯单体的生产，甲醇钠、甲醇钾、乙醇钠或乙醇钾以及使用含汞催化剂进行的聚氨酯生产的控制措施作出了规定。由于汞的用途非常广泛，有形形色色的添汞产品以及各类使用汞和汞化合物的生产工艺，对此，选择控制还是淘汰，采用强制性措施还是自愿措施，在谈判中有很多争论。对此，通过的《水俣公约》根据具体情况在每条款中做出了不同的规定。

---

① 参见《关于汞的水俣公约》第七条。

（八）含汞化合物硫柳汞问题

硫柳汞是一种含汞的有机化合物，长期以来一直被广泛用于疫苗的防腐剂等多种用途。世界卫生组织反映，汞在疫苗中使用量比较少，比较安全，防疫中必须要使用，反对将此列入《水俣公约》加以控制。一些民间组织认为，硫柳汞是含汞的产品，对人体健康是有害的，应当加以禁止。后来经过广泛的谈判，最后这一化合物没有列入《水俣公约》中加以控制。

（九）牙科汞合金问题

牙科汞合金的问题争论较大，甚至在牙科行业也有不同的意见。一些组织指出，含汞的材料用来补牙存在很大的危险性，应予淘汰。还有一些组织认为，用于补牙的汞合金对于治疗蛀牙等牙齿疾病发挥了很大的作用，应当允许它的存在。另外，对于有没有替代品也有不同的看法。在这种情况下，各国最后同意按照《斯德哥尔摩公约》中控制 DDT 的做法，也就是说，是控制而不是完全禁止牙科汞合金的使用。据此，《水俣公约》附件 A 第二部分规定了九项减少牙科汞合金使用的措施。

最后，各国决定成立一个履行与遵约委员会，作为《水俣公约》缔约方大会的一个附属机构，其任务是对公约的履行与遵守情况进行审议，并向缔约方大会提出建议。

《水俣公约》是一个关于化学品的国际法文件，它与《巴塞尔公约》《鹿特丹公约》和《斯德哥尔摩公约》三公约同属化学品和危险废物法律体系。2013 年 4 月底 5 月初，在日内瓦举行的三公约缔约方大会第二次同期特别会议上，代表们提出了要将《水俣公约》纳入已经开始的化学品和危险废物公约的协调增效过程。《水俣公约》是 2012 年召开的"里约 +20 峰会"以后国际社会通过的第一个多边环境协议，对于控制全球汞污染保护人体健康和环境，具有十分重要的积极意义。①

---

① 参见夏堃堡：《汞文书谈判，协议是怎样达成的？——关于汞的水俣公约的谈判》，载《环境经济》2015 年 Z1 期。

第二节 批准《关于持久性有机污染物的斯德哥尔摩公约》修正案

《关于持久性有机污染物的斯德哥尔摩公约》（英文名称为"The Stockholm Convention on Persistent Organic Pollutants"，以下简称《斯德哥尔摩公约》），是国际化学品污染防治领域的一项重要法律文件。《斯德哥尔摩公约》于 2001 年 5 月 22 日在瑞典斯德哥尔摩通过，并于 2004 年 5 月 17 日生效。2004 年 6 月 25 日，十届全国人大常委会第十次会议决定批准该文件。自 2004 年 11 月 11 日起，《斯德哥尔摩公约》对中国生效。

2013 年 5 月 10 日，《斯德哥尔摩公约》缔约方大会第六次会议通过了一项旨在新增持久性有机污染物名录的决议（decision SC-6/13），决定修正《斯德哥尔摩公约》附件 A 的第一部分，增加六溴环十二烷为新的受管制的持续性有机污染物。根据该决议的规定，六溴环十二烷的特定豁免仅限于：依据附件 A 第七部分规定的"登记簿中所列缔约方被允许的生产"以及"用于建筑物中的发泡聚苯乙烯和挤塑聚苯乙烯的使用"。

第十二届全国人民代表大会常务委员会第二十一次会议于 2016 年 7 月 2 日作出决定，批准了《〈关于持久性有机污染物的斯德哥尔摩公约〉新增列六溴环十二烷修正案》。

第三节 缔结和批准《巴黎协定》

2016 年 9 月 3 日，根据《全国人民代表大会常务委员会关于批准〈巴黎协定〉的决定》，第十二届全国人民代表大会常务委员会第二十二次会议决定，批准 2016 年 4 月 22 日由中华人民共和国代表在美国纽约签署的《巴黎协定》。

《巴黎协定》是《联合国气候变化框架公约》（United Nations Framework Convention on Climate Change）的第二份有法律约束力的协议。同时，它也是继《京都议定书》（Kyoto Protocol）后第二份有法律约束力的协议。2015 年 12 月 12 日，《联合国气候变化框架公约》近 200 个缔约方在巴黎气候变化大会上一致同意通过了《巴黎协定》。根据规定，《巴黎协定》将在不少于55个缔约方（合计温室气体排放量占全球温室气体排放量至少约55%）交存批准、接受、核准或加入文书之日后的第30天起生效。《巴黎协定》于2016年4月22日开放签署，170多个国家的领导人在纽约联合国总部共同签署了气候变化问题《巴黎协定》。国务院副总理张高丽作为习近平主席特使出席了签署仪式，并代表中华人民共和国签署了《巴黎协定》。《巴黎协定》是全球环境治理的重要里程碑，也是国际社会在应对气候变化的艰难进程中迈出的重要一步，标志着全球环境治理从此进入履约阶段。[①]

一、《巴黎协定》的法律目标

《巴黎协定》共29条，包括法律目标、减缓、适应、损失损害、资金、技术、能力建设、透明度、全球盘点等具体内容。其中，作为全球环境治理的"硬指标"，《巴黎协定》第二条明确规定："联系可持续发展和消除贫困的努力，加强气候变化威胁的全球应对，包括：（一）把全球平均气温升幅控制在工业化前水平以上低于2℃之内，并且努力将气温升幅限制在工业化前水平以上1.5℃之内，同时，认识到这将大大减少气候变化的风险和影响；（二）提高适应气候变化不利影响的能力，并以不威胁粮食生产的方式增强气候复原力和温室气体低排放发展；并（三）使资金流动符合温室气体低排放和气候适应型发展的路径。"同时，第二条也明确并重申了应对气候变化的原则，即"体现公平以及共同但有区别的责任和各自能力，考虑不同国情"。

从人类发展的角度看，《巴黎协定》通过提出约束性制度将世界所有国家都纳入了呵护地球生态、确保人类发展的命运共同体当中。协定涉及的各项内容摈弃了"零和博弈"的狭隘思维，体现出与会各方多一点共享、多一点担当，实现互惠共赢的强烈愿望。[②]

---

① 参见王瑜贺、张海滨：《国外学术界对〈巴黎协定〉的评价及履约前景分析》，载《中国人口·资源环境》2017年第9期。

② 参见王龙云：《〈巴黎协定〉助力全球绿色经济》，载《经济参考报》2015年12月14日第1版。

二、《巴黎协定》的主要特点

从总体上看，《巴黎协定》具有以下三个方面的特点：

第一，非对抗性和非惩罚性。《巴黎协定》的非对抗性、非惩罚性体现在减排义务主体的变化和遵约机制之上。在《巴黎协定》中，发达国家和发展中国家均为减排义务主体，最大程度地消除了《京都议定书》下发达国家和发展中国家之间关于强制减排义务的矛盾。此外，目前《巴黎协定》并未对没有完成减排目标是否惩罚以及如何惩罚作出规定，同时协定第十五条规定该机制将"采取透明、非对抗、非惩罚性的方式"，以促进协定的履行。因此在目前看来，《巴黎协定》的非强制履约机制有利于获得各缔约方的通过与支持。

第二，开放性。《巴黎协定》的开放性一方面表现在以"国家自主贡献"方案为核心的治理机制。马拉喀什气候大会的会议文件中指出：我们并不相信"通用型"体系构建原则具有实用性。应当注意到，一个部门的体系的构建与当地的意愿、主动性密切相关。一些地区喜欢以选民为基础的组织，另一些地区则更看重跨部门和多方利益主体的管理。这段话表明《巴黎协定》缔约方清楚地认识到《巴黎协定》下的全球气候治理体系并没有"一刀切"的构建原则，而应当依据不同地区、措施的实际情况来选择，将各缔约国气候行动的选择权交还给了缔约国自己。因此，"巴黎体系"给予了各缔约方充分的自主权，即由各缔约方提交自己的"国家自主贡献"方案，自行安排本国的减排政策、减排措施。

此外，"巴黎体系"的开放性还表现为：气候治理不仅是一个或几个国家能解决的，需要的是从国家层面到普通百姓的共同努力。气候问题因为其本身的特殊性质和负外部性，使得全球气候治理体系的参与主体不论是在地理范围、参与人数还是在主体类型上都非常引人瞩目。在《巴黎协定》的全球气候治理体系中包括了国际组织、主权国家、非政府组织甚至跨国公司等行为主体。

第三，透明性。"巴黎体系"包括众多气候治理行动，为了保障这些正在进行中的气候治理行动没有脱离目标和为了更确切地了解全球气候治理的进程，增加透明度是确保《巴黎协定》实现温度目标必不可少的手段。一方面，《巴黎协定》多次提出各缔约国提供的信息应满足透明度的要求。例如其第七条第五款提出：适应行动应当遵循一种国家驱动、注重性别问题、参与型和充分透明的方法。第九条第七款指出：发达国家缔约方应按照作为本协定缔约方会议的《公约》缔约方会议第一届会议根据第十三款的规定通过的模式、程序和指南，就通过公共干预措施向发展中国家提供和调动支助的情况，每两年提供透明一致的信息。另一方面，《巴黎协定》构建了一个关于行动和支助的强化透明度框架。这个透明度框架旨在明确和追踪各国在实现各自的国家自主贡献和适应行动方面所取得的进展，以便为全球盘点提供参考。透明度框架的设置，实质上是为了取代《京都议定书》中的监测、报告和核查（MRV）制度。同时，透明度框架在核查内容上，不仅包括传统的对减排的核查，还将发达国家向发展中国家提供的资金援助、技术转让等内容纳入核查范围。①

---

① 参见钟静仪：《〈巴黎协定〉的特点分析》，载《法治博览》2017 年第 15 期。

Ⅲ 环境执法篇

2016 年，我国以改善环境质量为核心，以解决环境领域突出问题为重点，认真落实《"十三五"生态环境保护规划》，按照党中央、国务院关于生态文明建设和环境保护的一系列决策部署，积极推进环境执法建设。本年度，全国各级环保部门认真履行职责，着力改善环境质量；环境保护部继续强化地方党委政府和有关部门环境保护责任，推动落实企业的排污守法责任，同时对重点工作实施清单管理并加强督查督办，促使各项工作高效推进。此外，各级环保部门还大力开展在大气污染、水污染、土壤污染防治等方面的环境执法工作，积极推进环境执法制度创新。

据统计，仅在 2016 年上半年，我国环境保护主管部门就在落实地方党委政府环境保护责任、案件查处、清理整顿违法违规建设项目、落实《中华人民共和国环境保护法》配套办法等四个方面积极作为。在落实地方党委政府环境保护责任方面，全国已有 11 省份建立了环境保护"党政同责""一岗双责"制度，8 个省出台了"党政领导干部生态环境损害责任追究实施细则"。在案件查处方面，环境保护部组织地方各级环保部门进一步加大环境执法力度。其中，环境保护部组织查处污染源自动监控弄虚作假案例 8 起，私设暗管偷排偷放案件 3 起，机动车尾气排放弄虚作假案件 2 起，环境影响评价资质弄虚作假案件16起，共拘留22人。地方各级环保部门先后查处、曝光了一批涉嫌偷排偷放、超标排放的典型违法案件。在清理整顿违法违规建设项目方面，截至2016年7月底，全国32个省（区、市、兵团）共排查发现违法违规建设项目62.4万个，按照"三个一批"的要求，已完成清理整顿任务19.1万个，约占总数的31%。其中淘汰关闭类7.2万个，已完成80%；整顿规范类30.8万个，已完成21%；完善备案类24.4万个，已完成28%。除西藏外，各省（区、市、兵团）均已按要求在省级环保部门网站公开了违法违规建设项目排查清理情况。在落实《中华人民共和国环境保护法》四个配套办法方面，2016年上半年，地方各级环保部门共实施按日连续处罚案件307件，罚款数额达26447.62万元；实施查封扣押案件2942件；实施限产停产案件1202件；移送行政拘留1291起；涉嫌犯罪移送公安机关案件840起。与2015年上半年相比，按日计罚案件数量上升6%，适用查封扣押案件数量上升62%，适用限产停产案件数量上升10%，移送拘留案件数量上升65%，移送涉嫌环境污染犯罪案件数量上升14%。①

综合来看，2016年我国环境执法在环境执法政策、环境执法专项行动、环境违法案件督办、环境违法行为查处、环境保护督察等方面展开了大量工作。据统计，2016年我国出台环境执法文件共计934部，其中地方政府规范性文件占据总量的近百分之八十。这些执法文件的出台，在为环境执法提供具体依据的同时，展现了各级环保部门履行环境保护职责的积极态度。其次，在环境执法专项行动方面，环境保护部对涉及大气污染、水污染的一批案件进行了专项执法，严厉查处危害我国居民生产生活的污染问题。其中，积极落实长江经济带大保护工作，开展了沿江饮用水水源地环保执法专项行动，完成对11省（市）126个地级以上城市全部319个集中式饮用水水源保护区划定。同时，着力化解钢铁煤炭行业过剩产能，促进供给侧结构性改革、支持钢铁煤炭行业化解过剩产能，对钢铁、煤炭等行业开展专项执法检查，累计罚款几千万元。再次，加强对环境违法事件、行为的督办和查处。挂牌督办作为环境保护部环境执法的重要手段，能够有效地控制企业环境污

---

① 参见《环境保护部发布2016年上半年环境执法情况》，来源：（环境保护部部网）http://www.zhb.gov.cn/gkml/hbb/qt/201608/t20160824_362769.htm，2017年10月20日访问。注：截至本报告撰写时，2016年下半年环境执法情况仍未发布。

染行为，有利于打破地方保护主义，对其他污染破坏环境的企业产生了强大的威慑作用。2016 年，环境保护部共计对 24 个案件进行了挂牌督办，有力地督促了地方政府和相关部门积极履行环境保护责任。此外，环境保护部还对 18 起环境违法案件进行了行政处罚，其中多是涉及核安全问题。再次，环境保护督察巡视制度是本年度的一项环保制度创举，开创了环境保护工作的新局面。这项制度具有强大的威慑力，从 2016 年初河北试点到第一批对内蒙古等 8 个省（区）中央环保督察完成，再到 2016 年末第二轮督察工作启动并于 2017 年初结束对北京、上海等 7 个省（市）的督察，环保督察正在逐渐发展成为督促地方党政机关履行环境保护责任的一项重要举措。据统计，本年度全国共有 21 个省（区、市）党委政府出台省级环保督察方案，20 多个省（市、区）成立环保督察机构，河北、山西、安徽、福建、四川、贵州、新疆等省（区）已启动对地市党委政府的督察工作。目前，环保督察已逐渐形成了中央和省级两级督察体制。①

除上述成就外，我国在环境信息公开方面也成绩斐然。本年度，我国环境保护部以改善环境质量为核心，以公众关心的环境问题为重点，大力推进环境信息公开，拓展公开平台，开通"环保部发布"微博、微信，加强信息发布、政策解读，及时回应公众关切，进一步增强公开工作的时效性、权威性和针对性，努力满足公众环境知情权、参与权、监督权和表达权需要。②

---

① 参见陈吉宁：《用环境质量改善增强人民群众获得感以优异成绩迎接党的十九大胜利召开——在 2017 年全国环境保护工作会议上的讲话》。

② 参见《环境保护部 2016 年度政府信息公开工作报告》，来源：（环境保护部网）http://www.zhb. gov.cn/gkml/hbb/bgg/201703/W020170526412551421731.pdf，2017 年 9 月 15 日访问。

第 六 章

2016 年环境执法政策

  2016 年我国在环境执法政策方面成绩显著，共发布 1409 部规范性文件。其中，环境保护部、国土资源部、农业部、水利部、工业和信息化部、住房和城乡建设部、科技部、交通运输部、财政部、国家发改委、国家林业局、国家文物局、中国气象局、国家质检总局等中央政府部门，共发布环境执法政策 202 部；全国（不含港澳台）31 个省、自治区、直辖市的地级及地级以上政府和政府部门，共发布通知、意见、批复、函等环境执法政策 1207 部，包括省级政府和政府部门发布环境执法政策 445 部，市级政府和政府部门发布环境执法政策 762 部（较大的市政府和政府部门发布环境执法政策 279 部，其他地级市政府和政府部门发布环境执法政策 483 部）。从文件类型上看，在中央层面，属于环境保护综合类的文件有 4 部，属于环境保护事务类的文件有 102 部，属于环境保护手段类的文件有 96 部；在地方层面，属于环境保护综合类的文件有 71 部，属于环境保护事务类的文件有 770 部，属于环境保护手段类的文件有 366 部。数量庞大的环境执法政策，体现了我国环境保护有关机关履职尽责的情况，同时不断检验我国环境法律法规的实际运行。[1]

---

  [1] 关于环境法的学理分类，请参见徐祥民主编：《中国环境法制建设发展报告》（2010 年卷），人民出版社 2013 年版，第二章。本部分参照环境法的学理分类，对 2016 年我国中央和地方发布的环境执法政策进行了分类系统考查。

第一节　中央政府部门环境执法政策

2016 年，我国中央政府部门为执行环境法律法规发布了大量执法政策，共 202 部。其中，属于一个部门独立发布的文件有 160 部，属于两个部门联合发布的文件有 23 部，属于三个及三个以上部门联合发布的文件有 19 部。属于一个部门独立发布的文件中，环境保护部发文 57 部，国土资源部发文 11 部，水利部发文 1 部，农业部发文 17 部，发改委发文 5 部，财政部发文 3 部，住建部发文 9 部，工信部发文 2 部，交通部发文 2 部，国家林业局发文 30 部，国家海洋局发文 4 部，国家能源局发文 11 部。作为环境保护主要职能部门的环境保护部的发文数量，约占全部独立发文文件数量的 35.6%。此外从文件类别上看，在中央政府部门发布的环境执法政策中，属于环境保护手段类和自然资源保护类的文件数量尤其众多（分别有 96 部和 56 部），合计约占全部发文数量的 75.2%（见附录三：2016 年中央政府部门环境执法政策发布情况一览表）。

一、中央政府部门环境保护事务类执法政策

进一步分类考查中央政府部门发布的属于环境保护事务类的执法政策可以发现，自然资源保护类文件数量最多，共有 56 部；其后分别是林地资源类文件 11 部，渔业资源类文件 8 部，污染物与污染源管理类文件 7 部。进一步细分考查发现，各类文件均类型多样，涉及领域广泛。以污染防治类文件为例，这类文件具体涉及水污染、海洋污染、固体废物污染、噪声污染、放射性污染、污染物与污染源。又比如在自然资源保护类文件中，具体涉及野生动植物资源、渔业资源、土地资源、矿产资源、能源资源等。

二、中央政府部门环境保护手段类执法政策

本年度，中央政府部门共发布属于环境保护手段类的执法政策 96 部，内容涉及环境规划、环境信息、环境监测、环境标准、环境许可（含排污权交易）、环境影响评价、清洁生产与循环经济、城市绿化与市容管理。其中，环境标准类文件数量最多，有 22 部。具体情况见附件五：2016 年中央政府

部门环境保护手段类执法政策一览表。

第二节　地方政府和政府部门环境执法政策

2016 年，地方政府和政府部门环境执法政策成果显著。全国（不含港澳台）31 个省、自治区、直辖市的地级及地级以上政府和政府部门，共发布通知、意见、批复、函等环境执法政策 1207 部。从数量上看，属于环境保护事务类的执法政策最多，共有 770 部，约占全部文件数量的 64%。从效力级别上看，省级政府和政府部门发布文件 445 部，地级市政府和政府部门发布文件 762 部（其中较大的市政府和政府部门发布的文件有 279 部，其他地级市政府和政府部门发布的文件有 483 部）。这些环境执法政策数量庞大且类型多样，名称各异，包括通知、通报、通告、办法、汇报、意见、函等等（见附录四：2016 年地方政府和政府部门环境执法政策发布情况一览表）。

一、地方政府和政府部门环境保护综合类执法政策

2016 年，地方政府和政府部门共发布环境保护综合类执法政策 71 部，内容主要涉及绿色发展、生态文明、气候变化以及环境行政处罚、环境保护管理体制等其他环保综合性事项。值得注意的是，部分综合类执法政策属于地方党委和政府共同发布的文件，这显示了各地区对环境保护工作的重视。总体而言，相比中央发布的综合类执法政策，地方发布的综合类执法政策数量、类型均更多。

二、地方政府和政府部门环境保护事务类执法政策

本年度，在地方政府和政府部门发布的环境执法政策中，环境保护事务类数量最多，共有 770 部。其中，属于污染防治类的文件有 456 部，约占 59%；属于自然资源保护类的文件有 222 部，约占 29%；属于生态保护类的文件有 67 部，约占 9%；属于环境退化防治类的文件有 25 部，约占 3%。根据统计结果可以推知，目前污染防治工作是我国环境执法的重要内容。进一步考查发现，在污染防治类文件中，关于大气污染防治和水污染防治的文件数量排在前两位，分别有 209 部和 140 部。

三、地方政府和政府部门环境保护手段类执法政策

本年度，地方政府和政府部门共发布属于环境保护手段类的执法政策366部。其中，环境规划类文件数量最多，有89部；其次是环境监测类和城市绿化与市容管理类文件，分别有73部和68部。值得注意的是，与中央政府部门发布的环境保护手段类执法政策相比，地方政府和政府部门发布的环境保护手段类的执法政策还包括环境税、环境诉讼等类别。这在一定程度上显示了地方环境执法政策内容多样。

第 七 章

2016 年环境执法专项行动

　　2016 年全年，环保部进行了 7 次环境执法专项行动，主要集中在水源、大气、煤炭和钢铁这三个领域。据统计，2016 年全国 338 个地级及以上城市中，重度及以上污染天数比例 2.6%。虽然全国范围内大气质量持续转好，但是河南、北京、河北、山东优良天数比例不到 60%，山西、江西、安徽、陕西等省份优良天数不增反减，山西、陕西 PM2.5 浓度不降反升。[①] 因此，本年度环保部着重对大气实施了四次环境执法专项行动，并且主要集中在京津冀地区；作为我国煤炭重要产地的山西，也成为此次大气环境执法专项行动的重点区域。值得注意的是，我国不少地区空气质量问题的突出原因是煤炭开采焚烧和钢铁冶炼，在这些高污染、高消耗的工业活动中产生的污染气体直排大气，所以环保部也针对煤炭和钢铁行业展开了两次专项执法行动。以上六项环境执法专项行动表明，本年度的大气环境质量不仅是全国人民最为关注的焦点，也是环保部门的重点工作领域。此外，在饮用水水源地水质方面，全国地表水劣 V 类水质比例为 8.6%，水质改善不平衡，部分水体趋于恶化，饮用水水源地劣 V 类水主要分布在海河、黄河和长江流域。[②] 为了保护将长江作为饮用水水源地的居民的饮水安全并改善长江流域的生态环

---

　　① 参见《国务院关于 2016 年度环境状况和环境保护目标完成情况与研究处理环境保护执法检查报告及审议意见情况的报告》。

　　② 参见《国务院关于 2016 年度环境状况和环境保护目标完成情况与研究处理环境保护执法检查报告及审议意见情况的报告》。

境，环保部对长江流域饮用水水源地展开了一次专项执法。

第一节　大气环境执法专项行动

大气污染是指人类生产、生活活动向大气排出各种污染物，其含量超过大气承载能力，致使大气质量恶化，破坏生态和影响人们的工作、生活、健康和设备财产的现象。自从 2013 年开始，全国许多地区频频出现严重的雾霾天气，尤其是工业区集中的京津冀地区，成为了雾霾严重的典型区域。[①] 因此，2016 年我国环境保护部门展开了 4 次涉及大气环境执法的专项行动，主要集中在北京、天津、河北、山西四个地区，其中北京和河北是大气污染整治的重点对象。在对这些地区的大气环境执法中，可以发现：汽车尾气不达标，土小企业滥排，钢铁、煤炭和焦化企业违规超标排放，部分行业、企业环境整治落后，相关部门面源管控不到位是大气污染的主要原因；同时，自然原因如扩散条件以及风向也会加剧大气环境污染。

一、北京市重污染天气应急响应的专项督查

2016 年 10 月 16 日，华北环保督查中心派出督查组对北京市海淀、丰台、门头沟、通州、房山、大兴等地重污染天气应急响应情况开展专项督查。16 日上午 10 时，实地抽查发现各类违规工地 10 余家，以及道路扬尘、小锅炉污染、垃圾焚烧等点位 10 余处。督查发现的主要问题有：一是部分工地未按要求实施停工，部分地区扬尘污染没有得到有效控制；二是机动车污染比较严重，北京市机动车保有量大、使用强度高，重型柴油车和车龄较长轻型汽车的污染问题比较突出；三是焚烧及散煤污染仍有发生。

针对应急预案普遍存在的执行不到位的问题，环境保护部进一步加大对京津冀重污染天气应急预案各项具体措施落实情况的督查督办，对措施不落实的地方政府，依法约谈和问责有关负责人，确保各项应急措施执行到位。环境保护部加强对重型柴油车的监督检查，推进黄标车和老旧车淘汰，加快国六排放标准研究制定；督促京津冀地区为出租车辆更换三元催化器，

---

① 参见徐祥民主编：《环境与资源保护法学》，科学出版社 2013 年版，第 72 页。

加强路查路检，严格处罚超标排放车辆，重点查处超标重型柴油车；推进北京市加快制定实施京六油品标准，研究外地过境车辆绕行北京措施。[①]

二、河北省重点城市专项执法检查

2016 年 10 月 25 日，环保部派出了 6 个督查组对河北省石家庄、廊坊、保定、唐山、邯郸、邢台等重点城市开展专项执法检查，并对部分国控污染源在线监控数据超标情况进行现场核实。督查发现以下三方面问题：一是部分钢铁、焦化企业违法排污问题突出；二是部分行业环境整治滞后，污染较重；三是个别"土小"企业群环境问题突出。环境保护部责成地方环保部门，对上述问题进行查处整改。同时，继续关注京津冀及周边地区空气质量情况，持续开展督查，督促各地做好大气污染防治和重污染天气应对工作，对违法排放行为及时曝光，加重处罚。[②]

三、京津冀重点城市空气治理专项督查

2016 年 11 月 13 日，京津冀中南部扩散条件不利，受较弱的偏南风影响，京津冀区域北部以良至轻度污染为主，山东东部以轻至中度污染为主，京津冀中南部、山西中南部、山东西部和河南北部地区以中至重度污染为主，首要污染物为 PM2.5。受冷空气影响，京津冀区域污染自北向南逐步缓解，北部以良至轻度污染为主，中南部以轻至中度污染为主，局部地区可能出现短时重度污染，首要污染物为 PM2.5。自 2016 年 10 月 1 日至 11 月 13 日，石家庄是京津冀区域内污染最为严重的城市，PM2.5 浓度均值比第二重的城市（保定）高出 18% 左右，比区域 13 个城市的平均值高出近 60%。

据此，环境保护督察办公室会同应急中心、华北督查中心，派出 3 个督查组对河北省石家庄、沧州、衡水等 3 个重点地市开展专项督查，重点督查地方政府应急预案落实情况，有关部门应急公开开展情况，重点企业达标排放及减排落实情况。督查中发现以下四个问题：一是部分企业应急减排措施

---

① 参见《环境保护部通报对北京市重污染天气应急响应的专项督查情况》，来源：（环境保护部网）http://www.zhb.gov.cn/gkml/hbb/qt/201610/t20161016_365564.htm，2017 年 6 月 3 日访问。

② 参见《环境保护部开展专项执法检查》，来源：（求是网）http://www.qstheory.cn/zoology/2016-10/26/c_1119791813.htm，2017 年 6 月 3 日访问。

落实不到位；二是部分企业违法排放问题仍较突出；三是土小企业污染问题仍有所见；四是面源管控不到位情况较为普遍。①

四、太原市、临汾市和唐山市污染天气应急响应情况专项督查

2016 年 11 月 24 日至 26 日，受不利气象条件影响，京津冀区域、山西南部出现重污染天气过程。河北、山西省部分城市连续 2 天达到重度污染，个别城市一定时段内达到严重污染。

为推动各地积极应对本次重污染天气，环保部派出督查组对山西省太原、临汾市和河北省唐山市应急响应情况开展专项督查。据了解，山西省大气污染防治工作领导组办公室印发了《山西省应对重污染天气调度令实施办法（试行）》，并于 25 日向太原、临汾市政府发出"1 号调度令"，对太原和临汾两市的重点行业工业企业、施工工地、燃煤锅炉和机动车等实施调控措施。河北省在落实"1 号调度令"的基础上，发布大气污染防治 2 号调度令，对污染严重的城市采取管控措施。

环境保护部督查组在检查中发现，一些城市存在重污染天气应急响应措施落实不到位的情况。如山西省临汾市，启动污染预警级别明显偏低，启动时间滞后，应急响应措施明显不足。10 月 1 日至 11 月 25 日，临汾市 PM2.5 和 SO_2 平均浓度与 2015 年同期相比分别上升 45.9%、209%。特别是 11 月以来，2 日至 5 日连续 4 天重度及以上污染，未启动预警也未采取任何减排措施；16 日至 21 日连续 6 天重度及以上污染，其间多个监测站点多天出现 AQI 爆表，有的监测站点持续 AQI 爆表高达 6 个小时，按照京津冀及周边地区统一的重污染天气应急响应标准，临汾市应启动红色预警，但仅启动了黄色预警，在环境保护部督查组督促下才在 18 日至 20 日启动了橙色预警。由于重污染天气应对措施不力，导致空气质量污染严重，11 月 1 日至 25 日，京津冀及周边地区 70 个城市中，临汾市空气质量综合质量指数位于倒数第一名，其中 PM2.5 平均浓度位于倒数第 1，PM10 平均浓度位于倒数第 2，SO_2 平均浓度位于倒数第 2。

---

① 参见《环境保护部通报 13—15 日空气质量情况——对京津冀重点城市开展专项督查》，来源：（环境保护部网）http://www.mep.gov.cn/gkml/hbb/qt/201611/t20161113_367387.htm，2017 年 6 月 3 日访问。

此轮环境保护部派出督查组，现场检查中发现了一些突出问题：一是部分焦化企业提标改造进展较慢，存在超标排放情况；二是部分钢铁、焦化企业无组织排放严重，"跑冒滴漏"问题突出，临汾市山西光大焦化气源有限公司焦炉出焦时，烟粉尘无组织排放比较严重；三是面源污染管控不到位。

此外，督查组其他地方督导检查中发现，山西省太原市现有焦化企业13家，其中有6家未完成达标治理，已经超出山西省要求的10月底前完成达标治理的期限。河北省唐山市在对重点行业实行错峰停产的要求下，仍有一些企业未贯彻落实工作要求。唐山达丰焦化有限公司焦炉烟气尚未配备脱硫脱硝治理措施，焦炉烟囱在线监测数据显示 SO_2 和 NOx 均超标排放。唐山市滦县利丰铸造有限公司高炉上料口无组织排放十分严重，厂区大量原料未苫盖，道路积尘明显。河北荣信钢铁有限公司原料和产品堆场均未苫盖，扬尘无组织排放严重。滦县金马工业有限公司200平方米烧结机烟气仍有拖尾现象，且烟囱雨现象严重；脱硫塔底部有开孔，大量气体外逸。唐山市滦县茨榆坨镇迁唐线中国石油第五十一加油站东北侧，有大体量砂石料堆未苫盖。

环境保护部责成上述地方环保部门对上述问题进行整改，督促各地做好重污染天气应对工作。①

第二节　长江经济带饮用水水源地环境执法专项行动

长江经济带覆盖上海、江苏、浙江、安徽、江西、湖北、湖南、重庆、四川、云南、贵州等11省市，横跨我国东中西三大区域，面积约205万平方公里，人口和生产总值均超过全国的40%，具有独特优势和巨大发展潜力。② 但长江作为这6亿人口的"母亲河"却长期面临巨大的水环境危机。有统计表明，仅"十二五"期间，在环保部调查处理的突发环境事件中，涉及长江经济带九省二市的就多达316起，约占全国突发环境事件总数的

---

① 参见《环境保护部督查河北、山西重污染天气应对情况临汾11月以来多次达到重度污染级别》，来源：（环境保护部网）http://www.mep.gov.cn/gkml/hbb/qt/201611/t20161126_368265.htm，2017年6月3日访问。

② 参见《国务院关于依托黄金水道推动长江经济带发展的指导意见》（国发〔2014〕39号）。

42%；而在 12 起重大突发环境事件中，有 10 起涉及饮用水污染，其中 3 起事件还造成了跨省界污染。①

2016 年，长江经济带发生涉及饮用水污染的重大突发环境事件 1 起。为解决该问题，环保部启动了长江经济带饮用水水源地环境保护执法专项行动。该行动力度大、覆盖面广，共涉及上海、江苏、浙江、安徽、江西、湖北、湖南、重庆、四川、云南、贵州共 11 地。

一、依据与背景

本年度开展的长江经济带饮用水水源地环境保护执法专项行动，是在贯彻党中央、国务院关于长江经济带"共抓大保护、不搞大开发"的决策部署，深入落实习近平总书记重要指示精神的大背景下启动的。环保部按照《长江经济带发展规划纲要》《水污染防治行动计划》《关于依托黄金水道推动长江经济带发展的指导意见》等文件要求，专门印发了《关于开展长江经济带饮用水水源地环境保护执法专项行动（2016—2017 年）的通知》，部署并安排此次专项行动。

二、主要工作

此次专项行动主要开展以下三个方面的工作：一是检查集中式饮用水水源地保护制度落实情况，包括饮用水水源保护区是否依法划定，在保护区边界是否依法设立地理界标和警示标志；二是清理饮用水水源一级保护区内的违法问题；三是清理饮用水水源二级保护区内的违法问题。环境保护部计划用两年左右的时间，即在 2017 年底前，基本完成长江经济带所有地级及以上城市集中式饮用水水源地的排查整治任务，进一步提高长江经济带饮用水水质安全保障水平。

三、责任落实

此次专项执法行动旨在落实以下责任：一是强化落实地方政府环境保护主体责任。地级及以上城市人民政府应按照新修订的《环境保护法》和《水

---

① 参见刘晓星：《风险重重饮水安否？》，载《中国环境报》2016 年 11 月 7 日第 03 版。

污染防治法》等法律法规要求，加强集中式饮用水水源地保护工作，完成饮用水水源保护区划定和保护区内排污口、违法建设项目的清理整治工作。二是强化落实省级环保部门监督管理责任。省级环保部门按照专项行动工作方案要求，加强对地方政府清理整治工作的督促、指导和检查，对工作推动不力、问题整改不到位的，采取通报批评、挂牌督办、公开约谈等措施，加强督办和问责。环境保护部采取联合执法、区域执法、交叉执法等方式，并运用无人机、卫星遥感巡查等技术手段，加强对各地排查整治工作的督查。

四、信息公开和公众参与

信息公开和群众参与成为了此次行动的重要组成部分，被放在突出位置。地方人民政府及其相关部门通过当地主要媒体和政府网站，向社会公开饮用水水源地保护信息，包括水质状况、主要问题、整改方案等情况；定期通报排查整治工作进展和成效，主动接受社会监督；集中宣传饮用水水源地保护工作，组织媒体和群众参加执法检查，公开曝光违法案件。①

第三节 钢铁、煤炭环境执法专项行动

2016 年，环境保护部从排污费征收、全面落实环境保护方面对钢铁和煤炭行业开展了两次比较全面的环境执法专项行动。我国不少地区大气污染的主要产生原因之一就是钢铁冶炼以及煤炭开采加工产生的大量有害气体的直接排入。由于我国的能源资源具有"富煤、贫油、少气"这一主要特点，煤炭在一次能源供应中占据着主导地位，无论是钢铁冶炼还是发电、供暖，我国工业对煤炭具有很强的依赖，所以严重破坏大气环境的高污染、高耗能、高排放的煤炭产业短期内依然难以被淘汰。虽然钢铁产业和煤炭产业作为重工业中较为落后的产业，二者的产能过剩问题早在 2015 年就极为突出，但是许多企业受困于资金成本问题和技术落后问题，在这两个产业的转型升级上面临巨大挑战。因此，严格执行《大气污染防治法》和《环境空气

---

① 参见《环境保护部启动长江经济带饮用水水源地环境保护执法专项行动》，来源：(环境保护部网) http://www.zhb.gov.cn/gkml/hbb/qt/201605/t20160527_352215.htm，2017 年 6 月 3 日访问。

质量标准》，并充分运用环境规划制度、"三同时"制度、环境经济制度以及环境监测制度等各种环境保护制度，依然是现阶段保护大气环境的主要法律手段。

一、钢铁、煤炭行业排污费征收专项稽查工作

为贯彻 2016 年《政府工作报告》中关于运用经济、法律、技术、环保、质量、安全等手段，严格控制新增产能，坚决淘汰落后产能的有关精神，落实《关于支持钢铁煤炭行业化解过剩产能实现脱困发展的意见》（环大气〔2016〕47 号）和《关于印发 2016 年环监局重点工作事项及任务分工的通知》（环监发〔2016〕8 号）的要求，根据《排污费征收工作稽查办法》（原国家环保总局令第 42 号）的规定，环保部发布了《开展钢铁、煤炭行业排污费征收专项稽查工作的通知》（环办环监函〔2016〕927 号），促进钢铁、煤炭行业环境污染防治的规范化管理。

2015 年度钢铁行业烧结、球团、焦化、炼铁、炼钢、轧钢过程中排放的二氧化硫、氮氧化物、粉尘、烟尘等污染物排污费征收，煤炭行业煤炭开采和洗选以及焦化过程中排放的二氧化硫、氮氧化物、粉尘、烟尘等污染物排污费征收情况是本次稽查重点。如本行政区域内没有上述企业的，可结合本行政区域监管重点选择其他行业开展排污费征收稽查。

此次稽查要求：1. 各省级环境监察机构认真组织开展钢铁、煤炭行业排污费征收专项稽查工作，成立专门工作小组，可邀请相关的专家和技术人员参与稽查工作。同时应加强内部协作，协调沟通监测、污防等内设机构，及时全面掌握排污单位相关信息。2. 各省级环境监察机构加强对下级环境监察机构排污费征收稽查工作的业务指导，重点是核算方法及稽查程序。针对下级环保部门"不会算"或相邻地区单位产品收费强度差异较大等情况，认真分析原因，加强业务培训，统一核算方法，并对单位产品收费强度偏差较大的地区重点开展稽查。对钢铁企业，在稽查过程中，要求企业全面安装主要污染物自动监控设施，督促下级环保部门依法依规核定排污费。3. 国家重点监控企业中的钢铁、煤炭行业污染物排放量按以下顺序核定计算：一是使用经有效性审核的污染源自动监控数据核定；二是暂不具备使用污染源自动监控数据核定的，按照监督性监测数据核定；三是不具备监督性监测条件的，

按照物料衡算方法核定。钢铁企业物料衡算可以采用环保部 2014 年印发的《钢铁企业大气污染物排放量核算方法》；煤炭行业结合系数法核算排污费。4. 稽查过程中，发现被稽查单位存在应当征收而未征收排污费，以及核定的排污量与实际的排污量明显不符的，应当对涉及的排污企业进行现场核查，收集相关证据，重新核定排污量、征收排污费。现场核查过程中应详细核对排污单位原料消耗量，能源消耗情况以及产品产量等企业基本生产情况，并根据企业污染治理设施运行情况准确计算各环节污染物排放量。5. 地方各级环境监察机构应当借助国家开展排污费征收专项稽查的契机，重新梳理、核算本行政区域内钢铁、煤炭企业排放污染物的种类、数量，切实提高排污费收缴率，确保做到应收尽收。

对稽查中发现下级环保部门在排污费征收过程中存在协商收费、定额收费以及违反排污费征收工作有关规定的其他问题时，上级环保部门应当按照《排污费征收工作稽查办法》的规定，责令限期改正，并督促整改到位。

稽查过程中发现排污单位存在谎报、瞒报排污申报数据的，上级环保部门应当按照《排污费征收工作稽查办法》的规定，责令追缴或直接责令排污者补缴排污费。

对环境保护主管部门工作人员违反国家规定批准减缴、免缴或者缓缴排污费或未将排污费依法缴入国库以及不履行排污费征收管理职责，情节严重的，依法给予行政处分；构成犯罪的，依法追究刑事责任。①

二、钢铁行业环境保护专项执法检查

为贯彻落实党中央、国务院关于推进结构性改革、抓好去产能任务部署，以及《国务院关于钢铁行业化解过剩产能实现脱困发展的意见》（国发〔2016〕6 号）的要求，积极发挥环境监管在钢铁行业化解过剩产能中的作用，2016 年 8 月 24 日至 2016 年 9 月 11 日，环境保护部组织各级环保部门在全国开展了钢铁行业环境保护专项执法检查。

2016 年 5 月 16 日，环境保护部印发了《关于开展重点行业环境保护专

---

① 参见《关于开展钢铁、煤炭行业排污费征收专项稽查工作的通知》，来源：（环境保护部网）http://www.zhb.gov.cn/gkml/hbb/bgth/201605/t20160526_346937.htm，2017 年 6 月 3 日访问。

项执法检查的通知》（环办环监函〔2016〕901号），把钢铁行业列入专项执法检查重点，组织各地对钢铁企业逐一进行梳理排查。2016年7月15日，环境保护部又再次印发《关于进一步强化钢铁行业环境保护专项执法检查的紧急通知》（环办环监函〔2016〕1315号），并对强化钢铁行业环境保护专项执法检查提出具体要求："自2016年7月18日起，各地对钢铁行业重点企业应做到每周检查一次，并及时填报检查信息；其他非重点钢铁企业的检查，仍按《重点行业检查通知》要求开展。"

8月24日至9月2日，环境保护部副部长赵英民带队对广东、江苏和浙江进行专项督查，审阅了三省有关化解过剩产能相关的文件、资料，并且与有关部门、企业进行交流座谈，实地查看8个地市共22家企业。

截至9月11日，全国各级环境保护部门共对1019家钢铁企业（含停产390家、在建5家）进行了现场检查，检查家次达5527次；发现173家企业存在环境违法行为（违反建设项目环保规定62家，超标排污35家，未有效控制粉尘等无组织排放25家，自动监控设施运行不正常5家，以逃避监管方式排放污染物等其他违法行为46家）。地方环境保护部门对存在环境违法行为的钢铁企业均进行了处理处罚，对23家企业实施限制生产，29家企业实施停产整治，2家企业实施停业关闭，3家企业责任人实施行政拘留，共计罚款1889.46万元。

根据《关于通报钢铁行业环境保护专项执法检查情况的函》披露，本次检查发现违反建设项目环境管理规定、超标排放、落后产能淘汰不彻底等问题相对比较突出。其中，部分钢铁企业仍不能实现污染物稳定达标排放；部分企业环境管理存在漏洞，生产比较粗放，原辅材料跑冒滴漏，粉尘无组织排放，原料和固体废物堆场无有效的防尘措施。[1]

---

[1] 参见《环境保护部组织在全国范围内开展钢铁行业环境保护专项执法检查》，来源：（环境保护部网）http://www.zhb.gov.cn/gkml/hbb/qt/201607/t20160725_361196.htm，2017年6月3日访问。

第 八 章

2016 年环境违法事件挂牌督办和
环境违法行为查处

　　2016 年环境保护部及其下属职能部门国家核安全局积极行使环保职责，对多地破坏环境的企业和个人进行了挂牌督办和行政处罚。所谓"挂牌督办"，通常指的是上级政府或上级政府的组成部门督促下级政府或下级政府的组成部门，在规定期限内依法对某些重大、紧急案件进行的执法活动。根据《环境违法案件挂牌督办管理办法》的定义，环境违法案件挂牌督办是指，"环境保护部对违反环境保护法律、法规，严重污染环境或造成重大社会影响的环境违法案件办理提出明确要求，公开督促省级环境保护部门办理，并向社会公开办理结果，接受公众监督的一种行政手段。"据统计，环境保护部本年度主要对 42 起环境违法行为进行了整治和查处，共对 24 家企业进行了挂牌督办，对 14 个企业和 4 个公民进行了环境违法的行政处罚。其中，环保部对 24 家企业进行的环境违法行为挂牌督办产生了良好的环境保护效果。综观这些挂牌督办案件，基本上全部涉及环境污染防治，其中的大气污染防治和水污染防治案件数量最多。从这些督办案件的案由来看，环境违法行为主要涉及违反环评、未批先建、超标排放、直排偷排、污染防治设施和节能环保设备不建或偷停、环保验收不合格、环境监测信息造假或不完善等问题。环保部的督办要求及其督办的机关也具有鲜明特点：除了要求环境违法企业认真落实督办要求，环保部还要求当地政府的环保职责部门履行保护环境的职责，查处违法行为；要求当地政府（地级市政府居多）履行环保部的督办要求，或请求地级市督促其所辖的县（和县级市）认真完成整改要求；要求当地环保部门协调、会同其他部门共同惩处环境违法行为。此外，加强执法，依法处罚，升级污染处理设施，建议跨界污染涉及的两地政府间建立规划及重大项目环评会商机制，制定改善区域环境质量总体方案等一系列具体细致的督办要求也很具特色。此次督办的对象绝大部分是大型私企，同时也涉及个别国有企业（如中石化）。

第一节　环境违法事件挂牌督办

2016年度，我国环境保护部对发生在四川、黑龙江、上海、安徽、湖南、江苏、山东、山西、江西、陕西、河北、广东、宁夏等13地的24起环境违法案件进行了挂牌督办（见表1）。通过对这24起挂牌督办的环境违法案件所涉及的环境污染类型进行分析，发现这些案件主要涉及大气污染、水体污染和固体废弃物污染，许多案件所涉及的环境要素是综合性的，其中主要涉及水污染的有12起，涉及大气污染的有7起，涉及固体废弃物污染的有3起，涉及其他类型的有2起。环境保护部挂牌督办环境违法案件，有利于督促地方政府相关部门时刻注重环境保护，对各级政府、企业乃至整个社会都具有较好的警示作用。

表1　2016年环境保护部挂牌督办环境违法案件一览表

编号	发文时间	文件名称	督办期限
1	2016-01-18	关于对四川省煤焦化集团有限公司等4起环境违法案挂牌督办的通知	2016年7月底前完成督办事项
2	2016-03-07	关于对黑龙江黑化集团有限公司环境违法案件挂牌督办的通知	2016年9月1日前完成督办事项
3	2016-04-11	关于对中国石化上海石油化工股份有限公司环境问题挂牌督办的通知	2017年4月底前完成督办事项（一）；2016年9月底前完成督办事项（二）和（三）。
4	2016-04-11	关于对安徽省芜湖市二水厂饮用水水源地环境违法问题挂牌督办的通知	2017年4月底前完成督办事项

编号	发文时间	文件名称	督办期限
5	2016-04-12	关于对湖南湘瑞健农牧有限公司等3家企业环境违法问题挂牌督办的通知	2016年6月底前完成督办事项
6	2016-04-15	关于对江苏、山东两省绣针河沿岸交界区域环境污染问题挂牌督办的通知	2016年9月底前完成督办事项
7	2016-04-21	关于对山西天脊潞安化工有限公司等3起环境违法案挂牌督办的通知	2016年10月底前完成督办事项
8	2016-05-10	关于对山东省寿光市固体废物环境管理问题挂牌督办的通知	2016年10月底前完成督办事项
9	2016-07-01	关于对马鞍山市玉江机械化工有限公司等3起环境违法案挂牌督办的通知	2016年12月底前完成督办事项
10	2016-07-12	关于对江西乐平工业园区（塔山园区）挂牌督办的通知	2016年12月底前完成督办事项
11	2016-07-13	关于对乾县西沟垃圾场环境问题联合挂牌督办的通知	2016年11月底前完成督办事项
12	2016-07-14	关于对龙口市尾矿库环境问题挂牌督办的通知	2016年12月底前完成督办事项
13	2016-07-18	关于对滨州市无棣县新海工业园区环境问题挂牌督办的通知	2016年10月1日前完成督办事项
14	2016-07-21	关于对涞水县尾矿库环境问题挂牌督办的通知	2016年12月底前完成督办事项
15	2016-08-24	关于对上海垃圾非法倾倒苏州太湖西山岛和南通江心沙农场两起案件联合挂牌督办的通知	
16	2016-09-13	关于对深圳市中恒华发科技有限公司环境问题挂牌督办的通知	2016年11月底前完成督办事项
17	2016-11-29	关于对宁夏精英鲁西化肥有限公司环境问题挂牌督办的通知	2017年11月20日前完成督办事项

一、对主要涉及水污染的环境违法案件的挂牌督办

（一）对四川省煤焦化集团有限公司环境违法案挂牌督办

基本情况：四川省煤焦化集团有限公司35万吨/年机焦改扩建项目未

批先建，2006 年建成投产；55 万吨 / 年焦化技术改造项目、焦炉煤气综合利用 5 万吨 / 年合成氨（20 万吨 / 年碳酸氢铵）项目及堆焦棚未批先建，且不符合严陵工业园区规划环评"现有焦化企业产能控制在 100 万吨 / 年不再扩大规模"的要求。焦化废水未按环评要求建设深度处理设施，超标排放。60 万吨 / 年焦化技改项目配套的地面除尘设施于 2015 年 8 月损坏且长期未修复；筛焦车间、堆焦棚等未建设有效的收尘设施，无组织排放严重。2015 年 6 月威远县环境保护局对该公司部分项目未批先建、污染防治设施擅自停运等违法行为处以 36 万元罚款，但至今尚未缴纳。

督办要求：督促当地人民政府按照《国务院办公厅关于加强环境监管执法的通知》（国办发〔2014〕56 号）要求，清理该公司违法违规建设项目。督促当地环保部门对该公司的环境违法行为依法处理处罚到位、执行到位，整改期间不得超标排污；逾期不执行处理处罚决定的，依法申请法院强制执行；涉嫌严重违法适用行政拘留的，依法移送公安机关。督促该公司完善各项环保设施，杜绝跑冒滴漏，提高内部环境管理水平。限 2016 年 7 月底前完成挂牌督办事项。

（二）对内江市甜郁纸业有限公司环境违法案挂牌督办

基本情况：内江市甜郁纸业有限公司于 2014 年被纳入淘汰落后产能计划并实施淘汰。2015 年 8 月擅自恢复生产，通过暗管向沱江直排制浆造纸废水，化学需氧量（COD）、色度、悬浮物超标严重。当地环保部门于 2015 年 10 月责令其停止违法行为，但该公司拒不执行。

督办要求：督促当地政府按照"断水断电、拆除设备、吊销执照、清除原料"的要求，依法彻底取缔该公司落后产能，防止取缔关闭企业死灰复燃。督促当地环保部门依法查处该公司违反建设项目环境保护管理规定、废水直排等环境违法问题。逾期不执行处理处罚决定的，依法申请法院强制执行；涉嫌严重违法适用行政拘留的，依法移送公安机关。限 2016 年 7 月底前完成挂牌督办事项。

（三）对安徽省芜湖市二水厂饮用水水源地环境违法问题挂牌督办

基本情况：安徽省芜湖市二水厂建于 1973 年，其取水口设在长江干流，日取水量约 25 万吨，饮用水水源一级保护区为取水口上游 500 米，下游 200 米，陆域延伸 200 米。中国石化销售有限公司安徽芜湖石油分公司于

1952 年在长江沿岸建设油轮码头一处，主要用于成品油装卸作业，年吞吐量约 30 万吨，该码头在安徽省芜湖市二水厂饮用水水源一级保护区范围内，位于取水口上游约 200 米处。安徽省环保厅多次督促芜湖市人民政府取缔饮用水水源保护区内历史遗留的违法建设项目，芜湖市人民政府未依法处理处罚，有关环境违法问题整改工作尚未完成。

督办要求：责令拆除或者关闭芜湖市二水厂饮用水水源保护区内历史遗留的违法建设项目，并做好后续工作，保障饮用水水源水质安全。限 2017 年 4 月底前完成挂牌督办事项。

（四）对湖南湘瑞健农牧有限公司等 3 家企业环境违法问题挂牌督办

基本情况：湖南湘瑞健农牧有限公司于 2011 年注册，长期未取得环境影响评价批复，部分超标废水经雨水管直接排入附近郝家垭水库，沼液生化处理系统未连续运行，恶臭明显；汉寿县华乐牧业发展有限公司污水处理设施临时开启，悬浮物、COD、氨氮和总磷超标；湖南金健乳业股份有限公司第七牧场位于饮用水水源保护区，未建设污染治理设施，污染物直排环境。

督办要求：督促常德市政府及相关部门依法查处 3 家企业环境违法问题，限期完成湖南金健乳业股份有限公司第七牧场搬迁工作。限 2016 年 6 月底前完成挂牌督办事项。

（五）对广东省云浮市宝利硫酸有限责任公司环境违法案挂牌督办

基本情况：云浮市宝利硫酸有限责任公司实际建设 2 条硫酸生产线与环评和验收批复不符；净化工段采取稀酸洗涤半封闭循环，不符合环评批复提出的酸洗涤封闭循环要求；1# 年产硫酸 7 万吨生产线属应淘汰的落后生产工艺；环境管理混乱，生产区域跑冒滴漏严重，厂区多处雨水沟 PH 值超标；硫酸雾无组织排放较重，厂内刺激性气味强烈；未按云浮市环保局要求按期安装废气在线监控设施。

督办要求：督促当地人民政府依法取缔该公司落后生产工艺和设备；督促当地环保部门严格执行建设项目环境保护管理规定，妥善处理建设项目监管中存在的问题，依法追究有关人员责任；对该公司的环境违法行为依法处理处罚到位并执行到位、督促整改到位，整改期间不得超标排污；涉嫌严重违法适用行政拘留的，依法移送公安机关。督促该公司完善各项环保设施，杜绝跑冒滴漏，提高内部环境管理水平。限 2016 年 10 月底前完成挂牌督办事项。

（六）对马鞍山市玉江机械化工有限公司环境违法案挂牌督办

基本情况：马鞍山市玉江机械化工有限公司未经环保审批，擅自建设 2-氨基 -4- 乙酰氨基苯甲醚生产线并投入生产，且采用铁粉还原工艺（属明令淘汰的落后工艺）生产。利用渗井排放高浓度酸性废液，污染物严重超标。2-4- 二氨基苯磺酸钠生产过程中产生的酸雾未经处理，直排环境。生活污水处理设施停运，生活污水直排。产生的废活性炭和部分母液残渣等危险废物混同燃煤投入锅炉燃烧。

督办要求：督促当地环保部门对该公司的环境违法行为依法处理处罚；涉及有关落后产能淘汰职责的，及时移送工业和信息化主管部门处理；涉嫌环境犯罪的，及时移送司法机关，追究责任人刑事责任。督促地方政府及时启动环境污染损害评估，并根据评估结果适时启动环保公益诉讼。限 2016 年 12 月底前完成督办事项。

（七）对德兴市德邦化工有限公司环境违法案挂牌督办

基本情况：德兴市德邦化工有限公司环评批复要求生产 3，4- 二氯苯胺时采用加氢还原工艺，实际建设铁粉还原工艺（属明令淘汰的落后工艺）。酸性废水外渗直排环境，污染物严重超标。水污染防治设施不正常运行，废水混入自来水稀释后处理，且好氧池无活性污泥。生产废水混入雨水沟排放，雨水排口污染物超标。利用上水装置排放循环冷却水，污染物超标。危险废物管理不规范，存在超期贮存、贮存场所建设不规范等问题。

督办要求：督促当地环保部门对该公司的环境违法行为依法处理处罚；涉及有关落后产能淘汰职责的，及时移送工业和信息化主管部门处理；涉嫌环境犯罪的，及时移送司法机关，追究责任人刑事责任。督促当地环保部门严格执行建设项目环境保护管理规定，妥善处理建设项目监管中存在的问题。督促地方政府及时启动环境污染损害评估，并根据评估结果适时启动环保公益诉讼。限 2016 年 12 月底前完成督办事项。

（八）对九江之江化工有限公司环境违法案挂牌督办

基本情况：九江之江化工有限公司自行监测数据弄虚作假，编造部分手工监测数据，信息公开的监测数据与手工监测原始数据不一致。生产废水收集不完善，厂区多处点位存在生产废水（污染物超标）漏排长江现象。

督办要求：督促当地环保部门对该公司的环境违法行为依法处理处罚；涉嫌严重违法适用行政拘留的，依法移送公安机关。督促该公司完善各项环保设施，杜绝跑冒滴漏，实施清污分流，提高内部环境管理水平。

（九）对龙口市尾矿库环境问题挂牌督办

基本情况：环保部调取尾矿库卫星图片，发现龙口市有尾矿库15座，但龙口市环境保护局只提供了11座尾矿库名单，有4座未提供，卫星图片显示未提供名单中的1座尾矿库有生产迹象。提供名单的11座尾矿库全部为金矿尾矿库，其中8座已闭库，3座正在使用的尾矿库存在尾矿水超标直接外排、尾矿库防扬散和防流失措施不完善等违法行为，以及回水池外溢等环境安全隐患。2016年6月20日，龙口市环境保护局已经就现场检查发现的环境违法行为下达了《责令改正违法行为决定书》和《行政处罚听证告知书》。

督办要求：请烟台市人民政府督促龙口市人民政府及有关部门做好以下工作。全面掌握行政区域内的尾矿库情况；督促有关企业按照环评要求完善运行期间尾矿库"三防"措施，杜绝尾矿水超标排放或者超总量排放，并按照《尾矿库环境风险评估技术导则》和《尾矿库环境应急预案编制指南》要求，对运行期间尾矿库开展环境风险评估、环境安全隐患排查治理，编制环境应急预案并按要求备案；进一步加大监督执法力度，严厉打击环境违法行为；编制龙口市人民政府尾矿库环境应急专项预案，做好应急准备工作，切实保障环境安全。限2016年12月底前完成督办事项。

（十）对滨州市无棣县新海工业园区环境问题挂牌督办

基本情况：滨州市无棣县新海工业园区存在以下环境问题：一是新海工业园区工业企业处于停产状态，污水处理厂低负荷运行，厂内暂存池、厂外水坑以及园区个别企业内污水存量较大、浓度较高且难以在短期内处理，存在环境风险隐患。二是新海工业园区未制定综合整改方案，在园区污水管道建设、污水处理厂工艺升级、园区企业预处理设施改造等方面难以有效统筹和衔接；且污水处理厂及相关各企业均未安装在线监测设施，难以对水质情况进行有效监控。环保部决定对滨州市无棣县新海工业园区环境问题挂牌督办。

督办要求：督促无棣县政府组织制定新海工业园区综合整改方案，加快管网建设，同时尽快妥善处置园区内暂存污水，严防发生次生环境问题；督促当地环保部门对该园区的环境问题依法处理处罚到位并执行到位、整改到位；督促地方环保部门加强日常监管，确保污染物达标排放。限2016年10月1日前完成督办事项。

（十一）对涞水县尾矿库环境问题挂牌督办

基本情况：涞水县南款村有4座尾矿库，分属涞水县金华隆矿业有限公司（1座，已停用，尾矿被运往砖厂生产水泥砖）和涞水县美亚选矿厂（3座，其中2座已闭库，1座正在使用），其中涞水县美亚选矿厂违反建设项目环境影响评价制度，属于未批先建项目，2016年6月22—23日，涞水县人民政府已对美亚选矿厂的厂房、电力设施和生产设备进行了拆除。现场检查发现，尾矿库存在防扬散、防流失措施不完善等环境违法行为，尾矿运输期间遗撒、企业关闭时未处置厂区内废水和尾矿库内及坝下回水池尾矿水等问题，并存在尾矿被雨水冲刷进入地表水体等环境安全隐患。

督办要求：请保定市人民政府督促涞水县人民政府及其有关部门做好以下工作：对金华隆矿业有限公司尾矿库防扬散和防流失措施不完善问题进行处罚，责令其完善"三防"措施；对美亚选矿厂厂区内的废水和尾矿库内及坝下回水池尾矿水进行科学处置，全面清理美亚选矿厂厂区对面尾矿库内尾砂，对清理后场地和美亚已闭库尾矿库进行生态恢复，完善美亚选矿厂正在使用尾矿库的"三防"措施；对4座尾矿库周边的土壤、地表水、地下水环境状况进行全面调查，对存在的环境污染进行治理；全面掌握行政区域内的尾矿库情况，督促有关企业按照环评要求完善运行期间尾矿库"三防"措施，杜绝尾矿水超标或者超总量排放，并按照《尾矿库环境风险评估技术导则》和《尾矿库环境应急预案编制指南》要求，对运行期间尾矿库开展环境风险评估、环境安全隐患排查治理，编制环境应急预案并按要求备案；进一步加大监督执法力度，严厉打击环境违法行为；编制涞水县人民政府尾矿库环境应急专项预案，做好应急准备工作，切实保障环境安全；统筹尾矿库安全生产和环境保护工作。限2016年12月底前完成督办事项。

（十二）对深圳市中恒华发科技有限公司环境问题挂牌督办

基本情况：2016年1月7日，深圳市中恒华发科技有限公司主动申请并注销了排污许可证。2016年1月8日，该公司要求光明新区城建局查处本厂区内的 8 家分租厂的无证排污行为。该公司以排污许可证已注销为由拒不处理其废水处理站内贮存的 3000 余吨电镀废水。地方环保部门对该公司出租排污许可证、无证排污（废气）、紧急情况下未启动应急预案、拒绝配合调查等违法行为和深圳市华永兴环保科技有限公司出租排污许可证的违法行为的行政处罚进展缓慢；对深圳市鸿岸电子科技有限公司、深圳市冠永线路板有限公司、深圳市易达信科技有限公司、深圳市康正鑫科技有限公司、深圳市明义电子有限公司、深圳市欧派克科技有限公司等 6 家分租厂的违法行为立案查处缓慢。

督办要求：一是督促深圳市人居环境委员会及当地环保部门加快上述环境违法案件的行政处罚进度，尽快对深圳市中恒华发科技有限公司等企业实施行政处罚；二是加快深圳市中恒华发公司现存 3000 余吨电镀废水妥善处置的推进工作，消除环境风险隐患；三是将深圳市中恒华发科技有限公司的环境违法问题通报广东省证监局，实施联合惩戒。限 2016 年 11 月底前完成督办事项。

二、对主要涉及大气污染的环境违法案件的挂牌督办

（一）对四川省川威集团有限公司下属成渝钒钛科技有限公司和内江市博威新宇化工有限公司环境违法案挂牌督办

基本情况：成渝钒钛科技有限公司钒资源综合利用项目于 2013 年投产，但未经竣工环保验收；其中 200 万吨／年球团生产装置未按环评要求建设脱硫设施。2015 年 5 月至 10 月，烧结机脱硫设施长期不正常运行，大部分烟气通过旁路排放。2015 年 7 月和 9 月，威远县环境保护局对该公司闲置污染治理设施违法问题分别处以罚款和按日连续处罚，共计 183 万元。

内江市博威新宇化工有限公司 100 万吨／年焦化节能改造工程项目于 2013 年投产，未经竣工环保验收。烟粉尘无组织排放、焦炉烟囱冒黑烟问题突出。部分焦炉煤气未经脱硫净化处理，直接利用后排放。

督办要求：督促当地人民政府按照《国务院办公厅关于加强环境监管执法的通知》（国办发〔2014〕56 号）要求，加快清理相关公司违法违规建设项目。督促当地环保部门对环境违法行为依法处理处罚到位并执行到位、督促整改到位，整改期间不得超标排污；逾期不执行处理处罚决定的，依法申

请法院强制执行；涉嫌严重违法适用行政拘留的，依法移送公安机关。督促川威集团有限公司组织对下属企业环境问题进行全面排查，加强内部环境管理，遵守建设项目环境保护管理规定，正常运行污染防治设施，保证污染物稳定达标排放。限2016年7月底前完成挂牌督办事项。

（二）对黑龙江黑化集团有限公司环境违法案件挂牌督办

基本情况：黑龙江黑化集团有限公司大气污染物超标排放，且长期未得到解决。

督办要求：督促当地环保部门对该企业的环境违法行为依法处理处罚到位并执行到位、整改到位；督促地方环保部门加强日常监管，确保污染物达标排放；涉嫌严重违法、适用行政拘留的，依法移送公安机关；协调省高级人民法院建立和完善环境违法案件行政处罚强制执行工作机制。限2016年9月1日前完成挂牌督办事项。

（三）对山西天脊潞安化工有限公司环境违法案挂牌督办

基本情况：山西天脊潞安化工有限公司焦炉煤气高效利用化学品项目（一期）于2014年12月投入生产，但未通过竣工环保验收，长期违法生产。烟气脱硫脱硝设施未建成，烟尘、二氧化硫及氮氧化物均超标排放。

督办要求：督促当地人民政府按照《国务院办公厅关于加强环境监管执法的通知》（国办发〔2014〕56号）要求，加快清理该公司违法建设项目。督促当地环保部门对环境违法行为依法处理处罚到位并执行到位、督促整改到位，整改期间不得超标排污；拒不改正的，依法实施按日连续处罚。限2016年10月底前完成挂牌督办事项。

（四）对山东光耀超薄玻璃有限公司环境违法案挂牌督办

基本情况：山东光耀超薄玻璃有限公司一期项目230吨/日薄玻璃生产线脱硝装置未投入运行，废气氮氧化物超标严重，未安装烟气在线监控设施。

督办要求：督促当地环保部门对该公司的环境违法行为依法处理处罚到位并执行到位、督促整改到位，整改期间不得超标排污；拒不改正的，依法实施按日连续处罚；涉嫌严重违法适用行政拘留的，依法移送公安机关。限2016年10月底前完成挂牌督办事项。

（五）对江西乐平工业园区（塔山园区）挂牌督办

基本情况：江西乐平工业园区（塔山园区）化工企业数量多，工艺较落后，部分企业未能按照环评批复要求建设废气收集和处理设施，部分企业废气收集和处理设施工艺落后，无组织排放严重，园区异味问题严重影响了周边群众的正常生活。部分企业自动监控设施无法稳定运行，无维护、校验记录及有效性审核标签。园区污水处理厂运行不稳定，进水、出水多次出现超标情况。

督办要求：制定完善的工业园区废气治理总体方案，建立"一企一档"，制定"一企一策"。按照《挥发性有机物（VOCs）污染防治技术政策》（环境保护部公告 2013 年第 31 号）要求，对园区所有化工企业开展挥发性有机物专项治理。督促园区企业按照环评要求建设有效的废气收集、处理设施，实现达标排放；加强自动监控设施管理，确保稳定运行。做好园区气象预报工作，从而尽快抓好企业错峰生产，以减少废气对城区及周边区域的环境影响。加强日常监管，确保园区污水处理厂稳定运行，同时加快园区污水处理厂提标改造进度，早日实现《城镇污水处理厂污染物排放标准》一级 B 排放要求的运行能力。进一步加大监督执法力度，严厉打击环境违法行为。加强环境监管能力建设，在园区内、园区边界、距离园区最近的环境敏感目标处，建设恶臭电子鼻在线监控、激光扫描等设施，建成智能化实时大气污染预防预警平台，同时建立应急联动机制，确保最短的时间内控制污染蔓延。加大信息公开力度，及时向社会公布园区恶臭监测和监管情况，督促企业按要求公开环境信息，接受公众监督。限 2016 年 12 月底前完成督办事项。

（六）对宁夏精英鲁西化肥有限公司环境问题挂牌督办

基本情况：宁夏精英鲁西化肥有限公司未履行环保手续，擅自设立磷石膏临时堆场堆存 80 万吨磷石膏。临时堆场防护措施不完善，存在扬尘污染。磷石膏减量化工程进度缓慢，存在严重环境安全隐患。

督办要求：督促银川市政府推进该企业的搬迁工作，落实磷石膏临时堆场环境安全风险评估，加快磷石膏减量化工程，完善防护措施，减少扬尘污染；督促当地环保部门对企业的环境问题依法进行处理处罚并督促企业执行到位、整改到位。同时，督促地方环保部门继续加强对该企业的日常监管。限 2017 年 11 月 20 日前完成督办事项。

（七）对江苏、山东两省绣针河沿岸交界区域环境污染问题挂牌督办

基本情况：1.江苏省连云港市镔鑫钢铁集团有限公司，现场检查发现该企业高炉出铁口收尘设施简陋、面积不足，粉尘难以有效收集，无组织排放较为严重。烧结机脱硫设施旁路监管不到位，虽装有流量计与温度计，但长期损坏，无法起到监管作用；现场检查时，旁路密封不严，有少量烟气未经脱硫从旁路直接排放。连云港纳百川建筑工程有限公司水泥搅拌站通过镔鑫钢铁集团有限公司厂区后面的废水排口，将未经处理的洗罐废水排放至绣针河。柘汪镇马站村生活污水未纳入城市管网，直排绣针河。2.山东省日照市日照三木冶金矿业有限公司热电厂建有2台12MW发电机组，采用炉内喷钙工艺。现场检查时发现，烟气自动监控颗粒物浓度数据在200—400mg/m³之间，属于超标排放；二氧化硫、氮氧化物烟气自动监控设施长期损坏；炉内喷钙脱硫系统临时开启。车庄镇产业园区内岚山锦河食品加工厂等水产品加工企业存在废水直排现象，化学需氧量（COD）、氨氮浓度超标。

督办要求：连云港和日照两市政府应加强沟通交流，共同建立规划及重大项目环评会商机制。督促赣榆区和岚山区政府在环境执法监管协调联动、联合监测、联合应急和投诉举报联查等方面建立工作机制。对上述企业环境违法问题依法处理处罚到位、执行到位、整改到位，整改期间不得超标排污；逾期不执行处理处罚决定的，依法申请法院强制执行；涉嫌严重违法适用行政拘留的，依法移送公安机关。加强城市污水管网建设，严禁生产、生活废水直排绣针河。限2016年9月底前完成督办事项。

三、对主要涉及固体废物污染的环境违法案件的挂牌督办

（一）关于对山东省寿光市固体废物环境管理问题挂牌督办

基本情况：寿光市建筑垃圾、农业生产废弃物产生量大，乱倾、乱倒现象普遍存在。建筑垃圾、农业生产废弃物的收集、贮存和处置工作尚未纳入环境综合监管体系，未得到有效治理。山东晨鸣纸业有限公司、寿光市龙昌生物科技有限公司、新龙电化集团有限公司等企业存在固体废物管理不规范、未落实环保"三同时"要求、违反环评制度等问题。

督办要求：督促寿光市政府制定改善区域环境质量的总体方案，建立起固体废物的全过程监管体系，健全住房城乡建设、环保、农业等相关部门联

合执法的环境综合监管体制，对历史遗留的固体废物开展全面综合治理，彻底消除固体废物污染环境的影响。深入开展土壤、地下水监测工作，科学评价环境质量改善状况。监督山东晨鸣纸业有限公司、寿光市龙昌生物科技有限公司、新龙电化集团有限公司等企业抓紧整改固体废物管理问题，限期完成整改任务。加大信息公开力度，及时公开寿光市环境质量状况，督促企业按要求做好环境信息公开，彻底消除对土壤、地下水的环境隐患。限2016年10月底前完成督办事项。

（二）对乾县西沟垃圾场环境问题联合挂牌督办

基本情况：乾县西沟垃圾场位于漠西社区漠谷沟，自20世纪80年代自然形成天然填埋场。近年来，因垃圾处理量不断增加，缺乏日常运行管理，环境整治不到位问题突出，异味防治措施不完善，严重影响周边居民生活。

督办要求：落实相关部门责任，妥善处置西沟垃圾场环境问题，切实改善周边人居环境。一是全面停用西沟垃圾场，对现存垃圾妥善处置，及时消除不良环境影响，开展垃圾场环境综合整治。二是加快城乡垃圾处理设施建设进度，完成垃圾中转站建设，规范新垃圾填埋场运营管理。三是建立健全城乡垃圾长效管理机制，规范垃圾处理方式，全面治理生活垃圾、建筑垃圾和农村工业垃圾等，解决城乡垃圾处理困境。限2016年11月底前完成督办事项。

（三）对上海垃圾非法倾倒苏州太湖西山岛和南通江心沙农场两起案件联合挂牌督办

基本情况：2016年7月1日，8艘装载垃圾的船只从上海行驶至江苏省太湖强制隔离戒毒所码头停靠，欲将垃圾倾倒至戒毒所内废弃宕口堤岸。苏州吴中区政府暂扣8艘船只，并对船主采取控制措施。这些垃圾来自上海市嘉定区、长宁区，主要为建筑垃圾和少部分生活垃圾，由昆山市锦鹿建筑工程有限公司负责转运。6月15日至督办时，已陆续倾倒垃圾约2万吨。江苏省已完成倾倒垃圾清运处置工作，未对太湖水环境造成影响，邻近的吴中区金庭镇饮用水水源地水质未见异常，相关违法犯罪行为正在侦办中。

上海垃圾非法倾倒南通江心沙农场案件：2016年7月14日，2艘装载垃圾的船只从上海惠宾码头行驶至江苏省南通海门的江心沙农场，这些垃圾主要为建筑垃圾和生活垃圾。同时，新江海河苏州路南侧河西地段已倾倒大量垃圾，共计约 5600 吨。据涉案人员交代，该码头垃圾来自上海洁瑜环保有限公司。当地公安机关刑事拘留 4 人，上网追逃 2 人。

督办要求：（1）上海市环保部门要协调有关部门采取有效措施，切实加强垃圾规范化处置，严惩涉案企业和相关人员，完善巡查监控机制，严禁垃圾跨市外运，源头防控垃圾非法转移。江苏省环保部门要加强对饮用水水源地、倾倒场地及周边水体监测，密切关注水质变化，确保饮用水水源安全，防范环境风险。同时，组织各地对宕口、河塘开展全面排查，严肃查处非法转移倾倒垃圾行为。（2）上海、江苏两地公安部门要积极开展案件侦办工作，迅速收集固定证据，查明犯罪事实，抓捕涉案人员；主动加强与检察院、法院沟通协调，在案件定性、证据固定等方面加强案情会商、及时达成共识，确保案件顺利移送起诉。案件侦办过程中，两地公安部门要密切配合，切实形成打击合力，不得推诿、拖延。（3）上海、江苏两地检察机关要按照《人民检察院侦查监督部门办理挂牌督办案件办法（试行）》要求，认真办理，对符合逮捕、起诉条件的要及时批捕、起诉，提高办案效率，确保办案质量。

四、对其他类型环境违法案件的挂牌督办

（一）对隆昌新能源工业园环境违法案挂牌督办

基本情况：隆昌新能源工业园（隆桥化工园）规划环评尚未通过审查，入驻的 7 家企业中有 5 家存在未批先建、批建不符、久试不验等环境违法问题。隆昌县金鑫沥青混凝土有限公司生产装置紧邻居民楼，烟粉尘、恶臭、噪声污染扰民问题突出。四川隆桥化工集团有限公司存在多处疑似废水排放口，排放痕迹和残余污染物明显；无运行记录和管理台账，环境管理水平较差。

督办要求：督促该园区加快完成规划环境影响评价，并严格落实规划环评有关要求，组织对入驻企业环境问题进行全面排查和整顿，加强环境管理。督促当地人民政府按照《国务院办公厅关于加强环境监管执法的通知》（国办发〔2014〕56 号）要求，加快清理园区违法违规建设项目。督促当地环保部门对环境违法行为依法处理处罚到位并执行到位、督促整改到位，整改期间不得超标排污；涉嫌严重违法适用行政拘留的，依法移送公安机关。

限 2016 年 7 月底前完成挂牌督办事项。

（二）对中国石化上海石油化工股份有限公司环境问题挂牌督办

基本情况：环保部华东环境保护督查中心现场调查发现：中国石化上海石油化工股份有限公司主要化工生产区边界外 1 公里限制带内有部分居民住房。根据环保部《关于上海市杭州湾沿岸化工石化集中区区域环境影响评价工作意见的复函》（环办函〔2008〕603 号），"距离上海石化主要化工生产区边界外 1 公里范围内应设为限制带，逐步搬迁已有居民"。金山区 1 公里限制带内已无居民区。临近上海石化危化品仓库的居民区主要为浙江省平湖市独山港镇金桥村，浙江省平湖市将独山港镇规划为化工园区，搬迁工作尚未全部完成。同时，上海石化未编制跨区域突发环境事件应急预案。

督办要求：1. 金山区人民政府、上海石化与浙江省嘉兴市人民政府就上海石化主要化工生产区边界外 1 公里限制带内居民搬迁问题建立协调机制，限期完成搬迁工作。2. 金山区人民政府与浙江省嘉兴市人民政府就预防和处置上海石化环境安全隐患，建立落实跨区域环境应急机制。3. 上海石化编制跨区域突发环境事件应急预案，定期开展环境应急演练，积极预防和处置突发环境事件。限：2017 年 4 月底前完成挂牌督办事项 1；2016 年 9 月底前完成挂牌督办事项 2 和 3。

第二节　环境违法行为查处

2016 年度，环保部对发生在浙江、江苏、福建、广东、山东、河北、黑龙江、天津等地的 18 起环境违法案件作出了行政处罚，共制作行政处罚决定书 18 份（见表 2）。在这些案件中多数案件是涉及核安全问题。具体来看，这些环境违法行为主要是违反了有毒有害物质污染防治的规定。其中，涉及放射性污染的案件 13 起，这些案件中的违法企业和个人主要违反了《民用核安全设备监督管理条例》和《放射性同位素与射线装置安全和防护条例》，其案由多是涉及许可证的冒用、滥用，生产过程中违规操作，在材料、数据方面弄虚作假，生产能力不合标准、严重退化以及放射物原料非法转让等方面；涉及固体废物污染的案件 1 起，其余 4 起环境违法案件主要涉及环境影响评价制度。

表2　2016年环境保护部处罚环境违法案件一览表

编号	时间	文件名称
1	2016-01-20	核安全行政处罚决定书（浙江三方控制阀股份有限公司）
2	2016-01-20	核安全行政处罚决定书（常州电站辅机总厂有限公司）
3	2016-04-29	行政处罚决定书（厦门万禾园辐照技术有限公司）
4	2016-07-26	核安全行政处罚决定书（魏海峰）
5	2016-07-26	核安全行政处罚决定书（文志鹏）
6	2016-07-26	核安全行政处罚决定书（冯宗兴）
7	2016-07-26	核安全行政处罚决定书（赵继源）
8	2016-07-12	核安全行政处罚决定书（山东泰山核电设备制造有限公司）
9	2016-08-17	行政处罚决定书（河北省高速公路衡大管理处）
10	2016-08-17	行政处罚决定书（黑龙江省风云环境科技咨询有限公司）
11	2016-09-08	行政处罚决定书（黑龙江农垦勘测设计研究院）
12	2016-09-08	行政处罚决定书（广东核力工程勘察院）
13	2016-10-10	行政处罚决定书（天津市技术物理研究所）
14	2016-11-09	核安全行政处罚决定书（苏州东仪核电科技股份有限公司）
15	2016-12-02	行政处罚决定书（青岛新天地固体废物综合处置有限公司）
16	2016-12-28	行政处罚决定书（泉州万核园发展有限公司）
17	2016-12-28	行政处罚决定书（漳州万核园发展有限公司）
18	2016-12-28	行政处罚决定书（漳州万禾园辐照技术有限公司）

一、主要涉及放射性污染的环境违法案件

（一）浙江三方控制阀股份有限公司核安全违法案

基本案情：位于浙江省富阳市富春街道金秋大道41号内的浙江三方控制阀股份有限公司，公司拥有各类金加工制造设备200余套，其中数控加工中心及数控车床50余套；公司拥有各类检测设备50余套；公司拥有特种设备制造许可证（压力管道元件），民用核安全设备设计及制造许可证，QHSE管理体系认证，CE PED欧盟认证，SIL2/3认证，API 609防火认证，资信等级3A认证等；公司生产的调节阀，球阀，蝶阀，自力式调节阀主要

服务于石油化工，核电，火电，空分，天然气，制药，冶金，水处理等领域，已应用于国内外多个大型项目。

经环保部调查核实，浙江三方控制阀股份有限公司自2014年11月环保局开展核安全文化宣贯推进专项行动至环保执法时，仍然存在未按照许可活动范围开展活动、伪造无损检验人员签名等违规操作和弄虚作假问题。

行政处罚的依据、种类和处理结果：环保部依法于2016年1月20日，对浙江三方控制阀股份有限公司下达了行政处罚决定书。根据《民用核安全设备监督管理条例》第四十五条规定，"民用核安全设备设计、制造、安装和无损检验单位不按照许可证规定的活动种类和范围从事民用核安全设备设计、制造、安装和无损检验活动的，由国务院核安全监管部门责令停止违法行为，限期改正，处10万以上50万以下的罚款"，环保部决定责令其停止所有民用核安全设备设计和制造活动，并限于2016年5月31日前完成整改工作。

（二）常州电站辅机总厂有限公司核安全违法案

基本案情：位于江苏省武进高新技术产业技术开发区凤栖路8号的常州电站辅机总厂有限公司，主要生产阀门电动装置、三相交流异步电动机和核电辅机设备三大产品。产品广泛应用于核电站、火电站、石油化工、冶金、环保、市政建设、船舶制造、水利、污水处理等行业和领域；该公司取得国家质监总局颁发的防爆电气生产许可证，国家核安全局颁发的"民用核安全设备设计、制造许可证"，产品多次用于国家重大工程项目。经调查核实，环保部发现该公司存在质量保证体系失效和伪造理化检验人员签名等违规行为，有《环境保护部华北核与辐射安全监督站民用核安全设备活动过程监督检查记录》《常州电站辅机总厂有限公司核安全检查报告》《检查记录》及该公司提交的《核安全专项检查整改情况说明》为证。

行政处罚的依据、种类和处理结果：环保部依法于2016年1月20日，对常州电站辅机总厂有限公司下达了行政处罚决定书。根据《民用核安全设备监督管理条例》第二十条"民用核安全设备设计、制造单位应当提高核安全意识，建立完善的质量保证体系，确保民用核安全设备的质量和可靠性"和第二十八条"民用核安全设备制造单位应当对民用核安全设备的制造质量进行检验；未经检验或检验不合格的，不得交付验收"的规定，环保部责令该公司停止所有民用核安全设备制造活动，并限于 2016 年 2 月 29 日前完成相关问题的整改工作。

（三）厦门万禾园辐照技术有限公司辐射安全违法案

基本案情：经调查核实，厦门万禾园辐照技术有限公司于 2015 年 4 月，在未经审批的情况下，通过委托拍卖的方式将钴 –60 辐照装置内的放射源转让给厦门万核园发展有限公司，存在未经批准擅自转让放射源的行为。厦门万禾园辐照技术有限公司的上述行为违反了《放射性同位素与射线装置安全和防护条例》第二十条、第二十一条有关放射性同位素转让及备案的规定。环保部于 2016 年 4 月 12 日告知厦门万禾园辐照技术有限公司违法事实、处罚依据和拟作出的处罚决定，并明确告知厦门万禾园辐照技术有限公司有权进行陈述、申辩和要求听证。厦门万禾园辐照技术有限公司于 2016 年 4 月 13 日书面表示不申请听证，不进行陈述、申辩。

行政处罚的依据、种类和处理结果：依据《放射性同位素与射线装置安全和防护条例》第五十二条规定，未经批准擅自转让放射性同位素的，由县级以上人民政府环境保护主管部门责令其停止违法行为，限期改正；没有违法所得或者违法所得不足 10 万元的，并处 1 万元以上 10 万元以下罚款。环保部根据上述规定，决定对厦门万禾园辐照技术有限公司罚款 10 万元。

（四）魏海峰、文志鹏、冯宗兴、赵继源核安全违法案

基本案情：阳江核电厂位于广东省阳江市东平镇，由阳江核电有限公司（中国广核集团的成员单位）负责建设和运营管理。自 2008 年主体工程至环保执法时，前 3 台机组已经正式投入商运；后续机组工程建设也在按计划推进。阳江核电站整体安全质量状况良好，未发生过重大安全质量事件，工程建设、移交接产、工业安全总体稳定，各项指标均处于受控状态。在阳江核电厂 1 号机组大修期间，魏海峰于 2015 年 3 月 22 日在干预设备冷却水系统水箱水位报警的处理过程中，未按程序操作，指挥失当，导致余热排出系统泵全停运 6 分钟，违反了核电厂运行技术规格书要求，且事件发生后隐瞒不报；文志鹏、冯宗兴、赵继源等 3 人于 2015 年 3 月 22 日在干预设备冷却水系统水箱水位报警的处理过程中，未按程序操作，导致余热排出系统泵全停运 6 分钟，违反了核电厂运行技术规格书要求，且事件发生后未按程序记录事件。其行为均违反了《核动力厂运行安全规定》"5.1.2"部分中"对运行负有直接责任的运行人员必须熟练掌握运行限值和条件，并保证遵守"的规定，以及《核电厂营运单位报告制度》"4.1 报告准则"的要求。

行政处罚的依据、种类和处理结果：环境保护部依法于 2016 年 7 月 26 日对魏海峰、文志鹏、冯宗兴、赵继源等 4 人下达了核安全行政处罚决定书。其中，根据《民用核设施安全监督管理条例》第二十一条第一款第三项及《核电厂操纵人员执照颁发和管理程序》"5.2 执照的失效、暂停和吊销"规定，决定吊销魏海峰的核动力厂操纵人员执照（阳江核电厂 1、2 号机组高级操纵员执照，执照号：GYJA004-1706）；根据《民用核设施安全监督管理条例》第二十一条第一款第三项规定，决定对文志鹏、冯宗兴、赵继源等 3 人给予警告。

（五）山东泰山核电设备制造有限公司核安全违法案

基本案情：山东核电设备制造有限公司位于山东省海阳市，成立于 2007 年，是由国家核电技术公司控股组建的国内首家 AP1000 核电钢制安全壳、结构模块、机械模块、一体化顶盖组件等设备的专业制造公司。经环境保护部查实，该公司存在弄虚作假及制造能力严重退化等问题，违反了《民用核安全设备监督管理条例》第八条关于民用核安全设备标准是从事民用核安全设备设计、制造、安装和无损检验活动的技术依据的规定。

行政处罚的依据、种类和处理结果：环境保护部依法于 2016 年 8 月 12 日，对山东泰山核电设备制造有限公司下达了核安全行政处罚决定书。根据《民用核安全设备监督管理条例》第四十八条"民用核安全设备设计、制造、安装和无损检验单位未按照民用核安全设备标准进行民用核安全设备设计、制造、安装和无损检验活动的，由国务院核安全监管部门责令停止违法行为，限期改正，禁止使用相关设计、设备，处 10 万元以上 50 万元以下的罚款"规定，环境保护部责令其停止所有民用核安全设备制造活动，限于 2017 年 3 月 31 日前完成整改工作，并处 10 万元罚款。

（六）天津市技术物理研究所辐射安全违法案

基本案情：经调查核实，天津市技术物理研究所存在未按照许可证规定的种类和范围从事射线装置的使用活动，非法使用加速器违法所得 9000 元的行为。以上事实有《天津市技术物理研究所自查报告》《辐照试验报告》及发票、加速器负责人的《情况说明》及环境保护部华北核与辐射安全监督站调查形成的询问笔录为证。天津市技术物理研究所的上述行为违反了《放射性同位素与射线装置安全和防护条例》第十五条的规定。环保部于 2016 年 9 月 2 日告知该单位所违法事实、处罚依据和拟作出的处罚决定，并明确告知其有权进行陈述、申辩和要求听证；但该单位未进行陈述、申辩，在法定期限内也未提出听证申请。基于以上事实，有环保部《行政处罚听证告知书》（环法〔2016〕80 号）及《送达回证》（环核辐送〔2016〕5 号）为证。

行政处罚的依据、种类和处理结果：《放射性同位素与射线装置安全和防护条例》第五十二条规定，未按照许可证规定从事放射性同位素和射线装置生产、销售、使用活动的，由县级以上人民政府环境保护主管部门责令其停止违法行为，限期改正；有违法所得的，没收违法所得；没有违法所得或违法所得不足 10 万元的，并处 1 万元以上 10 万元以下的罚款。根据上述规定，环保部责令天津市技术物理研究所停止违法行为，并决定没收违法所得 9000 元，罚款 5 万元。

（七）苏州东仪核电科技股份有限公司核安全违法案

基本案情：经调查核实，国家核安全局曾于 2015 年 12 月对苏州东仪核电科技股份有限公司违规开展民用核安全设备活动等问题进行通报批评，并要求其限期整改（国核安函〔2015〕139 号）。2016 年 5 月 11 日至 12 日及 6 月 13 日，环境保护部华北核与辐射安全监督站对该公司进行监督检查时，发现其逾期未整改，仍存在质量保证体系运转失控和检验试验记录造假等违规问题，不符合发证条件。以上事实，有《苏州东仪核电科技股份有限公司 2016 年度民用核安全电气设备采购控制专项检查报告》《苏州东仪核电科技股份有限公司民用核安全电气设备违规问题专项检查报告》《关于高温气冷堆接线箱和福清 5/6 号机组小三箱项目活动情况的调查》（NRO-DQ-SZDY-DC-16001）和《苏州东仪核电科技股份有限公司现场检查记录单》（NRO-DQ-JL-16395）等为证。环保部于 2016 年 10 月 27 日告知苏州东仪核电科技股份有限公司违法事实、处罚依据和拟作出的处罚决定，并明确告知其有权进行陈述、申辩和要求听证。2016 年 10 月 28 日，该公司明确表示放弃陈述、申辩和听证要求，接受行政处罚。以上事实，有环保部《核安全行政处罚听证告知书》（环法字〔2016〕98 号）及《送达回证》（国核安送〔2016〕08 号）和该公司《关于"核安全行政处罚听证告知书"回函》为证。

行政处罚的依据、种类和处理结果：《民用核安全设备监督管理条例》第五十七条规定，"民用核安全设备设计、制造、安装和无损检验单位被责令限期整改，逾期不整改或者经整改仍不符合发证条件的，由国务院核安全监管部门暂扣或者吊销许可证。"第五十九条规定，"违反本条例规定，被依法吊销许可证的单位，自吊销许可证之日起 1 年内不得重新申请领取许可证。"根据上述规定，环保部（国家核安全局）决定吊销苏州东仪核电科技股份有限公司持有的民用核安全设备设计许可证（国核安证字 S（14）19 号）和制造许可证（国核安证字 Z（14）28 号）。在接到本处罚决定书后，该公司应立即停止所有民用核安全设备设计、制造活动，并将所持有的民用核安全设备设计和制造许可证上缴国家核安全局。自吊销许可证之日起 1 年内，该公司不得重新申请领取许可证。

（八）泉州万核园发展有限公司辐射安全违法一案

基本案情：经调查核实，泉州万核园发展有限公司于 2014 年 9 月在向环保部申请辐射安全许可证变更时，提供了虚假材料，隐瞒了该公司与福建省吉星辐照科技有限公司分别为独立法人商事主体的事实，并于 2015 年 4 月在未经审批的情况下，取得了原福建省吉星辐照科技有限公司放射源的使用权，存在利用虚假材料申请行政许可和未经批准擅自转让放射源的行为。以上事实，有泉州万核园发展有限公司《关于变更单位名称、法人代表的请示》（万核园发〔20140915〕号）、环保部华东核与辐射安全监督站《关于报送福建省吉星辐照科技有限公司等单位现场取证调查报告的函》（环华东核函〔2016〕109 号）、《关于泉州万核园发展有限公司等单位违法生产经营调查情况的函》（环华东核函〔2016〕210 号）及晋江市环境保护局 2016 年 5 月 11 日《询问笔录》为证。泉州万核园发展有限公司的上述行为违反了《行政许可法》第三十一条有关申请材料真实性的规定和《放射性同位素与射线装置安全和防护条例》第二十条有关放射性同位素转让的规定。环保部于 2016 年 11 月 25 日告知该公司违法事实、处罚依据和拟作出的处罚决定，并明确告知该公司有权进行陈述、申辩和要求听证。该公司未进行陈述、申辩，在法定期限内也未提出听证申请。以上事实，有环保部《行政处罚听证告知书》（环法字〔2016〕111 号）、《送达回证》（环核辐送〔2016〕10 号）为证。

行政处罚的依据、种类和处理结果：《行政许可法》第六十九条规定，被许可人以欺骗、贿赂等不正当手段取得行政许可的，应当予以撤销。《放射性同位素与射线装置安全和防护条例》第五十二条规定，未经批准擅自转让放射性同位素的，由县级以上人民政府环境保护主管部门责令其停止违法行为，限期改正；没有违法所得或者违法所得不足 10 万元的，并处 1 万元以上 10 万元以下罚款。根据上述规定，环保部决定对泉州万核园发展有限公司作出以下行政撤销及行政处罚：撤销环保部 2014 年 10 月作出的将《辐射安全许可证》（国环辐证 [00025]）的单位名称由福建省吉星辐照科技有限公司变更为该公司的决定，作废该公司现持有的《辐射安全许可证》（国环辐证 [00025]）；罚款 10 万元。

（九）漳州万核园发展有限公司辐射安全违法案

基本案情：经调查核实，漳州万核园发展有限公司于 2014 年 9 月在向环保部申请辐射安全许可证变更时，提供了虚假材料，隐瞒了该公司与漳州万禾园辐照技术有限公司分别为独立法人商事主体的事实，并于 2015 年 4 月在未经审批的情况下，取得了原漳州万禾园辐照技术有限公司放射源的使用权，存在利用虚假材料申请行政许可和未经批准擅自转让放射源的行为。以上事实，漳州万核园发展有限公司《关于辐射安全许可证变更的报告》（漳万核〔2014〕001 号）、环保部华东核与辐射安全监督站《关于报送福建省吉星辐照科技有限公司等单位现场取证调查报告的函》（环华东核函〔2016〕109 号）、《关于泉州万核园发展有限公司等单位违法生产经营调查情况的函》（环华东核函〔2016〕210 号）、漳州市环境保护局 2016 年 5 月 12 日《调查询问笔录》和福建省宏信拍卖行有限公司《关于受委托拍卖辐照公司经营权等的成交报告》（宏拍〔2015〕008–1 号）为证。漳州万核园发展有限公司上述行为违反了《行政许可法》第三十一条有关申请材料真实性的规定和《放射性同位素与射线装置安全和防护条例》第二十条有关放射性同位素转让的规定。环保部于 2016 年 11 月 25 日告知该公司违法事实、处罚依据和拟作出的处罚决定，并明确告知该公司有权进行陈述、申辩和要求听证。该公司未进行陈述、申辩，在法定期限内也未提出听证申请。以上事实，有环保部《行政处罚听证告知书》（环法字〔2016〕110 号）、《送达回证》（环核辐送〔2016〕9 号）为证。

行政处罚的依据、种类和处理结果：《行政许可法》第六十九条规定，被许可人以欺骗、贿赂等不正当手段取得行政许可的，应当予以撤销。《放射性同位素与射线装置安全和防护条例》第五十二条规定，未经批准擅自转让放射性同位素的，由县级以上人民政府环境保护主管部门责令其停止违法行为，限期改正；没有违法所得或者违法所得不足 10 万元的，并处 1 万元以上 10 万元以下罚款。根据上述规定，环保部决定对漳州万核园发展有限公司作出以下行政撤销及行政处罚：撤销 2014 年 10 月作出的将《辐射安全许可证》（国环辐证［00102］）的单位名称由漳州万禾园辐照技术有限公司变更为漳州万核园发展有限公司公司的决定，作废漳州万核园发展有限公司现持有的《辐射安全许可证》（国环辐证［00102］）；罚款 10 万元。

（十）漳州万禾园辐照技术有限公司辐射安全违法案

基本案情：经调查核实，漳州万禾园辐照技术有限公司于 2015 年 4 月，在未经审批的情况下，通过委托拍卖的方式与厦门万核园发展有限公司之间进行了放射源的转让，存在未经批准擅自转让放射源的行为。以上事实，有环保部华东核与辐射安全监督站《关于报送福建省吉星辐照科技有限公司等单位现场取证调查报告的函》（环华东核函〔2016〕109 号）、《关于泉州万核园发展有限公司等单位违法生产经营调查情况的函》（环华东核函〔2016〕210 号）、漳州市环境保护局 2016 年 5 月 12 日《调查询问笔录》和福建省宏信拍卖行有限公司《关于受委托拍卖辐照公司经营权等的成交报告》（宏拍（2015）008–1 号）为证。漳州万禾园辐照技术有限公司的上述行为违反了《放射性同位素与射线装置安全和防护条例》第二十条有关放射性同位素转让的规定。2016 年 11 月 25 日，环保部告知该公司违法事实、处罚依据和拟作出的处罚决定，并明确告知其有权进行陈述、申辩和要求听证。该公司未进行陈述、申辩，在法定期限内也未提出听证申请。以上事实，有环保部《行政处罚听证告知书》（环法字〔2016〕109 号）、《送达回证》（环核辐送〔2016〕8 号）为证。

行政处罚的依据、种类和处理结果：《放射性同位素与射线装置安全和防护条例》第五十二条规定，未经批准擅自转让放射性同位素的，由县级以上人民政府环境保护主管部门责令其停止违法行为，限期改正；没有违法所得或者违法所得不足 10 万元的，并处 1 万元以上 10 万元以下罚款。根据上述规定，环保部决定对漳州万禾园辐照技术有限公司罚款 10 万元。

二、其他环境违法案件

（一）青岛新天地固体废物综合处置有限公司环境违法案

基本案情：经调查核实，青岛新天地固体废物综合处置有限公司未按照危险废物经营许可证要求从事经营活动，存在未如实记录、申报危险废物经营情况；不按核准经营的贮存设施、经营类别从事危险废物经营活动。以上事实，有华东环境保护督查中心 2016 年 7 月 5 日《关于〈关于委托对青岛新天地固体废弃物综合处置有限公司环境违法案件进行调查取证的函〉的复函》（华东环督函〔2016〕80 号）及 2016 年 6 月 26 日《调查询问笔录》为证。青岛新天地固体废物综合处置有限公司上述行为违反了《固体废物污染环境防治法》第五十七条的规定。环保部于 2016 年 10 月 8 日告知该单位违法事实、处罚依据和拟作出的处罚决定，并告知其有权进行陈述、申辩和要求听证。该单位未进行陈述、申辩，放弃听证权利。以上事实，有环保部2016 年 10 月 8 日《行政处罚听证告知书》（环法字〔2016〕93 号）及《环境保护部送达回证》为证。

行政处罚的依据、种类和处理结果：《固体废物污染环境防治法》第七十七条规定："无经营许可证或者不按照经营许可证从事收集、贮存、利用、处置危险废物经营活动的，由县级以上人民政府环境保护行政主管部门责令停止违法行为，没收违法所得，可以并处违法所得三倍以下罚款。不按照经营许可证从事前款活动的，还可以由发证机关吊销经营许可证。"根据上述规定，环保部决定吊销青岛新天地固体废物综合处置有限公司危险废物经营许可证（编号：G3702850030）。该单位应于接到本决定书时将《危险废物经营许可证》正本和副本原件交送达人员收回。

（二）河北省高速公路衡大管理处环境违法案

基本案情：河北省高速公路衡大管理处负责建设运行的大庆至广州高速公路深州至大名（冀豫界）段工程项目环评文件于 2007 年 8 月通过原国家环保总局批复，并于 2010 年 12 月投入运行。但该项目需配套的环境保护设施并未经过验收，主体工程已投入使用。该行为违反了《建设项目环境保护管理条例》第二十三条的规定。

行政处罚的依据、种类和处理结果：环境保护部依法于 2016 年 8 月 17

日，对河北省高速公路衡大管理处下达了行政处罚决定书。根据《建设项目环境保护管理条例》第二十八条"建设项目需要配套建设的环境保护设施未建成、未经验收或者经验收不合格，主体工程正式投入生产或者使用的，由审批该建设项目环境影响报告书、环境影响报告表或者环境影响登记表的环境保护行政主管部门责令停止生产或者使用，可以处10万元以下的罚款"规定，环境保护部决定责令该项目停止使用，处罚款10万元。

（三）黑龙江省风云环境科技咨询有限公司环境违法案

基本案情：黑龙江省风云环境咨询有限公司位于哈尔滨经开区南岗集中区，是隶属于中国气象局气象科学研究院的一家环评专门机构。经环保部调查核实，该公司冒用中国气科院的环评资质编写了《齐齐哈尔市昱峰供热有限公司龙江县新城区集中供热工程环境影响报告书》《盛和湾住宅小区项目环境影响报告书》《东北变压器集团肇东变压器有限责任公司220kv—500kv级超高压特大电力变压器项目环境影响报告书》。其中，《东北变压器集团肇东变压器有限责任公司220kv—500kv级超高压特大电力变压器项目环境影响报告书》收取环评费用4万元，经环保部专家复核，环评文件中关于项目选址和工业园区规划关系上存在与事实不符的情况。该公司的行为违反了《环境影响评价法》第十九条关于环境影响评价机构管理制度的规定。

行政处罚的依据、种类和处理结果：环境保护部依法于2016年8月17日，对黑龙江省风云环境科技咨询有限公司下达了行政处罚决定书。根据当时的《环境影响评价法》第三十三条"接受委托为建设项目环境影响评价提供服务的机构在环境影响评价工作中不负责任或者弄虚作假，致使环境影响评价文件失实的，由授予环境影响评价资质的环境行政主管部门降低其资质等级或者吊销其资质证书，并处所收费用一倍以上三倍以下的罚款；构成犯罪的，依法追究刑事责任"规定，环境保护部对该公司处以如下处罚：第一，吊销《建设项目环境影响评价资质证书》（国环评证乙字第1727号）；第二，罚款12万元。

（四）黑龙江省农垦勘测设计研究院环境违法案

基本案情：黑龙江省农垦勘测设计研究院位于哈尔滨市香坊区，是一个专业齐全、设备精良、技术力量雄厚的综合性甲级勘测设计及科研单位。该院曾于1996年被评为总局级文明单位标兵；2000年被授予省级文明单位称号；2005年被全国企业文化协会授予全国企业文化建设先进单位称号。然而在2012年11月至2015年12月期间，黑龙江农垦勘测设计研究院违法将环评资质出借给个人使用，并编写了《莆田市"正鼎·澜天"房地产建设项目环境影响报告书》《荔城区畅林片区一期改造工程建设项目环境影响报告书》《泰宁县中医院病房综合大楼扩建项目环境影响报告书》。其行为违反了《建设项目环境影响评价资质管理办法》第二十四条的规定。

行政处罚的依据、种类和处理结果：环境保护部依法于2016年9月8日，对黑龙江省风云环境科技咨询有限公司下达了行政处罚决定书。根据《建设项目环境影响评价资质管理办法》第四十四条"环评机构涂改、出租、出借资质证书或者超越资质等级、评价范围接受委托和主持编制环境影响报告书（表）的，由环境保护部处三万元以下的罚款，并责令限期整改一至三年"规定，环境保护部决定对其处3万元罚款，并责令限期整改一年。

（五）广东核力工程勘察院环境违法案

基本案情：广东核力工程勘察院隶属于广东省核工业地质局，是一家从事核工程建设项目勘察、监测等业务的国有企业。其以工程建设项目勘察、建设项目环境影响评价、变形监测、沉降观测、工程测量、工程物探、岩土水检测、电离电磁辐射检测、地质灾害危险性评估及地质灾害治理工程勘查为特色，同时开拓了地基与基础工程施工、基坑设计、地质灾害治理施工等业务。该院曾先后获得50多项部级优秀勘察设计奖，获得中国勘察设计协会授予的"全国工程勘察与岩土行业诚信单位"荣誉称号。经环境保护部调查核实，广东核力工程勘察院在2008年至2016年，将环评资质出借给核工业二九〇研究所环评组使用。该研究所环评组以"广东核力工程勘察院环境科研所"名义开展环评业务，编制多份环评报告。其行为违反了《建设项目环境影响评价资质管理办法》第二十四条的规定。

行政处罚的依据、种类和处理结果：环境保护部依法于2016年9月8日，对广东核力工程勘察院下达了行政处罚决定书。根据《建设项目环境影响评价资质管理办法》第四十四条"环评机构涂改、出租、出借资质证书或者超越资质等级、评价范围接受委托和主持编制环境影响报告书（表）的，由环境保护部处三万元以下罚款，并责令限期整改一至三年"规定，环境保护部决定对其处3万元罚款，并责令限期整改一年。

第 九 章

2016 年环境保护督察

环境保护是我国的一项基本国策，地方党委、政府和部门是履行环境保护目标的责任主体。长期以来，地方党委和政府在环境保护责任的认定上存在比较严重的"失衡"现象，影响了生态文明建设和环境保护工作的顺利推进。因此，为了在制度层面上全面落实环境保护"党政同责"并运用制度加快推进生态文明建设，环境保护督察制度应运而生。这项制度是一个督促地方党委政府履行环境保护主体责任、全面落实生态文明"党政同责"的核心制度安排，也是全面提升生态文明建设水平的重大制度实践。我国环保督察制度建立在 2002 年环保部区域督查中心的大量环境行政执法的实践基础之上。2013 年，环保部的六大区域督查中心开始探索推行综合督查，由督企向督政转型。为了解决地方环境督查实践中遇到的问题，党中央、国务院决定设立中央环保督察，对原综合督查机制实施重大的机制变革。

2016 年初，我国环境保护督察试点工作首先在河北省开展。本年度开展的中央环境保护督察，由部级领导任正副组长；与 26 名省部级领导干部及 12 名有关部门主要负责人个别谈话，对省委、省政府 18 个有关部门进行走访问询；受理群众来电来信举报并对有效举报进行督办和抽查，收集情况、聚焦问题；针对梳理出来的问题线索，赴石家庄、保定、邯郸、邢台和唐山等地开展下沉督察。在河北试点的中央环保督察组从组织规格、督察对象、工作机制和督察方法等方面实施了大量创新。在之后的一年时间里，中央环保督察组共开展了两轮环境保护督察工作，共计对 15 个省、直辖市、自治区进行了环保督察。其中，2016 年第一批中央环境保护督察完成工作后发布 25 起典型案例。从督察的过程和结果中可以总结出来，中央环保督察组工作的重点在于揭示地方党委政府不作为、乱作为，严肃处理相关职能部门怠于履责、弄虚作假等行为，彻查无视环保、违规建设的相关企业，提出的整改要求的内容细致具体，对责任的追究具体到个人。

第一节 环境保护督察概述

2016 年 1 月 4 日，中央环境保护督察组进驻河北，环境保护督察巡视正式开启。河北省省委书记、省长以及省主要干部被约谈，巡视中依法、依规、依纪严厉查处环境保护不作为、乱作为，甚至失职、渎职以及滥用职权等行为，自此迈出环境保护督察的第一步。我国的环境保护督察制度有明确的依据，拥有从督察准备、督察进驻、督察报告、督察反馈，到移交移送、整改落实的完整督察程序，督察依据充分、重点突出。通过将督察内容、党政领导干部考核评价结果等移交移送中央组织部、纪检监察机关，以及通过采取"回头看"、媒体披露等措施和手段，将督察巡视工作真正"抓严""抓实"，体现了环境保护督察制度的整体性、程序性和有效性，让环境保护督察巡视成为了一项常态化、规范化的有效的环境保护制度。

一、环境保护督察制度的核心要义——党政同责

从 2016 年历次环境保护督察行动中可以总结发现，环境保护督察制度是党政同责的核心制度。"党政同责"是针对地方党委和政府，涉及执政理念和实践的重大创新，实现"党政同责"的关键在于明确环境保护的责任主体。环境保护督察巡视是落实党政同责保护环境的一项核心制度安排，对实现党政环境保护主体责任，健全环境与发展综合决策机制，实行常态化和规范化环境保护监督、考核、追责具有重要的现实意义。

"党政同责"是我国环境法制建设过程中逐渐发展确立起来的一种责任承担制度。新《环境保护法》第六条规定："地方各级人民政府应当对本行政区域的环境质量负责"；第十条也规定："环境保护主管部门对环境保护工作实施统一监督管理，各有关部门依照有关法律的规定对资源保护和污染防

治等环境保护工作实施监督管理"。全国人民代表大会常务委员会 2015 年 8 月 29 日通过的《大气污染防治法》修订案也明确，国务院环境保护主管部门可以对省级政府进行考核，省级政府可以制定办法对地方大气环境质量改善目标、大气污染防治重点任务完成情况实施考核。同时，对未达标城市要制定限期达标规划，向同级人大报告，加强了对地方政府在环境保护、改善大气质量方面的责任要求。之后，中共中央、国务院《关于加快推进生态文明建设的意见》明确规定"各级党委和政府对本地区生态文明建设负总责"。中央全面深化改革领导小组第十四次会议上审议通过的《关于开展领导干部自然资源资产离任审计的试点方案》《党政领导干部生态环境损害责任追究办法（试行）》等系列文件，进一步强调生态文明建设中党政领导要"权责对等"，"责任清单"要细化。

二、环境保护督察制度的实践基础

环境保护督察制度的实践基础来源于我国督察巡视制度，例如，环保领域开展的环境保护综合整治考核、重点流域规划考核等。此外，2014 年起开始实施的环保督政约谈等制度也为环境保护督察制度奠定了实践基础。

我国在纪检、审核、警务等领域的督察制度有较为成熟的经验。这些督察制度也为环境保护督察提供了一定实践经验。然而，与环境保护督察最为相近的环保督政约谈制度提供了最为直接的实践经验。2015 年起，环保部对长春、沧州等 15 个城市的政府主要负责人开展了约谈，逐渐形成了以约谈为抓手，以"一票否决制""挂牌督办""通报""媒体曝光"等为"杀手锏"的督政体系。但是，环保督政约谈主要以监督政府为主，主要是对已经出现严重影响环境、影响民生、影响可持续发展的地方政府实行"非常态"的督察，约谈对象没有包括市委及其主要领导。而环境保护督察巡视的核心要义是，全面落实生态文明建设中党委和政府环境保护的主体责任，通过明确督察的重点对象、重点内容、组织形式、实施方法等，强化纪律约束，形成有利于环境保护的长效决策和实施机制。

三、环境保护督察制度的具体内涵

已开展的环境保护督察以具有较强框架性和原则性的《环境保护督察

方案（试行）》（以下简称《方案》）为依据。该《方案》是党中央、国务院制定和实施的第一部环境保护督察法规，是对省（市、区）党委、政府和部委环境保护工作的直接巡视，为全面推进环境保护督察巡视提供了规范依据，也为落实环境保护党政同责提供了行动指南。《方案》首次明确了环境保护督察巡视的对象、组织、内容和程序。各省、自治区、直辖市党委和政府及其有关部门，部分地级市党委和政府及其有关部门都是督察巡视的对象。环保督察内容主要包括，国家环境保护决策部署贯彻落实情况、突出环境问题及处理情况、环境保护责任落实情况等。督察巡视工作每两年开展一次，两年内完成对 31 个省（市、区）党委和政府的督察巡视。同时，各省、自治区、直辖市的环境保护主管部门要对 30% 以上的市级政府开展综合督察，强化环保督政。总体上，《方案》中督察巡视内容明确、督察程序完整。

环境保护督察制度是自上而下的党政同责督察体系，环境保护督察巡视首次明确了"督党"与"督政"的督察体系。环境保护督察的对象主要为"针对各省（自治区、直辖市）党委和政府及其有关部门开展，并下沉至部分地级市党委和政府及其有关部门"，首次建立了环保"督党、督政"的督察体系。同时，环境保护督察巡视制度也对有关环境保护监管部门进行督察巡视，即开展对部门的督察巡视。

中央环保督察组具有较高权威，中央环保督察组由环境保护部牵头，中纪委、中组部的相关领导参加，代表党中央、国务院对各省（自治区、直辖市）党政相关部门开展环境保护督察。以河北省督察巡视为例，中央环保督察组组长由近期退出领导岗位的省部级干部担任（原环境保护部副部长），副组长由环境保护部现职副部级干部担任（现环境保护部副部长），在中央环保督察组下设立专门办公室，形成自上而下的督察组织体系。同时，中纪委、中组部等相关领导的参加也能有效避免环境保护督察巡视蜕变为环境保护部门的督察。

环境保护督察巡视制度有明确的督察巡视重点和突破方向。一方面，重点督察巡视党中央、国务院环境保护重大决策部署、环境保护法律法规和国家环境保护计划、规划、重要政策措施，督察突出环境问题及处理情况，督察责任落实情况等。另一方面，着重强调开展对《大气污染防治行动计划》《水污染防治行动计划》以及近年来环境污染重大事件的督察巡视。环境保护督察巡视明确的督察重点和重点突破方向，既有利于保障法律法规、决策部署和重大问题的解决，也有利于真正推动地方党政机关建立环境保护长效机制。

环境保护督察制度有明确的依据，环保督察巡视制度拥有从督察准备、督察进驻、督察报告、督察反馈，到移交移送、整改落实的完整督察程序，督察依据充分、重点突出。通过将督察内容、党政领导干部考核评价结果等移交移送中央组织部、纪检监察机关，以及通过采取"回头看"、媒体披露等措施和手段，将督察巡视工作真正"抓严""抓实"，体现了环境保护督察制度的整体性、程序性和有效性，让环境保护督察巡视成为了一项常态化、规范化的制度。①

第二节　2016 年环境保护督察工作概况

2016 年初，我国首先在河北省开展了环境保护督察试点工作；在之后的一年时间里，中央共派出两批环保督察组，共计对 15 个省、直辖市、自治区进行了环境保护督察工作。在这三次环境保护督察的过程中，我国的中央环保督察制度经历了从试点到正式启动的过程。在河北督察试点基础上，2016 年 7 月中央环境保护督察工作正式全面启动。为了解决环保督察面临的最为重要的问题——地方党委政府如何把环保责任落实到位，在河北试点的中央环保督察组在环境督察过程中逐渐明晰各职能部门环保职责，严厉查处环境违法行为，并将这两点延展到第一批、第二批中央环保督察。②

一、对河北省开展的首次环境保护督察

2016 年 1 月 4 日，中央环境保护督察组进驻河北省开展环境保护督察

---

① 参见葛茶忠、翁智雄、赵学涛：《环境保护督察巡视：党政同责的顶层制度》，载《中国环境管理》2016 年第 1 期，第 57—60 页。

② 参见《"改善环境质量这一年"之督察篇锐利一变气象新——推进环保督察落实党政同责综述》，来源：（环境保护部网）http://www.zhb.gov.cn/xxgk/hjyw/201701/t20170103_393755.shtml，2017 年 7 月 15 日访问。

试点工作，受理河北省环境保护方面的来信来电举报。同日上午，中央环境保护督察组督察河北省工作动员会在石家庄召开，河北省政府省长张庆伟主持会议，中央环境保护督察组组长周建、副组长翟青就督察工作分别作了讲话，省委书记赵克志作动员讲话。

会上强调，环境保护督察是党中央、国务院加快推进生态文明建设的重要抓手，强化环境保护工作的重大制度安排，督促地方党委和政府落实环境保护主体责任的有力措施。环境保护督察主要督察省级党委和政府贯彻落实党中央、国务院环境保护重大决策部署情况，解决和处理突出环境问题、改善环境质量情况，以及落实环境保护党政同责和一岗双责、严格责任追究等方面的情况。此次中央环境保护督察组现场督察时间约1个月左右。督察期间（2016年1月4日—2月4日）设立了专门值班电话和专门邮政信箱。督察组受理举报电话时间为每天早8：00至晚20：00。根据党中央、国务院要求和督察组职责，中央环境保护督察组主要受理河北省环境保护方面的来信来电举报。其他不属于受理范围的信访问题，按规定由被督察地区、单位和有关部门处理。①

二、2016 年第一批中央环境保护督察

2016年7月19日，经党中央、国务院批准，2016年第一批中央环境保护督察工作全面启动。本次中央环境保护督察工作共设8个督察组，组长分别由陆浩、杨松、吴新雄、李家祥、王万宾、姜伟新、贾治邦、蒋巨峰等正部级干部担任，副组长由翟青、黄润秋、赵英民等环境保护部现职副部级干部担任，② 分别负责对内蒙古、黑龙江、江苏、江西、河南、广西、云南、宁夏等8个省（自治区）开展环境保护督察工作（见表3）。截至2016年7月19日，8个中央环境保护督察组已全部完成督察进驻。

---

① 参见《中央环境保护督察组进驻河北开展1个月左右督察》，来源：（人民网）http://politics.people.com.cn/n1/2016/0104/c70731-28009616.html，2017年7月15日访问。

② 参见王昆婷：《今年第一批中央环境保护督察工作全面启动》，载《中国环境报》2016年7月20日第001版。

表3　2016年第一批中央环境保护督察进驻情况简表

组别	组长	副组长	被督察地方	进驻时间
中央第一环境保护督察组	陆浩	翟青	内蒙古自治区	7月14日—8月14日
中央第二环境保护督察组	杨松	黄润秋	黑龙江省	7月19日—8月19日
中央第三环境保护督察组	吴新雄	赵英民	江苏省	7月15日—8月15日
中央第四环境保护督察组	李家祥	赵英民	江西省	7月14日—8月14日
中央第五环境保护督察组	王万宾	翟青	河南省	7月16日—8月16日
中央第六环境保护督察组	姜伟新	黄润秋	广西壮族自治区	7月14日—8月14日
中央第七环境保护督察组	贾治邦	黄润秋	云南省	7月15日—8月15日
中央第八环境保护督察组	蒋巨峰	赵英民	宁夏回族自治区	7月12日—8月12日

2016年7月6日，时任中共中央政治局常委、国务院副总理张高丽专门组织召开会议，对2016年第一批环境保护督察工作进行了动员部署。张高丽指出，本次环境保护督察工作"要牢固树立和贯彻落实创新、协调、绿色、开放、共享的发展理念……在督察工作中，要明确责任主体，推动地方党委、政府和有关部门履职尽责，推动落实环境保护党政同责、一岗双责；要围绕环境保护法律法规和政策措施贯彻落实情况，突出抓好环境保护督察重点任务；要把握政策尺度，处理好保护环境和发展经济的关系，努力实现二者相互促进、有机统一；要严格程序规范，边督察边整改，健全长效机制，提高督察工作的实效性"。8个省（自治区）督察工作动员会也分别在各自省会（首府）城市召开。各省（自治区）党委书记作了表态讲话，"要求所在省（自治区）各级党委、政府和有关部门要坚决贯彻落实党中央、国务院决策部署和习近平总书记等中央领导同志重要指示批示精神，统一思想，提高认识，全力做好督察配合，确保督察工作顺利推进、取得实效。"中央环境保护督察组进驻各省（自治区）的时间为1个月左右。在此期间，各督察组分别设立专门的电话和邮政信箱，受理被督察省（自治区）环境保护方面的来信来电。①

---

① 参见《2016年第一批中央环境保护督察工作全面启动》，来源：（环境保护部网）http://www.zhb.gov.cn/gkml/hbb/qt/201607/t20160719_360975.htm，2017年10月15日访问。

三、2016 年第二批中央环境保护督察

2016 年 11 月 24 日，经党中央、国务院批准，2016 年第二批环境保护督察工作全面启动（具体情况见表 4）。从 11 月 24 日至 11 月 30 日，7 个中央环境保护督察组陆续开始督察进驻。此次环保督察组的组长分别由马馼、朱之鑫、焦焕成、陆浩、张宝顺、李家祥、马中平等担任，副组长由环保部副部长黄润秋、翟青、赵英民等担任。7 个环境督查组分别负责北京、上海、湖北、广东、重庆、陕西、甘肃等 7 个省（市）的环境保护督察工作。

表 4 2016 年第二批中央环境保护督察进驻情况简表

组别	组长	副组长	被督察地方	进驻时间
中央第一环境保护督察组	马　馼	赵英民	北京市	11 月 29 日—12 月 29 日
中央第二环境保护督察组	朱之鑫	黄润秋	上海市	11 月 28 日—12 月 28 日
中央第三环境保护督察组	焦焕成	翟青	湖北省	11 月 26 日—12 月 26 日
中央第四环境保护督察组	陆　浩	翟青	广东省	11 月 28 日—12 月 28 日
中央第五环境保护督察组	张宝顺	翟青	重庆市	11 月 24 日—12 月 24 日
中央第六环境保护督察组	李家祥	赵英民	陕西省	11 月 28 日—12 月 28 日
中央第七环境保护督察组	马中平	黄润秋	甘肃省	11 月 30 日—12 月 30 日

同年 11 月 24 日至 29 日，七个督察组在所负责的省（市）开展了工作动员会。各位组长强调，环境保护督察是党中央、国务院关于推进生态文明建设和环境保护工作的一项重大制度安排。通过督察，重点了解省级党委和政府贯彻落实国家环境保护决策部署、解决突出环境问题、落实环境保护主体责任情况，推动被督察地区生态文明建设和环境保护，促进绿色发展。在具体督察中，坚持问题导向，重点盯住中央高度关注、群众反映强烈、社会影响恶劣的突出环境问题及其处理情况；重点检查环境质量呈现恶化趋势的区域流域及整治情况；重点督察地方党委和政府及其有关部门环保不作为、乱作为的情况；重点了解地方落实环境保护党政同责和一岗双责、严格责任追究等情况。7 个省（市）党委主要领导同志均作了表态讲话，强调要紧密团结在以习近平同志为核心的党中央周围，进一步增强政治意识、大局意

识、核心意识和看齐意识，切实推进生态文明建设和环境保护工作，并要求所在省（市）各级党委、政府及有关部门坚决贯彻落实党中央、国务院决策部署和习近平总书记等中央领导同志重要指示批示精神，统一思想，提高认识，全力做好督察配合，确保督察工作顺利推进、取得实效。此次环境保护督察进驻时间约 1 个月左右。同年 11 月 30 日，7 个中央环境保护督察组已全部实现督察进驻。在督察组进驻期间，公开办公电话和邮箱，全天 12 小时受理来信、来电举报。

12 月初，7 个环保督察组陆续进入下沉督查阶段。下沉督察是督察进驻的重要环节，主要任务是对重点环境违法违规问题进行现场调查取证，对群众举报突出问题查处情况进行抽查核实，对地市党委、政府推进环境保护工作情况进行督察督办。12 月 4 日，首先进驻重庆的第五督察组开始下沉督察工作，分成 4 个小组对重庆市 8 个区县及需要关注的重点问题开展现场督察。12 月 5 日，负责湖北的第三督察组也召开了第一阶段督察总结会议，拟定尽快下沉到相关地市。其他督察组在继续推进省级层面督察的同时，已初步拟定下沉督察方案。

12 月 30 日，7 个督察组全部完成督察进驻任务。督察组进驻期间，共计受理举报 26330 件，其中向被督察地方交办的有效举报 15396 件。地方已办结 12005 件，其中责令整改 10512 家，立案处罚 5779 家，罚款 24303.2 万元；立案侦查 595 件，拘留（含行政和刑事）287 人；约谈 4066 人，问责 2682 人。

第三节　2016 年环境保护督察组反馈意见

截至 2016 年 12 月 26 日，开始工作不久的第二批中央环保督察组就受理群众来信来电举报 24141 个，累计向被督察地方交办有效举报问题 14213 件，督促地方整改办结 9987 件，责令整改 9087 家，立案处罚 5140 家，拘留 281 人，约谈和问责 6274 人。中央环保督察组在完成督察后，对被督察地方通报了督察情况，将督察期间发现的问题进行了反馈。同时，中央环境保护督察组还对被督察地方提出了具体整改要求。

一、对河北省的督察反馈情况

2016 年 5 月 3 日，中央环境保护督察组经国务院批准向河北省委、省政府进行了反馈。河北省高度重视环境保护督察试点工作，按照边督边改要求，严查严处督察组交办的群众举报案件，并向社会公开。截至 5 月 3 日，31 批 2856 件环境问题举报已办结，关停取缔非法企业 200 家，拘留 123 人，行政约谈 65 人，通报批评 60 人，责任追究 366 人。

督察指出河北省环境保护工作虽然取得积极成效，但由于历史原因、重化产业集中和发展方式粗放，全省环境问题依然十分突出。主要问题有：1. 环境保护工作压力传导不到位；2. 违法违规上马项目问题突出；3. 部分重点工作推进不严不实；4. 部分区域环境质量急剧恶化。

督察要求：1. 认真落实党中央、国务院有关要求，坚决贯彻落实习近平总书记对河北省的重要指示，牢固树立绿色发展理念，强化环境保护党政同责和一岗双责。根据"大气十条"任务要求，采取有效措施化解过剩产能，淘汰落后产能，切实改善大气环境质量；加快能源结构调整，不折不扣完成国家下达的煤炭削减任务；对于违法违规建设项目，要依法依规分类处理，该取缔的一律取缔到位；加大环境保护投入，切实强化散煤治理、油品质控、地下水压采、矿山环境治理、"土小"企业整治等工作；加大水环境治理力度，坚决遏制水质恶化问题。依法依规严肃责任追究，对于督察中发现的问题，要责成有关部门进一步深入调查，厘清责任，并按照有关规定严肃问责。2. 河北省委、省政府应根据《环境保护督察方案（试行）》要求，抓紧研究制定整改方案，在 30 个工作日内报送国务院。整改方案和整改落实情况要按照有关规定，及时向社会公开。

督察效果：中央环境保护督察组现场督察期间，河北省坚持立行立改，边查边改，及时查处中央督察组交办的环境问题。现场督察结束后，河北省继续加大工作力度，强化工作举措，以整改督察组交办的环境问题为主线，健全机制，强化责任，取得了以下成效：1. 强化责任抓落实，切实提高了各级党委政府的环保意识；2. 聚焦问题抓整改，严厉查处了一批典型环境违法案件；3. 突出重点促提升，有利推进了环境质量持续改善。

二、2016 年第一批中央环境保护督察反馈情况

2016 年第一批中央环境保护督察完成工作后，各中央环境保护督察组形成了督察意见，同时报经党中央、国务院批准，分别向各省（自治区）进行了通报反馈（见表6）。

表6　2016 年第一批中央环境保护督察反馈情况简表①

被督察地	办结举报	查办情况	立案处罚	拘留	约谈	问责
内蒙古	1637 件	关停取缔违法企业 362 家	206 件	57 人	238 人	280 人
黑龙江		责令整改 1034 件	220 件	28 人	32 人	13 个党组织 20 个单位 560 人
江苏	2451 件	责令整改企业 2712 家 罚款 9750 万元	1384 件	108 人	618 人	449 人
江西	1050 件	责令整改 777 件	224 件	57 人	220 人	124 人
河南	2682 件	责令整改 1614 件	188 件	31 人	148 人	1231 人
广西	2341 件	责令整改 1739 件	176 件	10 人	204 人	351 人
云南	1234 件	责令整改 515 件	189 件	11 人	681 人	322 人
宁夏	476 件	停产整治企业 57 家 限期整改企业 179 家 查封、扣押企业 5 家		8 人	35 人	105 人

2016 年 11 月 23 日，环境保护部发布了 2016 年第一批中央环境保护督察地方整改 25 件典型案例（详见表7）。

表7　2016 年第一批中央环境保护督察地方整改典型案例一览表②

序号	案例名称
1	呼和浩特市大青山南坡生态综合治理工程取得重大进展
2	呼伦贝尔市切实整改北方药业公司环境污染问题

---

①　表格根据中央环境保护督察组向被督察地反馈的督察情况整理。

②　表格根据《2016 年第一批中央环境保护督察地方整改典型案例》整理，来源：（环境保护部网）http://www.mep.gov.cn/gkml/hbb/qt/201611/t20161123_368060.htm，2017 年 8 月 22 日访问。

序号	案例名称
3	内蒙古自治区对大兴安岭浆纸公司夜间偷排废气调查不实问题严肃问责
4	内蒙古自治区加快推进呼伦湖综合治理
5	巴彦淖尔市严查联邦制药公司内部员工非法售卖危险废物行为
6	黑龙江强化督导核查推进群众举报案件边督边改
7	黑龙江省对群众举报案件查处不力问题严肃问责
8	哈尔滨市深入推进阿什河流域综合整治
9	黑河市严厉打击盗采砂金破坏生态环境违法行为
10	江苏省纪检监察机关积极配合环境保护督察工作
11	泰兴市严查江苏瑞和化肥有限公司偷排废水环境违法行为
12	江苏省严肃查处群众身边的环境污染问题
13	扬中市集中整治三茅大港水体黑臭问题
14	萍乡市严厉打击中材萍乡水泥有限公司 在线监测弄虚作假行为
15	河南省狠抓中央环保督察举报案件查办
16	商丘市严肃查处商丘化肥总厂环境违法问题
17	广西对岑溪市相关部门查处百姓投诉案件不力行为严肃追责
18	贵港市严肃查处南风化肥厂环境违法行为
19	昆明市查处混凝土搅拌站噪声粉尘长期扰民问题
20	怒江州兰坪县严查采石厂破坏生态环境问题
21	吴忠市严肃查处徐某等人非法处置危险废物案件
22	银川市严肃查处贺兰县蓝星污水处理厂废水超标排放问题
23	宁夏回族自治区严肃查处中石油宁夏石化公司污染环境问题
24	中卫市中宁县下大力整治北河子环境问题
25	石嘴山市大武口区查处工业废渣处理厂环境污染问题

（一）内蒙古自治区督察反馈情况

中央第一环境保护督察组于 2016 年 11 月 12 日向内蒙古自治区党委、

政府进行了反馈。反馈会由内蒙古自治区主席布小林主持,督察组副组长翟青通报了督察意见,内蒙古自治区党委书记李纪恒作表态发言,督察组有关人员,内蒙古自治区党委、政府领导班子成员及各有关部门主要负责人等参加了会议。反馈结果显示,督察组共办结环境问题举报 1637 个,关停取缔违法企业 362 家,立案处罚 206 件,拘留 57 人,约谈 238 人,问责 280 人。督察组指出,内蒙古自治区生态环境保护工作虽然取得明显进展,但生态环境依然十分脆弱,部分区域生态退化问题依然严重,水资源、矿产资源和草原的保护与利用矛盾依然比较突出。内蒙古自治区存在的主要问题有四项:①

一是对生态环境脆弱性、环境保护紧迫性和艰巨性的认识尚不到位。督察组发现,不少干部不仅没有认识到生态环境面临的严峻形势,反而认为全区环境容量大,环境不会出问题。2013 年以来,半数盟市党委常委会很少专题研究环境保护,有的甚至一年间没有研究环境保护问题。在与自治区党委、政府领导干部谈话中,多人表示,很多地方干部没有认识到绿水青山就是财富。

二是自然保护区内违法违规开发问题仍然多见。89 个国家和自治区级自然保护区中有 41 个存在违法违规情况,涉及企业 663 家,且矿山环境治理普遍尚未开展。大青山、西鄂尔多斯、甘草等国家或自治区级自然保护区内大量采矿企业直到 2016 年上半年才停止生产。自治区有关职能部门违规在自然保护区内办理采矿证,甚至到 2015 年 5 月十部委联合印发《关于进一步加强涉及自然保护区开发建设活动监督管理的通知》后,相关部门仍对甘草保护区 25 宗采矿权审批续证。2014 年和 2015 年,国土部门和环保部门违规审批位于蒙格罕山自然保护区的采石场项目。另外,锡林郭勒草原国家级自然保护区 3 家企业未按自治区环保厅要求启动退出机制。呼伦贝尔、鄂尔多斯存在违规占用天然草地问题。遗鸥国家级自然保护区生态功能已基本丧失。

三是水和大气污染防治工作推进滞后。督察组发现,内蒙古自治区存

---

① 本部分以下内容根据《中央第一环境保护督察组向内蒙古自治区反馈督察情况》整理,来源:(环境保护部网) http://www.mep.gov.cn/gkml/hbb/qt/201611/t20161112_367358.htm,2017 年 4 月 20 日访问。

在"好水减少，差水增多"的问题。2015年，全区90个地表水断面中，达标断面同比下降7.7个百分点，劣V类断面同比上升3.1个百分点。其中，黄河支流12个断面中5个，西辽河流域14个断面中7个水质持续恶化。全区地下水超采问题突出，通辽、呼和浩特、包头等多个盟市地下水水位下降明显。大量企业违规使用水资源，城镇生活污水处理不到位等问题突出，进一步加剧全区水环境保护严峻形势。部分大气污染防治任务进展较慢，全区尚有10家企业22台火电机组未建设脱硫设施，其中呼伦贝尔市多家企业长期超标排放。截至2015年底，全区城市建成区仍有654台每小时10蒸吨及以下老旧锅炉尚未淘汰。7家企业自备火电厂违规上马，总装机容量达511万千瓦。

四是部分历史遗留及群众关心问题亟待解决。其中，问题比较突出的案例有三起：第一起是呼伦贝尔北方药业有限公司异味扰民问题。2013年以来，自治区各级环保部门共收到关于北方药业的投诉达143件。现场督察时，督察组发现，该厂厂内腐臭扑鼻，并且违规填埋废菌渣，性质恶劣。第二起是乌海及周边地区煤田（煤矿）自燃污染环境问题。2012年以来自治区煤田（煤矿）灭火工程基本处于停滞状态，灭火工程排土场管理和矿区回填等生态修复工作处于无人监管状态。第三起是包头危废综合处置中心建成但长期不能正常运行的问题。该中心建成后长期不能正常运行，全区大量有色金属冶炼废渣未得到及时处置，存在环境风险。工业园区亟待清理整治，64个自治区级以上园区中，29个未建设集中式污水处理设施，31个未建集中供热设施，大多数园区未配套建设正规渣场。

（二）黑龙江省督察反馈情况

中央第二环境保护督察组于2016年11月15日向黑龙江省委、省政府进行了反馈。反馈会由黑龙江省省长陆昊主持，督察组组长杨松通报了督察意见，黑龙江省委书记王宪魁作表态发言，督察组有关人员，黑龙江省委、省政府领导班子成员及各有关部门主要负责人等参加了会议。反馈结果显示，督察组转办的群众举报案件已基本办结，责令整改1034件，立案处罚220件，拘留28人，约谈32人，问责13个党组织、20个单位和560人。督察组认为，黑龙江省环境保护工作虽然取得一定成效，但一些领域和区域环境问题突出，与中央要求和群众期盼仍有明显差距。黑龙江省存在的主要

问题有四项：①

一是工作部署存在降低标准、放松要求现象。《黑龙江省水污染防治工作方案》将国家要求的"到 2020 年底，县城、城市污水处理率分别达到 85%、95% 左右"降低到"80%、90% 左右"。《黑龙江省大气污染防治行动方案（2016—2018 年)》将钢铁企业烧结机和球团生产设备安装脱硫设施时间由国家规定的 2017 年推迟到了 2018 年。此外，《大气污染防治行动计划》也没有落实到位，2013 年 10 月以来，全省新增注册每小时 10 蒸吨及以下燃煤小锅炉 3031 台；全省燃煤电厂 316 台在产机组中，有 274 台未完成治污设施改造。2014 年以来，没有按照《黑龙江省大气污染防治行动计划实施细则》规定，对省直相关部门工作进行年度考核，也未对 2015 年未完成治理任务且空气质量恶化地区实施问责。

二是自然保护区违法、违规开发建设问题严重。大庆市杜尔伯特县将湿地谎称为既有耕地，向上级申报在扎龙国家级自然保护区内实施开发项目，并获得批准，造成保护区内 10000 多亩湿地被毁。2012 年以来，省农垦总局牡丹江管理局八五六农场、兴凯湖农场在兴凯湖国家级自然保护区内违规开垦耕地，造成 2500 多亩草地被毁；建三江管理局、齐齐哈尔管理局所属农（牧）场未经有关部门批准，擅自在挠力河国家级自然保护区、乌裕尔河国家级自然保护区内实施 11 个综合开发项目。

此外，2015 年，大庆市肇源县水务局批准《肇源县松花江干流河道采砂管理规划（2015—2018 年)》，该文件确定的总面积达 4000 余亩的 9 个可采区，全部位于肇源沿江湿地自然保护区内；2011 至 2014 年，肇源县有关部门违规发放采砂许可并收取管理费，造成沿江湿地保护区内违规采砂现象猖獗，河道破坏严重。2012 年以来，饶河东北黑蜂国家级自然保护区核心区非法新建 4 处采砂场；红兴隆管理局红旗岭农场在挠力河国家级自然保护区缓冲区违规开展旅游设施建设和旅游经营活动。

三是哈尔滨市环境治理工作推进不够有力。督察发现，哈尔滨全市 16 家燃煤电厂中 9 家长期超标排放；455 台每小时 10 蒸吨以上燃煤锅炉中 309

---

① 本部分以下内容根据《中央第二环境保护督察组向黑龙江省反馈督察情况》整理，来源：(环境保护部网) http://www.mep.gov.cn/gkml/hbb/qt/201611/t20161115_367496.htm，2017 年 4 月 20 日访问。

台未完成污染治理设施改造。燃煤锅炉淘汰不实，南岗、香坊两区2015年上报已淘汰的165台燃煤小锅炉中有48台实际没有淘汰。

阿什河流经哈尔滨市香坊、道外区后，水质明显恶化，成为松花江一级支流中唯一劣V类水体，2015年入松花江口内断面化学需氧量、总氮、总磷平均浓度，与2013年同比分别上升8.8%、12.4%和5.2%。此外，阿什河流沿岸畜禽养殖业管理无序，生活垃圾随意倾倒，废旧塑料加工等小企业污染严重，每天还有近万吨生活污水直排入河。截至2015年底，哈尔滨市仍有4个县（市）垃圾无害化处理项目未建成投运，每天1200多吨生活垃圾不能得到有效处理。

四是部分区域环境污染严重，群众反映强烈。黑龙江省生活垃圾无害化处理率较低，全省仍有临时性垃圾堆放场所280余处，累计堆存垃圾9300多万吨，严重污染周边环境。鹤岗市每天产生1000多吨生活垃圾，全部填埋在城市周边废矿坑、采砂坑中。肇兰新河污染问题突出，2015年该河入呼兰河断面化学需氧量、氨氮平均浓度分别为86.4mg/L和11.0mg/L，超过地表水V类标准1.2倍和4.5倍，水体污染十分严重，局部发黑发臭。牡丹江市阳明区木材加工企业群大量配套锅炉冒黑烟问题突出；亿丰城市煤气有限公司两座3.3米捣固焦炉未按规定淘汰，长期违法生产，环境污染严重。齐齐哈尔市中心城区污水处理厂10余万吨污泥堆存于嫩江行洪区内，对嫩江水环境安全构成严重威胁。牡丹江、鹤岗、绥化和黑河等4个城市2015年PM10平均浓度较2013年不降反升，其中绥化、黑河上升幅度分别达到13%和32%。

（三）江苏省督察反馈情况

中央第三环境保护督察组于2016年11月15日向江苏省委、省政府进行了反馈。反馈会由江苏省省长石泰峰主持，督察组组长吴新雄通报了督察意见，江苏省委书记李强作表态发言，督察组有关人员，江苏省委、省政府领导班子成员及各有关部门主要负责人等参加了会议。反馈结果显示，督察组已办结环境举报问题2451件，责令整改企业2712家，立案处罚1384件，处罚金额9750万元，拘留108人，约谈618人，问责449人。督察组认为，江苏省环境保护工作虽然取得明显进展，但全省经济社会快速发展与资源环境承载能力之间的矛盾依然突出，一些结构性、区域性环境问题未得到根本

解决，环境风险较大。江苏省存在的主要问题有三项：①

一是贯彻落实国家环境保护决策部署还存在不到位情况。国家与江苏省签订的大气污染防治目标责任书要求，江苏省到 2017 年底需实现煤炭消费总量负增长，但江苏省在 2014 年和 2015 年大气污染防治考核中，均未将煤炭消费总量控制要求纳入对地市的考核范畴。长江保护部署推进不够有力，2015 年长江江苏段 41 条主要入江支流中，劣Ⅴ类断面占比 20.5%，较 2014 年、2013 年分别上升 6.9 个百分点和 11.4 个百分点。南京节制闸、镇江葛村桥断面水质明显恶化。2013 年 10 月，国务院出台《关于化解产能严重过剩矛盾的指导意见》，明确严控钢铁新增产能，但江苏省 2013 年以来新增钢铁产能控制不力，盐城联鑫钢铁、徐州铁矿铸业、睢宁宁峰钢铁、冠兴轧辊等企业违规新建或续建钢铁产能。

二是环境风险问题没有得到有效解决。江苏省现有各类化工生产企业 6300 余家，入园率仅 30% 左右，有的地区入园率甚至只有约 10%。督查发现，灌云县临港产业区化工集中区现有 125 家企业，全部为规划环评明确禁止、限制或严格控制的农药、染料、中间体类项目。盐城市沿海化工园区违反规划环境影响评价的要求，在二期建设中引进大量染料、医药、农药等项目，其中，盐城市经信委 2015 年备案的三泰化工周位酸项目，还在采用国家明令淘汰的铁粉还原工艺。此外，连云港市灌云县临港产业区、灌南县化工产业园区企业违法排污问题突出，周边地表水污染严重，七圩闸和大咀大沟化学需氧量分别超过地表水Ⅳ类标准约 50 倍和 8 倍。

长江江苏段分布有 30 个集中式饮用水水源地，现场抽查 12 个，8 个存在环境违法问题。无锡市长江窑港、南通市狼山水厂、镇江市征润洲、江心洲丹阳等饮用水水源一级或二级保护区内存在法律禁止的化工码头、水产养殖或修造船基地等，加之沿途危险化学品运输频繁，环境风险十分突出。《江苏省通榆河水污染防治条例》实施后，盐城、连云港、泰州、南通、扬州 5 市仍在水源一级保护区内违规建设 70 余家规模化畜禽养殖场，部分甚至无污染治理设施，带来污染隐患。全省危险废物处置能力不足，危险废物

超期贮存、非法转移和非法填埋等问题突出。此外，江苏省部分污染场地环境风险较大，需要提高管控能力。

三是部分区域生态环境问题突出。徐州市大气污染防治形势严峻，但仍然违法违规建设高排放项目，尤其是新《环境保护法》实施后，中泰能源科技、龙山制焦、东兴能源等企业仍违法建设焦化项目，对当地大气环境影响明显，徐州市县两级政府均未采取有效措施，及时处理违法行为。盐城市及有关区县长期放任盐城国家级珍禽自然保护区内违法进行开发活动，保护区核心区内长期存在大规模采集泥螺行为，缓冲区陆域面积共 62.2 万亩，其中 47.1 万亩已开发为水产养殖、农业种植等。

2015 年，太湖流域 15 条主要入湖河流中 10 条总氮、9 条总磷未达到国务院"十二五"太湖流域污染防治水质目标要求，流域内畜禽养殖污染严重。9000 余家规模化畜禽养殖企业中，无治污设施的约占三分之一，其中太湖一级保护区内有 161 家规模化畜禽养殖场，约 80% 无治污设施。《太湖流域水环境综合治理总体方案》要求 2015 年底前完成望虞河西岸控制工程，但至今尚未开工，严重制约与其配套的走马塘排水工程功效发挥。此外，洪泽湖、骆马湖非法采砂问题屡禁不止，违反江苏省生态红线区域管控要求，对南水北调东线工程、饮用水源安全及湖泊水生态环境造成威胁。

（四）江西省督察反馈情况

中央第四环境保护督察组于 2016 年 11 月 17 日向江西省委、省政府进行了反馈。反馈会由江西省省长刘奇主持，督察组组长李家祥通报了督察意见，江西省委书记鹿心社作表态发言，督察组有关人员、江西省委、省政府领导班子成员及各有关部门主要负责人等参加了会议。反馈结果显示，督察组已基本办结环境问题举报 1050 件，责令整改 777 件，立案处罚 224 件，拘留 57 人，约谈 220 人，问责 124 人。督察组认为，近年来江西省环境保护工作取得积极进展，但在转变发展理念、加大环境保护力度方面与中央要求和群众期盼仍有差距，一些突出环境问题没有得到有效解决，经济发展与环境保护矛盾突出。江西省存在的主要问题有四项：①

---

① 本部分以下内容根据《中央第四环境保护督察组向江西省反馈督察情况》整理，来源：（环境保护部网）http://www.mep.gov.cn/gkml/hbb/qt/201611/t20161117_367788.htm，2017 年 4 月 20 日访问。

一是部分环保工作不严不实。2016 年上半年，南昌、宜春、九江、鹰潭、吉安、新余、赣州等 7 个地市 PM10 或 PM2.5 浓度同比不降反升，部分河流湖库断面主要污染物浓度也呈上升趋势，但多数地方不少领导同志对此认识不够，存在盲目乐观情绪，导致在具体环境保护工作推进上不严不实。

落实《国务院办公厅关于加强环境监管执法的通知》存在不到位情况。省政府在组织对各地饮用水水源保护区进行排查中，未发现违法违规排污口和建设项目。但督察发现，九江河西水厂、宜春滩下水厂和宜春丰城等饮用水水源一级保护区及九岭山、九连山等国家级自然保护区内，存在违规建设项目或违法排污行为。国务院部署的全面清理、废除阻碍环境监管执法土政策工作落实不到位，景德镇、抚州两市仍有 3 项"土政策"未清理到位，特别是 2015 年 3 月景德镇乐平市仍在出台阻碍环境执法的土政策。

大气污染防治行动计划落实不力。2014 年以来，江西省未按要求对大气污染防治未通过年度考核地区进行约谈或问责。萍乡市 2015 年 PM10 浓度较上年同期上升 30%，未按省大气污染防治实施方案要求制订建成区内重污染企业搬迁计划，8 家国控大气污染排放企业有 6 家长期超标，部分燃煤小锅炉淘汰弄虚作假。应于 2014 年底完成搬迁任务的上饶县远翔实业等企业久未搬迁。

治污设施建设责任落实不到位。早期建成的大量城镇污水处理厂长期不能正常运行，成为"晒太阳"工程，部分污水处理厂进水化学需氧量浓度甚至低于排放标准，基本属于"无效运行"。全省危险废物处置能力严重不足，大量危险废物长期存放，甚至非法处置。

二是鄱阳湖流域水环境形势不容乐观。2013 年至 2015 年，鄱阳湖水质持续下降。督察发现，鄱阳湖流域特别是鄱阳湖生态经济区内违法违规排污问题严重。景德镇乐平工业园区企业长期利用雨水沟渠偷排废水，宜春上高县工业园区多家企业长期偷排。督察组抽查了 21 个垃圾填埋场，有 13 个采取简易填埋方式，其中景德镇宋家庄垃圾填埋场超期运行 4 年，每天 400 吨渗滤液仅经简易处理排入昌江河，外排废水化学需氧量严重超标；鹰潭市垃圾填埋场渗滤液处理站外排废水化学需氧量和氨氮浓度均超标。截至 2016 年 7 月，全省未建治污设施的规模化养猪场共 2634 家，鄱阳湖生态经济区内就有 1961 家。南昌市 1892 家规模化养猪场中，近六成未建治污设施，污水直排现象突出。

三是稀土开采生态恢复治理滞后。2013 年至 2015 年，赣州市需完成中央财政资金支持的 10 个稀土矿山治理项目，无一按期完成。龙南足洞河流域废弃稀土矿一期治理项目应于 2015 年 2 月完成验收，但直到 2015 年 9 月才开始工程招标，尚未完成治理工作。此外，赣州市对矿区水污染问题重视不够，寻乌县石排废弃矿山地质环境治理工程基本完成，但未建设相应的污水处理设施，矿区小溪氨氮和铅浓度分别超标约 34 倍和 7 倍。

赣州稀土矿业有限公司作为全市唯一采矿权人，矿山生态环境治理工作严重滞后，且在未建设废水处理设施、大部分车间未批先建的情况下，赣州市违规批准其 109 个车间投入生产。截至督察时，已启动生产的 59 个车间均未建设废水处理设施，水污染问题突出。该公司环保管理粗放，现场抽查发现，其下属定南县长尾坑矿区迳背二车间母液池破损，外溢废水和矿区地表水严重超标；信丰县禾吉茶二车间母液池无防渗措施。

四是环保不作为、乱作为问题突出。2015 年江西省水利厅在鄱阳湖内批准 3 个采砂区，其中有 6.82 平方公里采砂区位于鄱阳湖银鱼产卵场省级自然保护区内。乐平市政府违反《排污费征收使用管理条例》，2012 年至 2014 年，多次用财政资金为 36 家企业代缴排污费 1147 万元。一些地方日常监管缺失，宜春市宜丰工业园、景德镇开门子陶瓷化工集团、丰城市江西铁骑力士牧业等园区或企业长期偷排或超标排放，但各地没有查处到位。南昌市违反国家和江西省有关环境保护规定，支持江西晨鸣纸业擅自扩建二期项目，并要求市环保局为其补办环评审批手续。新《环境保护法》实施后，在没有开展规划环评的情况下，《昌铜高速生态经济带总体规划（2015—2020 年）》仍然得到批复。景德镇乐平工业园区污染严重、万年县凤巢工业园区多家化工企业偷排偷放等突出，环境问题长期得不到解决，群众反映强烈。

（五）河南省督察反馈情况

中央第五环境保护督察组于 2016 年 11 月 15 日向河南省委、省政府进行了反馈。反馈会由河南省省长陈润儿主持，督察组组长王万宾通报了督察意见，河南省委书记谢伏瞻作表态发言，督察组有关人员，河南省委、省政府领导班子成员及各有关部门主要负责人等参加了会议。反馈结果显示，督察组已办结环境问题举报 2682 件，责令整改 1614 件，立案处罚 188 件，拘留 31 人，约谈 148 人，责任追究 1231 人。督察组认为，河南省环境保护工作虽然积极推进，但由于全省人口多，又处于工业化、城镇化加速推进的历史阶段，发展方式粗放，全省环境保护形势依然十分严峻。河南省存在的主要问题有五项：①

一是环境保护推进落实不够有力。督察组发现，河南省不少干部存在诸如短期内牺牲环境换取增长不可避免，大气污染严重主要受地形、降水、风力等外部条件影响等认识上的错误和偏差。2015 年，在全省环境保护责任目标考核中，郑州市考核结果为未完成，但在经济社会发展目标考核中，郑州市考核结果为优秀。由于认识存在误区，导致环保工作压力传导不够到位，推进落实乏力。2015 年，河南全省 PM10 浓度均值 135μg/m³，PM2.5 浓度均值 80μg/m³，两者浓度在全国 31 个省（区、市）排名分别位列第三和第一。2016 年上半年，河南省 PM10 和 PM2.5 浓度分别为 144μg/m³ 和 77μg/m³，均位列全国第二。部分河流污染问题突出，与 2013 年相比，2015 年全省纳入监测的 16 个重点小流域有 5 个污染程度明显上升；纳入国、省控监测的 49 条河流 94 个监测断面中，14 条河流 24 个断面污染程度上升明显。

二是不作为、慢作为问题比较突出。河南省质检部门 2014 年至 2015 年新注册每小时 10 蒸吨及以下燃煤锅炉 2713 台，且部分锅炉安装于城市建成区，违反了国家大气污染防治行动计划要求。2015 年，河南省供应柴油中超过 75% 为普通柴油，导致大量达不到国四标准的普通柴油作为车用柴油使用。全省油气回收治理工作完成时限一拖再拖，截至督察时，仍有近半任务没有完成。永城市闽源特钢于 2014 年 10 月违规新建 1080 立方米高炉和 60 吨转炉各一座，并在 2015 年建成投产；安阳市有关部门将汇鑫特钢 2 台 60 平方米烧结机违规认定为一台 111 平方米烧结机；洛阳市洛钢集团 36 平方米环形烧结机应于 2011 年淘汰，但仍在生产；新乡市金马建材等企业落后水泥磨机仍未淘汰到位。矿山环境治理工作滞后，2010 年以来全省煤矿

① 本部分以下内容根据《中央第五环境保护督察组向河南省反馈督察情况》整理，来源：（环境保护部网）http://www.mep.gov.cn/gkml/hbb/qt/201611/t20161115_367486.htm，2017 年 4 月 20 日访问。

环境恢复保证金仅使用约 2 亿元，账户沉淀约 28 亿元，大量废弃矿山没有及时实施环境修复治理。

三是部分地区环境形势十分严峻。郑州市空气质量在全国 74 个重点城市排名中，从 2013 年倒数第 10，一路下滑到 2016 年上半年倒数第 3，成为全国污染最重的省会城市之一。同时，由于大量生活污水溢流直排，郑州全市水环境质量持续恶化，2013 年以来贾鲁河、双泊河监测断面部分污染指标呈上升趋势。此外，近年来，郑州市大拆大建产生了大量建筑垃圾无序堆放在城市周边及郊县自然沟壑，污水处理产生的数十万吨污泥随意堆存在城市周边的砂石坑内，环境隐患突出。

濮阳市 2013 年至 2016 年上半年 PM10 浓度持续上升，大气环境形势十分严峻。2014 年以来，市域马颊河水质持续恶化，金堤河水质长期为劣 V 类，但在这种情况下，全市水污染治理工作不严不实，将已建成的台前县产业集聚区污水处理厂扩建工程等 4 个项目，仍然申报纳入 2014 年或 2015 年河南省流域治理或碧水工程方案。该市还通过拆分审批，基本建成河南丰利石化年产 300 万吨的炼油项目。

新乡市 2015 年 PM10 和 PM2.5 浓度同比上升 16.2% 和 16.0%，成为河南省大气污染最重城市之一。该市贾屯污水处理厂配套管网及泵站建设滞后，建成投运后出水仍然长期超标；卫河新乡段截污管网虽已建成，但因处理能力不足，每天仍有 4—5 万吨污水排入河道，导致卫河污染严重且持续恶化，2015 年卫河皇甫断面化学需氧量、氨氮、总磷分别比 2013 年上升 10.3%、79.7% 和 97.8%，群众意见较大。

四是局部地区生态破坏较为严重。黄河湿地保护区三门峡段有多家企业无序开采，保护区多处山体残缺不全，大量废渣沿河道周边山坡随意堆放，破坏或侵占保护区面积 3300 多亩，造成严重生态破坏。黄河湿地保护区洛阳、焦作、郑州段违法采砂问题也十分突出，三地河道管理部门未经保护区管理部门同意，擅自为有关企业办理采砂手续。此外，郑州市尖岗水库饮用水水源二级保护区违规审批绿地国际会议中心项目，该项目占地面积约 30 公顷，于 2016 年 3 月开工建设。安阳市小南海水库和彰武水库属于饮用水水源准保护区，2012 年以来网箱养殖数量逐年增加，水体水质由 II 类降低到劣 V 类。洛阳市陆浑水库、开封市黑岗口、濮阳中原油田彭楼、漯河澧河等饮用水水源一、二级保护区也存在水产养殖或违规建设等问题。

五是一些突出环境问题群众反映强烈。漯河市颍河、鹤壁市卫河及汤河、平顶山市八里河等流域，2015 年主要污染物浓度与 2013 年相比均大幅上升；开封惠济河，信阳黑泥沟、新申河，南阳梅溪河等城市河流水体恶臭问题突出。漯河市污泥处理厂故障频繁，大量污泥长期露天存放，无防渗措施。鹤壁市蔡庄垃圾处理有限公司、焦作沁阳市垃圾填埋场等企业大量渗滤液长期存放，环境隐患突出。南阳市生活垃圾填埋场异味明显，群众投诉不断。洛阳伊河嵩县段，新乡北部山区，郑州荥阳、登封，焦作北山地区，南阳卧龙区，平顶山鲁山等地，大量采砂、石料开采或石灰生产等企业在开采、加工、堆放、运输等环节管理运行粗放，生态破坏突出，扬尘污染严重，群众反映强烈。

（六）广西壮族自治区督察反馈情况

中央第六环境保护督察组于 2016 年 11 月 17 日向广西壮族自治区党委、政府进行了反馈。反馈会由广西壮族自治区主席陈武主持，督察组组长姜伟新通报了督察意见，广西壮族自治区党委书记彭清华作表态发言，督察组有关人员，广西壮族自治区党委、政府领导班子成员及各有关部门主要负责人等参加了会议。反馈结果显示，督察组已基本办结环境问题举报 2341 件，责令整改 1739 件，立案处罚 176 件，拘留 10 人，问责 351 人，约谈 204 人。督察组认为，广西壮族自治区环境保护工作虽然取得积极成效，但发展与保护的矛盾仍较突出，局部地区生态破坏和环境风险问题不容忽视。广西壮族自治区存在的主要问题有四项：①

一是部分环境保护工作推进落实不够。督察组发现，广西一些领导同志对生态环境保护存在盲目乐观情绪，对环境保护工作的艰巨性和敏感性认识不足。一些地方环境保护工作被动推进多，主动作为少。2012 年龙江河镉污染事件后，广西壮族自治区制订《关于开展以环境倒逼机制推动产业转型升级攻坚战的决定》，但是推进落实工作前紧后松，自治区党委、政府明确限期于 2012 年和 2015 年分批完成"烧结—鼓风"落后炼铅工艺淘汰，

---

① 本部分以下内容根据《中央第六环境保护督察组向广西壮族自治区反馈督察情况》整理，来源：（环境保护部网）http：//www.mep.gov.cn/gkml/hbb/qt/201611/t20161117_367788.htm，2017 年 4 月 20 日访问。

2014 年底前完成河池市城区及周边 6 家冶炼企业搬迁入园等目标均未完成。历史遗留废渣、尾矿库治理工作推进缓慢，环境风险依然较大。此外，全区环保基础设施建设滞后，36 个自治区级以上工业园区，建成或在建集中式污水处理设施的仅 12 个。

二是环保为发展建设让步的情况时有发生。2015 年 6 月，为建设钦州滨海新城，茅尾海自治区级红树林自然保护区 29% 的面积被调出保护范围，实际调减面积 1413 公顷。根据钦州滨海新城、北海铁山港东港区和龙港新区的建设规划，还将占用茅尾海和铁山港区域约 595 公顷原生态红树林。此外，北部湾在开发建设中未充分考虑战略环境影响评价的要求，北海、钦州、防城港三市均大量引进钢铁、铁合金等产业，没有落实此类产业布局规划要求。已投产的 46 家相关企业中有 35 家分散在钦州市多个工业园区。钦州市皇马工业园区没有建设集中式污水处理设施，废水通过渗坑排放，违规引进祥云飞龙再生科技公司等生产工艺落后、重金属污染严重的企业。

三是生态环境破坏问题比较突出。2011 年至今，北海市合浦县沙田镇新港综合发展有限公司在山口国家级红树林生态自然保护区违规进行抽砂围填海及海砂销售，侵占保护区面积约 70 公顷，破坏自然红树林约 20 公顷。2010 年以来，防城港市北仑河口国家级自然保护区核心区违法建设竹山村旅游栈道 1397 米，破坏红树林 6.3 亩，栈道附近 7 家"渔家乐"生活污水直排，截至督察时仍在违规经营。合浦儒艮国家级自然保护区部分海域被养殖侵占，侵占面积达 349.2 公顷，其中核心区 144 公顷。自治区各级海洋部门存在违规审批或监管不力等问题。

此外，桂林漓江流域非法采石问题突出，有 18 家采石场位于漓江国家级风景名胜区内，其中 2 家位于核心景区。桂林市海洋山自治区级自然保护区恭城县境内有 3 家采矿企业、6 个采矿区，许可开采面积达 58.4 平方公里，长期违规开采，生态破坏严重。崇左市大新县恩城国家级自然保护区内有 3 个采石场，下雷自治区级自然保护区内有 2 个采石场，合计侵占保护区面积 10.2 公顷。桂林千家洞国家级自然保护区内 5 座小水电站中，有 3 座部分构筑物位于核心区和缓冲区，其中位于核心区的道江河水电站新大坝，2014 年仍获得有关部门违规批准施工。

四是一些突出环境问题群众反映强烈。督察发现，广西壮族自治区部分河流湖库水质恶化。南流江因大量养殖和生活污水直排，干流水质已下降到Ⅳ类，其中玉林与钦州交界断面、北海入海口断面氨氮浓度，2015年比2013年分别上升96.8%和25.7%。北海市西门江老哥渡断面、钦州市钦江西桥断面水质近年来均为劣Ⅴ类。南宁市18条城市内河，有16条46段为黑臭水体。2015年全区11个重点湖库中有5个水质下降明显，其中武思江水库受网箱养鱼、农业面源等污染，2015年氨氮、总磷浓度比2014年分别上升142%和90.9%，水质下降为Ⅴ类。

采石、采砂、采矿产生的扬尘、废水污染和生态破坏问题严重，群众反映强烈。梧州市藤县西江流域，桂林市灌阳县、平乐县漓江流域采砂活动频繁，破坏河道生态环境。梧州岑溪市富祥采石场长期违法超采，严重破坏生态景观。贺州昭平县五将镇平水村金矿私采点废水污染桂江，泥沙毁坏农田。

此外，广西尾矿库环境风险较高。全区在册尾矿库597座，其中有色金属类211座，病库137座，"头顶库"39座。中国铝业广西分公司、信发铝电2015年均发生过泥浆泄漏污染环境事件。

（七）云南省督察反馈情况

中央第七环境保护督察组于2016年11月23日向云南省委、省政府进行了反馈。督察组组长贾治邦通报了督察意见，云南省委书记陈豪主持反馈会并作表态发言，督察组有关人员，云南省委、省政府领导班子成员及有关部门主要负责人等参加了会议。反馈结果显示，督察组已基本办结环境问题举报1234件，其中责令整改515件，立案处罚189件，拘留11人，问责322人，约谈681人。督察组认为，云南省生态环境敏感脆弱，发展不足和保护不够并存；虽然近年来环境保护工作取得积极进展，但与中央要求，与云南省特殊生态地位和人民群众期盼相比，尚存在差距。云南省存在的主要问题有四项：①

一是对生态环境保护工作要求不严。督察组发现，云南省一些地方和部门不少领导干部环境保护工作主动性不够。一些地区"靠山吃山、靠水吃水"的思想明显，利用河流湖泊、自然生态等景色优势违规开发建设的情况

---

① 本部分以下内容根据《中央第七环境保护督察组向云南省反馈督察情况》整理，来源：（环境保护部网）http://www.mep.gov.cn/gkml/hbb/qt/201611/t20161123_368041.htm，2017年4月20日访问。

较多，对环境保护工作要求不够严格。在新《环境保护法》实施后，云南全省 2016 年重点建设项目中，仍有 55 个未批先建。云南省虽然出台了落实环境保护党政同责、一岗双责的文件制度，但在具体工作中考核不严，环保压力传导不够，一些地方和部门没有严格落实大气和水环境治理任务。此外，云南部分国家投资建设的医疗废物集中处置项目因管理不善而停止运行。全省 70 个省级以上工业园区中，有 57 个未建成集中式污染治理设施。

二是高原湖泊治理保护力度仍需加大。督察组发现，云南省九大高原湖泊规划治理项目总体进展缓慢，洱海流域、滇池流域、牛栏江流域分别还有 56%、64% 和 84% 的村庄应建而未建成污水处理设施。投资超过 4 亿元的昆明市主城区污泥处置项目，因选址原因不能如期建成发挥作用。异龙湖周边还有 5591 亩耕地尚未完成退耕还湖工作。

此外，云南省违规开发现象突出，存在"边治理、边破坏""居民退、房产进"现象。《云南省抚仙湖保护条例》颁布施行以来，金色抚仙湖九龙国际会议中心项目违规在抚仙湖一级保护区建成酒店、公寓、别墅等，总建筑面积约 14 万平方米，仍在对外进行销售。2012 年 5 月，玉溪市澄江县违规批准老鹰地旅游度假村项目，在抚仙湖一级保护区建成高尔夫球场、景观水池、人工沙滩等，总计建筑面积约 8.7 万平方米。2013 年 5 月，玉溪市城市规划建设委员会又批准仙湖锦绣项目，在抚仙湖一级保护区违规建成售楼部、景观水池、人工沙滩等，涉及建筑面积约 1.3 万平方米，而且项目选址属于"四退三还"（退塘、退田、退人、退房，还湖、还林、还湿地）范围。

三是重金属污染治理推进不力。《重金属污染综合防治"十二五"规划》要求 2015 年底前建成 19 个历史遗留重金属污染综合治理工程，云南省仍有 12 个尚未建成。2012 年，云南省政府明确要求加快建设个旧市重金属污染治理五大工程，均未取得实质进展。2014 年获得中央财政资金支持的黑冲河重金属污染综合治理工程、冲坡哨片区工业"三废"集中处置场建设工程，并未动工。《全国危险废物和医疗废物处置设施建设规划》要求 2013 年底前建成投运的曲靖市危险废物集中处置和红河州危险废物集中处置两个项目，并未建成，导致大量危险废物得不到集中无害化处置，环境隐患突出。

此外，云南省落后冶炼产能淘汰不力。个旧市政府明确 2012 年底前需淘汰鸡街片区 12 家鼓风炉粗铅冶炼企业，但仅淘汰 1 家。督察发现，沙甸、鸡街片区鼓风炉炼铅小企业众多，废气无组织排放严重。云南陆良龙海化工有限责任公司、陆良县金泰博化工有限公司、云南陆良乐事达工贸有限公司、个旧市超拓有限责任公司硫酸生产线生产规模均小于10万吨/年，属于污染严重应淘汰类生产装置，但省市县三级工信部门于2013年3月违规为其出具符合产业政策的证明。

四是自然保护区和重点流域保护区违规开发问题时有发生。2013年以来，有关企事业单位违反《自然保护区条例》，在大山包黑颈鹤国家级自然保护区缓冲区建成有机生态实验农场养殖场9623平方米，在保护区核心区建成2处旅游设施，面积约4000平方米。针对上述违规建设问题，有关地方政府和部门监管不力，整改不力，导致相关问题仍然存在。此外，2013年11月和2014年7月，昆明市有关方面违反《云南省牛栏江保护条例》，批准云南安一精细化工有限公司在牛栏江流域重点污染控制区建成5万吨/年草甘膦原药及其配套装置。2012年12月和2014年1月，昆明市有关部门和区县分别违规批准云南常青树化工有限公司在牛栏江流域水源保护核心区建设6000吨/年氟化铝项目和5万吨/年磷酸盐项目，两个项目均已建成。

（八）宁夏回族自治区督察反馈情况

中央第八环境保护督察组于2016年11月16日向宁夏回族自治区党委、政府进行了反馈。反馈会由宁夏回族自治区主席咸辉主持，蒋巨峰组长通报了督察意见，宁夏回族自治区党委书记李建华作表态发言。督察组有关成员，宁夏回族自治区党委、政府领导班子成员及各有关部门主要负责人等参加了会议。

反馈结果显示，督察组已基本办结环境举报问题476件，停产整治企业57家、限期整改179家、查封扣押5家，拘留8人、约谈35人、问责105人。督察组认为，宁夏回族自治区生态环境较为脆弱，产业倚重倚能。虽然近年来环境保护工作取得积极进展，但生态、大气、水等方面一些环境问题凸显，环境保护工作形势严峻、任务艰巨。宁夏回族自治区存在的主要问题有四项：①

---

① 本部分以下内容根据《中央第八环境保护督察组向宁夏回族自治区反馈督察情况》整理，来源：（环境保护部网）http://www.mep.gov.cn/gkml/hbb/qt/201611/t20161116_367690.htm，2017年4月20日访问。

　　一是贯彻落实国家环境保护决策部署存在差距。宁夏回族自治区党委、政府对推进绿色发展的艰巨性、紧迫性和复杂性认识不足，存在重开发、轻保护问题。2013年至2015年，全区9个县（市、区）在招商引资过程中引进医药、农药、染料中间体等项目近60个，加之部分企业环保设施运行和日常监管不到位，成为污染治理难点和群众投诉热点。2016年自治区对石嘴山、吴忠等污染较重地区的PM10年均浓度控制要求，较2014年《宁夏回族自治区大气污染防治行动计划（2013年—2017年）》确定的目标分别放宽63%和62%。2013年至2015年，自治区分配各地市及宁东地区黄河水量总计约140亿立方米，但生态用水仅占2.75%，且呈逐年下降趋势。自治区本级财政2015年用于大气和水污染防治资金分别较上年同期减少58.4%和40.6%。针对腾格里沙漠污染、贺兰山国家级自然保护区生态破坏等重大环境问题，仅对基层监管人员实施问责，未从决策审批等环节追溯责任。

　　此外，自治区还存在有关部门履职不到位的问题，太西炭基工业、众利达电力、金力实业、宝马化工铸造、天瑞发电等5家企业12台小火电机组应于2011年淘汰，但仍未淘汰到位。平川化工、金益镁业、旭源绒毛等3家已经淘汰企业，仍列入2014年淘汰计划。督察组对156家企业进行了抽查，其中贺兰县暖泉工业园区污水处理厂等71家企业环保设施不正常运行，或者污染物超标排放。2016年上半年，平罗恒达水泥、中冶美利纸业、平罗吉青矸石热电、平罗县供热公司、宝丰能源甲醇厂（自备电厂）、宁东铝业、和宁化学等企业，废气污染物部分排放指标均超标50%以上。

　　二是全区大气环境和局部水体环境质量下降。宁夏回族自治区2014年、2015年PM10年均浓度分别比2013年增长20.6%和21.8%，连续两年未完成国家大气考核任务。2015年冬季，银川市首次出现连续雾霾天气。2016年上半年，银川市和石嘴山市PM2.5平均浓度与上年同比分别上升16%和6.7%，固原市PM10平均浓度同比上升8%。全区燃煤小锅炉淘汰缓慢、新建锅炉控制不严，银川、吴忠、石嘴山3市2015年以来新建40台20蒸吨及以下燃煤锅炉，违反自治区相关要求。各地市和宁东能源化工基地城市建成区仍有244台（其中银川市142台）20蒸吨及以上燃煤锅炉环保设施不完善，污染较为严重。

　　宁夏回族自治区8条重点入黄排水沟水质为劣V类，其中5条水质部分指标仍在恶化。葫芦河、渝河、茹河、清水河（固原段）等 4 条黄河支流水质由 2013 年Ⅳ类下降为 2015 年Ⅴ类或劣Ⅴ类。此外，沙湖和星海湖水质由 2013 年Ⅲ类下降为 2015 年劣Ⅴ类，2016 年上半年水质部分指标仍在变差。截至 2015 年底，自治区"十二五"国家重点流域水污染防治规划要求建设的项目完成率仅为 49%。全区 31 个工业园区中，12 个未配套建设污水集中处理设施，6 个未建成，3 个建成未运行。

三是部分国家级自然保护区生态破坏问题突出。2013 年以来，宁夏回族自治区 9 个国家级自然保护区中，6 个存在新建或续建开发活动点位 149 处，其中 106 处为新建点位。贺兰山国家级自然保护区 86 家采矿企业中，81 家为露天开采，破坏地表植被，矿坑没有回填，未对渣堆等实施生态恢复。神华宁煤汝箕沟煤矿 2 个采区侵占保护区核心区和缓冲区面积 108 公顷，且切断生态保护区生物廊道，弃土弃渣沿山随意堆放，破坏林地 347 公顷。秀江工贸菜园沟煤矿占用保护区核心区、缓冲区面积 166.3 公顷，且露天开采破坏自然环境。青年曼汽车有限公司以生态治理之名行资源开采之实，生态破坏问题突出。

自治区有关部门违规办理贺兰山保护区林地审批手续 67 宗，新设置或延续采矿权 20 宗。石嘴山市国土部门违规新设置采矿权 6 宗、延续采矿权 14 宗。贺兰山保护区管理局违法签订 14 份土地转让协议，并收取土地承包费 260.3 万元。自治区发展改革委批复《灵武再生资源循环经济示范区总体规划》，侵占白芨滩国家级自然保护区实验区 1293 亩。2014 年，盐池县国土资源局在哈巴湖国家级自然保护区违规为永红建材和玉美工贸两家企业办理采矿许可证。

四是一些突出环境问题尚未得到有效解决。督查发现，永宁县制药企业异味扰民等问题长期没有得到解决，周边群众投诉不断。银川、石嘴山、吴忠、中卫等地市饮用水水源一级保护区内，仍有养殖、制药、建材以及加油站等企业或设施，给供水安全带来隐患。督察期间，群众对灵武市、贺兰县、平罗县、青铜峡市、中宁县等地工业园区环境污染问题反映强烈。

Ⅳ 环境司法与环境诉讼篇

  2016 年，中国环境司法在认真贯彻新发展理念，服务保障经济社会持续健康发展方面，发挥了重要作用。特别是在服务绿色发展方面，最高人民法院积极制定为绿色发展提供司法服务的意见，保障生态环境安全。本年度，最高人民法院会同最高人民检察院制定了《最高人民法院、最高人民检察院关于办理环境污染刑事案件适用法律若干问题的解释》，为制裁乱垦滥伐、破坏耕地、污染环境等犯罪行为提供了指导。同时，全国各级法院审结一审环境资源案件共计 13.3 万件；福建、江西、贵州法院积极服务保障国家生态文明试验区建设，持续加强京津冀、长江流域等重点区域环境司法保护；青海玉树法院设立三江源法庭，运用司法手段保护"中华水塔"。此外，各级法院还依法审理了一批由检察机关、社会组织提起的有重大影响的环境社会公共利益诉讼案件；① 其中，山东德州法院审结了《中华人民共和国大

---

① 2016 年，全国各级法院宣判了众多环境诉讼案件。著者按照自设的检索规则〔第一，法院层级排除基层法院，即仅包含中级人民法院、高级人民法院和最高人民法院；第二，裁判日期限定为 2016 年全年；第三，审判程序限定为"一审"；第四，裁判文书类型限定为"判决书"；第五，根据数据库的默认分类，将案由限定为刑事案由中的"破坏环境资源保护"，民事案由中的"船舶污染损害责任纠纷""海上、通海水域污染损害责任纠纷""环境污染责任纠纷"，行政案由中的"环境保护行政管理（环保）""资源行政管理"〕在中国裁判文书网进行了案例检索，共获取了 7 个重要案例（见下表）。

气污染防治法》修订以来的首例大气污染公益诉讼案件，被告被判令赔偿 2198 万余元用于环境修复。

本年度，最高人民法院还发布了《中国环境资源审判》。据统计，截至 2016 年 6 月，全国各级人民法院设立环境资源审判庭、合议庭或者巡回法庭共计 558 个，其中审判庭 191 个。贵州、福建、海南、江苏、河北、山东、广西、江西、河南、广东、重庆、云南、湖南、四川、吉林等 15 个高级人民法院设立环境资源审判庭；福建、贵州、江苏、海南、重庆等地建立三级环境资源审判组织体系；其他高级人民法院也都指定了专门机构，负责环境资源审判工作。在环境资源案件审理模式上，各级人民法院积极探索将涉及环境资源的民事、行政案件，乃至刑事案件统一归口一个审判庭审理的"二合一"或者"三合一"工作模式。在 2016 年 4 月，法院系统把以环境保护主管部门为被告的第二审、申请再审的行政案件及其业务监督指导工作，调整由环境资源审判庭负责，逐步实施审理环境资源案件民事、行政"二合一"工作模式。此外，最高人民法院积极开展国际交流合作，推动完善环境资源司法协助体制。2016 年 4 月，最高人民法院派出中国法官代表团出席

编号	裁判时间	案名	案号	类型	裁判法院
1	2016-07-11	解春乔滥伐林木一审刑事判决书	（2016）皖 1524 刑初 73 号	刑事	安徽省六安市中级人民法院
2	2016-09-21	梁锦泉、陈伟贤非法捕捞水产品一审刑事判决书	（2016）粤 0402 刑初 1381 号	刑事	广东省珠海市中级人民法院
3	2016-09-27	杜瑞钊非法捕捞水产品一审刑事判决书	（2016）粤 0402 刑初 1426 号	刑事	广东省珠海市中级人民法院
4	2016-07-15	王广志盗伐林木一审刑事判决书	（2016）鄂 0922 刑初 86 号	刑事	湖北省孝感市中级人民法院
5	2016-07-18	中华环保联合会与德州晶华集团振华有限公司环境污染责任纠纷一审民事判决书	（2015）德中环公民初字第 1 号	民事	山东省德州市中级人民法院
6	2016-09-21	原告北京市朝阳区自然之友环境研究所与被告泰州市沃爱特化工有限公司环境污染责任纠纷一审民事判决书	（2015）泰中环公民初字第 00003 号	民事	江苏省泰州市中级人民法院
7	2016-08-15	武汉沃特科凌投资有限公司与武汉市环境保护局、武汉市人民政府环境保护行政管理、其他一审行政判决书	（2016）鄂 01 行初 94 号	行政	湖北省武汉市中级人民法院

在巴西里约热内卢召开的第一届世界环境法大会。①

　　尽管我国司法机关在环境审判方面取得了一定的成果，但从数据上看，环境司法工作仍然存在不少问题。2016 年全国污染环境罪案件数量达到 775 件，对比 2011 年以前的零判决状态，虽然进步明显，但是环保类行政案件仅占全年全国一审行政案件 19.9 万件的不到 2%。在环境社会公共利益诉讼方面，自新环保法实施起，案件数量有所上升但总量不大。2016 年我国环境社会公共利益诉讼案件数量为 146 例，相比 2015 年的 62 例，增长率为 135.48%，但与全年 1765 件环境污染责任纠纷案件相比，环境社会公共利益诉讼案件仅占环境污染纠纷案件的 8.27%。从提起环境社会公共利益诉讼的主体来看，检察机关逐渐成为提起诉讼的主力，共提起 81 其环境公益诉讼，占比达到 55.48%；社会组织也积极行动，提起 65 起诉讼，占比 44.52%。②

---

① 参见《中国环境资源审判》。
② 参见《中国环境司法发展报告（2015—2017）》。

第 十 章

2016 年环境相关法司法解释

2016 年，中国环境法制建设在环境相关法的司法解释方面取得的最主要成果是，最高人民法院和最高人民检察院于 2016 年 12 月 23 日联合发布了《最高人民法院、最高人民检察院关于办理环境污染刑事案件适用法律若干问题的解释》。该文件是现行刑法施行以来最高司法机关就环境污染犯罪第三次发布的专门司法解释，同时也是对 2013 年发布的《最高人民法院、最高人民检察院关于办理环境污染刑事案件适用法律若干问题的解释》的修改。

本年度发布的《最高人民法院、最高人民检察院关于办理环境污染刑事案件适用法律若干问题的解释》从定罪、量刑以及刑事诉讼证据使用等方面，对办理环境污染刑事案件适用法律产生的若干问题进行了详细解释、澄清；既体现了最高司法机关对环境保护的高度重视，同时对提升依法惩治环境犯罪的成效，加大环境司法保护力度，保护生态环境，推进美丽中国建设，也必将发挥重要作用。

第一节　2016 年环境污染刑事案件司法解释的制定背景

环境犯罪危害公民的生命和财产安全，妨害社会管理秩序，同时严重破坏自然环境，危及国家生态安全。我国历来重视惩治环境犯罪，现行刑法第六章"妨害社会管理秩序罪"第六节"破坏环境资源保护罪"专门规定了 15 种破坏环境资源的犯罪。

为准确适用法律，我国最高司法机关自1997年以来先后发布过三个有关惩治环境污染犯罪的司法解释。其中，最高人民法院和最高人民检察院于2016年12月23日联合发布的《最高人民法院、最高人民检察院关于办理环境污染刑事案件适用法律若干问题的解释》（法释〔2016〕29号，以下简称《环境污染刑事案件2016年解释》），是我国最高司法机关迄今为止发布的第三个有关惩治环境污染犯罪的司法解释。

一、已有司法解释的实施效果

在《环境污染刑事案件2016年解释》发布以前，最高人民法院于2006年7月21日单独发布过《最高人民法院关于审理环境污染刑事案件具体应用法律若干问题的解释》（法释〔2006〕4号，已失效），最高人民法院和最高人民检察院（以下简称"两高"）于2013年6月17日联合发布过《最高人民法院、最高人民检察院关于办理环境污染刑事案件适用法律若干问题的解释》（法释〔2013〕15号，以下简称《环境污染刑事案件2013年解释》，已失效）。

自《环境污染刑事案件2013年解释》施行以来，各级公检法机关和环保部门依法查处环境污染犯罪，取得了总体向好的实施效果。2013年7月至2016年10月，全国法院新收污染环境、非法处置进口的固体废物、环境监管失职刑事案件4636件，审结4250件，生效判决人数6439人；年均收案1400余件，生效判决人数1900余人。[①] 而在2006年之前，相关案件数不超过10件；2007年至2012年，相关案件数也基本徘徊在20件左右。显然，《环境污染刑事案件2013年解释》实施后"污染环境犯罪刑事案件数量上升十分明显"[②]。这一定程度上也反映了《环境污染刑事案件2013年解释》在强化环境司法保护、推进生态文明建设方面发挥了重要作用。

但《环境污染刑事案件2013年解释》的实施也暴露了一些法律适用方面的难题。比如认定非法排放、倾倒、处置危险废物未遂，认定超过污染物

[①] 参见周加海、喻海松：《〈关于办理环境污染刑事案件适用法律若干问题的解释〉的理解与适用》，来源：(东方法眼) http://www.dffyw.com/faxuejieti/xs/201612/41921.html，2017年12月20日访问。

[②] 喻海松、马剑：《从32件到1691件——〈关于办理环境污染刑事案件适用法律若干问题的解释〉实施情况分析》，载《中国环境报》2016年4月6日第005版。

排放标准三倍以上和危险废物、公私财产损失、重金属的范围，以及认可监测数据效力，污染环境罪结果加重情节的法律适用，处理监测数据造假等问题，仍然困扰着司法实践。尤其是环境污染刑事案件的检验鉴定难的问题，尚未完全解决。环境污染犯罪，鉴定检验意见是决定案件性质至关重要的环节。目前，我国鉴定检验面临诸多困境。一方面，机构缺乏，没有一个综合性的环境污染鉴定机构。以重金属鉴定为例，国内没有一个机构可以对国家名录中规定的重金属全部进行鉴定；另一方面，鉴定检验的周期长、收费高，与有限的办案实践和办案经费存在一定矛盾，影响了案件办理的实效。

二、环境污染犯罪的客观变化

近年来，环境污染犯罪出现了一些新的情况和问题，如危险废物犯罪呈现出产业化迹象，大气污染犯罪打击困难，篡改、伪造自动监测数据和破坏环境质量监测系统的刑事规制存在争议，等等。

为有效解决实际问题，进一步加大对生态环境的司法保护力度，最高人民法院会同最高人民检察院，在公安部、环保部等有关部门大力支持下，经深入调查研究、广泛征求意见，起草了《环境污染刑事案件2016年解释》，对《环境污染刑事案件2013年解释》作了全面修改和完善。《环境污染刑事案件2016年解释》共18条，根据《中华人民共和国刑法》（以下简称《刑法》）和《中华人民共和国刑事诉讼法》（以下简称《刑事诉讼法》）的有关规定，对司法机关办理环境污染犯罪刑事案件适用法律的若干问题进行了解释。

第二节　2016年环境污染刑事案件司法解释的主要内容

《环境污染刑事案件2016年解释》在《环境污染刑事案件2013年解释》的基础上进行了大量的修改和补充，将此前的12条规定增修到了18条。《环境污染刑事案件2016年解释》主要从定罪、量刑以及刑事诉讼证据使用等三个方面对办理环境污染刑事案件的若干法律适用问题进行了解释。[①]

---

① 本节以下内容，主要参考淉杰、吴峤滨《最高人民法院、最高人民检察院〈关于办理环境污染刑事案件适用法律若干问题的解释〉理解与适用》，载《人民检察》2017年第5期。

《环境污染刑事案件2016年解释》的具体修改情况如下（见表1）：

表1 《环境污染刑事案件2016年解释》修改对照表

《环境污染刑事案件2013年解释》	《环境污染刑事案件2016年解释》
第一条 实施刑法第三百三十八条规定的行为，具有下列情形之一的，应当认定为"严重污染环境"： （一）在饮用水水源一级保护区、自然保护区核心区排放、倾倒、处置有放射性的废物、含传染病病原体的废物、有毒物质的； （二）非法排放、倾倒、处置危险废物三吨以上的； （三）非法排放含重金属、持久性有机污染物等严重危害环境、损害人体健康的污染物超过国家污染物排放标准或者省、自治区、直辖市人民政府根据法律授权制定的污染物排放标准三倍以上的； （四）私设暗管或者利用渗井、渗坑、裂隙、溶洞等排放、倾倒、处置有放射性的废物、含传染病病原体的废物、有毒物质的； （五）两年内曾因违反国家规定，排放、倾倒、处置有放射性的废物、含传染病病原体的废物、有毒物质受过两次以上行政处罚，又实施前列行为的； （六）致使乡镇以上集中式饮用水水源取水中断十二小时以上的； （七）致使基本农田、防护林地、特种用途林地五亩以上，其他农用地十亩以上，其他土地二十亩以上基本功能丧失或者遭受永久性破坏的； （八）致使森林或者其他林木死亡五十立方米以上，或者幼树死亡二千五百株以上的； （九）致使公私财产损失三十万元以上的；	第一条 实施刑法第三百三十八条规定的行为，具有下列情形之一的，应当认定为"严重污染环境"： （一）在饮用水水源一级保护区、自然保护区核心区排放、倾倒、处置有放射性的废物、含传染病病原体的废物、有毒物质的； （二）非法排放、倾倒、处置危险废物三吨以上的； （三）排放、倾倒、处置含铅、汞、镉、铬、砷、铊、锑的污染物，超过国家或者地方污染物排放标准三倍以上的； （四）排放、倾倒、处置含镍、铜、锌、银、钒、锰、钴的污染物，超过国家或者地方污染物排放标准十倍以上的； （五）通过暗管、渗井、渗坑、裂隙、溶洞、灌注等逃避监管的方式排放、倾倒、处置有放射性的废物、含传染病病原体的废物、有毒物质的； （六）二年内曾因违反国家规定，排放、倾倒、处置有放射性的废物、含传染病病原体的废物、有毒物质受过两次以上行政处罚，又实施前列行为的； （七）重点排污单位篡改、伪造自动监测数据或者干扰自动监测设施，排放化学需氧量、氨氮、二氧化硫、氮氧化物等污染物的； （八）违法减少防治污染设施运行支出一百万元以上的； （九）违法所得或者致使公私财产损失三十万元以上的； （十）造成生态环境严重损害的； （十一）致使乡镇以上集中式饮用水水源取水中断十二小时以上的； （十二）致使基本农田、防护林地、特种用途林地五亩以上，其他农用地十亩以上，其他土地二十亩以上基本功能丧失或者遭受永久性破坏的；

（十）致使疏散、转移群众五千人以上的； （十一）致使三十人以上中毒的； （十二）致使三人以上轻伤、轻度残疾或者器官组织损伤导致一般功能障碍的； （十三）致使一人以上重伤、中度残疾或者器官组织损伤导致严重功能障碍的； （十四）其他严重污染环境的情形。	（十三）致使森林或者其他林木死亡五十立方米以上，或者幼树死亡二千五百株以上的； （十四）致使疏散、转移群众五千人以上的； （十五）致使三十人以上中毒的； （十六）致使三人以上轻伤、轻度残疾或者器官组织损伤导致一般功能障碍的； （十七）致使一人以上重伤、中度残疾或者器官组织损伤导致严重功能障碍的； （十八）其他严重污染环境的情形。
第二条 实施刑法第三百三十九条、第四百零八条规定的行为，具有本解释第一条第六项至第十三项规定情形之一的，应当认定为"致使公私财产遭受重大损失或者严重危害人体健康"或者"致使公私财产遭受重大损失或者造成人身伤亡的严重后果"。	第二条 实施刑法第三百三十九条、第四百零八条规定的行为，致使公私财产损失三十万元以上，或者具有本解释第一条第十项至第十七项规定情形之一的，应当认定为"致使公私财产遭受重大损失或者严重危害人体健康"或者"致使公私财产遭受重大损失或者造成人身伤亡的严重后果"。
第三条 实施刑法第三百三十八条、第三百三十九条规定的行为，具有下列情形之一的，应当认定为"后果特别严重"： （一）致使县级以上城区集中式饮用水水源取水中断十二个小时以上的； （二）致使基本农田、防护林地、特种用途林地十五亩以上，其他农用地三十亩以上，其他土地六十亩以上基本功能丧失或者遭受永久性破坏的； （三）致使森林或者其他林木死亡一百五十立方米以上，或者幼树死亡七千五百株以上的； （四）致使公私财产损失一百万元以上的； （五）致使疏散、转移群众一万五千人以上的； （六）致使一百人以上中毒的； （七）致使十人以上轻伤、轻度残疾或者器官组织损伤导致一般功能障碍的； （八）致使三人以上重伤、中度残疾或者器官组织损伤导致严重功能障碍的；	第三条 实施刑法第三百三十八条、第三百三十九条规定的行为，具有下列情形之一的，应当认定为"后果特别严重"： （一）致使县级以上城区集中式饮用水水源取水中断十二小时以上的； （二）非法排放、倾倒、处置危险废物一百吨以上的； （三）致使基本农田、防护林地、特种用途林地十五亩以上，其他农用地三十亩以上，其他土地六十亩以上基本功能丧失或者遭受永久性破坏的； （四）致使森林或者其他林木死亡一百五十立方米以上，或者幼树死亡七千五百株以上的； （五）致使公私财产损失一百万元以上的； （六）造成生态环境特别严重损害的； （七）致使疏散、转移群众一万五千人以上的； （八）致使一百人以上中毒的； （九）致使十人以上轻伤、轻度残疾或者器官组织损伤导致一般功能障碍的； （十）致使三人以上重伤、中度残疾或者器官组织损伤导致严重功能障碍的；

续表

（九）致使一人以上重伤、中度残疾或者器官组织损伤导致严重功能障碍，并致使五人以上轻伤、轻度残疾或者器官组织损伤导致一般功能障碍的； （十）致使一人以上死亡或者重度残疾的； （十一）其他后果特别严重的情形。	（十一）致使一人以上重伤、中度残疾或者器官组织损伤导致严重功能障碍，并致使五人以上轻伤、轻度残疾或者器官组织损伤导致一般功能障碍的； （十二）致使一人以上死亡或者重度残疾的； （十三）其他后果特别严重的情形。
第四条　实施刑法第三百三十八条、第三百三十九条规定的犯罪行为，具有下列情形之一的，应当酌情从重处罚： （一）阻挠环境监督检查或者突发环境事件调查的； （二）闲置、拆除污染防治设施或者使污染防治设施不正常运行的； （三）在医院、学校、居民区等人口集中地区及其附近，违反国家规定排放、倾倒、处置有放射性的废物、含传染病病原体的废物、有毒物质或者其他有害物质的； （四）在限期整改期间，违反国家规定排放、倾倒、处置有放射性的废物、含传染病病原体的废物、有毒物质或者其他有害物质的。 实施前款第一项规定的行为，构成妨害公务罪的，以污染环境罪与妨害公务罪数罪并罚。	第四条　实施刑法第三百三十八条、第三百三十九条规定的犯罪行为，具有下列情形之一的，应当从重处罚： （一）阻挠环境监督检查或者突发环境事件调查，尚不构成妨害公务等犯罪的； （二）在医院、学校、居民区等人口集中地区及其附近，违反国家规定排放、倾倒、处置有放射性的废物、含传染病病原体的废物、有毒物质或者其他有害物质的； （三）在重污染天气预警期间、突发环境事件处置期间或者被责令限期整改期间，违反国家规定排放、倾倒、处置有放射性的废物、含传染病病原体的废物、有毒物质或者其他有害物质的； （四）具有危险废物经营许可证的企业违反国家规定排放、倾倒、处置有放射性的废物、含传染病病原体的废物、有毒物质或者其他有害物质的。
第五条　实施刑法第三百三十八条、第三百三十九条规定的犯罪行为，但及时采取措施，防止损失扩大、消除污染，积极赔偿损失的，可以酌情从宽处罚。	第五条　实施刑法第三百三十八条、第三百三十九条规定的行为，刚达到应当追究刑事责任的标准，但行为人及时采取措施，防止损失扩大、消除污染，全部赔偿损失，积极修复生态环境，且系初犯，确有悔罪表现的，可以认定为情节轻微，不起诉或者免予刑事处罚；确有必要判处刑罚的，应当从宽处罚。
	第六条　无危险废物经营许可证从事收集、贮存、利用、处置危险废物经营活动，严重污染环境的，按照污染环境罪定罪处罚；同时构成非法经营罪的，依照处罚较重的规定定罪处罚。 实施前款规定的行为，不具有超标排放污染物、

续表

	非法倾倒污染物或者其他违法造成环境污染的情形的,可以认定为非法经营情节显著轻微危害不大,不认为是犯罪;构成生产、销售伪劣产品等其他犯罪的,以其他犯罪论处。
第七条　行为人明知他人无经营许可证或者超出经营许可范围,向其提供或者委托其收集、贮存、利用、处置危险废物,严重污染环境的,以污染环境罪的共同犯罪论处。	第七条　明知他人无危险废物经营许可证,向其提供或者委托其收集、贮存、利用、处置危险废物,严重污染环境的,以共同犯罪论处。
第八条　违反国家规定,排放、倾倒、处置含有毒害性、放射性、传染病病原体等物质的污染物,同时构成污染环境罪、非法处置进口的固体废物罪、投放危险物质罪等犯罪的,依照处罚较重的犯罪定罪处罚。	第八条　违反国家规定,排放、倾倒、处置含有毒害性、放射性、传染病病原体等物质的污染物,同时构成污染环境罪、非法处置进口的固体废物罪、投放危险物质罪等犯罪的,依照处罚较重的规定定罪处罚。
	第九条　环境影响评价机构或其人员,故意提供虚假环境影响评价文件,情节严重的,或者严重不负责任,出具的环境影响评价文件存在重大失实,造成严重后果的,应当依照刑法第二百二十九条、第二百三十一条的规定,以提供虚假证明文件罪或者出具证明文件重大失实罪定罪处罚。
	第十条　违反国家规定,针对环境质量监测系统实施下列行为,或者强令、指使、授意他人实施下列行为的,应当依照刑法第二百八十六条的规定,以破坏计算机信息系统罪论处: (一)修改参数或者监测数据的; (二)干扰采样,致使监测数据严重失真的; (三)其他破坏环境质量监测系统的行为。 重点排污单位篡改、伪造自动监测数据或者干扰自动监测设施,排放化学需氧量、氨氮、二氧化硫、氮氧化物等污染物,同时构成污染环境罪和破坏计算机信息系统罪的,依照处罚较重的规定定罪处罚。 从事环境监测设施维护、运营的人员实施或者参与实施篡改、伪造自动监测数据、干扰自动监测设施、破坏环境质量监测系统等行为的,应当从重处罚。

第六条　单位犯刑法第三百三十八条、第三百三十九条规定之罪的，依照本解释规定的相应个人犯罪的定罪量刑标准，对直接负责的主管人员和其他直接责任人员定罪处罚，并对单位判处罚金。	第十一条　单位实施本解释规定的犯罪的，依照本解释规定的定罪量刑标准，对直接负责的主管人员和其他直接责任人员定罪处罚，并对单位判处罚金。
第十一条（第二款）　县级以上环境保护部门及其所属监测机构出具的监测数据，经省级以上环境保护部门认可的，可以作为证据使用。	第十二条　环境保护主管部门及其所属监测机构在行政执法过程中收集的监测数据，在刑事诉讼中可以作为证据使用。 公安机关单独或者会同环境保护主管部门，提取污染物样品进行检测获取的数据，在刑事诉讼中可以作为证据使用。
	第十三条　对国家危险废物名录所列的废物，可以依据涉案物质的来源、产生过程、被告人供述、证人证言以及经批准或者备案的环境影响评价文件等证据，结合环境保护主管部门、公安机关等出具的书面意见作出认定。 对于危险废物的数量，可以综合被告人供述，涉案企业的生产工艺、物耗、能耗情况，以及经批准或者备案的环境影响评价文件等证据作出认定。
第十一条（第一款）　对案件所涉的环境污染专门性问题难以确定的，由司法鉴定机构出具鉴定意见，或者由国务院环境保护部门指定的机构出具检验报告。	第十四条　对案件所涉的环境污染专门性问题难以确定的，依据司法鉴定机构出具的鉴定意见，或者国务院环境保护主管部门、公安部门指定的机构出具的报告，结合其他证据作出认定。
第十条　下列物质应当认定为"有毒物质"： （一）危险废物，包括列入国家危险废物名录的废物，以及根据国家规定的危险废物鉴别标准和鉴别方法认定的具有危险特性的废物； （二）剧毒化学品、列入重点环境管理危险化学品名录的化学品，以及含有上述化学品的物质； （三）含有铅、汞、镉、铬等重金属的物质； （四）《关于持久性有机污染物的斯德哥尔摩公约》附件所列物质； （五）其他具有毒性，可能污染环境的物质。	第十五条　下列物质应当认定为刑法第三百三十八条规定的"有毒物质"： （一）危险废物，是指列入国家危险废物名录，或者根据国家规定的危险废物鉴别标准和鉴别方法认定的，具有危险特性的废物； （二）《关于持久性有机污染物的斯德哥尔摩公约》附件所列物质； （三）含重金属的污染物； （四）其他具有毒性，可能污染环境的物质。

续表

	第十六条 无危险废物经营许可证，以营利为目的，从危险废物中提取物质作为原材料或者燃料，并具有超标排放污染物、非法倾倒污染物或者其他违法造成环境污染的情形的行为，应当认定为"非法处置危险废物"。
第九条 本解释所称"公私财产损失"，包括污染环境行为直接造成财产损毁、减少的实际价值，以及为防止污染扩大、消除污染而采取必要合理措施所产生的费用。	第十七条 本解释所称"二年内"，以第一次违法行为受到行政处罚的生效之日与又实施相应行为之日的时间间隔计算确定。 本解释所称"重点排污单位"，是指设区的市级以上人民政府环境保护主管部门依法确定的应当安装、使用污染物排放自动监测设备的重点监控企业及其他单位。 本解释所称"违法所得"，是指实施刑法第三百三十八条、第三百三十九条规定的行为所得和可得的全部违法收入。 本解释所称"公私财产损失"，包括实施刑法第三百三十八条、第三百三十九条规定的行为直接造成财产损毁、减少的实际价值，为防止污染扩大、消除污染而采取必要合理措施所产生的费用，以及处置突发环境事件的应急监测费用。 本解释所称"生态环境损害"，包括生态环境修复费用，生态环境修复期间服务功能的损失和生态环境功能永久性损害造成的损失，以及其他必要合理费用。 本解释所称"无危险废物经营许可证"，是指未取得危险废物经营许可证，或者超出危险废物经营许可证的经营范围。
第十二条 本解释发布实施后，《最高人民法院关于审理环境污染刑事案件具体应用法律若干问题的解释》（法释〔2006〕4号）同时废止；之前发布的司法解释和规范性文件与本解释不一致的，以本解释为准。	第十八条 本解释自2017年1月1日起施行。本解释施行后，《最高人民法院、最高人民检察院关于办理环境污染刑事案件适用法律若干问题的解释》（法释〔2013〕15号）同时废止；之前发布的司法解释与本解释不一致的，以本解释为准。

一、关于环境污染刑事案件定罪方面的问题

在办理环境污染刑事案件的定罪方面，《环境污染刑事案件2016年解释》对部分法律条文中规定的结果和行为性质、表现形式进行了具体解释。

第一，明确了污染环境罪中的"严重污染环境"的认定标准。《刑法》

第三百三十八条以"严重污染环境"作为污染环境罪的入罪标准，《环境污染刑事案件 2013 年解释》第一条规定了十四项应当认定为"严重污染环境"的情形。《环境污染刑事案件 2016 年解释》第一条在《环境污染刑事案件 2013 年解释》规定的基础上，结合司法实践情况作了修改完善，规定了十八项应当认定为"严重污染环境"的情形。其中新增和修改的情形主要有：(1) 关于超标排放重金属污染物的情形。(2) 关于隐蔽排放污染物的情形。(3) 关于篡改、伪造自动监测数据排放污染物的情形。(4) 关于违法减少支出和取得违法所得的情形。(5) 关于造成生态环境损害的情形。

第二，明确了刑法第三百三十九条"致使公私财产遭受重大损失或者严重危害人体健康"和第四百零八条"致使公私财产遭受重大损失或者造成人身伤亡的严重后果"的认定标准。根据刑法第三百三十九条的规定，"致使公私财产遭受重大损失或者严重危害人体健康的"是非法处置进口的固体废物罪的第二档量刑标准，是擅自进口固体废物罪的入罪标准。根据刑法第四百零八条的规定，"致使公私财产遭受重大损失或者造成人身伤亡的严重后果的"是环境监管失职罪的入罪标准。《环境污染刑事案件 2016 年解释》第二条明确了上述标准的认定标准，即公私财产损失 30 万元以上，或者《环境污染刑事案件 2016 年解释》第一条第十项至第十七项规定的情形。

第三，明确了刑法第三百三十八条、第三百三十九条"后果特别严重"的认定标准。根据刑法第三百三十八条、第三百三十九条的规定，"后果特别严重"是污染环境罪的第二档量刑标准、非法处置进口的固体废物罪的第三档量刑标准以及擅自进口固体废物罪的第二档量刑标准。《环境污染刑事案件 2013 年解释》第三条规定了十一项应当认定为"后果特别严重"的情形。而《环境污染刑事案件 2016 年解释》第三条在《2013 年解释》规定的基础上，规定了 13 项应当认定为"严重污染环境"的情形，即增加规定了第二项"非法排放、倾倒、处置危险废物一百吨以上的"，以及第六项"造成生态环境特别严重损害的"。

第四，明确了无危险废物经营许可证从事收集、贮存、利用、处置危险废物经营活动行为的定性问题。《环境污染刑事案件 2016 年解释》第六条第一款明确了无危险废物经营许可证从事收集、贮存、利用、处置危险废物经营活动行为同时构成污染环境罪和非法经营罪的，从一重罪处断。本款的主要考虑是：无危险废物经营许可证从事收集、贮存、利用、处置危险废物经营活动，严重污染环境的，构成污染环境罪。同时，根据《固体废物污染环境防治法》第五十七条的规定，从事收集、贮存、处置危险废物经营活动的单位，必须向县级以上政府环境保护行政主管部门申请领取经营许可证；从事利用危险废物经营活动的单位，必须向国务院环境保护行政主管部门或者省、自治区、直辖市政府环境保护行政主管部门申请领取经营许可证。因此，行为人无危险废物经营许可证从事收集、贮存、利用、处置危险废物经营活动，情节严重的，还可能构成非法经营罪。为有效应对当前涉及危险废物的环境污染犯罪的多发态势，切断危险废物非法经营活动的利益链条，该款明确了，对同时构成污染环境罪和非法经营罪的行为应当从一重罪处断的原则。而该条第二款明确，实施上述行为不具有造成环境污染的情形，可以认定为非法经营情节显著轻微危害不大，不认为是犯罪；构成其他犯罪的，以其他犯罪论处。本款的主要考虑有二：一是《环境污染刑事案件2016年解释》坚持对此类行为是否具有社会危害性的实质性判断原则，一些具有处置、利用危险废物能力的企业在未取得经营许可证的情况下从事处置、利用活动，只要不具有造成环境污染的情形，就不具有实质的社会危害性，不宜以非法经营罪论处。二是根据《固体废物污染环境防治法》第七十七条的规定，无经营许可证或者不按照经营许可证规定从事收集、贮存、利用、处置危险废物经营活动的，由县级以上政府环境保护行政主管部门责令停止违法行为，没收违法所得，可以并处违法所得三倍以下的罚款；不按照经营许可证规定从事上述活动的，还可以由发证机关吊销经营许可证。因此，从刑法的谦抑性和合理控制刑事打击面的角度出发，对上述行为给予行政处罚也能起到制裁、预防作用，不宜追究刑事责任。

第五，明确了环境影响评价机构或其人员提供虚假证明文件，或者出具证明文件重大失实的定性问题。《环境污染刑事案件2016年解释》第九条明确了环境影响评价机构或其人员提供虚假证明文件，或者出具证明文件重大失实的定性处理问题。本条的主要考虑是：环境影响评价，对于预防因规划和建设项目实施后对环境造成的不良影响，以及促进经济、社会和环境的协调发展具有重要意义。环境影响评价必须客观、公开、公正，综合考虑规划或者建设项目实施后对各种环境因素及其所构成的生态系统可能造成的影响，为决策提供科学依据。《环境影响评价法》第十九条第一款规定："接受委托为建设项目环境影响评价提供技术服务的机构，应当经国务院环境保护行政主管部门考核审查合格后，颁发资质证书，按照资质证书规定的等级和评价范围，从事环境影响评价服务，并对评价结论负责。"第三十二条规定："接受委托为建设项目环境影响评价提供技术服务的机构在环境影响评价工作中不负责任或者弄虚作假，致使环境影响评价文件失实的，由授予环境影响评价资质的环境保护行政主管部门降低其资质等级或者吊销其资质证书，并处所收费用一倍以上三倍以下的罚款；构成犯罪的，依法追究刑事责任。"为了从源头上预防环境污染犯罪，实现行政执法与刑事司法的有效衔接，该条明确对此种行为应当依照《刑法》第二百二十九条、第二百三十一条的规定，以提供虚假证明文件罪或者出具证明文件重大失实罪定罪处罚。

第六，明确了破坏国家环境质量监测系统行为的定性问题。《环境污染刑事案件2016年解释》第十条明确了破坏国家环境质量监测系统行为的定性处理问题，分为3款。其中第一款明确指出，针对环境质量监测系统实施修改参数或监测数据，或者干扰采样，致使监测数据严重失真，或者其他破坏环境质量监测系统的行为，应当以破坏计算机信息系统罪处理。其主要考虑是：修订后的《环境保护法》第十七条规定："国家建立、健全环境监测制度。国务院环境保护主管部门制定监测规范，会同有关部门组织监测网络，统一规划国家环境质量监测站（点）的设置，建立监测数据共享机制，加强对环境监测的管理。……监测机构应当使用符合国家标准的监测设备，遵守监测规范。监测机构及其负责人对监测数据的真实性和准确性负责。"实践中发现的破坏环境质量监测系统，干扰监测数据取样的行为，严重扰乱国家环境监测制度，性质十分恶劣，有必要予以刑事手段进行惩治。根据2011年"两高"《关于办理危害计算机信息系统安全刑事案件应用法律若干问题的解释》第十一条的规定，"计算机信息系统"是指具备自动处理数据功能的系统，包括计算机、网络设备、通信设备、自动化控制设备等。因此，环境质量监测系统属于"计算机信息系统"范畴，对其实施修改参数或者监测数据，或者干扰采样，致使监测数据严重失真等破坏行为，符合《刑法》第二百八十六条破坏计算机信息系统罪的罪状表述，可以破坏计算机信息系统罪论处。该条第二款明确重点排污单位实施本条第一款规定的破坏环境质量监测系统的行为，又实施《环境污染刑事案件 2016 年解释》第一条第七项规定的排放化学需氧量、氨氮、二氧化硫、氮氧化物等污染物的污染环境行为，同时构成犯罪的，应当从一重罪处断。该条第三款明确了，从事环境监测设施维护、运营的人员实施本条第一款规定的破坏环境质量监测系统行为，应当从重处罚。

第七，对危险废物的范围进行了明确。《环境污染刑事案件 2016 年解释》第十三条明确了危险废物的认定问题，分为两款。该条第一款明确司法机关对国家危险废物名录所列的废物，可以依据涉案物质的来源、产生过程等相关证据，结合环境保护主管部门、公安机关等出具的书面意见作出认定。本款的主要考虑是：当前，对危险废物的鉴定机构较少，无法完全满足司法办案需要，严重制约对环境污染犯罪的打击。同时，考虑到《国家危险废物名录（2016 版)》对危险废物的类别、行业来源、危险特性等已经作出具体规定，司法机关可以综合相关证据直接认定，无须再由鉴定机构进行鉴定。这也符合此前"两高"食品、药品等司法解释的精神和做法。该条第二款明确司法机关对于危险废物的数量，可以综合被告人供述、涉案企业的生产工艺、物耗、能耗情况等相关证据作出认定。这一规定有利于加大对危险废物产生企业的规制力度，强化司法办案的可操作性。

第八，明确了"有毒物质"的范围。《环境污染刑事案件 2016 年解释》第十五条明确了"有毒物质"的范围。根据《刑法》第三百三十八条规定，污染环境罪的犯罪对象是指"有放射性的废物、含传染病病原体的废物、有毒物质或者其他有害物质"。其中"有放射性的废物""含传染病病原体的废物"实践中容易鉴定、认定，无须专门解释；但"其他有害物质"范围十分宽泛，难以具体界定。因此《环境污染刑事案件 2016 年解释》第十条对"有毒物质"的范围和认定标准作出了专门规定。该条规定基本沿用了《环境污染刑事案件 2013 年解释》第十条的内容，但对文字表述作了修改完善。此外，该规定对《环境污染刑事案件 2013 年解释》第十条第二项将"剧毒化学品、列入重点环境管理危险化学品名录的化学品，以及含有上述化学品的物质"认定为"有毒物质"的表述进行了删除。该变化的主要考虑是：自 2015 年 5 月 1 日起实施的《危险化学品目录（2015 版)》已经将《剧毒化学品目录》废止，《重点环境管理危险化学品名录》也被环境保护部于 2016 年

7月废止。《国家危险废物名录（2016 版）》作出相应修改完善，其中第四条规定："列入《危险化学品目录》的化学品废弃后属于危险废物。"鉴于上述规定实现了《国家危险废物名录（2016 版）》与《危险化学品目录（2015 版）》的合理衔接，因此该条第一项的规定实际上已经涵盖了《2013 年解释》第十条第二项的规定，故删去原有规定。

第九，对"非法处置危险废物"的行为认定进行了明确。《环境污染刑事案件 2016 年解释》第十六条明确了"非法处置危险废物"的认定问题。在司法实践中，对于"非法处置危险废物"的认定，特别是处置危险废物与利用危险废物之间的关系，存在较大认识分歧。《固体废物污染环境防治法》第八十八条第六项、第七项规定，处置，是指将固体废物焚烧和用其他改变固体废物的物理、化学、生物特性的方法，达到减少已产生的固体废物数量、缩小固体废物体积、减少或消除其危险成分的活动，或者将固体废物最终置于符合环境保护规定要求的填埋场的活动；利用，是指从固体废物中提取物质作为原材料或者燃料的活动。考虑到刑事法律规定应当语义严密，该条将从危险废物中提取物质作为原材料或燃料，造成环境污染的利用行为认定为"非法处置危险废物"，从而尽量扩大"非法处置危险废物"的范围，减少司法实践中的认定障碍。同时，将"无危险废物经营许可证，以营利为目的"作为前提条件，防止不当扩大刑事打击面。

第十，对《环境污染刑事案件 2016 年解释》涉及的相关用语的含义进行了明确。《环境污染刑事案件 2016 年解释》第十七条对本解释中所使用的"二年内""重点排污单位""违法所得""公私财产损失""生态环境损害""无危险废物经营许可证"等用语的含义进行了明确，分为六款。其中，第一款参照 2014 年"两高"《关于办理走私刑事案件适用法律若干问题的解释》第十七条的规定，将"二年内"明确为以第一次违法行为受到行政处罚的生效之日与又实施相应行为之日的时间间隔计算确定。第二款根据环境保护法、水污染防治法、大气污染防治法等相关法律关于"重点排污单位"的规定，明确了"重点排污单位"是指设区的市级以上政府环境保护主管部门依法确定的应当安装、使用污染物排放自动监测设备的重点监控企业及其他单位。第三款参照 2014 年"两高"《关于办理危害药品安全刑事案件适用法律若干问题的解释》第十五条的规定，明确了"违法所得"是指行为人实施刑法第三百三十八条、第三百三十九条规定的行为所得和可得的全部违法收入。第四款在《环境污染刑事案件 2013 年解释》第九条规定的基础上，将"处置突发环境事件的应急监测费用"纳入"公私财产损失"的范畴。第五款参照中共中央办公厅、国务院办公厅印发的《生态环境损害赔偿制度改革试点方案》的相关规定，明确了"生态环境损害"包括生态环境修复费用，生态环境修复期间服务功能的损失和生态环境功能永久性损害造成的损失，以及其他必要合理费用。第六款参照 2016 年"两高"《关于办理非法采矿、破坏性采矿刑事案件适用法律若干问题的解释》第二条的规定，明确了"无危险废物经营许可证"是指未取得危险废物经营许可证，或者超出危险废物经营许可证的经营范围。《环境污染刑事案件 2016 年解释》第七条、第八条、第十一条沿用了《环境污染刑事案件 2013 年解释》的相关规定，分别明确了涉及危险废物的共同犯罪问题、关于实施污染环境罪同时构成其他犯罪的处罚情形，以及关于单位实施有关环境污染犯罪的定罪量刑标准。

二、关于环境污染刑事案件量刑方面的问题

在办理环境污染刑事案件的量刑方面，《环境污染刑事案件 2016 年解释》对部分法律条文中规定的从重、从宽等处罚情节进行了具体解释。

第一，明确了环境污染犯罪应当从重处罚的四种情节。《环境污染刑事案件 2016 年解释》第四条明确环境污染犯罪应当从重处罚的四种情形。该条在《环境污染刑事案件 2013 年解释》第四条的基础上，作了修改完善：一是为了避免对实施环境污染犯罪且具有阻挠环境监督检查或突发环境事件调查的情形进行重复评价，在第一项中增加了"尚不构成犯罪"的表述，并且删除了《环境污染刑事案件 2013 年解释》第四条第二款关于污染环境罪与妨害公务罪数罪并罚的规定。需要注意的是，本项规定中的"环境监督检查"，是指负有环境保护监督管理职责的行政主管部门对环境监督检查，包括但不限于环境保护主管部门，如对海洋污染的监督检查可以由海洋行政主管部门实施。二是考虑到《环境污染刑事案件 2016 年解释》第一条第八项已将"违法减少防治污染设施运行支出一百万元以上的"增加规定为污染环境罪的入罪标准，因此删除了《环境污染刑事案件 2013 年解释》第四条第一款第二项"闲置、拆除污染防治设施或者使污染防治设施不正常运行的"规定。三

是参照最高人民检察院《关于全面履行检察职能为推进健康中国建设提供有力司法保障的意见》中的有关表述，在第三项中增加了"重污染天气预警期间、突发环境事件处置期间"的表述。四是在第四项中增加规定"具有危险废物经营许可证的企业违反国家规定排放、倾倒、处置有放射性的废物、含传染病病原体的废物、有毒物质或者其他有害物质的"情形，主要考虑到此类情形明知故犯，主观恶性较大，社会危害性更为突出，有必要从严处罚。

第二，明确了环境污染犯罪的从宽处罚情节。《环境污染刑事案件 2016年解释》第五条明确了环境污染犯罪的从宽处理的情形，基本沿用了《环境污染刑事案件 2013 年解释》第五条的规定，对文字表述作了修改完善。该条规定是为了贯彻落实《中共中央关于全面推进依法治国若干重大问题的决定》提出的"完善刑事诉讼中认罪认罚从宽制度"，在环境污染犯罪中体现恢复性司法理念。因此，对于刚达到环境污染犯罪应当追究刑事责任标准的行为人，如果其及时采取措施，防止损失扩大、消除污染，全部赔偿损失，积极修复生态环境，且系初犯，确有悔罪表现的，可以认定为情节轻微，不起诉或者免予刑事处罚；确有必要判处刑罚的，应当从宽处罚。

三、关于环境污染刑事案件证据方面的问题

在办理环境污染刑事案件的证据方面，《环境污染刑事案件 2016 年解释》对监测数据能否作为刑事诉讼证据使用和出具环境污染专门问题报告的机构进行了具体解释。

第一，关于监测数据作为刑事诉讼证据使用的问题。《环境污染刑事案件 2016 年解释》第十二条明确了监测数据作为刑事诉讼证据使用的问题，分为两款。该条第一款对《环境污染刑事案件 2013 年解释》第十一条第二款的规定作了修改完善。《环境污染刑事案件 2013 年解释》第十一条第二款规定："县级以上环境保护部门及其所属监测机构出具的监测数据，经省级以上环境保护部门认可的，可以作为证据使用。"当时主要考虑到各级环保部门的监测条件、水平不同，为确保相关数据的客观、准确，确保相关案件公正处理，作为认定相关案件事实的证据使用的监测数据，必须是县级以上环保部门出具的，且经省级以上环境保护部门认可的数据。针对实践中反映比较突出的监测数据认可程序不能满足办案需要的问题，该款将《环境污

染刑事案件 2013 年解释》的规定修改为："环境保护主管部门及其所属监测机构在行政执法过程中收集的监测数据，在刑事诉讼中可以作为证据使用。"主要考虑：一是党的十八届五中全会提出"实行省以下环保机构监测监察执法垂直管理制度"，垂直管理后环境监测事权将上收，市县一级环保部门将不再负责环境监测工作。二是司法实践表明，由于环境监测样品的不可复制性，省级环保部门的认可程序只能进行形式审查，容易导致程序冗繁、效率低下，不利于环境污染刑事案件的及时办理。三是《刑事诉讼法》第五十二条第二款规定："行政机关在行政执法和查办案件过程中收集的物证、书证、视听资料、电子数据等证据材料，在刑事诉讼中可以作为证据使用。"因此，该款规定既符合《刑事诉讼法》的精神，也符合司法办案的实际情况。

该条第二款明确公安机关单独或者会同环境保护主管部门，提取污染物样品进行检测获取的数据，在刑事诉讼中可以作为证据使用。其主要考虑：一是根据《刑事诉讼法》和相关司法解释的规定，公安机关作为侦查机关，享有当然的刑事证据收集权力，其收集的证据作为刑事证据使用无须经过行政认可等其他程序。二是从司法实践来看，要求公安机关收集的监测数据必须经过环保部门的认可程序，极大地制约了公安机关对环境污染案件的查办力度，不符合实际情况。此外，近年来，公安机关收集监测数据的取证能力大幅提升，已经能够满足有关技术规范的要求。

第二，明确公安机关也可以指定出具环境污染专门问题报告的机构。《环境污染刑事案件 2016 年解释》第十四条在《环境污染刑事案件 2013 年解释》第十一条第一款的基础上，增加规定公安机关也可以指定出具报告的机构。其主要考虑是：《环境污染刑事案件 2013 年解释》施行后，环境保护部办公厅分别于 2014 年 1 月、2016 年 2 月指定推荐了两批环境损害鉴定评估推荐机构（第一批 12 家、第二批 17 家）。2015 年 12 月，"两高"、司法部印发《关于将环境损害司法鉴定纳入统一登记管理范围的通知》，司法部、环境保护部印发《关于规范环境损害司法鉴定管理工作的通知》，对司法鉴定机构出具环境损害司法鉴定意见提供了依据并作出规范。目前，这项工作正处在稳步推进的过程中，但也只涉及环境损害鉴定，未涉及其他环境污染专门性问题。总体而言，目前司法鉴定机构和环境保护部指定的机构仍然偏少，难以满足实际办案所需。因此，该条增加规定公安机关也可以指定出具报告的机构，以强化解释的可操作性。

第 十 一 章

2016 年环境审判与环境诉讼

2016 年，最高人民法院发布《中国环境资源审判》，详细介绍了近年来我国环境资源审判的相关情况。在案件审理方面，2012 年 1 月至 2016 年 6 月，全国法院受理环境资源刑事、民事、行政一审案件共计 575777 件，审结 550138 件。①2015 年 1 月至 2016 年 6 月，全国法院共受理社会组织提起的各类环境民事公益诉讼一审案件 93 件，审结 50 件；受理检察机关探索提起环境行政公益诉讼案件 2 件。2015 年 7 月至 2016 年 6 月，全国法院共受理检察机关提起环境公益诉讼案件 21 件；其中，环境民事公益诉讼案件 11 件，审结 3 件；环境行政公益诉讼案件 10 件（含环境行政附带民事公益诉讼 1 件），审结 6 件。

在审判机构建设方面，截至 2016 年 6 月，各级人民法院设立环境资源审判庭、合议庭或巡回法庭共计 558 个，其中审判庭 191 个。贵州、福建、海南、江苏、河北、山东、广西、江西、河南、广东、重庆、云南、湖南、四川、吉林等 15 个高级人民法院设立了环境资源审判庭；福建、贵州、江苏、海南、重庆等地建立三级环境资源审判组织体系。

在探索审判工作机制方面，一是在案件管辖上，根据最高人民法院 2014 年 7 月发布的《关于全面加强环境资源审判工作为推进生态文明建设

---

① 根据《中国环境资源审判》的介绍，自 2002 年至 2011 年，全国法院受理环境资源刑事、民事、行政一审案件共计 118779 件，审结 116687 件。

提供有力司法保障的意见》①，部分法院已经逐渐探索并建立了与行政区划适当分离的环境资源案件管辖制度。其中，贵州省高级人民法院根据省内主要河流的流域范围将全省划分为四个生态司法保护板块，由4个中级人民法院、5个基层人民法院集中管辖环境保护案件。江苏省高级人民法院指定全省31个基层人民法院跨行政区划集中管辖环境资源案件。二是在审理模式上，各级人民法院正在积极探索将涉及环境资源的民事、行政案件，乃至刑事案件统一归口一个审判庭审理的"二合一"或"三合一"工作模式。其中，最高人民法院于2014年7月设立环境资源审判庭，归口审理环境和资源两大类民事案件；2016年4月又决定将以环境保护主管部门为被告的第二审、申请再审的行政案件及其业务监督指导工作，调整由环境资源审判庭负责，开始实施审理环境资源案件民事、行政"二合一"工作模式。在最高人民法院指导下，各地人民法院根据本地实际，积极探索归口审理模式。比如，贵州等地在全省三级法院全面实行环境资源民事、行政案件"二合一"归口审理模式；福建、江苏、河南、重庆等地在三级法院全面实行环境资源民事、行政、刑事案件"三合一"归口审理模式；贵州清镇、重庆万州、山东兰陵等地法院实行包括执行职能在内的环境资源民事、行政、刑事案件加执行案件的"三加一"模式。②

本年度，最高人民法院还发布了一批环境审判典型案例。根据诉讼类别的不同，这些典型案例包括环境行政诉讼案件、环境民事诉讼案件和环境刑事诉讼案件，共计28个（见表2）。发布典型案例，总结审判要点，不仅有助于各级法院审理类似案件，同时对规范社会公众的类似行为具有引导作用。

---

① 该文件的主要内容是，要求各级法院积极探索建立与行政区划适当分离的环境资源案件管辖制度，逐步改变目前以行政区划确定管辖，以致分割自然形成的流域等生态系统的模式；同时着眼于从水、空气等环境因素的自然属性出发，结合各地的环境资源案件量，探索设立以生态系统或者以生态功能区为单位的跨行政区划环境资源专门审判机构，有效审理跨行政区划污染等案件。

② 参见《中国环境资源审判》。

表2 2016年环境保护的典型案例一览表

案件类别	编号	具体案件	发布时间
环境行政诉讼案	1	吴轶诉江苏省环境保护厅不履行法定职责案	2016-03-31
	2	浦铁（青岛）钢材加工有限公司诉青岛市环境保护局环保行政处罚案	
	3	威海阿科帝斯电子有限公司诉威海市环境保护局环保行政处罚案	
	4	张小燕等人诉江苏省环境保护厅环评行政许可案	
	5	临湘市壁山新农村养猪专业合作社诉临湘市环境保护局环保行政处罚案	
	6	晋海家居用品（上海）有限公司诉上海市奉贤区城市管理行政执法局行政处罚案	
	7	上海勤辉混凝土有限公司诉上海市奉贤区人民政府责令关闭行政决定案	
	8	周锟、张文波诉中华人民共和国环境保护部环评批复案	
	9	刘德生诉胶州市环境保护局环保行政处罚案	
	10	锦屏县人民检察院诉锦屏县环境保护局不履行法定职责案	
环境民事诉讼案（矿业权纠纷）	11	孙素贤等三人与玄正军探矿权权属纠纷案	2016-07-12
	12	傅钦其与仙游县社硎乡人民政府采矿权纠纷案	
	13	陈付全与确山县团山矿业开发有限公司采矿权转让合同纠纷案	
	14	四川省宝兴县大坪大理石矿与李竞采矿权承包合同纠纷案	
	15	资中县鸿基矿业公司、何盛华与吕志鸿劳务承包合同纠纷案	
	16	朗益春与彭光辉、南华县星辉矿业有限公司采矿权合作合同纠纷案	
	17	薛梦懿等四人与西藏国能矿业发展有限公司、西藏龙辉矿业有限公司股权转让合同纠纷案	
	18	黄国均与遵义市大林弯采矿厂、苏芝昌合伙纠纷案	
	19	新疆临钢资源投资股份有限公司与四川金核矿业有限公司特殊区域合作勘查合同纠纷案	
	20	云和县土岩岗头庵叶腊石矿与国网浙江省电力公司矿产压覆侵权纠纷案	

续表

案件 类别	编号	具体案件	发布时间
环境 刑事 诉讼案	21	刘祖清污染环境案	2016-12-26
	22	田建国、厉恩国污染环境案	
	23	浙江汇德隆染化有限公司等污染环境案	
	24	王秋为等污染环境案	
	25	湖州市工业和医疗废物处置中心有限公司污染环境案	
	26	建滔（河北）焦化有限公司污染环境案	
	27	白家林、吴淑琴污染环境案	
	28	浙江金帆达生化股份有限公司等污染环境案	

第一节　环境行政诉讼典型案例

环境行政诉讼是通过司法监督政府环境管理的一项重要手段。长期以来，我国行政诉讼相较于民事诉讼、刑事诉讼显得格外冷清，案件受理数量也较低。最高人民法院于 2014 年 12 月 19 日首次发布环境行政诉讼典型案件，产生了良好的社会反响。

为促进环境司法与环境行政执法的有机衔接，进一步推进环境法治建设。最高人民法院于 2016 年 3 月 31 日再次发布第二批环境行政诉讼典型案件。① 本次发布的十个典型案例，既涉及高铁建设、钢材加工、混凝土生产、仓储保管、牲畜养殖等产业监管，也涉及噪音、水源、电磁、垃圾等与民生息息相关的污染源防治；既有工程质量验收、环境影响评价、排污许可、环境信息公开等行政履责纠纷，也有因行政机关不作为、相互推诿、拖延履责引发的诉讼；既涉及对老百姓合法经营权、财产权和知情权的司法保护，也涉及对行政机关环境调查、处罚和裁量权的司法监督。②

---

① 本部分案例根据《人民法院环境保护行政案件十大案例（第二批）》整理。

② 参见王小磊：《最高人民法院公布第二批环境保护行政案件典型案例》，来源：（中国法院网）http://www.chinacourt.org/article/detail/2016/03/id/1830926.shtml，2017 年 12 月 20 日访问。

一、吴轶诉江苏省环境保护厅不履行法定职责案

基本案情：2015 年 1 月 20 日，吴轶通过"江苏省环境违法行为举报网上受理平台"向江苏省环境保护厅（本部分以下简称江苏省环保厅）投诉，反映其住宅距离沿江高速公路 18 米，噪声白天达 70 分贝、夜晚达 60 分贝以上，其身体健康受到很大损害，要求履行对噪声的管理和监督义务。江苏省环保厅收到投诉后，网上转交无锡市环保局办理，该局网上签收又转交江阴市环保局办理。2015 年 1 月，江阴市环保局通过邮局给其寄出《信访事项不予受理告知书》称："你反映的噪音扰民问题已向江阴市法院提起诉讼，目前针对你的部分诉讼请求江阴市法院已作出予以支持的判决。按照《信访条例》规定，属于不予受理的第二类情况。"吴轶不服诉至法院，请求判令江苏省环保厅履行监督管理法定职责。

裁判结果：南京市中级人民法院一审认为，沿江高速公路涉案地段环保验收工作系被告江苏省环保厅直接验收并公示。被告在验收涉案工程时已经检测到该工程在夜间都有不同程度的超标，并称正在实施安装隔声窗等降噪措施，计划 2006 年 6 月完成，故对于该工程所产生的噪音扰民问题负有不可推卸的监督管理职责。被告对于原告吴轶提出的履责要求，未采取切实措施，仅作为信访事项转交下级环保部门处理。原告诉请成立，法院予以支持。遂判决确认被告不履行环保行政管理职责行为违法；责令被告于判决生效之日起 30 日内针对原告的投诉履行相应法定职责。一审判决后，双方当事人均未上诉。

案例评析：本案是规范环保机关履行噪声污染监督管理职责的典型案例。近年来，不少地方由于高速公路车流量增长迅猛，加之过去规划不当等原因，噪声污染问题日趋严重，群众不堪其扰、身心受损，需要有关部门以人为本，解民之忧，切实采取措施加强监督管理，确保居民生活环境符合相关降噪标准。特别是当不同部门职能交叉、界限不清时，相互间宜主动沟通，共同协调解决，不宜简单将群众关切与投诉问题归于信访，一推了之。本案中，人民法院通过审判，查明认定，涉案高速公路环保验收工作系环保厅所为，环保厅对群众投诉的噪声污染问题负有不可推卸的监管职责。法院裁判有利于避免行政机关相互推诿，有利于督促责任主体尽快履责，有利于

减少公众投诉无门或乱投诉现象，彰显了司法保障民生的正当性。

二、浦铁（青岛）钢材加工有限公司诉青岛市环境保护局环保行政处罚案

基本案情：2014 年 10 月 15 日，山东省青岛市环境保护局（本部分以下简称青岛市环保局）执法人员至浦铁（青岛）钢材加工有限公司（本部分以下简称浦铁公司）现场检查，被该公司保安以未经公司负责人同意为由拒之门外。执法人员当场制作了现场检查笔录并向浦铁公司送达了《环境违法行为协助调查告知书》，要求协助调查。其后，青岛市环保局作出《责令改正违法行为决定书》，并在收到浦铁公司提交的《关于积极配合环保部门监督检查的整改措施》后，作出行政处罚决定，认定该公司违反了《中华人民共和国水污染防治法》（以下简称《水污染防治法》）第二十七条的规定，决定罚款 1 万元。浦铁公司不服诉至法院，请求撤销上述处罚决定。

裁判结果：青岛市市南区人民法院一审认为，根据《水污染防治法》第七十条规定，拒绝环保主管部门的监督检查，或者在接受监督检查时弄虚作假的，环境保护主管部门有权责令其改正，处 1 万元以上 10 万元以下罚款。原告浦铁公司保安以必须经过公司负责人同意为由，阻碍被告市环保局执法人员第一时间进厂检查，属于拒绝执法人员监督检查，违反了上述规定，应受到处罚。但鉴于原告事后积极整改，并提交整改措施，符合轻微标准，被告对其处以 1 万元罚款并无不当，遂判决驳回原告诉讼请求。一审宣判后，双方当事人均未上诉。

案例评析：本案是有关维护环保机关依法履职的典型案例。调查权是行政机关实施管理的一项基础性权力。环保机关只有切实履行法定调查职能，才可能及时发现和处理环境污染问题。许多环保类法律法规规定了环保机关此项职权，同时明确了被调查对象的协助义务。如《水污染防治法》第二十七条规定，环保部门有权对管辖范围内的排污单位进行现场检查，被检查单位应当如实反映情况，提供必要的资料；第七十条规定了具体罚则。本案中，青岛市环保局依法履行法定的执法检查职责，具有强制性。浦铁公司作为钢材加工企业应当诚恳接受、配合环保部门的监督检查，而不能拒绝或以公司内部管理规定为由对抗。青岛市环保局结合浦铁公司随后递交报告、积极整改等情形，对该公司从轻处理，过罚相当，效果良好。

三、威海阿科帝斯电子有限公司诉威海市环境保护局环保行政处罚案

基本案情：2012年12月，威海阿科帝斯电子有限公司（本部分以下简称阿科帝斯公司）迁至山东省威海火炬高技术产业开发区某厂房，该厂房原系某公司为汽车线束生产项目所建，该项目的环境影响评价文件已获威海市环境保护局（本部分以下简称威海市环保局）批准。阿科帝斯公司迁入后开始生产打印机硒鼓等产品。2014年，威海市环保局工作人员对该公司的生产现场进行检查，发现该企业未依法取得环保部门批准的环境影响评价文件而擅自投产。经依法履行相关程序后，威海市环保局作出责令立即停产停业、罚款人民币12万元的行政处罚决定。阿科帝斯公司不服，申请行政复议后复议机关维持该处罚决定。该公司诉至法院，请求撤销市环保局的上述处罚决定。

裁判结果：威海市环翠区人民法院一审认为，根据《环境影响评价法》第十六条、二十四条、二十五条之规定，建设项目环境影响评价文件经批准后，该项目性质、规模、地点、采用的生产工艺或者防治污染、防止生态破坏措施等发生重大变动的，建设单位应当重新报批环境影响评价文件；未经审查或者审查后未予批准的，不得开工建设。阿科帝斯公司搬迁后，其建设项目地点发生了变化，且其利用涉案厂房生产硒鼓等产品致使原建设项目的性质、采用的生产工艺等均发生重大变化，应重新报批环境影响评价文件，而该公司擅自投产违法事实清楚，遂判决维持被诉处罚决定。阿科帝斯公司上诉后，威海市中级人民法院判决驳回上诉、维持原判。

案例评析：本案是涉及如何看待迁址企业是否需要重新进行环境影响评价的典型案例。环境影响评价制度关乎周边群众生活环境安全和生产企业自身的可持续发展。当某一建设项目的性质、规模、地点等要素发生重大变动时，对周围环境影响也相应变化，建设单位依法应当重新报批环境影响评价文件。本案中，虽然阿科帝斯公司在搬迁之前的原所在地进行过环评且符合相关标准，其搬迁后所租赁厂房此前也取得过汽车线束生产项目的环评批准文件，但由于前后厂址环境不同，项目性质、生产工艺以及对周边环境的影响都已变化，故该公司应依法重新报批环境影响评价文件。本案对引导企业依法履行环评义务，切实维护公众环境权益具有指导意义。一审所作的维持

判决形成于《中华人民共和国行政诉讼法》（以下简称《行政诉讼法》）修改前，现此类判决已变为驳回原告诉讼请求。

四、张小燕等人诉江苏省环境保护厅环评行政许可案

基本案情：江苏省电力公司镇江供电公司（以下简称镇江供电公司）为建设 110 千伏双井变电站等一批工程，委托环评机构以工频电场、工频磁场、噪声及无线电干扰为评价因子编制了《环境影响报告表》。该报告表预测工程建成运行后对周边环境的影响程度符合国家标准。2009 年 11 月，江苏省环境保护厅（本部分以下简称江苏省环保厅）在经镇江市规划局出具《选址意见》、江苏省电力公司同意环评结论、镇江市环保局对《环境影响报告表》预审后作出批复，同意镇江供电公司建设该批工程。张小燕、陈晓湘、蔡富生三人不服诉至法院，主张所涉区域不宜建设变电站、环评方法不科学，建设项目不符合环评许可条件、环评许可违法，请求撤销江苏省环保厅的上述批复。

审判结果：南京市中级人民法院一审认为，被告江苏省环保厅在其他部门出具意见基础上作出的涉案批复，符合《环境影响评价法》第二十二条以及国家有关技术规范与政策规定，程序合法，遂判决驳回原告张小燕等三人的诉讼请求。张小燕等三人上诉后，江苏省高级人民法院二审认为，双井变电站系城市公用配套基础设施，根据《城市电力规划规范》规定，在符合条件的情况下可以在风景名胜区、自然保护区和人口稠密区等敏感区域建设此类项目。涉案工程污染物预测排放量和投入运行后的实际排放量均小于或明显小于排放限值，环评符合法定审批条件。110 千伏变电站所产生的是极低频场，按世界卫生组织相关准则，极低频场对环境可能造成轻度环境影响，但影响有限且可控。故二审判决驳回上诉、维持原判。二审法院同时认为，虽然被诉环评行政许可行为合法适当，但环保部门应采取措施加强信息公开，督促镇江供电公司将相关电磁场监测显示屏置于更加醒目的位置，方便公众及时了解实时数据，保障其环境信息知情权。

案例评析：本案是涉及环保知情权、参与权保障的典型案例。变电站是现代城市不可或缺的基础设施，虽然世界卫生组织在有关准则中指出此类设施对环境造成的影响有限并且可控，但由于信息掌握不充分，公众很难准确

判断电磁辐射对健康的影响，一些疑虑容易引发对建设项目的抵触，从而产生"邻避效应"，形成纠纷。环保部门有必要在行政许可的同时完善信息公开沟通机制，便利公众充分了解建设项目的环境影响，有效参与环境保护，最大程度缓解"邻避效应"。本案中，法院没有止于就案办案，而是同时对行政机关提出保障公众知情权的明确要求。据悉，二审判决后，镇江供电公司已拆除电磁场监测显示屏外墙，此举有助于督促供电公司提高环境保护意识和电磁辐射污染防护水平。案件办理取得良好的社会效果。

五、临湘市壁山新农村养猪专业合作社诉临湘市环境保护局环保行政处罚案

基本案情：湖南省临湘市壁山新农村养猪专业合作社（本部分以下简称新农村合作社）自2004年正式投入生猪养殖起，常年存栏量500头以上。在一直未办理环保审批手续、配套环保设施未经环保部门验收、未取得排污许可证的情况下，新农村合作社将部分生猪养殖产生的废渣、废水直接排放至团湾水库。2014年12月，临湘市环境保护局（本部分以下简称临湘市环保局）经现场调查、送达违法排放限期改正通知书、行政处罚听证告知书后，作出责令该合作社立即停止生产并处罚款5万元的行政处罚决定。但是，新农村合作社始终未停止违法排污。2015年1月，临湘市环保局又作出责令停止排污决定。该合作社不服诉至法院，请求撤销上述行政处罚决定和责令停止排污决定。

裁判结果：临湘市人民法院一审认为，原告新农村合作社作为常年生猪存栏量500头以上的养殖场，在未进行环境影响评价，自建的污染防治配套设施未经环保部门验收合格的情况下直接进行养殖生产，导致废渣、废水直接排放，且未取得排污许可证，违反了《畜禽养殖污染防治管理办法》相关规定。被告临湘市环保局依据《环境保护法》《建设项目环境保护管理条例》等法律、法规授予的职权，就上述违法事实作出行政处罚决定书和责令停止排污决定书，在处罚程序、处罚幅度方面并无不当。遂判决驳回原告诉讼请求。新农村合作社上诉后，岳阳市中级人民法院判决驳回上诉、维持原判。

案件评析：本案是涉及农业养殖造成环境污染的典型案例。农业养殖在带动农村经济发展同时，也可能导致群众居住环境恶化。近年来因养殖污染

引发的水源、土壤、空气污染等问题不容忽视。2016 年中央一号文件明确要求加快农业环境突出问题治理，加大污染防治力度。原国家环境保护总局《畜禽养殖污染防治管理办法》明确对畜禽养殖场排放的废渣、清洗畜禽体和饲养场地、器具产生的污水及恶臭等要实行污染防治，新建、改建和扩建畜禽养殖场必须依法进行环境影响评价，办理相关审批手续。本案中，新农村合作社明显违反上述规定，造成环境污染，临湘市环保局作出的处罚决定和责令停止排污决定于法有据，人民法院应予大力支持。该案对保护农村群众生活环境具有一定示范意义。

六、晋海家居用品（上海）有限公司诉上海市奉贤区城市管理行政执法局行政处罚案

基本案情：2013 年 12 月，上海市奉贤区城市管理行政执法局（本部分以下简称奉贤区城管局）在该区某镇河岸边发现一堆垃圾，其中有晋海家居用品（上海）有限公司（本部分以下简称晋海公司）成品标示卡、塑料外包装袋等废弃物，遂当场制作《现场检查笔录》，拍照取证，并向该公司开具了责令改正通知书和谈话通知书，后再次核查现场发现有焚烧痕迹。经调查，晋海公司承认该处垃圾为其产生的生产垃圾，但并非其倾倒；其后，案外人岳某于 2014 年 1 月向奉贤区城管局承认曾向晋海公司收购废弃物，其丈夫此后将无价值的废弃物倾倒的事实。奉贤区城管局随后以留置送达方式向晋海公司送达行政处罚听证告知书，该公司未在法定期限内提出听证申请。同年 2 月，奉贤区城管局对晋海公司作出罚款 4.5 万元的行政处罚决定。晋海公司不服诉至法院，请求撤销上述处罚决定。

裁判结果：上海市奉贤区人民法院一审认为，依照《上海市市容环境卫生管理条例》第三十八条规定，单位产生的废弃物，由单位负责收集、运输或者委托市容环卫作业服务单位收集、运输。废弃物的处置，由市容环卫管理部门统一组织实施。原告晋海公司将废弃物擅自处置给没有相应资质的人员处理，致使废弃物未得到有效处置，其行为违反了该条例的上述规定，被告奉贤区城管局据以处罚并无不当，遂判决驳回晋海公司的诉讼请求。该公司上诉后，上海市第一中级人民法院判决驳回上诉、维持原判。

案例评析：本案是有关查处生产企业未依法履行收集、运输废弃物义务

的典型案例。城市生产、生活垃圾，是困扰城市管理、污染人居环境、给居民生活带来较大影响的重要污染源，产生废弃物的企业应当严格履行收集、运输废弃物的法定义务，不可贪图省事而交由无资质的单位或者个人任意处置。有关部门应当加强治理，及时处理各类违法行为。在本案中，依照《上海市市容环境卫生管理条例》的有关规定，应由市容环卫管理部门统一组织实施废弃物的处置，任何单位和个人不得自行处置；对于单位产生的废弃物的收集、运输，仅有自行负责收集、运输和委托市容环卫作业服务单位收集、运输两种方式。晋海公司未自行收集、运输涉案废弃物，亦未委托市容环卫作业服务单位收集、运输，而是将废弃物出售给案外人岳某，属于违反规定应受处罚行为。人民法院依法裁判支持正当的行政执法行为，对于保护城市环境具有导向意义。

七、上海勤辉混凝土有限公司诉上海市奉贤区人民政府责令关闭行政决定案

基本案情：上海勤辉混凝土有限公司（本部分以下简称勤辉公司）成立于 2006 年 2 月，位于黄浦江上游沿岸，经营范围包括混凝土生产、加工、销售。2010 年 3 月，该公司住所地和实际生产经营地被划入上海市黄浦区上游饮用水水源二级保护区。2015 年 2 月，上海市奉贤区人民政府（本部分以下简称奉贤区人民政府）以勤辉公司在饮用水水源二级保护区内从事混凝土制品制造，生产过程中排放粉尘、噪声等污染物为由，根据《水污染防治法》第五十九条第一款规定，作出责令该公司关闭的决定。勤辉公司不服诉至法院，要求撤销上述决定。

裁判结果：上海市第一中级人民法院一审认为，原告勤辉公司从事的利用混凝土搅拌站生产、加工、销售混凝土的建设项目具有排放废气等污染物的特征，属于《水污染防治法》第五十九条第一款规定的在二级饮用水水源保护区已建成排放污染物建设项目，被告奉贤区人民政府责令其关闭，事实认定清楚，适用法律正确，遂判决驳回原告诉讼请求。勤辉公司上诉后，上海市高级人民法院二审认为，勤辉公司从事的混凝土生产客观上存在粉尘排放，按照常理具有对水体产生影响的可能性，现有证据不能证明该粉尘排放确实没有对水体产生影响，奉贤区人民政府作出责令其关闭的行政处罚于法

有据，故判决驳回上诉、维持原判。

案例评析：本案是涉及饮用水水源保护的典型案例。饮用水安全与人民群众健康息息相关。近年来，饮用水水源安全问题倍受社会关注，2008年修订的《水污染防治法》明确了国家建立饮用水水源保护区制度，规定禁止在饮用水水源二级保护区内新建、改建、扩建排放污染物的建设项目，已建成的排放污染物的建设项目，由县级以上人民政府责令拆除或者关闭。《"十三五"规划纲要》中明确要求推进多污染综合防治和环境治理，实行联防联控和流域共治，深入实施大气、水、土壤污染防治行动计划。本案中，虽然涉案区域被划为二级水源保护区系在勤辉公司成立之后4年，但该公司继续生产排放粉尘等污染物可能会对水体产生影响，故人民法院依法支持了奉贤区人民政府作出的责令关闭行政决定，有利于保护人民群众饮水安全。当然，政府其后对因环保搬迁的企业应当依法给予合理补偿。

八、周锟、张文波诉中华人民共和国环境保护部环评批复案

基本案情：2012年11月，中华人民共和国环境保护部（本部分以下简称环保部）受理了京沈铁路客运专线（京冀）公司筹备组等单位提交的京沈高铁项目环境影响评价申请，同时委托环保部环境工程评估中心（本部分以下简称评估中心）进行技术评估。其后，环保部在其网站上公示了该项目环评文件，同时提供了环评报告书简本的链接。其后评估中心经提出修改建议、现场踏勘、专家审查、复核等程序后作出技术评估报告并提交环保部。该部在其网站公示了相关文件并根据利害关系人申请组织了听证会。2013年12月，环保部作出环评批复并在其网站上进行公示。周锟、张文波的房屋位于该项目星火站至五环路段，因噪声影响等理由不服上述批复。周锟、张文波申请行政复议后，复议机关维持该批复。周锟、张文波诉至法院，请求撤销环保部的上述批复。

裁判结果：北京市第一中级人民法院一审认为，建设单位与评价单位采用张贴环评公告、在报纸及相关网站公示、发放公众参与调查表等方式征求了公众意见。被告环保部在受理环评申请后，亦在其网站上公示相关信息并举行了听证会，被诉环评批复符合法定程序。评价单位根据《环境影响评价

技术导则》要求，综合考虑评价范围内环境噪声现状等因素，认为涉案项目噪声防治未违反上述导则要求。被告根据《城市环境振动标准》并参考《环境影响评价技术导则》的规定，认为涉案项目环境振动评价意见并无不当。遂判决驳回原告周锟、张文波的诉讼请求。一审宣判后，双方当事人均未上诉。

案例评析：本案是涉及高铁项目环境影响评价许可的典型行政案件。京沈高铁是全国铁路"十二五"规划的重大建设项目，从一开始就备受社会关注。该项目环评内容大多涉及技术问题。本案中，人民法院着重对评价单位编制环评报告和行政许可的程序进行审查，充分保障了公众的参与权与知情权；对于环评内容则着重对环评采用的标准是否符合国家强制性规定，是否存在明显不合理等情形进行审查。对于环评涉及的专业性、技术性问题，则尊重行政机关基于专业性的裁量所作的判断与选择，既有力监督了行政机关依法行使职权，也准确把握了司法审查的范围和界限。

九、刘德生诉胶州市环境保护局环保行政处罚案

基本案情：2014年4月，山东省胶州市环境保护局（本部分以下简称胶州市环保局）根据群众反映某村水塘出现死鱼现象，对刘德生建设经营的冷藏项目进行调查，发现其所建冷库生产面积200平方米，该项目未经环保部门批准，需要配套建设的环境保护设施未建成，主体工程未经验收但已正式投入生产或使用，违反了《建设项目环境保护管理条例》第十六条之规定；同时，经执法人员现场核实，该冷库正在更换制冷剂，处于停产状态，属减轻处罚情节。胶州市环保局遂依据上述条例第二十八条，并参照《青岛市环境行政处罚裁量权细化量化标准》的相关规定，作出对刘德生罚款3万元的行政处罚决定。刘德生不服，申请行政复议后复议机关维持该处罚决定。刘德生诉至法院，请求撤销胶州市环保局的上述处罚决定。

裁判结果：胶州市人民法院一审认为，根据《建设项目环境保护管理条例》第十六条、第二十八条之规定，建设项目需要配套建设的环保设施未建成，主体工程正式投入生产或使用，可由环保主管部门责令停止生产或者使用，处10万元以下罚款。同时，参照《青岛市环境行政处罚裁量权细化量化标准》对违法行为"一般"与"较重"阶次的划分标准，因冷库生产面积

200平方米，系《建设项目环境保护分类管理名目》中应报批报告表类别，同时因配套环保设施未建成，属于"较重"阶次，应处6万元罚款；但考虑到冷库正处于停产状态，符合"一般"阶次，故被告胶州市环保局决定对原告刘德生罚款3万元并无不当，遂判决驳回原告诉讼请求。刘德生上诉后，青岛市中级人民法院判决驳回上诉、维持原判。

案例评析：本案是涉及判断行政裁量权行使的合理性的典型案例。行政裁量事关行政机关在法律规定的幅度、范围内如何正确行使职权，是依法行政的内在要求。随着法治政府建设步伐的加快，对行政裁量权的规制显得日益重要。规范行使行政裁量权，有助于行政执法人员更好地服务群众、优化管理，而裁量的随意与任性可能导致职权滥用、引发纠纷和矛盾。近年来，不少行政机关制定了详细的行政裁量标准，执法日趋规范，但规定再严密也不可能囊括实践中的所有情形，也离不开执法人员结合具体情节的科学理解与准确适用。本案中，根据《建设项目环境保护管理条例》有关规定，涉案冷库属于仓储类需报批环境影响报告表的项目，胶州市环保局依据行政法规以及当地有关环境保护处罚裁量权量化标准，结合本案违法情节，特别在可酌处6万元罚款的幅度下，考虑到该冷库用于仓储土豆，有季节性因素且调查当时正处于停产状态，故本着从轻处罚原则罚款3万元，体现了对行政裁量权宽严相济的适度把握，有一定示范意义。

十、锦屏县人民检察院诉锦屏县环境保护局不履行法定职责案

基本案情：2014年8月，贵州省锦屏县人民检察院（本部分以下简称锦屏县检察院）向锦屏县环境保护局（本部分以下简称锦屏县环保局）发出检察建议书，就其所发现的雄军公司、鸿发公司等石材加工企业在该局下达环境违法行为限期改正通知书后，仍未建设完成环保设施并擅自开工，建议该局及时加强督促与检查，确保上述企业按期完成整改。其后于2015年4月再次向该局发出两份检察建议书，该局未在要求期限内答复。在2015年7月和10月的走访中，锦屏县检察院发现有关企业仍存在环境违法行为。锦屏县环保局于12月1日对雄军、鸿发两公司分别作出罚款1万元的行政处罚决定。同年12月18日，锦屏县检察院以锦屏县环保局为被告，提起行政公益诉讼，请求法院确认该局怠于履行监管职责行为违法，并判令该局对雄

军、鸿发两公司进行处罚。后鸿发、雄军两公司在当地政府集中整治专项行动中被关停，锦屏县检察院申请撤回第二项诉讼请求。

裁判结果：福泉市人民法院一审认为，被告锦屏县环保局作为锦屏县境内石材加工企业环评登记的审批机关，应当对企业生产建设过程中是否存在环境违法行为进行管理和监督。对企业环境违法行为应当依法立案查处。被告虽先后对鸿发、雄军等公司作出限期改正通知书和行政处罚，但由于之后未及时履行监管责任，致使有关企业违法生产至2015年12月31日。考虑到涉案企业已被关停和处罚，准许公益诉讼人撤回第二项诉讼请求。遂判决被告在2014年8月5日至2015年12月31日对有关企业违法生产的行为，属于怠于履行监管职责的违法行为。一审宣判后，双方当事人均未上诉。

案件评析：2015年7月全国人大常委会《关于授权最高人民检察院在部分地区开展公益诉讼试点工作的决定》施行以来，人民法院共受理12件检察机关提起的公益诉讼案件，审结3件。本案即是人民法院首例审结的检察机关提起的公益诉讼案件。本案中，锦屏县环保局虽然对违法企业作出过多次处理，锦屏县检察院亦多次以检察建议方式督促该局履行监管职责，但环境违法行为仍持续了近一年半。人民法院受理后，依法进行释明、建议和督促工作，当地政府开展了集中整治专项行动，关停了涉案企业，充分展示了环境行政公益诉讼在督促行政机关履行法定职责、保护环境公共利益等方面的积极作用。

第二节　环境民事诉讼典型案例

2016年7月12日，最高人民法院发布了孙素贤等三人与玄正军探矿权权属纠纷案、傅钦其与仙游县社硎乡人民政府采矿权纠纷案等十起审理矿业权民事纠纷案件的典型案例。从内容上看，本次发布的典型案例，不仅涉及矿业权权属确认、矿业权出让主体资格的判断、矿业权转让合同中报批义务条款的独立性等问题，还包括矿产勘查、开采劳务承包与矿业权经营承包的界定、矿山企业股权转让与矿业权转让的区分、矿床压覆侵权纠纷责任承担，以及人民法院对自然保护区等特殊区域内勘查、开采矿产资源合同效力的特别审查等问题。①

一、孙素贤等三人与玄正军探矿权权属纠纷案

基本案情：孙素贤等三人于 2004 年投资承包内蒙古自治区通辽市奈曼旗青龙山镇向阳所村林地，承包期 15 年，用于开发铁矿。孙素贤等三人委托玄正军办理勘查许可证，并将委托勘查合同书、林地承包合同书、存款证明、探矿权申请登记书等相关资料及办证资金 114 万元交付玄正军。2005年 12 月 28 日，经内蒙古自治区国土资源厅批准，通辽市国土资源局对奈曼旗青龙山向阳所一带铁矿普查探矿权实行挂牌出让，并予以公告。玄正军将办证资料上孙素贤的名字篡改成自己的名字，并私刻"辽宁省第四地质大队"的公章伪造勘查合同，用孙素贤等三人交给他的办证资金，以奈曼旗北方建筑公司（该公司法定代表人为玄正军）名义竞标，将勘查许可证办至玄正军自己名下；2006 年 2 月 13 日，内蒙古自治区国土资源厅向玄正军颁发了《矿产资源勘查许可证》。孙素贤等三人提起诉讼，请求确认案涉《矿产资源勘查许可证》归孙素贤等三人所有。

裁判结果：内蒙古自治区通辽市中级人民法院一审认为，玄正军利用孙素贤等三人提供的资金及办证所需资料，篡改名头、制作虚假申报材料，以欺骗手段取得勘查许可证，侵犯了孙素贤等三人的探矿申请权，遂判决案涉《矿产资源勘查许可证》上设立的探矿权为孙素贤等三人所有。内蒙古自治区高级人民法院二审认为，孙素贤等三人主张玄正军采取伪造资料等方式取得案涉勘查许可权，其应向国土资源主管部门反映情况，由主管部门查清事实后采取措施，也可以依法向人民法院提起行政诉讼，请求撤销玄正军取得的勘查许可证。孙素贤等三人提起的诉讼，不属于民事诉讼范围。二审法院裁定撤销一审判决，驳回孙素贤等三人的起诉。最高人民法院经再审审查认为，探矿权的取得须经国土资源主管部门的许可，此种行政许可具有赋权性质，属行政机关管理职能。在探矿权须经行政许可方能设立、变更或者撤销的情况下，孙素贤等三人请求确认《矿产资源勘查许可证》归其所有，不符合法律规定的民事诉讼受案范围，二审法院裁定驳回起诉，并无不当。

---

① 本部分案例根据《人民法院关于依法审理矿业权民事纠纷案件典型案例》整理。

案例评析：矿业权为我国物权法明定之民事权利，但其设立离不开国土资源主管部门的许可。从行政法律关系分析，案涉授予探矿权的行政许可行为尽管有瑕疵，但依据矿业权登记的公信力和具体行政行为的公定力原理，行政机关的赋权行为既已做出，在该行政许可行为经由行政机关自行审查纠正或者经由行政诉讼司法审查纠正之前，人民法院不宜在民事诉讼中直接认为勘查许可证无效。换言之，有权作出矿产资源勘查开发行政许可的主体为国土资源主管部门，人民法院不能直接以民事审判之司法权干涉国土资源主管部门行使行政职能。从民事法律关系分析，委托人委托他人办理矿业权的申请事宜，受托人未忠实履行受托义务，存在欺诈行为，委托人可依委托合同的约定追究受托人的违约责任。本案涉及行政许可和民事委托申请双重法律关系，当事人可选择不同权利救济方式。但值得注意的是，民事诉讼仅可解决矿业权设定基础的民事法律纠纷，不能解决矿业权设定过程中行政行为的法律效力问题。已经取得的勘查许可证非经依法撤销或者行政审判，人民法院不能以民事判决直接变动行政许可赋权行为。故本案当事人直接提起民事诉讼，请求确认案涉矿产资源勘查许可证归属，要求更改矿业权主体，系权利救济渠道的选择不当。人民法院驳回起诉，让当事人选择最适宜的方式来维护自己的合法权益，既是对行政机关监督管理职能的尊重，也准确把握了司法权介入的法定边界，为司法实务中如何处理矿业权设立环节的物权归属问题，起到了良好的示范作用。

二、傅钦其与仙游县社硎乡人民政府采矿权纠纷案

基本案情：2003年1月16日，福建省莆田市仙游县社硎乡人民政府与傅钦其签订合同，约定由傅钦其开发仙游县社硎乡塔林顶伊利石矿山。合同签订以后，傅钦其依约投资道路等设施并实施探矿行为。2005年1月24日，仙游县人民政府批准挂牌出让案涉矿山采矿权。2007年7月，仙游县人民政府将案涉矿山列入禁采范围。傅钦其未能依法取得案涉矿山的采矿许可证。傅钦其提起诉讼，请求社硎乡人民政府赔偿损失，并支付投资款的资金占用期间利息。

裁判结果：福建省莆田市中级人民法院一审查明傅钦其实际投资款153.3561万元，判令社硎乡政府承担50%的赔偿责任。福建省高级人民法

院二审认为，社硼乡政府明知自己无权出让辖区内矿产资源，未经有权机关审批以签订承包合同的方式将案涉矿山交由傅钦其开发，所签合同应为无效。案涉矿山已被列为禁采区，不具备办理合法审批手续的可能，由此产生的法律后果应依傅钦其投入资产性质分类处理，其中押金属于社硼乡政府因合同收取的保证金，应直接返还；所修公路位于社硼乡政府辖区范围，属于其获益部分，应按照实际支出折价补偿；其余投资属于履行合同受到的损失，应按照过错比例承担民事赔偿责任。遂判令社硼乡政府返还傅钦其押金和修路支出费用共计 67.0712 万元，对傅钦其 86.2849 万元投资损失承担80% 的赔偿责任。

案例评析：矿业权尽管作为民事权利，却仍具有矿产资源的开发管理秩序与生态环境保护的经济管制等特点。依据矿产资源法的规定，矿业权出让主体应为县级以上国土资源主管部门。乡政府擅自出让矿业权违反法律、行政法规的强制性规定，无法产生当事人预期的法律效果。乡级政府作为行政主体，应当在权限范围内作出行政行为。具体行政行为应当具有公定力，一经成立，即具有被推定为合法而要求所有机关、组织或者个人表示尊重的一种法律效力。相对人因对行政行为的合理信赖应当予以保护。关于案涉合同被赋予否定性法律评价后法律后果的承担问题，二审法院改变一审法院关于双方过失相当的判决，认为政府一方应当承担主要的过错责任，正确揭示了本案政府违法行政行为与合同无效之间的因果关系，充分保护了因信赖政府行为而遭受损害的合同相对方的利益。不仅切实保障了国家利益和公共利益，同时突出了现代矿业行政管理之中，政府"依法行政、越权无效"的基本理念，对实践中大量存在的不规范的矿业权出让、转让的乱象，无疑具有规制意义。

三、陈付全与确山县团山矿业开发有限公司采矿权转让合同纠纷案

基本案情：2014 年 1 月 15 日，陈付全与团山公司签订采矿权转让协议，约定团山公司将其采矿权作价 360 万元转让给陈付全，并积极配合陈付全办理采矿许可证。合同签订后，陈付全依约付清了全部款项。2014 年 2 月 15 日，团山公司委托陈付全向河南省国土资源厅办理采矿许可证延期手续，并于 2014 年 7 月 21 日办理完毕。嗣后，团山公司拒绝配合陈付全办理采矿权

转让的批准、登记手续。陈付全提起诉讼，请求确认采矿权转让协议有效，由团山公司配合陈付全办理采矿权转让手续。

裁判结果：河南省确山县人民法院一审认为，采矿权转让协议合法有效，由陈付全办理采矿权转让相关手续。河南省驻马店市中级人民法院二审认为，陈付全与团山公司就案涉采矿权转让意思表示一致，均在转让协议上签字，该协议已成立。根据国务院《探矿权采矿权转让管理办法》的相关规定，采矿权转让应报请国土资源主管部门审批，转让合同自批准之日起生效。案涉采矿权转让协议成立后，双方当事人在协议中约定的报批义务条款即具有法律效力，团山公司未依约办理报批手续，有违诚实信用原则。根据《最高人民法院关于适用〈中华人民共和国合同法〉若干问题的解释（二）》第八条的规定，人民法院可根据案件具体情况和相对人的请求，判决相对人自己办理有关手续。二审法院判决采矿权转让协议成立，由陈付全办理采矿权转让相关手续。

案例评析：绝大多数合同自成立时即发生效力，但有些合同因附生效条件或者始期，应于条件成就或者始期届至时发生履行的效力。亦有合同由法律、行政法规规定自行政主管部门办理完毕批准、登记等手续时生效。诉争《转让矿山协议》便属于《中华人民共和国合同法》（以下简称《合同法》）第四十四条第二款规定的以行政主管部门审核批准为生效要件的合同。此类合同经国土资源主管部门审核批准时发生法律效力，于国土资源主管部门不予批准时确定地不生效力，于国土资源主管部门尚未表态时处于尚未生效的状态。实践中，有关矿业权转让合同效力认定，存在《中华人民共和国物权法》（以下简称《物权法》）第十五条、《合同法》第四十四条第二款和《探矿权采矿权转让管理办法》第十条第三款规定相冲突的争议。《物权法》第十五条规定的所谓物权登记，系设权登记。以设权登记为生效要件的物权变动场合，设权登记与否决定物权是否发生变动，但并不影响转让合同等引发物权变动的原因行为的效力。但并非由此可以得出所有的合同都不再适用《合同法》第四十四条第二款的规定。作为物权变动生效要件的登记，和作为合同生效要件的行政主管部门的审核批准，是两个不同概念。《物权法》第十五条的规定与登记有关，与行政主管部门的审核批准相去甚远。相比《合同法》第四十四条第二款规定的合同特别生效要件而言，《物权法》第十五条只是对原因行为的一般规定，且并未从积极层面规定原因行为的生效要件，仅系从消极角度宣明物权变动所需要的登记不再是原因行为的生效要件。以国土资源主管部门审核批准为生效要件，是防止矿业权移转给缺乏资质的受让人，避免自然资源浪费，降低乃至减少矿难发生所必要。即使在行政管理体制改革、简政放权的背景下，仍应予以尊重。唯应注意的是，对矿业权转让合同中的报批义务的定位和定性上，应采取法定义务、先合同义务的解释路径，属于异于矿业权转让义务及相应付款义务之外的独立义务，其效力不受转让合同未经审批的影响。

四、四川省宝兴县大坪大理石矿与李竞采矿权承包合同纠纷案

基本案情：宝兴大坪矿具备合法有效的采矿许可证及相关证照。2009 年 9 月 22 日，宝兴大坪矿与李竞签订《协议书》，约定：宝兴大坪矿提供合法采矿手续，提供采矿现场和电力设施、公路、炸药库房等基础设施；矿区新增林地、公路合作期满后归宝兴大坪矿所有；李竞向宝兴大坪矿支付固定数额的费用，享有生产经营自主权，自行组织生产、营销的人员，承担工资费用，照章纳税；如宝兴大坪矿违约，应赔偿李竞所有投入的费用。李竞按约提供前期投资并进行开采。宝兴大坪矿提起诉讼，请求确认《协议书》无效，李竞停止生产并退场、返还矿山及相关设备设施。

裁判结果：四川省雅安市中级人民法院一审认为，《协议书》系以承包方式转让采矿权的合同，应为无效。四川省高级人民法院二审认为，采矿权转让是将采矿权全部权益进行转让，并且要变更采矿权的主体。而《协议书》约定，宝兴大坪矿具备有效的采矿许可证及相关法律规定的证照，负责在法律规定和允许的情况下提供一切合法采矿手续，提供采矿现场和电力设施、公路、炸药库房等基础设施，采矿权的主体不发生变化。在实际履行过程中，对外关系上亦均是以宝兴大坪矿的名义进行。李竞向宝兴大坪矿支付固定数额的费用，自行组织生产、营销人员，承担工资费用，照章纳税；享有生产经营自主权，均符合承包合同的特点，应认定为采矿权承包合同。虽然《协议书》约定李竞的经营期限与宝兴大坪矿现有的采矿许可期限大体一致，但依照相关法律法规规定，宝兴大坪矿在期满后可申请续期。《协议书》只是合同双方当事人之间权利义务关系的内部约定，不以转让采矿权为合同

目的，不违反法律、行政法规的强制性规定，应为有效。二审法院撤销一审判决，驳回了宝兴大坪矿的诉讼请求。

案例评析：本案的焦点在于如何认定案涉双方签订的《协议书》之性质和效力，具体而言即采矿权转让合同与采矿权承包合同之争。学界通常认为采矿权系一种具有公权性质的私权，其因常涉国家战略利益与国计民生而在权利转让方面被苛以较严格的条件与限制，即采矿权的转让除了具备转让与受让双方的真实意思表示以外，还需要征得相关行政主管部门的同意以及履行法律法规所规定的程序，更为重要的是倘若采矿权一旦转让，则采矿权的主体必须变更，原采矿权人的权利、义务亦将随之转移；而采矿权的承包则与之相异，其实质是采矿权人自由行使其开采权，采矿权人有权同意他人与之共同进行采掘活动或者将其开采权所包含的经营管理权属赋予承包人。此种做法在其性质上并不意味或者等同于采矿权的转让。本案的亮点在于二审法院正确而妥适地区分了承包采矿权与以承包形式转让采矿权，即区别两者的关键在于采矿权的权利主体是否变更，若采矿权人放弃享有采矿权的权利亦不履行经营管理义务，将采矿权完全交予承包人的，应认定为以承包形式转让采矿权，应当对其效力进行否定评价；若采矿权人仅是签订承包合同，并未退出矿山管理，亦继续履行义务、承担责任的，只要不违反效力性强制性规定，应当对合同效力予以肯认。合同的性质认定与效力评价一直是司法实践中的难题，充分理解民法理论、准确适用现有法律法规，将两者完美衔接是解决上述问题的应有路径。

五、资中县鸿基矿业公司、何盛华与吕志鸿劳务承包合同纠纷案

基本案情：鸿基公司系何盛华一人投资的有限公司。2009 年 4 月 30 日，吕志鸿与鸿基公司签订《矿山开采劳务承包合同》，约定了开采方式、单价、双方的权利义务以及违约责任等。合同履行中，鸿基公司向吕志鸿书面承诺，按合同约定定期结算并支付相关款项，如不支付导致吕志鸿因资金原因被迫停工，造成的损失由鸿基公司负责。2010 年 2 月 25 日，因吕志鸿开采行为给矿区村民造成损失，由鸿基公司垫付 48418 元。鸿基公司提起诉讼，请求判令确认《矿山开采劳务承包合同》无效，吕志鸿赔偿损失 668418 元。吕志鸿亦提起诉讼，请求判令鸿基公司、何盛华连带赔偿损失 4635558.67

元。上述两案合并审理，分案判决。

裁判结果：四川省资中县人民法院一审认为，《矿山开采劳务承包合同》构成矿业权变相转让，应为无效，判令吕志鸿给付鸿基公司 48418 元，鸿基公司、何盛华连带给付吕志鸿劳务费及赔偿损失 1682770.98 元。四川省内江市中级人民法院二审认为，鸿基公司与吕志鸿签订《矿山开采劳务承包合同》，将矿山的开采劳务承包给吕志鸿，仅是采矿劳务的承包，并不属于以承包形式擅自转让采矿权，合同应为合法有效，双方均应按照合同约定履行义务。双方的权利义务虽已于 2010 年 7 月 29 日终止，但并不影响根据合同进行清算和根据履行情况要求赔偿损失等。二审法院判决吕志鸿给付鸿基公司 93418 元，鸿基公司、何盛华连带给付吕志鸿劳务费及赔偿损失 309235.66 元。

案例评析：本案涉及《合同法》第五十二条、《最高人民法院关于适用〈中华人民共和国合同法〉若干问题的解释（一）》第四条、《最高人民法院关于适用〈中华人民共和国合同法〉若干问题的解释（二）》第十四条、《中华人民共和国矿产资源法》（以下简称《矿产资源法》）第四十二条以及《探矿权采矿权转让管理办法》第十五条关于禁止以"承包方式擅自转让采矿权"的强制性规定等法律法规的理解与适用。其中，《合同法》第五十二条属于引致性条款，目的是将《矿产资源法》和《探矿权采矿权转让管理办法》中的强制性规定引入到合同效力的评价当中，进而实现国家对采矿权转让合同特定管制的效果。但是，适用上述法律规定的前提要件是此合同系属以劳务承包为名，实为变相转让采矿权。本案亮点在于法院并未不加甄别地机械援引此条进而认定案涉合同无效，不然无疑会损害真实的劳务承包合同的效力，危及交易安全，并助长不诚信当事人的投机之风。当然，也不可置强制性规定所保护的公共利益于不顾而一律支持此类合同的效力，否则容易导致采矿权流入缺乏经营资质的经营主体之手的不良境况，故查明事实真相、平衡不同的价值进而确定合同的效力是正确的裁判思路。本案在查明事实的基础上，从合同内容、矿产品的占有、处分权利归属、矿山企业的经营管理、采矿的名义人、承包人的自主权、采矿基础设施的投入和日常耗材的供应等诸多方面认定案涉合同属于劳务承包合同，且当事人的意思表示真实，因此认定合同合法有效。这种依据多方面事实认定合同性质的做法，既关照了矿山经营中对劳务承包这种分工经营的实践需求，又体现了裁判者对当事人真实意思表示的尊重与保护，在法律法规以及相关政策的边界内对合同效力采容让态度，使得鼓励交易这一合同法中的原则得以较大程度地彰显。

六、朗益春与彭光辉、南华县星辉矿业有限公司采矿权合作合同纠纷案

基本案情：2009 年，星辉公司取得南华县兔街长梁子干龙潭锰矿采矿许可证。2010 年 5 月 23 日，星辉公司法定代表人彭光辉与郎益春签订合作协议，约定双方合作开发案涉锰矿，项目日常开发由郎益春成立专门机构实施。合同签订后，郎益春共计支付彭光辉 323 万元，并实施了采矿行为。2011 年，国土资源主管部门因案涉锰矿存在漂移现象，向星辉公司发出《停止采矿通知书》。星辉公司虽提交了变更矿区范围的材料，但因其采矿权许可证遗失致变更手续办理未果。郎益春未能再继续实施开采行为。彭光辉认可郎益春支付的 323 万元用于矿山修路、挖洞、盖工棚及架电工程等。郎益春提起诉讼，请求确认合作协议未生效，彭光辉返还合作款及占用期间的利息，彭光辉、星辉公司承担连带责任。

裁判结果：云南省楚雄彝族自治州中级人民法院一审认为，彭光辉无权以个人名义就星辉公司采矿权对外与他人签订合同，合作协议约定由郎益春出资并成立专门机构实施采矿行为，构成采矿权的变相转让，协议应为无效，彭光辉、星辉公司应连带返还郎益春 323 万元。云南省高级人民法院二审认为，合作协议主体应为星辉公司和郎益春；根据合同约定内容和实际履行情况，星辉公司对矿山经营的财务监督、项目实施等依然进行管理，星辉公司的采矿权主体资格并没有因双方签订合作协议而改变，不构成变相转让采矿权，但星辉公司根本违约导致朗益春合同目的不能实现，遂判决解除合作协议并由星辉公司返还郎益春 323 万元。最高人民法院经再审审查认为，二审法院为避免当事人诉累，在认定合作协议合法有效、无继续履行可能以及朗益春对矿山投资建设的设施归星辉公司所有的前提下，结合朗益春的诉讼请求，判令解除合作协议，由星辉公司返还朗益春 323 万元合作款，并无不当。

案例评析：正确认定合同的效力是妥当处理合同纠纷的关键。就本案而

言，当事人之间签订的《合同协议书》效力如何，同样影响着最终的裁断。从《合同协议书》的约定来看，并没有一方将采矿权转让给另一方的条款，而是约定在开采矿山的过程中，各方都以不同方式参与经营管理。因此，本案没有适用《矿产资源法》第六条第一款第二项规定的空间。事实上，即使是已取得采矿权的矿山企业，因企业合并、分立，与他人合资、合作经营，或者因企业资产出售以及有其他变更企业资产产权的情形而需要变更采矿权主体的，在尚未依据《矿产资源法》第六条第一款第二项的规定办理批准手续之前，也不能援引《合同法》第五十二条第五项认定当事人之间订立的采矿权转让合同无效。因为批准手续的办理，是采矿权转让合同的法定特别生效条件。该条件未满足的，依据《最高人民法院关于适用〈中华人民共和国合同法〉若干问题的解释（一）》第九条第一款前段的规定，采矿权转让合同中须经批准方可生效的条款处于未生效的状态；依据《合同法》第四十四条第一款以及《中华人民共和国民法通则》第五十五条的规定，采矿权转让合同中无须批准即可生效的条款自依法成立之时起生效。此时采矿权转让合同并非无效合同，而是尚未完全生效的合同。

七、薛梦懿等四人与西藏国能矿业发展有限公司、西藏龙辉矿业有限公司股权转让合同纠纷案

基本案情：2013 年 7 月 12 日，西藏国能矿业发展有限公司与薛梦懿、薛梦蛟签订《合作协议》，约定薛梦懿、薛梦蛟将持有的西藏龙辉矿业有限公司全部股权转让给国能公司。合作协议签订后，国能公司支付了部分款项，并对龙辉公司的资质及财务证照等进行了交接，但未办理股权转让工商变更登记手续。11 月 28 日，薛梦懿、薛梦蛟以龙辉公司营业执照丢失为由，申请补发，并于次日将已转让给国能公司的股权再次转让给王如生、薛云琦。国能公司提起诉讼，请求确认国能公司与薛梦懿、薛梦蛟签订的《合作协议》合法有效并继续履行，薛梦懿、薛梦蛟为其办理股权变更工商登记手续；确认薛梦懿、薛梦蛟与王如生、薛云琦签订的转让合同无效。薛梦懿、薛梦蛟反诉请求国能公司返还相关证照，并支付因《合作协议》未生效给其造成的经济损失。

裁判结果：西藏自治区高级人民法院一审确认《合作协议》有效，并由国能公司向薛梦懿、薛梦蛟支付剩余股权转让价款，薛梦懿、薛梦蛟及龙辉公司于国能公司支付完剩余股权转让价款后配合办理股权变更工商登记手续；确认薛梦懿、薛梦蛟与王如生、薛云琦签订的转让合同无效。最高人民法院二审认为，《合作协议》及转让合同的性质应为股权转让，而非矿业权转让；矿山企业股权转让协议不属于法律、行政法规规定须办理批准、登记等手续才生效的合同，《合作协议》依法成立并生效。薛梦懿、薛梦蛟以欺诈手段和超低对价再次转让股权，王如云、薛云琦受让股权不符合善意取得条件，应为无效。《合作协议》应继续履行。二审法院判决驳回上诉，维持原判。

案例评析：本案的典型性和代表性在于充分地反映了矿业权转让合同和矿山企业股权转让之间的特殊关联，表现了当事人在此类纠纷中最惯常的诉讼立场和主张，以及人民法院在审理此类案件中面对的法律与法理适用的冲突和纠结。对于此类合同的性质，应该说就合同形式本身，矿业权转让合同与矿山企业股权转让合同在合同主体、合同标的、甚至合同内容上都有明显的差异。就此，本案判决对股权与矿业权所做的区分和分析无疑是正确的，由此认定本案法律关系属于股权转让而非矿业权转让也是成立的。值得注意的是，此类案件的特殊问题在于是否构成规避法律的行为，即名为股权转让、实为矿业权转让，以形式上合法的矿山企业股权转让实现实质上非法的矿业权转让。对此，客观上存在完全不同的两种意见和主张。一种意见认为，应该根据合同或者行为的形式要件确定其法律性质，只要合同的转让方是股东，合同约定的标的是股权，就应认定为股权转让，只有以矿山企业为转让方，以矿业权为约定标的时，才能认定为矿业权转让合同。另一种意见则认为，对于此类合同，不能简单地根据表面的合同形式认定其法律性质，如果事实确能表明，当事人是为了规避法律的限制或者程序要求，而通过股权转让达到其转让矿业权的目的，则属于典型的规避法律行为，应认定为矿业权转让并相应地认定其效力。至于何种情况下构成这种规避行为，可以根据当事人缔约过程中明确表达的主观意图、转让的是全部股权还是部分股权、矿业权是目标公司的全部资产还是部分资产等因素综合判断。此类问题不仅在矿山企业股权转让中存在，在外商投资公司的股权转让、拥有土地使用权的房地产开发公司的股权转让等涉及合同强制审批和权利转让限制的合同关系中都会出现，其妥善解决有赖于国家立法的修订和完善。本案判决意见反映了个案中裁判者承认和维护矿山企业股权转让合同效力的价值判断和司法取向，既是对一种意见的充分反映和表达，也是彻底解决上述问题的重要推动。

八、黄国均与遵义市大林弯采矿厂、苏芝昌合伙纠纷案

基本案情：大林弯采矿厂原系苏芝昌的个人独资企业，于2003年7月31日办理采矿许可证、营业执照。2003年12月20日，黄国均与苏芝昌签订合伙协议，约定苏芝昌提供采矿许可证、营业执照等开采手续，由黄国均自行投资在现有采区内对4号井开采，自负盈亏、自行承担矿洞安全责任。嗣后，大林弯采矿厂性质虽由个人独资企业变更为合伙企业，合伙人亦多次发生变更。但黄国均一直以大林弯采矿厂的采矿许可证、营业执照从事4号井的开采活动，并交纳办证费、资料费、治安费等共计108120元。2008年8月1日，大林弯采矿厂因违法转让采矿权被国土资源主管部门处罚。2009年6月8日，大林弯采矿厂因无安全生产许可证被安全生产监督管理部门责令停止开采、限期整改。大林弯采矿厂未对4号井进行技改，致黄国均不能继续开采。黄国均提起诉讼，请求判令大林弯采矿厂赔偿损失220万元。

裁判结果：遵义市红花岗区人民法院一审判决驳回黄国均的诉讼请求。贵州省遵义市中级人民法院二审认为，黄国均与苏芝昌签订合伙协议，在大林弯采矿厂采矿许可开采区域内独立从事采矿活动，未到相关行政主管部门进行审批和变更登记，违反国家关于矿产资源开发利用和保护的审批规定，损害国家关于矿产资源的管理秩序。大林弯采矿厂变更登记为合伙企业后，也未将黄国均登记为合伙人。上述行为实为挂靠采矿，合伙协议应为无效，大林弯采矿厂对此具有较大过错。二审法院判决大林弯采矿厂赔偿黄国均损失136620元。

案件评析：首先，两审法院均明确了矿业权人与他人签订的合伙协议是无效的。本案中，矿业权人与他人签订合伙协议，允许他人在其名下采矿许可开采区域内独自从事采矿活动，但未依法办理审批及变更登记，违反了国家关于矿产资源开发利用和保护的审批规定。人民法院依据《合同法》第五十二条规定，认定该合同协议无效，否定了矿业权人企图通过合伙形式非

法转让采矿权的行为，依法保护了国家关于矿产资源的管理秩序。其次，人民法院认定合伙协议无效后，根据《合同法》第五十八条规定，按照当事人双方各自过错程度，进一步明确双方应当各自承担的责任。采矿权人以承包方式变相转让采矿权的行为，违反了《矿产资源法》等法律法规的强制性规定，应当承担与其过错相应的责任。当前，一些矿山企业以各种形式（包括租赁、合作、合伙等形式）无证开采矿产资源的活动依然大量存在。国家对矿产资源开采开发活动规定了严格的审批和备案程序，一方面，审判实践中应该严格认定和把握非法转让采矿权损害国家利益的情形；另一方面，应该在厘清个案具体案情和事实的基础上，认定矿业权人和他人的合作协议的效力和性质。

九、新疆临钢资源投资股份有限公司与四川金核矿业有限公司特殊区域合作勘查合同纠纷案

基本案情：2011年10月10日，临钢公司与金核公司签订《合作勘查开发协议》，约定：临钢公司补偿金核公司3500万元后，双方共同设立项目公司，并在符合条件时将金核公司探矿权过户至项目公司名下。2011年10月25日，临钢公司向金核公司实际支付3500万元。2013年11月22日，临钢公司以合作勘查作业区位于新疆塔什库尔干野生动物自然保护区为由通知解除合同，金核公司回函拒绝。金核公司提起诉讼，请求确认临钢公司解除合同行为无效；确认《合作勘查开发协议》有效。临钢公司反诉请求解除《合作勘查开发协议》，金核公司返还合作补偿款3500万元并赔偿损失。

裁判结果：新疆维吾尔自治区高级人民法院一审判决，临钢公司解除合同行为无效，双方继续履行《合作勘查开发协议》，驳回临钢公司的反诉请求。最高人民法院二审认为，案涉探矿权位于新疆塔什库尔干野生动物自然保护区范围内，由于该自然保护区设立在先，金核公司的探矿权取得在后，基于《合作勘查开发协议》约定，双方当事人均知道或者应当知道在自然保护区内不允许进行矿产资源的勘探和开发。该协议违反了《自然保护区条例》的禁止性规定，如果认定协议有效并继续履行，将对自然环境和生态造成严重破坏，损害环境公共利益。故协议依法应属无效，金核公司收取的3500万元合作补偿款应予返还。临钢公司主张的损失，部分由金核公司折

价补偿，部分由临钢公司自行承担或者在项目公司清算时另行解决。二审法院撤销一审判决，予以改判。

案件评析：本案历经两审结案，一审与二审的裁判结果不同，分歧在于《合作勘探开发协议》效力的法律认定。一审法院认为虽然案涉矿业权位于自然保护区范围内，但并未出现《合作勘探开发协议》不能实现的情形，双方应继续履行协议。一审强调合同当事人的意思表示一致且履行协议已有两年时间，但忽视了合同生效的外部要件，即该协议约定的探矿权处在自然保护区内，损害的是环境公共利益。二审法院依照《自然保护区条例》的禁止性规定，判定双方当事人所签协议无效，否定了一审关于继续履行的判决。两相对比，可以看出本案二审具有以下三点示范作用：一是矿业权纠纷合同效力认定不能仅限于合同目的实现，而应依法求实衡量合同成立与生效的客体依托要件。二是注重发挥环境司法职能作用维护环境公共利益，司法应系统完整地执行环境法规，维护自然保护区管理制度的运行。三是大力发挥司法纠偏功能，并不能因矿业权合同通过了行政主管部门的批准，即直接认定其有效，对于涉及公共利益的合同效力应依职权进行审查。二审判决结果符合生态文明建设和绿色发展的要求，具有指导意义。尤其是在生态环境敏感区等生态红线划定区内，司法裁判时应严守环境保护优先和生态红线管理制度，严禁任意改变自然生态空间用途的行为，防止不合理开发资源的行为损害生态环境。

十、云和县土岩岗头庵叶腊石矿与国网浙江省电力公司矿产压覆侵权纠纷案

基本案情：2004年12月29日，云和县叶腊石矿取得叶腊石采矿权。2013年3月18日，浙北—福州特高压交流输变电工程获国家发展和改革委员会的核准批复。2013年4月26日，国网浙江省电力公司将浙北—福州特高压交流工程线路工程发包给案外人施工。2014年8月20日，云和县叶腊石矿到案涉线路工程项目部反映，浙北—福州1000KV交流输电线路第5R67号桩及第5R66-5R68号桩之间的电线跨越其矿区。经核实，该输电线路路径确与云和县叶蜡石矿矿区范围存在冲突。2014年12月26日，浙北—福州案涉特高压交流输变电工程正式投运。云和县叶腊石矿以其不能正常爆

破采矿为由提起诉讼，请求判令国网浙江省电力公司立即拆除建立在其采矿区域内的输电线路。

裁判结果：浙江省云和县人民法院一审认为，浙北—福州特高压交流输变电工程系经国家发展和改革委员会依法核准批复、依法建设的国家重点工程，投资巨大且已竣工并正式投入运营，如拆除将会给国家利益、社会公共利益造成重大损失，故对云和县叶腊石矿的诉讼请求不予支持。云和县叶腊石矿如认为国网浙江省电力公司架设电线给其造成损失，可另行协商或者通过诉讼途径解决。浙江省丽水市中级人民法院二审认为，即使国网浙江省电力公司建设支桩和架设电线的行为构成对云和县叶腊石矿采矿权的妨害，但考虑到案涉工程在满足福建与浙江联网送电需要及提高华东电网供电可靠性方面发挥的重要作用，且该工程投资巨大并已正式投入运营，如拆除，必将对浙江省电力供应造成重大影响，电力供应不仅涉及到叶腊石矿的经济利益，更涉及社会公共利益。二审法院判决驳回上诉，维持原判。

案件评析：本案的一审判决以案涉采矿工程项目不能干扰福建与浙江联网送电需要和不能影响华东电网正常发挥供电可靠性作用为由，不支持云和县叶腊石矿的拆除建立在其采矿区内输电线路的诉讼请求，并提出协商或者另行提起诉讼解决。二审依法维持一审判决。本案有两点指导意义：一是司法裁判中整体与局部的利益衡量问题。针对所涉浙北—福州特高压交流输变电工程已正式投入运营的既成事实，司法裁判需要在社会公共利益与叶腊石矿的经济利益之间进行利弊权衡，一审和二审都依法保障整体公共利益的优先地位。二是司法裁判中法官释明权的行使。一审法院并未直接依原告请求以拆除建立在其采矿区内的输电线路作为责任承担方式，而是通过法官释明，告知当事人可以另行主张适当的责任方式。这种处理方式是利益衡量的结果，既兼顾社会公共利益，也为矿业权人的合法权益实现提供可能。协调好整体公共利益和局部个体利益之间的关系是公正司法的关键，为公共利益规制个体利益合理边界是必不可少的。裁判中法官的释明权就是对当事人应有权益进行司法救济的方式之一，有利于促进诉讼审理的公正和效益的最大化，提升司法公信力。

第三节　环境刑事诉讼典型案例

2016 年，最高人民法院联合最高人民检察院发布了新的关于办理环境污染犯罪案件的司法解释。同时，为了进一步总结此前人民法院办理环境污染犯罪案件的成功经验，统一裁判标准，最高人民法院于 2016 年 12 月 26 日发布了刘祖清污染环境案、田建国、厉恩国污染环境案等八起环境污染犯罪典型案例。①

这些案例涉及水污染、空气污染、固体废物污染等问题，从犯罪情节、罪名的确定、共同犯罪的认定等方面，对各级人民法院办理环境污染犯罪案件提供了指导。

一、刘祖清污染环境案

基本案情：2013 年 10 月以来，被告人刘祖清伙同他人，在未按国家规定办理工商营业执照及环境影响评价审批手续，未建设配套水污染防治等环保设施的情况下，雇佣工人从事鞋模加工。期间，产生的废水未经过处理，通过连接围堰的管道排至村庄排水渠。经监测，上述加工厂总外排口废水中重金属浓度为镍 23200mg/L、总铬 8.64mg/L、铜 36mg/L、锌 132mg/L，分别超过《污水综合排放标准》（GB8978-1996）规定的排放标准 23199 倍、4.76 倍、35 倍、25.4 倍。

裁判结果：福建省晋江市人民法院一审判决、泉州市中级人民法院二审裁定认为，被告人刘祖清伙同他人在鞋模加工时，违反国家规定，排放含镍、铬、铜、锌的废水，超过国家规定的排放标准 23199 倍、4.76 倍、35 倍、25.4 倍，严重污染环境，其行为已构成污染环境罪。据此，以污染环境罪判处被告人刘祖清有期徒刑 2 年 8 个月，并处罚金人民币 5 万元。

二、田建国、厉恩国污染环境案

基本案情：被告人田建国租赁炼铅厂，未取得危险废物经营许可证，未

---

① 本部分案例根据《最高人民法院公布八起环境污染犯罪典型案例》整理。

采取任何污染防治措施，利用火法冶金工艺进行废旧铅酸蓄电池还原铅生产。自 2012 年 8 月至 2013 年 10 月，被告人田建国先后从张柱芳等人（已另案处理）处购买价值人民币 108330105 元的废旧铅酸蓄电池共计 13500 余吨，用于还原铅生产，严重污染环境。被告人厉恩国建设炼铅厂租赁给田建国，且为田建国经营提供帮助。田建国归案后如实供述自己的犯罪行为。

裁判结果：江苏省徐州市云龙区人民法院一审判决、徐州市中级人民法院二审裁定认为，田建国非法收购废旧铅酸电池，利用火法冶金工艺进行炼铅，在非法处置过程中，产生的大量废水、废气均未经处理直接排放，溢出的粉尘用自制布袋收集，生产的成品铅锭露天堆放，造成严重污染，构成污染环境罪。厉恩国构成污染环境罪的共同犯罪。综合考虑污染行为持续时间、经营规模、污染范围以及排放污染物的数量等因素，二被告人的行为应当认定为"后果特别严重"。据此，以污染环境罪判处被告人田建国、厉恩国各有期徒刑 4 年 6 个月，并处罚金人民币 10 万元。

三、浙江汇德隆染化有限公司等污染环境案

基本案情：被告单位浙江汇德隆染化有限公司（本部分以下简称汇德隆公司）是一家年产 4 万吨保险粉及 3800 吨亚硫酸钠的化工企业，绍兴腾达印染有限公司（本部分以下简称腾达公司）主要经营印花、染色等项目，上述两公司实际控制人均为被告人严海兴。在保险粉合成、过滤干燥过程中产生的精馏残液（含有甲醇、甲酸钠、亚硫酸钠等成分），属于危险废物。2012 年 7、8 月间，为缓解汇德隆公司处理精馏残液的排污压力，严海兴经与被告人潘得峰（汇德隆公司总经理）、潘华林（腾达公司土建主管）商议，将汇德隆公司的精馏残液外运至无危险废物处置资质的腾达公司。精馏残液与腾达公司自身产生的废水混合后，通过暗管直接排入管网，累计排放 5000 余吨。2012 年 10 月起，为缓解汇德隆公司处理精馏残液的排污压力，潘得峰又以 50—80 元 / 吨的价格委托无危险废物处置资质的被告人汝建国外运处置汇德隆公司的精馏残液，严海兴明知且默许上述外运处置行为。汝建国伙同被告人汝建成、汝俊，分别雇佣被告人徐夫锁、唐长征、李镇华、罗卫杰等人采用槽罐车将上述精馏残液运至杭州湾上虞工业园区外海塘等地直接倾倒，累计倾倒 18000 余吨。被告人潘德凤（汇德隆公司仓库主管）明

知汇德隆公司非法外运处置精馏残液，仍接受潘得峰的指派，组织人员负责对运输精馏残液的槽罐车过磅、填写供货清单等工作。

裁判结果：浙江省绍兴市上虞区人民法院一审判决、绍兴市中级人民法院二审裁定认为，被告单位汇德隆公司伙同被告人汝建国、汝建成、汝俊等违反国家规定，排放、倾倒、处置有毒物质，严重污染环境，构成污染环境罪，且属后果特别严重。综合考虑案发后自首、立功、如实供述、退缴违法所得、补缴污水处理费等情节，以污染环境罪判处被告单位浙江汇德隆染化有限公司罚金人民币2000万元；判处被告人严海兴有期徒刑4年6个月，并处罚金人民币100万元；判处被告人潘得峰、汝建国各有期徒刑4年，并处罚金人民币30万元；判处被告人潘华林有期徒刑3年，并处罚金人民币6万元；判处被告人汝建成有期徒刑1年6个月，并处罚金人民币5万元；判处被告人汝俊有期徒刑1年3个月，并处罚金人民币3万元；判处被告人潘德凤、徐夫锁各有期徒刑10个月，缓刑1年，并处罚金人民币1万元；判处被告人唐长征、李镇华各有期徒刑6个月，缓刑1年，并处罚金人民币1万元；判处被告人罗卫杰拘役6个月，缓刑10个月，并处罚金人民币1万元；禁止被告人徐夫锁、唐长征、李镇华、罗卫杰在缓刑考验期限内从事与排污相关的活动。

四、王秋为等污染环境案

基本案情：2014年10月起，被告人王秋为承包现代农业物流园用地回填工程，并转包给他人，在明知该物流园用地不具备生活垃圾处置功能，且他人无处置生活垃圾资质的情况下，任其倾倒、填埋生活垃圾。该填埋场西北侧为吴淞江，东侧为农田，500米内有村庄3座，最近的村庄距离该填埋场125米。王秋为和被告人李伟根系合伙关系，其中王秋为总体负责填埋工程。被告人刘红海系南侧填埋工地负责人，被告人韩洋应刘红海之邀作为合伙人参与南侧填埋工程。该填埋场采用生活垃圾和建筑垃圾分层填埋的方式填埋生活垃圾。填埋生活垃圾被发现后，王秋为派人移除北侧部分生活垃圾，南侧继续填埋生活垃圾直至2015年3月。经测算，北侧所倾倒、填埋生活垃圾的留存量为48236立方米，南侧所倾倒、填埋生活垃圾的留存量为146935立方米。经评估，王秋为、李伟根填埋生活垃圾造成公私财产损失合计人民币约 12067009.94 元，刘红海、韩洋填埋生活垃圾造成公私财产损失合计人民币约 9084680.27 元。

裁判结果：江苏省苏州市姑苏区人民法院判决认为，被告人王秋为、李伟根明知涉案物流园用地不具备生活垃圾处置功能，且他人无处置生活垃圾资质，任其倾倒、填埋生活垃圾，造成公私财产重大损失；被告人刘红海、韩洋违反国家规定，无资质倾倒、填埋生活垃圾，造成公私财产重大损失。上述各被告人的行为均构成污染环境罪，且属"后果特别严重"。据此，以污染环境罪判处被告人王秋为有期徒刑 5 年，并处罚金人民币 20 万元；被告人刘红海有期徒刑 4 年 8 个月，并处罚金人民币 15 万元；被告人李伟根有期徒刑 3 年 6 个月，并处罚金人民币 10 万元；被告人韩洋有期徒刑 2 年 6 个月，并处罚金人民币 6 万元。该判决已发生法律效力。

五、湖州市工业和医疗废物处置中心有限公司污染环境案

基本案情：湖州市工业和医疗废物处置中心系具有处置危险废物资质的企业，其许可经营项目为湖州市范围内医药废物、有机溶剂废物、废矿物油、感光材料废物等危险废物和医疗废物的收集、贮存、处置。2011 年至 2014 年 4 月，被告人施政（法定代表人）指使、授意或者同意其下属经营管理人员，将该中心收集的危险废物共计 5950 余吨交由没有相应资质的单位和个人处置，从中牟利。其中，部分危险废物被随意倾倒。

裁判结果：浙江省湖州市吴兴区人民法院一审判决、湖州市中级人民法院二审判决认为，被告单位湖州市工业和医疗废物处置中心有限公司违反国家规定，处置危险废物，严重污染环境。被告人施政系被告单位直接负责的主管人员，指使、授意或者同意其下属经营管理人员实施上述行为。被告单位和被告人的行为均已构成污染环境罪，且属后果特别严重。综合考虑本案相关犯罪情节，判决被告单位湖州市工业和医疗废物处置中心有限公司犯污染环境罪，判处罚金人民币 40 万元；被告人施政犯污染环境罪，判处有期徒刑 3 年 10 个月，并处罚金人民币 15 万元，与其所犯行贿罪判处的刑罚并罚，决定执行有期徒刑 6 年 3 个月，并处罚金人民币 25 万元。

六、建滔（河北）焦化有限公司污染环境案

基本案情：2014 年 3 月，被告单位建滔（河北）焦化有限公司二期生化处理站的生化池出现活性污泥死亡，不能达标处理蒸氨废水。被告人王成武（公司总经理）、张剑甫（公用工程部经理）、胡晓晶（公用工程部副经理）、陈瑞（二期生化处理站主任）和张铸（岗位责任人）发现这一情况后，在未采取有效措施使蒸氨废水处理达标的情况下，为逃避环保部门的监管，由张剑甫指使陈瑞、张铸捏造达标的虚假水质检测表，并将这些未达标处理的蒸氨废水用于熄焦塔补水，导致蒸氨废水中的挥发酚被直接排入大气，严重污染环境，经检测，熄焦塔补水中的有毒物质挥发酚超出国家规定标准137 倍。

裁判结果：河北省邢台市桥东区人民法院判决认为，被告单位建滔（河北）焦化有限公司违反国家规定排放严重危害环境、损害人体健康的污染物，严重污染环境，构成污染环境罪。被告人张剑甫、张铸、陈瑞、王成武、胡晓晶作为直接负责的主管人员或者其他直接责任人员，应当承担相应的刑事责任。案发后被告单位建滔（河北）焦化有限公司投入大量资金对设备进行改造，达到环保要求，可以酌情从轻处罚。据此，以污染环境罪判处被告单位建滔（河北）焦化有限公司罚金人民币 245 万元；被告人张剑甫有期徒刑 1 年，并处罚金人民币 5 万元；被告人张铸有期徒刑 10 个月，并处罚金人民币 3 万元；被告人陈瑞有期徒刑 10 个月，并处罚金人民币 3 万元；被告人王成武有期徒刑 6 个月，缓刑 1 年，并处罚金人民币 2 万元；被告人胡晓晶罚金人民币 2 万元。该判决已发生法律效力。

七、白家林、吴淑琴污染环境案

基本案情：润滑油等矿物油系危险废物，根据《国家危险废物名录》的规定，含有或直接沾染危险废物的废弃包装物、容器亦属于危险废物。2014年 10 月至 2015 年 4 月，被告人白家林在未取得危险废物经营许可证的情况下，从被告人吴淑琴等人处收购沾染有矿物油、涂料废物及废有机溶剂等物的废旧包装桶，并雇佣工人清洗或者切割后出售。对于清洗废旧包装桶产生的废水，白家林指使工人倾倒在地上，通过铺设的管道排放至外环境。据

查，吴淑琴先后向白家林出售沾染有润滑油的废旧包装桶共计 50.5 吨。

裁判结果：重庆市渝北区人民法院一审判决认为，被告人白家林违反国家规定，非法处置危险废物 3 吨以上，严重污染环境；被告人吴淑琴明知白家林无经营许可证，向其提供危险废物，严重污染环境，构成共同犯罪。据此，综合考虑被告人吴淑琴系初犯，庭审中自愿认罪等情节，以污染环境罪判处被告人白家林有期徒刑 1 年 8 个月，并处罚金 150000 元；被告人吴淑琴有期徒刑 1 年，缓刑 2 年，并处罚金 80000 元。被告人白家林提起上诉后申请撤回上诉，重庆市第一中级人民法院经审查裁定准许。

八、浙江金帆达生化股份有限公司等污染环境案

基本案情：方埠化工厂系浙江金帆达生化股份有限公司（本部分下称金帆达公司）下属企业，专门生产农药草甘膦。2011 年，方埠化工厂生产产生的危险废物草甘膦母液因得不到及时处理而胀库。为不影响生产，并降低处理成本，被告人杜忠祥（金帆达公司副总经理）、宋秋琴（金帆达公司国内贸易部经理），经被告人蒲建国（金帆达公司总经理）默许，委托不具备危险废物处置资质的杭州联环化工有限公司（本部分以下简称联环公司）、湖州德兴化工物资有限公司（本部分以下简称德兴公司）、富阳博新化工有限公司（本部分以下简称博新公司）及被告单位衢州市新禾农业生产资料有限责任公司（本部分以下简称新禾公司）等有业务往来的化工原料提供单位非法外运处置草甘膦母液。被告人李小峰（方埠化工厂分管物管部的副厂长）明知生产产生的草甘膦母液应委托有处理资质的企业处置，仍负责联系宋秋琴通知新禾公司等单位非法拉运草甘膦母液。从 2011 年 10 月至 2013 年 5 月，金帆达公司共非法处置草甘膦母液 35000 余吨，直接倾倒至外环境。

2011 年下半年，被告单位新禾公司为谋取利益，在不具备危险废物处置资质的情况下，违反国家规定，经被告人吴贵长（新禾公司法定代表人）同意，由被告人洪国女（新禾公司副总经理）与杜忠祥、宋秋琴联系，约定为金帆达公司处置草甘膦母液，并收取每吨 80—100 元的处置费用。从 2012 年初至 2013 年 5 月期间，新禾公司通过被告人黄小东、王飞合伙经营的槽罐车将共计 5000 余吨的草甘膦母液从方埠化工厂运至衢州，倾倒在小溪、沙滩、林地等处，并支付黄小东、王飞每吨 50—60 元的处置费用。被

告人严琦（新禾公司股东）负责与黄小东、王飞及金帆达公司结算草甘膦母液处置费用、开具发票等事宜。被告人林树木、舒文忠、柴荣贵、杨建云、傅国祥、陈卸荣、张仙国、方岳良、邱土良、蒋东华作为槽罐车的驾驶员、押运员，参与草甘膦母液的运输及协助倾倒。

裁判结果：浙江省龙游县人民法院一审判决、浙江省衢州市中级人民法院二审裁定认为，被告单位浙江金帆达生化股份有限公司、衢州市新禾农业生产资料有限责任公司与被告人黄小东、王飞等人违反国家规定，倾倒、处置危险废物，严重污染环境，其行为均已构成污染环境罪，且属后果特别严重。综合考虑案发后自首、如实供述、退缴违法所得等情节，以污染环境罪判处被告单位浙江金帆达生化股份有限公司罚金人民币7500万元；判处被告单位衢州市新禾农业生产资料有限责任公司罚金人民币400万元；判处被告人杜忠祥有期徒刑6年，并处罚金人民币100万元；以及其他各被告人相应有期徒刑和罚金。此外，浙江省杭州市富阳区人民法院、萧山区人民法院、杭州市中级人民法院、德清县人民法院、湖州市中级人民法院均已分别对涉案的博新化工、联环化工、德兴化工及相关被告人依法作出裁判。

九、评析

最高人民法院本年度发布的八个环境刑事诉讼典型案例，具有示范、威慑和教导等作用。

首先，示范作用。从最高法发布的八起涉及刑事诉讼的环境案例中来看，所有被告人均是触犯了刑法第三百三十八条"污染环境罪"的规定。之所以发布这八起触犯同一罪名的案列，是为全国的环境刑事诉讼提供重要的参考依据，尤其是如何认定主客观要件以及量刑方面。2011年《刑法修正案（八）》对原刑法第三百三十八条重大环境污染事故罪做出重要的一次修订，将原条文"违反国家规定，向土地、水体、大气排放、倾倒或者处置有放射性的废物、含传染病病原体的废物、有毒物质或者其他危险废物，造成重大环境事故、致使公私财产遭受重大损失或者人身伤亡的严重后果的"的罪状，修改为"违反国家规定，排放、倾倒或者处置有放射性的废物、含传染病病原体的废物、有毒物质或者其他有害物质，严重污染环境的"。罪名也从"重大环境污染事故罪"修改为"污染环境罪"。与此同时，法定刑没有变化。从法条中可以看出，新"污染环境罪"不仅在主客观构成要件发生变化，更加体现出环境保护的观念深入到了我国环境刑法立法理念中去。

其次，威慑作用。刑法具有谦抑性，所以适用"污染环境罪"是法律保护环境的最后一道屏障，这意味着其他手段无法进行有效的环境保护。因此，借助于刑法的威慑和惩罚功能，能够有效地惩处和预防环境犯罪。环境刑罚手段的严厉性不仅是对环境犯罪行为的惩罚，而且还是对潜在环境犯罪人的巨大威慑。预防犯罪是刑罚的重要目的之一，预防原则也是应对环境问题所应遵循的一项基本原则——对那些可能有害于环境的物质或行为，即使缺乏其有害的结论性证据，亦应采取各种预防性手段和措施，对这些物质或行为进行控制或管制，以防环境危险发生。

最后，教导作用。通过发布环境犯罪典型案例来阐明一个事实，即刑法介入环境污染行为，将环境犯罪人宣判有罪并处以严厉刑罚的处断方式，不仅是对犯罪的惩处，还是针对社会民众的一次鲜活的环境保护教育。相关环境执法机关工作中通过增加工作的透明度，引导民众增强环保意识，明辨什么是环境违法行为，什么是环境犯罪行为，促进环境与社会和谐发展的健康行为方式的形成。

第 十 二 章

2016 年环境社会公共利益诉讼

　　长期以来，我国环境纠纷数量巨大，但环境社会公共利益诉讼数量偏少，其原因主要是地方保护主义不当干预环境司法、诉讼成本过高、诉讼中举证难度较大、司法机关对群体性诉讼管辖规定的不合理等。为解决这些问题，既需要健全和完善环境社会公共利益诉讼的立法和司法解释，建立环境司法鉴定制度，为诉讼当事人收集环境诉讼证据提供条件；同时应当降低环境诉讼的成本，实行环境诉讼费的减、缓、免和环境法律援助制度；进一步完善环境社会公共利益诉讼制度，降低环保组织提起诉讼的门槛，扩大诉讼的对象和范围。

　　2016 年，我国各级人民法院共审判具有重要意义的环境社会公益诉讼案件 7 起（见表 3）。其中，由检察院提起的环境社会公益诉讼案件有 4 起，由社会组织提起的环境社会公益诉讼有 3 起。

表 3　2016 年我国重要环境社会公共利益诉讼案件一览表

原告类型	序号	案件名称
检察机关	1	江苏省常州市人民检察院诉许建惠、许玉仙民事公益诉讼案
	2	湖北省十堰市郧阳区检察院诉区林业局怠于履职行政公益诉讼案
	3	吉林省白山市检察院诉白山市江源区卫计局和江源区中医院行政附带民事公益诉讼案
	4	内蒙古自治区锡林郭勒盟苏尼特左旗人民检察院诉苏尼特左旗生态保护局行政公益诉讼案

续表

原告类型	序号	案件名称
社会组织	5	北京市朝阳区自然之友环境研究所诉山东金岭化工股份有限公司民事公益诉讼案
	6	自然之友和中国生物多样性保护与绿色发展基金会诉江苏常隆化工有限公司等三家公司民事公益诉讼案
	7	中华环保联合会诉德州晶华集团振华有限公司民事公益诉讼案

第一节　检察机关提起的重要环境社会公共公益诉讼

2015年7月1日，十二届全国人大常委会第十五次会议通过《关于授权最高人民检察院在部分地区开展公益诉讼试点工作的决定》，授权最高人民检察院在生态环境和资源保护、国有资产保护、国有土地使用权出让、食品药品安全等领域，开展为期两年的提起公益诉讼试点。试点地区为北京、内蒙古、吉林、江苏、安徽、福建、山东、湖北、广东、贵州、云南、陕西、甘肃13个省、自治区、直辖市。同年12月16日，最高人民检察院第十二届检察委员会第45次会议通过《人民检察院提起公益诉讼试点工作实施办法》（以下简称《检察院提起公益诉讼试点办法》）。检察机关提起环境社会公共利益诉讼的实践探索在我国逐渐展开。

据统计，截至2016年6月，试点地区检察机关共发现生态环境和资源保护领域的公益诉讼案件线索1416件，进入诉前程序809件，提起诉讼23件，分别占授权领域四类案件总数的72.91%、73.15%和76.67%。其中，提起环境民事社会公共利益诉讼11件，提起环境行政社会公共利益诉讼11件，提起环境行政附带民事社会公共利益诉讼1件。[①]

2016年，我国各级法院审判的由检察机关提起的具有重大影响力的环境社会公共利益诉讼案件共有4起。案件涉及水污染、土壤污染、生态破

---

① 参见《检察机关公益诉讼试点全面"破冰"13个试点地区均提起公益诉讼》，来源：(最高人民检察院网) http://www.spp.gov.cn/xwfbh/wsfbt/201607/t20160718_152659.shtml，2017年12月2日访问。

坏，包括环境民事社会公共利益诉讼和环境行政社会公共利益诉讼。

一、江苏省常州市人民检察院诉许建惠、许玉仙环境民事社会公共利益诉讼案

基本案情：2010 年上半年至 2014 年 9 月，许建惠、许玉仙在江苏省常州市武进区遥观镇东方村租用他人厂房，在无营业执照、无危险废物经营许可证的情况下，擅自从事废树脂桶和废油桶的清洗业务。洗桶产生的废水通过排污沟排向无防渗漏措施的露天污水池，产生的残渣被堆放在污水池周围。2014 年 9 月 1 日，公安机关在许建惠、许玉仙洗桶现场查获废桶 7789 只，其中 6289 只尚未清洗。经鉴定，未清洗的桶及桶内物质均属于危险废物，现场地下水、污水池内废水以及污水池四周堆放的残渣、污水池底部沉积物中均检出铬、锌等多种重金属和总石油烃、氯代烷烃、苯系物等多种有机物。2015 年 6 月 17 日，许建惠、许玉仙因犯污染环境罪被常州市武进区人民法院分别判处有期徒刑 2 年 6 个月、缓刑 4 年，有期徒刑 2 年、缓刑 4 年，并分别判处罚金。许建惠、许玉仙虽被依法追究刑事责任，但现场尚留存 130 只未清洗的废桶、残渣、污水和污泥尚未清除，对土壤和地下水持续造成污染。2015 年 12 月 21 日，常州市人民检察院以公益诉讼人身份，向常州市中级人民法院提起民事公益诉讼，诉求：1. 判令二被告依法及时处置场地内遗留的危险废物，消除危险；2. 判令二被告依法及时修复被污染的土壤，恢复原状；3. 判令二被告依法赔偿场地排污对环境影响的修复费用，以虚拟治理成本 30 万元为基数，根据该区域环境敏感程度以 4.5 至 6 倍计算赔偿数额。常州市人民检察院认为：1. 许建惠、许玉仙非法洗桶行为造成了严重的环境污染损害后果。现场留存的大量废桶、残渣，污水池里的废水、污泥，均属于有毒物质，并且仍在对环境造成污染。经检测，污水池下方的地下水、土壤已遭到严重污染。2. 许建惠、许玉仙的行为与环境污染损害后果之间存在因果关系。污水池附近区域的地下水中检测出的污染物与洗桶产生的特征污染物相同，而周边的纺织、塑料和铝制品加工企业等不会产生该系列的特征污染物。

裁判结果：2016 年 4 月 14 日，常州市中级人民法院作出一审判决：1. 被告许建惠、许玉仙于本判决发生法律效力之日起 15 日内，将常州市武进区

遥观镇东方村洗桶场地内留存的 130 只废桶、两个污水池中蓄积的污水及池底污泥以及厂区内堆放的残渣委托有处理资质的单位全部清理处置，消除继续污染环境危险。2. 被告许建惠、许玉仙于本判决发生法律效力之日起 30 日内，委托有土壤处理资质的单位制定土壤修复方案，提交常州市环保局审核通过后，60 日内实施。3. 被告许建惠、许玉仙赔偿对环境造成的其他损失 150 万元，该款于判决发生法律效力之日起 30 日内支付至常州市环境公益基金专用账户。

案件评析：本案是全国人大常委会授权检察机关开展提起公益诉讼试点工作后，全国首例由检察机关提起的环境民事社会公共利益诉讼案件，具有以下几方面的典型意义：

第一，围绕侵权构成要件，开展调查核实。虽然污染环境侵权案件因果关系适用举证责任倒置原则，但为保证依法准确监督，检察机关仍应充分开展调查核实，查明案件事实。调查核实主要包括以下方面：（1）侵权人实施了污染环境的行为；（2）侵权人的行为已经损害社会公共利益；（3）侵权人实施的污染环境行为与损害结果之间具有关联性。

第二，准确定位民事侵权责任，提起公益诉讼。《中华人民共和国侵权责任法》第四条规定，侵权人因同一行为应当承担行政责任或者刑事责任的，不影响依法承担侵权责任。污染环境肇事人、食品药品安全领域侵害众多消费者合法权益等损害社会公共利益的侵权人，因该侵权行为受过行政或刑事处罚，不影响检察机关对该侵权人提起民事公益诉讼。罚款或罚金，均不属于民事侵权责任的范畴，不能抵销损害社会公共利益的侵权损害赔偿金额。

第三，围绕环境污染情况，提出合理诉求。检察机关提起环境民事公益诉讼，应当结合具体案情和相关证据合理确定污染者承担停止侵害、排除妨碍、消除危险、恢复原状、赔礼道歉、赔偿损失等民事责任。检察机关提起环境民事公益诉讼的第一诉求应是停止侵害、排除危险和恢复原状。其中，"恢复原状"应当是在有恢复原状的可能和必要的前提下，要求损害者承担治理污染和修复生态的责任。无法完全恢复或恢复成本远远大于其收益的，可以准许采用替代性修复方式，也可以要求被告承担生态环境修复费用。

第四,围绕生态环境修复实际,确定赔偿费用。生态环境修复费用包括制定、实施修复方案的费用和监测、监管等费用。环境污染所致生态环境损害无法通过恢复工程完全恢复的,恢复成本远大于收益的,缺乏生态环境损害恢复评价指标、生态环境修复费用难以确定的,可以参考环境保护部制定的《环境损害鉴定评估推荐方法》,采用虚拟治理成本法计算修复费用,即在虚拟治理成本基数的基础上,根据受污染区域的环境功能敏感程度与对应的敏感系数相乘予以合理确定。

第五,围绕专业技术问题,引入专家辅助人。环境民事公益诉讼案件,涉及土壤污染、非法排污、因果关系、环境修复等大量的专业技术问题,检察机关可以通过甄选环境专家协助办案,厘清关键证据中的专业性技术问题。专家辅助人出庭就鉴定人作出的鉴定意见或者就因果关系、生态环境修复方式、生态环境修复费用以及生态环境受到损害至恢复原状期间服务功能的损失等专门性问题,作出说明或提出意见,经质证后可以作为认定事实的根据。①

二、湖北省十堰市郧阳区检察院诉区林业局怠于履职环境行政社会公共利益诉讼案

基本案情:2013 年 3 月至 4 月,金兴国、吴刚、赵丰强在未经县级林业主管部门同意、未办理林地使用许可手续的情况下,在湖北省十堰市郧阳区杨溪铺镇财神庙村五组、卜家河村一组、杨溪铺村大沟处,相继占用国家和省级生态公益林地 0.28 公顷、0.22 公顷、0.28 公顷开采建筑石料。2013 年 4 月 22 日、4 月 30 日、5 月 2 日,郧阳区林业局对金兴国、吴刚、赵丰强作出行政处罚决定,责令金兴国、吴刚、赵丰强停止违法行为,恢复所毁林地原状,分别处以 56028 元、22000 元、28000 元罚款,限期 15 日内缴清。金兴国、吴刚、赵丰强在收到行政处罚决定书后,在法定期限内均未申请行政复议,也未提起行政诉讼,仅分别缴纳罚款 20000 元、15000 元、20000 元,未将被毁公益林地恢复原状。郧阳区林业局在法定期限内既未催告三名行政

---

① 本案案情介绍及评析根据《最高人民检察院第八批指导性案例》整理,来源:(最高人民检察院网) http://www.spp.gov.cn/zdgz/201701/t20170104_177546.shtml,2017 年 11 月 1 日访问。

相对人履行行政处罚决定所确定的义务，也未向人民法院申请强制执行，致使其作出的行政处罚决定未得到全部执行，被毁公益林地未得到及时修复。

裁判结果：2016 年 5 月 5 日，十堰市郧阳区人民法院作出一审判决，确认郧阳区林业局在对金兴国、吴刚、赵丰强作出行政处罚决定后，未依法履行后续监督、管理和申请人民法院强制执行法定职责的行为违法；责令区林业局继续履行收缴剩余加处罚款的法定职责；责令区林业局继续履行被毁林地生态修复工作的监督、管理法定职责。一审宣判后，郧阳区林业局未上诉，判决已发生法律效力。案件办理期间，十堰市、郧阳区两级党委和政府主要领导表态要积极支持检察机关提起公益诉讼。庭审期间组织了 70 余名相关行政机关负责人到庭旁听。郧阳区林业局局长当庭就其怠于履职行为鞠躬道歉。案件宣判后，湖北省林业厅专门向全省林业行政部门下发文件，要求各级林业部门高度重视检察机关监督，引以为戒，认真整改、切实规范林业执法，并在全省范围内开展规范执法自查活动，查找、整改违法作为和不作为的问题。

案件评析：本案是检察机关对行政机关提起的怠于履行环保职责的行政公益诉讼，具有以下几方面的典型意义：

第一，检察机关提起公益诉讼的前提是公共利益受到侵害。公共利益可以界定为：由不特定多数主体享有的，具有基本性、整体性和发展性的重大利益。在实践中，判断被侵害的利益是否属于公共利益范畴，可以从以下几个方面来把握：一是公共利益的主体是不特定的多数人。公共利益首先是一种多数人的利益，但又不同于一般的多数人利益，其享有主体具有开放性。二是公共利益具有基本性。公共利益是有关国家和社会共同体及其成员生存和发展的基本利益，如公共安全、公共秩序、自然环境和公民的生命、健康、自由等。三是公共利益具有整体性和层次性。公共利益是一种整体性利益，可以分享，但不可以分割。公共利益不仅有涉及全国范围的存在形式，也有某个地区的存在形式。四是公共利益具有发展性。公共利益始终与社会价值取向联系在一起，会随着时代的发展变化而变化，也会随着不同社会价值观的改变而变动。五是公共利益具有重大性。其涉及不特定多数人，涉及公共政策变动，涉及公权与私权的限度，代表的利益都是重大利益。六是公共利益具有相对性。它受时空条件的影响，在此时此地认定为公共利益的事项，彼时彼地可能应认定为非公共利益。

第二，行政机关没有依法履行法定职责与国家和社会公共利益受到侵害是检察机关提起行政公益诉讼的必要条件。判断负有监督管理职责的行政机关是否依法履职，关键要厘清行政机关的法定职责和行政机关是否依法履职到位；判断国家和社会公共利益是否受侵害，要看违法行政行为造成国家和社会公共利益的实然侵害，发出检察建议后要看国家和社会公共利益是否脱离被侵害状态。①

三、吉林省白山市检察院诉白山市江源区卫计局和江源区中医院环境行政附带民事社会公共利益诉讼案

基本案情：2016 年 7 月 15 日，吉林省白山市中级人民法院依法对白山市检察院提起的白山市江源区中医院违法排放医疗污水污染环境案作出判决。该案是全国人大常委会授权检察机关提起公益诉讼试点工作后，全国首例行政附带民事公益诉讼案件。2012 年，吉林省白山市江源区中医院建设综合楼时未建设污水处理设施，综合楼未经环保验收即投入使用，并将医疗污水经消毒粉处理后直接排入院内渗井及院外渗坑，污染了周边地下水及土壤。2014 年 1 月 8 日，江源区中医院在进行建筑设施改建时，未执行建设项目的防治污染措施应当与主体工程同时设计、同时施工、同时投产使用的"三同时"制度，江源区环保局对区中医院作出罚款行政处罚和责令改正、限期办理环保验收的行政处理。江源区中医院因污水处理系统建设资金未到位，继续通过渗井、渗坑排放医疗污水。

2015 年 5 月 18 日，在江源区中医院未提供环评合格报告的情况下，江源区卫生和计划生育局对区中医院《医疗机构执业许可证》校验结果评定为合格。

裁判结果：2016 年 5 月 11 日，白山市中级人民法院公开开庭审理了本案。同年 7 月 15 日，白山市中级人民法院分别作出一审行政判决和民事判决。行政判决确认江源区卫生和计划生育局于 2015 年 5 月 18 日对江源区中

---

① 本案案情介绍及评析根据《最高人民检察院第八批指导性案例》整理，来源：(最高人民检察院网) http://www.spp.gov.cn/zdgz/201701/t20170104_177546_2.shtml，2017 年 5 月 19 日访问。

医院《医疗机构执业许可证》校验合格的行政行为违法；判令江源区卫生和计划生育局履行监督管理职责，监督江源区中医院在三个月内完成医疗污水处理设施的整改。民事判决判令江源区中医院立即停止违法排放医疗污水。

一审宣判后，江源区卫生和计划生育局、中医院均未上诉，判决已发生法律效力。

本案判决作出后，白山市委、市政府为积极推动整改，专门开展医疗废物、废水的专项治理活动，并要求江源区政府拨款90余万元，购买并安装医疗污水净化处理设备。江源区政府主动接受监督，积极整改，拨款90余万元推动完成整改工作。吉林省人民检察院就全省范围内存在的医疗垃圾和污水处理不规范等问题，向省卫计委、环保厅发出检察建议，与省卫计委、环保厅召开座谈会，联合发文开展专项执法检查，推动在全省范围内对医疗垃圾和污水处理问题的全面调研、全面检查、全面治理。

案件评析：本案是公益诉讼试点后全国首例环境行政附带民事社会公共利益诉讼案，具有以下几方面的典型意义：

第一，检察机关作为公益诉讼人，可以提起行政附带民事公益诉讼。根据《检察院提起公益诉讼试点办法》第五十六条和《人民法院审理人民检察院提起公益诉讼案件试点工作实施办法》（以下简称《法院审理检察院提起公益诉讼试点办法》）第四条、第十四条、第二十三条的规定，人民检察院以公益诉讼人身份提起民事或行政公益诉讼，诉讼权利义务参照《中华人民共和国民事诉讼法》（以下简称《民事诉讼法》）、《行政诉讼法》关于原告诉讼权利义务的规定。人民法院审理人民检察院提起的公益诉讼案件，《检察院提起公益诉讼试点办法》《法院审理公益诉讼试点实施办法》没有规定的，适用《民事诉讼法》《行政诉讼法》及相关司法解释的规定。根据《检察院提起公益诉讼试点办法》第一条和第二十八条规定，试点阶段人民检察院可以同时提起民事公益诉讼和行政公益诉讼的仅为污染环境领域。人民检察院能否直接提起行政附带民事公益诉讼，《检察院提起公益诉讼试点办法》和《法院审理检察院提起公益诉讼试点办法》均没有明确规定。根据《检察院提起公益诉讼试点办法》第五十六条和《法院审理检察院提起公益诉讼试点办法》第二十三条规定，没有规定的即适用《民事诉讼法》《行政诉讼法》及相关司法解释的规定。其中《行政诉讼法》第六十一条第一款规定了行政附带民事诉讼制度，该制度的设立主要是源于程序效益原则，有利于节约诉讼成本，优化审判资源，统一司法判决和增强判决权威性。在试点的检察机关提起的公益诉讼中，存在生态环境领域侵害社会公共利益的民事侵权行为，而负有监督管理职责的行政机关又存在违法行政行为，且违法行政行为是民事侵权行为的先决或前提行为，为督促行政机关依法正确履行职责，一并解决民事主体对国家利益和社会公共利益造成侵害的问题，检察机关可以参照《行政诉讼法》第六十一条第一款的规定，向人民法院提起行政附带民事公益诉讼，由法院一并审理。

第二，检察机关提起行政附带民事公益诉讼，应当同时履行行政公益诉讼和民事公益诉讼诉前程序。《检察院提起公益诉讼试点办法》规定，人民检察院提起民事公益诉讼或行政公益诉讼，都必须严格履行诉前程序。行政附带民事公益诉讼涵盖民事公益诉讼和行政公益诉讼，提起公益诉讼前，人民检察院应当发出检察建议依法督促行政机关纠正违法行为、履行法定职责，并督促、支持法律规定的机关和有关组织提请民事公益诉讼。

第三，检察机关提起行政附带民事公益诉讼案件，通常由市（分、州）以上人民检察院办理。《检察院提起公益诉讼试点办法》第二条第一款、第二十九条第一款、第四款规定："人民检察院提起民事公益诉讼的案件，一般由侵权行为地、损害结果地或者被告住所地的市（分、州）人民检察院管辖""人民检察院提起行政公益诉讼的案件，一般由违法行使职权或者不作为的行政机关所在地的基层人民检察院管辖""上级人民检察院认为确有必要，可以办理下级人民检察院管辖的案件"。由于检察机关提起的行政公益诉讼和民事公益诉讼管辖级别不同，民事公益诉讼一般不由基层人民检察院管辖，而上级人民检察院可以办理下级人民检察院的行政公益诉讼案件，故行政附带民事公益诉讼原则上应由市（分、州）以上人民检察院向中级人民法院提起。有管辖权的市（分、州）人民检察院根据《检察院提起公益诉讼试点办法》第二条第四款规定将案件交办的，基层人民检察院也可以提起行政附带民事公益诉讼。①

---

① 本案案情介绍及评析，参见戴佳：《全国首例行政附带民事公益诉讼案宣判》，载《检察日报》2016年8月3日第001版。

四、内蒙古自治区锡林郭勒盟苏尼特左旗人民检察院诉苏尼特左旗生态保护局环境行政社会公共利益诉讼案

基本案情：苏尼特左旗人民检察院在履行职责中发现，苏尼特左旗穆瑞和采石场等九家采石采砂企业，未依法办理审批手续，非法采石采砂造成草原生态环境破坏。针对苏尼特左旗草原监督管理局未依法履行监管职责，苏尼特左旗人民检察院于 2015 年 10 月 20 日向苏尼特左旗草原监督管理局提出检察建议，督促其履行草原监管职责。被告苏尼特左旗草原监督管理局以苏左草监字（2015）57 号复函回复。苏尼特左旗人民检察院于 2016 年 2 月 14 日、5 月 31 日采取不同形式督促其履行职责，但至提起诉讼前其仍怠于履行法定职责，致使草原植被遭到破坏，一直未恢复，国家和社会公共利益仍处于受侵害状态。苏尼特左旗草原监督管理局于 2015 年 1 月 28 日更名为苏尼特左旗草原生态保护综合执法大队，隶属于苏尼特左旗生态保护局。2016 年 6 月 30 日，苏尼特左旗人民检察院以苏尼特左旗生态保护局不依法履行职责、损害国家和社会公共利益为由向苏尼特左旗人民法院提起公益诉讼，请求确认苏尼特左旗生态保护局对该旗穆瑞和采石场等九家企业非法采石采砂行为未依法履行草原监管职责的行为违法，判令苏尼特左旗生态保护局依法继续履行草原监督管理职责。苏尼特左旗人民法院当日即立案受理。

裁判结果：2016 年 10 月 25 日，内蒙古自治区首例保护荒漠草原的行政案件在锡林郭勒盟苏尼特左旗人民法院公开开庭审理。根据《中华人民共和国草原法》等相关法律规定，草原行政管理部门对草原管理应当履行行政监管职责，本案中被告对管辖区域内企业占用草原从事采石采砂等作业活动没有严格按照法律规定履行监管职责，致多家企业在未经办理草原征占用审批手续、未缴纳草原植被恢复费的情况下开工生产，并持续多年，造成了开采区域草原植被破坏未能修复的侵害结果。草原生态环境是社会公共利益不可或缺的一部分，由于被告没有尽到法律规定的行政监管职责，致使社会公共利益受到侵害的事实成立。被告在收到检察机关发出的检察建议后，采取一定的行政措施进行补救，虽有效防止了草原植被破坏的持续扩大，但履职未到位，且结合内蒙古自治区草原勘查规划院出具的现场勘查评估报告，目前被开采区域植被已遭到破坏，植被恢复将是一个长期过程，被告继续履职将

会更有效规范企业合法开采，保障采区植被有效恢复，促进生态环境的保护和改善。因此，苏尼特左旗人民法院对这起由检察机关提起的行政公益诉讼案件当庭作出一审判决，判决确认被告苏尼特左旗生态保护局对穆瑞和采石场等九家企业非法采石采砂行为未依法履行草原监管职责的行为违法，同时责令被告依法继续履行草原监管职责。

案件评析：本案中作为环境公益诉讼的检方胜诉，体现了在司法改革的背景下，检察院具有环境公益诉讼原告主体资格对环境公益诉讼产生的正面影响，对推动公益诉讼，特别是检察机关代表公益提起行政公益诉讼的展开，具有重要意义。自 2015 年 7 月 1 日十二届全国人大常委会第十五次会议作出《关于授权最高人民检察院在部分地区开展公益诉讼试点工作的决定》以来，最高人民检察院就被授权以生态环境和资源保护、国有资产保护、国有土地使用权出让、食品药品安全等领域为重点，在北京、内蒙古、吉林、江苏、安徽、福建、山东、湖北、广东、贵州、云南、陕西、甘肃 13 个省、自治区、直辖市的检察机关开展为期 2 年的提起公益诉讼试点。本案中作为原告的检察院，不仅维护了国家社会和公共利益，保护了草原生态，遏制了荒漠化的蔓延，并且充分行使了对监督国家行政机关，尤其是负有环境保护责任的行政机关的职权，发挥了检察机关的法律监督职能，确保环境公益诉讼领域司法改革的顺利进行。①

第二节　社会组织提起的重要环境社会公共利益诉讼

2012 年修订后的《民事诉讼法》第 55 条初步确认了环保组织作为环境民事社会公共利益诉讼的原告资格。2014 年修订后的《环境保护法》第 58 条进一步明确，"依法在设区的市级以上人民政府民政部门登记"并且"专门从事环境保护公益活动连续五年以上且无违法记录"的社会组织向人民法院提起诉讼，人民法院应当依法受理。其后，2015 年 1 月 7 日起实施的《最高人民法院关于审理环境民事公益诉讼案件适用法律若干问题的解释》第 2

---

①　本案案情介绍及评析，系根据《内蒙古自治区首例保护荒漠草原的行政公益诉讼案在苏尼特左旗法院开庭并当庭宣判》整理，来源：（最高人民检察院网）http：//www.spp.gov.cn/xwfbh/wsfbh/201611/t20161102_171306.shtml，2017 年 11 月 17 日访问。

条至第 5 条，对《环境保护法》第 58 条规定的社会组织进行了更详细解释。由社会组织提起环境社会公共利益诉讼的制度实践，在我国逐步走向完善。

2016 年，我国各级法院审判的由社会组织提起的重大环境公益诉讼案件共有三起，案件均为环境民事社会公益诉讼，涉及大气污染、土壤污染等内容。

一、北京市朝阳区自然之友环境研究所诉山东金岭化工股份有限公司环境民事社会公共利益诉讼案

基本案情：金岭公司下属热电厂持续向大气超标排放污染物，并存在环保设施未经验收即投入生产、私自篡改监测数据等环境违法行为。2014 年至 2015 年间，多个环境保护主管部门先后对金岭公司进行了多次行政处罚，山东省环境保护厅责成其停产整改、限期建成脱硫脱硝设施，环境保护部对该公司进行过通报、督查。自然之友诉请人民法院判令被告停止超标排污，消除所有不遵守环境保护法律法规行为对大气环境造成的危险；判令被告支付 2014 年 1 月 1 日起至被告停止侵害、消除危险期间，所产生的大气环境治理费用，具体数额以专家意见或者鉴定结论为准等。

裁判结果：在东营市中级人民法院审理本案期间，金岭公司纠正违法行为，全部实现达标排放，监测设备全部运行并通过了东营市环境保护局的验收。经法院主持调解，金岭公司自愿承担支付生态环境治理费 300 万元。为了保障社会公众的知情权，法院在双方当事人达成调解协议之后，依法公示调解协议内容，并在公告期间届满后，对调解协议内容是否损害社会公共利益进行了审查，确保调解符合公益诉讼目的，生态环境损害能够得到及时有效救济。该案调解书经双方当事人签收已发生法律效力。

案件评析：本案涉及公用事业单位超标排放的环境污染责任。金岭公司系热电企业，在生产过程中多次违法超标排放，对大气造成严重污染。诉讼中，金岭公司积极整改，停止侵害，实现达标排放，监测设备正常运行，使本案具备了调解的基础。法院依法确认该企业存在向大气超标排放污染物等违法事实，并依照《最高人民法院关于审理环境民事公益诉讼案件适用法律若干问题的解释》第二十五条规定，对调解协议内容进行公示，公告期间届满又对调解协议内容进行审查后出具调解书。该案对于督促公用事业单位在

提供公共服务过程中履行环境保护责任，依法保障社会公众在环境公益诉讼案件调解程序中的知情权、参与权，做了有益的探索，具有良好的示范意义。①

二、中华环保联合会诉德州晶华集团振华有限公司环境民事社会公共利益诉讼案

基本案情：振华公司是一家从事玻璃及玻璃深加工产品制造的企业，位于山东省德州市区内。振华公司虽投入资金建设脱硫除尘设施，但仍有两个烟囱长期超标排放污染物，造成大气污染，严重影响了周围居民生活，被环境保护部点名批评，并被山东省环境保护行政主管部门多次处罚，但其仍持续超标向大气排放污染物。中华环保联合会提起诉讼，请求判令振华公司立即停止超标向大气排放污染物，增设大气污染防治设施，经环境保护行政主管部门验收合格并投入使用后方可进行生产经营活动；赔偿因超标排放污染物造成的损失 2040 万元（诉讼期间变更为 2746 万元）及因拒不改正超标排放污染物行为造成的损失 780 万元，并将赔偿款项支付至地方政府财政专户，用于德州市大气污染的治理；在省级及以上媒体向社会公开赔礼道歉；承担本案诉讼、检验、鉴定、专家证人、律师及其他为诉讼支出的费用。德州市中级人民法院受理本案后，向振华公司送达民事起诉状等诉讼材料，向社会公告案件受理情况，并向德州市环境保护局告知本案受理情况。德州市人民政府、德州市环境保护局积极支持、配合本案审理，并与一审法院共同召开协调会。通过司法机关与环境保护行政主管部门的联动、协调，振华公司将全部生产线关停，在远离居民生活区的天衢工业园区选址建设新厂，防止了污染及损害的进一步扩大，使案件尚未审结即取得阶段性成效。

裁判结果：德州市中级人民法院一审认为，诉讼期间振华公司放水停产，停止使用原厂区，可以认定振华公司已经停止侵害。在停止排放前，振华公司未安装或者未运行脱硫和脱硝治理设施，未安装除尘设施或者除尘设施处理能力不够，多次超标向大气排放二氧化硫、氮氧化物、烟粉尘等污染

---

① 本案案情介绍及评析，参见《环境公益诉讼典型案例（下）》，载《人民法院报》2017 年 3 月 9 日第 003 版。

物。其中，二氧化硫、氮氧化物是酸雨的前导物，过量排放形成酸雨会造成居民人身及财产损害，过量排放烟粉尘将影响大气能见度及清洁度。振华公司超标排放污染物的行为导致了大气环境的生态附加值功能受到损害，应当依法承担生态环境修复责任，赔偿生态环境受到损害至恢复原状期间服务功能损失。同时，振华公司超标向大气排放污染物的行为侵害了社会公众的精神性环境权益，应当承担赔礼道歉的民事责任。遂判决振华公司赔偿超标排放污染物造成损失2198.36万元，用于大气环境质量修复；振华公司在省级以上媒体向社会公开赔礼道歉等。宣判后，双方当事人均未提起上诉，一审判决已生效。

案件评析：德州大气污染公益诉讼案是新《环境保护法》施行后，人民法院受理的首例京津冀及其周边地区大气污染公益诉讼案件。大气具有流动性，其本身具有一定的自净功能，企业超标排放是否构成生态环境损害是本案审理的难点。本案裁判明确超标过量排放二氧化硫、氮氧化物和粉尘将影响大气的生态服务功能，应当承担法律责任，可根据企业超标排放数量以及二氧化硫、氮氧化物和粉尘的单位治理成本计算大气污染治理的虚拟成本，进而作为生态环境损害赔偿的依据，具有一定合理性。振华公司在本案审理期间主动承担社会责任，积极采取措施防止污染的持续和扩大，值得肯定。该案的审结及时回应了当前社会公众对京津冀及周边地区的大气污染治理的关切，对区域大气污染治理进行了有益的实践探索。

三、自然之友和中国生物多样性保护与绿色发展基金会诉江苏常隆化工有限公司、常州市常宇化工有限公司、江苏华达化工集团有限公司民事公益诉讼案

基本案情：被告常隆公司的前身原常州农药厂自1979年已经在该地段从事专业的农药生产；常宇公司的前身是乡镇自办企业，于1989年成立，从事合成化工生产，2004年转型后从事生产甲萘酚、甲萘烷等；华达公司的历史更为复杂，自1990年，历经乡村自办企业到股份公司的转型，更是吸纳了外资的投入和合作，专业从事甲萘胺、专业级甲萘酚等生产。2011年，常州市新北区政府收储该宗土地，拟重新进行商业开发，并委托相关的机构和专家对于该地块进行环境调查和评估。2014年展开相关的生态修复工作，

关于新北区的环境修复工作和修复效果仍处于进行之中，修复效果也尚待评估。2015年9月，常州外国语学校搬入新的校址，与新北区收储的受到严重污染的常隆地块仅有一条马路之隔。其后在校的学生先后出现严重的身体不适应状况，高达一百多名的学生被检测出皮炎、支气管炎、白细胞减少等，该事件被称为"常州毒地事件"。2016年4月29日，自然之友向江苏省常州市中级人民法院递交了常州"毒地"修复责任公益诉讼案立案材料，随后，中国生物多样性保护与绿色发展基金会作为共同原告加入此案，两家环保组织要求江苏常隆化工有限公司、常州市常宇化工有限公司、江苏华达化工集团有限公司承担污染土壤和地下水的环境修复责任，向公众赔礼道歉，承担原告因本诉讼支出的调查取证费、律师费、差旅费、评估鉴定费、案件受理费等。2016年5月16日，自然之友、中国绿发会起诉江苏常隆化工有限公司、常州市常宇化工有限公司、江苏华达化工集团有限公司一案被正式立案。自然之友提供的民事起诉书指出，三被告在生产经营过程中，严重污染了原厂址常隆地块后搬离，但均未对该污染场地进行妥善修复，严重损害社会公众利益，其行为违反了《环境保护法》《固体废物污染环境防治法》等法律法规，应承担环境侵权的法律责任。

裁判结果：2017年1月25日，常州中级人民法院一审宣判，判决驳回原告诉讼请求。法院认为，原告方没有在举证的环节中提交关于被告三方在整个土地生态损害历史发展各个阶段事关侵权责任范围、责任方式等具有关键性的证据；常州市新北区政府已于涉案地块依法开展环境污染损害修复工作，环境污染风险已得到有效控制，并且后续的环境污染检测、环境修复工作仍然正在实施，两原告提起本案公益诉讼维护社会环境公共利益的诉讼目的已在逐步实现。因此，对两原告的诉讼请求不予支持，案件受理费189万余元由两原告共同承担。2017年2月7日，自然之友向常州市中级人民法院当面递交了常州"毒地"案上诉材料。

案件评析：首先，常州市中级人民法院适用法律错误。判决书选择性适用了污染者承担责任，然而又因土地使用权的转让情况否定了该基本条款。常州市中级人民法院的判决书适用了下位法的规定（土地使用权的转让，责任承担者也因此发生转变）违背了上位位阶的法律规定（污染者承担责任）。其次，事实查明错误和认定的矛盾。常州市中级人民法院在一审中认可本诉讼的公益性，对于被告方的环境侵权或生态损害行为事实的认定进行了肯定性认可。然而在该案的判决书中又再次指出现有土地所有权人正在实施修复性工作，从而认定该案的诉讼目的已经达到。从逻辑上，显然是自相矛盾的。再次，举证责任分配不公正。一审法院要求原告方"承担证明可以清晰界定三被告与改制前各阶段生产企业独自承担的环境污染侵权责任范围、侵权形式等方面"。然而根据现有立法的相关规定，环境污染侵权案件采用的是举证责任倒置原则，因此法院的这项判决与立法之间存在出入。①

---

① 参见马腾：《我国环境公益诉讼制度完善研究——对常州毒地案一审判决的法理思考》，载《中国政法大学学报》2017 年第 4 期。

主要参考文献

专著、论文类

蔡守秋：《中国环境法 40 年历程回顾》，《世界环境》2012 年第 3 期。

常纪文：《新修订的〈野生动物保护法〉亮点多》，《人民日报》2016 年 7 月 23 日第 010 版。

戴佳：《全国首例行政附带民事公益诉讼案宣判》，《检察日报》2016 年 8 月 3 日第 001 版。

杜焱强、包存宽：《修改的〈环评法〉有哪些亮点?》，《中国环境报》2016 年 7 月 20 日第 003 版。

葛察忠、翁智雄、赵学涛：《环境保护督察巡视：党政同责的顶层制度》，《中国环境管理》2016 年第 1 期。

郭武、刘聪聪：《在环境政策与环境法律之间——反思中国环境保护的制度工具》，《兰州大学学报（社会科学版）》2016 年第 2 期。

环保人俱乐部栏目编辑组：《汞文书制定历程》，《环境经济》2015 年第 Z1 期。

郝小溪：《汞污染，危害有多大?》，《人民日报》2013 年 4 月 20 日第 010 版。

蒋志刚：《论野生动物栖息地的立法保护》，《生物多样性》2016 年第 8 期。

李其军：《河长制确保河湖永续利用》，《人民日报》2016 年 11 月 23 日第 05 版。

刘晓星：《风险重重　饮水安否?》，《中国环境报》2016 年 11 月 7 日第 03 版。

李玉锋、孙阳昭：《别人有什么? 我们缺什么?》，《中国环境报》2012 年 7 月 17

日第 4 版。

马腾：《我国环境公益诉讼制度完善研究——对常州毒地案一审判决的法理思考》，《中国政法大学学报》2017 年第 4 期。

秦长城：《环境税："绿色税制"一大步》，《新理财》2017 年第 3 期。

漆杰、吴峤滨：《最高人民法院、最高人民检察院〈关于办理环境污染刑事案件适用法律若干问题的解释〉理解与适用》，《人民检察》2017 年第 5 期。

宋旭：《从"十三五"规划纲要看未来五年环保工作——专访环境保护部南京环境科学研究所所长高吉喜》，《中国环境管理》2016 年第 2 期。

苏明：《中国环境税改革问题研究》，《当代经济管理》2014 年第 11 期。

王浩：《我国将全面建立四级河长体系（在国新办新闻发布会上）》，《人民日报》2016 年 12 月 13 日第 09 版。

王夒主编：《生命科学中的微量元素》，中国计量出版社 1996 年版。

王龙云：《〈巴黎协定〉助力全球绿色经济》，《经济参考报》2015 年 12 月 14 日第 001 版。

王昆婷：《今年第一批中央环境保护督察工作全面启动》，《中国环境报》2016 年 7 月 20 日第 001 版。

王瑜贺、张海滨：《国外学术界对〈巴黎协定〉的评价及履约前景分析》，《中国人口・资源环境》2017 年第 9 期。

魏华、刘美辰：《〈野生动物保护法〉修改述评》，《环境保护》2017 年第 12 期。

夏堃堡：《汞文书谈判，协议是怎样达成的？——关于汞的水俣公约的谈判》，《环境经济》2015 年 Z1 期。

信春鹰主编：《中华人民共和国环境保护法释义》，法律出版社 2014 年版。

徐祥民主编：《环境与资源保护法学》，科学出版社 2008 年版。

徐祥民主编：《中国环境法制建设发展报告》（2010 年卷），人民出版社 2013 年版。

徐祥民、宛佳欣：《环境的空间自然规定性对环境立法的挑战》，《华东政法大学学报》2017 年第 4 期。

徐祥民、张明君：《建立我国环境公益诉讼制度的便捷路径》，《河北法学》2014 年第 6 期。

阎济华：《中国野生动物栖息地破碎化严重》，《生态经济》2015 年第 10 期。

喻海松、马剑:《从 32 件到 1691 件——〈关于办理环境污染刑事案件适用法律若干问题的解释〉实施情况分析》,《中国环境报》2016 年 4 月 6 日第 005 版。

原二军:《绿色理念成未来 5 年发展主基调》,《中国环境报》2016 年 3 月 21 日第 001 版。

张璁:《履行国际公约义务　和平开发利用深海资源》,《人民日报》2016 年 02 月 27 日第 04 版。

钟静仪:《〈巴黎协定〉的特点分析》,《法治博览》2017 年第 15 期。

《环境公益诉讼典型案例(下)》,《人民法院报》2017 年 3 月 9 日第 003 版。

《凝聚改革合力　探索生态文明建设有效模式》,《中国环境报》2016 年 8 月 23 日第 001 版。

《中国代表团出席〈关于汞的水俣公约〉外交全权代表大会并签署公约》,《中国环境报》2013 年 10 月 14 日第 001 版。

讲话、报告、公报类

安建:《关于〈中华人民共和国野生动物保护法(修订草案)〉审议结果的报告——2016 年 6 月 27 日在第十二届全国人民代表大会常务委员会第二十一次会议上》。

陈吉宁:《以改善环境质量为核心全力打好补齐环保短板攻坚战——在 2016 年全国环境保护工作会议上的讲话》。

陈吉宁:《用环境质量改善增强人民群众获得感　以优异成绩迎接党的十九大胜利召开——在 2017 年全国环境保护工作会议上的讲话》。

陈锦华:《关于〈中华人民共和国节约能源法(草案)〉的说明——1995 年 5 月 5 日在第八届全国人民代表大会常务委员会第十三次会议上》。

傅志寰:《关于〈中华人民共和国节约能源法(修订草案)〉的说明——2007 年 6 月 24 日在第十届全国人民代表大会常务委员会第二十八次会议上》。

高德占:《关于〈中华人民共和国野生动物法(草案)〉的说明——1988 年 8 月 29 日在第七届全国人民代表大会常务委员会第三次会议上》。

李飞:《全国人民代表大会法律委员会关于〈中华人民共和国环境保护税法(草案)〉审议结果的报告——12 月 19 日在第十二届全国人民代表大会常务委员会第二十五次会议上》。

李锡铭：《关于〈中华人民共和国海洋环境保护法〉（草案）的说明——1982 年 8 月 19 日在第五届全国人民代表大会常务委员会第二十四次会议上》。

楼继伟：《关于〈中华人民共和国环境保护税法（草案）〉的说明——2016 年 8 月 29 日在第十二届全国人民代表大会常务委员会第二十二次会议上》。

钮茂生：《关于〈中华人民共和国防洪法（草案）〉的说明——1997 年 6 月 27 日在第八届全国人民代表大会常务委员会第二十六次会议上》。

钱正英：《关于〈中华人民共和国水法（草案）〉的说明——1987 年 11 月 17 日在第六届全国人民代表大会常务委员会第二十三次会议上》。

宋汝棼：《全国人大法律委员会对〈中华人民共和国水法（草案）〉审议结果的报告——1988 年 1 月 11 日在第六届全国人民代表大会常务委员会第二十四次会议上》。

王鸿举：《关于〈中华人民共和国野生动物保护法（修订草案）〉的说明——2015 年 12 月 21 日在第十二届全国人民代表大会常务委员会第十八次会议上》。

王森浩：《关于〈中华人民共和国煤炭法（草案）〉的说明——1996 年 6 月 28 日在第八届全国人民代表大会常务委员会第二十次会议上》。

王维澄：《全国人大法律委员会关于气象法（草案三次审议稿）和会计法（修订草案三次审议稿）修改意见的报告——1999 年 10 月 31 日在第九届全国人民代表大会常务委员会第十二次会议上》。

汪恕诚：《关于〈中华人民共和国水法（修订草案）〉的说明——2001 年 12 月 24 日在第九届全国人民代表大会常务委员会第二十五次会议上》。

项淳一：《全国人大法律委员会关于〈中华人民共和国节约能源法（草案）〉审议结果的报告》。

项淳一：《全国人大法律委员会关于〈中华人民共和国煤炭法（草案）〉审议结果的报告——1996 年 8 月 23 日在第八届全国人民代表大会常务委员会第二十一次会议上》。

谢经荣：《全国人民代表大会法律委员会关于〈中华人民共和国航道法（草案）〉审议结果的报告——2014 年 12 月 22 日在第十二届全国人民代表大会常务委员会第十二次会议上》。

徐显明：《全国人民代表大会法律委员会关于〈中华人民共和国境外非政府组织管理法（草案）〉审议结果的报告——2016 年 4 月 25 日在第十二届全国人民代表

大会常务委员会第二十次会议上》。

杨传堂：《关于〈中华人民共和国航道法（草案）〉的说明——2014年4月21日在第十二届全国人民代表大会常务委员会第八次会议上》。

张德江：《全国人民代表大会常务委员会工作报告——2017年3月8日在第十二届全国人民代表大会第五次会议上》。

张德江：《在十二届全国人大常委会第二十一次会议上的讲话》。周克玉：《全国人大法律委员会关于〈中华人民共和国气象法（草案）〉审议结果的报告——1999年10月25日在第九届全国人民代表大会常务委员会第十二次会议上》。

《全国人民代表大会法律委员会关于〈中华人民共和国航道法（草案二次审议稿）〉修改意见的报告——2014年12月27日在第十二届全国人民代表大会常务委员会第十二次会议上》

《全国人民代表大会法律委员会关于〈中华人民共和国野生动物保护法（修订草案）〉审议结果的报告》

《十届全国人大常委会第三十次会议分组审议节约能源法（修订草案二次审议稿）的意见》

《全国土壤污染状况调查公报》

《中国环境资源审判》

《中国环境司法发展报告（2015—2017）》

《人民法院环境保护行政案件十大案例（第二批）》

《人民法院关于依法审理矿业权民事纠纷案件典型案例》

《最高人民法院公布八起环境污染犯罪典型案例》

网络资料

高敬、洪伟杰：《〈关于汞的水俣公约〉8月16日正式生效　我国将多举措减少汞污染》，新华网，http://www.xinhuanet.com/politics/2017-08/16/c_1121492811.htm，2017年10月5日访问。

寇江泽：《关于汞的水俣公约正式生效》，人民网，http://env.people.com.cn/n1/2017/0817/c1010-29476644.html，2017年8月29日访问。

李朝应、李来祥：《〈境外非政府组织境内活动管理法〉重磅出台》，汉坤律师事务所网站，https://www.hankunlaw.com/downloadfile/newsAndInsights/f069fbe417b

42e143958cc4064a05cb1.pdf，2017年7月23日访问。

马海燕、梁晓辉：《中国拟修改6部法律简政放权》，中国新闻网，http：//www.chinanews.com/gn/2016/06-27/7918831.shtml，2017年4月16日访问。

王文硕：《公安部：中国政府欢迎境外非政府组织来华开展交流与合作》，中国警察网，http：//news.cpd.com.cn/n3559/c32952628/content.html，访问日期2017年7月23日。

王小磊：《最高人民法院公布第二批环境保护行政案件典型案例》，中国法院网，http：//www.chinacourt.org/article/detail/2016/03/id/1830926.shtml，2017年12月20日访问。

张勇：《国家发展改革委副主任张勇就〈关于设立统一规范的国家生态文明试验区的意见〉和〈国家生态文明试验区（福建）实施方案〉答记者问》，国家发展改革委网，http：//zys.ndrc.gov.cn/xwfb/201608/t20160823_815399.html，2017年7月20日访问。

周加海、喻海松：《〈关于办理环境污染刑事案件适用法律若干问题的解释〉的理解与适用》，http：//www.dffyw.com/faxuejieti/xs/201612/41921.html，2017年12月20日访问。

《首批国家生态文明试验区做什么　且看闽贵赣给出答案》，中国文明网，http：//www.wenming.cn/syjj/dfcz/gz/201608/t20160829_3643986.shtml，2017年3月2日访问。

《习近平主持召开中央全面深化改革领导小组第二十八次会议强调　坚决贯彻全面深化改革决策部署　以自我革命精神推进改革》，2016年10月11日《新闻联播》。

《我国拟制定法律规范深海海底区域资源勘探开发》，中国政府网，http：//www.gov.cn/xinwen/2015-10/30/content_5002917.htm，2017年7月21日访问。

《深海海底区域资源勘探开发法草案有新修改》，新华网，http：//news.xinhuanet.com/legal/2016-02/24/c_128748481.htm，2017年7月24日访问。

《环保部解读〈污染地块土壤环境管理办法（试行）〉》，中国政府网，http：//www.gov.cn/zhengce/2017-01/23/content_5162701.htm，2017年6月24日访问。

《〈国家危险废物名录〉（2016）版解读》，环境保护部网，http：//www.zhb.gov.cn/gkml/hbb/qt/201606/t20160621_354849.htm，2016年7月21日访问。

《全球具有法律约束力的汞文书简介》，中国限控汞行动网，http：//www.mepfeco.org.cn/ywly/gjly/gong/，2017年2月9日访问。

《环境保护部发布2016年上半年环境执法情况》，环境保护部部网，http：//www.zhb.gov.cn/gkml/hbb/qt/201608/t20160824_362769.htm，2017年10月20日访问。

《环境保护部2016年度政府信息公开工作报告》，环境保护部网，http：//www.zhb.gov.cn/gkml/hbb/bgg/201703/W020170526412551421731.pdf，2017年9月15日访问。

《环境保护部通报对北京市重污染天气应急响应的专项督查情况》，环境保护部网，http：//www.zhb.gov.cn/gkml/hbb/qt/201610/t20161016_365564.htm，2017年6月3日访问。

《环境保护部开展专项执法检查》，求是网，http：//www.qstheory.cn/zoology/2016-10/26/c_1119791813.htm，2017年6月3日访问。

《环境保护部通报13—15日空气质量情况——对京津冀重点城市开展专项督查》，环境保护部网，http：//www.mep.gov.cn/gkml/hbb/qt/201611/t20161113_367387.htm，2017年6月3日访问。

《环境保护部督查河北、山西重污染天气应对情况　临汾11月以来多次达到重度污染级别》，环境保护部网，http：//www.mep.gov.cn/gkml/hbb/qt/201611/t20161126_368265.htm，2017年6月3日访问。

《环境保护部启动长江经济带饮用水水源地环境保护执法专项行动》，环境保护部网，http：//www.zhb.gov.cn/gkml/hbb/qt/201605/t20160527_352215.htm，2017年6月3日访问。

《关于开展钢铁、煤炭行业排污费征收专项稽查工作的通知》，环境保护部网，http：//www.zhb.gov.cn/gkml/hbb/bgth/201605/t20160526_346937.htm，2017年6月3日访问。

《环境保护部组织在全国范围内开展钢铁行业环境保护专项执法检查》，环境保护部网，http：//www.zhb.gov.cn/gkml/hbb/qt/201607/t20160725_361196.htm，2017年6月3日访问。

《"改善环境质量这一年"之督察篇　锐利一变气象新——推进环保督察落实党政同责综述》，环境保护部网，http：//www.zhb.gov.cn/xxgk/hjyw/201701/t20170103_393755.shtml，2017年7月15日访问。

《中央环境保护督察组进驻河北开展1个月左右督察》，人民网，http：//politics.people.com.cn/n1/2016/0104/c70731-28009616.html，2017年7月15日访问。

《2016年第一批中央环境保护督察工作全面启动》，环境保护部网，http：//www.zhb.gov.cn/gkml/hbb/qt/201607/t20160719_360975.htm，2017年10月15日访问。

《2016年第一批中央环境保护督察地方整改典型案例》，环境保护部网，http：//www.mep.gov.cn/gkml/hbb/qt/201611/t20161123_368060.htm，2017年8月22日访问。

《中央第一环境保护督察组向内蒙古自治区反馈督察情况》，环境保护部网，http：//www.mep.gov.cn/gkml/hbb/qt/201611/t20161112_367358.htm，2017年4月20日访问。

《中央第二环境保护督察组向黑龙江省反馈督察情况》，环境保护部网，http：//www.mep.gov.cn/gkml/hbb/qt/201611/t20161115_367496.htm，2017年4月20日访问。

《中央第三环境保护督察组向江苏省反馈督察情况》，环境保护部网，http：//www.mep.gov.cn/gkml/hbb/qt/201611/t20161115_367497.htm，2017年4月20日访问。

《中央第四环境保护督察组向江西省反馈督察情况》，环境保护部网，http：//www.mep.gov.cn/gkml/hbb/qt/201611/t20161117_367788.htm，2017年4月20日访问。

《中央第五环境保护督察组向河南省反馈督察情况》，环境保护部网，http：//www.mep.gov.cn/gkml/hbb/qt/201611/t20161115_367486.htm，2017年4月20日访问。

《中央第六环境保护督察组向广西壮族自治区反馈督察情况》，环境保护部网，http：//www.mep.gov.cn/gkml/hbb/qt/201611/t20161117_367788.htm，2017年4月20日访问。

《中央第七环境保护督察组向云南省反馈督察情况》，环境保护部网，http：//www.mep.gov.cn/gkml/hbb/qt/201611/t20161123_368041.htm，2017年4月20日访问。

《中央第八环境保护督察组向宁夏回族自治区反馈督察情况》，环境保护部网，http：//www.mep.gov.cn/gkml/hbb/qt/201611/t20161116_367690.htm，2017年4月20日访问。

《检察机关公益诉讼试点全面"破冰" 13个试点地区均提起公益诉讼》，最高人民检察院网，http：//www.spp.gov.cn/xwfbh/wsfbt/201607/t20160718_152659.shtml，2017年12月2日访问。

《最高人民检察院第八批指导性案例》，最高人民检察院网，http：//www.spp.gov.cn/zdgz/201701/t20170104_177546.shtml，2017年11月1日访问。

《内蒙古自治区首例保护荒漠草原的行政公益诉讼案在苏尼特左旗法院开庭并当庭宣判》，最高人民检察院网，http://www.spp.gov.cn/xwfbh/wsfbh/201611/t20161102_171306.shtml，2017 年 11 月 17 日访问。

附　录　一

文件简称一览表

简称	全称
"十三五"规划纲要	中华人民共和国国民经济和社会发展第十三个五年规划纲要
健全生态保护补偿机制意见	国务院办公厅关于健全生态保护补偿机制的意见
设立国家生态文明试验区意见	中共中央办公厅、国务院办公厅关于设立统一规范的国家生态文明试验区的意见
国家生态文明试验区福建方案	国家生态文明试验区（福建）实施方案
全面推行河长制意见	关于全面推行河长制的意见
环境保护法	中华人民共和国环境保护法
深海法	中华人民共和国深海海底区域资源勘探开发法
境外非政府组织管理法	中华人民共和国境外非政府组织境内活动管理法
环境保护税法	中华人民共和国环境保护税法
野生动物保护法	中华人民共和国野生动物保护法
海洋环境保护法	中华人民共和国海洋环境保护法
固体废物污染环境防治法	中华人民共和国固体废物污染环境防治法
节约能源法	中华人民共和国节约能源法
水法	中华人民共和国水法
环境影响评价法	中华人民共和国环境影响评价法
航道法	中华人民共和国航道法

续表

简称	全称
防洪法	中华人民共和国防洪法
煤炭法	中华人民共和国煤炭法
气象法	中华人民共和国气象法
水俣公约	关于汞的水俣公约
斯德哥尔摩公约	关于持久性有机污染物的斯德哥尔摩公约
环境污染刑事案件司法解释2013	最高人民法院、最高人民检察院关于办理环境污染刑事案件适用法律若干问题的解释（法释〔2013〕15号）
环境污染刑事案件司法解释2016	最高人民法院、最高人民检察院关于办理环境污染刑事案件适用法律若干问题的解释（法释〔2016〕29号）
刑法	中华人民共和国刑法
刑事诉讼法	中华人民共和国刑事诉讼法
水污染防治法	中华人民共和国水污染防治法
行政诉讼法	中华人民共和国行政诉讼法
合同法	中华人民共和国合同法
物权法	中华人民共和国物权法
矿产资源法	中华人民共和国矿产资源法
检察院提起公益诉讼试点办法	人民检察院提起公益诉讼试点工作实施办法
民事诉讼法	中华人民共和国民事诉讼法
法院审理检察院提起公益诉讼试点办法	人民法院审理人民检察院提起公益诉讼案件试点工作实施办法

附 录 二

2016 年中央环境立法一览表

编号	文件名称	立法位阶	制定类型	发布文号	颁布时间
1	中华人民共和国深海海底区域资源勘探开发法	法律	制定	主席令第 42 号	2016-02-26
2	放射性物品运输安全监督管理办法	部门规章	制定	环境保护部令第 38 号	2016-03-14
3	巴黎协定	国际条约	签字	—	2016-04-22
4	中华人民共和国境外非政府组织境内活动管理法	法律	制定	主席令第 44 号	2016-04-28
5	关于汞的水俣公约	国际条约	批准	—	2016-04-28
6	清洁生产审核办法	部门规章	修订	国家发展和改革委员会、环境保护部令第 38 号	2016-05-16
7	国家危险废物名录	部门规章	修订	环境保护部、国家发展和改革委员会、公安部令第 39 号	2016-06-14
8	中华人民共和国野生动物保护法	法律	修订	主席令第 47 号	2016-07-02
9	中华人民共和国节约能源法	法律	修正	主席令第 48 号	2016-07-02

编号	文件名称	立法位阶	制定类型	发布文号	颁布时间
10	中华人民共和国水法	法律	修正	主席令第48号	2016-07-02
11	中华人民共和国环境影响评价法	法律	修正	主席令第48号	2016-07-02
12	中华人民共和国航道法	法律	修正	主席令第48号	2016-07-02
13	中华人民共和国防洪法	法律	修正	主席令第48号	2016-07-02
14	《关于持久性有机污染物的斯德哥尔摩公约》新增列六溴环十二烷修正案	国际条约	批准	—	2016-07-02
15	巴黎协定	国际条约	批准	—	2016-09-03
16	森林公园管理办法	部门规章	修改	国家林业局令第42号	2016-09-22
17	普及型国外引种试种苗圃资格认定管理办法	部门规章	修改	国家林业局令第42号	2016-09-22
18	松材线虫病疫木加工板材定点加工企业审批管理办法	部门规章	修改	国家林业局令第42号	2016-09-22
19	引进陆生野生动物外来物种种类及数量审批管理办法	部门规章	修改	国家林业局令第42号	2016-09-22
20	大熊猫国内借展管理规定	部门规章	修改	国家林业局令第42号	2016-09-22
21	建设项目使用林地审核审批管理办法	部门规章	修改	国家林业局令第42号	2016-09-22
22	中华人民共和国海洋环境保护法	法律	修正	主席令第56号	2016-11-07
23	中华人民共和国固体废物污染环境防治法	法律	修正	主席令第57号	2016-11-07
24	中华人民共和国煤炭法	法律	修正	主席令第57号	2016-11-07
25	中华人民共和国气象法	法律	修正	主席令第57号	2016-11-07
26	建设项目环境影响登记表备案管理办法	部门规章	制定	环境保护部令第41号	2016-11-16

编号	文件名称	立法位阶	制定类型	发布文号	颁布时间
27	中华人民共和国船舶及其有关作业活动污染海洋环境防治管理规定	部门规章	修正	交通运输部令 2016 年第 83 号	2016-12-13
28	中华人民共和国船舶污染海洋环境应急防备和应急处置管理规定	部门规章	修正	交通运输部令 2016 年第 84 号	2016-12-13
29	中华人民共和国环境保护税法	法律	制定	主席令第 61 号	2016-12-25
30	污染地块土壤环境管理办法（试行）	部门规章	制定	环境保护部令第 42 号	2016-12-31

附　录　三

2016年中央政府部门环境执法政策发布情况一览表

编号	名　称	文件类型	发文主体数量	发文主体	发文主体（首位）	文号	发布时间	文件主类	文件亚类
1	环境保护部关于开展规划环境影响评价会商的指导意见（试行）	意见	1	环境保护部	环境保护部	环发〔2015〕179号	2016-01-04	环境保护手段类	环境影响评价
2	国家文物局关于中海油蒙西煤制天然气外输管道项目穿越涞源县明长城及唐县明长城保护区域设计方案的批复	批复	1	国家文物局	国家文物局	文物保函〔2015〕3915号	2016-01-04	自然资源保护类	能源资源
3	环境保护部关于加强规划环境影响评价与建设项目环境影响评价联动工作的意见	意见	1	环境保护部	环境保护部	环发〔2015〕178号	2016-01-04	环境保护手段类	环境影响评价
4	财政部关于提高可再生能源发展基金征收标准等有关问题的通知	通知	1	财政部	财政部	财税〔2016〕4号	2016-01-05	自然资源保护类	能源资源

续表

编号	名　称	文件类型	发文主体数量	发文主体	发文主体（首位）	文号	发布时间	文件主类	文件亚类
5	财政部、水利部关于向家坝、溪洛渡水电站水资源费征收分配有关问题的通知	通知	2	财政部、水利部	财政部	财税〔2016〕2号	2016-01-07	自然资源保护类	水资源
6	财政部关于"十三五"新能源汽车充电基础设施奖励政策及加强新能源汽车推广应用的通知	通知	1	财政部	财政部	财建〔2016〕7号	2016-01-11	自然资源保护类	能源资源
7	国家发展和改革委员会办公厅关于切实做好全国碳排放权交易市场启动重点工作的通知	通知	1	国家发展和改革委员会办公厅	国家发展和改革委员会办公厅	发改办气候〔2016〕57号	2016-01-11	环境保护手段类	环境许可（含排污权交易）
8	住房城乡建设部关于建水风景名胜区总体规划的函	函	1	住房和城乡建设部	住房城乡建设部	建城函〔2016〕10号	2016-01-14	生态保护类	风景名胜区
9	国家林业局关于全国打击围垦占用湖泊湿地专项行动结果的通报	通报	1	国家林业局	国家林业局	林湿发〔2016〕10号	2016-01-18	环境保护手段类	环境信息
10	环境保护部办公厅关于印发《重点流域水污染防治"十三五"规划编制技术大纲》的函	函	1	环境保护部办公厅	环境保护部办公厅	环办污防函〔2016〕107号	2016-01-18	污染防治类	水污染
11	环境保护部关于国家生态文明建设示范区管理规程（试行）通知	通知	1	环境保护部	环境保护部	环生态〔2016〕4号	2016-01-20	综合类	绿色发展与生态文明
12	农业部关于对8起破坏草原资源犯罪案件的通报	通报	1	农业部	农业部	农牧发〔2016〕2号	2016-01-21	自然资源保护类	草地资源

续表

编号	名 称	文件类型	发文主体数量	发文主体	发文主体（首位）	文号	发布时间	文件主类	文件亚类
13	国家林业局关于进一步加强森林资源监督工作的意见	意见	1	国家林业局	国家林业局	林资发 [2016] 13 号	2016-01-26	自然资源保护类	林地资源
14	住房城乡建设部关于云台山风景名胜区总体规划的函	函	1	住房和城乡建设部	住房城乡建设部	建城函 [2016] 24 号	2016-01-29	生态保护类	风景名胜区
15	国家林业局办公室关于国家级自然保护区"绿剑行动"监督检查结果的通报	通报	1	国家林业局办公室	国家林业局办公室	办护字 [2016] 23 号	2016-02-04	生态保护类	国家公园与自然保护区
16	住房城乡建设部关于方岩风景名胜区总体规划的函	函	1	住房和城乡建设部	住房城乡建设部	建城函 [2016] 32 号	2016-02-15	生态保护类	风景名胜区
17	农业部长江流域渔政监督管理办公室关于加强2016年度长江江刀鲚、凤鲚专项捕捞管理工作的通知	通知	1	农业部长江流域渔政监督管理办公室	农业部长江流域渔政监督管理办公室	长渔字 [2016] 12 号	2016-02-17	自然资源保护类	渔业资源
18	国家发展和改革委员会关于促进绿色消费的指导意见	意见	1	国家发展和改革委员会	国家发展和改革委员会	发改环资 [2016] 353 号	2016-02-17	环境保护手段类	清洁生产与循环经济
19	国家发展和改革委员会、环境保护部关于加强长江黄金水道环境污染防控治理的指导意见的通知	通知	2	国家发展和改革委员会、环境保护部	国家发展和改革委员会	发改环资 [2016] 370 号	2016-02-23	污染防治类	水污染
20	环境保护部办公厅关于规划环境影响评价中加强环境管控、总量管控准入的指导意见（试行）	意见	1	环境保护部办公厅	环境保护部办公厅	建城函 [2016] 32 号	2016-02-24	环境保护手段类	环境影响评价

续表

编号	名称	文件类型	发文主体数量	发文主体	发文主体（首位）	文号	发布时间	文件主类	文件亚类
21	环境保护部办公厅关于举办有毒有害化学物质污染防治"十三五"规划编制技术培训班的通知	通知	1	环境保护部办公厅	环境保护部办公厅	环办环评〔2016〕14号	2016-02-26	污染防治类	污染物与污染源管理
22	国家林业局关于切实加强"十三五"期间年森林采伐限额管理的通知	通知	1	国家林业局	国家林业局	林资发〔2016〕24号	2016-02-26	自然资源保护类	林地资源
23	农业部办公厅、财政部办公厅关于印发《新一轮草原生态保护补助奖励政策实施指导意见（2016—2020年）》的通知	通知	2	农业部办公厅、财政部办公厅	农业部办公厅	农办财〔2016〕10号	2016-03-01	生态保护类	生态恢复与补偿
24	国家质量监督检验检疫总局关于公布取得生态原产地保护产品名单的公告	公告	1	国家质量监督检验检疫总局	国家质量监督检验检疫总局	国家质量监督检验检疫总局公告2016年第19号	2016-03-01	环境保护手段类	环境信息
25	关于建设项目环境影响评价资质审查结果（2016年第三批）的公告	公告	1	环境保护部	环境保护部	环境保护部公告2016年第17号	2016-03-02	环境保护手段类	环境影响评价
26	关于注销31家机构建设项目环境影响评价资质的公告	公告	1	环境保护部	环境保护部	环境保护部公告2016年第16号	2016-03-02	环境保护手段类	环境影响评价
27	环境保护部办公厅关于举办2016年全国重点污染源自动监控业务培训班（第一期）的通知	通知	1	环境保护部办公厅	环境保护部办公厅	环办环监函〔2016〕404号	2016-03-03	污染防治类	污染物与污染源管理

续表

编号	名称	文件类型	发文主体数量	发文主体	发文主体（首位）	文号	发布时间	文件主类	文件亚类
28	国家发展和改革委员会、农业部关于印发牧区草原防灾减灾工程规划（2016—2020 年）的通知	通知	2	国家发展和改革委员会、农业部	国家发展和改革委员会	发改农经〔2016〕467 号	2016-03-03	环境退化防治类	灾害防治
29	环境保护部关于制定硼污染物污染当量值有关问题的复函	复函	1	环境保护部	环境保护部	环环监函〔2016〕38 号	2016-03-03	污染防治类	污染物与污染源管理
30	住房城乡建设部关于浣江——五泄风景名胜区总体规划的函	函	1	住房和城乡建设部	住房城乡建设部	建城函〔2016〕48 号	2016-03-04	生态保护类	风景名胜区
31	工业和信息化部办公厅、财政部办公厅关于组织申报 2016 年高风险污染物削减行动计划奖励资金项目的通知	通知	2	工业和信息化部办公厅、财政部办公厅	工业和信息化部办公厅	工信厅联节〔2016〕35 号	2016-03-06	污染防治类	污染物与污染源管理
32	国家林业局关于深入学习贯彻习近平总书记关于森林生态安全重要讲话精神的通知	通知	1	国家林业局	国家林业局	林办发〔2016〕31 号	2016-03-07	自然资源保护类	林地资源
33	环境保护部办公厅关于印发《生态环境大数据建设总体方案》的通知	通知	1	环境保护部办公厅	环境保护部办公厅	环办厅〔2016〕23 号	2016-03-07	环境保护手段类	环境监测
34	环境保护部办公厅关于专家组组建国家重污染天气应对专家组暨第二届国家环境应急专家组对专业组的通知	通知	1	环境保护部办公厅	环境保护部办公厅	环办应急〔2016〕24 号	2016-03-08	污染防治类	大气污染

续表

编号	名 称	文件类型	发文主体数量	发文主体	发文主体（首位）	文号	发布时间	文件主类	文件亚类
35	国家林业局办公室关于切实做好春季候鸟等野生动物保护及宣传活动的通知	通知	1	国家林业局办公室	国家林业局办公室	办护字 [2016] 36 号	2016-03-08	自然资源保护类	野生动植物资源
36	国家林业局办公室关于开展东北内蒙古重点国有林区 2016 年森林资源规划设计调查工作的通知	通知	1	国家林业局办公室	国家林业局办公室	办资字 [2016] 42 号	2016-03-11	自然资源保护类	林地资源
37	环境保护部办公厅关于印发《核与辐射建设项目环境影响评价机构监督检查实施办法》的通知	通知	1	环境保护部办公厅	环境保护部办公厅	环办辐射函 [2016] 469 号	2016-03-11	环境保护手段类	环境影响评价
38	国家文物局关于大运河之江南运河（杭州余杭段）保护区划内实施海盐嘉里码头及配套设施建设项目的批复	批复	1	国家文物局	国家文物局	文物保函 [2016] 295 号	2016-03-14	生态保护类	国家公园与自然保护区
39	环境保护部办公厅关于推荐发性有机物污染防治先进技术的通知	通知	1	环境保护部办公厅	环境保护部办公厅	环办科技函 [2016] 375 号	2016-03-14	污染防治类	污染物与污染源管理
40	环境保护部关于印发 "十三五" 国家地表水环境质量监测网设置方案的通知	通知	1	环境保护部	环境保护部	环监测 [2016] 30 号	2016-03-16	环境保护手段类	环境监测
41	关于建设项目环境影响评价资质审查结果（2016 年第四批）的公告	公告	1	环境保护部	环境保护部	环境保护部公告 2016 年第 21 号	2016-03-16	环境保护手段类	环境影响评价

续表

编号	名称	文件类型	发文主体数量	发文主体	发文主体（首位）	文号	发布时间	文件主类	文件亚类
42	工业和信息化部关于公布工业产品生态（绿色）设计试点企业（第二批）的通告	通告	1	工业和信息化部	工业和信息化部		2016-03-17	环境保护类手段类	环境信息
43	国家文物局关于大运河之浙东运河（上虞区——余姚市段）保护区划内实施庆北平原溪江河——沥东河整治工程项目的意见	意见	1	国家文物局	国家文物局	办保函[2016]230号	2016-03-18	自然资源保护类	水资源
44	关于授予内蒙古自治区扎兰屯市等20个市（县、区）"国家生态县（市、区）"称号的公告	公告	1	环境保护部	环境保护部	环境保护部公告 2016年 第26号	2016-03-20	环境保护类手段类	环境信息
45	关于公布获得生态原产地保护示范区名单的公告	公告	1	国家质量监督检验检疫总局	国家质量监督检验检疫总局	国家质量监督检验检疫总局公告2016年第29号	2016-03-24	环境保护类手段类	环境信息
46	农业部关于切实做好春季草原火灾防控工作的通知	通知	1	农业部	农业部	农牧发[2016]5号	2016-03-25	自然资源保护类	草地资源
47	国家林业局办公室关于开展全国生态建设突出贡献奖评选表彰活动的通知	通知	1	国家林业局办公室	国家林业局办公室	办场字[2016]60号	2016-03-28	环境保护类手段类	环境信息
48	国土资源部办公厅关于征集2016年度国土资源标准制修订工作计划建议的函	函	1	国土资源部办公厅	国土资源部办公厅	国土资厅函[2016]476号	2016-03-28	自然资源保护类	土地资源
49	国家林业局办公室关于开展第九次全国森林资源清查2016年工作的通知	通知	1	国家林业局办公室	国家林业局办公室	办资字[2016]58号	2016-03-29	自然资源保护类	林地资源

续表

编号	名称	文件类型	发文主体数量	发文主体	发文主体（首位）	文号	发布时间	文件主类	文件亚类
50	关于发布《固定污染源废气硫酸雾的测定离子色谱法》等五项国家环境保护标准的公告	公告	1	环境保护部	环境保护部	环境保护部公告2016年第23号	2016-03-29	环境保护手段类	环境标准
51	国家文物局关于洛阳市龙门东环线新建道路通过龙门石窟保护区划方案的批复	批复	1	国家文物局	国家文物局	文物保函[2016]370号	2016-03-30	生态保护类	风景名胜区
52	关于建设项目环境影响评价资质审查结果（2016年第五批）的公告	公告	1	环境保护部	环境保护部	环境保护部公告2016年第27号	2016-03-30	环境保护手段类	环境影响评价
53	关于建设项目环境影响评价资质审查结果（2016年第六批）的公告	公告	1	环境保护部	环境保护部	环境保护部公告2016年第28号	2016-03-30	环境保护手段类	环境影响评价
54	国家发展和改革委员会办公厅关于印发《城镇污水垃圾处理设施建设中央预算内投资专项管理办法》的通知	通知	1	国家发展和改革委员会办公厅	国家发展和改革委员会办公厅	发改办环资[2016]888号	2016-04-05	污染防治类	水污染
55	国家林业局关于印发《中国生态文化发展纲要（2016—2020年）》的通知	通知	1	国家林业局	国家林业局	林规发[2016]44号	2016-04-07	环境保护手段类	环境规划
56	环境保护部办公厅关于废止《关于进一步推进建设项目环境监理试点工作的通知》的通知	通知	1	环境保护部办公厅	环境保护部办公厅	环办环评[2016]32号	2016-04-07	环境保护手段类	环境监测
57	国家发展和改革委员会、国家能源局关于印发《能源技术革命创新行动计划（2016—2030年）》的通知	通知	2	国家发展和改革委员会、国家能源局	国家发展和改革委员会、国家能源局	发改能源[2016]513号	2016-04-07	自然资源保护类	能源资源

续表

编号	名　称	文件类型	发文主体数量	发文主体	发文主体（首位）	文号	发布时间	文件主类	文件亚类
58	环境保护部关于执行《炼焦化学工业污染物排放标准》有关问题的复函	复函	1	环境保护部	环境保护部	环科技函[2016]66号	2016-04-08	污染防治类	污染物与污染源管理
59	关于环境保护主管部门不再进行建设项目试生产审批的公告	公告	1	环境保护部	环境保护部	环境保护部公告2016年第29号	2016-04-08	环境保护手段类	环境许可（含排污权交易）
60	农业部办公厅关于加强长江江豚保护工作的紧急通知	通知	1	农业部办公厅	农业部办公厅	农办长渔[2016]4号	2016-04-13	自然资源保护类	渔业资源
61	环境保护部关于积极发挥环境保护作用促进供给侧结构性改革的指导意见	意见	1	环境保护部	环境保护部	环大气[2016]45号	2016-04-14	综合类	绿色发展与生态文明
62	环境保护部办公厅关于《中华人民共和国大气污染防治法》第四十条适用问题的复函	复函	1	环境保护部办公厅	环境保护部办公厅	环办政法函[2016]720号	2016-04-21	污染防治类	大气污染
63	关于发布国家环境保护标准《建设项目竣工环境保护验收技术规范医疗机构》的公告	公告	1	环境保护部	环境保护部	环境保护部公告2016年第31号	2016-04-25	环境保护手段类	环境标准
64	国家核安全局关于印发《民用核安全设备制造阶段不符合项监督管理要求（试行）》的通知	通知	1	国家核安全局	国家核安全局	国核安发[2016]84号	2016-04-27	环境保护手段类	环境许可（含排污权交易）

续表

编号	名称	文件类型	发文主体数量	发文主体	发文主体（首位）	文号	发布时间	文件主类	文件亚类
65	关于发布国家环境保护标准《钢铁工业烧结机烟气脱硫工程技术规范湿式石灰石/石灰-石膏法》的公告	公告	1	环境保护部	环境保护部	环境保护部公告2016年第33号	2016-04-29	环境保护手段类	环境标准
66	关于发布《生物多样性观测技术导则水生维管植物》等两项国家环境保护标准的公告	公告	1	环境保护部	环境保护部	环境保护部公告2016年第35号	2016-05-04	环境保护手段类	环境标准
67	关于发布国家环境保护标准《总铬水质自动在线监测仪技术要求及检测方法》的公告	公告	1	环境保护部	环境保护部	环境保护部公告2016年第36号	2016-05-04	环境保护手段类	环境标准
68	农业部办公厅关于印发促进草牧业发展指导意见的通知	通知	1	农业部办公厅	农业部办公厅	农办牧〔2016〕22号	2016-05-06	自然资源保护类	草地资源
69	财政部、国家税务总局、水利部关于印发《水资源税改革试点暂行办法》的通知	通知	3	财政部、国家税务总局、水利部	财政部、国家税务总局、水利部	财税〔2016〕55号	2016-05-09	环境保护手段类	环境税
70	财政部、国家税务总局关于资源税改革具体政策问题的通知	通知	2	财政部、国家税务总局	财政部	财税〔2016〕54号	2016-05-09	环境保护手段类	环境税
71	财政部、国家税务总局关于全面推进资源税改革的通知	通知	2	财政部、国家税务总局	财政部	财税〔2016〕53号	2016-05-09	环境保护手段类	环境税
72	财政部、国家海洋局关于中央财政支持实施蓝色海湾整治行动的通知	通知	2	财政部、国家海洋局	财政部	财建〔2016〕262号	2016-05-12	污染防治类	海洋污染
73	关于发布《固定污染源废气氯化氢的测定硝酸银容量法》等六项国家环境保护标准的公告	公告	1	环境保护部	环境保护部	环境保护部公告2016年第39号	2016-05-13	环境保护手段类	环境标准

续表

编号	名称	文件类型	发文主体数量	发文主体	发文主体（首位）	文号	发布时间	文件主类	文件亚类
74	环境保护部关于污染源在线监测数据与现场监测数据不一致时证据适用问题的复函	复函	1	环境保护部	环境保护部	环政法函[2016]98号	2016-05-13	环境保护手段类	环境监测
75	国家海洋局关于修订《填海项目竣工海域使用验收管理办法》的通知	通知	1	国家海洋局	国家海洋局	国海规范[2016]3号	2016-05-16	自然资源保护类	海域资源
76	环境保护部办公厅关于《环境保护部规范性文件合法性审查办法》的通知	通知	1	环境保护部办公厅	环境保护部办公厅	环办政法[2016]52号	2016-05-19	综合类	环保综合性规定
77	国家发展和改革委员会等9部委《关于加强资源环境生态红线管控的指导意见》的通知	通知	9	国家发展和改革委员会等9部委	国家发展和改革委员会	发改环资[2016]1162号	2016-05-30	生态保护类	生态红线
78	国家林业局办公室关于印发《林业应对气候变化"十三五"行动要点》的通知	通知	1	国家林业局办公室	国家林业局办公室	办造字[2016]102号	2016-05-30	环境保护手段类	环境规划
79	环境保护部办公厅关于印发《环境保护部2016年政务公开工作实施方案》的通知	通知	1	环境保护部办公厅	环境保护部办公厅	环办厅[2016]59号	2016-05-30	环境保护手段类	环境信息
80	环境保护部办公厅关于《全国农产品质量安全提升规划（2016—2020年）（征求意见稿）》意见的复函	复函	1	环境保护部办公厅	环境保护部办公厅	环办水体函[2016]1013号	2016-05-31	环境保护手段类	环境规划
81	环境保护部办公厅关于开展产业园区规划环境影响评价清单式管理试点工作的通知	通知	1	环境保护部办公厅	环境保护部办公厅	环办环评[2016]61号	2016-05-31	环境保护手段类	环境影响评价

续表

编号	名 称	文件类型	发文主体数量	发文主体	发文主体（首位）	文号	发布时间	文件主类	文件亚类
82	农业部办公厅关于创新农业社会化服务加快农垦现代农业建设的指导意见	意见	1	农业部办公厅	农业部办公厅	农办垦〔2016〕16号	2016-06-07	环境保护手段类	清洁生产与循环经济
83	工业和信息化部、财政部、国土资源部等关于深入推进新型工业化产业示范基地建设的指导意见	意见	3	工业和信息化部、财政部、国土资源部等	工业和信息化部	工信部联〔2016〕212号	2016-06-08	环境保护手段类	清洁生产与循环经济
84	关于发布"十三五"期间水质需改善控制单元信息清单的公告	公告	1	环境保护部	环境保护部	环境保护部公告 2016年 第44号	2016-06-08	环境保护手段类	环境信息
85	环境保护部关于印发《民用核燃料循环设施分类原则与基本安全要求（试行）》的通知	通知	1	环境保护部	环境保护部	国环规辐射〔2016〕1号	2016-06-13	污染防治类	放射性污染
86	关于发布行业标准《生活垃圾收转运站技术规范》的公告	公告	1	住房和城乡建设部	住房和城乡建设部	住房和城乡建设部公告 第1147号	2016-06-14	环境保护手段类	环境标准
87	关于发布行业产品标准《城镇环境卫生设施数据采集表及数据库结构》的公告	公告	1	住房和城乡建设部	住房和城乡建设部	住房和城乡建设部公告 第1170号	2016-06-14	环境保护手段类	环境标准
88	环境保护部办公厅关于发布《二氧化碳捕集、利用与封存环境风险评估技术指南（试行）》的通知	通知	1	环境保护部办公厅	环境保护部办公厅	环办科技〔2016〕64号	2016-06-20	环境保护手段类	环境影响评价

续表

编号	名称	文件类型	发文主体数量	发文主体	发文主体（首位）	文号	发布时间	文件主类	文件亚类
89	国家能源局关于推动东北地区电力协调发展的实施意见	意见	1	国家能源局	国家能源局	国能电力〔2016〕179号	2016-06-21	自然资源保护类	能源资源
90	关于废止《海砂开采动态监测简明规范（试行）》等4份规范性文件的公告	公告	1	国家海洋局	国家海洋局	国家海洋局2016年第6号	2016-06-23	环境保护手段类	环境监测
91	关于发布国家环境保护标准《环境影响评价技术导则 核电厂 环境影响报告书的格式和内容》的公告	公告	1	环境保护部	环境保护部	环境保护部公告2016年第48号	2016-06-24	环境保护手段类	环境标准
92	关于发布《土壤电导率的测定 电极法》等六项国家环境保护标准的公告	公告	1	环境保护部	环境保护部	环境保护部公告2016年第47号	2016-06-24	环境保护手段类	环境标准
93	财政部、环境保护部关于申报水污染防治领域PPP推介项目的通知	通知	2	财政部，环境保护部	财政部	财建〔2016〕453号	2016-06-27	污染防治类	水污染
94	环境保护部关于新疆中核天山铀业有限公司蒙其古尔铀矿床原地浸出采铀工程竣工环境保护验收意见的函	函	1	环境保护部	环境保护部	环验〔2016〕62号	2016-06-27	环境保护手段类	环境信息
95	住房城乡建设部关于发布国家标准《城市绿地设计规范》局部修订的公告	公告	1	住房城乡建设部	住房城乡建设部	住房和城乡建设部公告1192号	2016-06-28	环境保护手段类	环境标准
96	关于发布行业产品标准《绿化种植土壤》的公告	公告	1	住房城乡建设部	住房和城乡建设部	住房和城乡建设部公告1189号	2016-06-28	环境保护手段类	环境标准

续表

编号	名称	文件类型	发文主体数量	发文主体	发文主体（首位）	文号	发布时间	文件主类	文件亚类
97	环境保护部办公厅关于印发《生态环境损害鉴定评估技术指南总纲》和《生态环境损害鉴定评估技术指南损害调查》的通知	通知	1	环境保护部办公厅	环境保护部办公厅	环办政法[2016]67号	2016-06-29	环境保护手段类	环境标准
98	工业和信息化部关于印发《工业绿色发展规划（2016—2020年）》的通知	通知	1	工业和信息化部	工业和信息化部	工信部规[2016]225号	2016-06-30	环境保护手段类	清洁生产与循环经济
99	国土资源部、工业和信息化部、财政部等关于加强矿山地质环境恢复和综合治理的指导意见	意见	3	国土资源部,工业和信息化部,财政部	国土资源部	国土资发[2016]63号	2016-07-01	生态保护类	生态恢复与补偿
100	农业部办公厅关于印发《水产养殖灾后恢复生产技术措施要点》的紧急通知	通知	1	农业部办公厅	农业部办公厅	农办渔[2016]48号	2016-07-08	自然资源保护类	渔业资源
101	环境保护部关于印发《"十三五"环境影响评价改革实施方案》的通知	通知	1	环境保护部	环境保护部	环环评[2016]95号	2016-07-15	环境保护手段类	环境影响评价
102	农业部办公厅关于做好2016年渔业节能减排项目实施工作的通知	通知	1	农业部办公厅	农业部办公厅	农办渔[2016]51号	2016-07-18	自然资源保护类	渔业资源
103	国家发展和改革委员会关于调整水电建设管理主要河流划分的通知	通知	1	国家发展和改革委员会	国家发展和改革委员会	发改能源[2016]1346号	2016-07-18	自然资源保护类	能源资源
104	国家能源局关于建立监测预警机制促进风电产业持续健康发展的通知	通知	1	国家能源局	国家能源局	国能新能[2016]196号	2016-07-18	自然资源保护类	能源资源

续表

编号	名 称	文件类型	发文主体数量	发文主体	发文主体（首位）	文号	发布时间	文件主类	文件亚类
105	财政部、环境保护部关于印发《大气污染防治专项资金管理办法》的通知	通知	2	财政部、环境保护部	财政部	财建〔2016〕600号	2016-07-20	污染防治类	大气污染
106	国家能源局综合司关于切实做好当前能源安全生产工作的紧急通知	通知	1	国家能源局综合司	国家能源局综合司	国能综安全〔2016〕450号	2016-07-21	自然资源保护类	能源资源
107	国土资源部关于补足耕地数量与提升耕地质量相结合落实占补平衡的指导意见	意见	1	国土资源部	国土资源部	国土资规〔2016〕8号	2016-07-25	自然资源保护类	耕地资源
108	国土资源部关于印发《国家地质公园规划编制技术要求》的通知	通知	1	国土资源部	国土资源部	发改能源〔2016〕1346号	2016-07-25	生态保护类	国家公园与自然保护区
109	外国人对国家重点保护野生动物进行野外考察、标本采集或在野外拍摄电影、录像审批事项服务指南	公告	1	国家林业局	国家林业局	国家林业局公告2016年第15号	2016-07-25	环境保护手段类	环境信息
110	《乡村绿化技术规程》等109项林业行业标准目录	公告	1	国家林业局	国家林业局	国家林业局公告2016年第17号	2016-07-27	环境保护手段类	环境标准
111	国土资源部关于安全生产监督管理部门意见不再作为颁发采矿许可证前置要件的通知	通知	1	国土资源部	国土资源部	国土资规〔2016〕9号	2016-07-28	环境保护手段类	环境许可（含排污权交易）
112	国家林业局关于规范集体林权流转市场运行的意见	意见	1	国家林业局	国家林业局	林政发〔2016〕100号	2016-07-29	自然资源保护类	林地资源

续表

编号	名称	文件类型	发文主体数量	发文主体	发文主体（首位）	文号	发布时间	文件主类	文件亚类
113	环境保护部办公厅关于水土保持综合治理工程环境影响评价管理意见的复函	复函	1	环境保护部办公厅	环境保护部办公厅	环办环评函[2016]1465号	2016-08-03	环境保护手段类	环境影响评价
114	农业部办公厅关于印发《渤海渔具整治专项执法行动实施方案》的通知	通知	1	农业部办公厅	农业部办公厅	农办渔[2016]55号	2016-08-04	自然资源保护类	渔业资源
115	农业部、国家发展和改革委员会、财政部等关于印发《关于推进农业清洁生产试点的方案》的通知	通知	3	农业部，国家发展和改革委员会，财政部	农业部	农计发[2016]90号	2016-08-11	环境保护手段类	清洁生产与循环经济
116	工业和信息化部、环境保护部关于印发《水污染防治重点行业清洁生产技术推行方案》的通知	通知	2	工业和信息化部，环境保护部	工业和信息化部	工信部联节[2016]275号	2016-08-18	污染防治类	水污染
117	国家林业局办公室关于印发《2016年加快建设知识产权强国林业实施计划》的通知	通知	1	国家林业局办公室	国家林业局办公室	办技字[2016]172号	2016-08-18	自然资源保护类	林地资源
118	国家林业局办公室关于印发《旱区造林绿化技术指南》和《旱区造林绿化技术模式选编》的通知	通知	1	国家林业局办公室	国家林业局办公室	办造字[2016]175号	2016-08-19	环境退化防治类	水土保持
119	科技部、国家林业局关于印发《主要林木育种科技创新规划(2016-2025年)》的通知	通知	2	科技部，国家林业局	科技部，国家林业局	国科发[2016]248号	2016-08-19	自然资源保护类	林地资源

续表

编号	名　称	文件类型	发文主体数量	发文主体	发文主体（首位）	文号	发布时间	文件主类	文件亚类
120	交通运输部海事局关于规范船舶大气污染治理监督管理工作的通知	通知	1	交通运输部海事局	交通运输部海事局	海危防〔2016〕454 号	2016-08-22	污染防治类	大气污染
121	中国气象局、国家发展和改革委员会关于印发全国气象发展"十三五"规划的通知	通知	2	中国气象局，国家发展和改革委员会	中国气象局	气发〔2010〕7 号	2016-08-23	自然资源保护类	能源资源
122	国家林业局关于印发《全国热带雨林保护规划（2016-2020 年）》的通知	通知	1	国家林业局	国家林业局	林规发〔2016〕117 号	2016-08-31	环境保护手段类	环境规划
123	农业部办公厅关于公布第九批国家级水产种质资源保护区面积范围和功能分区的通知	通知	1	农业部办公厅	农业部办公厅	农办渔〔2016〕60 号	2016-08-31	生态保护类	国家公园与自然保护区
124	国家能源局关于印发《燃煤发电厂贮灰场安全评估导则》的通知	通知	1	国家能源局	国家能源局	国能安全〔2016〕234 号	2016-09-01	环境保护手段类	环境影响评价
125	国家能源局关于下达 2016 年能源领域行业标准制（修）订计划的通知	通知	1	国家能源局	国家能源局	国能科技〔2016〕238 号	2016-09-02	环境保护手段类	环境标准
126	环境保护部办公厅关于高污染燃料燃烧禁区管理有关问题的复函	复函	1	环境保护部办公厅	环境保护部办公厅	海危防〔2016〕454 号	2016-09-07	污染防治类	大气污染
127	国家林业局办公室关于做好秋冬候鸟等野生动物保护执法和疫源疫病监测防控工作的通知	通知	1	国家林业局办公室	国家林业局办公室	办护字〔2016〕191 号	2016-09-07	环境保护手段类	环境监测

续表

编号	名　称	文件类型	发文主体数量	发文主体	发文主体（首位）	文号	发布时间	文件主类	文件亚类
128	财政部关于印发《2016年中央对地方重点生态功能区转移支付办法》的通知	通知	1	财政部	财政部	财预[2016]117号	2016-09-09	生态保护类	生态恢复与补偿
129	国家林业局关于着力开展森林城市建设的指导意见	意见	1	国家林业局	国家林业局	林宣发[2016]126号	2016-09-09	环境保护类	城市绿化与市容管理
130	国家林业局办公室关于公布江苏省2015年森林资源清查主要结果的通知	通知	1	国家林业局办公室	国家林业局办公室	办资字[2016]200号	2016-09-13	自然资源保护类	林地资源
131	国家能源局关于取消一批不具备核准建设条件的煤电项目的通知	通知	1	国家能源局	国家能源局	国能电力[2016]244号	2016-09-13	环境保护手段类	环境许可（含排污权交易）
132	国家能源局关于建设太阳能热发电示范项目的通知	通知	1	国家能源局	国家能源局	国能新能[2016]223号	2016-09-13	自然资源保护类	能源资源
133	国家能源局关于印发页岩气发展规划(2016-2020年)的通知	通知	1	国家能源局	国家能源局	国能油气[2016]255号	2016-09-14	自然资源保护类	能源资源
134	国家海洋局、国家标准化管理委员会关于印发《全国海洋标准化"十三五"发展规划》的通知	通知	2	国家海洋局，国家标准化管理委员会	国家海洋局		2016-09-18	环境保护手段类	环境规划

续表

编号	名 称	文件类型	发文主体数量	发文主体	发文主体（首位）	文号	发布时间	文件主类	文件亚类
135	2015年分地区分行业淘汰落后和过剩产能情况	公告	2	工业和信息化部、国家能源局	工业和信息化部	工业和信息化部、国家能源局公告2016年第50号	2016-09-19	环境保护手段类	清洁生产与循环经济
136	国家发展和改革委员会、环境保护部关于印发《关于培育环境治理和生态保护市场主体的意见》的通知	通知	2	国家发展和改革委员会、环境保护部	国家发展和改革委员会	环办大气函[2016]1609号	2016-09-22	污染防治类	污染物与污染源管理
137	环境保护部办公厅关于印发《国家污染物排放标准实施评估工作指南（试行）》的通知	通知	1	环境保护部办公厅	环境保护部办公厅	环办科技[2016]94号	2016-09-29	环境保护手段类	环境标准
138	财政部、国土资源部、环境保护部关于推进山水林田湖生态保护修复工作的通知	通知	3	财政部、国土资源部、环境保护部	财政部	财建[2016]725号	2016-09-30	生态保护类	生态恢复与补偿
139	国家林业局关于印发《国家沙漠公园发展规划（2016—2025年）》的通知	通知	1	国家林业局	国家林业局	林规发[2016]139号	2016-10-08	环境保护手段类	环境规划
140	国土资源部办公厅关于做好2016年度非油气矿产资源统计工作的通知	通知	1	国土资源部办公厅	国土资源部办公厅	国土资厅发[2016]37号	2016-10-17	自然资源保护类	矿产资源
141	农业部种子管理局关于协助填报《植物新品种保护条例》修订调查问卷的函	函	1	农业部种子管理局	农业部种子管理局	农种品函[2016]71号	2016-10-19	自然资源保护类	野生动植物资源

续表

编号	名称	文件类型	发文主体数量	发文主体	发文主体（首位）	文号	发布时间	文件主类	文件亚类
142	《自然资源（森林）资产评价技术规范》等33项行业标准目录	公告	1	国家林业局	国家林业局	国家林业局公告2016年第19号	2016-10-19	环境保护手段类	环境标准
143	环境保护部文关于以改善环境质量为核心加强环境影响评价管理的通知	通知	1	环境保护部文	环境保护部文	环环评〔2016〕150号	2016-10-26	环境保护手段类	环境影响评价
144	国家林业局关于公布第二批国家林木种质资源库的通知	通知	1	国家林业局	国家林业局	林场发〔2016〕153号	2016-10-27	自然资源保护类	野生动植物资源
145	环境保护部关于印发《全国生态保护"十三五"规划纲要》的通知	通知	1	环境保护部	环境保护部	环生态〔2016〕151号	2016-10-27	环境保护手段类	环境规划
146	国家发展和改革委员会、水利部、住房城乡建设部关于印发《全民节水行动计划》的通知	通知	3	国家发展和改革委员会、水利部、住房城乡建设部	国家发展和改革委员会	发改环资〔2016〕2259号	2016-10-28	自然资源保护类	水资源
147	国土资源部办公厅关于做好2016年度非油气矿产资源统计工作的通知	通知	1	国土资源部办公厅	国土资源部办公厅	国土资厅发〔2016〕37号	2016-10-28	自然资源保护类	矿产资源
148	水利部等9部门关于印发《"十三五"实行最严格水资源管理制度考核工作实施方案》的通知	通知	9	水利部等9部门	水利部	水资源〔2016〕463号	2016-11-03	自然资源保护类	水资源
149	国家农业综合开发办公室关于土地治理项目计划编报事宜的通知	通知	1	国家农业综合开发办公室	国家农业综合开发办公室	国农办〔2016〕49号	2016-11-08	环境退化防治类	水土保持

续表

编号	名 称	文件类型	发文主体数量	发文主体	发文主体（首位）	文号	发布时间	文件主类	文件亚类
150	国家能源局关于印发《风电发展"十三五"规划》的通知	通知	1	国家能源局	国家能源局	国能新能[2016]314号	2016-11-16	环境保护手段类	环境规划
151	农业部办公厅关于召开全国农业资源环境与能源生态工作会议的通知	通知	1	农业部办公厅	农业部办公厅	农办科[2016]27号	2016-11-23	自然资源保护类	能源资源
152	环境保护部办公厅关于召开2016年全国环境影响评价工作会议的通知	通知	1	环境保护部办公厅	环境保护部办公厅	环办环评[2016]18号	2016-11-29	环境保护手段类	环境影响评价
153	农业部办公厅关于鄱阳湖水域禁渔期制度省级权限的意见	意见	1	农业部办公厅	农业部办公厅	农办长渔[2016]8号	2016-11-30	自然资源保护类	渔业资源
154	国家级水产种质资源保护区名单（第十批）	公告	1	农业部	农业部	农业部公告第2474号	2016-11-30	自然资源保护类	渔业资源
155	财政部、国家税务总局、国家发展和改革委员会关于垃圾填埋沼气发电列入《环境保护、节能节水项目企业所得税优惠目录》的通知	通知	3	财政部、国家税务总局、国家发展和改革委员会	财政部	财税[2016]131号	2016-12-01	环境保护手段类	环境税
156	财政部、国家税务总局、水利部关于河北省水资源税改革试点有关政策的意见	意见	3	财政部、国家税务总局、水利部	财政部	财税[2016]130号	2016-12-01	环境保护手段类	环境税
157	国土资源部关于开展2016年度土地矿产卫片执法监督检查工作的通知	通知	1	国土资源部	国土资源部	国土资发[2016]183号	2016-12-02	自然资源保护类	矿产资源
158	环境保护部办公厅关于举办挥发性有机物污染防治工作培训班的通知	通知	1	环境保护部办公厅	环境保护部办公厅	环办大气函[2016]2185号	2016-12-05	污染防治类	大气污染

续表

编号	名 称	文件类型	发文主体数量	发文主体	发文主体（首位）	文 号	发布时间	文件主类	文件亚类
159	环境保护部、国家发展和改革委员会、科技部等关于印发《水污染防治行动计划实施情况考核规定（试行）》的通知	通知	3	环境保护部、国家发展和改革委员会、科技部	环境保护部	环水体〔2016〕179号	2016-12-06	污染防治类	水污染
160	关于发布《水泥窑协同处置固体废物污染防治技术政策》的公告	公告	1	环境保护部	环境保护部	环境保护部公告 2016 年 第72号	2016-12-06	污染防治类	固体废物污染
161	关于发布《企业突发环境事件隐患排查和治理工作指南（试行）》的公告	公告	1	环境保护部	环境保护部	环境保护部公告 2016 年 第74号	2016-12-06	环境保护手段类	环境标准
162	国家能源局关于印发《太阳能发展"十三五"规划》的通知	通知	1	国家能源局	国家能源局	国能新能〔2016〕354号	2016-12-08	环境保护手段类	环境规划
163	水利部办公厅关于加强水土保持宣传教育工作的通知	通知	1	水利部办公厅	水利部办公厅	办水保〔2016〕205号	2016-12-10	环境退化防治类	水土保持
164	国家发展和改革委员会关于印发《可再生能源发展"十三五"规划》的通知	通知	1	国家发展和改革委员会	国家发展和改革委员会	发改能源〔2016〕2619号	2016-12-10	环境保护手段类	环境规划
165	国家发改委、国家统计局、环境保护部、中央组织部关于印发《生态文明建设考核目标体系》的通知	通知	4	国家发改委、国家统计局、环境保护部、中央组织部	国家发改委	发改环资〔2016〕2635号	2016-12-12	综合类	绿色发展与生态文明

续表

编号	名 称	文件类型	发文主体数量	发文主体	发文主体（首位）	文号	发布时间	文件主类	文件亚类
166	交通运输部关于修改《中华人民共和国船舶污染海洋环境应急防备和应急处置管理规定》的决定(2016)	决定	1	交通运输部	交通运输部	交通运输部令2016年第84号	2016-12-13	污染防治类	海洋污染
167	国土资源部关于推进矿产资源全面节约和高效利用的意见	意见	1	国土资源部	国土资源部	国土资[2016]187号	2016-12-13	自然资源保护类	矿产资源
168	国土资源部、国家林业局关于国有林区不动产登记有关事项的通知	通知	2	国土资源部、国家林业局	国土资源部	国土资发[2016]190号	2016-12-15	自然资源保护类	林地资源
169	财政部、环境保护部、国家发展和改革委员会、水利部关于加快建立流域上下游横向生态保护补偿机制的指导意见	意见	4	财政部、环境保护部、国家发展和改革委员会、水利部	财政部	财建[2016]928号	2016-12-20	生态保护类	生态恢复与补偿
170	《野外大熊猫救护及放归规范》等19项行业标准目录	公告	1	国家林业局	国家林业局	国家林业局公告2016年第20号	2016-12-21	环境保护手段类	环境标准
171	工业和信息化部、商务部、科技部关于加快推进再生资源产业发展的指导意见	意见	3	工业和信息化部、商务部、科技部	工业和信息化部	工信部联节[2016]440号	2016-12-21	自然资源保护类	能源资源
172	住房城乡建设部关于推广金华市农村生活垃圾分类和资源化利用经验的通知	通知	1	住房和城乡建设部	住房城乡建设部	建村函[2016]297号	2016-12-22	污染防治类	固体废物污染

续表

编号	名称	文件类型	发文主体数量	发文主体	发文主体（首位）	文号	发布时间	文件主类	文件亚类
173	国家发展和改革委员会、国家能源局关于印发煤炭工业发展"十三五"规划的通知	通知	2	国家发展和改革委员会、国家能源局	国家发展和改革委员会	发改能源〔2016〕2714号	2016-12-22	环境保护手段类	环境规划
174	国家发展和改革委员会、工业和信息化部、环境保护部关于印发《"十三五"节能环保产业发展规划》的通知	通知	3	国家发展和改革委员会、工业和信息化部、环境保护部	国家发展和改革委员会		2016-12-22	环境保护手段类	环境规划
175	水利部、环境保护部关于印发贯彻落实《关于全面推行河长制的意见》实施方案的函	函	2	水利部、环境保护部	水利部		2016-12-23	自然资源保护类	水资源
176	国家林业局2016年第二批授予植物新品种权名单	公告	1	国家林业局	国家林业局	国家林业局公告2016年第21号	2016-12-23	自然资源保护类	野生动植物资源
177	关于锂、锶、重晶石、石灰岩、菱镁矿、硼等矿产资源合理开发利用"三率"最低指标要求（试行）的公告	公告	1	国土资源部	国土资源部	国土资源部公告2016年第30号	2016-12-23	自然资源保护类	矿产资源
178	环境保护部关于印发《排污许可证管理暂行规定》的通知	通知	1	环境保护部	环境保护部	环水体〔2016〕186号	2016-12-23	环境保护手段类	环境许可（含排污权交易）

续表

编号	名称	文件类型	发文主体数量	发文主体	发文主体（首位）	文号	发布时间	文件主类	文件亚类
179	环境保护部办公厅关于印发水泥制造等七个行业建设项目环境影响评价文件审批原则的通知	通知	1	环境保护部办公厅	环境保护部办公厅	环办环评[2016]114号	2016-12-24	环境保护手段类	环境影响评价
180	国家林业局关于贯彻实施《野生动物保护法》的通知	通知	1	国家林业局	国家林业局	林护发[2016]181号	2016-12-26	自然资源保护类	野生动植物资源
181	国家林业局办公室关于印发《中国落实2030年可持续发展议程国别方案——林业行动计划》的通知	通知	1	国家林业局办公室	国家林业局办公室	办规字[2016]302号	2016-12-26	环境保护手段类	环境规划
182	关于《矿产资源节约与综合利用先进适用技术推广目录（第五批）》的公告	公告	1	国土资源部	国土资源部	国土资源部公告2016年第33号	2016-12-27	自然资源保护类	矿产资源
183	农业部关于印发《农业资源与生态环境保护工程规划（2016—2020年）》的通知	通知	1	农业部	农业部	农计发[2016]99号	2016-12-27	环境保护手段类	环境规划
184	住房城乡建设部、环境保护部关于印发全国城市生态保护与建设规划（2015—2020年）的通知	通知	2	住房城乡建设部、环境保护部	住房城乡建设部	建城[2016]284号	2016-12-27	环境保护手段类	环境规划
185	环境保护部关于开展试点城市高架源排污许可证管理工作的通知	通知	1	环境保护部	环境保护部	环水体[2016]189号	2016-12-27	环境保护手段类	环境许可（含排污权交易）

续表

编号	名称	文件类型	发文主体数量	发文主体	发文主体（首位）	文号	发布时间	文件主类	文件亚类
186	国家林业局关于印发修订后的《林业行政案件类型规定》的通知	通知	1	国家林业局	国家林业局	林稽发〔2016〕183号	2016-12-28	环境保护手段类	环境信息
187	国土资源部、国家发展和改革委员会、工业和信息化部等关于印发《矿产资源开发利用水平调查评估制度工作方案》的通知	通知	3	国土资源部、国家发展和改革委员会、工业和信息化部	国土资源部	国土资发〔2016〕195号	2016-12-28	自然资源保护类	矿产资源
188	国家沙化土地封禁保护区	公告	1	国家林业局	国家林业局	国家林业局公告2016年第22号	2016-12-28	环境退化防治类	防沙治沙
189	国家发展和改革委员会、国家海洋局关于印发《全国海水利用"十三五"规划》的通知	通知	2	国家发展和改革委员会、国家海洋局	国家发展和改革委员会	发改环资〔2016〕2764号	2016-12-28	环境保护手段类	环境规划
190	国土资源部关于印发《全国地质灾害防治"十三五"规划》的通知	通知	1	国土资源部	国土资源部	国土资发〔2016〕155号	2016-12-28	环境保护手段类	环境规划
191	关于《建筑垃圾资源化利用行业规范条件（暂行）》和《建筑垃圾资源化利用行业规范条件公告管理暂行办法》的公告	公告	2	工业和信息化部、住房城乡建设部	工业和信息化部	工业和信息化部、住房城乡建设部公告2016年第71号	2016-12-29	污染防治类	固体废物污染
192	环境保护部办公厅关于上报送2016年度环境噪声污染防治工作总结的通知	通知	1	环境保护部办公厅	环境保护部办公厅	环办大气函〔2016〕2366号	2016-12-29	污染防治类	噪声污染

续表

编号	名称	文件类型	发文主体数量	发文主体	发文主体（首位）	文号	发布时间	文件主类	文件亚类
193	国家海洋局关于下达 2016 年度《海洋资源环境承载能力监测预警技术规程》等 49 项海洋行业标准制修订计划项目的通知	通知	1	国家海洋局	国家海洋局		2016-12-29	环境保护手段类	环境标准
194	国家发展和改革委员会办公厅、财政部办公厅、环境保护部办公厅、住房城乡建设部办公厅关于印发《环境污染第三方治理合同（示范文本）》的通知	通知	4	国家发展和改革委员会办公厅、财政部办公厅、环境保护部办公厅、住房城乡建设部办公厅	国家发展和改革委员会办公厅	发改办环资〔2016〕2836号	2016-12-30	环境保护手段类	环境标准
195	关于发布《制糖工业污染防治技术政策》的公告	公告	1	环境保护部	环境保护部	环境保护部公告 2016 年 第 87 号	2016-12-30	环境保护手段类	环境标准
196	国家林业局关于公布北京等 6 省（区、市）2016 年森林资源清查主要结果的通知	通知	1	国家林业局	国家林业局	林资发〔2016〕191 号	2016-12-30	自然资源保护类	林地资源
197	农业部渔业渔政管理局关于报送 2016 年度水生生物资源养护工作情况的函	函	1	农业部渔业渔政管理局	农业部渔业渔政管理局		2016-12-30	自然资源保护类	渔业资源
198	国家海洋局关于印发《海洋可再生能源发展"十三五"规划》的通知	通知	1	国家海洋局	国家海洋局	国海发〔2016〕26 号	2016-12-30	环境保护手段类	环境规划

续表

编号	名　称	文件类型	发文主体数量	发文主体	发文主体（首位）	文　号	发布时间	文件主类	文件亚类
199	国家能源局关于印发《能源技术创新"十三五"规划》的通知	通知	1	国家能源局	国家能源局	国能科技〔2016〕397号	2016-12-30	环境保护手段类	环境规划
200	农业部关于印发《全国草原保护建设利用"十三五"规划》的通知	通知	1	农业部	农业部	农牧发〔2016〕16号	2016-12-30	环境保护手段类	环境规划
201	国土资源部、国家发展和改革委员会、财政部等关于扩大国有土地有偿使用范围的意见	意见	3	国土资源部、国家发展和改革委员会、财政部	国土资源部	国土资规〔2016〕20号	2016-12-31	自然资源保护类	土地资源
202	重点地区2015年度煤炭消费减量替代工作检查结果的公告	公告	6	国家发展和改革委员会、工业和信息化部、财政部、环境保护部、国家统计局、国家能源局	国家发展和改革委员会	国家发展和改革委员会、工业和信息化部、财政部、环境保护部、国家统计局、国家能源局公告 2016年第31号	2016-12-31	环境保护手段类	环境信息

附 录 四

2016 年地方政府和政府部门环境执法政策发布情况一览表

编号	名称	文件类型	发文主体数量	发文主体	发文主体（首位）	文号	发文地区	发文城市	发布时间	文件主类	文件亚类
1	东营市环境保护局关于调整重污染天气应急响应级别的通知	通知	1	东营市环境保护局	东营市环境保护局		山东	东营	2016-01-01	污染防治类	大气污染
2	贵阳市人民政府办公厅关于印发《贵阳市金钟河流域水环境质量考核暨奖惩办法（试行）》的通知	通知	1	贵阳市人民政府办公厅	贵阳市人民政府办公厅	筑府办函〔2016〕4号	贵州	贵阳	2016-01-01	自然资源保护类	水资源
3	贵州省人民政府关于印发贵州省水污染防治行动计划工作方案的通知	通知	1	贵州省人民政府	贵州省人民政府	黔府发〔2015〕39号	贵州		2016-01-04	污染防治类	水污染

续表

编号	名称	文件类型	发文主体数量	发文主体（首位）	文号	发文地区	发文城市	发布时间	文件主类	文件亚类
4	商丘市人民政府办公室关于印发2016年商丘市城区园林绿化项目建设实施方案的通知	通知	1	商丘市人民政府办公室	商政办〔2015〕133号	河南	商丘	2016-01-04	环境保护手段类	城市绿化与市容管理
5	东营市环境保护局关于终止Ⅲ级应急减排措施的通知	通知	1	东营市环境保护局		山东	东营	2016-01-04	污染防治类	大气污染
6	潍坊市人民政府办公室关于印发全市病死畜禽无害化处理工作实施意见的通知	通知	1	潍坊市人民政府办公室	潍政办发〔2015〕26号	山东	潍坊	2016-01-04	污染防治类	固体废物污染
7	佛山市人民政府办公室关于印发佛山市环境保护"一岗双责"责任制考核办法的通知	通知	1	佛山市人民政府办公室	佛府办〔2016〕1号	广东	佛山	2016-01-04	综合类	环保综合性规定
8	滁州市人民政府关于划定高污染燃料禁燃区的通告	通告	1	滁州市人民政府	滁政〔2016〕4号	安徽	滁州	2016-01-04	污染防治类	大气污染
9	山东省人民政府关于印发山东省落实《水污染防治行动计划》实施方案的通知	通知	1	山东省人民政府	鲁政发〔2015〕31号	山东		2016-01-05	污染防治类	水污染
10	黑龙江省人民政府关于推动矿产资源开发和产业发展的意见	意见	1	黑龙江省人民政府	黑政发〔2016〕1号	黑龙江		2016-01-05	自然资源保护类	矿产资源
11	山东省人民政府关于滨州市海洋功能区划（2013—2020年）的批复	批复	1	山东省人民政府	鲁政字〔2015〕291号	山东		2016-01-06	环境保护手段类	环境规划

续表

编号	名称	文件类型	发文主体数量	发文主体	发文主体（首位）	文号	发文地区	发文城市	发布时间	文件主类	文件亚类
12	山东省人民政府关于东营市海洋功能区划（2013—2020年）的批复	批复	1	山东省人民政府	山东省人民政府	鲁政字〔2015〕290号	山东		2016-01-06	环境保护手段类	环境规划
13	北海市人民政府关于建立联合打击矿产资源违法行为工作机制的实施意见	意见	1	北海市人民政府	北海市人民政府	北政发〔2016〕3号	广西	北海	2016-01-06	自然资源保护类	矿产资源
14	武威市人民政府办公室关于做好2015年度公共机构能源资源消费统计工作的通知	通知	1	武威市人民政府办公室	武威市人民政府办公室	武政办发〔2016〕1号	甘肃	武威	2016-01-06	自然资源保护类	能源资源
15	新疆维吾尔自治区人民政府办公厅关于成立实行最严格水资源管理制度考核工作领导小组的通知	通知	1	新疆维吾尔自治区人民政府办公厅	新疆维吾尔自治区人民政府办公厅	新政办发〔2015〕168号	新疆		2016-01-07	自然资源保护类	水资源
16	长沙市人民政府办公厅关于印发《长沙市生态绿心地区违法违规行为处理办法》的通知	通知	1	长沙市人民政府办公厅	长沙市人民政府办公厅	长政办发〔2016〕2号	湖南	长沙	2016-01-07	环境保护手段类	城市绿化与市容管理
17	南京市环境保护局关于竣工环境保护验收决定的公告	公告	1	南京市环境保护局	南京市环境保护局		江苏	南京	2016-01-07	环境保护手段类	环境影响评价
18	宜宾市人民政府关于促进煤炭产业安全健康可持续发展的意见	通知	1	宜宾市人民政府	宜宾市人民政府	宜府函〔2016〕3号	四川	宜宾	2016-01-07	自然资源保护类	矿产资源

续表

编号	名称	文件类型	发文主体数量	发文主体	发文主体（首位）	文号	发文地区	发文城市	发布时间	文件主类	文件亚类
19	宝鸡市人民政府办公室关于进一步加强重污染天气应急响应工作的通知	通知	1	宝鸡市人民政府办公室	宝鸡市人民政府办公室	宝政办函[2016]1号	陕西	宝鸡	2016-01-08	污染防治类	大气污染
20	广东省环境保护厅、广东省公安厅关于进一步加强机动车污染治工作的通知	通知	2	广东省环境保护厅，广东省公安厅	广东省环境保护厅	粤环[2016]4号	广东		2016-01-08	污染防治类	大气污染
21	云南省人民政府关于印发云南省水污染防治工作方案的通知	通知	1	云南省人民政府	云南省人民政府	云政发[2016]3号	云南		2016-01-10	污染防治类	水污染
22	潍坊市环境保护局关于印发《潍坊市污染源日常环境监管随机抽查制度实施方案》的通知	通知	1	潍坊市环境保护局	潍坊市环境保护局	潍环发[2016]3号	山东	潍坊	2016-01-11	环境保护手段类	环境监测
23	内蒙古自治区国土资源厅关于满洲里市煤矿地质管理保证金管理有关问题的批复	批复	1	内蒙古自治区国土资源厅	内蒙古自治区国土资源厅	内国土资字[2016]17号	内蒙古		2016-01-12	生态保护类	生态恢复与补偿
24	陕西省人民政府关于印发《陕西省水污染防治工作方案》的通知	通知	1	陕西省人民政府	陕西省人民政府	陕政发[2015]60号	陕西		2016-01-13	污染防治类	水污染
25	运城市人民政府关于实行环境空气质量考核奖惩办法的通知	通知	1	运城市人民政府	运城市人民政府		山西	运城	2016-01-13	污染防治类	大气污染
26	宁波市国土资源局、宁波市林业局关于印发《关于进一步加强矿产资源和森林资源共同监管的工作规定（暂行）》的通知	通知	2	宁波市国土资源局，宁波市林业局	宁波市国土资源局	甬土资发[2016]2号	浙江	宁波	2016-01-13	自然资源保护类	自然资源保护综合性规定

续表

编号	名称	文件类型	发文主体数量	发文主体	发文主体（首位）	文号	发文地区	发文城市	发布时间	文件主类	文件亚类
27	吕梁市环境保护局关于开展"冬季行动"环境执法检查的通知	通知	1	吕梁市环境保护局	吕梁市环境保护局	吕环办发〔2016〕9号	山西	吕梁	2016-01-14	综合类	环保综合性规定
28	商洛市人民政府办公室关于切实加强森林资源管理工作的通知	通知	1	商洛市人民政府办公室	商洛市人民政府办公室	商政办发〔2016〕4号	陕西	商洛	2016-01-14	自然资源保护类	林地资源
29	四川省环境保护厅关于国道G549线桑堆乡城至省道S460线全然乌段公路改建工程环境影响报告书的批复	批复	1	四川省环境保护厅	四川省环境保护厅	川环审批〔2016〕9号	四川		2016-01-14	环境保护手段类	环境影响评价
30	安徽省人民政府关于印发安徽省水污染防治工作方案的通知	通知	1	安徽省人民政府	安徽省人民政府	皖政〔2015〕131号	安徽		2016-01-15	污染防治类	水污染
31	东营市环境保护局关于启动Ⅲ级应急减排措施的通知	通知	1	东营市环境保护局	东营市环境保护局		山东	东营	2016-01-15	污染防治类	大气污染
32	无锡市政府关于进一步加强全市地下水资源管理工作的意见	意见	1	无锡市政府	无锡市政府	锡政发〔2016〕7号	江苏	无锡	2016-01-15	自然资源保护类	水资源
33	四川省环境保护厅关于广元燃口电厂500kV送出工程环境影响报告书的批复	批复	1	四川省环境保护厅	四川省环境保护厅	川环审批〔2016〕12号	四川		2016-01-15	环境保护手段类	环境影响评价
34	四川省环境保护厅关于规范环境监测数据作为刑事案件认可程序的通知	通知	1	四川省环境保护厅	四川省环境保护厅	川环发〔2016〕8号	四川		2016-01-15	综合类	环保综合性规定

续表

编号	名称	文件类型	发文主体数量	发文主体	发文主体（首位）	文号	发文地区	发文城市	发布时间	文件主类	文件亚类
35	大连市人民政府办公厅关于印发大连市"十三五"期间造林绿化工作指导意见的通知	通知	1	大连市人民政府办公厅	大连市人民政府办公厅	大政办发[2016]4号	辽宁	大连	2016-01-16	环境退化防治类	水土保持
36	东营市环境保护局关于终止Ⅲ级应急减排措施的通知	通知	1	东营市环境保护局	东营市环境保护局		山东	东营	2016-01-17	污染防治类	大气污染
37	海南省人民政府关于印发海南省推行环境污染第三方治理实施方案的通知	通知	1	海南省人民政府	海南省人民政府	琼府[2016]10号	海南		2016-01-18	污染防治类	污染第三方治理
38	南宁市人民政府关于进一步加强南湖景区及周边区域管理的通告	通告	1	南宁市人民政府	南宁市人民政府	南府字[2016]2号	广西	南宁	2016-01-18	生态保护类	风景名胜区
39	云南省人民政府办公厅关于推行环境污染第三方治理的实施意见	意见	1	云南省人民政府办公厅	云南省人民政府办公厅	云政办发[2016]8号	云南		2016-01-19	污染防治类	污染第三方治理
40	重庆市人民政府关于实施汽车维修业大气污染物排放标准的批复	批复	1	重庆市人民政府	重庆市人民政府	渝府[2016]5号	重庆		2016-01-19	污染防治类	大气污染
41	海南省人民政府办公厅关于印发海南省大气重污染应急预案的通知	通知	1	海南省人民政府办公厅	海南省人民政府办公厅	琼府办[2016]20号	海南		2016-01-20	污染防治类	大气污染
42	山东省人民政府办公厅关于划定黄海海洋生态红线和建立实施全省海洋生态红线制度的通知	通知	1	山东省人民政府办公厅	山东省人民政府办公厅	鲁政办字[2016]14号	山东		2016-01-20	生态保护类	生态红线

续表

编号	名称	文件类型	发文主体数量	发文主体（单位）	文号	发文地区	发文城市	发布时间	文件主类	文件亚类
43	湖南省环境保护厅、湖南省财政厅关于印发《湖南省农村环境综合整治工作验收办法》的通知	通知	2	湖南省环境保护厅，湖南省财政厅	湘环发〔2016〕2号	湖南		2016-01-20	综合类	环保保合性规定
44	四川省人民政府关于同意遂宁市城区等集中式饮用水水源保护区划定、调整和撤销的批复	批复	1	四川省人民政府	川府函〔2016〕14号	四川		2016-01-22	生态保护类	国家公园与自然保护区
45	黑龙江省人民政府办公厅关于加强网格化环境监管体系建设工作的通知	通知	1	黑龙江省人民政府办公厅	黑政办综〔2016〕5号	黑龙江		2016-01-22	环境保护手段类	环境监测
46	广西壮族自治区国土资源厅关于印发《广西壮族自治区补充耕地指标交易暂行细则》的通知	通知	1	广西壮族自治区国土资源厅	桂国土资规〔2016〕2号	广西		2016-01-22	自然资源保护类	土地资源
47	辽宁省环境保护厅关于进一步加强环保违法违规建设项目责任追究的通知	通知	1	辽宁省环境保护厅	辽环函〔2016〕17号	辽宁		2016-01-22	环境保护手段类	环境影响评价
48	江西省人民政府办公厅关于推进海绵城市建设的实施意见	意见	1	江西省人民政府办公厅	赣府厅发〔2016〕4号	江西		2016-01-24	环境保护手段类	城市绿化与市容管理
49	山西省人民政府关于印发山西省水污染防治工作方案的通知	通知	1	山西省人民政府	晋政发〔2015〕59号	山西		2016-01-25	污染防治类	水污染

续表

编号	名称	文件类型	发文主体数量	发文主体	发文主体（首位）	文号	发文地区	发文城市	发布时间	文件主类	文件亚类
50	安阳市人民政府办公室关于印发安阳市环境空气质量功能区划（2016—2020年）等三个功能区划的通知	通知	1	安阳市人民政府办公室	安阳市人民政府办公室	安政办〔2016〕4号	河南	安阳	2016-01-25	环境保护手段类	环境规划
51	山西省人民政府办公厅转发省环保厅关于加快推进环保违法违规建设项目清理整改工作方案的通知	通知	1	山西省人民政府办公厅	山西省人民政府办公厅	晋政办发〔2016〕5号	山西		2016-01-25	综合类	环保综合性规定
52	鹤壁市人民政府关于印发鹤壁市农业气象试验站和气象探测环境保护专项规划的通知	通知	1	鹤壁市人民政府	鹤壁市人民政府	鹤政〔2016〕3号	河南	鹤壁	2016-01-25	环境保护手段类	环境监测
53	安阳市人民政府办公室关于进一步做好环境监管网格化工作的通知	通知	1	安阳市人民政府办公室	安阳市人民政府办公室	安政办〔2016〕62号	河南	安阳	2016-01-26	环境保护手段类	环境监测
54	甘肃省人民政府办公厅发省水利厅关于加强取水许可动态管理实施意见的通知	通知	1	甘肃省人民政府办公厅	甘肃省人民政府办公厅	甘政办发〔2016〕8号	甘肃		2016-01-26	环境保护手段类	环境许可（含排污权交易）
55	商洛市人民政府办公室关于转发《陕西省各级政府部门环境保护工作责任规定（试行）》的通知	通知	1	商洛市人民政府办公室	商洛市人民政府办公室	商政办发〔2016〕7号	陕西	商洛	2016-01-27	综合类	环保综合性规定

续表

编号	名称	文件类型	发文主体数量	发文主体	发文主体（首位）	文号	发文地区	发文城市	发布时间	文件主类	文件亚类
56	四川省环境保护厅关于中江至金堂快速通道建设工程环境影响报告书的批复	批复	1	四川省环境保护厅	四川省环境保护厅	川环审批〔2016〕17号	四川		2016-01-27	环境保护手段类	环境影响评价
57	四川省环境保护厅关于G318线蓬溪至遂宁过境改线工程环境影响报告书的批复	批复	1	四川省环境保护厅	四川省环境保护厅	川环审批〔2016〕18号	四川		2016-01-27	环境保护手段类	环境影响评价
58	泉州市人民政府关于贯彻落实省政府推进林业改革发展加快生态文明先行示范区建设九条措施的实施意见	意见	1	泉州市人民政府	泉州市人民政府	泉政文〔2016〕16号	福建	泉州	2016-01-28	自然资源保护类	林地资源
59	重庆市人民政府关于实施大气污染物综合排放标准等五项地方环保标准的批复	批复	1	重庆市人民政府	重庆市人民政府	渝府〔2016〕3号	重庆		2016-01-29	污染防治类	大气污染
60	廊坊市人民政府办公室关于贯彻落实河北省水功能区管理规定的通知	通知	1	廊坊市人民政府办公室	廊坊市人民政府办公室		河北	廊坊	2016-01-29	环境保护手段类	环境规划
61	中卫市人民政府关于印发《中卫市一般工业固体废物管理办法》的通知	通知	1	中卫市人民政府	中卫市人民政府	卫政发〔2016〕13号	宁夏	中卫	2016-01-29	污染防治类	固体废物污染
62	南京市人民政府办公厅关于印发南京市城镇低效用地再开发工作补充意见的通知	通知	1	南京市人民政府办公厅	南京市人民政府办公厅	宁政办发〔2016〕20号	江苏	南京	2016-01-29	自然资源保护类	土地资源

续表

编号	名称	文件类型	发文主体数量	发文主体	发文主体（首位）	文号	发文地区	发文城市	发布时间	文件主类	文件亚类
63	四川省环境保护厅关于转发环境保护部《关于分类管理项目录》中环境影响评价项目免于编制环境影响评价文件的核准技术利用项目有关说明的函）的通知	通知	1	四川省环境保护厅	四川省环境保护厅	川环函〔2016〕154号	四川		2016-01-29	环境保护手段类	环境影响评价
64	四川省环境保护厅关于四川聚源矿业有限责任公司汉源县耍耍沟铜矿、硫铁矿环境影响报告书的批复	批复	1	四川省环境保护厅	四川省环境保护厅	川环审批〔2016〕23号	四川		2016-01-29	环境保护手段类	环境影响评价
65	宁波市人民政府关于进一步加强中心城生态带管理的实施意见	意见	1	宁波市人民政府	宁波市人民政府	甬政发〔2016〕13号	浙江	宁波	2016-01-29	环境保护手段类	城市绿化与市容管理
66	江苏省政府关于同意阳澄湖苏州工业园区饮用水水源地保护区划分方案的批复	批复	1	江苏省人民政府	江苏省人民政府	苏政复〔2016〕15号	江苏		2016-01-30	生态保护类	国家公园与自然保护区
67	成都市人民政府关于印发成都市水污染防治工作方案的通知	通知	1	成都市人民政府	成都市人民政府	成府函〔2016〕22号	四川	成都	2016-02-01	污染防治类	水污染
68	广西壮族自治区人民政府办公厅关于印发广西环境污染第三方治理实施细则的通知	通知	1	广西壮族自治区人民政府办公厅	广西壮族自治区人民政府办公厅	桂政办发〔2016〕5号	广西		2016-02-03	污染防治类	污染第三方治理

续表

编号	名称	文件类型	发文主体数量	发文主体	发文主体（首位）	文号	发文地区	发文城市	发布时间	文件主类	文件亚类
69	北海市人民政府办公室关于印发北海市城市环境卫生作业标准及考核办法的通知	通知	1	北海市人民政府办公室	北海市人民政府办公室	北政办 [2016] 26号	广西	北海	2016-02-03	环境保护手段类	城市绿化与市容管理
70	北海市人民政府关于印发北海市扬尘控制区管理办法的通知	通知	1	北海市人民政府	北海市人民政府	北政发 [2016] 7号	广西	北海	2016-02-03	污染防治类	大气污染
71	广西壮族自治区人民政府办公厅关于印发广西环境污染第三方治理实施细则的通知	通知	1	广西壮族自治区人民政府办公厅	广西壮族自治区人民政府办公厅	桂政办发 [2016] 5号	广西		2016-02-03	污染防治类	污染第三方治理
72	宁夏回族自治区人民政府办公厅关于成立自治区水安全委员会的通知	通知	1	宁夏回族自治区人民政府办公厅	宁夏回族自治区人民政府办公厅	宁政办发 [2016] 22号	宁夏		2016-02-04	自然资源保护类	水资源
73	河北省发展和改革委员会、河北省财政厅、河北省林业厅等关于扩大新一轮退耕还草还林还草规模的通知	通知	3	河北省发展和改革委员会，河北省财政厅，河北省林业厅	河北省发展和改革委员会	冀发改农经 [2016] 147号	河北		2016-02-04	生态保护类	生态恢复与补偿
74	新疆维吾尔自治区环境保护厅办公室关于做好全区城镇集中式饮用水水源保护区信息核对与现场核查工作的通知	通知	1	新疆维吾尔自治区环境保护厅办公室	新疆维吾尔自治区环境保护厅办公室	新环办发 [2015] 12号	新疆		2016-02-04	环境保护手段类	环境信息

续表

编号	名称	文件类型	发文主体数量	发文主体	发文主体（首位）	文号	发文地区	发文城市	发布时间	文件主类	文件亚类
75	宁夏回族自治区人民政府办公厅关于建立病死畜禽无害化处理机制制的实施意见	通知	1	宁夏回族自治区人民政府办公厅	宁夏回族自治区人民政府办公厅	宁政办发〔2016〕24号	宁夏		2016-02-04	环境保护手段类	清洁生产与循环经济
76	淄博市人民政府关于建立环保处罚"双罚"工作机制制的通知	通知	1	淄博市人民政府	淄博市人民政府	淄政字〔2016〕11号	山东	淄博	2016-02-04	综合类	环保综合性规定
77	西安市人民政府办公厅关于进一步加强环境监督执法的通知	通知	1	西安市人民政府办公厅	西安市人民政府办公厅	市政办发〔2016〕8号	陕西	西安	2016-02-04	综合类	环保综合性规定
78	四川省环境保护厅关于西西成客运专线绵阳青林口关220千伏供电工程环境影响报告表的批复	批复	1	四川省环境保护厅	四川省环境保护厅	川环审批〔2016〕33号	四川		2016-02-04	环境保护手段类	环境影响评价
79	四川省环境保护厅关于西西成客运专线广元剑门关220千伏供电工程环境影响报告表的批复	批复	1	四川省环境保护厅	四川省环境保护厅	川环审批〔2016〕34号	四川		2016-02-04	环境保护手段类	环境影响评价
80	四川省环境保护厅关于西西成客运专线广元中子牵引站220千伏供电工程环境影响报告表的批复	批复	1	四川省环境保护厅	四川省环境保护厅	川环审批〔2016〕31号	四川		2016-02-04	环境保护手段类	环境影响评价

续表

编号	名称	文件类型	发文主体数量	发文主体	发文主体（首位）	文号	发文地区	发文城市	发布时间	文件主类	文件亚类
81	四川省环境保护厅关于冕宁县安宁电冶有限公司2×12500kVA硅钙特种矿热炉技改项目环境影响报告书的批复	批复	1	四川省环境保护厅	四川省环境保护厅	川环审批〔2016〕36号	四川		2016-02-04	环境保护手段类	环境影响评价
82	四川省环境保护厅关于内江市西林大桥拓宽建设工程环境影响报告书的批复	批复	1	四川省环境保护厅	四川省环境保护厅	川环审批〔2016〕35号	四川		2016-02-04	环境保护手段类	环境影响评价
83	湖北省人民政府办公厅关于印发湖北省水污染防治行动计划工作实施情况考核办法（试行）的通知	通知	1	湖北省人民政府办公厅	湖北省人民政府办公厅	鄂政发〔2016〕3号	湖北		2016-02-05	污染防治类	水污染
84	百色市人民政府关于调整百色市林业科学研究所管理体制的通知	通知	1	百色市人民政府	百色市人民政府	百政发〔2016〕7号	广西	百色	2016-02-05	自然资源保护类	林地资源
85	辽宁省环境保护厅关于加强机动车环保车污染监管工作的通知	通知	1	辽宁省环境保护厅	辽宁省环境保护厅	辽环函〔2016〕29号	辽宁		2016-02-05	污染防治类	大气污染
86	辽宁省环境保护厅关于强化全省饮用水水源保护工作确保饮水安全的通知	通知	1	辽宁省环境保护厅	辽宁省环境保护厅	辽环函〔2016〕27号	辽宁		2016-02-05	污染防治类	水污染
87	江西省人民政府办公厅关于加强工业园区污染防治工作的意见	意见	1	江西省人民政府办公厅	江西省人民政府办公厅	赣府厅发〔2016〕6号	江西		2016-02-06	污染防治类	污染物与污染源管理

续表

编号	名称	文件类型	发文主体数量	发文主体	发文主体（首位）	文号	发文地区	发文城市	发布时间	文件主类	文件亚类
88	昆明市人民政府办公厅关于进一步规范地下冷水管理的通知	通知	1	昆明市人民政府办公厅	昆明市人民政府办公厅	昆政办〔2016〕15号	云南	昆明	2016-02-06	自然资源保护类	水资源
89	福建省人民政府办公厅关于印发福建省生态环境监测网络建设工作方案的通知	通知	1	福建省人民政府办公厅	福建省人民政府办公厅	闽政办〔2016〕15号	福建		2016-02-14	环境保护手段类	环境监测
90	武威市人民政府办公室关于切实做好政府信息公开年度报告编制发布工作的通知	通知	1	武威市人民政府办公室	武威市人民政府办公室	武政办发电〔2016〕5号	甘肃	武威	2016-02-14	环境保护手段类	环境信息
91	四川省环境保护厅关于阿坝州大秦铬业有限公司迁建技改项目环境影响报告书的批复	批复	1	四川省环境保护厅	四川省环境保护厅	川环审批〔2016〕39号	四川		2016-02-14	环境保护手段类	环境影响评价
92	四川省环境保护厅关于四川省天全河胜利水电站灾后恢复重建环境影响报告书的批复	批复	1	四川省环境保护厅	四川省环境保护厅	川环审批〔2016〕38号	四川		2016-02-14	环境保护手段类	环境影响评价
93	海南省城乡环境综合整治领导小组办公室关于印发《海南省农村垃圾治理实施方案（2016—2020年）》的通知	通知	1	海南省城乡环境综合整治领导小组办公室	海南省城乡环境综合整治领导小组办公室	琼建村〔2016〕48号	海南		2016-02-15	污染防治类	固体废物污染
94	贵州省人民政府办公厅关于印发贵州省环境保护攻坚行动工作方案（2016—2017年）的通知	通知	1	贵州省人民政府办公厅	贵州省人民政府办公厅	黔府办函〔2016〕17号	贵州		2016-02-15	环境保护手段类	环境规划

续表

编号	名称	文件类型	发文主体数量	发文主体	发文主体（首位）	文号	发文地区	发文城市	发布时间	文件主类	文件亚类
95	天津市建委关于发布《天津市建设工程渣土固化抑尘技术导则》（试行）的通知	通知	1	天津市建委	天津市建委	津建科〔2016〕60号	天津		2016-02-15	污染防治类	大气污染
96	运城市人民政府办公厅关于进一步加强运城市中心城区城市垃圾管理办法的通知	通知	1	运城市人民政府办公厅	运城市人民政府办公厅		山西	运城	2016-02-16	污染防治类	固体废物污染
97	汕头市环境保护局关于印发《汕头市环境保护局关于污染源自动监控系统管理办法》的通知	通知	1	汕头市环境保护局	汕头市环境保护局	汕市环〔2016〕70号	广东	汕头	2016-02-16	污染防治类	污染物与污染源管理
98	新疆维吾尔自治区人民政府关于印发新疆维吾尔自治区水污染防治工作方案的通知	通知	1	新疆维吾尔自治区人民政府	新疆维吾尔自治区人民政府	新政发〔2016〕21号	新疆		2016-02-17	污染防治类	水污染
99	天津市工业和信息化委员会关于天津市重点用电工业企业用电机能效情况进行监测核查的通知	通知	1	天津市工业和信息化委员会	天津市工业和信息化委员会	津工信节能〔2016〕6号	天津		2016-02-17	自然资源保护类	能源资源
100	西安市建委关于重污染天气做好建筑工地和两类企业扬尘污染治工作的通知	通知	1	西安市建委	西安市建委		陕西	西安	2016-02-19	污染防治类	大气污染
101	天津市工业和信息化委员会关于进一步落实清洁生产强制审核和验收工作的通知	通知	1	天津市工业和信息化委员会	天津市工业和信息化委员会	津工信节能〔2016〕8号	天津		2016-02-19	环境保护手段类	清洁生产与循环经济

续表

编号	名称	文件类型	发文主体数量	发文主体	发文主体（首位）	文号	发文地区	发文城市	发布时间	文件主类	文件亚类
102	徐州市人民政府办公室关于成立徐州市节能减排财政政策综合示范城市和循环经济示范城市建设领导小组的通知	通知	1	徐州市人民政府办公室	徐州市人民政府办公室	徐政办发〔2016〕30号	江苏	徐州	2016-02-20	环境保护手段类	清洁生产与循环经济
103	青海省人民政府办公厅关于加快林产业发展的实施意见	意见	1	青海省人民政府办公厅	青海省人民政府办公厅	青政办〔2016〕18号	青海		2016-02-21	自然资源保护类	林地资源
104	重庆市人民政府办公厅关于印发重庆市突发环境事件应急预案的通知	通知	1	重庆市人民政府办公厅	重庆市人民政府办公厅	渝府办发〔2016〕22号	重庆		2016-02-22	环境保护手段类	环境监测
105	福建省人民政府关于厦门珍稀海洋物种国家级自然保护区总体规划的批复	批复	1	福建省人民政府	福建省人民政府	闽政文〔2016〕40号	福建		2016-02-22	环境保护手段类	环境规划
106	来宾市人民政府关于印发来宾市医疗废物集中处置管理办法的通知	通知	1	来宾市人民政府	来宾市人民政府	来政发〔2016〕3号	广西	来宾	2016-02-22	污染防治类	固体废物污染
107	昭通市人民政府办公室关于推行环境污染第三方治理实施意见	意见	1	昭通市人民政府办公室	昭通市人民政府办公室	昭政办发〔2016〕12号	云南	昭通	2016-02-22	环境保护手段类	环境许可（含排污权交易）
108	邯郸市人民政府关于设定森林防火高火险期高火险区的通告	通告	1	邯郸市人民政府	邯郸市人民政府	邯政告〔2016〕1号	河北	邯郸	2016-02-22	自然资源保护类	林地资源

续表

编号	名称	文件类型	发文主体数量	发文主体	发文主体（首位）	文号	发文地区	发文城市	发布时间	文件主类	文件亚类
109	天津市工业和信息化委员会关于对天津市重点用煤工业企业在用燃煤工业锅炉能效情况进行监测核查的通知	通知	1	天津市工业和信息化委员会	天津市工业和信息化委员会	津工信节能〔2016〕7号	天津		2016-02-22	自然资源保护类	能源资源
110	江西省环境保护厅关于公布环境污染案投诉举报监督电话的通知	通知	1	江西省环境保护厅	江西省环境保护厅		江西		2016-02-22	环境保护手段类	环境信息
111	湖南省人民政府办公厅关于印发《湖南省水功能区监督管理办法》的通知	通知	1	湖南省人民政府办公厅	湖南省人民政府办公厅	湘政办发〔2016〕14号	湖南		2016-02-23	环境保护手段类	环境监测
112	云南省环境保护厅转发环保部关于印发《环境监测数据弄虚作假行为判定及处理办法》的通知	通知	1	云南省环境保护厅	云南省环境保护厅	云环通〔2016〕28号	云南		2016-02-23	环境保护手段类	环境监测
113	海南省人民政府关于印发海南省大气污染治实施方案（2016—2018年）的通知	通知	1	海南省人民政府	海南省人民政府	琼府〔2016〕23号	海南		2016-02-24	污染防治类	大气污染
114	福建省发展和改革委员会关于申报2016年省级预算内投资城乡污水垃圾处理设施建设专项补助项目的通知	通知	1	福建省发展和改革委员会	福建省发展和改革委员会	闽发改区域〔2016〕110号	福建		2016-02-25	污染防治类	水污染
115	江苏省人民政府关于盐城市海洋功能区划（2013—2020年）的批复	批复	1	江苏省人民政府	江苏省人民政府	苏政复〔2016〕25号	江苏		2016-02-25	环境保护手段类	环境规划

续表

编号	名称	文件类型	发文主体数量	发文主体	发文主体（首位）	文号	发文地区	发文城市	发布时间	文件主类	文件亚类
116	江苏省人民政府关于连云港市海洋功能区划（2013—2020年）的批复	批复	1	江苏省人民政府	江苏省人民政府	苏政复〔2016〕24号	江苏		2016-02-25	环境保护手段类	环境规划
117	江苏省人民政府关于南通市海洋功能区划（2013—2020年）的批复	批复	1	江苏省人民政府	江苏省人民政府	苏政复〔2016〕23号	江苏		2016-02-25	环境保护手段类	环境规划
118	内蒙古自治区财政厅、发展和改革委员会、内蒙古自治区水利厅、中国人民银行呼和浩特中心支行关于印发《内蒙古自治区水土保持补偿费征收使用实施办法》的通知	通知	4	内蒙古自治区财政厅，发展和改革委员会，内蒙古自治区水利厅，中国人民银行呼和浩特中心支行	内蒙古自治区财政厅	内财非税规〔2015〕18号	内蒙古		2016-02-25	生态保护类	生态恢复与补偿
119	河南省人民政府办公厅关于下达2016年度环境空气质量改善目标的通知	通知	1	河南省人民政府办公厅	河南省人民政府办公厅	豫政办〔2016〕17号	河南		2016-02-26	污染防治类	大气污染
120	西宁市人民政府办公厅关于再次明确"河长制"管理职责的通知	通知	1	西宁市人民政府办公厅	西宁市人民政府办公厅	宁政办〔2016〕29号	青海	西宁	2016-02-26	自然资源保护类	水资源

续表

编号	名称	文件类型	发文主体数量	发文主体	发文主体（首位）	文号	发文地区	发文城市	发布时间	文件主类	文件亚类
121	四川省环境保护厅关于高海拔宇宙线观测站地方配套建设项目环境影响报告书的批复	批复	1	四川省环境保护厅	四川省环境保护厅	川环审批 [2016] 47号	四川		2016-02-26	环境保护手段类	环境影响评价
122	辽宁省环境保护厅关于沈阳市沈北新区通用机场项目环境影响报告书的批复	批复	1	辽宁省环境保护厅	辽宁省环境保护厅	辽环函 [2016] 54号	辽宁		2016-02-26	环境保护手段类	环境影响评价
123	广东省人民政府办公厅关于2016年度全省森林资源保护和发展目标责任制考核结果的通报	通报	1	广东省人民政府办公厅	广东省人民政府办公厅	粤办函 [2017] 102号	广东		2016-02-29	自然资源保护类	林地资源
124	河北省人民政府关于印发河北省建设京津冀生态环境支撑区规划 (2016—2020年) 的通知	通知	1	河北省人民政府	河北省人民政府	冀政发 [2016] 8号	河北		2016-02-29	环境保护手段类	环境规划
125	阳泉市环境保护局关于印发重污染天气应急督查方案的通知	通知	1	阳泉市环境保护局	阳泉市环境保护局		山西	阳泉	2016-02-29	污染防治类	大气污染
126	梧州市人民政府办公室关于加快木本油料等特色经济林产业发展的意见	意见	1	梧州市人民政府办公室	梧州市人民政府办公室	梧政办发 [2016] 30号	广西	梧州	2016-02-29	自然资源保护类	林地资源
127	宁波市人民政府关于加快远洋渔业发展的实施意见	意见	1	宁波市人民政府	宁波市人民政府	甬政发 [2016] 27号	浙江	宁波	2016-02-29	自然资源保护类	渔业资源
128	湖南省林业厅印发《湖南省树木移植管理办法》的通知	通知	1	湖南省林业厅	湖南省林业厅	湘林资 [2016] 4号	湖南		2016-02-29	自然资源保护类	林地资源

续表

编号	名称	文件类型	发文主体数量	发文主体	发文主体（首位）	文号	发文地区	发文城市	发布时间	文件主类	文件亚类
129	浙江省人民政府关于印发《2016年浙江省环境应急管理工作要点》的通知	通知	1	浙江省人民政府	浙江省人民政府		浙江		2016-03-01	环境保护手段类	环境监测
130	浙江省海洋与渔业局关于印发《浙江省水生生物增殖放流供苗单位资格招标办法（试行）》的通知	通知	1	浙江省海洋与渔业局	浙江省海洋与渔业局	浙海渔政[2016]2号	浙江		2016-03-01	自然资源保护类	渔业资源
131	海南省人民政府关于印发海南省区域主要污染物总量控制预警管理办法的通知	通知	1	海南省人民政府	海南省人民政府	琼府[2016]24号	海南		2016-03-01	污染防治类	污染物与污染源管理
132	丽江市人民政府关于实行金沙江禁渔期制度的通告	通知	1	丽江市人民政府	丽江市人民政府	丽政通[2016]2号	云南	丽江	2016-03-01	自然资源保护类	渔业资源
133	四川省环境保护厅关于上报土壤污染治理与修复储备项目的通知	通知	1	四川省环境保护厅	四川省环境保护厅	川环函[2016]258号	四川		2016-03-01	污染防治类	土壤污染
134	四川省环境保护厅关于G8515线荣昌至泸州段（四川境）高速公路环境影响报告书的批复	批复	1	四川省环境保护厅	四川省环境保护厅	川环审批[2016]53号	四川		2016-03-01	环境保护手段类	环境影响评价
135	四川省环境保护厅关于稚安特高压变电站500kV配套工程环境影响报告书的批复	批复	1	四川省环境保护厅	四川省环境保护厅	川环审批[2016]52号	四川		2016-03-01	环境保护手段类	环境影响评价

续表

编号	名称	文件类型	发文主体数量	发文主体	发文主体（首位）	文号	发文地区	发文城市	发布时间	文件主类	文件亚类
136	天津市环保局关于印发《《天津市水污染防治条例》行政处罚自由裁量权应用原则规定（试行）》及《常见水环境违法事实裁量基准（试行）》的通知	通知	1	天津市环保局	天津市环保局	津环保法〔2016〕29号	天津		2016-03-01	污染防治类	水污染
137	广东省人民政府办公厅关于印发广东省实行最严格水资源管理制度考核办法的通知	通知	1	广东省人民政府办公厅	广东省人民政府办公厅	粤办函〔2016〕89号	广东		2016-03-02	自然资源保护类	水资源
138	运城市人民政府办公厅关于转发运城市环境违法案件挂牌督办管理办法的通知	通知	1	运城市人民政府办公厅	运城市人民政府办公厅		山西	运城	2016-03-02	综合类	环保综合性规定
139	深圳市人民政府关于进一步规范基本生态控制线管理的实施意见	意见	1	深圳市人民政府	深圳市人民政府	深府〔2016〕13号	广东	深圳	2016-03-02	生态保护类	生态红线
140	湖南省林业厅关于禁止猎捕野生鸟类的通告	通告	1	湖南省林业厅	湖南省林业厅	湘林护〔2016〕4号	湖南		2016-03-02	自然资源保护类	野生动植物资源
141	新乡市人民政府办公室关于印发新乡市2017年林业生态建设工作意见的通知	通知	1	新乡市人民政府办公室	新乡市人民政府办公室	新政办〔2017〕6号	河南	新乡	2016-03-03	自然资源保护类	林地资源
142	河南省人民政府办公厅关于印发2016年河南林业生态省建设提升工程实施方案的通知	通知	1	河南省人民政府办公厅	河南省人民政府办公厅	豫政办〔2016〕22号	河南		2016-03-03	自然资源保护类	林地资源

续表

编号	名称	文件类型	发文主体数量	发文主体	发文主体（首位）	文号	发文地区	发文城市	发布时间	文件主类	文件亚类
143	福建省人民政府关于调整福建省近岸海域环境功能区划（外走马埭海域）的批复	批复	1	福建省人民政府	福建省人民政府	闽政文〔2016〕50号	福建		2016-03-03	环境保护手段类	环境规划
144	宝鸡市人民政府办公室关于进一步加强节能标准化工作的实施意见	意见	1	宝鸡市人民政府办公室	宝鸡市人民政府办公室	宝政办发〔2016〕7号	陕西	宝鸡	2016-03-03	自然资源保护类	能源资源
145	湖南省国土资源厅办公室关于《矿山地质环境保护综合防治方案》编审有关事项的通知	通知	1	湖南省国土资源厅办公室	湖南省国土资源厅办公室		湖南		2016-03-03	环境退化防治类	灾害防治
146	宁夏回族自治区人民政府办公厅关于印发宁夏回族自治区农村垃圾治理实施方案的通知	通知	1	宁夏回族自治区人民政府办公厅	宁夏回族自治区人民政府办公厅	宁政办发〔2016〕39号	宁夏		2016-03-04	污染防治类	固体废物污染
147	西安市建委关于扬沙天气相关工作的通知	通知	1	西安市建委	西安市建委		陕西	西安	2016-03-04	污染防治类	大气污染
148	成都市城市管理委员会、成都市林业和园林管理局关于印发《成都市中心城区道路环卫和园林绿化带冲洗养护作业流程》的通知	通知	2	成都市城市管理委员会、成都市林业和园林管理局	成都市城市管理委员会、成都市林业和园林管理局	成城发〔2016〕20号	四川	成都	2016-03-04	环境保护手段类	城市绿化与市容管理

续表

编号	名称	文件类型	发文主体数量	发文主体	发文主体（首位）	文号	发文地区	发文城市	发布时间	文件主类	文件亚类
149	甘肃省农牧厅关于2016年渔业渔政工作安排的意见	意见	1	甘肃省农牧厅	甘肃省农牧厅	甘农牧发〔2016〕59号	甘肃		2016-03-04	综合类	环保综合性规定
150	北海市人民政府关于印发北海市环境保护"一岗双责"暂行规定的通知	通知	1	北海市人民政府	北海市人民政府	北政发〔2016〕14号	广西	北海	2016-03-07	综合类	环保综合性规定
151	四川省发展和改革委员会、四川省财政厅、四川省环境保护厅关于挥发性有机物排污费征收标准等有关问题的通知	通知	3	四川省发展和改革委员会、四川省财政厅、四川省环境保护厅	四川省发展和改革委员会	川发改价〔2016〕83号	四川		2016-03-08	污染防治类	污染物与污染源管理
152	福州市人民政府办公厅关于切实抓好2016年植树造林和森林经营工作的通知	通知	1	福州市人民政府办公厅	福州市人民政府办公厅	榕政办〔2016〕24号	福建	福州	2016-03-09	自然资源保护类	林地资源
153	山东省人民政府关于同意马山国家级自然保护区总体规划（2016—2030年）的批复	批复	1	山东省人民政府	山东省人民政府	鲁政字〔2016〕12号	山东		2016-03-09	环境保护手段类	环境规划
154	山东省人民政府关于同意调整大泽山省级自然保护区范围和功能区的批复	批复	1	山东省人民政府	山东省人民政府	鲁政字〔2016〕13号	山东		2016-03-09	环境保护手段类	环境规划

续表

编号	名称	文件类型	发文主体数量	发文主体	发文主体（首位）	文号	发文地区	发文城市	发布时间	文件主类	文件亚类
155	西宁市人民政府办公厅关于贯彻实施西宁市大气污染防治条例的通知	通知	1	西宁市人民政府办公厅	西宁市人民政府办公厅	宁政办〔2016〕41号	青海	西宁	2016-03-09	污染防治类	大气污染
156	石家庄市人民政府办公厅关于加强餐厨垃圾管理工作的通知	通知	1	石家庄市人民政府办公厅	石家庄市人民政府办公厅	石政办函〔2016〕37号	河北	石家庄	2016-03-09	污染防治类	固体废物污染
157	河南省环境保护厅关于印发河南省环境行政处罚裁量标准适用规则和大气污染防治行政处罚裁量标准的通知	通知	1	河南省环境保护厅	河南省环境保护厅	豫环文〔2016〕69号	河南		2016-03-10	污染防治类	大气污染
158	吉林市人民政府关于禁止在松花湖湖面区违法耕种的通告	通告	1	吉林市人民政府	吉林市人民政府	通告〔2016〕3号	吉林	吉林	2016-03-10	自然资源保护类	水资源
159	新疆维吾尔自治区人民政府关于进一步加强卡拉麦里山有蹄类野生动物自然保护区管理工作的决定	决定	1	新疆维吾尔自治区人民政府	新疆维吾尔自治区人民政府	新政发〔2016〕31号	新疆		2016-03-11	生态保护类	国家公园与自然保护区
160	浙江省交通运输厅办公室关于转发绍兴市推进"绿色水运"发展做法及成效的通知	通知	1	浙江省交通运输厅办公室	浙江省交通运输厅办公室	电〔2016〕23号	浙江		2016-03-11	环境保护手段类	清洁生产与循环经济
161	兰州市人民政府办公厅关于印发《兰州市未利用地开发管理办法（试行）》的通知	通知	1	兰州市人民政府办公厅	兰州市人民政府办公厅	兰政办发〔2016〕36号	甘肃	兰州	2016-03-11	自然资源保护类	土地资源

续表

编号	名称	文件类型	发文主体数量	发文主体	发文主体（首位）	文号	发文地区	发文城市	发布时间	文件主类	文件亚类
162	兰州市人民政府办公厅关于印发《兰州市低丘缓坡沟壑等未利用地综合开发利用试点项目管理办法（试行）》的通知	通知	1	兰州市人民政府办公厅	兰州市人民政府办公厅	兰政办发〔2016〕37号	甘肃	兰州	2016-03-11	自然资源保护类	土地资源
163	固原市人民政府办公室关于重新调整市区各环境卫生责任区域的通知	通知	1	固原市人民政府办公室	固原市人民政府办公室	固政办发〔2016〕10号	宁夏	固原	2016-03-12	环境保护手段类	城市绿化与市容管理
164	南宁市环境保护局关于开展第三方社会环保监测机构自愿承接比对监测业务及询价工作的通告	通告	1	南宁市环境保护局	南宁市环境保护局	南环字〔2016〕40号	广西	南宁	2016-03-13	环境保护手段类	环境监测
165	汕头市人民政府关于禁止猎捕陆生野生动物的通告	通告	1	汕头市人民政府	汕头市人民政府		广东	汕头	2016-03-13	自然资源保护类	野生动植物资源
166	南平市人民政府关于印发水污染防治行动计划工作方案的通知	通知	1	南平市人民政府	南平市人民政府	环办科技函〔2016〕375号	福建	南平	2016-03-14	污染防治类	水污染
167	中卫市人民政府办公室关于印发中卫工业园区排水管理办法的通知	通知	1	中卫市人民政府办公室	中卫市人民政府办公室	卫政办发〔2016〕26号	宁夏	中卫	2016-03-14	污染防治类	水污染
168	唐山市人民政府关于印发唐山市秸秆垃圾焚烧管理办法（暂行）的通知	通知	1	唐山市人民政府	唐山市人民政府	唐政发〔2016〕4号	河北	唐山	2016-03-14	污染防治类	大气污染

续表

编号	名称	文件类型	发文主体数量	发文主体	发文主体（首位）	文号	发文地区	发文城市	发布时间	文件主类	文件亚类
169	黑龙江省环境保护厅关于加强危险废物转移过程环境管理工作的通知	通知	1	黑龙江省环境保护厅	黑龙江省环境保护厅	黑环防发 [2016] 44 号	黑龙江		2016-03-14	污染防治类	污染物与污染源管理
170	云南省林业厅关于规范光伏电站建设使用林地的通知	通知	1	云南省林业厅	云南省林业厅	云林政 [2016] 17 号	云南		2016-03-14	自然资源保护类	林地资源
171	山东省人民政府关于印发山东省国有林场改革实施方案的通知	通知	1	山东省人民政府	山东省人民政府	鲁政字 [2016] 58 号	山东		2016-03-15	自然资源保护类	林地资源
172	河北省人民政府办公厅关于印发河北省农业水权交易办法的通知	通知	1	河北省人民政府办公厅	河北省人民政府办公厅	冀政办字 [2016] 36 号	河北		2016-03-15	自然资源保护类	水资源
173	福州市人民政府办公厅转发市水利局关于开展万里安全生态水系建设实施意见的通知	通知	1	福州市人民政府办公厅	福州市人民政府办公厅	榕政办 [2016] 26 号	福建	福州	2016-03-15	自然资源保护类	水资源
174	焦作市人民政府办公室关于印发焦作市环境保护网格化监管实施方案的通知	通知	1	焦作市人民政府办公室	焦作市人民政府办公室	焦政办 [2016] 2 号	河南	焦作	2016-03-15	环境保护手段类	环境监测
175	湖南省环境保护厅关于印发《湖南省环境保护领域公众诉求同题法定途径清单》和《湖南省环境保护厅环境举报投诉管理办法（试行）》的通知	通知	1	湖南省环境保护厅	湖南省环境保护厅	湘环发 [2016] 7 号	湖南		2016-03-15	环境保护手段类	环境信息

续表

编号	名称	文件类型	发文主体数量	发文主体	发文主体（首位）	文号	发文地区	发文城市	发布时间	文件主类	文件亚类
176	湖南省农业委员会、湖南省发展和改革委员会、湖南省财政厅、湖南省环境保护厅、湖南省住房和城乡建设厅、湖南省科学技术厅关于印发《湖南省推进农业废弃物资源化利用试点工作方案》的通知	通知	6	湖南省农业委员会、湖南省发展和改革委员会、湖南省财政厅、湖南省环境保护厅、湖南省住房和城乡建设厅、湖南省科学技术厅	湖南省农业委员会		湖南		2016-03-15	环境保护手段类	清洁生产与循环经济
177	关于印发《广东省环境保护厅关于〈广东省环境保护条例〉的环境行政处罚自由裁量权裁量标准》的通知	标准	1	广东省环境保护厅	广东省环境保护厅	粤环办〔2016〕22号	广东		2016-03-15	综合类	环保综合性规定
178	浙江省环境保护厅浙江省经济和信息化委员会关于实施国家第五阶段机动车大气污染物排放标准工作的通知	通知	2	浙江省环境保护厅、浙江省经济和信息化委员会	浙江省环境保护厅	浙环函〔2016〕107号	浙江		2016-03-16	污染防治类	大气污染

续表

编号	名称	文件类型	发文主体数量	发文主体	发文主体（首位）	文号	发文地区	发文城市	发布时间	文件主类	文件亚类
179	廊坊市人民政府办公室关于贯彻落实河北省城镇供水用水管理办法的通知	通知	1	廊坊市人民政府办公室	廊坊市人民政府办公室		河北	廊坊	2016-03-16	自然资源保护类	水资源
180	福建省财政厅、福建省畜牧业厅关于印发《福建省畜禽养殖污染治理专项资金管理办法》的通知	通知	2	福建省财政厅、福建省农业厅	福建省财政厅	闽财农〔2016〕11 号	福建		2016-03-17	污染防治类	固体废物污染
181	安徽省人民政府办公厅关于进一步加强地下水管理和保护工作的通知	通知	1	安徽省人民政府办公厅	安徽省人民政府办公厅	皖政办秘〔2016〕30 号	安徽		2016-03-17	自然资源保护类	水资源
182	浙江省海洋与渔业局关于印发浙江省2016年海洋环境监测工作计划的通知	通知	1	浙江省海洋与渔业局	浙江省海洋与渔业局	浙海渔环〔2016〕3 号	浙江		2016-03-18	环境保护手段类	环境监测
183	石家庄市人民政府关于进一步规范新建用煤项目煤炭等量或减量替代工作的通知	通知	1	石家庄市人民政府	石家庄市人民政府	石政函〔2016〕29 号	河北	石家庄	2016-03-18	自然资源保护类	矿产资源
184	龙岩市人民政府关于深化生态公益林管理体制改革的意见	意见	1	龙岩市人民政府	龙岩市人民政府	龙政综〔2016〕42 号	福建	龙岩	2016-03-21	自然资源保护类	林地资源
185	重庆市人民政府关于重庆市西酬水库生态环境保护实施方案（2016—2020年）(修订) 的批复	批复	1	重庆市人民政府	重庆市人民政府	渝府〔2016〕15 号	重庆		2016-03-21	环境保护手段类	环境规划

续表

编号	名称	文件类型	发文主体数量	发文主体	发文主体（首位）	文号	发文地区	发文城市	发布时间	文件主类	文件亚类
186	拉萨市水利局关于加强全市重点监控用水单位监督管理工作的通知	通知	1	拉萨市水利局	拉萨市水利局		西藏	拉萨	2016-03-21	自然资源保护类	水资源
187	天津市人民政府办公厅关于印发天津市碳排放权交易管理暂行办法的通知	通知	1	天津市人民政府办公厅	天津市人民政府办公厅	津政办发〔2016〕31号	天津		2016-03-21	环境保护手段类	环境许可（含排污权交易）
188	内蒙古自治区林业厅关于切实加强林业春季造林工作的通知	通知	1	内蒙古自治区林业厅	内蒙古自治区林业厅	内林造函〔2016〕125号	内蒙古		2016-03-21	自然资源保护类	林地资源
189	云南省水利厅关于印发2016年水土保持补偿费对下转移支付资金使用管理指导意见的通知	通知	1	云南省水利厅	云南省水利厅		云南		2016-03-21	生态保护类	生态恢复与补偿
190	云南省水利厅关于印发2016年水土保持重点小流域治理资金使用管理指导意见的通知	通知	1	云南省水利厅	云南省水利厅		云南		2016-03-21	生态保护类	生态恢复与补偿
191	云南省安全生产监督管理局关于进一步规范金属非金属矿山建设项目安全"三同时"工作的通知	通知	1	云南省安全生产监督管理局	云南省安全生产监督管理局		云南		2016-03-21	环境保护手段类	环境影响评价
192	浙江省环境保护厅关于印发浙江省治污水暨水污染防治行动2016年实施方案的通知	通知	1	浙江省环境保护厅	浙江省环境保护厅	浙政发〔2016〕12号	浙江		2016-03-22	污染防治类	水污染

续表

编号	名称	文件类型	发文主体数量	发文主体	发文主体（首位）	文号	发文地区	发文城市	发布时间	文件主类	文件亚类
193	新乡市人民政府关于印发新乡市2016年大气污染防治工业企业治理方案的通知	通知	1	新乡市人民政府	新乡市人民政府	新政文〔2016〕41号	河南	新乡	2016-03-22	污染防治类	大气污染
194	福州市人民政府关于实施第五阶段机动车排放标准的通告	通告	1	福州市人民政府	福州市人民政府	榕政〔2016〕2号	福建	福州	2016-03-22	污染防治类	污染物与污染源管理
195	贵阳市人民政府办公厅关于进一步加强政府投资建设园林绿化工程项目管理的通知	通知	1	贵阳市人民政府办公厅	贵阳市人民政府办公厅	筑府办函〔2016〕38号	贵州	贵阳	2016-03-22	环境保护手段类	城市绿化与市容管理
196	贵州省农委、贵州省环保厅关于进一步加强畜禽规模养殖场（小区）污染治理工作的通知	通知	2	贵州省农委、贵州省环保厅	贵州省农委	黔农发〔2016〕37号	贵州		2016-03-22	污染防治类	水污染
197	云南省水利厅关于印发农村饮水安全工程巩固提升和农村饮用水水源地保护省级专项转移支付资金项目管理指导意见的通知	通知	1	云南省水利厅	云南省水利厅		云南		2016-03-22	自然资源保护类	水资源
198	成都市食品药品监督管理局关于《关于通过激励机制鼓励市民进行垃圾分类的建议》协办意见	意见	1	成都市食品药品监督管理局	成都市食品药品监督管理局		四川	成都	2016-03-23	污染防治类	固体废物污染
199	重庆市人民政府办公厅关于印发重庆市2016年大气污染防治重点工作目标任务分解的通知	通知	1	重庆市人民政府办公厅	重庆市人民政府办公厅	渝府办发〔2016〕39号	重庆		2016-03-24	污染防治类	大气污染

编号	名称	文件类型	发文主体数量	发文主体	发文主体（首位）	文号	发文地区	发文城市	发布时间	文件主类	文件亚类
200	厦门市人民政府关于同意厦门市气象站网建设及气象探测环境保护规划（2015—2020）的批复	批复	1	厦门市人民政府	厦门市人民政府	厦府〔2016〕89号	福建	厦门	2016-03-24	环境保护手段类	环境规划
201	福州市人民政府办公厅关于印发闽江下游福州段2016年度河道采砂计划实施方案的通知	通知	1	福州市人民政府办公厅	福州市人民政府办公厅	榕政办〔2016〕30号	福建	福州	2016-03-24	自然资源保护类	土地资源
202	中共金昌市委办公室、金昌市人民政府办公室关于分解落实2016年造林绿化任务的通知	通知	2	中共金昌市委办公室、金昌市人民政府办公室	中共金昌市委办公室		甘肃	金昌	2016-03-24	环境保护手段类	城市绿化与市容管理
203	云南省环境保护厅关于印发《云南省污染源日常监管领域推广随机抽查制度的实施方案》的通知	通知	1	云南省环境保护厅	云南省环境保护厅	云环通〔2016〕53号	云南		2016-03-24	环境保护手段类	环境监测
204	宁德市人民政府关于印发推进环境污染第三方治理实施细则的通知	通知	1	宁德市人民政府	宁德市人民政府	宁政〔2016〕6号	福建	宁德	2016-03-25	污染防治类	污染第三方治理
205	商丘市人民政府办公室关于印发商丘市2016年度蓝天工程实施方案的通知	通知	1	商丘市人民政府办公室	商丘市人民政府办公室	商政办〔2016〕19号	河南	商丘	2016-03-25	污染防治类	大气污染

续表

编号	名称	文件类型	发文主体数量	发文主体	发文主体（首位）	文号	发文地区	发文城市	发布时间	文件主类	文件亚类
206	衡水市人民政府关于印发衡水市医疗废物管理暂行办法的通知	通知	1	衡水市人民政府	衡水市人民政府	衡政字〔2016〕6号	河北	衡水	2016-03-28	污染防治类	固体废物污染
207	湖南省林业厅、湖南省财政厅关于进一步规范省级以上公益林区划调整工作的通知	通知	2	湖南省林业厅，湖南省财政厅	湖南省林业厅	湘林资〔2016〕9号	湖南		2016-03-28	自然资源保护类	林地资源
208	厦门市人民政府办公厅转发市环境保护局关于厦门市危险废物污染防治工作实施方案的通知	通知	1	厦门市人民政府办公厅	厦门市人民政府办公厅	厦府办〔2016〕33号	福建	厦门	2016-03-29	污染防治类	固体废物污染
209	厦门市人民政府办公厅转发市环委会关于实施厦门市水污染防治行动计划实施方案任务清单的通知	通知	1	厦门市人民政府办公厅	厦门市人民政府办公厅	厦府办〔2016〕31号	福建	厦门	2016-03-29	污染防治类	水污染
210	广西壮族自治区人民政府办公厅关于印发广西农村垃圾专项治理两年攻坚实施方案的通知	通知	1	广西壮族自治区人民政府办公厅	广西壮族自治区人民政府办公厅	桂政办发〔2016〕30号	广西		2016-03-29	污染防治类	固体废物污染
211	辽宁省住房和城乡建设厅关于印发辽宁省设计落实海绵城市建设理念的通知	通知	1	辽宁省住房和城乡建设厅	辽宁省住房和城乡建设厅	辽住建〔2016〕31号	辽宁		2016-03-29	环境保护手段类	城市绿化与市容管理
212	漳州市人民政府办公室关于印发漳州市重污染天气应急预案的通知	通知	1	漳州市人民政府办公室	漳州市人民政府办公室	漳政办〔2016〕53号	福建	漳州	2016-03-30	污染防治类	大气污染

续表

编号	名称	文件类型	发文主体数量	发文主体	发文主体（首位）	文号	发文地区	发文城市	发布时间	文件主类	文件亚类
213	厦门市人民政府批转市国土房产局关于2016年地质灾害防治方案的通知	通知	1	厦门市人民政府	厦门市人民政府	厦府〔2016〕103号	福建	厦门	2016-03-30	环境退化防治类	灾害防治
214	四川省人民政府关于批转林业厅关于"十三五"期间年森林采伐限额实施意见的通知	通知	1	四川省人民政府	四川省人民政府	川府函〔2016〕63号	四川		2016-03-30	自然资源保护类	林地资源
215	辽宁省环境保护厅关于开展全省镁砂行业环境治理专项工作的通知	通知	1	辽宁省环境保护厅	辽宁省环境保护厅	辽环函〔2016〕85号	辽宁		2016-03-30	自然资源保护类	矿产资源
216	河南省环境保护厅关于印发2016年全省突发环境事件隐患排查整治活动实施方案的通知	通知	1	河南省环境保护厅	河南省环境保护厅	豫环文〔2016〕93号	河南		2016-03-31	环境保护手段类	环境监测
217	安徽省人民政府办公厅关于印发安徽省突发环境事件应急预案的通知	通知	1	安徽省人民政府办公厅	安徽省人民政府办公厅	皖政办秘〔2016〕32号	安徽		2016-03-31	环境保护手段类	环境监测
218	安阳市人民政府关于印发安阳市2016年主要污染物总量减排计划实施方案的通知	通知	1	安阳市人民政府	安阳市人民政府	安政办〔2016〕21号	河南	安阳	2016-03-31	污染防治类	污染与污染源管理
219	唐山市人民政府关于加强候鸟保护的通告	通告	1	唐山市人民政府	唐山市人民政府	唐政通字〔2016〕3号	河北	唐山	2016-03-31	自然资源保护类	野生动植物资源
220	辽宁省环境保护厅关于河流水质考核目标的通知	通知	1	辽宁省环境保护厅	辽宁省环境保护厅	辽环发〔2016〕10号	辽宁		2016-03-31	污染防治类	水污染

续表

编号	名称	文件类型	发文主体数量	发文主体	发文主体（首位）	文号	发文地区	发文城市	发布时间	文件主类	文件亚类
221	太原市人民政府办公厅关于印发太原市水污染防治2016年行动计划的通知	通知	1	太原市人民政府办公厅	太原市人民政府办公厅	并政办发〔2016〕11号	山西		2016-04-01	污染防治类	水污染
222	镇江市人民政府办公室关于印发镇江市"一湖九河"水环境综合整治2016年任务分解表的通知	通知	1	镇江市人民政府办公室	镇江市人民政府办公室	镇政办发〔2016〕76号	江苏	镇江	2016-04-01	污染防治类	水污染
223	开封市人民政府办公室关于印发开封市城市黑臭水体整治实施方案的通知	通知	1	开封市人民政府办公室	开封市人民政府办公室	汴政办〔2016〕42号	河南	开封	2016-04-01	污染防治类	水污染
224	重庆市人民政府办公厅关于印发2016年水污染治重点工作目标任务分解的通知	通知	1	重庆市人民政府办公厅	重庆市人民政府办公厅	渝府办发〔2016〕54号	重庆		2016-04-01	污染防治类	水污染
225	四平市人民政府关于印发四平市水资源管理办法的通知（2016)	通知	1	四平市人民政府	四平市人民政府	四政发〔2016〕4号	吉林	四平	2016-04-01	自然资源保护类	水资源
226	江苏省政府办公厅关于印发长三角水域江苏省船舶排放控制区实施方案的通知	通知	1	江苏省政府办公厅	江苏省政府办公厅	苏政办发〔2016〕28号	江苏		2016-04-01	环境保护手段类	环境规划
227	青海省人民政府办公厅关于印发青海省省级自然保护区调整管理规定的通知	通知	1	青海省人民政府办公厅	青海省人民政府办公厅	青政办〔2016〕49号	青海		2016-04-01	生态保护类	国家公园与自然保护区

续表

编号	名称	文件类型	发文主体数量	发文主体	发文主体（首位）	文号	发文地区	发文城市	发布时间	文件主类	文件亚类
228	安阳市人民政府关于印发安阳市国家卫生城市管理办法的通知	通知	1	安阳市人民政府	安阳市人民政府	安政〔2016〕13号	河南	安阳	2016-04-01	环境保护手段类	城市绿化与市容管理
229	银川市人民政府办公厅关于推广使用无烟烧烤环保炉具实施政府补贴的通知	通知	1	银川市人民政府办公厅	银川市人民政府办公厅	银政办发〔2016〕31号	宁夏	银川	2016-04-01	污染防治类	大气污染
230	漳州市人民政府办公室关于印发漳州市生态环境监测网络建设工作方案的通知	通知	1	漳州市人民政府办公室	漳州市人民政府办公室	漳政办〔2016〕68号	福建	漳州	2016-04-01	环境保护手段类	环境监测
231	佛山市环境保护局关于印发《佛山市企业事业单位突发环境事件应急预案备案管理办法（试行）》的通知	通知	1	佛山市环境保护局	佛山市环境保护局	佛环〔2016〕47号	广东	佛山	2016-04-01	环境保护手段类	环境监测
232	太原市人民政府关于创建国家生态园林城市的实施意见	意见	1	太原市人民政府	太原市人民政府	并政发〔2016〕22号	山西	太原	2016-04-01	环境保护手段类	城市绿化与市容管理
233	辽宁省环境保护厅关于城镇污水集中处理设施超标排放征收排污费中总氮核定有关问题的复函	函	1	辽宁省环境保护厅	辽宁省环境保护厅	辽环函〔2016〕90号	辽宁		2016-04-01	污染防治类	水污染
234	辽宁省环保厅关于进一步加强企业事业单位环境信息公开办法落实工作的通知	通知	1	辽宁省环境保护厅	辽宁省环境保护厅	辽环函〔2016〕88号	辽宁		2016-04-01	环境保护手段类	环境信息

续表

编号	名称	文件类型	发文主体数量	发文主体	发文主体（首位）	文号	发文地区	发文城市	发布时间	文件主类	文件亚类
235	辽宁省物价局、辽宁省财政厅、辽宁省环保厅转发国家发展和改革委员会财政部环境保护部关于制定石油化工及包装印刷等试点行业挥发性有机物排污费征收标准有关问题的通知	通知	3	辽宁省物价局、辽宁省财政厅、辽宁省环保厅	辽宁省物价局	辽价发〔2016〕39号	辽宁		2016-04-01	环境保护手段类	环境许可（含排污权交易）
236	镇江市人民政府办公室关于下达2016年度生态新城建设任务的通知	通知	1	镇江市人民政府办公室	镇江市人民政府办公室	镇政办发〔2016〕71号	江苏	镇江	2016-04-03	环境保护手段类	城市绿化与市容管理
237	青海省住房和城乡建设厅关于推进城镇清洁环境卫生行动的通知	通知	1	青海省住房和城乡建设厅	青海省住房和城乡建设厅	青建城〔2016〕106号	青海		2016-04-05	环境保护手段类	城市绿化与市容管理
238	攀枝花市人民政府办公室关于印发《攀枝花市垃圾治理实施方案》的通知	通知	1	攀枝花市人民政府办公室	攀枝花市人民政府办公室	攀办函〔2016〕44号	四川	攀枝花	2016-04-05	污染防治类	固体废物污染
239	佛山市人民政府办公室关于印发佛山市2016年大气污染防治行动的通知	通知	1	佛山市人民政府办公室	佛山市人民政府办公室	佛府办函〔2016〕232号	广东	佛山	2016-04-05	污染防治类	大气污染
240	齐齐哈尔市人民政府办公厅关于印发《齐齐哈尔市重污染天气应急预案》的通知	通知	1	齐齐哈尔市人民政府办公厅	齐齐哈尔市人民政府办公厅	齐政办发〔2016〕22号	黑龙江	齐齐哈尔	2016-04-05	污染防治类	大气污染

续表

编号	名称	文件类型	发文主体数量	发文主体	发文主体（首位）	文号	发文地区	发文城市	发布时间	文件主类	文件亚类
241	厦门市人民政府办公厅转发市市政园林局关于环境卫生和垃圾处理三年提升行动方案的通知	通知	1	厦门市人民政府办公厅	厦门市人民政府办公厅	厦府办〔2016〕46号	福建	厦门	2016-04-05	污染防治类	固体废物污染
242	金华市人民政府办公室关于印发金华市流域水质考核奖惩办法（试行）的通知	通知	1	金华市人民政府办公室	金华市人民政府办公室	金政办发〔2016〕31号	浙江	金华	2016-04-05	污染防治类	水污染
243	北京市住房和城乡建设委员会关于印发《水污染防治工作实施方案》的通知	通知	1	北京市住房和城乡建设委员会	北京市住房和城乡建设委员会	京建发〔2016〕118号	北京		2016-04-05	污染防治类	水污染
244	上海市教育委员会关于做好2016年高校和中等学校节能环保重点工作安排的通知	通知	1	上海市教育委员会	上海市教育委员会	沪教委后〔2016〕4号	上海		2016-04-05	自然资源保护类	能源资源
245	淄博市人民政府办公厅关于印发淄博市加强农村饮用水水源保护工作实施方案的通知	通知	1	淄博市人民政府办公厅	淄博市人民政府办公厅	淄政办字〔2016〕46号	山东	淄博	2016-04-05	自然资源保护类	水资源
246	青海省人民政府办公厅关于印发青海省生态保护与服务脱贫攻坚行动计划和青海省农牧民危旧房改造扶贫专项方案的通知	通知	1	青海省人民政府办公厅	青海省人民政府办公厅	青政办〔2017〕157号	青海		2016-04-05	环境保护手段类	城市绿化与市容管理

续表

编号	名称	文件类型	发文主体数量	发文主体	发文主体（首位）	文号	发文地区	发文城市	发布时间	文件主类	文件亚类
247	盘锦市人民政府办公室关于印发2016年盘锦市创建国家卫生城市工作实施方案的通知	通知	1	盘锦市人民政府办公室	盘锦市人民政府办公室	盘政办发〔2016〕33号	辽宁	盘锦	2016-04-05	环境保护手段类	城市绿化与市容管理
248	自贡市人民政府办公室印发自贡市全面开展清洁城市环境活动实施方案的通知	通知	1	自贡市人民政府办公室	自贡市人民政府办公室	自府办函〔2016〕30号	四川	自贡	2016-04-05	环境保护手段类	城市绿化与市容管理
249	青岛市城乡建设委员会、青岛市财政局等部门关于印发《青岛市城乡建设委员会青海绵城市规划建设管理暂行办法》的通知	通知	3	青岛市城乡建设委员会、青岛市财政局，青岛市规划局	青岛市城乡建设委员会	青建城字〔2016〕42号	山东	青岛	2016-04-05	环境保护手段类	城市绿化与市容管理
250	铁岭市人民政府办公室关于转发市环保局铁岭市机动车冒黑烟专项整治行动方案的通知	通知	1	铁岭市人民政府办公室	铁岭市人民政府办公室	铁政办发〔2016〕05号	辽宁	铁岭	2016-04-05	污染防治类	大气污染
251	山西省人民政府办公厅关于加强我省"十三五"期间年森林采伐限额管理的通知	通知	1	山西省人民政府办公厅	山西省人民政府办公厅	晋政办发〔2016〕37号	山西		2016-04-05	自然资源保护类	林地资源
252	吉林省住房和城乡建设厅关于建立城市供水水质信息发布制度的通知	通知	1	吉林省住房和城乡建设厅	吉林省住房和城乡建设厅	吉建城〔2016〕22号	吉林		2016-04-05	环境保护手段类	环境信息
253	青海省住房和城乡建设厅关于推进城镇清洁环境卫生行动的通知	通知	1	青海省住房和城乡建设厅	青海省住房和城乡建设厅	青建城〔2016〕106号	青海		2016-04-05	环境保护手段类	城市绿化与市容管理

续表

编号	名称	文件类型	发文主体数量	发文主体	发文主体（首位）	文号	发文地区	发文城市	发布时间	文件主类	文件亚类
254	青海省人民政府办公厅关于印发青海省生态保护与服务脱贫攻坚行动计划和青海省农牧民危旧房改造扶贫专项方案的通知	通知	1	青海省人民政府办公厅	青海省人民政府办公厅	青政办〔2017〕157号	青海		2016-04-05	环境保护手段类	城市绿化与市容管理
255	自贡市人民政府办公室印发自贡市推进农村垃圾政治理实施方案的通知	通知	1	自贡市人民政府办公室	自贡市人民政府办公室	自府办函〔2016〕32号	四川	自贡	2016-04-06	污染防治类	固体废物污染
256	吉林省住房和城乡建设厅关于确认海绵城市建设、城市黑臭水体整治、城市供水设施改造、城市污水处理设施改造与建设等方面建设任务的通知	通知	1	吉林省住房和城乡建设厅	吉林省住房和城乡建设厅	吉建城〔2016〕25号	吉林		2016-04-06	污染防治类	水污染
257	辽阳市人民政府关于印发辽阳市水污染防治工作方案的通知	通知	1	辽阳市人民政府	辽阳市人民政府	辽市政发〔2016〕15号	辽宁	辽阳	2016-04-06	污染防治类	水污染
258	商丘市人民政府关于发商丘市碧水工程行动计划（水污染防治工作方案）的通知	通知	1	商丘市人民政府	商丘市人民政府	商政〔2016〕11号	河南	商丘	2016-04-06	污染防治类	大气污染
259	宿迁市政府办公室关于发宿迁市市区高污染燃料禁燃区整治工作实施方案的通知	通知	1	宿迁市政府办公室	宿迁市政府办公室	宿政办发〔2016〕52号	江苏	宿迁	2016-04-06	污染防治类	大气污染
260	陕西省人民政府办公厅关于印发"治污降霾·保卫蓝天"2016年工作方案的通知	通知	1	陕西省人民政府办公厅	陕西省人民政府办公厅	陕政办发〔2016〕26号	陕西		2016-04-06	污染防治类	大气污染

续表

编号	名称	文件类型	发文主体数量	发文主体	发文主体（首位）	文号	发文地区	发文城市	发布时间	文件主类	文件亚类
261	海口市人民政府办公厅关于成立海口市城镇内河（湖）水环境综合整治专门工作班子的通知	通知	1	海口市人民政府办公厅	海口市人民政府办公厅	海府办〔2016〕57号	海南	海口	2016-04-06	环境保护手段类	城市绿化与市容管理
262	云南省环境保护厅关于统一云南省各州（市）环境保护局机动车尾气监管系统数据上传规范的通知	通知	1	云南省环境保护厅	云南省环境保护厅	云环通〔2016〕80号	云南		2016-04-06	污染防治类	大气污染
263	盘锦市人民政府关于印发盘锦市水污染防治工作方案的通知	通知	1	盘锦市人民政府	盘锦市人民政府	盘政发〔2016〕13号	辽宁	盘锦	2016-04-07	污染防治类	水污染
264	福建省人民政府办公厅关于印发福建省"十三五"生态省建设专项规划的通知	通知	1	福建省人民政府办公厅	福建省人民政府办公厅	闽政办〔2017〕114号	福建		2016-04-07	环境保护手段类	环境规划
265	衡水市人民政府关于印发《衡水市滏阳河风景区管理办法》的通知	通知	1	衡水市人民政府	衡水市人民政府	衡政字〔2016〕10号	河北	衡水	2016-04-07	生态保护类	国家公园与自然保护区
266	衡水市人民政府办公室关于落实《河北省人民政府办公厅关于健全生态保护补偿机制的实施意见》任务分工的通知	通知	1	衡水市人民政府办公室	衡水市人民政府办公室	衡政办发〔2016〕43号	河北	衡水	2016-04-07	生态保护类	生态恢复与补偿
267	湖北省环境保护厅关于印发《湖北省长江流域跨界断面考核监测方案》的通知	通知	1	湖北省环境保护厅	湖北省环境保护厅	鄂环发〔2016〕9号	湖北		2016-04-08	污染防治类	水污染

续表

编号	名称	文件类型	发文主体数量	发文主体	发文主体（首位）	文号	发文地区	发文城市	发布时间	文件主类	文件亚类
268	吉林省水利厅关于开展吉林省第三批水土保持监督管理能力建设工作的通知	通知	1	吉林省水利厅	吉林省水利厅		吉林		2016-04-08	环境退化防治类	水土保持
269	山西省人民政府办公厅关于印发山西省改善农村人居环境2016年行动计划的通知	通知	1	山西省人民政府办公厅	山西省人民政府办公厅	晋政办发〔2016〕39号	山西		2016-04-08	环境保护手段类	城市绿化与市容管理
270	邯郸市人民政府办公厅印发关于创建"洁净城市"深入推进城市精细化管理的实施方案的通知	通知	1	邯郸市人民政府办公厅	邯郸市人民政府办公厅	邯政字〔2016〕55号	河北	邯郸	2016-04-08	环境保护手段类	城市绿化与市容管理
271	青岛市人民政府办公厅关于组织实施青岛市海绵城市专项规划（2016—2030年）的通知	通知	1	青岛市人民政府办公厅	青岛市人民政府办公厅	青政办发〔2016〕10号	山东	青岛	2016-04-08	环境保护手段类	环境规划
272	永州市人民政府办公室关于印发《永州市清理环保违规建设项目工作实施方案》的通知	通知	1	永州市人民政府办公室	永州市人民政府办公室	永政办发〔2016〕17号	湖南	永州	2016-04-08	综合类	环保综合性规定
273	中共金昌市委办公室、金昌市人民政府办公室关于印发《金昌市"城乡环境卫生整治年"实施方案》的通知	通知	2	中共金昌市委办公室、金昌市人民政府办公室	中共金昌市委办公室		甘肃	金昌	2016-04-08	环境保护手段类	城市绿化与市容管理

续表

编号	名称	文件类型	发文主体数量	发文主体	发文主体（首位）	文号	发文地区	发文城市	发布时间	文件主类	文件亚类
274	大连市安全生产监督管理局转发省安全生产监管局关于加强地热等资源开采企业安全生产工作的通知	通知	1	大连市安全生产监督管理局	大连市安全生产监督管理局	大安监管〔2016〕85号	辽宁	大连	2016-04-08	自然资源保护类	能源资源
275	辽宁省人民政府关于调整地下水水资源费征收标准和水利工程供水价格的通知	通知	1	辽宁省人民政府	辽宁省人民政府	辽政发〔2016〕27号	辽宁		2016-04-09	自然资源保护类	水资源
276	朝阳市人民政府办公室关于印发朝阳市建成区10吨及以下服务行业燃煤锅炉淘汰工作实施方案的通知	通知	1	朝阳市人民政府办公室	朝阳市人民政府办公室	朝政办发〔2016〕48号	辽宁	朝阳	2016-04-10	环境保护手段类	清洁生产与循环经济
277	盘锦市人民政府办公室关于印发盘锦市河道内垃圾清理专项活动实施方案的通知	通知	1	盘锦市人民政府办公室	盘锦市人民政府办公室	盘政办发〔2016〕39号	辽宁	盘锦	2016-04-11	污染防治类	水污染
278	固原市人民政府关于印发《固原市水污染防治工作方案》的通知	通知	1	固原市人民政府	固原市人民政府	固政发〔2016〕18号	宁夏	固原	2016-04-11	污染防治类	水污染
279	本溪市人民政府关于印发本溪市水污染防治工作方案的通知	通知	1	本溪市人民政府	本溪市人民政府	本政发〔2016〕7号	辽宁	本溪	2016-04-11	污染防治类	水污染
280	呼和浩特市人民政府关于印发《呼和浩特市城市建筑垃圾管理办法实施细则（试行）》的通知	通知	1	呼和浩特市人民政府	呼和浩特市人民政府	呼政发〔2016〕8号	内蒙古	呼和浩特	2016-04-11	污染防治类	固体废物污染

续表

编号	名称	文件类型	发文主体数量	发文主体	发文主体（首位）	文号	发文地区	发文城市	发布时间	文件主类	文件亚类
281	淮安市政府办公室关于转发市环保局市财政局淮安市水环境区域补偿工作方案（试行）的通知	通知	1	淮安市政府办公室	淮安市政府办公室	淮政办发〔2016〕37 号	江苏	淮安	2016-04-11	生态保护类	生态恢复与补偿
282	浙江省国土资源厅办公室关于召开全省矿山生态环境保护与治理现场会的通知	通知	1	浙江省国土资源厅办公室	浙江省国土资源厅办公室		浙江		2016-04-11	自然资源保护类	矿产资源
283	太原市人民政府关于印发太原市创建国家环境保护模范城市工作方案的通知	通知	1	太原市人民政府	太原市人民政府	并政办发〔2016〕14 号	山西	太原	2016-04-11	环境保护手段类	城市绿化与城市管理
284	广东省经济和信息化委关于组织开展 2016 年园区循环化改造工作的通知	通知	1	广东省经济和信息化委	广东省经济和信息化委	粤经信节能函〔2016〕55 号	广东		2016-04-11	环境保护手段类	清洁生产与循环经济
285	鹤壁市人民政府办公室关于印发鹤壁市 2016 年度蓝天工程暨大气污染治理实施方案的通知	通知	1	鹤壁市人民政府办公室	鹤壁市人民政府办公室	鹤政办〔2016〕16 号	河南	鹤壁	2016-04-12	污染防治类	大气污染
286	山东省人民政府办公厅关于开展编制自然资源资产负债表试点工作的通知	通知	1	山东省人民政府办公厅	山东省人民政府办公厅	鲁政办字〔2016〕54 号	山东		2016-04-12	自然资源保护类	自然资源保护综合性规定
287	上海市水务局关于印发《上海市排水水质监测管理规定》的通知	通知	1	上海市水务局	上海市水务局	沪水务〔2016〕465 号	上海		2016-04-12	环境保护手段类	环境监测

续表

编号	名称	文件类型	发文主体数量	发文主体	发文主体（首位）	文号	发文地区	发文城市	发布时间	文件主类	文件亚类
288	陕西省人民政府办公厅关于印发《陕西省生态环境监测网络建设工作方案》的通知	通知	1	陕西省人民政府办公厅	陕西省人民政府办公厅	陕政办发〔2016〕29号	陕西		2016-04-12	环境保护手段类	环境监测
289	河北省发展和改革委员会关于征选河北省重点企业温室气体排放报告核查机构的通知	通知	1	河北省发展和改革委员会	河北省发展和改革委员会	冀发改环资〔2016〕449号	河北		2016-04-12	环境保护手段类	环境监测
290	淮南市人民政府关于加强舜耕山风景区植物保护的通告	通告	1	淮南市人民政府	淮南市人民政府	淮府秘〔2016〕56号	安徽	淮南	2016-04-12	自然资源保护类	野生动植物资源
291	景德镇市人民政府关于印发景德镇市G20峰会环境空气质量区域协作保障方案的通知	通知	1	景德镇市人民政府	景德镇市人民政府	景府字〔2016〕12号	江西	景德镇	2016-04-13	污染防治类	大气污染
292	牡丹江市人民政府关于印发牡丹江市水污染治工作方案的通知	通知	1	牡丹江市人民政府	牡丹江市人民政府	牡政发〔2016〕4号	黑龙江	牡丹江	2016-04-13	污染防治类	水污染
293	安阳市人民政府办公室关于印发安阳市2016年碧水工程实施方案的通知	通知	1	安阳市人民政府办公室	安阳市人民政府办公室	安政办〔2016〕30号	河南	安阳	2016-04-13	污染防治类	大气污染
294	天津市人民政府关于下达"十三五"期间年森林采伐限额的通知	通知	1	天津市人民政府	天津市人民政府	津政发〔2016〕9号	天津		2016-04-13	自然资源保护类	林地资源

续表

编号	名称	文件类型	发文主体数量	发文主体	发文主体（首位）	文号	发文地区	发文城市	发布时间	文件主类	文件亚类
295	江西省国土资源厅办公室关于做好 2016 年公共机构节约能源资源工作的通知	通知	1	江西省国土资源厅	江西省国土资源厅	赣国土资办发 〔2016〕16 号	江西		2016-04-14	自然资源保护类	能源资源
296	佛山市环境保护局关于印发《佛山市环境保护局关于进一步深入推进我市重点排污企业自行监测工作的实施意见》的通知	通知	1	佛山市环境保护局	佛山市环境保护局	佛环 〔2016〕84 号	广东	佛山	2016-04-14	环境保护手段类	环境监测
297	阳泉市环境保护局关于转发山西省环境保护厅 2016 年环境信访工作要点的通知	通知	1	阳泉市环境保护局	阳泉市环境保护局		山西	阳泉	2016-04-14	综合类	环保综合性规定
298	淄博市水利与渔业局关于分解 2016 年度水土流失治理任务的通知	通知	1	淄博市水利与渔业局	淄博市水利与渔业局	淄水保 〔2016〕2 号	山东	淄博	2016-04-14	环境退化防治类	水土保持
299	白山市人民政府办公室关于印发白山市落实水污染防治行动计划工作的通知	通知	1	白山市人民政府办公室	白山市人民政府办公室	白山政办发 〔2016〕10 号	吉林	白山	2016-04-15	污染防治类	水污染
300	山西省人民政府办公厅关于印发山西省大气污染防治 2016 年行动计划的通知	通知	1	山西省人民政府办公厅	山西省人民政府办公厅	晋政办发 〔2016〕43 号	山西		2016-04-15	污染防治类	大气污染
301	南昌市人民政府办公厅关于印发南昌市 G20 峰会环境空气质量区域协作保障方案的通知	通知	1	南昌市人民政府办公厅	南昌市人民政府办公厅	洪府厅发 〔2016〕31 号	江西	南昌	2016-04-15	污染防治类	大气污染

续表

编号	名称	文件类型	发文主体数量	发文主体	发文主体（首位）	文号	发文地区	发文城市	发布时间	文件主类	文件亚类
302	泰州市政府办公室关于印发泰州市保障G20峰会空气质量工作方案的通知	通知	1	泰州市政府办公室	泰州市政府办公室	泰政办发[2016]42号	江苏	泰州	2016-04-15	污染防治类	大气污染
303	张家界市人民政府办公室关于印发《张家界市水资源保护方案》的通知	通知	1	张家界市人民政府办公室	张家界市人民政府办公室	张政办发[2016]17号	湖南	张家界	2016-04-15	自然资源保护类	水资源
304	张家界市人民政府办公室关于印发《张家界市供水用水节约管理办法》的通知	通知	1	张家界市人民政府办公室	张家界市人民政府办公室	张政办发[2016]16号	湖南	张家界	2016-04-15	自然资源保护类	水资源
305	山东省人民政府办公厅关于进一步做好生态红线划定工作的通知	通知	1	山东省人民政府办公厅	山东省人民政府办公厅	鲁政办字[2016]59号	山东		2016-04-15	生态保护类	生态红线
306	洛阳市人民政府办公室关于印发洛阳市2016年主要污染物总量减排工作实施方案的通知	通知	1	洛阳市人民政府办公室	洛阳市人民政府办公室	洛政办[2016]31号	河南	洛阳	2016-04-15	污染防治类	污染物与污染源管理
307	嘉兴市人民政府办公室关于印发《嘉兴市加强环境监管执法的实施意见》的通知	通知	1	嘉兴市人民政府办公室	嘉兴市人民政府办公室	嘉政办发[2016]18号	浙江	嘉兴	2016-04-15	环境保护手段类	环境监测
308	阳泉市环境保护局关于开展环境保护专项整治行动的通知	通知	1	阳泉市环境保护局	阳泉市环境保护局		山西	阳泉	2016-04-15	综合类	环保综合性规定

续表

编号	名称	文件类型	发文主体数量	发文主体	发文主体（首位）	文号	发文地区	发文城市	发布时间	文件主类	文件亚类
309	榆林市人民政府关于印发《榆林市经济社会发展总体规划（2016-2030 年）》的通知	通知	1	榆林市人民政府	榆林市人民政府	榆政发 [2016] 6 号	陕西	榆林	2016-04-15	环境保护手段类	环境规划
310	南京市政府关于印发南京市城市地下空间开发利用管理暂行办法的通知	通知	1	南京市政府	南京市政府	宁政规字 [2016] 8 号	江苏	南京	2016-04-15	自然资源保护类	土地资源
311	新疆维吾尔自治区人民政府办公厅关于开展自治区第一批低碳城市及低碳社区试点工作的通知	通知	1	新疆维吾尔自治区人民政府办公厅	新疆维吾尔自治区人民政府办公厅	新政办发 [2016] 52 号	新疆		2016-04-16	环境保护手段类	清洁生产与循环经济
312	《黑龙江省环境保护厅关于印发《黑龙江省石化行业挥发性有机物综合整治推进方案》的通知	通知	1	黑龙江省环境保护厅	黑龙江省环境保护厅		黑龙江		2016-04-18	污染防治类	大气污染
313	大同市人民政府办公厅关于印发大同市水污染防治 2016 年行动计划的通知	通知	1	大同市人民政府办公厅	大同市人民政府办公厅	同政办发 [2016] 41 号	山西	大同	2016-04-18	污染防治类	大气污染
314	大同市人民政府办公厅关于印发《大同市水污染防治行动计划考核分工方案（试行）》的通知	通知	1	大同市人民政府办公厅	大同市人民政府办公厅	同政办发 [2016] 42 号	山西	大同	2016-04-18	污染防治类	大气污染
315	深圳市城市管理局关于贯彻执行《广东省城乡生活垃圾处理条例》的通知	通知	1	深圳市城市管理局	深圳市城市管理局	深城管通 [2016] 68 号	广东	深圳	2016-04-18	污染防治类	固体废物污染

续表

编号	名称	文件类型	发文主体数量	发文主体	发文主体（首位）	文号	发文地区	发文城市	发布时间	文件主类	文件亚类
316	浙江省海洋与渔业局、浙江省环境保护厅关于印发《浙江省海洋环境污染专项整治工作方案》的通知	通知	2	浙江省海洋与渔业局、浙江省环境保护厅	浙江省海洋与渔业局	浙海渔发〔2016〕4 号	浙江		2016-04-18	污染防治类	海洋污染
317	四平市人民政府办公室关于印发四平市水库水源地保护综合整治工作实施方案的通知	通知	1	四平市人民政府办公室	四平市人民政府办公室	四政办发〔2016〕21 号	吉林	四平	2016-04-18	自然资源保护类	水资源
318	乌海市人民政府办公厅关于印发《乌海市主要污染物排污权有偿使用和交易试点工作方案》的通知	通知	1	乌海市人民政府办公厅	乌海市人民政府办公厅	乌政办发〔2016〕10 号	内蒙古	乌海	2016-04-18	环境保护手段类	环境许可（含排污权交易）
319	天津市发展改革委、天津市财政局、天津市环保局关于制定石油化工和包装印刷行业挥发性有机物排污费征收标准的通知	通知	3	天津市发展改革委、天津市财政局、天津市环保局	天津市发展改革委	津发改价管〔2016〕294 号	天津		2016-04-18	污染防治类	污染物与污染源管理
320	长沙市环境保护局办公室关于印发《环境行政处罚案件审议委员会会议制度》的通知	通知	1	长沙市环境保护局办公室	长沙市环境保护局办公室		湖南	长沙	2016-04-18	综合类	环保综合性规定

续表

编号	名称	文件类型	发文主体数量	发文主体	发文主体（首位）	文号	发文地区	发文城市	发布时间	文件主类	文件亚类
321	长沙市环境保护局办公室关于印发《长沙市环境保护局行政复议和诉讼答复应诉工作规程》的通知	通知	1	长沙市环境保护局办公室	长沙市环境保护局办公室		湖南	长沙	2016-04-18	环境保护手段类	环境诉讼
322	长沙市环境保护局办公室关于印发《长沙市环境保护局环境行政处罚工作规程》的通知	通知	1	长沙市环境保护局办公室	长沙市环境保护局办公室		湖南	长沙	2016-04-18	综合类	环保综合性规定
323	大连市环境保护局、大连市水务局关于加强饮用水水源保护工作的通告	通告	2	大连市环境保护局，大连市水务局	大连市环境保护局		辽宁	大连	2016-04-18	自然资源保护类	水资源保护
324	玉林市人民政府办公室关于印发玉林市大气污染防治 2016 年度二氧化硫专项整治行动实施方案的通知	通知	1	玉林市人民政府办公室	玉林市人民政府办公室	玉政办函 [2016] 31 号	广西	玉林	2016-04-19	污染防治类	大气污染
325	青岛市人民政府办公厅关于印发青岛市海洋大型藻类灾害应急预案的通知	通知	1	青岛市人民政府办公厅	青岛市人民政府办公厅	政办字 [2016] 53 号	山东	青岛	2016-04-19	环境退化防治类	灾害防治
326	淮北市人民政府办公室关于印发 G20 峰会淮北市环境质量保障方案的通知	通知	1	淮北市人民政府办公室	淮北市人民政府办公室		江苏	淮北	2016-04-19	污染防治类	大气污染

续表

编号	名称	文件类型	发文主体数量	发文主体	发文主体（首位）	文号	发文地区	发文城市	发布时间	文件主类	文件亚类
327	上海市环境保护局关于开展2016年大气污染物重点排放企业减排措施动态跟踪评估工作的通知	通知	1	上海市环境保护局	上海市环境保护局	沪环保总〔2016〕142号	上海		2016-04-19	污染防治类	大气污染
328	海南省人民政府办公厅关于印发海南省2016年度大气污染防治实施计划的通知	通知	1	海南省人民政府办公厅	海南省人民政府办公厅	琼府办〔2016〕78号	海南		2016-04-19	污染防治类	大气污染
329	云南省环保护厅关于印发云南省环境监测机构资格复审和升级结果的通知	通知	1	云南省环境保护厅	云南省环境保护厅	云环通〔2016〕72号	云南		2016-04-19	环境保护手段类	环境监测
330	周口市人民政府办公室关于印发周口市环境监管网格化方案的通知	通知	1	周口市人民政府办公室	周口市人民政府办公室	周政办〔2016〕28号	河南	周口	2016-04-19	环境保护手段类	环境监测
331	沧州市人民政府办公室关于印发《沧州市耕地保护责任目标考核办法》的通知	通知	1	沧州市人民政府办公室	沧州市人民政府办公室	沧政办字〔2016〕42号	河北	沧州	2016-04-19	自然资源保护类	耕地资源
332	内蒙古自治区人民政府关于划分水土流失重点预防区和重点治理区的通告	通告	1	内蒙古自治区人民政府	内蒙古自治区人民政府	内政发〔2016〕44号	内蒙古		2016-04-19	环境退化防治类	水土保持
333	广州市人民政府办公厅关于印发广州市环境空气重污染应急预案的通知	通知	1	广州市人民政府办公厅	广州市人民政府办公厅	穗府办〔2016〕5号	广东	广州	2016-04-20	污染防治类	大气污染

续表

编号	名称	文件类型	发文主体数量	发文主体	发文主体（首位）	文号	发文地区	发文城市	发布时间	文件主类	文件亚类
334	哈尔滨市人民政府关于印发哈尔滨市大气污染防治专项行动方案（2016—2018年）的通知	通知	1	哈尔滨市人民政府	哈尔滨市人民政府	哈政发〔2016〕7号	黑龙江	哈尔滨	2016-04-20	污染防治类	大气污染
335	许昌市人民政府办公室关于印发许昌市大气环境违法"黑名单"管理办法和许昌市扬尘污染违法行为有奖举报实施办法（试行）的通知	通知	1	许昌市人民政府办公室	许昌市人民政府办公室	许政办〔2016〕22号	河南	许昌	2016-04-20	污染防治类	大气污染
336	浙江省水利厅关于印发2016年实行最严格水资源管理制度工作要点的通知	通知	1	浙江省水利厅	浙江省水利厅	浙水保〔2016〕22号	浙江		2016-04-20	自然资源保护类	水资源
337	内蒙古自治区国土资源厅关于非煤固体矿产探矿权价款评估有关问题的通知	通知	1	内蒙古自治区国土资源厅	内蒙古自治区国土资源厅	内国土资字〔2016〕196号	内蒙古		2016-04-20	自然资源保护类	矿产资源
338	西安市人民政府办公厅关于印发西安市治污减霾工作实施方案（2016年）的通知	通知	1	西安市人民政府办公厅	西安市人民政府办公厅	市政办发〔2016〕21号	陕西	西安	2016-04-21	污染防治类	大气污染
339	湖北省住房和城乡建设厅转发《关于做好城市黑臭水体整治项目储备及信息填报的通知》的通知	通知	1	湖北省住房和城乡建设厅	湖北省住房和城乡建设厅	鄂建函〔2016〕136号	湖北		2016-04-21	污染防治类	水污染
340	北京市环境保护局办公室关于进一步加强危险废物环境管理工作的通知	通知	1	北京市环境保护局	北京市环境保护局		北京		2016-04-21	污染防治类	固体废物污染

编号	名称	文件类型	发文主体数量	发文主体	发文主体（首位）	文号	发文地区	发文城市	发布时间	文件主类	文件亚类
341	三亚市人民政府关于印发三亚市水资源管理办法的通知	通知	1	三亚市人民政府	三亚市人民政府	三府〔2016〕97号	海南	三亚	2016-04-21	自然资源保护类	水资源
342	湖北省住房和城乡建设厅办公室转发《住房城乡建设部关于印发海绵城市专项规划编制暂行规定的通知》的通知	通知	1	湖北省住房和城乡建设厅办公室	湖北省住房和城乡建设厅办公室	鄂建办〔2016〕113号	湖北		2016-04-21	环境保护手段类	城市绿化与市容管理
343	上海市人民政府办公厅关于转发市发展改革委、市质量技监局、市发展改革委制订的《上海市加强节能标准化工作实施方案》的通知	通知	1	上海市人民政府办公厅	上海市人民政府办公厅	沪府办〔2016〕37号	上海		2016-04-21	环境保护手段类	清洁生产与循环经济
344	宝鸡市人民政府关于加强小型农田水利建设管理工作的意见	意见	1	宝鸡市人民政府	宝鸡市人民政府	宝政发〔2016〕15号	陕西	宝鸡	2016-04-21	自然资源保护类	水资源
345	厦门市人民政府办公厅关于印发厦门市生活垃圾分类和减量工作方案的通知	通知	1	厦门市人民政府办公厅	厦门市人民政府办公厅	厦府办〔2016〕57号	福建	厦门	2016-04-22	污染防治类	固体废物污染
346	金华市人民政府办公室关于开展金华市农业"两区"土壤污染治理行动的通知	通知	1	金华市人民政府办公室	金华市人民政府办公室	金政办发〔2016〕35号	浙江	金华	2016-04-22	污染防治类	土壤污染
347	河北省住房和城乡建设厅关于印发《河北省市县城区扬尘污染治理专项行动实施方案》的通知	通知	1	河北省住房和城乡建设厅	河北省住房和城乡建设厅	冀建规〔2016〕29号	河北		2016-04-22	污染防治类	大气污染

编号	名称	文件类型	发文主体数量	发文主体（首位）	文号	发文地区	发文城市	发布时间	文件主类	文件亚类
348	中共吉林省委、吉林省人民政府关于印发《关于加快推进生态文明建设的实施方案》的通知	通知	2	中共吉林省委、吉林省人民政府		吉林		2016-04-22	综合类	绿色发展与生态文明
349	内蒙古自治区卫生计生委关于印发内蒙古自治区重污染天气卫生应急预案（试行）的通知	通知	1	内蒙古自治区卫生计生委	内卫计应急字〔2016〕205号	内蒙古		2016-04-24	污染防治类	大气污染
350	辽宁省人民政府办公厅关于切实做好"十三五"期间年森林采伐限额管理工作的通知	通知	1	辽宁省人民政府办公厅	辽政办发〔2016〕49号	辽宁		2016-04-24	自然资源保护类	林地资源
351	廊坊市人民政府办公室关于做好全市春季农业生产及地下水超采综合治理试点工作的通知	通知	1	廊坊市人民政府办公室		河北	廊坊	2016-04-24	自然资源保护类	水资源
352	唐山市人民政府办公厅关于强化扬尘污染治理保障世园会开幕式期间空气质量的紧急通知	通知	1	唐山市人民政府办公厅	唐政办字〔2016〕107号	河北	唐山	2016-04-25	污染防治类	大气污染
353	厦门市人民政府关于印发厦门市生活垃圾分类和减量管理办法（试行）的通知	通知	1	厦门市人民政府		福建	厦门	2016-04-25	污染防治类	固体废物污染
354	上海市环境保护局关于做好本市2016年汛期水污染防治工作的通知	通知	1	上海市环境保护局	沪环保自〔2016〕150号	上海		2016-04-25	污染防治类	水污染

续表

编号	名称	文件类型	发文主体数量	发文主体	发文主体（首位）	文号	发文地区	发文城市	发布时间	文件主类	文件亚类
355	上海市环境保护局关于继续实施持久性有机污染物统计报表制度的通知	通知	1	上海市环境保护局	上海市环境保护局	沪环保防[2016]151号	上海	上海	2016-04-25	污染防治类	水污染
356	鞍山市人民政府关于印发鞍山市加强水资源保护促进节约型社会建设实施方案的通知	通知	1	鞍山市人民政府	鞍山市人民政府	鞍政发[2016]15号	辽宁	鞍山	2016-04-25	自然资源保护类	水资源
357	海南省人民政府关于印发深入推进六大专项加强生态环境保护实施意见的通知	通知	1	海南省人民政府	海南省人民政府	琼府[2016]40号	海南		2016-04-25	综合类	环保综合性规定
358	许昌市人民政府办公室关于转发许昌市国家生态文明先行示范区建设实施方案的通知	通知	1	许昌市人民政府办公室	许昌市人民政府办公室	许政办[2016]25号	河南	许昌	2016-04-25	综合类	绿色发展与生态文明
359	浙江省物价局、浙江省财政厅、浙江省环境保护厅关于制定我省发挥有机物排污费征收标准的通知	通知	3	浙江省物价局，浙江省财政厅，浙江省环境保护厅	浙江省物价局	浙价资[2016]73号	浙江		2016-04-25	污染防治类	污染物与污染源管理
360	汕头市人民政府办公室关于印发汕头市清理整顿环境违法违规建设项目工作方案的通知	通知	1	汕头市人民政府办公室	汕头市人民政府办公室	汕府办[2016]16号	广东	汕头	2016-04-25	综合类	环保综合性规定
361	铜仁市人民政府办公室关于印发铜仁市水污染防治行动计划工作方案的通知	通知	1	铜仁市人民政府办公室	铜仁市人民政府办公室	铜府办发[2016]50号	贵州	铜仁	2016-04-25	污染防治类	水污染

续表

编号	名称	文件类型	发文主体数量	发文主体	发文主体（首位）	文号	发文地区	发文城市	发布时间	文件主类	文件亚类
362	黑龙江省人民政府关于下达全省地方林业"十三五"期间年森林采伐限额的通知	通知	1	黑龙江省人民政府	黑龙江省人民政府	黑政发〔2016〕16号	黑龙江		2016-04-25	自然资源保护类	林地资源
363	周口市人民政府办公室关于印发周口市碧水工程行动计划和2016年度蓝天工程实施方案的通知	通知	1	周口市人民政府办公室	周口市人民政府办公室	周政办〔2016〕30号	河南	周口	2016-04-26	污染防治类	水污染
364	宁夏回族自治区环境保护厅关于印发全区重点企业环境风险源信息调查及信息库建设方案的通知	通知	1	宁夏回族自治区环境保护厅	宁夏回族自治区环境保护厅	宁环办函〔2016〕21号	宁夏		2016-04-26	环境保护手段类	环境监测
365	洛阳市人民政府办公室关于印发洛阳市大气污染防治工作督查方案的通知	通知	1	洛阳市人民政府办公室	洛阳市人民政府办公室	洛政办〔2016〕34号	河南	洛阳	2016-04-26	污染防治类	大气污染
366	吉林省水利厅关于对水利风景资源调查方案的通知	通知	1	吉林省水利厅	吉林省水利厅		吉林		2016-04-26	自然资源保护类	水资源
367	濮阳市人民政府关于印发濮阳市环境网格化监管方案的通知	通知	1	濮阳市人民政府	濮阳市人民政府	濮政〔2016〕25号	河南	濮阳	2016-04-26	环境保护手段类	环境监测
368	宁夏回族自治区环境保护厅关于燃煤发电机组超低排放有关问题的通知	通知	1	宁夏回族自治区	宁夏回族自治区	宁环办函〔2016〕22号	宁夏		2016-04-26	环境保护手段类	清洁生产与循环经济

续表

编号	名称	文件类型	发文主体数量	发文主体	发文主体（首位）	文号	发文地区	发文城市	发布时间	文件主类	文件亚类
369	天水市人民政府关于印发天水市水污染防治工作方案（2015—2050年）的通知	通知	1	天水市人民政府	天水市人民政府	天政发 [2016] 45号	甘肃	天水	2016-04-26	污染防治类	水污染
370	天水市人民政府办公室关于印发天水市土壤污染事件应急预案的通知	通知	1	天水市人民政府办公室	天水市人民政府办公室	天政办发 [2016] 74号	甘肃	天水	2016-04-26	污染防治类	土壤污染
371	湖南省人民政府办公厅关于规范水库渔业利用加强水库水质保护的意见	意见	1	湖南省人民政府办公厅	湖南省人民政府办公厅	湘政办发 [2016] 31号	湖南		2016-04-26	自然资源保护类	水资源
372	辽宁省环境保护厅关于辽宁金信生化有限公司60万吨/年玉米深加工项目竣工环境保护验收意见的函	函	1	辽宁省环境保护厅	辽宁省环境保护厅	辽环函 [2016] 125号	辽宁		2016-04-26	环境保护手段类	环境影响评价
373	鹰潭市人民政府办公室关于印发鹰潭市城乡生活垃圾一体化处理实施方案（试行）的通知	通知	1	鹰潭市人民政府办公室	鹰潭市人民政府办公室	鹰府办字[2016] 65号	江西	鹰潭	2016-04-27	污染防治类	固体废物污染
374	三亚市人民政府关于印发三亚市再生资源回收网点设置规划（2015年—2020年）的通知	通知	1	三亚市人民政府	三亚市人民政府	三府 [2016] 99号	海南	三亚	2016-04-27	环境保护手段类	环境规划
375	辽宁省环境保护厅关于印发建设项目环境影响评价文件技术评估分类管理规定的通知	通知	1	辽宁省环境保护厅	辽宁省环境保护厅	辽环办 [2016] 15号	辽宁		2016-04-27	环境保护手段类	环境影响评价

续表

编号	名称	文件类型	发文主体数量	发文主体	发文主体（首位）	文号	发文地区	发文城市	发布时间	文件主类	文件亚类
376	六盘水市人民政府关于印发六盘水市水污染防治行动计划工作方案的通知	通知	1	六盘水市人民政府	六盘水市人民政府	六盘水府发〔2016〕4号	贵州	六盘水	2016-04-27	污染防治类	水污染
377	淮南市人民政府关于秸秆禁烧和综合利用的通告	通告	1	淮南市人民政府	淮南市人民政府	淮府秘〔2016〕67号	安徽	淮南	2016-04-27	污染防治类	大气污染
378	南宁市人民政府关于印发南宁市耕地保护共同责任制度的通知	通知	1	南宁市人民政府	南宁市人民政府		广西	南宁	2016-04-27	自然资源保护类	耕地资源
379	辽宁省环境保护厅关于加强持久性有机污染物污染防治工作的通知	通知	1	辽宁省环境保护厅	辽宁省环境保护厅	辽环发〔2016〕13号	辽宁		2016-04-28	污染防治类	污染物与污染源管理
380	娄底市人民政府关于印发《娄底市落实〈水污染防治行动计划〉实施方案（2016—2020年）》的通知	通知	1	娄底市人民政府	娄底市人民政府	娄政发〔2016〕7号	湖南	娄底	2016-04-28	环境保护手段类	环境规划
381	四平市人民政府办公室关于印发四平市落实水污染治行动计划实施方案的通知	通知	1	四平市人民政府办公室	四平市人民政府办公室	四政办发〔2016〕23号	吉林	四平	2016-04-28	污染防治类	水污染
382	四平市人民政府办公室关于印发四平市2016年秸秆综合利用实施方案的通知	通知	1	四平市人民政府办公室	四平市人民政府办公室	四政办发〔2016〕24号	吉林	四平	2016-04-28	污染防治类	大气污染

续表

编号	名称	文件类型	发文主体数量	发文主体	发文主体（首位）	文号	发文地区	发文城市	发布时间	文件主类	文件亚类
383	玉林市人民政府办公室关于印发玉林市大气污染防治 2016 年度实施计划的通知	通知	1	玉林市人民政府办公室	玉林市人民政府办公室	玉政办函〔2016〕36 号	广西	玉林	2016-04-28	污染防治类	大气污染
384	福建省农业厅、福建省环保厅关于开展农业面源污染防治专项整改的通知	通知	2	福建省农业厅、福建省环保厅	福建省农业厅	闽农牧〔2016〕95 号	福建		2016-04-28	污染防治类	水污染
385	南通市政府关于印发南通市水污染防治工作方案的通知	通知	1	南通市人民政府	南通市人民政府	通政发〔2016〕35 号	江苏	南通	2016-04-28	污染防治类	水污染
386	河南省人民政府办公厅关于印发河南省 2016 年节能减排降碳工作安排的通知	通知	1	河南省人民政府办公厅	河南省人民政府办公厅	豫政办〔2016〕58 号	河南		2016-04-28	环境保护手段类	清洁生产与循环经济
387	四川省党政领导干部生态环境损害责任追究实施细则（试行）	细则	2	中共四川省委、四川省人民政府	中共四川省委		四川		2016-04-28	综合类	环保综合性规定
388	湖南省人民政府办公厅关于印发《湖南省大气污染专项行动方案（2016—2017 年）》的通知	通知	1	湖南省人民政府办公厅	湖南省人民政府办公厅	湘政办发〔2016〕33 号	湖南		2016-04-29	污染防治类	大气污染
389	佳木斯市人民政府关于印发佳木斯市水污染防治工作方案的通知	通知	1	佳木斯人民政府	佳木斯人民政府	佳政发〔2016〕8 号	黑龙江	佳木斯	2016-04-29	污染防治类	水污染

续表

编号	名称	文件类型	发文主体数量	发文主体	发文主体（首位）	文号	发文地区	发文城市	发布时间	文件主类	文件亚类
390	南昌市人民政府办公厅印发关于贯彻落实省政府办公厅加强工业园区污染防治工作意见的实施方案的通知	通知	1	南昌市人民政府办公厅	南昌市人民政府办公厅	洪府厅发〔2016〕33 号	江西	南昌	2016-04-29	污染防治类	污染物与污染源管理
391	徐州市人民政府办公室关于成立市区老旧小区环境整治及治安防范设施建设领导小组的通知	通知	1	徐州市人民政府办公室	徐州市人民政府办公室	徐政办发〔2016〕74 号	江苏	徐州	2016-04-29	环境保护手段类	城市绿化与市容管理
392	贵州省人民政府关于全省"十二五"期间年森林采伐限额管理的批复	批复	1	贵州省人民政府	贵州省人民政府	黔府函〔2016〕125 号	贵州		2016-04-29	自然资源保护类	林地资源
393	青海省财政厅、青海省发展和改革委员会关于取消原生矿产品生态补偿费有关问题的通知	通知	2	青海省财政厅、青海省发展和改革委员会	青海省财政厅	青财综字〔2016〕606 号	青海		2016-04-29	生态保护类	生态恢复与补偿
394	青岛市人民政府办公厅关于印发青岛市海洋赤潮灾害应急预案的通知（2016 修订）	通知	1	青岛市人民政府办公厅	青岛市人民政府办公厅	青政办字〔2016〕61 号	山东	青岛	2016-04-30	环境退化防治类	灾害防治
395	宿迁市政府关于印发宿迁市水污染防治工作方案的通知	通知	1	宿迁市人民政府	宿迁市人民政府	宿政发〔2016〕46 号	江苏	宿迁	2016-04-30	污染防治类	水污染
396	合肥市人民政府关于印发合肥市秸秆禁烧和综合利用管理办法的通知	通知	1	合肥市人民政府	合肥市人民政府	合政〔2016〕54 号	安徽	合肥	2016-05-03	污染防治类	大气污染

续表

编号	名称	文件类型	发文主体数量	发文主体	发文主体（首位）	文号	发文地区	发文城市	发布时间	文件主类	文件亚类
397	苏州市政府办公室关于印发2016年苏州市区生活垃圾分类处置工作行动方案的通知	通知	1	苏州市政府办公室	苏州市政府办公室	苏府办〔2016〕88号	江苏	苏州	2016-05-03	污染防治类	固体废物污染
398	太原市人民政府办公厅转发市环保局关于加快环保违法违规建设项目清理整改方案的通知	通知	1	太原市人民政府办公厅	太原市人民政府办公厅	并政办发〔2016〕22号	山西	太原	2016-05-03	综合类	环保综合性规定
399	合肥市环境保护局关于开展水污染源主要污染物排污许可证换发（核发）工作的通知	通知	1	合肥市环境保护局	合肥市环境保护局	合环控〔2016〕57号	安徽	合肥	2016-05-03	环境保护手段类	环境许可（含排污权交易）
400	河南省人民政府办公厅关于转发河南省环境监管网格化实施指导意见的通知	通知	1	河南省人民政府办公厅	河南省人民政府办公厅	豫政办〔2016〕60号	河南		2016-05-03	环境保护手段类	环境监测
401	湖北省环保厅关于印发《2016年全省环境监测工作要点》和《2016年湖北省环境监测方案》的通知	通知	1	湖北省环保厅	湖北省环保厅	鄂环发〔2016〕12号	湖北		2016-05-03	环境保护手段类	环境监测
402	河北省发展和改革委员会关于印发《河北省煤电节能减排升级与改造行动计划2016年实施方案》的通知	通知	1	河北省发展和改革委员会	河北省发展和改革委员会	冀发改能源〔2016〕564号	河北		2016-05-03	环境保护手段类	清洁生产与循环经济

续表

编号	名称	文件类型	发文主体数量	发文主体	发文主体（首位）	文号	发文地区	发文城市	发布时间	文件主类	文件亚类
403	铜仁市人民政府办公室关于印发铜仁市完善集体林权制度改革实施意见的通知	通知	1	铜仁市人民政府办公室	铜仁市人民政府办公室	铜府办发〔2016〕55号	贵州	铜仁	2016-05-03	自然资源保护类	林地资源
404	松原市人民政府办公室关于转发松原市2016年环境保护工作要点的通知	通知	1	松原市人民政府办公室	松原市人民政府办公室	松政办发〔2016〕8号	吉林	松原	2016-05-04	综合类	环保综合性规定
405	西宁市人民政府关于印发推行西宁市环境污染第三方治理工作实施方案的通知	通知	1	西宁市人民政府	西宁市人民政府	宁政〔2016〕72号	青海	西宁	2016-05-04	污染防治类	污染第三方治理
406	哈尔滨市人民政府办公室关于印发哈尔滨市水污染防治工作方案的通知	通知	1	哈尔滨市人民政府	哈尔滨市人民政府	哈政发〔2016〕9号	黑龙江	哈尔滨	2016-05-04	污染防治类	水污染
407	焦作市人民政府办公室关于印发焦作市蓝天工程行动计划实施情况考核办法（试行）的通知	通知	1	焦作市人民政府办公室	焦作市人民政府办公室	焦政办〔2016〕37号	河南	焦作	2016-05-04	污染防治类	大气污染
408	江苏省财政厅、江苏省林业局关于印发《江苏省级森林生态效益补偿资金管理办法》的通知	通知	2	江苏省财政厅、江苏省林业局	江苏省财政厅	苏财规〔2016〕20号	江苏		2016-05-04	自然资源保护类	林地资源
409	许昌市人民政府关于印发许昌市国家生态文明先行示范区建设2016年工作方案的通知	通知	1	许昌市人民政府	许昌市人民政府	许政〔2016〕39号	河南	许昌	2016-05-04	综合类	绿色发展与生态文明

续表

编号	名称	文件类型	发文主体数量	发文主体	发文主体（首位）	文号	发文地区	发文城市	发布时间	文件主类	文件亚类
410	河北省人民政府关于印发河北省煤炭行业化解过剩产能实现脱困发展实施方案的通知	通知	1	河北省人民政府	河北省人民政府	冀政发〔2016〕18号	河北		2016-05-04	环境保护手段类	清洁生产与循环经济
411	嘉兴市人民政府办公室关于印发嘉兴市农业"两区"土壤污染防治行动计划的通知	通知	1	嘉兴市人民政府办公室	嘉兴市人民政府办公室	嘉政办发〔2016〕21号	浙江	嘉兴	2016-05-05	环境保护手段类	环境保规划
412	北京市人民政府关于印发《北京市进一步加快推进污水治理和再生水利用工作三年行动方案（2016年7月—2019年6月）》的通知	通知	1	北京市人民政府	北京市人民政府	京政发〔2016〕17号	北京		2016-05-05	污染防治类	水污染
413	沈阳市人民政府关于印发2016年沈阳市抗霾攻坚行动实施方案的通知	通知	1	沈阳市人民政府	沈阳市人民政府	沈政发〔2016〕13号	辽宁	沈阳	2016-05-05	污染防治类	大气污染
414	江苏省政府办公厅关于印发江苏省城市黑臭水体整治行动方案的通知	通知	1	江苏省政府办公厅	江苏省政府办公厅	苏政办发〔2016〕44号	江苏		2016-05-05	污染防治类	水污染
415	鄂尔多斯市人民政府关于印发化解煤炭过剩产能工作方案的通知	通知	1	鄂尔多斯市人民政府	鄂尔多斯市人民政府	鄂府发〔2016〕64号	内蒙古	鄂尔多斯	2016-05-05	环境保护手段类	清洁生产与循环经济
416	江苏省农业委员会关于召开全省耕地质量与农业环境保护工作视频会议的通知	通知	1	江苏省农业委员会	江苏省农业委员会	苏农便〔2016〕42号	江苏		2016-05-05	自然资源保护类	耕地资源

续表

编号	名称	文件类型	发文主体数量	发文主体	发文主体（首位）	文号	发文地区	发文城市	发布时间	文件主类	文件亚类
417	徐州市政府关于印发《徐州市水污染防治工作方案》的通知	通知	1	徐州市人民政府	徐州市人民政府	徐政发〔2016〕30号	江苏	徐州	2016-05-06	污染防治类	水污染
418	莆田市人民政府关于印发莆田市"十三五"环境保护与生态建设规划的通知	通知	1	莆田市人民政府	莆田市人民政府	莆政综〔2016〕57号	福建	莆田	2016-05-06	环境保护手段类	环境规划
419	深圳市人民政府关于印发《深圳市绿色低碳港口建设五年行动方案（2016—2020年）》的通知	通知	1	深圳市人民政府	深圳市人民政府	深府函〔2016〕83号	广东	深圳	2016-05-06	环境保护手段类	环境规划
420	宣城市人民政府关于扩大高污染燃料禁燃区的通告	通告	1	宣城市人民政府	宣城市人民政府	宣政秘〔2016〕105号	安徽	宣城	2016-05-08	污染防治类	大气污染
421	自贡市人民政府办公室印发自贡市城市黑臭水体整治实施方案的通知	通知	1	自贡市人民政府办公室	自贡市人民政府办公室	自府办函〔2016〕39号	四川	自贡	2016-05-09	污染防治类	水污染
422	吉林省安全生产委员会关于印发《集中开展危险化学品专项整治方案》的通知	通知	1	吉林省安全生产委员会	吉林省安全生产委员会	吉安委〔2016〕5号	吉林		2016-05-09	污染防治类	固体废物污染
423	襄阳市人民政府办公室关于做好2016年农作物秸秆露天禁烧和综合利用工作的通知	通知	1	襄阳市人民政府办公室	襄阳市人民政府办公室	襄政办发〔2016〕35号	湖北	襄阳	2016-05-09	污染防治类	大气污染
424	黑龙江省农垦总局办公室关于印发《黑龙江省垦区大气污染防治专项行动方案（2016—2018年）》的通知	通知	1	黑龙江省农垦总局办公室	黑龙江省农垦总局办公室	黑垦局办文〔2016〕42号	黑龙江		2016-05-09	污染防治类	大气污染

续表

编号	名称	文件类型	发文主体数量	发文主体	发文主体（首位）	文号	发文地区	发文城市	发布时间	文件主类	文件亚类
425	周口市人民政府关于印发周口市2016年夏季秸秆禁烧工作实施方案的通知	通知	1	周口市人民政府	周口市人民政府	周政〔2016〕28号	河南	周口	2016-05-09	污染防治类	大气污染
426	苏州市政府办公室关于转发苏州市农村生活污水治理设施运行维护管理办法（试行）的通知	通知	1	苏州市政府办公室	苏州市政府办公室	苏府办〔2016〕93号	江苏	苏州	2016-05-09	污染防治类	水污染
427	包头市人民政府办公厅关于印发《包头市加快推进生态文明建设林业行动计划（2016—2020年)》的通知	通知	1	包头市人民政府办公厅	包头市人民政府办公厅	包府办发〔2016〕99号	内蒙古	包头	2016-05-09	环境保护手段类	环境规划
428	玉溪市人民政府办公厅关于印发玉溪市美丽宜居乡村建设的指导意见（试行）	意见	1	玉溪市人民政府	玉溪市人民政府		云南	玉溪	2016-05-09	环境保护手段类	城市绿化与市容管理
429	云南省环境保护厅关于加快农村环境综合整治项目推进的通知	通知	1	云南省环境保护厅	云南省环境保护厅	云环通〔2016〕87号	云南		2016-05-10	环境保护手段类	城市绿化与市容管理
430	新乡市人民政府办公室关于印发新乡市2016年度蓝天工程实施方案的通知	通知	1	新乡市人民政府办公室	新乡市人民政府办公室	新政办〔2016〕47号	河南	新乡	2016-05-10	污染防治类	大气污染
431	濮阳市人民政府办公室关于印发濮阳市环境空气质量奖罚问责暂行办法的通知	通知	1	濮阳市人民政府办公室	濮阳市人民政府办公室	濮政办〔2016〕40号	河南	濮阳	2016-05-10	污染防治类	大气污染

续表

编号	名称	文件类型	发文主体数量	发文主体	发文主体（首位）	文号	发文地区	发文城市	发布时间	文件主类	文件亚类
432	河北省住房城乡建设厅办公室关于建立渣土车辆污染整治行动情况月报制度的通知	通知	1	河北省住房乡建设厅办公室	河北省住房乡建设厅办公室	冀建办城〔2016〕156 号	河北		2016-05-10	污染防治类	固体废物污染
433	广州市人民政府关于印发广州市水污染防治行动计划实施方案的通知	通知	1	广州市人民政府	广州市人民政府	穗府〔2016〕9 号	广东	广州	2016-05-11	污染防治类	水污染
434	成都市人民政府办公厅关于印发成都市大气污染防治行动方案 2016 年度实施计划的通知	通知	1	成都市人民政府办公厅	成都市人民政府办公厅	成办函〔2016〕78 号	四川	成都	2016-05-11	污染防治类	大气污染
435	佳木斯市人民政府关于印发佳木斯市大气污染防治专项行动方案（2016—2018 年）的通知	通知	1	佳木斯市人民政府	佳木斯市人民政府	佳政发〔2016〕号	黑龙江	佳木斯	2016-05-11	污染防治类	大气污染
436	漯河市人民政府办公室关于印发 2016 年度漯河市碧水工程实施方案的通知	通知	1	漯河市人民政府办公室	漯河市人民政府办公室	漯政办〔2016〕48 号	河南	漯河	2016-05-11	污染防治类	水污染
437	广东省住房和城乡建设厅、广东省环境保护厅、广东省水利厅、广东省农业厅关于全面开展城市黑臭水体整治工作的通知	通知	4	广东省住房城乡建设厅、广东省环保护厅、广东省水利厅、广东省农业厅	广东省住房和城乡建设厅	粤建城〔2016〕95 号	广东		2016-05-11	污染防治类	水污染

续表

编号	名称	文件类型	发文主体数量	发文主体	发文主体（首位）	文号	发文地区	发文城市	发布时间	文件主类	文件亚类
438	武汉市人民政府办公厅关于印发武汉市拥抱蓝天行动 2016 年度考核奖惩办法的通知	通知	1	武汉市人民政府办公厅	武汉市人民政府办公厅	武政办〔2016〕62 号	湖北	武汉	2016-05-11	污染防治类	大气污染
439	西安市人民政府办公厅关于印发西安市 2016 年噪声污染专项整治实施方案的通知	通知	1	西安市人民政府办公厅	西安市人民政府办公厅	市政办发〔2016〕30 号	陕西	西安	2016-05-11	污染防治类	噪声污染
440	济南市人民政府办公厅关于印发济南市城市黑臭水体整治工作实施方案的通知	通知	1	济南市人民政府办公厅	济南市人民政府办公厅	济政办字〔2016〕37 号	山东	济南	2016-05-11	污染防治类	水污染
441	漯河市人民政府办公室关于进一步加强水源地饮用水管理切实保障饮用水安全的通知	通知	1	漯河市人民政府办公室	漯河市人民政府办公室	漯政办〔2016〕49 号	河南	漯河	2016-05-11	自然资源保护类	水资源
442	黑龙江省环境保护厅关于加强废烟气脱硝催化剂环境监管工作的通知	通知	1	黑龙江省环境保护厅	黑龙江省环境保护厅	黑环办发〔2016〕90 号	黑龙江		2016-05-11	环境保护手段类	环境监测
443	昭通市人民政府办公室关于印发昭通市突发事件预警信息发布管理办法（试行）的通知	通知	1	昭通市人民政府办公室	昭通市人民政府办公室	昭政办发〔2016〕56 号	云南	昭通	2016-05-11	环境保护手段类	环境信息
444	内蒙古自治区林业厅关于下达"十三五"林业有害生物防治"四率"指标的通知	通知	1	内蒙古自治区林业厅	内蒙古自治区林业厅	内林办发〔2016〕150 号	内蒙古		2016-05-11	自然资源保护类	林地资源

续表

编号	名称	文件类型	发文主体数量	发文主体	发文主体（首位）	文号	发文地区	发文城市	发布时间	文件主类	文件亚类
445	景德镇市人民政府办公室关于成立景德镇市扬尘污染专项整治工作领导小组的通知	通知	1	景德镇市人民政府办公室	景德镇市人民政府办公室	景府办字[2016]37号	江西	景德镇	2016-05-12	污染防治类	大气污染
446	大连市安全生产监督管理局关于进一步加强非煤矿山安全生产工作的通知	通知	1	大连市安全生产监督管理局	大连市安全生产监督管理局	大安监管[2016]118号	辽宁	大连	2016-05-12	自然资源保护类	矿产资源
447	江西省国土资源厅关于印发《江西省历史遗留工矿废弃地复垦利用试点实施管理暂行办法》的通知	通知	1	江西省国土资源厅	江西省国土资源厅		江西		2016-05-12	生态保护类	生态恢复与补偿
448	武汉市人民政府关于印发武汉市海绵城市建设管理办法的通知	通知	1	武汉市人民政府	武汉市人民政府	武政规[2016]6号	湖北	武汉	2016-05-13	环境保护手段类	城市绿化与市容管理
449	张家界市人民政府办公室关于转发市城市管理委员会《张家界市中心城区环境集中整治"百日行动"工作方案》的通知	通知	1	张家界市人民政府办公室	张家界市人民政府办公室	张政办明电[2016]17号	湖南	张家界	2016-05-13	环境保护手段类	城市绿化与市容管理
450	鹤岗市人民政府关于印发鹤岗市大气污染防治专项行动方案(2016—2018年)的通知	通知	1	鹤岗市人民政府	鹤岗市人民政府	鹤政发[2016]8号	黑龙江	鹤岗	2016-05-13	污染防治类	大气污染
451	鹤岗市人民政府办公室关于印发鹤岗市2016年度大气污染防治实施计划的通知	通知	1	鹤岗市人民政府办公室	鹤岗市人民政府办公室	鹤政办发[2016]20号	黑龙江	鹤岗	2016-05-13	污染防治类	大气污染

续表

编号	名称	文件类型	发文主体数量	发文主体	发文主体（首位）	文号	发文地区	发文城市	发布时间	文件主类	文件亚类
452	德阳市人民政府关于印发水污染防治行动计划德阳市工作方案的通知	通知	1	德阳市人民政府	德阳市人民政府	德府发〔2016〕6号	四川	德阳	2016-05-13	污染防治类	水污染
453	珠海市人民政府办公室关于印发珠海市实行最严格水资源管理制度考核办法的通知	通知	1	珠海市人民政府办公室	珠海市人民政府办公室	珠府办〔2016〕10号	广东	珠海	2016-05-13	自然资源保护类	水资源
454	鹤岗市人民政府关于印发鹤岗市开展林地、湿地清理整理保护自然生态资源实施方案的通知	通知	1	鹤岗市人民政府	鹤岗市人民政府	鹤政发〔2016〕7号	黑龙江	鹤岗	2016-05-13	自然资源保护类	土地资源
455	岳阳市人民政府办公室关于印发《岳阳市清理整治环保违规建设项目工作实施方案》的通知	通知	1	岳阳市人民政府办公室	岳阳市人民政府办公室	岳政办发〔2016〕22号	湖南	岳阳	2016-05-13	综合类	环保综合性规定
456	周口市人民政府办公室关于印发2016年主要污染物总量减排实施方案的通知	通知	1	周口市人民政府办公室	周口市人民政府办公室	周政办〔2016〕36号	河南	周口	2016-05-13	污染防治类	污染物与污染源管理
457	鹤岗市人民政府办公室关于印发鹤岗市环境监管网格化管理的通知	通知	1	鹤岗市人民政府办公室	鹤岗市人民政府办公室	鹤政办发〔2016〕21号	黑龙江	鹤岗	2016-05-13	环境保护手段类	环境监测
458	绍兴市人民政府办公室关于进一步完善水环境质量监测考核工作的通知	通知	1	绍兴市人民政府办公室	绍兴市人民政府办公室	绍政办发〔2016〕31号	浙江	绍兴	2016-05-13	环境保护手段类	环境监测

续表

编号	名称	文件类型	发文主体数量	发文主体	发文主体（首位）	文号	发文地区	发文城市	发布时间	文件主类	文件亚类
459	绍兴市人民政府办公室关于进一步完善大气环境质量监测考核发布工作的通知	通知	1	绍兴市人民政府办公室	绍兴市人民政府办公室	绍政办发〔2016〕32号	浙江	绍兴	2016-05-13	环境保护手段类	环境监测
460	阳泉市环境保护局关于印发阳泉市环境污染责任保险实施方案的通知	通知	1	阳泉市环境保护局	阳泉市环境保护局		山西	阳泉	2016-05-13	污染防治类	污染防治综合性规定
461	南阳市人民政府关于印发南阳市水污染防治工作方案的通知	通知	1	南阳市人民政府	南阳市人民政府	宛政〔2016〕27号	河南	南阳	2016-05-15	污染防治类	水污染
462	铁岭市人民政府办公室关于印发铁岭市区域卫生规划(2016—2020年)的通知	通知	1	铁岭市人民政府办公室	铁岭市人民政府办公室	铁办发〔2016〕45号	辽宁	铁岭	2016-05-15	环境保护手段类	环境规划
463	青岛市人民政府办公厅关于印发青岛市民用散煤清洁化治理工作方案的通知	通知	1	青岛市人民政府办公厅	青岛市人民政府办公厅	青政办字〔2016〕66号	山东	青岛	2016-05-15	环境保护手段类	清洁生产与循环经济
464	宿州市人民政府办公室关于印发宿州市大气污染专项整治工作行动方案的通知	通知	1	宿州市人民政府办公室	宿州市人民政府办公室	宿政办发〔2016〕5号	安徽	宿州	2016-05-16	污染防治类	大气污染
465	松原市人民政府办公室关于印发松原市落实水污染防治行动计划工作方案的通知	通知	1	松原市人民政府办公室	松原市人民政府办公室	松政办发〔2016〕12号	吉林	松原	2016-05-16	污染防治类	水污染
466	合肥市城乡建设委员会关于加强城镇污水处理厂污泥处理处置减排核查核算工作的通知	通知	1	合肥市城乡建设委员会	合肥市城乡建设委员会	合建〔2016〕64号	安徽	合肥	2016-05-16	污染防治类	水污染

续表

编号	名称	文件类型	发文主体数量	发文主体	发文主体（首位）	文号	发文地区	发文城市	发布时间	文件主类	文件亚类
467	攀枝花市人民政府办公室关于印发《攀枝花市大气污染防治行动计划实施细则》2016年度实施计划）的通知	通知	1	攀枝花市人民政府办公室	攀枝花市人民政府办公室	攀办函〔2016〕69号	四川	攀枝花	2016-05-17	污染防治类	大气污染
468	葫芦岛市人民政府关于印发葫芦岛市水污染防治工作方案的通知	通知	1	葫芦岛市人民政府	葫芦岛市人民政府	葫政发〔2016〕19号	辽宁	葫芦岛	2016-05-17	污染防治类	水污染
469	绍兴市人民政府办公室关于印发绍兴市危险废物处置监管三年行动计划（2016—2018年）的通知	通知	1	绍兴市人民政府办公室	绍兴市人民政府办公室	绍政办发〔2016〕34号	浙江	绍兴	2016-05-17	环境保护手段类	环境规划
470	齐齐哈尔市人民政府办公厅关于印发《齐齐哈尔市水污染防治工作方案》的通知	通知	1	齐齐哈尔市人民政府办公厅	齐齐哈尔市人民政府办公厅	齐政办发〔2016〕33号	黑龙江	齐齐哈尔	2016-05-17	污染防治类	水污染
471	海南省人民政府办公厅关于印发海南省2016年度海南省生态文明建设工作要点的通知	通知	1	海南省人民政府办公厅	海南省人民政府办公厅	琼府办〔2016〕101号	海南		2016-05-17	综合类	绿色发展与生态文明
472	海南省人民政府办公厅关于印发海南省排污权有偿使用和交易工作方案的通知	通知	1	海南省人民政府办公厅	海南省人民政府办公厅	琼府办〔2016〕102号	海南		2016-05-17	环境保护手段类	环境许可（含排污权交易）

续表

编号	名称	文件类型	发文主体数量	发文主体	发文主体（首位）	文号	发文地区	发文城市	发布时间	文件主类	文件亚类
473	晋城市环境保护局关于转发省水防办《关于进一步加强饮用水水源环境保护工作的通知》的通知	通知	1	晋城市环境保护局	晋城市环境保护局	晋市环函〔2016〕151 号	山西	晋城	2016-05-17	自然资源保护类	水资源
474	晋城市住房城乡建设局关于进一步加强全市建筑施工扬尘污染专项整治工作的通知	通知	1	晋城市住房城乡建设局	晋城市住房城乡建设局	晋市建建字〔2016〕77 号	山西	晋城	2016-05-17	污染防治类	大气污染
475	晋城市发展和改革委员会、晋城市林业局关于转发下达国家天然林资源保护工程二期 2016 年中央预算内投资计划的通知	通知	2	晋城市发展和改革委员会、晋城市林业局	晋城市发展和改革委员会	晋市发改投资发〔2016〕186 号	山西	晋城	2016-05-17	环境退化防治类	防沙治沙
476	晋城市发展和改革委员会、晋城市林业局关于转发下达国家重点防护林工程 2016 年中央预算内投资计划的通知	通知	2	晋城市发展和改革委员会、晋城市林业局	晋城市发展和改革委员会	晋市发改投资发〔2016〕187 号	山西	晋城	2016-05-17	环境退化防治类	防沙治沙
477	大连市人民政府办公厅关于加强病死畜禽无害化处理工作的实施意见	意见	1	大连市人民政府办公厅	大连市人民政府办公厅	大政办发〔2016〕42 号	辽宁	大连	2016-05-17	污染防治类	固体废物污染
478	江西省人民政府办公厅关于严格保护耕地严守耕地红线的意见	意见	1	江西省人民政府办公厅	江西省人民政府办公厅	赣府厅发〔2016〕25 号	江西		2016-05-17	自然资源保护类	土地资源

续表

编号	名称	文件类型	发文主体数量	发文主体	发文主体（首位）	文号	发文地区	发文城市	发布时间	文件主类	文件亚类
479	临沧市人民政府关于印发临沧市水污染防治工作实施方案的通知	通知	1	临沧市人民政府	临沧市人民政府	临政发〔2016〕67号	云南	临沧	2016-05-18	污染防治类	水污染
480	南宁市人民政府办公厅关于印发南宁市发展生态经济实施方案的通知	通知	1	南宁市人民政府办公厅	南宁市人民政府办公厅		广西	南宁	2016-05-18	环境保护手段类	清洁生产与循环经济
481	保定市人民政府办公厅关于印发《保定市河道管理办法》的通知	通知	1	保定市人民政府办公厅	保定市人民政府办公厅	保政办发〔2016〕14号	河北	保定	2016-05-18	自然资源保护类	水资源
482	石家庄市人民政府关于进一步加强大气污染治理工作的意见	意见	1	石家庄市人民政府	石家庄市人民政府	石政发〔2016〕17号	河北	石家庄	2016-05-18	污染防治类	大气污染
483	陕西省人民政府办公厅关于印发《陕西省水污染防治2016年度工作方案》的通知	通知	1	陕西省人民政府办公厅	陕西省人民政府办公厅	陕政办发〔2016〕41号	陕西		2016-05-19	污染防治类	水污染
484	山东省人民政府关于印发《山东省2013—2020年大气污染治规划二期行动计划（2016—2017年)》的通知	通知	1	山东省人民政府	山东省人民政府	鲁政字〔2016〕111号	山东		2016-05-19	环境保护手段类	环境规划
485	南通市政府办公室关于印发南通市区2016年度生态红线区域保护年度计划表的通知	通知	1	南通市政府办公室	南通市政府办公室	通政办发〔2016〕53号	江苏	南通	2016-05-20	生态保护类	生态红线
486	锦州市人民政府办公厅关于进一步加强网格化环境监管工作的通知	通知	1	锦州市人民政府办公厅	锦州市人民政府办公厅		辽宁	锦州	2016-05-20	环境保护手段类	环境监测

续表

编号	名称	文件类型	发文主体数量	发文主体	发文主体（首位）	文号	发文地区	发文城市	发布时间	文件主类	文件亚类
487	南宁市人民政府办公厅关于印发南宁市耕地保护领导干部问责制度的通知	通知	1	南宁市人民政府办公厅	南宁市人民政府办公厅	南府办 [2016] 29号	广西	南宁	2016-05-20	自然资源保护类	耕地资源
488	南宁市人民政府关于印发南宁市耕地和基本农田保护领导干部离任审计制度的通知	通知	1	南宁市人民政府	南宁市人民政府	南府发 [2016] 12号	广西	南宁	2016-05-20	自然资源保护类	耕地资源
489	上海市环保局等关于加强废弃剧毒化学品处置环境安全管理的通知	通知	1	上海市环境保护局	上海市环境保护局	沪环保防 [2016] 210号	上海		2016-05-22	污染防治类	固体废物污染
490	福州市人民政府关于印发福州市"十三五"水资源开发利用与保护专项规划的通知	通知	1	福州市人民政府	福州市人民政府	榕政综 [2016] 155号	福建	福州	2016-05-22	环境保护手段类	环保规划
491	周口市人民政府办公室关于印发周口市环境保护工作处罚办法的通知	通知	1	周口市人民政府办公室	周口市人民政府办公室	周政办 [2016] 37号	河南	周口	2016-05-23	综合类	环保综合性规定
492	西安市人民政府办公厅关于印发2016年农作物秸秆综合利用和禁烧工作实施方案的通知	通知	1	西安市人民政府办公厅	西安市人民政府办公厅	市政办函 [2016] 133号	陕西	西安	2016-05-23	污染防治类	大气污染
493	吉林省人民政府关于印发吉林省清洁水体行动计划 (2016—2020年) 的通知	通知	1	吉林省人民政府	吉林省人民政府	吉政发 [2016] 22号	吉林		2016-05-23	环境保护手段类	环境规划
494	南昌市人民政府办公厅关于印发《南昌市2016年主要污染物总量减排计划》的通知	通知	1	南昌市人民政府办公厅	南昌市人民政府办公厅	洪府厅发 [2016] 46号	江西	南昌	2016-05-23	环境保护手段类	环境规划

续表

编号	名称	文件类型	发文主体数量	发文主体	发文主体（首位）	文号	发文地区	发文城市	发布时间	文件主类	文件亚类
495	上海市环保局关于印发上海市固定污染源重点污染物排放量核定规则（试行）的通知	通知	1	上海市环保局	上海市环保局	沪环保总[2016]200号	上海		2016-05-23	污染防治类	污染物与污染源管理
496	东营市发展和改革委员会关于东营供热环保项目—新建燃气锅炉及燃煤锅炉超低排放改造工程可行性研究报告的批复	批复	1	东营市发展和改革委员会	东营市发展和改革委员会		山东	东营	2016-05-23	污染防治类	大气污染
497	潍坊市国土资源局关于推进国土资源供给结构性改革的指导意见	意见	1	潍坊市国土资源局	潍坊市国土资源局	潍国土资发[2016]15号	山东	潍坊	2016-05-23	自然资源保护类	土地资源
498	南宁市人民政府关于印发南宁市地质灾害防治管理办法的通知	通知	1	南宁市人民政府	南宁市人民政府	南府规[2016]10号	广西	南宁	2016-05-23	环境退化防治类	灾害防治
499	湖南省环境保护厅关于印发湖南省环境保护厅负责建设项目竣工环境保护验收有关事项的通知	通知	1	湖南省环境保护厅	湖南省环境保护厅		湖南		2016-05-23	环境保护手段类	清洁生产与循环经济
500	青海省人民政府办公厅关于印发青海省2016年度大气污染防治实施方案的通知	通知	1	青海省人民政府办公厅	青海省人民政府办公厅	青政办[2016]88号	青海		2016-05-24	污染防治类	大气污染
501	镇江市人民政府办公室关于印发镇江市村庄生活污水治理实施方案的通知	通知	1	镇江市人民政府办公室	镇江市人民政府办公室	镇政办发[2016]112号	江苏	镇江	2016-05-24	污染防治类	水污染

续表

编号	名称	文件类型	发文主体数量	发文主体	发文主体（首位）	文号	发文地区	发文城市	发布时间	文件主类	文件亚类
502	嘉兴市人民政府关于印发嘉兴市镇村环境整治提升三年行动计划的通知	通知	1	嘉兴市人民政府	嘉兴市人民政府	嘉政发〔2016〕20号	浙江	嘉兴	2016-05-24	环境保护手段类	环境规划
503	大连市人民政府办公厅关于印发大连市海洋生态文明建设行动计划（2016—2020年）的通知	通知	1	大连市人民政府办公厅	大连市人民政府办公厅	大政办发〔2016〕54号	辽宁	大连	2016-05-24	环境保护手段类	环境规划
504	湖南省住房和城乡建设厅关于印发《县域农村生活垃圾治理专项规划编制大纲（试行）》的通知	通知	1	湖南省住房和城乡建设厅	湖南省住房和城乡建设厅	湘建村〔2016〕99号	湖南		2016-05-24	污染防治类	固体废物污染
505	山东省物价局、山东省财政厅、山东省环境保护厅关于征收挥发性有机物排污收费等有关问题的通知	通知	1	山东省物价局、山东省财政厅、山东省环境保护厅	山东省物价局	鲁价费发〔2016〕47号	山东		2016-05-24	污染防治类	污染物与污染源管理
506	镇江市人民政府办公室关于印发镇江工业绿色转型发展试点城市建设推进方案（2016—2017）的通知	通知	1	镇江市人民政府办公室	镇江市人民政府办公室	镇政办发〔2016〕110号	江苏	镇江	2016-05-24	环境保护手段类	清洁生产与循环经济
507	南宁市环境保护局关于印发2016年南宁市纪念"六·五"世界环境日暨环境宣传月活动工作方案的通知	通知	1	南宁市环境保护局	南宁市环境保护局	南环字〔2016〕83号	广西	南宁	2016-05-24	综合类	环境综合性规定

续表

编号	名称	文件类型	发文主体数量	发文主体（首位）	文号	发文地区	发文城市	发布时间	文件主类	文件亚类
508	黑河市人民政府办公室关于印发《黑河市水污染防治工作方案》的通知	通知	1	黑河市人民政府办公室	黑市政办规〔2016〕4号	黑龙江	黑河	2016-05-25	污染防治类	水污染
509	锦州市人民政府办公厅关于印发锦州市水污染防治工作方案的通知	通知	1	锦州市人民政府办公厅	锦政办发〔2016〕81号	辽宁	锦州	2016-05-25	污染防治类	水污染
510	厦门市人民政府办公厅关于印发厦门市生态环境监测网络建设工作方案的通知	通知	1	厦门市人民政府办公厅		福建	厦门	2016-05-25	环境保护手段类	环境监测
511	河南省人民政府办公厅关于印发2016年河南省秸秆禁烧和综合利用工作实施方案有关工作的通知	通知	1	河南省人民政府办公厅	豫政办〔2016〕79号	河南		2016-05-26	污染防治类	大气污染
512	河北省住房和城乡建设厅关于加快重点镇污水处理设施建设及有关工作的通知	通知	1	河北省住房和城乡建设厅	冀建村〔2016〕11号	河北		2016-05-26	污染防治类	水污染
513	江门市人民政府关于印发《江门市水污染防治行动计划实施方案》的通知	通知	1	江门市人民政府	江府〔2016〕13号	广东	江门	2016-05-26	污染防治类	水污染
514	银川市人民政府关于印发银川市黄排水沟2016—2018年污染综合整治实施方案的通知	通知	1	银川市人民政府	银政发〔2016〕103号	宁夏	银川	2016-05-26	污染防治类	水污染

续表

编号	名称	文件类型	发文主体数量	发文主体（首位）	发文主体（首位）	文号	发文地区	发文城市	发布时间	文件主类	文件亚类
515	银川市人民政府关于印发银川市水污染防治工作实施方案的通知	通知	1	银川市人民政府	银川市人民政府	银政发 [2016] 102号	宁夏	银川	2016-05-26	污染防治类	水污染
516	石家庄市人民政府关于印发石家庄市2016年削减煤炭计划的通知	通知	1	石家庄市人民政府	石家庄市人民政府	石政函 [2016] 52号	河北	石家庄	2016-05-26	自然资源保护类	矿产资源
517	辽阳市人民政府办公室关于印发辽阳市中心城区再生资源回收站点整顿方案的通知	通知	1	辽阳市人民政府办公室	辽阳市人民政府办公室	辽市政办 [2016] 30号	辽宁	辽阳	2016-05-26	环境保护手段类	清洁生产与循环经济
518	兰州市人民政府办公厅关于印发《兰州市排污权抵押贷款管理办法（试行）》的通知	通知	1	兰州市人民政府办公厅	兰州市人民政府办公厅	兰政办发 [2016] 101号	甘肃	兰州	2016-05-26	环境保护手段类	环境许可（含排污权交易）
519	湖南省人民政府关于进一步加强节约集约用地的意见	意见	1	湖南省人民政府	湖南省人民政府	湘政发 [2016] 10号	湖南		2016-05-27	自然资源保护类	土地资源
520	辽源市人民政府办公室关于印发辽源市落实水污染防治行动计划工作方案的通知	通知	1	辽源市人民政府办公室	辽源市人民政府办公室	辽府办发 [2016] 9号	吉林	辽源	2016-05-30	污染防治类	水污染
521	大同市人民政府办公厅关于印发《大同市大气污染防治2016年行动计划》的通知	通知	1	大同市人民政府办公厅	大同市人民政府办公厅	同政办发 [2016] 60号	山西	大同	2016-05-30	污染防治类	大气污染

续表

编号	名称	文件类型	发文主体数量	发文主体（首位）	文号	发文地区	发文城市	发布时间	文件主类	文件亚类
522	驻马店市人民政府办公室关于印发驻马店市2016年节能减排降碳工作安排的通知	通知	1	驻马店市人民政府办公室	驻政办〔2016〕69号	河南	驻马店	2016-05-30	环境保护手段类	清洁生产与循环经济
523	长沙市水务局关于加强水务项目资金管理的通知	通知	1	长沙市水务局		湖南	长沙	2016-05-30	自然资源保护类	水资源
524	晋城市发展和改革委员会、晋城市煤层气局关于转发省发展改革委省工业厅《关于做好煤炭行业违法违规建设项目清理专项行动各项工作的通知》的通知	通知	2	晋城市发展和改革委员会、晋城市煤层气局	晋市发改能发〔2016〕204号	山西	晋城	2016-05-30	自然资源保护类	矿产资源
525	新余市人民政府办公室关于印发2016年新余市水污染治工作计划的通知	通知	1	新余市人民政府办公室	余府办发〔2016〕33号	江西	新余	2016-05-31	污染防治类	水污染
526	营口市人民政府关于印发营口市促进沿海地区重点产业发展与环境保护协调发展的工作方案的通知	通知	1	营口市人民政府	营政发〔2016〕20号	辽宁	营口	2016-05-31	环境保护手段类	清洁生产与循环经济
527	广东省人民政府办公厅关于加快推进我省环境污染第三方治理工作的实施意见	意见	1	广东省人民政府办公厅	粤府办〔2016〕45号	广东		2016-05-31	污染防治类	污染物与污染源管理

续表

编号	名称	文件类型	发文主体数量	发文主体	发文主体（首位）	文号	发文地区	发文城市	发布时间	文件主类	文件亚类
528	镇江市人民政府办公室关于印发镇江市危险化学品安全专项整治实施方案的通知	通知	1	镇江市人民政府办公室	镇江市人民政府办公室	镇政办发〔2016〕114 号	江苏	镇江	2016-06-01	污染防治类	固体废物污染
529	酒泉市人民政府办公室关于印发 2016 年市政府环保目标责任书及考核细则的通知	通知	1	酒泉市人民政府办公室	酒泉市人民政府办公室	酒政办发〔2016〕128 号	甘肃	酒泉	2016-06-01	污染防治类	污染综合治理规定
530	杭州市人民政府办公厅关于印发杭州市 2016 年大气污染防治实施计划的通知	通知	1	杭州市人民政府办公厅	杭州市人民政府办公厅	杭政办函〔2016〕67 号	浙江	杭州	2016-06-01	污染防治类	大气污染
531	北京市发展和改革委员会、北京市财政局、北京市水务局关于印发水土保持补偿费收费标准的通知	通知	3	北京市发展和改革委员会，北京市财政局，北京市水务局	北京市发展和改革委员会	京发改〔2016〕928 号	北京		2016-06-01	环境退化防治类	水土保持
532	江西省财政厅、江西省发展和改革委员会、江西省环境保护厅关于印发《江西省排污权有偿使用和出让收入管理实施办法》的通知	通知	3	江西省财政厅，江西省发展和改革委员会，江西省环境保护厅	江西省财政厅	赣财非税〔2016〕13 号	江西		2016-06-01	环境保护手段类	环境许可（含排污权交易）

续表

编号	名称	文件类型	发文主体数量	发文主体	发文主体（首位）	文号	发文地区	发文城市	发布时间	文件主类	文件亚类
533	广西壮族自治区国土资源厅关于印发《广西地质勘查项目管理暂行办法》的通知	通知	1	广西壮族自治区国土资源厅	广西壮族自治区国土资源厅	桂国土资规〔2016〕4号	广西		2016-06-01	自然资源保护类	矿产资源
534	广东省住房和城乡建设厅关于印发《粤东西北地区新一轮生活垃圾和污水处理基础设施政府和社会资本合作模式建设操作指引》的通知	通知	1	广东省住房和城乡建设厅	广东省住房和城乡建设厅	粤建城〔2016〕109号	广东		2016-06-01	污染防治类	污染物与污染源管理
535	安阳市人民政府关于印发安阳市水污染防治碧水工程行动计划的通知	通知	1	安阳市人民政府	安阳市人民政府	安政〔2016〕16号	河南	安阳	2016-06-02	污染防治类	水污染
536	黑河市人民政府办公室关于印发《黑河市大气污染防治专项行动实施方案（2016—2018年）》的通知	通知	1	黑河市人民政府办公室	黑河市人民政府办公室	黑市政办规〔2016〕3号	黑龙江	黑河	2016-06-02	污染防治类	大气污染
537	宝鸡市人民政府关于印发宝鸡市水污染防治工作方案的通知	通知	1	宝鸡市人民政府	宝鸡市人民政府	宝政发〔2016〕24号	陕西	宝鸡	2016-06-02	污染防治类	水污染
538	广东省人民政府办公厅关于推进海绵城市建设的实施意见	意见	1	广东省人民政府办公厅	广东省人民政府办公厅	粤府办〔2016〕53号	广东		2016-06-02	环境保护手段类	城市绿化与市容管理
539	郑州市人民政府办公厅关于印发郑州市碧水工程行动计划（水污染防治工作方案）的通知	通知	1	郑州市人民政府办公厅	郑州市人民政府办公厅	郑政办文〔2016〕37号	河南	郑州	2016-06-03	污染防治类	水污染

续表

编号	名称	文件类型	发文主体数量	发文主体	发文主体（首位）	文号	发文地区	发文城市	发布时间	文件主类	文件亚类
540	甘肃省人民政府办公厅关于印发《甘肃省 2016 年大气污染防治工作方案》的通知	通知	1	甘肃省人民政府办公厅	甘肃省人民政府办公厅	甘政办发〔2016〕79 号	甘肃		2016-06-03	污染防治类	大气污染
541	襄阳市人民政府关于印发襄阳市水污染治行动计划工作方案的通知	通知	1	襄阳市人民政府	襄阳市人民政府	襄政发〔2016〕9 号	湖北	襄阳	2016-06-03	污染防治类	水污染
542	佳木斯市人民政府办公室关于印发佳木斯市大气重污染天气应急预案的通知	通知	1	佳木斯市人民政府办公室	佳木斯市人民政府办公室	佳政办规〔2016〕2 号	黑龙江	佳木斯	2016-06-03	污染防治类	大气污染
543	松原市人民政府办公室关于调整松原市大气污染防治工作联席会议成员的通知	通知	1	松原市人民政府办公室	松原市人民政府办公室	松政办函〔2016〕41 号	吉林	松原	2016-06-03	污染防治类	大气污染
544	天津市人民政府办公厅转发市水务局拟定的天津市实行最严格水资源管理制度考核办法的通知	通知	1	天津市人民政府办公厅	天津市人民政府办公厅	津政办发〔2016〕53 号	天津		2016-06-03	自然资源保护类	水资源
545	北京市人民政府办公厅关于印发《北京市实施河湖生态环境管理"河长制"工作方案》的通知	通知	1	北京市人民政府办公厅	北京市人民政府办公厅	京政办发〔2016〕28 号	北京		2016-06-03	自然资源保护类	水资源
546	长沙市地方税务局关于重新明确房产税城镇土地使用税征收管理事项的通知	通知	1	长沙市地方税务局	长沙市地方税务局	长地税函〔2016〕40 号	湖南	长沙	2016-06-03	环境保护手段类	环境税

续表

编号	名称	文件类型	发文主体数量	发文主体	发文主体（首位）	文号	发文地区	发文城市	发布时间	文件主类	文件亚类
547	长沙市环境保护局、长沙市卫生和计划生育委员会关于加强医疗废物分类管理的通知	通知	2	长沙市环境保护局，长沙市卫生和计划生育委员会	长沙市环境保护局	长环联〔2016〕1号	湖南	长沙	2016-06-03	污染防治类	固体废物污染
548	东营市海洋与渔业局关于建立渔业安全生产监督常态化机制的实施意见	通知	1	东营市海洋与渔业局	东营市海洋与渔业局	东海渔发〔2016〕29号	山东	东营	2016-06-03	自然资源保护类	渔业资源
549	潍坊市人民政府关于印发《潍坊市农田水利管理办法》的通知	通知	1	潍坊市人民政府	潍坊市人民政府	潍政发〔2016〕5号	山东	潍坊	2016-06-03	自然资源保护类	水资源
550	佛山市人民政府办公室关于印发佛山市地下空间开发利用管理试行办法的通知	通知	1	佛山市人民政府办公室	佛山市人民政府办公室	佛府办〔2016〕30号	广东	佛山	2016-06-03	自然资源保护类	土地资源
551	四川省人民政府办公厅关于进一步加强天然林保护的通知	通知	1	四川省人民政府办公厅	四川省人民政府办公厅	川办函〔2016〕91号	四川		2016-06-03	自然资源保护类	林地资源
552	广元市人民政府关于印发《广元市城市生活垃圾处理收费管理办法》的通知	通知	1	广元市人民政府	广元市人民政府	广府发〔2016〕17号	四川	广元	2016-06-03	污染防治类	固体废物污染

续表

编号	名称	文件类型	发文主体数量	发文主体	发文主体（首位）	文号	发文地区	发文城市	发布时间	文件主类	文件亚类
553	白山市人民政府关于印发《白山市清洁空气行动计划实施方案》《白山市清洁水体行动计划实施方案》和《白山市生态建设行动计划实施方案》的通知	通知	1	白山市人民政府	白山市人民政府	白山政发〔2016〕6号	吉林	白山	2016-06-06	污染防治类	大气污染
554	白山市人民政府关于印发白山市创建国家生态文明建设示范市工作的通知	通知	1	白山市人民政府	白山市人民政府	白山政发〔2016〕5号	吉林	白山	2016-06-06	环境保护手段类	城市绿化与市容管理
555	包头市人民政府办公厅关于进一步加强大青山自然保护区生态保护工作的通知	通知	1	包头市人民政府办公厅	包头市人民政府办公厅	包府办发〔2016〕123号	内蒙古	包头	2016-06-06	生态保护类	国家公园与自然保护区
556	长沙市环境保护局关于印发《长沙市环境保护局工作规则》的通知	通知	1	长沙市环境保护局	长沙市环境保护局	长环发〔2016〕14号	湖南	长沙	2016-06-06	综合类	环保综合性规定
557	承德市人民政府办公室关于开展环境污染第三方治理实施方案的通知	通知	1	承德市人民政府办公室	承德市人民政府办公室	承市政办〔2016〕86号	河北	承德	2016-06-07	污染防治类	污染第三方治理
558	浙江省人民政府关于印发浙江省2016年主要污染物总量减排计划的通知	通知	1	浙江省人民政府	浙江省人民政府	浙政发〔2016〕20号	浙江		2016-06-07	污染防治类	污染物与污染源管理

续表

编号	名称	文件类型	发文主体数量	发文主体	发文主体（首位）	文号	发文地区	发文城市	发布时间	文件主类	文件亚类
559	海南省财政厅、海南省物价局、海南省生态环境保护厅关于印发《海南省挥发性有机物排污收费试点实施办法》的通知	通知	1	海南省财政厅、海南省物价局、海南省生态环境保护厅	海南省财政厅		海南		2016-06-07	环境保护手段类	环境税
560	海南省人民政府办公厅关于印发海南省环境空气质量方案的通知	通知	1	海南省人民政府办公厅	海南省人民政府办公厅	琼府办〔2014〕166 号	海南		2016-06-07	环境保护手段类	环境信息
561	东营市发展和改革委员会关于东九路垃圾焚烧发电厂渗滤液处理项目可行性研究报告的批复	通知	1	东营市发展和改革委员会	东营市发展和改革委员会		山东	东营	2016-06-07	污染防治类	水污染
562	佛山市人民政府办公室关于印发佛山市分散式生活污水处理设施建设方案（2016—2018 年）的通知	通知	1	佛山市人民政府办公室	佛山市人民政府办公室	佛府办函〔2016〕394 号	广东	佛山	2016-06-08	污染防治类	水污染
563	长春市人民政府关于印发省市联动"长吉平"三市共治大气污染长春市专项行动实施方案的通知	通知	1	长春市人民政府	长春市人民政府	长府函〔2016〕42 号	吉林	长春	2016-06-08	污染防治类	大气污染
564	齐齐哈尔市人民政府关于印发齐齐哈尔市大气污染防治专项行动方案（2016—2018 年）的通知	通知	1	齐齐哈尔市人民政府	齐齐哈尔市人民政府	齐政发〔2016〕18 号	黑龙江	齐齐哈尔	2016-06-08	污染防治类	大气污染

续表

编号	名称	文件类型	发文主体数量	发文主体	发文主体（首位）	文号	发文地区	发文城市	发布时间	文件主类	文件亚类
565	宜昌市人民政府办公室关于印发宜昌市 2016 年主要污染物总量减排工作方案的通知	通知	1	宜昌市人民政府办公室	宜昌市人民政府办公室	宜府办发〔2016〕35 号	湖北	宜昌	2016-06-08	污染防治类	污染物与污染源管理
566	贵州省人民政府办公厅转发省环境保护厅关于全面深化环评审批制度改革工作意见的通知	通知	1	贵州省人民政府办公厅	贵州省人民政府办公厅	黔府办发〔2016〕19 号	贵州		2016-06-08	环境保护手段类	环境影响评价
567	济南市人民政府办公厅关于加快推进全市煤炭清洁高效利用工作的通知	通知	1	济南市人民政府办公厅	济南市人民政府办公厅	济政办发〔2016〕14 号	山东	济南	2016-06-08	环境保护手段类	清洁生产与循环经济
568	铜仁市人民政府办公室关于印发铜仁市生态林业产业发展实施意见的通知	通知	1	铜仁市人民政府办公室	铜仁市人民政府办公室	铜府办发〔2016〕70 号	贵州	铜仁	2016-06-08	自然资源保护类	林地资源
569	贵州省人民政府办公厅转发省环境保护厅关于全面深化环评审批制度改革工作意见的通知	通知	1	贵州省人民政府办公厅	贵州省人民政府办公厅	黔府办发〔2016〕19 号	贵州		2016-06-08	环境保护手段类	环境影响评价
570	广西壮族自治区国土资源厅关于印发《广西壮族自治区市县级矿产资源总体规划审批办法》的通知	通知	1	广西壮族自治区国土资源厅	广西壮族自治区国土资源厅	桂国土资规〔2016〕5 号	广西		2016-06-11	环境保护手段类	环境许可（含排污权交易）
571	淮北市人民政府办公室关于印发萧濉新河水体达标方案（2016—2020）的通知	通知	1	淮北市人民政府办公室	淮北市人民政府办公室	淮政办秘〔2016〕65 号	安徽	淮北	2016-06-12	环境保护手段类	环境规划

续表

编号	名称	文件类型	发文主体数量	发文主体	发文主体（首位）	文号	发文地区	发文城市	发布时间	文件主类	文件亚类
572	安顺市政府办关于印发安顺市农村人居环境整治项目管理办法（试行）的通知	通知	1	安顺市政府办	安顺市政府办	安府办函[2016]73号	贵州	安顺	2016-06-12	环境保护手段类	城市绿化与市容管理
573	江西省国土资源厅办公室关于严守基本农田保护红线的通知	通知	1	江西省国土资源厅	江西省国土资源厅		江西		2016-06-12	生态保护类	生态红线
574	内蒙古自治区林业厅关于切实加强"十三五"期间年森林采伐限额管理的通知	通知	1	内蒙古自治区林业厅	内蒙古自治区林业厅	内林资发[2016]178号	内蒙古		2016-06-12	自然资源保护类	林地资源
575	内蒙古自治区国土资源厅关于严格规范矿山转采勘查程度有关事宜的通知	通知	1	内蒙古自治区国土资源厅	内蒙古自治区国土资源厅	内国土资字[2016]335号	内蒙古		2016-06-12	自然资源保护类	矿产资源
576	湖南省国土资源厅关于清理规范矿业权审批和中介服务相关事项的通知	通知	1	湖南省国土资源厅	湖南省国土资源厅	湘国土资发[2016]22号	湖南		2016-06-13	环境保护手段类	环境许可（含排污权交易）
577	许昌市人民政府办公室关于印发许昌市2016年度碧水工程实施方案的通知	通知	1	许昌市人民政府办公室	许昌市人民政府办公室	许政办[2016]43号	河南	许昌	2016-06-14	污染防治类	水污染
578	潍坊市国土资源局关于印发《潍坊市国土资源信访事项处理化解实施办法》的通知	通知	1	潍坊市国土资源局	潍坊市国土资源局	潍国土资发[2016]16号	山东	潍坊	2016-06-14	自然资源保护类	土地资源

续表

编号	名称	文件类型	发文主体数量	发文主体	发文主体（首位）	文号	发文地区	发文城市	发布时间	文件主类	文件亚类
579	本溪市人民政府办公厅关于切实做好"十三五"期间年森林采伐限额管理工作的通知	通知	1	本溪市人民政府办公厅	本溪市人民政府办公厅	本政办发[2016]64号	辽宁	本溪	2016-06-14	自然资源保护类	林地资源
580	德阳市人民政府办公室关于印发《德阳市大气污染防治行动计划实施2016年度实施计划》的通知	通知	1	德阳市人民政府办公室	德阳市人民政府办公室	德办函[2016]52号	四川	德阳	2016-06-15	污染防治类	大气污染
581	松原市人民政府办公室关于建立松原市推进秸秆综合利用工作联席会议制度的通知	通知	1	松原市人民政府办公室	松原市人民政府办公室	松政办函[2016]45号	吉林	松原	2016-06-15	污染防治类	大气污染
582	新乡市人民政府办公室关于印发2016年新乡市碧水工程实施方案的通知	通知	1	新乡市人民政府办公室	新乡市人民政府办公室	新政办[2016]55号	河南	新乡	2016-06-15	污染防治类	水污染
583	昭通市人民政府办公室关于进一步加强林业有害生物防治检疫工作的实施意见	意见	1	昭通市人民政府办公室	昭通市人民政府办公室	昭政办发[2016]79号	云南	昭通	2016-06-15	自然资源保护类	林地资源
584	长春市人民政府关于取消我市水价构成中"引松基金"的通知	通知	1	长春市人民政府	长春市人民政府	长府发[2016]13号	吉林	长春	2016-06-15	自然资源保护类	水资源
585	青海省财政厅关于印发《三江源国家公园体制试点工作经费使用管理办法》的通知	通知	1	青海省财政厅	青海省财政厅	青财建字[2016]1004号	青海		2016-06-15	生态保护类	国家公园与自然保护区

续表

编号	名称	文件类型	发文主体数量	发文主体	发文主体（首位）	文号	发文地区	发文城市	发布时间	文件主类	文件亚类
586	四川省环境保护厅关于进一步加强危险废物监督管理执法工作的通知	通知	1	四川省环境保护厅	四川省环境保护厅	川环发 [2016] 53号	四川		2016-06-16	污染防治类	固体废物污染
587	玉溪市人民政府办公室关于印发玉溪市推行环境污染第三方治理的实施意见的通知	通知	1	玉溪市人民政府办公室	玉溪市人民政府办公室		云南	玉溪	2016-06-16	污染防治类	污染第三方治理
588	张家界市人民政府关于重新公布《张家界市水资源管理办法》的通知	通知	1	张家界市人民政府	张家界市人民政府	张政发 [2016] 7号	湖南	张家界	2016-06-16	自然资源保护类	水资源
589	玉溪市人民政府办公室关于印发玉溪市推行环境污染第三方治理的实施意见的通知	通知	1	玉溪市人民政府办公室	玉溪市人民政府办公室		云南	玉溪	2016-06-16	环境保护类	环境许可（含排污权交易）
590	云南省国土资源厅关于印发规范矿产资源勘查实施方案和开发利用方案编制评审有关问题的通知	通知	1	云南省国土资源厅	云南省国土资源厅	云国土资 [2016] 74号	云南		2016-06-16	自然资源保护类	矿产资源
591	淮安市政府关于印发淮安市水污染防治工作方案的通知	通知	1	淮安市人民政府	淮安市人民政府	淮政发 [2016] 95号	江苏	淮安	2016-06-17	污染防治类	水污染
592	陕西省人民政府办公厅关于印发《陕西省主要污染物排污权有偿使用和交易管理办法（试行）》的通知	通知	1	陕西省人民政府办公厅	陕西省人民政府办公厅	陕政办发 [2016] 51号	陕西		2016-06-17	环境保护类	环境许可（含排污权交易）

续表

编号	名称	文件类型	发文主体数量	发文主体	发文主体（首位）	文号	发文地区	发文城市	发布时间	文件主类	文件亚类
593	潍坊市环境保护局关于开展全市机动车环检机构自查自纠的通知	通知	1	潍坊市环境保护局	潍坊市环境保护局		山东	潍坊	2016-06-17	污染防治类	大气污染
594	沈阳市人民政府办公厅关于印发沈阳市网格化环境监管体系建设实施方案的通知	通知	1	沈阳市人民政府办公厅	沈阳市人民政府办公厅	沈政办发〔2016〕86 号	辽宁	沈阳	2016-06-19	环境保护手段类	环境监测
595	通化市人民政府办公室关于落实水污染防治行动计划实施方案的通知	通知	1	通化市人民政府办公室	通化市人民政府办公室	通市政办发〔2016〕13 号	吉林	通化	2016-06-20	污染防治类	水污染
596	咸宁市人民政府办公室关于印发咸宁市大气污染防治工作整改方案的通知	通知	1	咸宁市人民政府办公室	咸宁市人民政府办公室	咸政办函〔2016〕36 号	湖北	咸宁	2016-06-20	污染防治类	大气污染
597	深圳市人民政府办公厅关于印发深圳市网格化环境监管工作方案的通知	通知	1	深圳市人民政府办公厅	深圳市人民政府办公厅	深府办函〔2016〕111 号	广东	深圳	2016-06-20	环境保护手段类	环境监测
598	甘肃省人民政府办公厅关于印发甘肃省落实全国碳市场建设工作实施方案（2016—2018 年）的通知	通知	1	甘肃省人民政府办公厅	甘肃省人民政府办公厅	甘政办发〔2016〕91 号	甘肃		2016-06-20	环境保护手段类	清洁生产与循环经济
599	中共天水市委办公室、天水市人民政府办公室关于全面推进政务公开工作的实施意见	意见	2	中共天水市委办公室、天水市人民政府办公室	中共天水市委办公室	市委办发〔2016〕44 号	甘肃	天水	2016-06-20	环境保护手段类	环境信息

续表

编号	名称	文件类型	发文主体数量	发文主体	发文主体（首位）	文号	发文地区	发文城市	发布时间	文件主类	文件亚类
600	中共新疆维吾尔自治区委员会办公厅关于加强洁净新疆建设的指导意见	意见	1	中共新疆维吾尔自治区委员会办公厅	中共新疆维吾尔自治区委员会办公厅		新疆		2016-06-20	综合类	绿色发展与生态文明
601	唐山市人民政府关于实施餐厨废弃物集中收集运输处置的通告	通告	1	唐山市人民政府	唐山市人民政府	唐政通字[2016]11号	河北	唐山	2016-06-20	污染防治类	固体废物污染
602	泰州市政府办公室关于印发泰州市2016年度水污染防治工作计划的通知	通知	1	泰州市政府办公室	泰州市政府办公室	泰政办发[2016]89号	江苏	泰州	2016-06-21	污染防治类	水污染
603	山西省人民政府关于印发山西省采煤沉陷区综合治理工作方案（2016—2018年）的通知	通知	1	山西省人民政府	山西省人民政府	晋政发[2016]31号	山西		2016-06-21	生态保护类	生态恢复与补偿
604	上海市发展和改革委员会关于开展本市全国碳交易体系拟补充纳入史历企业历史碳排放报告工作的通知	通知	1	上海市发展和改革委员会	上海市发展和改革委员会	沪发改环资[2016]79号	上海		2016-06-21	环境保护手段类	环境许可（含排污权交易）
605	临沧市人民政府办公室关于加快推进海绵城市建设工作的实施意见	意见	1	临沧市人民政府办公室	临沧市人民政府办公室	临政办发[2016]84号	云南	临沧	2016-06-21	环境保护手段类	城市绿化与市容管理
606	佳木斯市人民政府办公室关于印发佳木斯市2016年度大气污染防治实施方案的通知	通知	1	佳木斯市人民政府办公室	佳木斯市人民政府办公室	佳政办规[2016]5号	黑龙江	佳木斯	2016-06-22	污染防治类	大气污染

续表

编号	名称	文件类型	发文主体数量	发文主体	发文主体（首位）	文号	发文地区	发文城市	发布时间	文件主类	文件亚类
607	佳木斯市人民政府办公室关于印发佳木斯市2016年度水污染防治工作实施方案的通知	通知	1	佳木斯市人民政府办公室	佳木斯市人民政府办公室	佳政办规〔2016〕4号	黑龙江	佳木斯	2016-06-22	污染防治类	水污染
608	盐城市人民政府关于印发盐城市水污染防治工作方案的通知	通知	1	盐城市人民政府	盐城市人民政府	盐政发〔2016〕63号	江苏	盐城	2016-06-22	污染防治类	水污染
609	新疆维吾尔自治区发展改革委关于认真落实我区新水资源费征收标准有关问题的通知	通知	1	新疆维吾尔自治区发展改革委	新疆维吾尔自治区发展改革委	新发改农价〔2016〕1079号	新疆		2016-06-22	环境保护手段类	环境税
610	甘肃省人民政府办公厅关于印发《甘肃省矿业权评估管理办法》的通知 (2016)	通知	1	甘肃省人民政府办公厅	甘肃省人民政府办公厅	甘政办发〔2016〕92号	甘肃		2016-06-22	自然资源保护类	矿产资源
611	盘锦市人民政府办公室关于印发盘锦市综合加强城区环境整治三年行动计划集贸市场升级改造工作方案的通知	通知	1	盘锦市人民政府办公室	盘锦市人民政府办公室	盘政办发〔2016〕91号	辽宁	盘锦	2016-06-23	环境保护手段类	城市绿化与市容管理
612	连云港市政府关于印发连云港市水污染防治工作方案的通知	通知	1	连云港市政府	连云港市政府	连政发〔2016〕69号	江苏	连云港	2016-06-23	污染防治类	水污染
613	咸宁市人民政府关于印发咸宁市水污染防治行动计划工作方案的通知	通知	1	咸宁市人民政府	咸宁市人民政府	咸政发〔2016〕19号	湖北	咸宁	2016-06-23	污染防治类	水污染
614	宣城市人民政府办公室关于印发宣城市2016年蓝天行动工作方案的通知	通知	1	宣城市人民政府办公室	宣城市人民政府办公室	宣政办秘〔2016〕158号	安徽	宣城	2016-06-24	污染防治类	大气污染

续表

编号	名称	文件类型	发文主体数量	发文主体（首位）	发文主体（首位）	文号	发文地区	发文城市	发布时间	文件主类	文件亚类
615	安徽省人民政府办公厅关于印发安徽省生态环境监测网络建设实施方案的通知	通知	1	安徽省人民政府办公厅	安徽省人民政府办公厅	皖政办〔2016〕28 号	安徽		2016-06-24	环境保护手段类	环境监测
616	潍坊市环保局关于印发《2016 年全市环保专项行动检查活动方案》的通知	通知	1	潍坊市环境保护局	潍坊市环境保护局	潍环发〔2016〕79 号	山东	潍坊	2016-06-24	综合类	环保综合性规定
617	榆林市人民政府关于加快全市推进改善农村人居环境工作的意见	意见	1	榆林市人民政府	榆林市人民政府	榆政发〔2016〕17 号	陕西	榆林	2016-06-24	环境保护手段类	城市绿化与市容管理
618	深圳市海洋局关于印发深圳市海洋与渔业行政处罚自由裁量权标准（海洋类）（试行）的通知	通知	1	深圳市海洋局	深圳市海洋局		广东	深圳	2016-06-24	综合类	环保综合性规定
619	湖南省林业厅印发《湖南省湿地公园管理办法（试行）》的通知	通知	1	湖南省林业厅	湖南省林业厅	湘林护〔2016〕16 号	湖南		2016-06-24	生态保护类	国家公园与自然保护区
620	白山市人民政府办公室关于印发白山市重点区域生态环境综合整治专项行动工作方案的通知	通知	1	白山市人民政府办公室	白山市人民政府办公室	白山政办发〔2016〕15 号	吉林	白山	2016-06-26	综合类	环保综合性规定

续表

编号	名称	文件类型	发文主体数量	发文主体	发文主体（首位）	文号	发文地区	发文城市	发布时间	文件主类	文件亚类
621	黑龙江省物价监督管理局、黑龙江省财政厅关于主要污染物排污权有偿出让有关问题的批复	批复	2	黑龙江省物价监督管理局、黑龙江省财政厅	黑龙江省物价监督管理局	黑价联〔2016〕34号	黑龙江		2016-06-26	环境保护手段类	环境许可（含排污权交易）
622	贵州省人民政府办公厅转发省发展改革委省环境保护厅关于加强长江黄金水道环境污染控治理工作方案的通知	通知	1	贵州省人民政府办公厅	贵州省人民政府办公厅	黔府办发〔2016〕23号	贵州		2016-06-27	污染防治类	水污染
623	台州市人民政府关于印发台州市水污染治行动计划的通知	通知	1	台州市人民政府	台州市人民政府	台政发〔2016〕27号	浙江	台州	2016-06-27	环境保护手段类	环境规划
624	伊春市人民政府办公室关于印发伊春市水污染防治工作方案的通知	通知	1	伊春市人民政府办公室	伊春市人民政府办公室		黑龙江	伊春	2016-06-27	污染防治类	水污染
625	上海市环保局关于进一步加强本市危险废物处置处理管环境管理的通知	通知	1	上海市环境保护局	上海市环境保护局	沪环保防〔2016〕231号	上海		2016-06-27	污染防治类	固体废物污染
626	宁夏回族自治区人民政府办公厅关于开展2016年秸秆有效利用和禁烧污染防控工作的通知	通知	1	宁夏回族自治区人民政府办公厅	宁夏回族自治区人民政府办公厅	宁政办发〔2016〕98号	宁夏		2016-06-27	污染防治类	大气污染

续表

编号	名称	文件类型	发文主体数量	发文主体	发文主体（首位）	文号	发文地区	发文城市	发布时间	文件主类	文件亚类
627	茂名市人民政府办公室关于印发茂名市严格水资源管理制度考核办法的通知	通知	1	茂名市人民政府办公室	茂名市人民政府办公室	茂府办函〔2016〕118号	广东	茂名	2016-06-27	自然资源保护类	水资源
628	潍坊市环境保护局关于做好机动车环保检验管理联网工作的通知	通知	1	潍坊市环境保护局	潍坊市环境保护局		山东	潍坊	2016-06-27	污染防治类	大气污染
629	阳泉市环境保护局关于进一步推进电力行业大气污染物稳定达标排放的通知	通知	1	阳泉市环境保护局	阳泉市环境保护局	阳环函〔2016〕145号	山西	阳泉	2016-06-27	污染防治类	大气污染
630	阳泉市环境保护局关于开展全市化学品生产使用情况调查的通知	通知	1	阳泉市环境保护局	阳泉市环境保护局	阳环函〔2016〕144号	山西	阳泉	2016-06-27	污染防治类	固体废物污染
631	阳泉市环境保护局关于进一步规范危险废物识别标志的通知	通知	1	阳泉市环境保护局	阳泉市环境保护局	阳环函〔2016〕143号	山西	阳泉	2016-06-27	污染防治类	固体废物污染
632	淄博市人民政府办公厅转发市住房城乡建设局关于进一步加强建设领域扬尘污染治工作的意见的通知	通知	1	淄博市人民政府办公厅	淄博市人民政府办公厅	淄政办字〔2016〕88号	山东	淄博	2016-06-28	污染防治类	大气污染
633	吉林省人民政府办公厅关于印发吉林省生态保护红线区管理办法（试行）的通知	通知	1	吉林省人民政府办公厅	吉林省人民政府办公厅	吉政办发〔2016〕50号	吉林		2016-06-28	生态保护类	生态红线

续表

编号	名称	文件类型	发文主体数量	发文主体	发文主体（首位）	文号	发文地区	发文城市	发布时间	文件主类	文件亚类
634	抚顺市人民政府办公厅关于调整抚顺市地表水环境功能区划的通知	通知	1	抚顺市人民政府办公厅	抚顺市人民政府办公厅	抚政办发〔2016〕32号	辽宁	抚顺	2016-06-28	环境保护手段类	环境规划
635	广东省林业厅关于严格控制建设项目占用国有林场林地行为的通知	通知	1	广东省林业厅	广东省林业厅	粤林函〔2016〕323号	广东		2016-06-28	自然资源保护类	林地资源
636	十堰市人民政府关于印发《十堰市水污染防治行动计划工作方案》的通知	通知	1	十堰市人民政府	十堰市人民政府	十政发〔2016〕22号	湖北	十堰	2016-06-29	污染防治类	水污染
637	承德市人民政府办公室关于印发承德市海绵城市建设管理暂行办法的通知	通知	1	承德市人民政府办公室	承德市人民政府办公室	承市政办字〔2016〕104号	河北	承德	2016-06-29	环境保护手段类	城市绿化与市容管理
638	河南省人民政府办公厅关于印发河南省大气污染防治考核办法（试行）的通知	通知	1	河南省人民政府办公厅	河南省人民政府办公厅	豫政办〔2016〕115号	河南		2016-06-30	污染防治类	大气污染
639	松原市人民政府办公室关于印发松原市环境噪声污染综合整治工作方案的通知	通知	1	松原市人民政府办公室	松原市人民政府办公室	松政办发〔2016〕19号	吉林	松原	2016-06-30	污染防治类	噪声污染
640	武汉市人民政府关于印发武汉市水污染防治行动计划工作方案（2016—2020年）的通知	通知	1	武汉市人民政府	武汉市人民政府	武政〔2016〕28号	湖北	武汉	2016-06-30	环境保护手段类	环境规划

续表

编号	名称	文件类型	发文主体数量	发文主体（首位）	文号	发文地区	发文城市	发布时间	文件主类	文件亚类
641	济南市人民政府关于印发济南市落实水污染防治行动计划实施方案的通知	通知	1	济南市人民政府	济政发〔2016〕17号	山东	济南	2016-06-30	污染防治类	水污染
642	河南省人民政府办公厅关于印发河南省排污许可管理暂行办法的通知	通知	1	河南省人民政府办公厅	豫政办〔2016〕116号	河南		2016-06-30	环境保护手段类	环境许可（含排污权交易）
643	河南省人民政府办公厅关于印发河南省大气污染防治攻坚战7个实施方案的通知	通知	1	河南省人民政府办公厅	豫政办〔2016〕115号	河南		2016-07-01	污染防治类	大气污染
644	商丘市人民政府关于进一步加强大气污染防治工作的通知	通知	1	商丘市人民政府	商政〔2016〕22号	河南	商丘	2016-07-01	污染防治类	大气污染
645	牡丹江市人民政府关于印发牡丹江市大气污染防治专项行动工作方案（2016—2018年）的通知	通知	1	牡丹江市人民政府	牡政发〔2016〕5号	黑龙江	牡丹江	2016-07-01	污染防治类	大气污染
646	呼和浩特市人民政府办公厅关于印发水污染防治工作方案的通知	通知	1	呼和浩特市人民政府办公厅	呼政办发〔2016〕25号	内蒙古	呼和浩特	2016-07-01	污染防治类	水污染
647	广西壮族自治区人民政府办公厅关于印发广西生态环境监测网络建设方案工作方案的通知	通知	1	广西壮族自治区人民政府办公厅	桂政办发〔2016〕77号	广西		2016-07-01	环境保护手段类	环境监测

续表

编号	名称	文件类型	发文主体数量	发文主体	发文主体（首位）	文号	发文地区	发文城市	发布时间	文件主类	文件亚类
648	安徽省财政厅、安徽省地方税务局关于调整我省资源税税率的通知	通知	2	安徽省财政厅、安徽省地方税务局	安徽省财政厅	财税法 [2016] 1037号	安徽		2016-07-01	环境保护手段类	环境税
649	安徽省财政厅、安徽省地方税务局关于确定资源税换算比折算率的通知	通知	2	安徽省财政厅、安徽省地方税务局	安徽省财政厅	财税法 [2016] 1036号	安徽		2016-07-01	环境保护手段类	环境税
650	河南省人民政府办公厅关于印发河南省城市环境空气质量生态补偿暂行办法的通知	通知	1	河南省人民政府办公厅	河南省人民政府办公厅	豫政办 [2016] 119号	河南		2016-07-02	污染防治类	大气污染
651	武威市人民政府办公室关于对富山煤炭市场等3家单位扬尘污染进行限期整治的通知	通知	1	武威市人民政府办公室	武威市人民政府办公室	武政办函 [2016] 18号	甘肃	武威	2016-07-02	污染防治类	大气污染
652	青岛市物价局、青岛市环境保护局、青岛市财政局关于确定我市排污权有偿使用费征收标准等有关问题的通知	通知	1	青岛市物价局、青岛市财政局、青岛市环境保护局	青岛市物价局	青价费 [2016] 27号	山东	青岛	2016-07-03	环境保护手段类	环境许可（含排污权交易）

续表

编号	名称	文件类型	发文主体数量	发文主体（首位）	文号	发文地区	发文城市	发布时间	文件主类	文件亚类
653	青岛市财政局、青岛市物价局、青岛市环境保护局关于印发《青岛市财政局排污权出让收支管理办法》的通知	通知	1	青岛市物价局，青岛市财政局，青岛市环境保护局	青财建〔2016〕67号	山东	青岛	2016-07-03	环境保护手段类	环境许可（含排污权交易）
654	淮安市政府办公室关于印发淮安市"十三五"环境保护规划的通知	通知	1	淮安市政府办公室	淮政办发〔2016〕112号	江苏	淮安	2016-07-04	环境保护手段类	环境规划
655	牡丹江市人民政府关于进一步加强环境监管执法工作的意见	意见	1	牡丹江市人民政府	牡政发〔2016〕6号	黑龙江	牡丹江	2016-07-04	环境保护手段类	环境监测
656	唐山市人民政府关于对环境空气质量排名后后位县（市）区进行公开曝光和问责的通知	通知	1	唐山市人民政府		河北	唐山	2016-07-04	污染防治类	大气污染
657	牡丹江市人民政府办公室关于印发牡丹江市环境监管网格划分实施方案的通知	通知	1	牡丹江市人民政府办公室	牡政办综〔2016〕32号	黑龙江	牡丹江	2016-07-05	环境保护手段类	环境监测
658	浙江省人民政府关于浙江省环境功能区划的批复	批复	1	浙江省人民政府	浙政函〔2016〕111号	浙江		2016-07-05	环境保护手段类	环境规划

续表

编号	名称	文件类型	发文主体数量	发文主体（首位）	文号	发文地区	发文城市	发布时间	文件主类	文件亚类
659	牡丹江市人民政府办公室关于印发牡丹江市环境监管网格划分实施方案的通知	通知	1	牡丹江市人民政府办公室	牡政办综[2016]32号	黑龙江	牡丹江	2016-07-05	环境保护手段类	环境监测
660	晋城市环境保护局关于加快推进清洁生产审核有关事项的通知	通知	1	晋城市环境保护局	晋市环函[2016]245号	山西	晋城	2016-07-05	环境保护手段类	清洁生产与循环经济
661	榆林市人民政府关于印发榆林市水污染防治工作方案的通知	通知	1	榆林市人民政府	榆政发[2016]21号	陕西	榆林	2016-07-05	污染防治类	水污染
662	武威市大气污染防治领导小组关于学习借鉴兰州市大气污染防治工作经验的通知	通知	1	武威市大气污染防治领导小组	武大气领导小组[2016]2号	甘肃	武威	2016-07-05	污染防治类	大气污染
663	大连市人民政府关于进一步加强和改进土地储备工作的若干意见	意见	1	大连市人民政府	大政发[2016]54号	辽宁	大连	2016-07-05	自然资源保护类	土地资源
664	新疆维吾尔自治区人民政府关于扩大新能源消纳促进新能源健康持续发展的实施意见	意见	1	新疆维吾尔自治区人民政府	新政发[2016]79号	新疆		2016-07-05	自然资源保护类	能源资源
665	伊春市人民政府办公室关于印发伊春市大气污染防治行动工作方案（2016—2018年）的通知	通知	1	伊春市人民政府办公室		黑龙江	伊春	2016-07-06	污染防治类	大气污染

续表

编号	名称	文件类型	发文主体数量	发文主体	发文主体（首位）	文号	发文地区	发文城市	发布时间	文件主类	文件亚类
666	湖州市人民政府办公室关于印发加快补齐环境治理短板实施方案的通知	通知	1	湖州市人民政府办公室	湖州市人民政府办公室	湖政办发〔2016〕57号	安徽	湖州	2016-07-06	综合类	环保综合性规定
667	平顶山市人民政府办公室关于印发平顶山市大气污染防治攻坚战7个实施方案的通知	通知	1	平顶山市人民政府办公室	平顶山市人民政府办公室	平政办〔2016〕58号	河南	平顶山	2016-07-06	污染防治类	大气污染
668	漯河市人民政府办公室关于印发漯河市主要市区出口道路防治扬尘污染集中整治工作实施方案的通知	通知	1	漯河市人民政府办公室	漯河市人民政府办公室	漯政办〔2016〕60号	河南	漯河	2016-07-06	污染防治类	大气污染
669	吉林市人民政府关于印发吉林市落实省市联动"长吉平"三城共治大气污染专项行动方案的通知	通知	1	吉林市人民政府	吉林市人民政府	吉市政函〔2016〕206号	吉林		2016-07-06	污染防治类	大气污染
670	内蒙古自治区人民政府办公厅关于印发内蒙古自治区生态环境监测网络建设方案（试行）的通知	通知	1	内蒙古自治区人民政府办公厅	内蒙古自治区人民政府办公厅	内政办发〔2016〕42号	内蒙古		2016-07-06	环境保护手段类	环境监测
671	威海市住房和城乡建设局关于在施工图纸设计阶段落实海绵城市建设要求的通知	通知	1	威海市住房和城乡建设局	威海市住房和城乡建设局	威住建通字〔2016〕43号	山东	威海	2016-07-07	环境保护手段类	城市绿化与市容管理
672	陇南市人民政府办公室关于分解下达2016年市政府环保目标责任书重点工作任务的通知	通知	1	陇南市人民政府办公室	陇南市人民政府办公室	陇政办发〔2016〕68号	甘肃	陇南	2016-07-07	综合类	环保综合性规定

续表

编号	名称	文件类型	发文主体数量	发文主体	发文主体（首位）	文号	发文地区	发文城市	发布时间	文件主类	文件亚类
673	内蒙古自治区人民政府办公厅关于印发突发环境事件应急预案（试行）的通知	通知	1	内蒙古自治区人民政府办公厅	内蒙古自治区人民政府办公厅	内政办发〔2016〕44号	内蒙古		2016-07-08	环境保护手段类	环境监测
674	内蒙古自治区人民政府办公厅关于推行环境第三方治理和服务实施方案（试行）的通知	通知	1	内蒙古自治区人民政府办公厅	内蒙古自治区人民政府办公厅	内政办发〔2016〕43号	内蒙古		2016-07-08	污染防治类	污染第三方治理
675	焦作市人民政府办公室关于印发焦作市环境空气质量生态补偿及考核奖惩暂行办法的通知	通知	1	焦作市人民政府办公室	焦作市人民政府办公室	焦政办〔2016〕60号	河南	焦作	2016-07-08	污染防治类	大气污染
676	周口市人民政府办公室关于印发周口市大气污染防治考核办法（试行）的通知	通知	1	周口市人民政府办公室	周口市人民政府办公室	周政办〔2016〕55号	河南	周口	2016-07-08	污染防治类	大气污染
677	宜春市人民政府办公室关于印发《宜春市2016年大气污染防治实施计划》的通知	通知	1	宜春市人民政府办公室	宜春市人民政府办公室	宜府办发〔2016〕31号	江西	宜春	2016-07-08	污染防治类	大气污染
678	山西省人民政府办公厅关于进一步规范和加强规划环境影响评价工作的实施意见	意见	1	山西省人民政府办公厅	山西省人民政府办公厅	晋政办发〔2016〕97号	山西		2016-07-08	环境保护手段类	环境影响评价
679	陇南市人民政府办公室关于进一步加强环境监管执法的通知	通知	1	陇南市人民政府办公室	陇南市人民政府办公室	陇政办发〔2016〕77号	甘肃	陇南	2016-07-08	环境保护手段类	环境监测

续表

编号	名称	文件类型	发文主体数量	发文主体	发文主体（首位）	文号	发文地区	发文城市	发布时间	文件主类	文件亚类
680	吐鲁番市人民政府办公室关于印发《吐鲁番市大风与沙尘暴灾害防御办法（试行）》的通知	通知	1	吐鲁番市人民政府办公室	吐鲁番市人民政府办公室	吐政办〔2016〕106 号	新疆	吐鲁番	2016-07-08	环境退化防治类	灾害防治
681	天津市财政局、天津市地方税务局关于天津市资源税改革的通知	通知	2	天津市财政局，天津市地方税务局	天津市财政局	津财税政〔2016〕27 号	天津		2016-07-08	环境保护手段类	环境税
682	黑龙江省人民政府办公厅关于实施耕地地力保护补贴的指导意见	意见	1	黑龙江省人民政府办公厅	黑龙江省人民政府办公厅	黑政办发〔2016〕69 号	黑龙江		2016-07-08	自然资源保护类	土地资源
683	驻马店市人民政府办公室关于印发驻马店市大气污染治污考核办法（试行）的通知	通知	1	驻马店市人民政府办公室	驻马店市人民政府办公室	驻政办〔2016〕90 号	河南	驻马店	2016-07-09	污染防治类	大气污染
684	驻马店市人民政府办公室关于印发驻马店市大气污染攻坚战考核奖惩办法（试行）的通知	通知	1	驻马店市人民政府办公室	驻马店市人民政府办公室	驻政办〔2016〕91 号	河南	驻马店	2016-07-09	污染防治类	大气污染
685	驻马店市人民政府办公室关于印发驻马店市治理扬尘污染攻坚战实施方案（2016—2017 年）等 7 个方案的通知	通知	1	驻马店市人民政府办公室	驻马店市人民政府办公室	驻政办〔2016〕88 号	河南	驻马店	2016-07-09	污染防治类	大气污染
686	鄂尔多斯市人民政府关于公布《鄂尔多斯市农村牧区环境综合管理暂行办法》的通知	通知	1	鄂尔多斯市人民政府	鄂尔多斯市人民政府	鄂府发〔2016〕107 号	内蒙古	鄂尔多斯	2016-07-09	自然资源保护类	草地资源

续表

编号	名称	文件类型	发文主体数量	发文主体	发文主体（首位）	文号	发文地区	发文城市	发布时间	文件主类	文件亚类
687	哈尔滨市人民政府办公厅关于印发哈尔滨市网格化环境监管体系建设方案的通知	通知	1	哈尔滨市人民政府办公厅	哈尔滨市人民政府办公厅	哈政办综〔2016〕26 号	黑龙江	哈尔滨	2016-07-09	环境保护手段类	环境监测
688	驻马店市人民政府办公室关于印发驻马店市实行环境保护网格化监管体系实施方案的通知	通知	1	驻马店市人民政府办公室	驻马店市人民政府办公室	驻政办〔2014〕21 号	河南	驻马店	2016-07-10	环境保护手段类	环境监测
689	山西省财政厅、山西省环境保护厅关于印发《省级水污染防治专项资金管理办法》的通知	通知	2	山西省财政厅，山西省环境保护厅	山西省财政厅、山西省环境保护厅	晋财建二〔2016〕98 号	山西		2016-07-11	污染防治类	水污染
690	辽宁省环境保护厅、辽宁省公安厅关于印发《辽宁省打击涉危险废物环境违法犯罪行为专项行动方案》的通知	通知	2	辽宁省环境保护厅、辽宁省公安厅	辽宁省环境保护厅	辽环发〔2016〕25 号	辽宁		2016-07-11	污染防治类	固体废物污染
691	鸡西市人民政府印发鸡西市大气污染防治行动计划方案（2016—2018 年）的通知	通知	1	鸡西市人民政府	鸡西市人民政府		黑龙江	鸡西	2016-07-11	污染防治类	大气污染
692	四川省人民政府关于全面实施资源税改革的通知	通知	1	四川省人民政府	四川省人民政府	川府发〔2016〕34 号	四川		2016-07-11	环境保护手段类	环境税
693	云南省环境保护厅关于做好过渡时期建设项目环境保护管理的通知	通知	1	云南省环境保护厅	云南省环境保护厅	云环发〔2016〕53 号	云南		2016-07-12	综合类	环境保综合性规定

续表

编号	名称	文件类型	发文主体数量	发文主体	发文主体（首位）	文号	发文地区	发文城市	发布时间	文件主类	文件亚类
694	上海市环保局关于进一步加强本市危险废物产生企业环境管理工作的通知	通知	1	上海市环保局	上海市环保局	沪环保防〔2016〕260号	上海		2016-07-12	污染防治类	固体废物污染
695	江苏省政府办公厅关于加快推进太湖流域畜禽养殖污染防治及综合利用工作的通知	通知	1	江苏省政府办公厅	江苏省政府办公厅	苏政办发〔2016〕78号	江苏		2016-07-12	污染防治类	水污染
696	伊春市人民政府办公室关于印发伊春市大气污染重污染天气应急预案的通知	通知	1	伊春市人民政府办公室	伊春市人民政府办公室		黑龙江	伊春	2016-07-12	污染防治类	大气污染
697	湖北省环境保护委员会关于印发《湖北省自然资源和生态环境违法行为举报暂行办法》的通知	通知	1	湖北省环境保护委员会	湖北省环境保护委员会	鄂环委〔2016〕6号	湖北		2016-07-12	综合类	环保综合性规定
698	福建省人民政府关于印发福建省小流域及农村水环境整治计划（2016—2020年）的通知	通知	1	福建省人民政府	福建省人民政府	闽政〔2016〕29号	福建		2016-07-13	环境保护手段类	环境规划
699	广州市人民政府关于进一步加强市容环境卫生责任区管理工作的通告	通告	1	广州市人民政府	广州市人民政府	穗府〔2016〕号	广东	广州	2016-07-13	环境保护手段类	城市绿化与市容管理
700	鞍山市人民政府关于印发鞍山市水污染防治工作方案的通知	通知	1	鞍山市人民政府	鞍山市人民政府	鞍政发〔2016〕28号	辽宁	鞍山	2016-07-13	污染防治类	水污染
701	开封市人民政府办公室关于印发开封市大气污染防治攻坚战10个实施方案的通知	通知	1	开封市人民政府办公室	开封市人民政府办公室	汴政办〔2016〕73号	河南	开封	2016-07-13	污染防治类	大气污染

续表

编号	名称	文件类型	发文主体数量	发文主体	发文主体（首位）	文号	发文地区	发文城市	发布时间	文件主类	文件亚类
702	濮阳市人民政府办公室关于印发濮阳市大气污染防治攻坚战七个实施方案的通知	通知	1	濮阳市人民政府办公室	濮阳市人民政府办公室	濮政办〔2016〕56号	河南	濮阳	2016-07-13	污染防治类	大气污染
703	陇南市人民政府办公室关于加强"以奖促治"农村环境基础设施运行管理的实施意见	意见	1	陇南市人民政府办公室	陇南市人民政府办公室	陇政办发〔2016〕79号	甘肃	陇南	2016-07-13	综合类	环保综合性规定
704	吐鲁番市人民政府办公室关于印发《吐鲁番市实行最严格水资源管理制度考核办法（试行）》的通知	通知	1	吐鲁番市人民政府办公室	吐鲁番市人民政府办公室	吐政办〔2016〕112号	新疆	吐鲁番	2016-07-13	自然资源保护类	水资源
705	天津市地方税务局关于资源税改革问题的公告	公告	1	天津市地方税务局	天津市地方税务局	天津市地方税务局公告2016年第11号	天津		2016-07-13	环境保护手段类	环境税
706	开封市人民政府办公室关于印发开封市环境空气质量生态补偿暂行办法的通知（2017）	通知	1	开封市人民政府办公室	开封市人民政府办公室	许政办〔2016〕71号	河南	开封	2016-07-14	污染防治类	大气污染
707	许昌市人民政府办公室关于印发许昌市环境空气质量生态补偿办法（试行）的通知	通知	1	许昌市人民政府办公室	许昌市人民政府办公室	许政办〔2016〕58号	河南	许昌	2016-07-14	污染防治类	水污染
708	许昌市人民政府关于印发许昌市碧水工程行动计划（水污染防治工作方案）的通知	通知	1	许昌市人民政府	许昌市人民政府	许政〔2016〕52号	河南	许昌	2016-07-14	污染防治类	水污染

续表

编号	名称	文件类型	发文主体数量	发文主体	发文主体（首位）	文号	发文地区	发文城市	发布时间	文件主类	文件亚类
709	许昌市人民政府办公室关于印发许昌市大气污染防治考核办法（试行）的通知	通知	1	许昌市人民政府办公室	许昌市人民政府办公室	许政办〔2016〕59号	河南	许昌	2016-07-14	污染防治类	大气污染
710	开封市人民政府办公室关于印发开封市大气污染防治考核办法（试行）的通知	通知	1	开封市人民政府办公室	开封市人民政府办公室	许政办〔2016〕73号	河南	开封	2016-07-14	污染防治类	大气污染
711	保定市人民政府关于印发《保定市一亩泉饮用水水源保护区污染防治管理规定》的通知	通知	1	保定市人民政府	保定市人民政府	保政函〔2016〕66号	河北	保定	2016-07-14	自然资源保护类	水资源
712	天水市人民政府关于切实加强地下水超采区和限采区管理的通知	通知	1	天水市人民政府	天水市人民政府	天政发〔2016〕71号	甘肃	天水	2016-07-14	自然资源保护类	水资源
713	苏州市政府关于加强对过境垃圾防控联控的意见	意见	1	苏州市政府	苏州市政府	苏府〔2016〕108号	江苏	苏州	2016-07-14	污染防治类	固体废物污染
714	成都市城市管理委员会关于加强简阳市城市管理和城乡环境综合治理工作的指导意见	意见	1	成都市城市管理委员会	成都市城市管理委员会	成城发〔2016〕72号	四川	成都	2016-07-14	环境保护手段类	城市绿化与市容管理
715	鹤壁市人民政府办公室关于印发鹤壁市城市环境空气质量生态补偿暂行办法的通知	通知	1	鹤壁市人民政府办公室	鹤壁市人民政府办公室	鹤政办〔2016〕42号	河南	鹤壁	2016-07-15	污染防治类	大气污染
716	鹤壁市人民政府办公室关于印发鹤壁市大气污染防治考核办法（试行）的通知	通知	1	鹤壁市人民政府办公室	鹤壁市人民政府办公室	鹤政办〔2016〕43号	河南	鹤壁	2016-07-15	污染防治类	大气污染

续表

编号	名称	文件类型	发文主体数量	发文主体	发文主体（首位）	文号	发文地区	发文城市	发布时间	文件主类	文件亚类
717	鹤壁市人民政府办公室关于印发鹤壁市大气污染防治攻坚战7个实施方案的通知	通知	1	鹤壁市人民政府办公室	鹤壁市人民政府办公室	鹤政办〔2016〕44号	河南	鹤壁	2016-07-15	污染防治类	大气污染
718	吉林省人民政府办公厅关于进一步加强县级政府生态建设和环境保护职能作用的意见	意见	1	吉林省人民政府办公厅	吉林省人民政府办公厅	吉政办发〔2016〕56号	吉林		2016-07-15	综合类	环保综合性规定
719	阳泉市环境保护局关于印发阳泉市环境保护大检查环保巡查工作方案的通知	通知	1	阳泉市环境保护局	阳泉市环境保护局	阳环发〔2016〕70号	山西	阳泉	2016-07-15	综合类	环保综合性规定
720	阳泉市环境保护局关于印发阳泉市成品油市场整治环境保护专项工作实施计划的通知	通知	1	阳泉市环境保护局	阳泉市环境保护局	阳环函〔2016〕155号	山西	阳泉	2016-07-15	污染防治类	大气污染
721	阳泉市质量技术监督局关于加强大气污染防治工作的实施方案	方案	1	阳泉市质量技术监督局	阳泉市质量技术监督局		山西	阳泉	2016-07-15	污染防治类	大气污染
722	天水市人民政府办公室关于规范取水许可动态管理工作的通知	通知	1	天水市人民政府办公室	天水市人民政府办公室	天政办发〔2016〕80号	甘肃	天水	2016-07-15	环境保护手段类	环境许可（含排污权交易）
723	黑龙江省人民政府办公厅关于印发黑龙江省三北防护林工程管理办法的通知	通知	1	黑龙江省人民政府办公厅	黑龙江省人民政府办公厅	黑政办发〔2016〕76号	黑龙江		2016-07-15	自然资源保护类	林地资源

续表

编号	名称	文件类型	发文主体数量	发文主体	发文主体（首位）	文号	发文地区	发文城市	发布时间	文件主类	文件亚类
724	安阳市人民政府办公室关于印发安阳市大气污染防治考核办法（试行）的通知	通知	1	安阳市人民政府办公室	安阳市人民政府办公室	安政办〔2016〕61号	河南	安阳	2016-07-16	污染防治类	大气污染
725	安阳市人民政府办公室关于进一步做好环境监管网格化工作的通知	通知	1	安阳市人民政府办公室	安阳市人民政府办公室	安政办〔2016〕62号	河南	安阳	2016-07-16	环境保护手段类	环境监测
726	洛阳市人民政府办公室关于印发洛阳市生态环境建设体系蓝天行动计划的通知	通知	1	洛阳市人民政府办公室	洛阳市人民政府办公室	洛政办〔2016〕63号	河南	洛阳	2016-07-17	污染防治类	大气污染
727	南昌市城乡建设委员会关于开展南昌市建筑施工扬尘污染集中整治工作的通知	通知	1	南昌市城乡建设委员会	南昌市城乡建设委员会	洪建发〔2016〕86号	江西	南昌	2016-07-18	污染防治类	大气污染
728	安阳市人民政府办公室关于印发安阳市治理扬尘污染攻坚战实施方案等7个方案的通知	通知	1	安阳市人民政府办公室	安阳市人民政府办公室	安政办〔2016〕63号	河南	安阳	2016-07-18	污染防治类	大气污染
729	郑州市人民政府办公厅关于印发郑州市建筑工地扬尘污染治理工作专项方案等9个专项方案的通知	通知	1	郑州市人民政府办公厅	郑州市人民政府办公厅	郑政办〔2016〕43号	河南	郑州	2016-07-18	污染防治类	大气污染
730	周口市人民政府办公室关于加强环境监管执法工作的意见	意见	1	周口市人民政府办公室	周口市人民政府办公室	周政办〔2016〕62号	河南	周口	2016-07-18	环境保护手段类	环境监测

续表

编号	名称	文件类型	发文主体数量	发文主体	发文主体（首位）	文号	发文地区	发文城市	发布时间	文件主类	文件亚类
731	朔州市煤炭工业局关于进一步加强全市生产煤矿能力管理的通知	通知	1	朔州市煤炭工业局	朔州市煤炭工业局	朔煤发〔2016〕132 号	山西	朔州	2016-07-18	自然资源保护类	矿产资源
732	大连市人民政府关于执行有关挥发性有机物排放控制标准的通告	通告	1	大连市人民政府	大连市人民政府	大政发〔2016〕57 号	辽宁	大连	2016-07-18	环境保护手段类	环境标准
733	甘肃省环境保护厅关于 2016 年 6 月份污染源自动监控数据涉嫌超标名单的公告	公告	1	甘肃省环境保护厅	甘肃省环境保护厅	甘环公告〔2016〕12 号	甘肃		2016-07-18	环境保护手段类	环境信息
734	广西壮族自治区国土资源厅关于印发《广西矿产资源储量评审工作规则（试行）》的通知	通知	1	广西壮族自治区国土资源厅	广西壮族自治区国土资源厅	桂国土资规〔2016〕8 号	广西		2016-07-18	自然资源保护类	矿产资源
735	海口市人民政府关于印发海口市大气污染防治三年行动计划（2016—2018 年）的通知	通知	1	海口市人民政府	海口市人民政府	海府〔2016〕115 号	海南	海口	2016-07-19	污染防治类	大气污染
736	大庆市人民政府关于印发大庆市大气污染防治专项行动实施方案（2016—2018 年）的通知	通知	1	大庆市人民政府	大庆市人民政府	庆政规〔2016〕3 号	黑龙江	大庆	2016-07-19	污染防治类	大气污染
737	郑州市人民政府关于印发郑州市生态环境治理三年行动计划（2016—2018 年）的通知	通知	1	郑州市人民政府	郑州市人民政府	郑政〔2016〕21 号	河南	郑州	2016-07-19	环境保护手段类	环境规划

续表

编号	名称	文件类型	发文主体数量	发文主体	发文主体（首位）	文号	发文地区	发文城市	发布时间	文件主类	文件亚类
738	驻马店市人民政府办公室关于印发驻马店市重污染天气应急预案（修订）的通知	通知	1	驻马店市人民政府办公室	驻马店市人民政府办公室	驻政办〔2016〕98号	河南	驻马店	2016-07-19	污染防治类	大气污染
739	南阳市人民政府办公室关于印发南阳市大气污染治攻坚战7个实施方案的通知	通知	1	南阳市人民政府办公室	南阳市人民政府办公室	宛政办〔2016〕51号	河南	南阳	2016-07-19	污染防治类	大气污染
740	南阳市人民政府办公室关于印发南阳市大气污染治考核办法（试行）的通知	通知	1	南阳市人民政府办公室	南阳市人民政府办公室	宛政办〔2016〕50号	河南	南阳	2016-07-19	污染防治类	大气污染
741	福建省发展和改革委员会关于公布第一批重点排放单位碳排放数据复查复核情况的通知	通知	1	福建省发展和改革委员会	福建省发展和改革委员会	闽发改区域〔2016〕423号	福建		2016-07-19	污染防治类	污染物与污染源管理
742	北京市环境保护局关于加强建设项目环境影响评价机构考核管理的通知	通知	1	北京市环境保护局	北京市环境保护局		北京		2016-07-19	环境保护手段类	环境影响评价
743	南通市政府办公室关于建立市水污染防治联席会议制度的通知	通知	1	南通市政府办公室	南通市政府办公室	通政办发〔2016〕78号	江苏	南通	2016-07-20	污染防治类	水污染
744	商丘市人民政府办公室关于印发商丘市治理重点行业挥发性有机物污染攻坚实施方案的通知	通知	1	商丘市人民政府办公室	商丘市人民政府办公室	商政办〔2016〕68号	河南	商丘	2016-07-20	污染防治类	大气污染

续表

编号	名称	文件类型	发文主体数量	发文主体	发文主体（首位）	文号	发文地区	发文城市	发布时间	文件主类	文件亚类
745	商丘市人民政府办公室关于印发商丘市治理燃煤污染攻坚战实施方案的通知	通知	1	商丘市人民政府办公室	商丘市人民政府办公室	商政办〔2016〕64号	河南	商丘	2016-07-20	污染防治类	大气污染
746	四平市人民政府办公室关于印发四平市重点区域生态环境综合整治专项行动工作方案的通知	通知	1	四平市人民政府办公室	四平市人民政府办公室	四政办发〔2016〕49号	吉林	四平	2016-07-20	综合类	环保综合性规定
747	松原市人民政府办公室关于印发松原市重点区域生态环境综合整治专项行动工作方案的通知	通知	1	松原市人民政府办公室	松原市人民政府办公室	松政办发〔2016〕28号	吉林	松原	2016-07-20	综合类	环保综合性规定
748	云南省人民政府关于下达"十三五"期间年森林采伐限额的通知	通知	1	云南省人民政府	云南省人民政府	云政发〔2016〕65号	云南		2016-07-20	自然资源保护类	林地资源
749	商丘市人民政府办公室关于印发商丘市大气污染治理考核办法（试行）的通知	通知	1	商丘市人民政府办公室	商丘市人民政府办公室	商政办〔2016〕66号	河南	商丘	2016-07-21	污染防治类	大气污染
750	商丘市人民政府办公室关于印发商丘市重污染天气应急实施战攻坚实施方案的通知	通知	1	商丘市人民政府办公室	商丘市人民政府办公室	商政办〔2016〕67号	河南	商丘	2016-07-21	污染防治类	大气污染
751	商丘市人民政府办公室关于印发商丘市大气污染防治网格化管理实施方案（试行）的通知	通知	1	商丘市人民政府办公室	商丘市人民政府办公室	商政办〔2016〕65号	河南	商丘	2016-07-21	污染防治类	大气污染

续表

编号	名称	文件类型	发文主体数量	发文主体	发文主体（首位）	文号	发文地区	发文城市	发布时间	文件主类	文件亚类
752	鄂尔多斯市人民政府办公厅关于印发推行环境第三方治理服务实施方案（试行）的通知	通知	1	鄂尔多斯市人民政府办公厅	鄂尔多斯市人民政府办公厅	鄂府办发〔2016〕77号	内蒙古	鄂尔多斯	2016-07-21	污染防治类	污染第三方治理
753	连云港市政府关于印发连云港市生态文明建设环境保护重点任务行动方案（2016-02017年）的通知	通知	1	连云港市政府	连云港市政府	连政发〔2016〕78号	辽宁	连云港	2016-07-21	环境保护手段类	环境规划
754	鄂尔多斯市人民政府办公厅关于印发生态环境监测网络建设（试行）工作方案的通知	通知	1	鄂尔多斯市人民政府办公厅	鄂尔多斯市人民政府办公厅	鄂府办发〔2016〕78号	内蒙古	鄂尔多斯	2016-07-21	环境保护手段类	环境监测
755	保定市人民政府关于加强主城区主要行洪排沥河道管理的通告	通告	1	保定市人民政府	保定市人民政府		河北	保定	2016-07-21	综合类	环保综合性规定
756	中共南宁市委办公厅、南宁市人民政府办公厅关于印发《南宁市环境保护"一岗双责"目标责任制考评管理办法（试行）》的通知	通知	2	中共南宁市委办公厅、南宁市人民政府办公厅	中共南宁市委办公厅、南宁市人民政府办公厅	南办发〔2016〕62号	广西	南宁	2016-07-21	综合类	环保综合性规定
757	广东省财政厅、广东省地方税务局关于资源税换算比和折算率的通知	通知	2	广东省财政厅、广东省地方税务局	广东省财政厅、广东省地方税务局	粤财法〔2016〕19号	广东		2016-07-21	环境保护手段类	环境税

续表

编号	名称	文件类型	发文主体数量	发文主体	发文主体（首位）	文号	发文地区	发文城市	发布时间	文件主类	文件亚类
758	海南省人民政府办公厅关于印发加强环境应急管理工作意见的通知	通知	1	海南省人民政府办公厅	海南省人民政府办公厅	琼府办〔2016〕173号	海南		2016-07-22	环境保护手段类	环境监测
759	吉林省交通运输厅关于印发农村公路路域环境综合整治工作的通知	通知	1	吉林省交通运输厅	吉林省交通运输厅	吉交公〔2016〕172号	吉林		2016-07-22	环境保护手段类	城市绿化与市容管理
760	邯郸市人民政府办公厅关于印发邯郸市突发环境事件应急预案的通知	通知	1	邯郸市人民政府办公厅	邯郸市人民政府办公厅	邯政办字〔2016〕116号	河北	邯郸	2016-07-22	环境保护手段类	环境监测
761	南昌市人民政府办公厅关于印发南昌市赣江城区饮用水源地环境综合整治方案的通知	通知	1	南昌市人民政府办公厅	南昌市人民政府办公厅	洪府厅发〔2016〕67号	江西	南昌	2016-07-22	污染防治类	水污染
762	商丘市人民政府办公室关于印发商丘市中心城区环境卫生综合治理实施方案的通知	通知	1	商丘市人民政府办公室	商丘市人民政府办公室	商政办〔2016〕74号	河南	商丘	2016-07-22	环境保护手段类	城市绿化与市容管理
763	商丘市人民政府办公室关于印发商丘市治理工业大气污染实施方案（2016～2017年）的通知	通知	1	商丘市人民政府办公室	商丘市人民政府办公室	商政办〔2016〕70号	河南	商丘	2016-07-22	污染防治类	大气污染
764	商丘市人民政府办公室关于印发商丘市淘汰黄标车和老旧车及治理机动车污染改坚战实施方案的通知	通知	1	商丘市人民政府办公室	商丘市人民政府办公室	商政办〔2016〕73号	河南	商丘	2016-07-22	污染防治类	大气污染

续表

编号	名称	文件类型	发文主体数量	发文主体	发文主体（首位）	文号	发文地区	发文城市	发布时间	文件主类	文件亚类
765	江苏省政府关于加强推行河长制流域生态环境保护工作的通知	通知	1	江苏省政府	江苏省政府	苏政发〔2016〕96 号	江苏		2016-07-22	综合类	环保综合性规定
766	江苏省委办公厅、江苏省政府办公厅关于印发《江苏省生态环境保护制度综合改革方案》的通知	通知	2	江苏省委办公厅、江苏省政府办公厅	江苏省委办公厅、江苏省政府办公厅	苏办发〔2016〕41 号	江苏		2016-07-22	综合类	环保综合性规定
767	安徽省人民政府办公厅关于健全生态保护补偿机制的实施意见	意见	1	安徽省人民政府办公厅	安徽省人民政府办公厅	皖政办〔2016〕37 号	安徽		2016-07-22	生态保护类	生态保护与修复补偿
768	商丘市人民政府办公室关于印发商丘市大气污染治防新闻报道实施方案的通知	通知	1	商丘市人民政府办公室	商丘市人民政府办公室	商政办〔2016〕66 号	河南	商丘	2016-07-23	污染防治类	大气污染
769	商丘市人民政府办公室关于印发商丘市农业面源污染综合整治实施方案的通知	通知	1	商丘市人民政府办公室	商丘市人民政府办公室	商政办〔2016〕77 号	河南	商丘	2016-07-23	污染防治类	污染物与污染源管理
770	洛阳市人民政府办公室关于印发洛阳市大气污染治防攻坚战7个实施方案的通知	通知	1	洛阳市人民政府办公室	洛阳市人民政府办公室	洛政办〔2016〕65 号	河南	洛阳	2016-07-23	污染防治类	大气污染
771	上海市环保局等关于进一步加强本市生活垃圾焚烧飞灰环境管理的通知	通知	1	上海市环保局	上海市环保局		上海		2016-07-25	污染防治类	大气污染

续表

编号	名称	文件类型	发文主体数量	发文主体（首位）	文号	发文地区	发文城市	发布时间	文件主类	文件亚类
772	青岛市人民政府关于印发青岛市落实水污染防治行动计划实施方案的通知	通知	1	青岛市人民政府	青政发〔2016〕27号	山东	青岛	2016-07-25	污染防治类	水污染
773	安庆市人民政府办公室关于印发安庆市餐饮业环境污染防治管理办法（试行）的通知	通知	1	安庆市人民政府办公室	宜政办秘〔2016〕75号	安徽	安庆	2016-07-25	污染防治类	固体废物污染
774	漯河市人民政府办公室关于印发漯河市工业大气污染治理方案攻坚战实施的通知	通知	1	漯河市人民政府办公室	漯政办〔2016〕67号	河南	漯河	2016-07-25	污染防治类	大气污染
775	漯河市人民政府办公室关于印发漯河市治理重点行业挥发性有机物污染攻坚战实施方案的通知	通知	1	漯河市人民政府办公室	漯政办〔2016〕68号	河南	漯河	2016-07-25	污染防治类	大气污染
776	中卫市人民政府办公室关于开展公路环境大整治及治超治洒工作实施方案的通知	通知	1	中卫市人民政府办公室		宁夏	中卫	2016-07-25	污染防治类	污染防治综合性规定
777	西安市人民政府关于印发矿产资源开发保护生态隐患惠治污染行动计划（2016—2020年）的通知	通知	1	西安市人民政府	市政发〔2016〕38号	陕西	西安	2016-07-25	环境保护手段类	环境规划
778	苏州市政府印发关于调整生态补偿政策的意见的通知	通知	1	苏州市政府	苏府〔2016〕114号	江苏	苏州	2016-07-25	生态保护类	生态恢复与补偿

续表

编号	名称	文件类型	发文主体数量	发文主体	发文主体（首位）	文号	发文地区	发文城市	发布时间	文件主类	文件亚类
779	山东省环境保护厅关于择发性有机物排污费征收有关工作的通知	通知	1	山东省环境保护厅	山东省环境保护厅	鲁环函〔2016〕629号	山东		2016-07-25	环境保护手段类	环境税
780	青岛市环境保护局、青岛市财政局关于印发青岛市环境保护局初始排污权使用费征收规则的通知	通知	1	青岛市环境保护局、青岛市财政局	青岛市环境保护局、青岛市财政局	青环发〔2016〕59号	山东	青岛	2016-07-25	环境保护手段类	环境许可（含排污权交易）
781	潍坊市农业局、潍坊市财政局关于印发2016年耕地地力保护试点项目实施方案的通知	通知	2	潍坊市农业局、潍坊市财政局	潍坊市农业局	潍农种植字〔2016〕8号	山东	潍坊	2016-07-25	自然资源保护类	耕地资源
782	承德市人民政府关于印发承德市城乡规划管理若干规定的通知	通知	1	承德市人民政府	承德市人民政府	承市政字〔2016〕84号	河北	承德	2016-07-25	环境保护手段类	环境规划
783	大同市人民政府关于印发《大同市水环境整改方案》的通知	通知	1	大同市人民政府	大同市人民政府	同政发〔2016〕66号	山西	大同	2016-07-26	污染防治类	水污染
784	七台河市人民政府办公室关于印发七台河市大气污染治专项行动方案（2016—2018年）的通知	通知	1	七台河市人民政府办公室	七台河市人民政府办公室	七政办发〔2016〕33号	黑龙江	七台河	2016-07-26	污染防治类	大气污染
785	七台河市人民政府办公室关于印发七台河市水污染治行动计划工作方案的通知	通知	1	七台河市人民政府办公室	七台河市人民政府办公室	七政办发〔2016〕34号	黑龙江	七台河	2016-07-26	污染防治类	水污染

续表

编号	名称	文件类型	发文主体数量	发文主体	发文主体（首位）	文号	发文地区	发文城市	发布时间	文件主类	文件亚类
786	福建省物价局关于规范矿业权交易服务收费有关问题的通知	通知	1	福建省物价局	福建省物价局	闽价服 [2016] 210 号	福建		2016-07-26	自然资源保护类	矿产资源
787	天水市人民政府办公室关于印发天水市海绵城市建设实施方案的通知	通知	1	天水市人民政府办公室	天水市人民政府办公室	天政办发 [2016] 90 号	甘肃	天水	2016-07-26	环境保护手段类	城市绿化与市容管理
788	包头市人民政府办公厅关于印发禁止露天焚烧农作物秸秆的通知	通知	1	包头市人民政府办公厅	包头市人民政府办公厅		内蒙古	包头	2016-07-26	污染防治类	大气污染
789	南阳市人民政府办公室关于印发南阳市城市环境空气质量生态补偿金暂行办法的通知	通知	1	南阳市人民政府办公室	南阳市人民政府办公室	宛政办 [2016] 57 号	河南	南阳	2016-07-27	污染防治类	大气污染
790	攀枝花市人民政府办公室关于印发《攀枝花市环境污染防治改革方案》的通知	通知	1	攀枝花市人民政府办公室	攀枝花市人民政府办公室	攀办函 [2016] 100 号	四川	攀枝花	2016-07-27	污染防治类	污染防治综合性规定
791	郑州市人民政府关于实施排污权有偿使用和交易的通告	通告	1	郑州市人民政府	郑州市人民政府	郑政通 [2016] 36 号	河南	郑州	2016-07-27	环境保护手段类	环境许可（含排污权交易）
792	新疆维吾尔自治区人民政府关于调整自治区农村生活垃圾专项治理工作领导小组的通知	通知	1	新疆维吾尔自治区人民政府办公厅	新疆维吾尔自治区人民政府办公厅	新政办发 [2016] 112 号	新疆		2016-07-27	污染防治类	固体废物污染

续表

编号	名称	文件类型	发文主体数量	发文主体	发文主体（首位）	文号	发文地区	发文城市	发布时间	文件主类	文件亚类
793	宁波市人民政府办公厅关于进一步加强幼鱼保护和休渔监管工作的通知	通知	1	宁波市人民政府办公厅	宁波市人民政府办公厅	甬政办明电[2016]27号	浙江	宁波	2016-07-27	自然资源保护类	渔业资源
794	松原市人民政府办公室关于印发松原市突发环境事件应急预案的通知	通知	1	松原市人民政府办公室	松原市人民政府办公室	松政办函[2016]54号	吉林	松原	2016-07-28	环境保护手段类	环境监测
795	七台河市人民政府办公室关于进一步加强环境监管执法的通知	通知	1	七台河市人民政府办公室	七台河市人民政府办公室	七政办通[2016]21号	黑龙江	七台河	2016-07-28	环境保护手段类	环境监测
796	天水市人民政府办公室关于印发天水市落实新一轮草原生态保护补助奖励政策实施方案(2016-2020年)的通知	通知	1	天水市人民政府办公室	天水市人民政府办公室	天政办发[2016]92号	甘肃	天水	2016-07-28	生态保护类	生态恢复与补偿
797	内蒙古自治区质量技术监督局关于做好汛期质量安全监管和防洪救灾有关工作的通知	通知	1	内蒙古自治区质量技术监督局	内蒙古自治区质量技术监督局	内质监办发[2016]233号	内蒙古		2016-07-28	环境退化防治类	灾害防治
798	辽宁省人民政府办公厅关于印发辽宁省生态环境监测网络建设工作方案的通知	通知	1	辽宁省人民政府办公厅	辽宁省人民政府办公厅	辽政办发[2016]90号	辽宁		2016-07-29	环境保护手段类	环境监测
799	晋城市环境保护局关于对全市涉水企事业单位实施环保"黄、红"牌管理制度的通知	通知	1	晋城市环境保护局	晋城市环境保护局		山西	晋城	2016-07-29	污染防治类	水污染

续表

编号	名称	文件类型	发文主体数量	发文主体	发文主体（首位）	文号	发文地区	发文城市	发布时间	文件主类	文件亚类
800	昆明市人民政府关于印发昆明市水污染防治实施方案的通知	通知	1	昆明市人民政府	昆明市人民政府		云南	昆明	2016-08-01	污染防治类	水污染
801	嘉兴市人民政府办公室关于印发嘉兴市大气污染防治行动计划实施情况考核办法（试行）的通知	通知	1	嘉兴市人民政府办公室	嘉兴市人民政府办公室	嘉政办发〔2016〕43 号	浙江	嘉兴	2016-08-01	污染防治类	大气污染
802	甘肃省环保护厅关于做好贯彻落实《国家危险废物名录（2016 版）》相关工作的通知	通知	1	甘肃省环境保护厅	甘肃省环境保护厅		甘肃		2016-08-01	污染防治类	污染物与污染源管理
803	焦作市人民政府办公室关于持续做好涉气重点工业企业环境保护工作的通知	通知	1	焦作市人民政府办公室	焦作市人民政府办公室	焦政办〔2016〕77 号	河南	焦作	2016-08-02	污染防治类	大气污染
804	漯河市人民政府办公室关于印发漯河市淘汰黄标车和老旧车及治理机动车污染攻坚战实施方案的通知	通知	1	漯河市人民政府办公室	漯河市人民政府办公室	漯政办〔2016〕71 号	河南	漯河	2016-08-02	污染防治类	大气污染
805	衡水市人民政府办公室关于印发衡水市突发环境事件应急预案的通知（2016）	通知	1	衡水市人民政府办公室	衡水市人民政府办公室	衡政办字〔2016〕118 号	河北	衡水	2016-08-02	环境保护手段类	环境监测
806	许昌市人民政府办公室关于印发许昌市推行环境污染第三方治理实施方案的通知	通知	1	许昌市人民政府办公室	许昌市人民政府办公室	许政办〔2016〕66 号	河南	许昌	2016-08-05	污染防治类	第三方治理

续表

编号	名称	文件类型	发文主体数量	发文主体	发文主体（首位）	文号	发文地区	发文城市	发布时间	文件主类	文件亚类
807	西安市人民政府办公厅关于印发西安市水污染防治工作方案的通知	通知	1	西安市人民政府办公厅	西安市人民政府办公厅	市政办发〔2016〕64号	陕西	西安	2016-08-05	污染防治类	水污染
808	乌鲁木齐市人民政府关于印发乌鲁木齐市节能减排财政政策综合示范项目和资金管理暂行办法的通知	通知	1	乌鲁木齐市人民政府	乌鲁木齐市人民政府	乌政办〔2016〕115号	新疆	乌鲁木齐	2016-08-05	自然资源保护类	能源资源
809	湖州市人民政府关于印发湖州市水污染防治行动计划的通知	通知	1	湖州市人民政府	湖州市人民政府	湖政发〔2016〕18号	安徽	湖州	2016-08-06	污染防治类	水污染
810	厦门市环境保护局关于加强挥发性有机物污染防治（第一阶段）的通告	通告	1	厦门市环境保护局	厦门市环境保护局	厦环控〔2016〕40号	福建	厦门	2016-08-08	污染防治类	大气污染
811	江西省人民政府办公厅关于进一步深化国有林场改革的意见	意见	1	江西省人民政府办公厅	江西省人民政府办公厅	赣府厅发〔2016〕41号	江西		2016-08-08	自然资源保护类	林地资源
812	浙江省发展和改革委员会、浙江省经济和信息化委员会、浙江省环境保护厅等关于印发浙江省淘汰改造高污染燃料"五炉"验收办法的通知	通知	3	浙江省发展和改革委员会、浙江省经济和信息化委员会、浙江省环境保护厅	江省发展和改革委员会	浙发改能源〔2016〕519号	浙江		2016-08-09	环境保护手段类	清洁生产与循环经济

续表

编号	名称	文件类型	发文主体数量	发文主体	发文主体（首位）	文号	发文地区	发文城市	发布时间	文件主类	文件亚类
813	阳泉市环境保护局关于 2016 年第二季度地表水跨界断面水质考核扣缴及奖励生态补偿金的通知	通知	1	阳泉市环境保护局	阳泉市环境保护局	阳环函 [2016] 170 号	山西	阳泉	2016-08-09	生态保护类	生态恢复与补偿
814	阳泉市环境保护局关于打击环境违法犯罪进展情况的通报	通报	1	阳泉市环境保护局	阳泉市环境保护局	阳环函 [2016] 171 号	山西	阳泉	2016-08-09	环境保护手段类	环境诉讼
815	天水市人民政府办公室关于印发天水市城市黑臭水体整治实施方案的通知	通知	1	天水市人民政府办公室	天水市人民政府办公室	天政办 [2016] 95 号	甘肃	天水	2016-08-09	污染防治类	水污染
816	黑龙江省爱国卫生运动委员会办公室关于印发黑龙江省贫困地区城乡环境卫生改善扶贫行动工作方案的通知	通知	1	黑龙江省爱国卫生运动委员会办公室	黑龙江省爱国卫生运动委员会办公室	黑爱卫办发 [2016] 7 号	黑龙江		2016-08-10	环境保护手段类	城市绿化与市容管理
817	鹤岗市人民政府关于推进矿产资源开发和产业化发展的实施意见	意见	1	鹤岗市人民政府	鹤岗市人民政府	鹤政发 [2016] 13 号	黑龙江	鹤岗	2016-08-10	自然资源保护类	矿产资源
818	淮北市人民政府办公室关于印发改善农村人居环境实施方案的通知	通知	1	淮北市人民政府办公室	淮北市人民政府办公室	淮政办 [2016] 24 号	江苏	淮北	2016-08-10	环境保护手段类	城市绿化与市容管理
819	广州市人民政府关于印发广州市生态文明建设规划纲要 (2016—2020 年) 的通知	通知	1	广州市人民政府	广州市人民政府	穗府 [2016] 14 号	广东	广州	2016-08-10	环境保护手段类	环境规划

续表

编号	名称	文件类型	发文主体数量	发文主体	发文主体（首位）	文号	发文地区	发文城市	发布时间	文件主类	文件亚类
820	哈尔滨市人民政府办公厅关于加强市环境监管执法的通知	通知	1	哈尔滨市人民政府办公厅	哈尔滨市人民政府办公厅	哈政办发〔2016〕10号	黑龙江	哈尔滨	2016-08-10	环境保护手段类	环境监测
821	徐州市人民政府办公室关于进一步加强全市煤矿安全生产工作的通知	通知	1	徐州市人民政府办公室	徐州市人民政府办公室	徐政办发〔2016〕142号	江苏	徐州	2016-08-10	自然资源保护类	矿产资源
822	常州市政府关于印发《常州市工业用地和经营性用地土壤环境保护管理办法（试行）》的通知	通知	1	常州市政府	常州市政府	常政规〔2016〕4号	江苏	常州	2016-08-11	污染防治类	土壤污染
823	湖南省发展和改革委员会、湖南省财政厅关于完善主要污染物排污权有偿使用和交易收费政策有关问题的通知	通知	1	湖南省发展和改革委员会、湖南省财政厅	湖南省发展和改革委员会	湘发改价〔2016〕682号	湖南		2016-08-11	环境保护手段类	环境许可（含排污权交易）
824	成都市发展和改革委员会关于成都市府河上游水土保持河堤绿化工程项目建议书的批复	批复	1	成都市发展和改革委员会	成都市发展和改革委员会	成发改政务审批〔2016〕141号	四川	成都	2016-08-11	环境保护手段类	城市绿化与市容管理
825	三亚市人民政府关于印发三亚市城乡容貌和环境卫生管理办法的通知	通知	1	三亚市人民政府	三亚市人民政府	三府〔2016〕205号	海南	三亚	2016-08-12	环境保护手段类	城市绿化与市容管理
826	商丘市人民政府办公室关于提升商丘市市容环境卫生工作水平的通知	通知	1	商丘市人民政府办公室	商丘市人民政府办公室	商政办〔2016〕84号	河南	商丘	2016-08-12	环境保护手段类	城市绿化与市容管理

续表

编号	名称	文件类型	发文主体数量	发文主体	发文主体（首位）	文号	发文地区	发文城市	发布时间	文件主类	文件亚类
827	龙岩市人民政府办公室关于印发黄岗水库等地表饮用水源地突发环境事件应急预案的通知	通知	1	龙岩市人民政府办公室	龙岩市人民政府办公室	龙政办〔2016〕230号	福建	龙岩	2016-08-12	污染防治类	水污染
828	海南省人民政府关于印发海南省林业生态修复与再生专项行动实施方案的通知	通知	1	海南省人民政府	海南省人民政府	琼府〔2016〕77号	海南		2016-08-12	生态保护类	生态恢复与补偿
829	双鸭山市人民政府办公室关于进一步加强环境监管执法工作的通知	通知	1	双鸭山市人民政府办公室	双鸭山市人民政府办公室	双政办发〔2016〕70号	黑龙江	双鸭山	2016-08-12	环境保护手段类	环境监测
830	海南省人民政府办公厅关于加强环岛高铁沿线环境综合整治及景观带建设的指导意见	意见	1	海南省人民政府办公厅	海南省人民政府办公厅	琼府办〔2016〕194号	海南		2016-08-15	环境保护手段类	城市绿化与市容管理
831	北京市水务局、北京市财政局、北京市环境保护局关于印发《北京市农村污水处理和再生水利用设施运营考核暂行办法》的通知	通知	3	北京市水务局、北京市财政局、北京市环境保护局	北京市水务局	京水务排〔2016〕142号	北京		2016-08-15	污染防治类	水污染
832	岳阳市人民政府办公室关于印发岳阳市机动车排气污染防治暂行办法的通知	通知	1	岳阳市人民政府办公室	岳阳市人民政府办公室	岳政办发〔2016〕30号	湖南	岳阳	2016-08-15	污染防治类	大气污染

续表

编号	名称	文件类型	发文主体数量	发文主体（首位）	发文主体	文号	发文地区	发文城市	发布时间	文件主类	文件亚类
833	浙江省物价局、浙江省环境保护厅关于燃煤电企业30万千瓦以上燃煤发电机组容量"十三五"初始排污权有偿使用费征收标准的通知	通知	2	浙江省物价局、浙江省环境保护厅	浙江省物价局，浙江省环境保护厅	浙价资〔2016〕144号	浙江		2016-08-15	环境保护手段类	环境许可（含排污权交易）
834	阳泉市环境保护局关于尽快恢复郊区污水处理厂运行的函	函	1	阳泉市环境保护局	阳泉市环境保护局	阳环函〔2016〕174号	山西	阳泉	2016-08-15	污染防治类	水污染
835	大连市地方税务局关于明确资源税扣缴管理问题的公告	公告	1	大连市地方税务局	大连市地方税务局	大地税公告〔2016〕年第2号	辽宁	大连	2016-08-15	环境保护手段类	环境税
836	漯河市人民政府办公室关于印发漯河市城市环境空气质量生态补偿暂行办法的通知	通知	1	漯河市人民政府办公室	漯河市人民政府办公室	漯政办〔2016〕75号	河南	漯河	2016-08-16	污染防治类	大气污染
837	漯河市人民政府办公室关于印发《漯河市治理燃煤污染攻坚战实施方案》《漯河市重污染天气应急应对攻坚战实施方案》《漯河市秸秆禁烧攻坚战实施方案》的通知	通知	1	漯河市人民政府办公室	漯河市人民政府办公室	漯政办〔2016〕76号	河南	漯河	2016-08-16	污染防治类	大气污染
838	晋城市水务局关于进一步落实环境保护目标责任的通知	通知	1	晋城市水务局	晋城市水务局		山西	晋城	2016-08-16	综合类	环保综合性规定

续表

编号	名称	文件类型	发文主体数量	发文主体	发文主体（首位）	文号	发文地区	发文城市	发布时间	文件主类	文件亚类
839	阳泉市环境保护局关于转发省环保厅对发放临时排污许可证有关问题的复函的通知	通知	1	阳泉市环境保护局	阳泉市环境保护局	阳环函 [2016] 176号	山西	阳泉	2016-08-16	环境保护手段类	环境许可（含排污权交易）
840	广东省环保厅关于机动车环保标志技术鉴别的规范	通知	1	广东省环境保护厅	广东省环境保护厅	粤环函 [2016] 945号	广东		2016-08-16	污染防治类	大气污染
841	温州市人民政府办公室关于印发温州市水污染防治行动计划的通知	通知	1	温州市人民政府办公室	温州市人民政府办公室	温政办 [2016] 82号	浙江	温州	2016-08-17	污染防治类	水污染
842	葫芦岛市人民政府办公室关于印发葫芦岛市农村环境集中整治实施方案的通知	通知	1	葫芦岛市人民政府办公室	葫芦岛市人民政府办公室	葫政办发 [2016] 130号	辽宁	葫芦岛	2016-08-17	环境保护手段类	城市绿化与市容管理
843	重庆市人民政府关于印发重庆市生态文明建设"十三五"规划的通知	通知	1	重庆市人民政府	重庆市人民政府	渝府发 [2016] 34号	重庆		2016-08-17	环境保护手段类	环境规划
844	焦作市人民政府办公室关于进一步做好涉气重点工业企业环境保护工作的通知	通知	1	焦作市人民政府办公室	焦作市人民政府办公室	焦政办 [2016] 83号	河南	焦作	2016-08-18	污染防治类	大气污染
845	郑州市人民政府办公厅关于印发郑州市重型柴油车污染综合整治工作方案的通知	通知	1	郑州市人民政府办公厅	郑州市人民政府办公厅	郑政办 [2016] 51号	河南	郑州	2016-08-18	污染防治类	大气污染

续表

编号	名称	文件类型	发文主体数量	发文主体	发文主体（首位）	文号	发文地区	发文城市	发布时间	文件主类	文件亚类
846	沈阳市人民政府关于印发沈阳市水污染防治工作实施方案（2016—2020年）的通知	通知	1	沈阳市人民政府	沈阳市人民政府	沈政发〔2016〕38号	辽宁	沈阳	2016-08-18	环境保护手段类	环境规划
847	衡阳市人民政府办公室关于印发《衡阳市大气污染治专项行动方案（2016—2017年）》的通知	通知	1	衡阳市人民政府办公室	衡阳市人民政府办公室	衡政办发〔2016〕26号	湖南	衡阳	2016-08-18	污染防治类	大气污染
848	兰州市人民政府关于兰州市国土资源管理供给侧改革的意见	意见	1	兰州市人民政府	兰州市人民政府	兰政发〔2016〕59号	甘肃	兰州	2016-08-18	自然资源保护类	土地资源
849	深圳市人民政府关于印发《深圳市固体废物污染治行动计划（2016—2020年）》的通知	通知	1	深圳市人民政府	深圳市人民政府	深府函〔2016〕206号	广东	深圳	2016-08-19	环境保护手段类	环境规划
850	北京市环境保护局关于主要污染物排放总量指标审核及管理的补充通知	通知	1	北京市环境保护局	北京市环境保护局		北京		2016-08-19	污染防治类	污染物与污染源管理
851	南京市绿化园林局关于印发《南京市绿化园林行政许可裁量权基准》的通知	通知	1	南京市绿化园林局	南京市绿化园林局	宁绿规字〔2016〕2号	江苏	南京	2016-08-19	环境保护手段类	城市绿化与市容管理
852	中共银川市委员会关于落实绿色发展理念加快美丽银川建设的实施意见	意见	1	中共银川市委员会	中共银川市委员会		宁夏	银川	2016-08-19	综合类	绿色发展与生态文明

续表

编号	名称	文件类型	发文主体数量	发文主体	发文主体（首位）	文号	发文地区	发文城市	发布时间	文件主类	文件亚类
853	杭州市人民政府关于发布林区禁火令的通告	通告	1	杭州市人民政府	杭州市人民政府	杭政函〔2016〕126 号	浙江	杭州	2016-08-19	自然资源环保护类	林地资源
854	辽宁省环境保护厅关于开展海洋陆源污染源专项整治行动的通知	通知	1	辽宁省环境保护厅	辽宁省环境保护厅	辽环发〔2016〕33 号	辽宁		2016-08-22	污染防治类	污染物与污染源管理
855	娄底市人民政府办公室关于印发《娄底市大气污染防治专项行动方案（2016—2017 年）》的通知	通知	1	娄底市人民政府办公室	娄底市人民政府办公室	娄政办发〔2016〕20 号	湖南	娄底	2016-08-22	污染防治类	大气污染
856	绍兴市人民政府办公室关于进一步规范市区非封闭型水域渔业养殖捕捞行为的通知	通知	1	绍兴市人民政府办公室	绍兴市人民政府办公室	绍政办发〔2016〕72 号	浙江	绍兴	2016-08-22	自然资源环保护类	渔业资源
857	中共江苏省委、江苏省人民政府关于印发《江苏省生态环境保护工作责任规定（试行）》的通知	通知	2	中共江苏省委、江苏省人民政府	中共江苏省委	苏发〔2016〕37 号	江苏		2016-08-22	综合类	环保综合性规定
858	长春市人民政府办公厅关于加强应急管控措施缓解重污染天气影响的实施意见	意见	1	长春市人民政府办公厅	长春市人民政府办公厅	长府办发〔2016〕31 号	吉林	长春	2016-08-23	污染防治类	大气污染
859	辽宁省人民政府关于印发辽宁省土壤污染防治工作方案的通知	通知	1	辽宁省人民政府	辽宁省人民政府	辽政发〔2016〕58 号	辽宁		2016-08-23	污染防治类	土壤污染

编号	名称	文件类型	发文主体数量	发文主体	发文主体（首位）	文号	发文地区	发文城市	发布时间	文件主类	文件亚类
860	上海市环保局等关于加强机动车排放检验和环境管理工作的通知	通知	1	上海市环保局	上海市环保局		上海		2016-08-23	污染防治类	大气污染
861	淮南市人民政府办公室关于生态保护扶贫工程的实施意见	意见	1	淮南市人民政府办公室	淮南市人民政府办公室	淮府办〔2016〕66号	安徽	淮南	2016-08-23	生态保护类	生态保护综合性规定
862	湖南省国土资源厅关于促进矿泉水开发利用的若干意见	意见	1	湖南省国土资源厅	湖南省国土资源厅	湘国土资发〔2016〕30号	湖南		2016-08-23	自然资源保护类	水资源
863	上海市交通委员会关于印发《G20峰会上海市交通建设工程环境空气质量保障方案》的通知	通知	1	上海市交通委员会	上海市交通委员会		上海		2016-08-24	污染防治类	大气污染
864	乌海市人民政府办公厅关于进一步做好环境保护、安全生产和维稳工作的通知	通知	1	乌海市人民政府办公厅	乌海市人民政府办公厅	乌海政办字〔2016〕47号	内蒙古	乌海	2016-08-24	综合类	环保综合性规定
865	成都市城市管理委员会关于开展全市河道和渠系环境综合治理工作方案》的通知	通知	1	成都市城市管理委员会	成都市城市管理委员会	成城发〔2016〕88号	四川	成都	2016-08-24	污染防治类	水污染
866	上饶市人民政府办公厅关于印发《上饶市突发环境事件应急预案》的通知	通知	1	上饶市人民政府办公厅	上饶市人民政府办公厅	饶府厅发〔2016〕14号	江西	上饶	2016-08-24	环境保护手段类	环境监测

续表

编号	名称	文件类型	发文主体数量	发文主体（首位）	文号	发文地区	发文城市	发布时间	文件主类	文件亚类
867	阳泉市环境保护局关于加强消耗臭氧层物质回收、再生利用或销毁、维修和报废备案管理的通知	通知	1	阳泉市环境保护局	阳环函〔2016〕181号	山西	阳泉	2016-08-24	污染防治类	污染物与污染源管理
868	阳泉市环境保护局关于完善水污染防治行动计划项目储备库的通知	通知	1	阳泉市环境保护局	阳环函〔2016〕182号	山西	阳泉	2016-08-24	污染防治类	水污染
869	张家界市人民政府办公室关于印发张家界市贯彻落实《水污染防治行动计划》实施方案（2016—2020年）的通知	通知	1	张家界市人民政府办公室	张政办发〔2016〕37号	湖南	张家界	2016-08-25	环境保护手段类	环境规划
870	沧州市人民政府关于进一步强化生态环境保护监督管理责任的实施意见	意见	1	沧州市人民政府	沧政发〔2016〕15号	河北	沧州	2016-08-25	环境保护手段类	环境监测
871	广西壮族自治区国土资源厅办公室关于印发广西壮族自治区国土资源行政执法公示制度的通知	通知	1	广西壮族自治区国土资源厅办公室	桂国土资办〔2016〕374号	广西		2016-08-25	自然资源保护类	土地资源
872	黄石市人民政府关于印发黄石市水污染防治实施方案的通知	通知	1	黄石市人民政府	黄政发〔2016〕22号	湖北	黄石	2016-08-26	污染防治类	水污染
873	荆门市人民政府办公室关于加强矿山地质环境保护治理的实施意见	意见	1	荆门市人民政府办公室	荆政办发〔2016〕42号	湖北	荆门	2016-08-26	生态保护类	生态恢复与补偿

续表

编号	名称	文件类型	发文主体数量	发文主体	发文主体（首位）	文号	发文地区	发文城市	发布时间	文件主类	文件亚类
874	福建省物价局、福建省财政厅、福建省环保厅关于制定我省挥发性有机物排污费征收标准的通知	通知	3	福建省物价局，福建省财政厅，福建省环保厅	福建省物价局	闽价费〔2016〕256号	福建		2016-08-26	污染防治类	污染物与污染源管理
875	北京市人民政府办公厅关于印发《北京市生态环境监测网络建设方案》的通知	通知	1	北京市人民政府办公厅	北京市人民政府办公厅	京政办发〔2016〕40号	北京		2016-08-26	环境保护手段类	环境监测
876	阳泉市环境保护局关于开展煤炭开采企业污水处理与排放专项检查的通知	通知	1	阳泉市环境保护局	阳泉市环境保护局	阳环函〔2016〕183号	山西	阳泉	2016-08-26	污染防治类	水污染
877	邢台市人民政府关于部分下放排放污染物许可权的通知	通知	1	邢台市人民政府	邢台市人民政府	邢政字〔2016〕25号	河北	邢台	2016-08-26	环境保护手段类	环境许可（含排污权交易）
878	南京市政府办公厅关于印发南京市公共机构节能管理办法的通知	通知	1	南京市政府办公厅	南京市政府办公厅	宁政办发〔2016〕124号	江苏	南京	2016-08-26	自然资源保护类	能源资源
879	沧州市人民政府办公室关于印发《沧州市突发环境事件应急预案》的通知	通知	1	沧州市人民政府办公室	沧州市人民政府办公室	沧政办字〔2016〕98号	河北	沧州	2016-08-29	环境保护手段类	环境监测
880	洛阳市人民政府办公室关于印发洛阳市生态环境体系乡村清洁行动计划的通知	通知	1	洛阳市人民政府办公室	洛阳市人民政府办公室	洛政办〔2016〕103号	河南	洛阳	2016-08-29	环境保护手段类	环境规划

续表

编号	名称	文件类型	发文主体数量	发文主体（首位）	发文主体（首位）	文号	发文地区	发文城市	发布时间	文件主类	文件亚类
881	湖南省人民政府办公厅关于印发《湖南省矿业权招标拍卖挂牌出让管理办法》的通知	通知	1	湖南省人民政府办公厅	湖南省人民政府办公厅	湘政办发〔2016〕65号	湖南		2016-08-29	自然资源保护类	矿产资源
882	平顶山市人民政府办公室关于印发平顶山市环境空气质量生态补偿暂行办法的通知	通知	1	平顶山市人民政府办公室	平顶山市人民政府办公室	平政办〔2016〕78号	河南	平顶山	2016-08-30	污染防治类	大气污染
883	丽水市人民政府关于印发丽水市水污染防治行动计划的通知	通知	1	丽水市人民政府	丽水市人民政府	丽政发〔2016〕60号	浙江	丽水	2016-08-30	污染防治类	水污染
884	西安市人民政府关于印发西安市改善农村人居环境工作实施方案的通知	通知	1	西安市人民政府	西安市人民政府	市政发〔2016〕45号	陕西	西安	2016-08-30	环境保护手段类	城市绿化与市容管理
885	湖北省物价局、湖北省财政厅、湖北省环保厅关于制定石油化工及包装印刷试点行业挥发性有机物排污收费征收标准等有关问题的通知	通知	3	湖北省物价局，湖北省财政厅，湖北省环保厅	湖北省物价局	鄂价环资〔2016〕91号	湖北		2016-08-30	污染防治类	污染物与污染源管理
886	河南省人民政府办公厅关于印发河南省生态环境监测网络建设工作方案的通知	通知	1	河南省人民政府办公厅	河南省人民政府办公厅	豫政办〔2016〕156号	河南		2016-08-30	环境保护手段类	环境监测
887	兰州市人民政府办公厅关于开展在兰高校校园及周边环境综合整治的通知	通知	1	兰州市人民政府办公厅	兰州市人民政府办公厅	兰政办发〔2016〕191号	甘肃	兰州	2016-09-01	环境保护手段类	城市绿化与市容管理

续表

编号	名称	文件类型	发文主体数量	发文主体（首位）	文号	发文地区	发文城市	发布时间	文件主类	文件亚类
888	吉林市人民政府关于进一步优化松花湖渔业资源环境保护的通告	通告	1	吉林市人民政府	通告〔2016〕7号	吉林	吉林	2016-09-01	自然资源保护类	渔业资源
889	新余市人民政府关于印发袁河新余段水环境综合整治方案的通知	通知	1	新余市人民政府	余府发〔2016〕28号	江西	新余	2016-09-02	污染防治类	水污染
890	贵阳市人民政府办公厅关于进一步加强危险化学品安全监督管理工作的意见	意见	1	贵阳市人民政府办公厅	筑办发〔2016〕31号	贵州	贵阳	2016-09-02	污染防治类	固体废物污染
891	泰州市政府办公室关于进一步加强入河排污口及饮用水源地监督管理工作的通知	通知	1	泰州市政府办公室	泰政办发〔2016〕122号	江苏	台州	2016-09-05	污染防治类	水污染
892	哈尔滨市人民政府办公厅关于印发哈尔滨市重污染天气应急预案的通知（2016）	通知	1	哈尔滨市人民政府办公厅	哈政办发〔2016〕13号	黑龙江	哈尔滨	2016-09-05	污染防治类	大气污染
893	阳泉市环境保护局关于对8月及1—8月全市环境保护违法违规建设项目清理整改进展情况的通报	通报	1	阳泉市环境保护局	阳环函〔2016〕187号	山西	阳泉	2016-09-05	环境保护手段类	环境信息
894	榆林市人民政府关于进一步加强和改进全市煤炭运销管理的意见（试行）	意见	1	榆林市人民政府	榆政发〔2016〕33号	陕西	榆林	2016-09-05	自然资源保护类	矿产资源

续表

编号	名称	文件类型	发文主体数量	发文主体（首位）	发文主体	文号	发文地区	发文城市	发布时间	文件主类	文件亚类
895	淄博市人民政府办公厅关于划定淄博市大气污染物排放控制区的通知	通知	1	淄博市人民政府办公厅	淄博市人民政府办公厅	淄政办字〔2016〕116号	山东	淄博	2016-09-05	污染防治类	大气污染
896	广东省人民政府转发国务院关于印发土壤污染防治行动计划的通知	通知	1	广东省人民政府	广东省人民政府	粤府〔2016〕89号	广东		2016-09-05	污染防治类	土壤污染
897	海东市人民政府办公室关于印发海东市城乡环境卫生整洁行动实施方案（2016—2020年）的通知	通知	1	海东市人民政府办公室	海东市人民政府办公室	东政办〔2016〕126号	青海	海东	2016-09-06	环境保护手段类	环境规划
898	中共吉林省委办公厅、吉林省人民政府办公厅关于印发《吉林省党政领导干部生态环境损害责任追究实施细则（试行）》的通知	通知	2	中共吉林省委办公厅、吉林省人民政府办公厅	中共吉林省委办公厅、吉林省人民政府		吉林		2016-09-06	综合类	环保综合性规定
899	阳泉市环境保护局关于开展2016年环境执法大练兵的通知	通知	1	阳泉市环境保护局	阳泉市环境保护局	阳环发〔2016〕89号	山西	阳泉	2016-09-06	综合类	环保综合性规定
900	阳泉市环境保护局关于贯彻落实《土壤污染防治行动计划》有关事宜的通知	通知	1	阳泉市环境保护局	阳泉市环境保护局	阳环函〔2016〕189号	山西	阳泉	2016-09-06	污染防治类	土壤污染

续表

编号	名称	文件类型	发文主体数量	发文主体	发文主体（首位）	文号	发文地区	发文城市	发布时间	文件主类	文件亚类
901	晋城市环境保护局、晋城市公安局、晋城市质量技术监督局关于转发《关于进一步规范排放检验合格机动车环境监管理工作的通知》的通知	通知	3	晋城市环境保护局、晋城市公安局、晋城市质量技术监督局	晋城市环境保护局	晋市环发〔2016〕200号	山西	晋城	2016-09-06	环境保护手段类	环境监测
902	泸州市人民政府关于加强全市乡镇和农村污水处理设施建设的实施意见	意见	1	泸州市人民政府	泸州市人民政府	泸市府发〔2016〕48号	四川	泸州	2016-09-06	污染防治类	水污染
903	山东省煤炭工业局、山东省国土资源厅、山东省环境保护厅关于印发《山东省煤炭经营储煤场地管理暂行办法》的通知	通知	3	山东省煤炭工业局、山东省国土资源厅、山东省环境保护厅	山东省煤炭工业局	鲁煤经运〔2016〕71号	山东		2016-09-07	自然资源保护类	矿产资源
904	兰州市人民政府办公厅关于切实加强和规范自然灾害救助工作的实施意见	意见	1	兰州市人民政府办公厅	兰州市人民政府办公厅	兰政办发〔2016〕195号	甘肃	兰州	2016-09-07	环境退化防治类	灾害防治
905	银川市人民政府关于印发银川市城市地下空间开发利用管理规定的通知	通知	1	银川市人民政府	银川市人民政府	银政发〔2016〕179号	宁夏	银川	2016-09-08	自然资源保护类	土地资源

续表

编号	名称	文件类型	发文主体数量	发文主体	发文主体（首位）	文号	发文地区	发文城市	发布时间	文件主类	文件亚类
906	贵阳市人民政府办公厅关于全面加强贵阳市环境应急管理工作的意见	意见	1	贵阳市人民政府办公厅	贵阳市人民政府办公厅	筑府办发〔2016〕35号	贵州	贵阳	2016-09-09	环境保护手段类	环境监测
907	固原市人民政府办公室关于印发《固原市主要环境空气质量指标不降反升整改方案》的通知	通知	1	固原市人民政府办公室	固原市人民政府办公室	固政办发〔2016〕68号	宁夏	固原	2016-09-09	污染防治类	大气污染
908	沈阳市人民政府办公厅关于加强生态保护红线管理工作的通知	通知	1	沈阳市人民政府办公厅	沈阳市人民政府办公厅	沈政办发〔2016〕113号	辽宁	沈阳	2016-09-09	生态保护类	生态红线
909	江苏省财政厅、江苏省环保厅关于印发江苏省挥发性有机物排污收费试点实施办法的通知	通知	3	江苏省财政厅、江苏省物价局、江苏省环保厅	江苏省财政厅	苏财综〔2016〕91号	江苏		2016-09-09	污染防治类	污染物与污染源管理
910	新乡市人民政府关于实施排污权有偿使用和交易的通告	通告	1	新乡市人民政府	新乡市人民政府	新政文〔2016〕157号	河南	新乡	2016-09-09	环境保护手段类	环境许可（含排污权交易）
911	厦门市人民政府关于印发厦门市排污权有偿使用和交易管理办法的通知	通知	1	厦门市人民政府	厦门市人民政府	厦府〔2016〕286号	福建	厦门	2016-09-09	环境保护手段类	环境许可（含排污权交易）

续表

编号	名称	文件类型	发文主体数量	发文主体（首位）	文号	发文地区	发文城市	发布时间	文件主类	文件亚类
912	苏州市政府办公室关于转发苏州市城市绿线管理实施细则的通知	通知	1	苏州市政府办公室	苏府办〔2016〕194号	江苏	苏州	2016-09-09	环境保护手段类	城市绿化与市容管理
913	湖北省人民政府办公厅关于印发湖北省生态保护红线管理办法（试行）的通知	通知	1	湖北省人民政府办公厅	鄂政办发〔2016〕72号	湖北		2016-09-10	生态保护类	生态红线
914	湖北省人民政府关于分解下达"十三五"空气环境质量和主要污染物总量减排目标任务的通知	通知	1	湖北省人民政府	鄂政发〔2016〕48号	湖北		2016-09-10	污染防治类	污染物与污染源管理
915	武汉市人民政府关于印发《武汉市大气污染防治强化措施》的通知	通知	1	武汉市人民政府	武政规〔2016〕16号	湖北	武汉	2016-09-11	污染防治类	大气污染
916	重庆市人民政府关于重庆市大洪湖生态环境保护实施方案（2016-2020年）的批复	批复	1	重庆市人民政府	渝府〔2016〕75号	重庆		2016-09-12	环境保护手段类	环境规划
917	重庆市人民政府关于綦江河流域水环境综合整治实施方案（2016—2018年）的批复	批复	1	重庆市人民政府	渝府〔2016〕72号	重庆		2016-09-12	环境保护手段类	环境规划
918	重庆市人民政府关于重庆长江流域晒网埂重点控制单元水环境综合整治实施方案的批复	批复	1	重庆市人民政府	渝府〔2016〕71号	重庆		2016-09-12	环境保护手段类	环境规划

续表

编号	名称	文件类型	发文主体数量	发文主体	发文主体（首位）	文号	发文地区	发文城市	发布时间	文件主类	文件亚类
919	青岛市人民政府办公厅关于实施市区生活垃圾异地处置环境补偿的通知	通知	1	青岛市人民政府办公厅	青岛市人民政府办公厅	青政办字 [2016] 115号	山东	青岛	2016-09-13	污染防治类	固体废物污染
920	长沙市地方税务局关于明确市区土地使用权转让税收管理有关事项的通知	通知	1	长沙市地方税务局	长沙市地方税务局	长地税函 [2016] 64号	湖南	长沙	2016-09-13	自然资源保护类	土地资源
921	阳泉市环境保护局关于取消危险化学品生产使用环境管理登记证行政审批事项的通知	通知	1	阳泉市环境保护局	阳泉市环境保护局	阳环发 [2016] 90号	山西	阳泉	2016-09-13	环境保护手段类	环境许可（含排污权交易）
922	贵州省环境保护厅关于印发《贵州省社会环境监测机构开展环境监测服务活动监督管理办法（暂行）》的通知	通知	1	贵州省环境保护厅	贵州省环境保护厅		贵州		2016-09-13	环境保护手段类	环境监测
923	河北省人民政府办公厅关于发河北省污染第三方治理管理办法的通知	通知	1	河北省人民政府办公厅	河北省人民政府办公厅	冀政办字 [2016] 150号	河北		2016-09-14	污染防治类	污染第三方治理
924	山东省环境保护厅、山东省发展和改革委员会、山东省财政厅关于印发《山东省省级以上自然保护区生态补偿办法（试行）》的通知	通知	3	山东省环境保护厅、山东省发展和改革委员会、山东省财政厅	山东省环境保护厅	鲁环发 [2016] 175号	山东		2016-09-14	生态保护类	生态恢复与补偿

续表

编号	名称	文件类型	发文主体数量	发文主体	发文主体（首位）	文号	发文地区	发文城市	发布时间	文件主类	文件亚类
925	北京市突发事件应急委员会关于印发北京市矿山事故应急预案的通知	通知	1	北京市突发事件应急委员会	北京市突发事件应急委员会	京应急委〔2016〕9号	北京		2016-09-14	环境保护手段类	环境监测
926	昭通市人民政府办公室关于印发昭通市重污染天气应急预案的通知	通知	1	昭通市人民政府办公室	昭通市人民政府办公室	昭政办发〔2016〕124号	云南	昭通	2016-09-14	污染防治类	大气污染
927	辽宁省人民政府办公厅关于印发辽宁省林业产业发展指导意见的通知	通知	1	辽宁省人民政府办公厅	辽宁省人民政府办公厅	辽政办发〔2016〕105号	辽宁		2016-09-14	自然资源保护类	林地资源
928	北京市园林绿化局关于印发加快推进北京城市副中心园林绿化生态环境建设的实施方案的通知	通知	1	北京市园林绿化局	北京市园林绿化局		北京		2016-09-15	环境保护手段类	城市绿化与市容管理
929	河北省人民政府办公厅关于健全生态保护补偿机制的实施意见	意见	1	河北省人民政府办公厅	河北省人民政府办公厅	冀政办发〔2016〕25号	河北		2016-09-17	生态保护类	生态恢复与补偿
930	海南省人民政府办公厅关于加强高污染排放机动车管理的通知	通知	1	海南省人民政府办公厅	海南省人民政府办公厅	琼府办〔2016〕220号	海南		2016-09-18	污染防治类	大气污染
931	四平市人民政府办公室关于印发四平市2016-2020年政府环境保护目标责任制工作实施方案的通知	通知	1	四平市人民政府办公室	四平市人民政府办公室		吉林	四平	2016-09-18	环境保护手段类	环境规划

续表

编号	名称	文件类型	发文主体数量	发文主体	发文主体（首位）	文号	发文地区	发文城市	发布时间	文件主类	文件亚类
932	海南省人民政府关于划定海南省生态保护红线的通告	通告	1	海南省人民政府	海南省人民政府	琼府〔2016〕90号	海南		2016-09-18	生态保护类	生态红线
933	杭州市人民政府办公厅关于全面建立杭州市耕地保护补偿机制的实施意见	意见	1	杭州市人民政府办公厅	杭州市人民政府办公厅	杭政办函〔2016〕102号	浙江	杭州	2016-09-18	自然资源保护类	耕地资源
934	黑龙江省人民政府关于印发黑龙江省省级自然保护区调整管理规定的通知	通知	1	黑龙江省人民政府	黑龙江省人民政府	黑政函〔2016〕98号	黑龙江		2016-09-18	生态保护类	国家公园与自然保护区
935	上饶市人民政府办公厅关于印发进一步规范耕地占补平衡管理的通知	通知	1	上饶市人民政府办公厅	上饶市人民政府办公厅	饶府厅字〔2016〕94号	江西	上饶	2016-09-19	自然资源保护类	耕地资源
936	关于印发《广东省环境保护厅关于开展固定污染源排放重点监管企业综合整治工作指引》的通知	通知	1	广东省环境保护厅	广东省环境保护厅	粤环函〔2016〕1054号	广东		2016-09-19	污染防治类	污染物与污染源管理
937	四平市人民政府办公室关于印发四平市加强重污染天气应急管控及缓解重污染天气影响工作方案的通知	通知	1	四平市人民政府办公室	四平市人民政府办公室	四政办发〔2016〕63号	吉林	四平	2016-09-20	污染防治类	大气污染
938	烟台市财政局关于印发《烟台市生态文明示范区建设奖补资金管理办法》的通知	通知	1	烟台市财政局	烟台市财政局		山东	烟台	2016-09-20	综合类	绿色发展与生态文明

续表

编号	名称	文件类型	发文主体数量	发文主体（首位）	文号	发文地区	发文城市	发布时间	文件主类	文件亚类
939	兰州市生态建设管理局关于开展全市严厉打击非法占用林地等涉林违法犯罪专项行动的紧急通知	通知	1	兰州市生态建设管理局		甘肃	兰州	2016-09-20	自然资源保护类	林地资源
940	西宁市人民政府关于印发西宁市水污染防治工作方案的通知	通知	1	西宁市人民政府	宁政〔2016〕161号	青海	西宁	2016-09-21	污染防治类	水污染
941	北京市环境保护局、北京市水务局关于印发《北京市水污染物排放自动监测设备的重点排污单位名录》的通知	通知	2	北京市环境保护局，北京市水务局		北京		2016-09-21	环境保护手段类	环境监测
942	呼和浩特市人民政府办公厅关于印发《呼和浩特市自然灾害救助预案》的通知	通知	1	呼和浩特市人民政府办公厅	呼政办发〔2016〕39号	内蒙古	呼和浩特	2016-09-21	环境退化防治类	灾害防治
943	辽宁省人民政府办公厅关于印发辽宁省渔业产业发展指导意见的通知	通知	1	辽宁省人民政府办公厅	辽政办发〔2016〕108号	辽宁		2016-09-21	自然资源保护类	渔业资源
944	宁夏回族自治区国土资源厅关于限期完成关闭退出煤矿矿山地质环境治理恢复工作的通知	通知	1	宁夏回族自治区国土资源厅	宁国土资发〔2016〕491号	宁夏		2016-09-22	生态保护类	生态恢复与补偿
945	浙江省人民政府办公厅关于印发浙江省突发环境事件应急预案的通知	通知	1	浙江省人民政府办公厅	浙政办发〔2016〕117号	浙江		2016-09-22	环境保护手段类	环境监测

续表

编号	名称	文件类型	发文主体数量	发文主体	发文主体（首位）	文号	发文地区	发文城市	发布时间	文件主类	文件亚类
946	乌海市人民政府办公厅关于对未开展废物料堆场封闭治理企业加强环境执法监管的通知	通知	1	乌海市人民政府办公厅	乌海市人民政府办公厅	乌海政办字〔2016〕53号	内蒙古	乌海	2016-09-22	污染防治类	固体废物污染
947	鹤壁市人民政府办公室关于印发鹤壁市重污染天气应急预案（2016修订）的通知	通知	1	鹤壁市人民政府办公室	鹤壁市人民政府办公室	鹤政办〔2016〕55号	河南	鹤壁	2016-09-23	污染防治类	大气污染
948	阳泉市环境保护局关于转发环境规范环境监测收费有关事项的通知	通知	1	阳泉市环境保护局	阳泉市环境保护局	阳环函〔2016〕199号	山西	阳泉	2016-09-23	环境保护手段类	环境监测
949	河北省环境保护厅、河北省财政厅关于印发《河北省农村环境整治工作方案（2016—2020年）》的通知	通知	2	河北省环境保护厅、河北省财政厅	河北省环境保护厅	冀环规〔2016〕187号	河北		2016-09-26	环境保护手段类	环境规划
950	吉林省住房和城乡建设厅关于对部分生态环境保护政策措施落实情况进行督查的通知	通知	1	吉林省住房和城乡建设厅	吉林省住房和城乡建设厅	吉建城〔2016〕81号	海南		2016-09-26	综合类	环保综合性规定
951	佛山市人民政府办公室关于印发佛山市企业落实环境安全主体责任工作指引的通知	通知	1	佛山市人民政府办公室	佛山市人民政府办公室	佛府办〔2016〕51号	广东	佛山	2016-09-26	综合类	环保综合性规定
952	珠海市人民政府办公室关于印发珠海市森林防火工作责任制实施细则的通知	通知	1	珠海市人民政府办公室	珠海市人民政府办公室	珠府办函〔2016〕201号	广东	珠海	2016-09-26	自然资源保护类	林地资源

续表

编号	名称	文件类型	发文主体数量	发文主体	发文主体（首位）	文号	发文地区	发文城市	发布时间	文件主类	文件亚类
953	广东省人民政府关于印发《广东省森林资源保护和发展目标责任制考核办法》的通知	通知	1	广东省人民政府	广东省人民政府	粤府函 [2016] 317号	广东		2016-09-26	自然资源保护类	林地资源
954	西安市人民政府办公厅关于印发西安市重污染天气应急预案（修订稿）的通知	通知	1	西安市人民政府办公厅	西安市人民政府办公厅	市政办发 [2016] 76号	陕西	西安	2016-09-27	污染防治类	大气污染
955	洛阳市人民政府办公室关于印发洛阳市生态环境建设体系林业生态行动计划的通知	通知	1	洛阳市人民政府办公室	洛阳市人民政府办公室	洛政办 [2016] 101号	河南	洛阳	2016-09-27	环境保护手段类	环境规划
956	洛阳市人民政府办公室关于印发洛阳市生态环境建设体系碧水行动计划的通知	通知	1	洛阳市人民政府办公室	洛阳市人民政府办公室	洛政办 [2016] 102号	河南	洛阳	2016-09-27	环境保护手段类	环境规划
957	广东省发展改革委、广东省财政厅、广东省环境保护厅关于二氧化硫、化学需氧量、氮氧化物和氨氮排污权有偿使用和交易价格的通知	通知	3	广东省发展改革委、广东省财政厅、广东省环境保护厅	广东省发展改革委	粤发改价格 [2016] 626号	广东		2016-09-27	环境保护手段类	环境许可（含排污权交易）
958	庆阳市人民政府办公室关于启用庆阳市落实新一轮草原生态保护补助奖励政策领导小组办公室印章的通知	通知	1	庆阳市人民政府办公室	庆阳市人民政府办公室	庆政办发 [2016] 160号	甘肃	庆阳	2016-09-27	生态保护类	生态恢复与补偿

续表

编号	名称	文件类型	发文主体数量	发文主体	发文主体（首位）	文号	发文地区	发文城市	发布时间	文件主类	文件亚类
959	贵州省农业委员会关于印发《贵州省耕地休耕制度试点实施方案》的通知	通知	1	贵州省农业委员会	贵州省农委	黔农发[2016]118号	贵州		2016-09-27	自然资源保护类	土地资源
960	开封市人民政府办公室关于印发开封市重污染天气应急预案的通知	通知	1	开封市人民政府办公室	开封市人民政府办公室	汴政办[2016]114号	河南	开封	2016-09-28	污染防治类	大气污染
961	宜昌市人民政府办公室关于印发黄柏河东支流域水环境综合治理实施方案（2016～2020年）的通知	通知	1	宜昌市人民政府办公室	宜昌市人民政府办公室	宜府办文[2016]49号	湖北	宜昌	2016-09-28	环境保护手段类	环境规划
962	洛阳市人民政府办公室关于印发洛阳市生态环境建设体系生态修复行动计划的通知	通知	1	洛阳市人民政府办公室	洛阳市人民政府办公室	洛政办[2016]103号	河南	洛阳	2016-09-28	环境保护手段类	环境规划
963	吕梁市环境保护局办公室关于印发《吕梁市矿山生态环境详细调查实施方案》的通知	通知	1	吕梁市环境保护局办公室	吕梁市环境保护局办公室	吕环办发[2016]96号	山西	吕梁	2016-09-28	环境保护手段类	环境监测
964	鞍山市人民政府办公厅关于修订鞍山市辽河保护区突发环境污染和生态破坏事件应急预案的通知	通知	1	鞍山市人民政府办公厅	鞍山市人民政府办公厅	鞍政办发[2016]101号	辽宁	鞍山	2016-09-29	环境保护手段类	环境监测
965	濮阳市人民政府办公室关于印发濮阳市"污染围城"集中整治实施方案的通知	通知	1	濮阳市人民政府办公室	濮阳市人民政府办公室	濮政办[2016]89号	河南	濮阳	2016-09-29	污染防治类	固体废物污染

编号	名称	文件类型	发文主体数量	发文主体	发文主体（首位）	文号	发文地区	发文城市	发布时间	文件主类	文件亚类
966	杭州市人民政府关于印发杭州市水污染防治行动计划的通知	通知	1	杭州市人民政府	杭州市人民政府	杭政函〔2016〕148号	浙江	杭州	2016-09-29	污染防治类	水污染
967	绍兴市人民政府关于建立全市耕地占补平衡利益共享机制的通知	通知	1	绍兴市人民政府	绍兴市人民政府	绍政发〔2016〕48号	浙江	绍兴	2016-09-29	自然资源保护类	耕地资源
968	四川省人民政府关于印发四川省生态保护红线实施意见的通知	通知	1	四川省人民政府	四川省人民政府	川府发〔2016〕45号	四川		2016-09-29	生态保护类	生态红线
969	河北省发展和改革委员会、河北省财政厅、河北省农业厅（河北省委省政府农村工作办公室）等关于印发《河北省张承地区生态保护和修复实施方案》的通知	通知	3	河北省发展和改革委员会、河北省财政厅、河北省农业厅	河北省发展和改革委员会	冀发改经〔2016〕147号	河北		2016-09-29	生态保护类	生态恢复与补偿
970	广东省水利厅关于主要河道河砂场规划设置和管理的办法	办法	1	广东省水利厅	广东省水利厅	粤水规范字〔2016〕1号	广东		2016-09-29	自然资源保护类	土地资源

续表

编号	名称	文件类型	发文主体数量	发文主体	发文主体（首位）	文号	发文地区	发文城市	发布时间	文件主类	文件亚类
971	甘肃省环境保护厅、甘肃省交通运输厅、甘肃省公安厅、甘肃省发展和改革委员会、甘肃省商务厅、甘肃省质量技术监督局关于全面加强机动车污染防治工作的通知	通知	6	甘肃省环境保护厅、甘肃省交通运输厅、甘肃省公安厅、甘肃省发展和改革委员会、甘肃省商务厅、甘肃省质量技术监督局	甘肃省环境保护厅	甘环发〔2016〕143号	甘肃		2016-09-29	污染防治类	大气污染
972	辽宁省人民政府办公厅关于印发辽宁省秸秆焚烧防控责任追究暂行规定的通知	通知	1	辽宁省人民政府办公厅	辽宁省人民政府办公厅	辽政办发〔2016〕112号	辽宁		2016-09-29	污染防治类	大气污染
973	河南省人民政府办公厅关于印发河南省重污染天气应急预案的通知	通知	1	河南省人民政府办公厅	河南省人民政府办公厅	豫政办〔2016〕175号	河南		2016-09-30	污染防治类	大气污染
974	淄博市人民政府办公厅关于印发淄博市环境空气质量生态补偿暂行办法的通知	通知	1	淄博市人民政府办公厅	淄博市人民政府办公厅	淄政办字〔2016〕126号	山东	淄博	2016-09-30	污染防治类	大气污染

续表

编号	名称	文件类型	发文主体数量	发文主体	发文主体（首位）	文号	发文地区	发文城市	发布时间	文件主类	文件亚类
975	濮阳市人民政府关于印发濮阳市重污染天气应急预案的通知	通知	1	濮阳市人民政府	濮阳市人民政府	濮政〔2016〕68号	河南	濮阳	2016-09-30	污染防治类	大气污染
976	新乡市人民政府办公室关于印发新乡市重污染天气应急预案的通知	通知	1	新乡市人民政府办公室	新乡市人民政府办公室	新政办〔2017〕118号	河南	新乡	2016-09-30	污染防治类	大气污染
977	葫芦岛市人民政府办公室关于印发葫芦岛市尾矿库生态环境恢复治理工作实施方案的通知	通知	1	葫芦岛市人民政府办公室	葫芦岛市人民政府办公室	葫政办发〔2016〕158号	辽宁	葫芦岛	2016-09-30	生态保护类	生态恢复与补偿
978	南京市政府关于印发《南京市生态保护补偿办法》的通知	通知	1	南京市政府	南京市政府	宁政规字〔2016〕12号	江苏	南京	2016-09-30	生态保护类	生态恢复与补偿
979	甘肃省人民政府办公厅关于印发甘肃省"十三五"环境保护规划的通知	通知	1	甘肃省人民政府办公厅	甘肃省人民政府办公厅		甘肃		2016-09-30	环境保护手段类	环境规划
980	江门市人民政府关于印发江门市中华白海豚自然保护区管理办法的通知（2016）	通知	1	江门市人民政府	江门市人民政府	江府〔2016〕21号	广东	江门	2016-09-30	自然资源保护类	矿产资源
981	苏州市人民政府办公室关于印发苏州市"十三五"生态环境保护规划的通知	通知	1	苏州市人民政府办公室	苏州市人民政府办公室	苏府办〔2016〕210号	江苏	苏州	2016-09-30	环境保护手段类	环境规划
982	西宁市人民政府办公厅关于做好"国庆"期间大气、水污染综合治理工作的通知	通知	1	西宁市人民政府办公厅	西宁市人民政府办公厅	宁政办〔2016〕176号	青海	西宁	2016-09-30	污染防治类	污染防治综合性规定

续表

编号	名称	文件类型	发文主体数量	发文主体	发文主体（首位）	文号	发文地区	发文城市	发布时间	文件主类	文件亚类
983	吉林省水利厅关于印发部分水生态环境建设保护政策落实情况专项督查工作方案的函	函	1	吉林省水利厅	吉林省水利厅	吉水节函[2016]40号	吉林		2016-10-01	自然资源保护类	水资源
984	《海南省严厉打击外来无检疫证书非法运输森林植物及产品专项行动实施方案》的通知	通知	1	海南省林业厅办公室	海南省林业厅办公室	琼林办[2016]293号	海南		2016-10-08	自然资源保护类	林地资源
985	广东省安全生产监督管理局关于金属矿山和尾矿库建设项目安全设施"三同时"监督管理实施办法	办法	1	广东省安全生产监督管理局	广东省安全生产监督管理局	粤安监[2016]146号	广东		2016-10-08	环境保护手段类	环境影响评价
986	宁夏回族自治区国土资源厅关于青铜峡市、同心县矿产资源规划调整的批复	批复	1	宁夏回族自治区国土资源厅	宁夏回族自治区国土资源厅		宁夏		2016-10-09	自然资源保护类	矿产资源
987	温州市人民政府办公室关于印发温州市水利发展"十三五"规划的通知	通知	1	温州市人民政府办公室	温州市人民政府办公室	温政办[2016]102号	浙江	温州	2016-10-09	环境保护手段类	环境规划
988	宁夏回族自治区国土资源厅关于进一步加强全区矿产资源勘查开采监管工作的紧急通知	通知	1	宁夏回族自治区	宁夏回族自治区		宁夏		2016-10-09	自然资源保护类	矿产资源
989	黄冈市人民政府办公室转发市水利局2016—2017年度黄冈市水利建设实施方案通知	通知	1	黄冈市人民政府办公室	黄冈市人民政府办公室	黄政办发[2016]67号	湖北	黄冈	2016-10-10	自然资源保护类	水资源

续表

编号	名称	文件类型	发文主体数量	发文主体	发文主体（首位）	文号	发文地区	发文城市	发布时间	文件主类	文件亚类
990	福建省人民政府办公厅关于印发福建省"十三五"能源发展专项规划的通知	通知	1	福建省人民政府办公厅	福建省人民政府办公厅	闽政办〔2016〕165号	福建		2016-10-10	环境保护手段类	环境规划
991	南平市人民政府办公室关于印发南平市"十三五"能源发展专项规划的通知	通知	1	南平市人民政府办公室	南平市人民政府办公室	南政办〔2016〕127号	福建	南平	2016-10-10	环境保护手段类	环境规划
992	阳泉市环境保护局关于对9月及1-9月全市环境保护执法及项目清理整改进展情况的通报	通报	1	阳泉市环境保护局	阳泉市环境保护局	阳环函〔2016〕206号	山西	阳泉	2016-10-10	环境保护手段类	环境信息
993	甘肃省环境保护厅关于做好省以下环保机构监测监察执法垂直管理改革期间有关工作的通知	通知	1	甘肃省环境保护厅	甘肃省环境保护厅	甘环人发〔2016〕13号	甘肃		2016-10-10	综合类	环保综合性规定
994	甘肃省人民政府办公厅关于印发《甘肃省矿业权转让管理办法》的通知	通知	1	甘肃省人民政府办公厅	甘肃省人民政府办公厅	甘政办发〔2016〕169号	甘肃		2016-10-10	自然资源保护类	矿产资源
995	南宁市人民政府办公厅关于印发南宁市"十三五"气象事业发展规划的通知	通知	1	南宁市人民政府办公厅	南宁市人民政府办公厅	南府办〔2016〕60号	广西	南宁	2016-10-11	环境保护手段类	环境规划
996	沈阳市人民政府办公厅关于印发沈阳市清洁和可再生能源发展计划（2016—2017年）的通知	通知	1	沈阳市人民政府办公厅	沈阳市人民政府办公厅	沈政办发〔2016〕131号	辽宁	沈阳	2016-10-11	环境保护手段类	环境规划

续表

编号	名称	文件类型	发文主体数量	发文主体	发文主体（首位）	文号	发文地区	发文城市	发布时间	文件主类	文件亚类
997	铜仁市人民政府办公室关于印发铜仁市农村生活垃圾及污水治理指导意见的通知	通知	1	铜仁市人民政府办公室	铜仁市人民政府办公室	铜府办发〔2016〕111 号	贵州	铜仁	2016-10-11	污染防治类	固体废物污染
998	辽宁省财政厅、辽宁省辽河凌河保护区河道采砂权出让价款分成比例的通知	通知	2	辽宁省财政厅、辽宁省辽河凌河保护区河道管理局	辽宁省财政厅	辽财非〔2016〕593 号	辽宁		2016-10-11	环境保护手段类	环境许可（含排污权交易）
999	福建省海洋与渔业厅关于印发《福建省水生野生动物救护管理办法》的通知	通知	1	福建省海洋与渔业厅	福建省海洋与渔业厅	闽海渔〔2016〕221 号	福建		2016-10-12	自然资源保护类	渔业资源
1000	庆阳市人民政府办公室关于印发庆阳市城乡规划督察暨管理办法的通知	通知	1	庆阳市人民政府办公室	庆阳市人民政府办公室	庆政办发〔2016〕169 号	甘肃	庆阳	2016-10-12	环境保护手段类	环境规划
1001	河北省林业厅关于进一步加强野生动物保护管理工作的通知	通知	1	河北省林业厅	河北省林业厅	冀林字〔2016〕273 号	河北		2016-10-13	自然资源保护类	野生动植物资源
1002	吉林市人民政府关于公布实施吉林市城镇基准地价等土地价格的通知	通知	1	吉林市人民政府	吉林市人民政府	吉市政发〔2016〕8 号	吉林	吉林	2016-10-13	自然资源保护类	土地资源
1003	浙江省水利厅办公室关于上报2017 年河湖库塘清淤实施计划的通知	通知	1	浙江省水利厅办公室	浙江省水利厅办公室	浙水河〔2016〕8 号	浙江		2016-10-14	污染防治类	水污染

续表

编号	名称	文件类型	发文主体数量	发文主体	发文主体（首位）	文号	发文地区	发文城市	发布时间	文件主类	文件亚类
1004	杭州市人民政府办公厅关于印发森林杭州建设目标责任制考核办法（试行）的通知	通知	1	杭州市人民政府办公厅	杭州市人民政府办公厅	杭政办函〔2016〕112号	浙江	杭州	2016-10-14	环境保护手段类	城市绿化与市容管理
1005	黑龙江省物价监督管理局、黑龙江省财政厅关于佳木斯市主要污染物排污权有偿出让有关问题的批复	批复	2	黑龙江省物价监督管理局，黑龙江省财政厅	黑龙江省物价监督管理局	黑价联〔2016〕49号	黑龙江		2016-10-14	环境保护手段类	环境许可（含排污权交易）
1006	广西壮族自治区国土资源厅办公室关于实行广西矿山地质环境恢复治理与土地复垦制度的示范的通知	通知	1	广西壮族自治区国土资源厅办公室	广西壮族自治区国土资源厅办公室	桂国土资办〔2016〕439号	广西		2016-10-15	生态保护类	生态恢复与补偿
1007	青海省人民政府办公厅关于印发青海省气象事业"十三五"发展规划的通知	通知	1	青海省人民政府办公厅	青海省人民政府办公厅	青政办〔2016〕192号	青海		2016-10-17	环境保护手段类	环境规划
1008	白银市人民政府办公室关于印发《白银市环境安全隐患排查整治规定》的通知	通知	1	白银市人民政府办公室	白银市人民政府办公室	市政办发〔2016〕145号	甘肃	白银	2016-10-17	环境退化防治类	灾害防治
1009	石家庄市人民政府办公厅贯彻落实河北省政府办公厅《关于健全生态保护补偿机制的实施意见》的通知	通知	1	石家庄市人民政府办公厅	石家庄市人民政府办公厅	石政办函〔2016〕152号	河北	石家庄	2016-10-17	生态保护类	生态恢复与补偿

续表

编号	名称	文件类型	发文主体数量	发文主体	发文主体（首位）	文号	发文地区	发文城市	发布时间	文件主类	文件亚类
1010	潍坊市环境保护局关于试行建设单位自行组织建设项目环境影响报告书技术评估工作制度的通知	通知	1	潍坊市环境保护局	潍坊市环境保护局	潍环函[2016]122号	山东	潍坊	2016-10-18	环境保护手段类	环境影响评价
1011	固原市人民政府办公室关于印发《固原市创建国家园林城市重点任务分工》的通知	通知	1	固原市人民政府办公室	固原市人民政府办公室	固政办发[2016]83号	宁夏	固原	2016-10-18	环境保护手段类	城市绿化与市容管理
1012	邯郸市人民政府关于印发邯郸市水资源税改革试点实施办法的通知	通知	1	邯郸市人民政府	邯郸市人民政府	邯政字[2016]84号	河北	邯郸	2016-10-18	环境保护手段类	环境税
1013	邯郸市人民政府办公厅关于印发邯郸市水资源税改革试点工作实施意见的通知	通知	1	邯郸市人民政府办公厅	邯郸市人民政府办公厅	邯政办字[2016]158号	河北	邯郸	2016-10-18	环境保护手段类	环境税
1014	石家庄市人民政府办公厅关于进一步加强全市大气重点污染源监管工作的意见	意见	1	石家庄市人民政府办公厅	石家庄市人民政府办公厅	石政办发[2016]65号	河北	石家庄	2016-10-18	污染防治类	大气污染
1015	淄博市人民政府关于淄博市矿山地质环境保护与治理规划(2016—2025年)的批复	批复	1	淄博市人民政府	淄博市人民政府	淄政字[2016]82号	山东	淄博	2016-10-19	环境保护手段类	环境规划
1016	晋城市住房城乡建设局关于印发《晋城市住房城乡建设城市重污染天气应急预案》的通知	通知	1	晋城市住房城乡建设局	晋城市住房城乡建设局	晋市建质字[2016]195号	山西	晋城	2016-10-20	污染防治类	大气污染

续表

编号	名称	文件类型	发文主体数量	发文主体	发文主体（首位）	文号	发文地区	发文城市	发布时间	文件主类	文件亚类
1017	江西省住房和城乡建设厅、江西省财政厅、江西省水利厅关于组织申报江西省海绵城市建设试点工作的通知	通知	3	江西省住房和城乡建设厅、江西省财政厅、江西省水利厅	江西省住房和城乡建设厅	赣建城〔2016〕29号	江西		2016-10-20	环境保护手段类	城市绿化与市容管理
1018	哈尔滨市人民政府办公厅关于印发哈尔滨市林业生物灾害应急预案的通知	通知	1	哈尔滨市人民政府办公厅	哈尔滨市人民政府办公厅	哈政办发〔2016〕21号	黑龙江	哈尔滨	2016-10-21	环境退化防治类	灾害防治
1019	黑龙江省农业委员会关于印发《全省2016年禁止野外焚烧秸秆改善大气环境质量督查方案》的通知	通知	1	黑龙江省农业委员会	黑龙江省农业委员会	黑农委植发〔2016〕105号	黑龙江		2016-10-21	污染防治类	大气污染
1020	贵阳市人民政府关于划定高污染燃料禁燃区的通告	通告	1	贵阳市人民政府	贵阳市人民政府		贵州	贵阳	2016-10-24	污染防治类	大气污染
1021	大同市人民政府办公厅关于印发《大同市采煤沉陷区综合治理地质环境治理专项工作方案(2016—2018年)》的通知	通知	1	大同市人民政府办公厅	大同市人民政府办公厅	同政办发〔2016〕131号	山西	大同	2016-10-25	生态保护类	生态恢复与补偿
1022	徐州市政府关于印发徐州市"十三五"能源发展规划的通知	通知	1	徐州市人民政府	徐州市人民政府	徐政发〔2016〕69号	江苏	徐州	2016-10-25	环境保护手段类	环境规划

续表

编号	名称	文件类型	发文主体数量	发文主体	发文主体（首位）	文号	发文地区	发文城市	发布时间	文件主类	文件亚类
1023	石家庄市人民政府关于加强今冬明春大气污染治工作的意见	意见	1	石家庄市人民政府	石家庄市人民政府	石政发 [2016] 53 号	河北	石家庄	2016-10-25	污染防治类	大气污染
1024	云南省林业厅关于印发《云南省森林抚育实施细则》的通知	通知	1	云南省林业厅	云南省林业厅		云南		2016-10-25	自然资源保护类	林地资源
1025	中卫市人民政府关于划定森林防火区规定森林防火期的通告	通告	1	中卫市人民政府	中卫市人民政府		宁夏	中卫	2016-10-26	自然资源保护类	林地资源
1026	陇南市人民政府办公室关于进一步做好规划环境影响评价工作的通知	通知	1	陇南市人民政府办公室	陇南市人民政府办公室	陇政办发 [2016] 113 号	甘肃	陇南	2016-10-26	环境保护手段类	环境影响评价
1027	赤峰市人民政府办公厅关于印发《赤峰市 2017 年林业生态建设工作实施方案》的通知	通知	1	赤峰市人民政府办公厅	赤峰市人民政府办公厅	赤政办字 [2016] 140 号	内蒙古	赤峰	2016-10-27	自然资源保护类	林地资源
1028	安庆市人民政府办公室关于健全生态保护补偿机制的实施意见	意见	1	安庆市人民政府办公室	安庆市人民政府办公室	宜政办秘 [2016] 103 号	安徽	安庆	2016-10-27	生态保护类	生态恢复与补偿
1029	南京市政府关于加强贯彻落实《省政府长江流域生态环境保护的通知》的实施意见	意见	1	南京市政府	南京市政府	宁政发 [2016] 234 号	江苏	南京	2016-10-27	综合类	环保综合性规定

续表

编号	名称	文件类型	发文主体数量	发文主体	发文主体（首位）	文号	发文地区	发文城市	发布时间	文件主类	文件亚类
1030	黄冈市人民政府办公室关于印发黄冈市气象灾害应急准备工作认证管理办法的通知	通知	1	黄冈市人民政府办公室	黄冈市人民政府办公室	黄政办发 [2016] 73 号	湖北	黄冈	2016-10-28	环境退化防治类	灾害防治
1031	阳泉市环境保护局关于开展放射源安全检查专项行动的通知	通知	1	阳泉市环境保护局	阳泉市环境保护局	阳环函 [2016] 212 号	山西	阳泉	2016-10-28	污染防治类	放射性污染
1032	朔州市煤炭工业局关于开展规范全市煤矿安全生产建设秩序专项执法检查的通知	通知	1	朔州市煤炭工业局	朔州市煤炭工业局	朔煤发 [2016] 207 号	山西	朔州	2016-10-31	自然资源保护类	矿产资源
1033	毕节市人民政府办公室关于加快推进新能源发电产业发展的通知	通知	1	毕节市人民政府办公室	毕节市人民政府办公室	毕府办通 [2016] 77 号	贵州	毕节	2016-10-31	自然资源保护类	能源资源
1034	宁波市人民政府关于印发宁波市海绵城市建设管理办法（试行）的通知	通知	1	宁波市人民政府	宁波市人民政府	甬政发 [2016] 111 号	浙江	宁波	2016-10-31	环境保护手段类	城市绿化与市容管理
1035	贵州省人民政府关于贵州省"十三五"气象事业发展规划的批复	批复	1	贵州省人民政府	贵州省人民政府	黔府函 [2016] 284 号	贵州		2016-11-01	环境保护手段类	环境规划
1036	佛山市环境保护局关于印发《佛山市环境违法行为举报奖励办法》的通知	通知	1	佛山市环境保护局	佛山市环境保护局	佛环 [2016] 216 号	广东	佛山	2016-11-01	综合类	环保综合性规定
1037	阳泉市环境保护局关于印发市环保局落实"阳泉市生态文明体制改革推进计划"任务分解表的通知	通知	1	阳泉市环境保护局	阳泉市环境保护局	阳环发 [2016] 110 号	山西	阳泉	2016-11-01	综合类	绿色发展与生态文明

续表

编号	名称	文件类型	发文主体数量	发文主体（首位）	发文主体（首位）	文号	发文地区	发文城市	发布时间	文件主类	文件亚类
1038	安徽省环保厅关于淮北矿业股份有限公司海孜矿井扩建工程竣工环境保护验收意见的函	函	1	安徽省环保厅	安徽省环保厅	皖环函〔2016〕1148号	安徽		2016-11-01	环境保护手段类	环境影响评价
1039	宁波市人民政府关于推进海绵城市建设的实施意见	意见	1	宁波市人民政府	宁波市人民政府	甬政发〔2016〕110号	浙江	宁波	2016-11-02	环境保护手段类	城市绿化与市容管理
1040	山东省海洋与渔业厅关于印发《山东省海域使用执法规程（修订稿）》（2016）的通知	通知	1	山东省海洋与渔业厅	山东省海洋与渔业厅	鲁海渔函〔2016〕389号	山东		2016-11-04	自然资源保护类	海域资源
1041	铜陵市人民政府办公室关于加快现代渔业发展的意见	意见	1	铜陵市人民政府办公室	铜陵市人民政府办公室	铜政办〔2016〕31号	安徽	铜陵	2016-11-04	自然资源保护类	渔业资源
1042	深圳市市场监督管理局关于发布公园园容绿化管理规范的通知	通知	1	深圳市市场监督管理局	深圳市市场监督管理局	深市监标〔2016〕44号	广东	深圳	2016-11-04	环境保护手段类	环境标准
1043	天水市人民政府办公室关于印发天水市十三五水利发展规划的通知	通知	1	天水市人民政府办公室	天水市人民政府办公室	天政办发〔2016〕133号	甘肃	天水	2016-11-05	环境保护手段类	环境规划
1044	江西省国土资源厅、江西省财政厅关于开展对全省关闭煤矿退还采矿权价款和矿山地质环境恢复保证金工作的通知	通知	2	江西省国土资源厅、江西省财政厅	江西省国土资源厅	赣国土资字〔2016〕99号	江西		2016-11-07	生态保护类	生态恢复与补偿

编号	名称	文件类型	发文主体数量	发文主体	发文主体（首位）	文号	发文地区	发文城市	发布时间	文件主类	文件亚类
1045	安顺市政府办关于转发市发展改革委市环境保护局关于加强市辖区长江（三岔河）流域金水道环境污染防控治理工作方案的通知	通知	1	安顺市人民政府办公室	安顺市人民政府办公室	安府办发〔2016〕29 号	贵州	安顺	2016-11-08	污染防治类	水污染
1046	朔州市人民政府办公厅关于进一步落实煤矿"安全生产挂牌责任制"的通知	通知	1	朔州市人民政府办公厅	朔州市人民政府办公厅	朔政办发〔2016〕95 号	山西	朔州	2016-11-09	自然资源保护类	矿产资源
1047	阳泉市环境保护局关于山西河坡发电有限责任公司"上大压小"热电联产异地新建工程竣工环境保护及超低排放验收意见的函	函	1	阳泉市环境保护局	阳泉市环境保护局	阳环函〔2016〕220 号	山西	阳泉	2016-11-09	环境保护手段类	环境许可（含排污权交易）
1048	海东市人民政府办公室关于做好今冬明春大气污染防治工作的通知	通知	1	海东市人民政府办公室	海东市人民政府办公室	东政办〔2016〕162 号	青海	海东	2016-11-09	污染防治类	大气污染
1049	甘肃省环境保护厅关于印发《甘肃省有色金属、化工、农副食品加工、制药等 12 类重点行业企业实施清洁生产审核推行方案》的通知	通知	1	甘肃省环境保护厅	甘肃省环境保护厅	甘环科发〔2016〕17 号	甘肃		2016-11-09	环境保护手段类	清洁生产与循环经济
1050	湖南省人民政府办公厅关于印发《湖南省入河排污口监督管理办法》的通知	通知	1	湖南省人民政府办公厅	湖南省人民政府办公厅	湘政办发〔2016〕82 号	湖南		2016-11-08	自然资源保护类	水资源

续表

编号	名称	文件类型	发文主体数量	发文主体	发文主体（首位）	文号	发文地区	发文城市	发布时间	文件主类	文件亚类
1051	十堰市人民政府关于印发十堰市水利发展"十三五"规划纲要的通知	通知	1	十堰市人民政府	十堰市人民政府	十政发〔2016〕39号	湖北	十堰	2016-11-10	环境保护手段类	环境规划
1052	东营市教育局办公室关于印发东营市学校重污染天气应急预案的通知（2016修订）	通知	1	东营市教育局办公室	东营市教育局办公室		山东	东营	2016-11-10	污染防治类	大气污染
1053	合肥市人民政府办公厅关于印发合肥市巢湖乡镇污水处理设施DBO项目运营管理办法（试行）的通知	通知	1	合肥市人民政府办公厅	合肥市人民政府办公厅	合政办〔2016〕52号	安徽	合肥	2016-11-10	污染防治类	水污染
1054	贵阳市人民政府办公厅关于贵阳市建设项目使用林地占一补一的实施意见	意见	1	贵阳市人民政府办公厅	贵阳市人民政府办公厅	筑府办函〔2016〕190号	贵州	贵阳	2016-11-10	自然资源保护类	林地资源
1055	甘肃省林业厅关于汇总2014年新一轮退耕还林信息系统数据库的通知	通知	1	甘肃省林业厅	甘肃省林业厅	甘林还函〔2016〕582号	甘肃		2016-11-10	环境保护手段类	环境信息
1056	吉林市人民政府办公厅关于进一步加强土地供应管理及出让工作的通知	通知	1	吉林市人民政府办公厅	吉林市人民政府办公厅	吉市政办函〔2016〕76号	吉林	吉林	2016-11-11	自然资源保护类	土地资源
1057	苏州市政府办公室关于印发苏州市建设项目环境影响评价文件分级审批管理办法的通知	通知	1	苏州市政府办公室	苏州市政府办公室	苏府办〔2016〕246号	江苏	苏州	2016-11-11	环境保护手段类	环境影响评价

续表

编号	名称	文件类型	发文主体数量	发文主体	发文主体（首位）	文号	发文地区	发文城市	发布时间	文件主类	文件亚类
1058	南京市政府办公厅关于进一步加强固体废物污染防治工作的意见	意见	1	南京市政府办公厅	南京市政府办公厅	宁政办发〔2016〕159 号	江苏	南京	2016-11-11	污染防治类	固体废物污染
1059	甘肃省林业厅关于两当县富农农业综合开发专业合作社人工培植红豆杉的审核意见	意见	1	甘肃省林业厅	甘肃省林业厅	甘林护函〔2016〕587 号	甘肃		2016-11-11	自然资源保护类	野生动植物资源
1060	甘肃省林业厅关于两当县陵江源育苗产业开发专业合作社人工培植红豆杉的审核意见	意见	1	甘肃省林业厅	甘肃省林业厅	甘林护函〔2016〕585 号	甘肃		2016-11-11	自然资源保护类	野生动植物资源
1061	甘肃省林业厅关于徽县辅荫园林苗木有限公司人工培植红豆杉的审核意见	意见	1	甘肃省林业厅	甘肃省林业厅	甘林护函〔2016〕586 号	甘肃		2016-11-11	自然资源保护类	野生动植物资源
1062	甘肃省水利厅关于印发全省贫困退出饮水安全验收实施意见的通知	通知	1	甘肃省水利厅	甘肃省水利厅	甘水农水发〔2016〕274 号	甘肃		2016-11-11	自然资源保护类	水资源
1063	新疆维吾尔自治区发展改革委关于直属流域管理单位供水价格有关事宜的通知	通知	1	新疆维吾尔自治区发展改革委	新疆维吾尔自治区发展改革委	新发改农价〔2016〕1742 号	新疆		2016-11-12	自然资源保护类	水资源
1064	新疆维吾尔自治区发展改革委关于塔里木河流域管理局供水价格有关事宜的通知	通知	1	新疆维吾尔自治区发展改革委	新疆维吾尔自治区发展改革委	新发改农价〔2016〕1741 号	新疆		2016-11-12	自然资源保护类	水资源

续表

编号	名称	文件类型	发文主体数量	发文主体	发文主体（首位）	文号	发文地区	发文城市	发布时间	文件主类	文件亚类
1065	潍坊市环境保护局关于停止核发机动车环保检验合格标志的通知	通知	1	潍坊市环境保护局	潍坊市环境保护局		山东	潍坊	2016-11-14	污染防治类	大气污染
1066	张掖市人民政府关于进一步加强开发区（工业园区）环保相关工作的通知	通知	1	张掖市人民政府办公室	张掖市人民政府办公室	张政办发[2016]195号	甘肃	张掖	2016-11-14	综合类	环保综合性规定
1067	西安市人民政府关于执行国家第五阶段机动车污染物排放标准的通告	通告	1	西安市人民政府	西安市人民政府	市政告字[2016]6号	陕西	西安	2016-11-14	环境保护手段类	环境标准
1068	黑龙江省人民政府关于废止和修改《黑龙江省土地复垦实施办法》等70部省政府规章的决定	决定	1	黑龙江省人民政府	黑龙江省人民政府	黑龙江省人民政府令第3号	黑龙江		2016-11-15	生态保护类	生态恢复与补偿
1069	阳泉市环境保护局关于开展2016年环境监察执法大练兵的通知	通知	1	阳泉市环境保护局	阳泉市环境保护局	阳环函[2016]222号	山西	阳泉	2016-11-15	综合类	环保综合性规定
1070	阳泉市住房保障和城乡建设管理局关于开展新一轮建筑工程扬尘防治和市政基础设施工程监督的通知	通知	1	阳泉市住房保障和城乡建设管理局	阳泉市住房保障和城乡建设管理局		山西	阳泉	2016-11-15	污染防治类	大气污染
1071	张掖市人民政府办公室关于印发张掖市城区黑臭水体整治工作实施方案的通知	通知	1	张掖市人民政府办公室	张掖市人民政府办公室	张政办发[2016]194号	甘肃	张掖	2016-11-15	污染防治类	水污染

续表

编号	名称	文件类型	发文主体数量	发文主体	发文主体（首位）	文号	发文地区	发文城市	发布时间	文件主类	文件亚类
1072	西宁市政府关于印发西宁市新一轮草原生态保护补助奖励政策实施方案（2016—2020 年）的通知	通知	1	西宁市人民政府办公室	西宁市人民政府办公室	宁政办〔2016〕196 号	青海	西宁	2016-11-15	生态保护类	生态修复与补偿
1073	内蒙古自治区人民政府办公厅关于印发乌海市及周边地区环境综合整治（试行）的通知	通知	1	内蒙古自治区人民政府办公厅	内蒙古自治区人民政府办公厅	内政办发〔2016〕165 号	内蒙古		2016-11-15	综合类	环保综合性规定
1074	天水市人民政府办公室关于印发天水市十三五能源发展规划的通知	通知	1	天水市人民政府办公室	天水市人民政府办公室	天政办发〔2016〕150 号	甘肃	天水	2016-11-16	自然资源保护类	能源资源
1075	南宁市环境保护局关于拨付 2016 年第 1、2 季度南宁市污染源自动监控设施社会化运行补助资金的通知	通知	1	南宁市环境保护局	南宁市环境保护局	南环字〔2016〕149 号	广西	南宁	2016-11-16	污染防治类	污染物与污染源管理
1076	黑河市人民政府办公室关于印发《黑河市林业有害生物灾害应急预案》的通知	通知	1	黑河市人民政府办公室	黑河市人民政府办公室	黑市政办规〔2016〕31 号	黑龙江	黑河	2016-11-17	环境退化防治类	灾害防治
1077	咸宁市人民政府关于申请创建国家农业可持续发展示范区的函	函	1	咸宁市人民政府	咸宁市人民政府	咸政函〔2016〕63 号	湖北	咸宁	2016-11-17	环境保护手段类	清洁生产与循环经济
1078	阳泉市环境保护局关于加快推进煤炭、焦化、化工行业水污染防治设施建设与改造的通知	通知	1	阳泉市环境保护局	阳泉市环境保护局	阳环发〔2016〕113 号	山西	阳泉	2016-11-17	污染防治类	水污染

续表

编号	名称	文件类型	发文主体数量	发文主体（首位）	发文主体（首位）	文号	发文地区	发文城市	发布时间	文件主类	文件亚类
1079	晋城市环境保护局关于转发省环保厅《关于加强集中式饮用水水源地规范化建设的通知》的通知	通知	1	晋城市环境保护局	晋城市环境保护局	晋市环函〔2016〕431号	山西	晋城	2016-11-17	自然资源保护类	水资源
1080	兰州市物价局关于召开兰州市城市居民污水处理费收费标准调整听证会的公告	公告	1	兰州市物价局	兰州市物价局		甘肃	兰州	2016-11-19	污染防治类	水污染
1081	兰州市生态建设管理局关于配合全市"兰州蓝"保卫战全力落实大气污染防治承担任务的紧急通知	通知	1	兰州市生态建设管理局	兰州市生态建设管理局		甘肃	兰州	2016-11-20	污染防治类	大气污染
1082	拉萨市人民政府关于规范国有划拨土地使用权出让和转让工作的通知	通知	1	拉萨市人民政府	拉萨市人民政府	拉政发〔2016〕178号	西藏	拉萨	2016-11-21	自然资源保护类	土地资源
1083	张掖市人民政府办公室关于印发张掖市十三五能源产业发展规划的通知	通知	1	张掖市人民政府办公室	张掖市人民政府办公室	张政办发〔2016〕204号	甘肃	张掖	2016-11-21	自然资源保护类	能源资源
1084	深圳市人民政府法制办公室关于深圳市盐田区环境保护和水务局行政执法主体的公告	公告	1	深圳市人民政府法制办公室	深圳市人民政府法制办公室	深法制〔2016〕191号	广东	深圳	2016-11-21	综合类	环保综合性规定
1085	衡水市人民政府办公室关于进一步加强河流跨界断面水质生态补偿的通知	通知	1	衡水市人民政府	衡水市人民政府	衡政办字〔2016〕171号	河北	衡水	2016-11-22	生态保护类	生态恢复与补偿

续表

编号	名称	文件类型	发文主体数量	发文主体	发文主体（首位）	文号	发文地区	发文城市	发布时间	文件主类	文件亚类
1086	新疆维吾尔自治区人民政府办公厅关于促进自治区煤化工产业绿色可持续发展的指导意见	意见	1	新疆维吾尔自治区人民政府办公厅	新疆维吾尔自治区人民政府办公厅	新政办发〔2016〕164号	新疆		2016-11-22	自然资源保护类	矿产资源
1087	太原市人民政府关于印发太原市大气环境质量冬防严控十二条措施的通知	通知	1	太原市人民政府	太原市人民政府	并政发〔2016〕72号	山西	太原	2016-11-23	污染防治类	大气污染
1088	广西壮族自治区人民政府办公厅关于印发广西生态保护红线管理办法（试行）的通知	通知	1	广西壮族自治区人民政府办公厅	广西壮族自治区人民政府办公厅	桂政办发〔2016〕152号	广西		2016-11-23	生态保护类	生态红线
1089	内蒙古自治区农牧业厅关于印发《内蒙古自治区农村牧区土地草原经营权流转交易市场运行规范（试行）》的通知	通知	1	内蒙古自治区农牧业厅	内蒙古自治区农牧业厅	内农牧规发〔2016〕7号	内蒙古		2016-11-23	环境保护手段类	环境许可（含排污权交易）
1090	金昌市人民政府办公室关于印发推进海绵城市建设实施方案的通知	通知	1	金昌市人民政府办公室	金昌市人民政府办公室		甘肃	金昌	2016-11-24	环境保护手段类	城市绿化与市容管理
1091	大连市人民政府办公厅关于进一步加强农村饮水安全工作的意见	意见	1	大连市人民政府办公厅	大连市人民政府办公厅	大政办发〔2016〕194号	辽宁	大连	2016-11-24	自然资源保护类	水资源

续表

编号	名称	文件类型	发文主体数量	发文主体（首位）	文号	发文地区	发文城市	发布时间	文件主类	文件亚类
1092	抚顺市人民政府办公厅关于印发抚顺市推进农作物秸秆综合利用和禁烧工作实施方案的通知	通知	1	抚顺市人民政府办公厅	抚政办发〔2016〕56号	辽宁	抚顺	2016-11-24	污染防治类	大气污染
1093	云南省林业厅关于进一步规范采石（砂）场取土场项目使用林地管理有关问题的通知	通知	1	云南省林业厅	云林政〔2016〕52号	云南		2016-11-24	自然资源保护类	林地资源
1094	淮安市人民政府、扬州市政府关于印发白马湖渔业管理办法的通知	通知	2	淮安市人民政府，扬州市政府	淮政规〔2016〕3号，	江苏	淮安／扬州	2016-11-25	自然资源保护类	渔业资源
1095	保定市人民政府办公厅关于印发保定市主城区声环境功能区划的通知	通知	1	保定市人民政府办公厅	保政办函〔2016〕153号	河北	保定	2016-11-25	环境保护手段类	环境规划
1096	铜仁市人民政府办公室关于印发铜仁市生态补偿资金使用管理办法的通知	通知	1	铜仁市人民政府办公室	铜府办发〔2016〕150号	贵州	铜仁	2016-11-25	生态保护类	生态恢复与补偿
1097	甘肃省工商行政管理局、甘肃省林业厅关于做好家庭林场工商注册登记工作的通知	通知	2	甘肃省工商行政管理局，甘肃省林业厅	甘工商发〔2016〕164号	甘肃		2016-11-25	环境保护手段类	环境许可（含排污权交易）

续表

编号	名称	文件类型	发文主体数量	发文主体	发文主体（首位）	文号	发文地区	发文城市	发布时间	文件主类	文件亚类
1098	临汾市人民政府关于进一步严格大气污染防治工作措施的通知	通知	1	临汾市人民政府	临汾市人民政府	临政发〔2016〕36号	山西	临汾	2016-11-26	污染防治类	大气污染
1099	晋城市住房保障和城乡建设管理局关于转发《晋城市人民政府办公厅关于印发晋城市冬季大气污染防治严管严控十条措施的通知》的通知	通知	1	晋城市住房保障和城乡建设管理局	晋城市住房保障和城乡建设管理局		山西	晋城	2016-11-26	污染防治类	大气污染
1100	晋城市人民政府办公厅关于印发晋城市"十三五"应对气候变化规划（2016—2020）的通知	通知	1	晋城市人民政府办公厅	晋城市人民政府办公厅	晋市政办〔2016〕94号	山西	晋城	2016-11-26	综合类	气候变化
1101	福建省发展和改革委员会、福建省林业厅、福建省经济和信息化委员会关于印发《福建省碳排放权抵消管理办法（试行）》的通知	通知	3	福建省发展和改革委员会、福建省林业厅、福建省经济和信息化委员会	福建省发展和改革委员会	闽发改生态〔2016〕848号	福建		2016-11-28	环境保护手段类	环境许可（含排污权交易）
1102	张掖市人民政府办公室关于印发张掖市辐射事故应急预案的通知	通知	1	张掖市人民政府办公室	张掖市人民政府办公室	张政办发〔2016〕206号	甘肃	张掖	2016-11-28	污染防治类	放射性污染

续表

编号	名称	文件类型	发文主体数量	发文主体（首位）	文号	发文地区	发文城市	发布时间	文件主类	文件亚类
1103	合肥市环境保护局关于进一步规范环境行政处罚集体合议工作的通知	通知	1	合肥市环境保护局	合环宣〔2016〕159号	安徽	合肥	2016-11-28	综合类	环保综合性规定
1104	无锡市政府办公室关于印发无锡市城市生活垃圾处理费收缴实施办法的通知	通知	1	无锡市政府办公室	锡政规〔2016〕1号	江苏	无锡	2016-11-28	污染防治类	固体废物污染
1105	云南省国土资源厅关于非煤矿山转型升级中涉及办理采矿权登记有关问题的通知	通知	1	云南省国土资源厅	云国土资〔2016〕188号	云南		2016-11-28	环境保护手段类	环境许可（含排污权交易）
1106	天水市人民政府关于武山县多规合一城乡统筹总体规划的批复	批复	1	天水市人民政府	天政发〔2016〕115号	甘肃	天水	2016-11-29	环境保护手段类	环境规划
1107	贵阳市人民政府关于贵阳市水资源综合管理项目办公室设置有关问题的批复	批复	1	贵阳市人民政府	筑府函〔2016〕135号	贵州	贵阳	2016-11-29	自然资源保护类	水资源
1108	湖北省国土资源厅关于开展矿产资源节约与综合利用示范点年度绩效评价的通知	通知	1	湖北省国土资源厅	鄂土资函〔2016〕1306号	湖北		2016-11-30	自然资源保护类	矿产资源
1109	桂林市人民政府关于划定高污染燃料禁燃区的通告	通告	1	桂林市人民政府	市政〔2016〕59号	广西	桂林	2016-11-30	污染防治类	大气污染

续表

编号	名称	文件类型	发文主体数量	发文主体	发文主体（首位）	文号	发文地区	发文城市	发布时间	文件主类	文件亚类
1110	石家庄市人民政府办公厅关于印发石家庄市市级环境保护专项资金管理使用办法的通知	通知	1	石家庄市人民政府办公厅	石家庄市人民政府办公厅	石政办发〔2016〕79号	河北	石家庄	2016-11-30	综合类	环保综合性规定
1111	甘肃省环境保护厅关于环保违法违规建设项目排查清理信息公开的公告	公告	1	甘肃省环境保护厅	甘肃省环境保护厅	甘环公告〔2016〕27号	甘肃		2016-11-30	环境保护手段类	环境影响评价
1112	福州市人民政府办公厅关于下达2016—2017年度农田水利基本建设工作责任目标的通知	通知	1	福州市人民政府办公厅	福州市人民政府办公厅	榕政办〔2016〕235号	福建	福州	2016-12-01	自然资源保护类	耕地资源
1113	固原市人民政府办公室关于印发《固原市区海绵城市项目规划建设管理暂行办法》的通知	通知	1	固原市人民政府办公室	固原市人民政府办公室	固政办发〔2016〕107号	宁夏	固原	2016-12-01	环境保护手段类	城市绿化与市容管理
1114	青海省住房和城乡建设厅关于建立全省城镇生活污水处理设施建设运行情况季度通报制度的通知	通知	1	青海省住房和城乡建设厅	青海省住房和城乡建设厅	青建城〔2016〕417号	青海		2016-12-01	污染防治类	水污染
1115	宜春市人民政府办公室关于印发宜春市气象事业发展"十三五"规划的通知	通知	1	宜春市人民政府办公室	宜春市人民政府办公室	宜府办发〔2016〕54号	湖北	宜春	2016-12-02	环境保护手段类	环境规划
1116	张掖市人民政府关于公布地下水超采区和限采区范围的通知	通知	1	张掖市人民政府	张掖市人民政府	张政发〔2016〕150号	甘肃	张掖	2016-12-02	自然资源保护类	水资源

续表

编号	名称	文件类型	发文主体数量	发文主体	发文主体（首位）	文号	发文地区	发文城市	发布时间	文件主类	文件亚类
1117	庆阳市人民政府办公室关于印发全市加强散煤治理和优质煤炭配送网络体系建设实施方案的通知	通知	1	庆阳市人民政府办公室	庆阳市人民政府办公室	庆政办发〔2016〕183号	甘肃	庆阳	2016-12-02	自然资源保护类	能源资源
1118	阳泉市环境保护局关于转发山西省环境保护厅对适用行政拘留和涉嫌环境违法犯罪案件实施"双移送"的通知	通知	1	阳泉市环境保护局	阳泉市环境保护局	阳环函〔2016〕233号	山西	阳泉	2016-12-03	环境保护手段类	环境诉讼
1119	晋城市环境保护局关于认真贯彻落实省政府办公厅、市政府办公厅进一步加强环境监管依法严厉打击环境违法行为的通知	通知	1	晋城市环境保护局	晋城市环境保护局	晋市环发〔2016〕265号	山西	晋城	2016-12-04	综合类	环保综合性规定
1120	山西省人民政府办公厅关于印发山西省气象灾害应急预案的通知	通知	1	山西省人民政府办公厅	山西省人民政府办公厅	晋政办发〔2016〕167号	山西		2016-12-05	环境退化防治类	灾害防治
1121	潍坊市住房和城乡建设局关于举办绿色建筑与建筑节能发展培训班的通知	通知	1	潍坊市住房和城乡建设局	潍坊市住房和城乡建设局		山东	潍坊	2016-12-05	自然资源保护类	能源资源
1122	吉林市人民政府关于促进温泉产业发展的政策意见	意见	1	吉林市人民政府	吉林市人民政府	吉市政发〔2016〕11号	吉林	吉林	2016-12-05	自然资源保护类	水资源

续表

编号	名称	文件类型	发文主体数量	发文主体	发文主体（首位）	文号	发文地区	发文城市	发布时间	文件主类	文件亚类
1123	无锡市人民政府关于进一步加强耕地保护工作的实施意见	意见	1	无锡市人民政府	无锡市人民政府	锡政发〔2016〕260号	江苏	无锡	2016-12-05	自然资源保护类	耕地资源
1124	天津市人民政府办公厅关于转发市海洋局拟定的天津市海洋区管理规定的通知	通知	1	天津市人民政府办公厅	天津市人民政府办公厅	津政办发〔2016〕105号	天津		2016-12-05	生态保护类	生态红线
1125	苏州市政府办公室关于转发苏州市2017年度农村水利工作意见的通知	通知	1	苏州市政府办公室	苏州市政府办公室	苏府办〔2016〕263号	江苏	苏州	2016-12-06	自然资源保护类	耕地资源
1126	北京市水务局、河北省水利厅关于加强密云水库上游河北省承德、张家口两市五县生态清洁小流域建设管理工作的通知〔附：密云水库上游河北省承德、张家口两市五县生态清洁小流域建设管理办法（试行）〕	通知	2	北京市水务局，河北省水利厅	北京市水务局	京水务郊〔2016〕89号	北京／河北		2016-12-06	自然资源保护类	水资源
1127	邢台市人民政府关于印发《邢台市大树名木保护管理办法》的通知	通知	1	邢台市人民政府	邢台市人民政府	邢政字〔2016〕33号	河北	邢台	2016-12-06	环境保护手段类	城市绿化与市容管理
1128	合肥市城市管理局关于印发城市环境综合整治百日行动方案的通知	通知	1	合肥市城市管理局	合肥市城市管理局	合城管〔2016〕49号	安徽	合肥	2016-12-06	环境保护手段类	城市绿化与市容管理

续表

编号	名称	文件类型	发文主体数量	发文主体（首位）	文号	发文地区	发文城市	发布时间	文件主类	文件亚类
1129	山东省水利厅关于印发《山东省水权交易管理实施办法（暂行）》的通知	通知	1	山东省水利厅	鲁水规字[2016]3号	山东		2016-12-07	自然资源保护类	水资源
1130	淮南市人民政府办公室关于印发淮南市突发环境事件应急预案的通知	通知	1	淮南市人民政府办公室	淮府办秘[2016]192号	安徽	淮南	2016-12-07	环境保护手段类	环境监测
1131	驻马店市人民政府关于印发《驻马店市2016—2017年度冬春农田水利基本建设实施方案》的通知	通知	1	驻马店市人民政府		河南	驻马店	2016-12-08	自然资源保护类	耕地资源
1132	湖南省人民政府办公厅关于印发《湖南省工商资本参与林权流转管理办法》的通知	通知	1	湖南省人民政府办公厅	湘政办发[2016]96号	湖南		2016-12-08	自然资源保护类	林地资源
1133	中卫市人民政府办公室关于印发中卫市"十三五"气象事业发展规划的通知	通知	1	中卫市人民政府办公室	卫政办发[2016]192号	宁夏	中卫	2016-12-09	环境保护手段类	环境规划
1134	阳泉市环境保护局关于印发阳泉市重污染天气应对宣传工作方案的通知	通知	1	阳泉市环境保护局	阳环发[2016]123号	山西	阳泉	2016-12-09	污染防治类	大气污染
1135	阳泉市环境保护局关于转发加强建设项目环境保护验收与排污许可衔接管理工作的通知	通知	1	阳泉市环境保护局	阳环发[2016]122号	山西	阳泉	2016-12-09	环境保护手段类	环境许可（含排污权交易）

续表

编号	名称	文件类型	发文主体数量	发文主体（首位）	文号	发文地区	发文城市	发布时间	文件主类	文件亚类
1136	阳泉市环境保护局关于印发阳泉市冬季环境安全保障工作方案的通知	通知	1	阳泉市环境保护局	阳环发〔2016〕124号	山西	阳泉	2016-12-09	综合类	环保综合性规定
1137	阳泉市环境保护局关于全面推进煤矸石山治理的通知	通知	1	阳泉市环境保护局	阳环函〔2016〕237号	山西	阳泉	2016-12-09	自然资源保护类	矿产资源
1138	吕梁市住房保障和城乡建设管理局关于公布核发燃气经营许可证结果的公告	公告	1	吕梁市住房保障和城乡建设管理局	吕住建燃公告字〔2016〕7号	山西	吕梁	2016-12-09	自然资源保护类	矿产资源
1139	吕梁市环境保护局办公室关于印发《吕梁市生态环境恢复治理试点示范工程建设实施方案》的通知	通知	1	吕梁市环境保护局办公室	吕环办发〔2016〕121号	山西	吕梁	2016-12-09	生态保护类	生态恢复与补偿
1140	沈阳市林业局关于在全市范围内实施禁猎的通知	通知	1	沈阳市林业局	沈林发〔2016〕82号	辽宁	沈阳	2016-12-10	自然资源保护类	渔业资源
1141	十堰市人民政府关于印发十堰市林业发展"十三五"规划纲要的通知	通知	1	十堰市人民政府	十政发〔2016〕48号	湖北	十堰	2016-12-12	环境保护手段类	环境规划
1142	乌鲁木齐市人民政府关于进一步加强大气污染防治工作的通告	通告	1	乌鲁木齐市人民政府	乌政通〔2016〕38号	新疆	乌鲁木齐	2016-12-12	污染防治类	大气污染

续表

编号	名称	文件类型	发文主体数量	发文主体	发文主体（首位）	文号	发文地区	发文城市	发布时间	文件主类	文件亚类
1143	甘肃省农牧厅关于印发《甘肃省畜禽养殖污染防治工作方案》的通知	通知	1	甘肃省农牧厅	甘肃省农牧厅	甘农牧发〔2016〕247号	甘肃		2016-12-12	污染防治类	水污染
1144	江西省环境保护厅、江西省农业厅关于转发《关于进一步加强畜禽养殖污染治理工作的通知》及《关于印发畜禽养殖禁养区划定技术指南的通知》的通知	通知	2	江西省环境保护厅，江西省农业厅	江西省环境保护厅	赣环水字〔2016〕4号	江西		2016-12-12	污染防治类	水污染
1145	鞍山市人民政府办公厅关于印发鞍山市农业有害生物灾害防控应急预案的通知	通知	1	鞍山市人民政府办公厅	鞍山市人民政府办公厅	鞍政办发〔2016〕141号	辽宁	鞍山	2016-12-13	环境退化防治类	灾害防治
1146	朔州市煤炭工业局关于认真落实煤矿安全监管责任进一步完善煤矿挂牌责任制的实施意见	意见	1	朔州市煤炭工业局	朔州市煤炭工业局	朔煤发〔2016〕242号	山西	朔州	2016-12-13	自然资源保护类	矿产资源
1147	天水市人民政府办公室关于印发天水国家气象探测站新址气象探测环境保护专项规划的通知	通知	1	天水市人民政府办公室	天水市人民政府办公室	天办发〔2016〕157号	甘肃	天水	2016-12-13	环境保护手段类	环境监测
1148	张掖市人民政府关于印发张掖黑河湿地国家级自然保护区生态保护治理整改实施方案的通知	通知	1	张掖市人民政府	张掖市人民政府	张政发〔2016〕156号	甘肃	张掖	2016-12-13	生态保护类	国家公园与自然保护区

续表

编号	名称	文件类型	发文主体数量	发文主体	发文主体（首位）	文号	发文地区	发文城市	发布时间	文件主类	文件亚类
1149	深圳市人民政府法制办公室关于深圳市罗湖区环境保护和水务行政执法主体的公告	公告	1	深圳市人民政府法制办公室	深圳市人民政府法制办公室	深法制〔2016〕223 号	广东	深圳	2016-12-13	综合类	环保综合性规定
1150	安徽省财政厅、安徽省环境保护厅关于进一步完善大别山区水环境生态补偿机制的通知	通知	2	安徽省财政厅、安徽省环境保护厅	安徽省财政厅	财建〔2016〕1913 号	安徽		2016-12-13	生态保护类	生态修复与补偿
1151	内蒙古自治区人民政府办公厅关于进一步加强林业有害生物防治工作的实施意见	意见	1	内蒙古自治区人民政府办公厅	内蒙古自治区人民政府办公厅	内政办发〔2016〕180 号	内蒙古		2016-12-14	环境退化防治类	灾害防治
1152	厦门市人民政府关于同意"十三五"气象事业发展规划的批复	批复	1	厦门市人民政府	厦门市人民政府	厦府〔2016〕383 号	福建	厦门	2016-12-14	环境保护手段类	环境规划
1153	甘肃省林业厅关于认真开展民勤黄案滩国家沙漠公园试点工作的通知	通知	1	甘肃省林业厅	甘肃省林业厅	甘林造函〔2016〕666 号	甘肃		2016-12-14	生态保护类	国家公园与自然保护区
1154	安庆市人民政府办公室关于印发安庆市气象灾害应急预案的通知	通知	1	安庆市人民政府办公室	安庆市人民政府办公室	宜政办秘〔2016〕121 号	安徽	安庆	2016-12-15	环境退化防治类	灾害防治
1155	阳泉市环境保护局关于加快推进农村生活污水防治项目有关事宜的通知	通知	1	阳泉市环境保护局	阳泉市环境保护局	阳环函〔2016〕243 号	山西	阳泉	2016-12-15	污染防治类	水污染

续表

编号	名称	文件类型	发文主体数量	发文主体	发文主体（首位）	文号	发文地区	发文城市	发布时间	文件主类	文件亚类
1156	庆阳市人民政府办公室关于印发庆阳市水利发展"十三五"规划的通知	通知	1	庆阳市人民政府办公室	庆阳市人民政府办公室	庆政办发〔2016〕189号	甘肃	庆阳	2016-12-16	自然资源保护类	水资源
1157	苏州市政府办公室关于印发苏州市重污染天气应急预案的通知	通知	1	苏州市政府办公室	苏州市政府办公室	苏府办〔2016〕277号	江苏	苏州	2016-12-16	污染防治类	大气污染
1158	湖南省住房和城乡建设厅关于印发《长株潭城市群生态绿心地区规划管理办法》的通知	通知	1	湖南省住房和城乡建设厅	湖南省住房和城乡建设厅	湘建规〔2016〕224号	湖南		2016-12-16	环境保护手段类	环境规划
1159	黑龙江省财政厅、黑龙江省环境保护厅关于印发《黑龙江省穆棱河和呼兰河流域跨行政区界水环境生态补偿办法》的通知	通知	2	黑龙江省财政厅，黑龙江省环境保护厅	黑龙江省财政厅	黑财规审〔2016〕38号	黑龙江		2016-12-16	生态保护类	生态恢复与补偿
1160	阳泉市发展和改革委员会关于召开阳泉市污水处理费收费标准调整听证会的公告	公告	1	阳泉市发展和改革委员会	阳泉市发展和改革委员会		山西	阳泉	2016-12-17	污染防治类	水污染
1161	海南省人民政府关于促进现代渔业发展的意见	意见	1	海南省人民政府	海南省人民政府	琼府〔2016〕116号	海南		2016-12-19	自然资源保护类	渔业资源
1162	烟台市教育局办公室关于启动重污染天气（蓝色预警）应急预案的通知	通知	1	烟台市教育局办公室	烟台市教育局办公室	烟教办明电〔2016〕41号	山东	烟台	2016-12-19	污染防治类	大气污染

续表

编号	名称	文件类型	发文主体数量	发文主体	发文主体（首位）	文号	发文地区	发文城市	发布时间	文件主类	文件亚类
1163	宁波市人民政府办公厅关于创建"污水零直排区"工作的实施意见	意见	1	宁波市人民政府办公厅	宁波市人民政府办公厅	甬政办发〔2016〕174号	浙江	宁波	2016-12-19	污染防治类	水污染
1164	内蒙古自治区人民政府办公厅关于健全生态保护补偿机制的实施意见	意见	1	内蒙古自治区人民政府办公厅	内蒙古自治区人民政府办公厅	内政办发〔2016〕183号	内蒙古		2016-12-19	生态保护类	生态恢复与补偿
1165	承德市人民政府办公室关于加大改革创新力度鼓励社会力量参与林业建设的意见	意见	1	承德市人民政府办公室	承德市人民政府办公室	承市政办字〔2016〕275号	河北	承德	2016-12-20	自然资源保护类	林地资源
1166	四川省人民政府关于王蟾山风景名胜区总体规划的批复	批复	1	四川省人民政府	四川省人民政府	川府函〔2016〕249号	四川		2016-12-20	生态保护类	风景名胜区
1167	湖南省国土资源厅、湖南省公共资源交易中心关于明确矿业权招拍挂出让有关问题的通知	通知	2	湖南省国土资源厅，湖南省公共资源交易中心	湖南省国土资源厅	湘国土资发〔2016〕59号	湖南		2016-12-20	自然资源保护类	矿产资源
1168	山西省人民政府关于印发山西省"十三五"综合能源发展规划的通知	通知	1	山西省人民政府	山西省人民政府	晋政发〔2016〕67号	山西		2016-12-21	环境保护手段类	环境规划
1169	太原市人民政府办公厅关于印发太原市气象事业发展"十三五"（2016—2020年）规划的通知	通知	1	太原市人民政府办公厅	太原市人民政府办公厅	并政办发〔2016〕89号	山西	太原	2016-12-21	环境保护手段类	环境规划

续表

编号	名称	文件类型	发文主体数量	发文主体	发文主体（首位）	文号	发文地区	发文城市	发布时间	文件主类	文件亚类
1170	长沙市林业局关于印发《长沙市林园林综合行政处罚自由裁量权基准（2016年修订）》的通知	通知	1	长沙市林业局	长沙市林业局	长林发〔2016〕18号	湖南	长沙	2016-12-21	自然资源保护类	林地资源
1171	朔州市煤炭工业局关于转发《关于进一步做好煤矿产能释放有关工作的通知》的通知	通知	1	朔州市煤炭工业局	朔州市煤炭工业局	朔煤发〔2016〕248号	山西	朔州	2016-12-21	自然资源保护类	矿产资源
1172	六盘水市人民政府办公室转发市发展改革委市环境保护局关于加强长江黄金水道环境污染防控治理工作方案的通知	通知	1	六盘水市人民政府办公室	六盘水市人民政府办公室	六盘水府办发电〔2016〕98号	贵州	六盘水	2016-12-21	污染防治类	水污染
1173	汕头市人民政府关于在森林防火区实行森林高火险期管制的通告	通告	1	汕头市人民政府	汕头市人民政府	汕府〔2016〕140号	广东	汕头	2016-12-21	自然资源保护类	林地资源
1174	甘肃省林业厅关于认真做好甘肃建设全国荒漠化防治试验示范基地有关工作的通知	通知	1	甘肃省林业厅	甘肃省林业厅		甘肃		2016-12-21	环境退化防治类	防沙治沙
1175	广西壮族自治区人民政府办公厅关于印发广西水利发展"十三五"规划的通知	通知	1	广西壮族自治区人民政府办公厅	广西壮族自治区人民政府办公厅	桂政办发〔2016〕178号	广西		2016-12-22	环境保护手段类	环境规划
1176	阳泉市环境保护局关于印发阳泉市"铁腕治污行动"宣传工作方案的通知	通知	1	阳泉市环境保护局	阳泉市环境保护局	阳环发〔2016〕130号	山西	阳泉	2016-12-22	环境保护手段类	城市绿化与市容管理

续表

编号	名称	文件类型	发文主体	发文主体（首位）	发文主体数量	文号	发文地区	发文城市	发布时间	文件主类	文件亚类
1177	阳泉市环境保护局关于成立"铁腕治污行动"领导小组办公室的通知	通知	阳泉市环境保护局	阳泉市环境保护局	1	阳环发〔2016〕133号	山西	阳泉	2016-12-22	环境保护手段类	城市绿化与市容管理
1178	吕梁市住房保障和城乡建设管理局关于2016年黑臭水体整治工作进展情况的汇报	汇报	吕梁市住房保障和城乡建设管理局	吕梁市住房保障和城乡建设管理局	1		山西	吕梁	2016-12-22	污染防治类	水污染
1179	宿州市人民政府办公室关于进一步加强地下水管理和保护工作的通知	通知	宿州市人民政府办公室	宿州市人民政府办公室	1	宿政办秘〔2016〕133号	安徽	宿州	2016-12-22	自然资源保护类	水资源
1180	四川省人民政府关于四川省水土保持规划（2015—2030年）的批复	批复	四川省人民政府	四川省人民政府	1	川府函〔2016〕250号	四川		2016-12-22	环境保护手段类	环境规划
1181	湖南省国土资源厅关于做好采矿权人开采信息公示工作有关事项的通知	通知	湖南省国土资源厅	湖南省国土资源厅	1	湘国土资发〔2016〕62号	湖南		2016-12-22	环境保护手段类	环境信息
1182	天水市人民政府办公室关于印发天水市生态屏障建设十三五规划的通知	通知	天水市人民政府办公室	天水市人民政府办公室	1	天政办发〔2016〕166号	甘肃	天水	2016-12-23	综合类	环保综合性规定
1183	固原市人民政府办公室关于印发《固原市城市绿化管理办法》《固原市城市绿线管理办法》《固原市古树名木保护管理办法》《固原市立体绿化激励办法》的通知	通知	固原市人民政府办公室	固原市人民政府办公室	1	固政办发〔2016〕110号	宁夏	固原	2016-12-25	环境保护手段类	城市绿化与市容管理

续表

编号	名称	文件类型	发文主体数量	发文主体	发文主体（首位）	文号	发文地区	发文城市	发布时间	文件主类	文件亚类
1184	东营市国土资源局关于印发《全市国土资源系统治法宣传教育第七个五年规划（2016-2020年）》的通知	通知	1	东营市国土资源局	东营市国土资源局		山东	东营	2016-12-26	自然资源保护类	土地资源
1185	佛山市人民政府办公室关于印发佛山市排污权有偿使用和交易管理试行办法的通知	通知	1	佛山市人民政府办公室	佛山市人民政府办公室	佛府办 [2016] 63 号	广东	佛山	2016-12-26	环境保护手段类	环境许可（含排污权交易）
1186	阳泉市环保护局关于贯彻执行《建设项目环境影响登记表备案管理办法（部令第 41 号）》的通知	通知	1	阳泉市环境保护局	阳泉市环境保护局	阳环函 [2016] 248 号	山西	阳泉	2016-12-26	环境保护手段类	环境影响评价
1187	广东省人民政府办公厅关于健全生态保护补偿机制的实施意见	意见	1	广东省人民政府办公厅	广东省人民政府办公厅	粤府办 [2016] 135 号	广东		2016-12-26	生态保护类	生态恢复与补偿
1188	河南省人民政府、中国气象局关于印发河南省"十三五"气象事业发展规划的通知	通知	2	河南省人民政府、中国气象局	河南省人民政府	豫政 [2016] 83 号	河南		2016-12-27	环境保护手段类	环境规划
1189	长沙市发展和改革委员会关于调整城区污水处理费标准的通知	通知	1	长沙市发展和改革委员会	长沙市发展和改革委员会	长发改价 [2016] 918 号	湖南	长沙	2016-12-27	环境保护手段类	环境标准

续表

编号	名称	文件类型	发文主体数量	发文主体（首位）	文号	发文地区	发文城市	发布时间	文件主类	文件亚类
1190	蚌埠市人民政府办公室转发市农林委关于蚌埠市贯彻落实森林防火三大体系建设实施意见的通知	通知	1	蚌埠市人民政府办公室	蚌政办秘 [2016] 143号	安徽	蚌埠	2016-12-27	自然资源保护类	林地资源
1191	兰州市发展循环经济工作领导小组办公室关于下报及2016年循环经济工作总结及2017年计划的通知	通知	1	兰州市发展循环经济工作领导小组办公室	兰循环办 [2016] 5号	甘肃	兰州	2016-12-27	环境保护手段类	清洁生产与循环经济
1192	黑龙江省环境保护厅关于转发省领导在《关于碱厂桥和老山头两个监测断面水质超标情况的报告》上的批示的通知	通知	1	黑龙江省环境保护厅	黑环办 [2016] 232号	黑龙江		2016-12-27	污染防治类	水污染
1193	贵州省财政厅、贵州省国土资源厅、贵州省环境保护厅关于转发《重点生态保护修复治理专项资金管理办法》的通知	通知	3	贵州省财政厅，贵州省国土资源厅，贵州省环境保护厅	黔财建 [2016] 340号	贵州		2016-12-27	生态保护类	生态恢复与补偿
1194	辽宁省人民政府办公厅关于印发辽宁省秸秆禁烧防控责任追究暂行规定的通知	通知	1	辽宁省人民政府办公厅	辽政办发 [2016] 160号	辽宁		2016-12-27	生态保护类	生态恢复与补偿

续表

编号	名称	文件类型	发文主体数量	发文主体	发文主体（首位）	文号	发文地区	发文城市	发布时间	文件主类	文件亚类
1195	安徽省人民政府办公厅关于印发安徽省"十三五"水利发展规划的通知	通知	1	安徽省人民政府办公厅	安徽省人民政府办公厅	皖政办〔2016〕81号	安徽		2016-12-28	环境保护手段类	环境规划
1196	辽宁省人民政府办公厅转发省海洋渔业厅关于在黄海实施海洋生态红线制度意见的通知	通知	1	辽宁省人民政府办公厅	辽宁省人民政府办公厅	辽政办发〔2016〕161号	辽宁		2016-12-28	生态保护类	生态红线
1197	吉安市政府办公室关于印发吉安市林业"十三五"发展规划的通知	通知	1	吉安市政府办公室	吉安市政府办公室	吉府办发〔2016〕27号	江西	吉安	2016-12-28	环境保护手段类	环境规划
1198	潍坊市住房和城乡建设局关于印发《潍坊市绿色建筑发展三年行动方案》的通知	通知	1	潍坊市住房和城乡建设局	潍坊市住房和城乡建设局	潍建发〔2016〕15号	山东	潍坊	2016-12-28	环境保护手段类	环境规划
1199	兰州市人民政府办公厅关于调整兰州市城区污水处理收费标准的通知	通知	1	兰州市人民政府办公厅	兰州市人民政府办公厅	兰政办发〔2016〕311号	甘肃	兰州	2016-12-29	污染防治类	水污染
1200	海南省林业厅关于印发《海南省国有林场森林资源监督管理办法（试行）》的通知	通知	1	海南省林业厅	海南省林业厅	琼林〔2016〕271号	海南		2016-12-30	自然资源保护类	林地资源
1201	西安市人民政府办公厅关于2015年天然林资源保护工程建设目标责任书执行情况的通报	通报	1	西安市人民政府办公厅	西安市人民政府办公厅	市政办函〔2016〕328号	陕西	西安	2016-12-30	自然资源保护类	林地资源

续表

编号	名称	文件类型	发文主体数量	发文主体	发文主体（首位）	文号	发文地区	发文城市	发布时间	文件主类	文件亚类
1202	四川省人民政府办公厅关于印发四川省重污染天气应急预案（2016年修订）的通知	通知	1	四川省人民政府办公厅	四川省人民政府办公厅	川办函〔2016〕208号	四川		2016-12-30	污染防治类	大气污染
1203	甘肃省水利厅关于进一步核实全省农村饮水安全有关信息并进行村级公示的通知	通知	1	甘肃省水利厅	甘肃省水利厅		甘肃		2016-12-30	环境保护手段类	环境信息
1204	辽宁省财政厅、辽宁省地方税务局关于对页岩等9种矿产品开征资源税的通知	通知	2	辽宁省财政厅、辽宁省地方税务局	辽宁省财政厅	辽财税〔2016〕761号	辽宁		2016-12-31	环境保护手段类	环境税
1205	惠州市人民政府关于仲恺高新区2#污水处理厂建设项目土地征收的预公告	公告	1	惠州市人民政府	惠州市人民政府	惠府〔2016〕208号	广东	惠州	2016-12-31	污染防治类	水污染
1206	乌鲁木齐市人民政府关于实施第五阶段国家机动车排放标准的通告	通告	1	乌鲁木齐市人民政府	乌鲁木齐市人民政府	乌政通〔2016〕39号	新疆	乌鲁木齐	2016-12-31	环境保护手段类	环境标准
1207	贵州省人民政府关于印发《贵州省生态保护红线管理暂行办法》的通知	通知	1	贵州省人民政府	贵州省人民政府	黔府发〔2016〕32号	贵州		2016-12-31	生态保护类	生态红线

编　后　记

本书是教育部人文社会科学发展报告（蓝皮书）培育项目"中国环境法制建设发展报告"（编号：11JBGPO44）的2017卷。

本书编写方案的制定和撰写队伍的组织由"中国环境法制建设发展报告"项目首席专家徐祥民教授负责。本书经过资料收集整理、按季度撰写初稿、分报告撰写初稿、修改与定稿等环节最终完成。参加资料搜集整理的有李明鐾（中国海洋大学法学博士后）、游祯祥（中国海洋大学2015级环境与资源保护法专业博士研究生）、李智卓（中国海洋大学2016级环境与资源保护法专业博士研究生）和宛佳欣（中国海洋大学2016级环境与资源保护法专业博士研究生）等。参加分季度撰写的有李明鐾（第一季度）、游祯祥（第二季度）、宛佳欣（第三季度）和李智卓（第四季度）。最终成稿阶段的执笔人依次是：徐祥民（总报告，约14000字）、宛佳欣（第一篇首语、第一章、第二章第四节至第十二节，约68000字）、游祯祥（第二章首语及第一节至第三节、第三章、第四章、第五章、第七章、第八章，约78000字）、李明鐾（第二篇首语、第六章、第十章，约19000字）和李智卓（第二章第十三节、第九章、第三篇首语、第十一章、第十二章，约70000字）。

"主要参考文献"和附录一"文件简称一览表"由宛佳欣整理，附录二"2016年中央环境立法一览表"由时军整理，附录三"2016年中央政府部门环境执法政策发布情况一览表"、附录四"2016年地方政府和政府部门环境执法政策发布情况一览表"由游祯祥和宛佳欣整理。

出于完成本报告编写规划内容的需要，在编写过程中使用了《中华人民共和国环境保护法释义》《环境与资源保护法学》《中国环境资源审判》《中国环境司法发展报告（2015—2017）》等著作、文献中的资料，在此对原作者、发布者等表示感谢！

本卷在于铭的带领下进行了多轮修改。参加修改的主要有宛佳欣、游祯祥和李智卓。本卷在徐祥民、于铭组织下定稿。

张明君、张慧、丁欣欣、梁文君、李国强、周一帆等都参加了本卷中法律法规的整理和一些服务工作，特此致谢。

本卷编写组

2017 年 12 月 18 日